SACHVERSTÄNDIGENRAT
zur Begutachtung der
gesamtwirtschaftlichen Entwicklung

MEHR VERTRAUEN IN MARKTPROZESSE

Jahresgutachten

14
—
15

Sachverständigenrat zur Begutachtung
der gesamtwirtschaftlichen Entwicklung
Statistisches Bundesamt
65180 Wiesbaden
Tel.:   0049 611 / 75 - 2390
Fax: 0049 611 / 75 - 2538
E-Mail: srw@destatis.de
Internet: www.sachverstaendigenrat-wirtschaft.de

Erschienen im November 2014
Preis: € 29,-
Best.-Nr.: 7700000-15700-1
ISBN: 978-3-8246-1028-0

© Sachverständigenrat
Gesamtherstellung: Bonifatius GmbH Buch-Druck-Verlag, 33042 Paderborn

VORWORT

1. Gemäß § 6 Absatz 1 des Gesetzes über die Bildung eines Sachverständigenrates zur Begutachtung der gesamtwirtschaftlichen Entwicklung legt der Sachverständigenrat sein 51. Jahresgutachten vor. Das Jahresgutachten 2014/15 trägt den Titel:

   ## Mehr Vertrauen in Marktprozesse

2. Die deutsche Wirtschaftspolitik legt zunehmend Marktergebnisse fest, um Verteilungsziele zu erreichen. Stattdessen ist mehr Vertrauen in Marktprozesse angebracht. Der Sachverständigenrat hält es für geboten, zunächst die Effizienz der Wirtschaftsprozesse sicherzustellen und dann die Verteilungsergebnisse dem gesellschaftlichen Konsens entsprechend über das Steuer- und Transfersystem anzupassen. Die Reformerfordernisse sind in Anbetracht der Herausforderungen, insbesondere des demografischen Wandels, beträchtlich. Die noch immer gute Verfassung der deutschen Wirtschaft eröffnet die Chance, die Rahmenbedingungen für private Investitionen und Innovationen zu verbessern. Um im Euro-Raum die dringend benötigten Strukturreformen und die Konsolidierung der öffentlichen Haushalte voranzutreiben, sollte Deutschland mit gutem Beispiel vorangehen.

3. Frau Professor Dr. Claudia M. Buch legte gegenüber dem Bundespräsidenten ihr Amt als Mitglied des Sachverständigenrates mit Wirkung zum 30. April 2014 nieder. Sie gehörte dem Rat seit dem 1. März 2012 an. Der Rat ist ihr zu großem Dank verpflichtet. Sie hat in dieser Zeit mit sehr großem Engagement und eindrucksvoller wissenschaftlicher Expertise die Jahresgutachten entscheidend mitgeprägt. Ein besonderes Anliegen waren für sie die Finanzmärkte und die Neuordnung der europäischen Bankenregulierung.

4. Als Nachfolgerin von Frau Professor Dr. Claudia M. Buch berief der Bundespräsident Frau Professor Dr. Isabel Schnabel, Mainz, als neues Mitglied in den Sachverständigenrat für die Amtszeit bis zum 28. Februar 2017.

5. Herr Professor Dr. Peter Bofinger wurde vom Bundespräsidenten für eine weitere Amtsperiode bis zum 28. Februar 2019 zum Mitglied des Sachverständigenrates berufen.

6. Der Sachverständigenrat hat im Laufe des Jahres 2014 mit der Bundeskanzlerin, dem Bundesminister für Wirtschaft und Energie, dem Bundesminister der Finanzen und der Bundesministerin für Arbeit und Soziales wirtschaftspolitische Fragen erörtert.

7. Der Sachverständigenrat konnte mit dem Vizepräsidenten, Mitgliedern des Direktoriums und leitenden Mitarbeitern der Europäischen Zentralbank Fragen zur Geldpolitik und der derzeitigen Lage im Euro-Raum erörtern.

8. Mit dem Präsidenten, der Vizepräsidentin und weiteren Mitgliedern des Vorstands und leitenden Mitarbeitern der Deutschen Bundesbank hat der Sachverständigenrat in diesem Jahr Gespräche über die wirtschaftlichen Perspektiven sowie über aktuelle Fragen im Zusammenhang mit der Krise im Euro-Raum und den anstehenden Finanzmarktreformen geführt.

9. Mit Abteilungsleitern aus dem Bundeskanzleramt, dem Bundesministerium für Wirtschaft und Energie und dem Bundesministerium der Finanzen wurden Gespräche über europapolitische und strukturpolitische Themen geführt.

10. Mit dem Vorstandsvorsitzenden und Mitarbeitern der Bundesagentur für Arbeit (BA), Nürnberg, sowie mit dem stellvertretenden Direktor des Instituts für Arbeitsmarkt- und Berufsforschung (IAB), Nürnberg, hat der Sachverständigenrat ausführliche Gespräche zu aktuellen arbeitsmarktpolitischen Themen geführt. Darüber hinaus haben beide Institutionen dem Sachverständigenrat in diesem Jahr wieder zu verschiedenen arbeitsmarktrelevanten Themen umfassendes Informations- und Datenmaterial zur Verfügung gestellt.

11. Der Sachverständigenrat führte mit den Präsidenten und leitenden Mitarbeitern der Bundesvereinigung der Deutschen Arbeitgeberverbände, des Bundesverbandes der Deutschen Industrie, des Deutschen Industrie- und Handelskammertages sowie mit dem Vorsitzenden und leitenden Mitarbeitern des Deutschen Gewerkschaftsbundes sowie dem Generalsekretär und leitenden Mitarbeitern des Zentralverbandes des Deutschen Handwerks Gespräche zu aktuellen wirtschafts- und beschäftigungspolitischen Fragestellungen.

12. Vertreter der „Projektgruppe Gemeinschaftsdiagnose" standen dem Rat für Gespräche über die Lage der deutschen Wirtschaft sowie über die nationalen und weltwirtschaftlichen Perspektiven zur Verfügung.

13. Zu Fragen der Finanzmarktregulierung fanden Gespräche mit dem Chefvolkswirt und leitenden Mitarbeitern des Deutschen Sparkassen- und Giroverbandes (DSGV) und mit dem Geschäftsführer und leitenden Mitarbeitern von Fitch Ratings Deutschland statt.

14. Professor Dr. Martin Werding, Bochum, führte für den Sachverständigenrat aktualisierte Simulationsberechnungen zu den Auswirkungen des demografischen Wandels auf die langfristige Tragfähigkeit der öffentlichen Haushalte unter besonderer Berücksichtigung des Rentenpakets der Bundesregierung durch und erstellte einen Bericht dazu.

15. Professor Dr. Beatrice Weder di Mauro, Mainz, und Dipl.-Volkswirt Alexander Schäfer, M.Sc., Mainz, erstellten für den Sachverständigenrat eine Expertise zum Thema „Getting to Bail-in: Effects of Creditor Participation in European Bank Restructuring".

16. Dipl.-Volkswirt Andreas Barth, Mainz, fertigte für den Sachverständigenrat eine Expertise zum Thema „Der Abbau von impliziten Garantien im Bankensystem: Eine empirische Analyse auf Basis von CDS-Spreads" an.

17. Dr. Nikolai Stähler, Wiesbaden, fertigte für den Sachverständigenrat eine Expertise zum Thema „German Labor Market and Fiscal Reforms 1999 – 2008: Can They be Blamed for Intra-Euro Area Imbalances?" an.

18. Im Zusammenhang mit den Reformen des Finanzmarkts und der Europäischen Bankenunion hat der Sachverständigenrat Gespräche mit Professor Dr. Jens-Hinrich Binder, LL. M., Tübingen, Professor Dr. Elke Gurlit, Mainz, und Professor Martin F. Hellwig, Ph.D., Bonn, geführt. Zudem standen Dipl.-Volkswirt Christian Denk und Dipl.-Volkswirtin Melanie Armbruster, jeweils Deutsche Bundesbank, für einen Austausch zu Fragen der makroprudenziellen Regulierung zu Verfügung.

19. Über Themen der Energiepolitik fanden Gespräche mit Professor Dr. Justus Haucap, Düsseldorf, und mit Professor Achim Wambach, Ph.D., Köln, statt.

20. Themen der internationalen Besteuerung erörterte der Sachverständigenrat mit Professor Dr. Stefan Homburg, Hannover, Professor Dr. Christoph Spengel, Mannheim, und mit Professor Dr. Stefan Köhler, Frankfurt am Main.

21. Über die Bund-Länder-Finanzbeziehungen diskutierte der Sachverständigenrat mit Dr. Reinhold Weiß, Hessisches Finanzministerium.

22. Dr. Markus M. Grabka, Berlin, unterstützte den Sachverständigenrat bei Analysen zur Einkommens- und Vermögensverteilung in Deutschland.

23. Mit Professor Gabriel Felbermayr, Ph.D., München, hat sich der Sachverständigenrat über das Transatlantische Freihandelsabkommen (TTIP) ausgetauscht.

24. Professor Dr. Helmut Siekmann, Frankfurt am Main, und Professor Dr. Tobias Tröger, Frankfurt am Main, gaben sehr hilfreiche Kommentare zu den rechtlichen Grundlagen der Outright Monetary Transactions und der Bankenunion.

25. Leonard Brinster, Alexander Burstedde, Nora Gebert, Tommy Krieger, Christian Lippitsch, Frieder Philipps, Christopher Polchow, Julia Richter, Franziska Schlumprecht und Martin Zecher haben den Sachverständigenrat im Rahmen ihrer Praktika tatkräftig unterstützt.

26. Dipl.-Volkswirtin Alia Begisheva unterstützte den Sachverständigenrat mit großem Engagement bei der Öffentlichkeitsarbeit.

27. Der Sachverständigenrat dankt dem Statistischen Bundesamt für die erneut ausgezeichnete Zusammenarbeit und wertvolle Unterstützung. Ein besonderer Dank gebührt den Mitarbeiterinnen und Mitarbeitern des Statistischen Bundesamts, die die Arbeiten des Rates in bewährter Weise unterstützt haben. Dies sind vor allem die Mitarbeiterinnen und Mitarbeiter der Verbindungsstelle zwischen dem Statistischen Bundesamt und dem Sachverständigenrat, die an der Erstellung dieses Jahresgutachtens mit außerordentlichem Engagement mitgewirkt haben. Unser Dank gilt daher der Geschäftsführerin, Dipl.-Volkswirtin Birgit Hein sowie Jasmin Conrad, Anita Demir, Christoph Hesse, Uwe Krüger, Dipl.-

Volkswirt Peter Kuntze, Sabrina Mäncher, Volker Schmitt, Hans-Jürgen Schwab und Katrin Wienekamp.

28. Das vorliegende Jahresgutachten beruht ganz wesentlich auf der Unterstützung durch den wissenschaftlichen Stab, der die Arbeiten des Sachverständigenrates mit einem weit über das übliche Maß hinausgehenden Einsatz, hervorragender fachlicher Expertise und großer Geduld begleitet hat. Ein herzlicher Dank geht daher an Sebastian Breuer, M.Sc., Dr. Steffen Elstner, Dipl.-Volkswirt Niklas Gadatsch, Dr. Manuel Kallweit, Dr. Marcus Klemm, Dr. Jens Klose, Dr. Anabell Kohlmeier (stellvertretende Generalsekretärin), Dr. Tobias Körner, Dipl.-Volkswirtin Henrike Michaelis, Dr. Dominik Rumpf und Dipl.-Wirtschaftsmathematiker Uwe Scheuering.

Ein besonders herzlicher Dank gebührt dem Generalsekretär des Sachverständigenrates, Dr. Benjamin Weigert, der durch seine herausragende ökonomische Kompetenz wesentlich zur Erstellung des Jahresgutachtens beigetragen und die Diskussionen durch wertvolle inhaltliche Anregungen bereichert hat. Er stellt die Schnittstelle zum wissenschaftlichen Stab dar und hat in dieser Funktion dafür gesorgt, dass die Zusammenarbeit innerhalb des Sachverständigenrates stets reibungslos funktionierte. Er stand immer als wertvoller Ansprechpartner zur Verfügung. Sein unermüdlicher Einsatz, kritischer Geist und seine freundliche und konstruktive Art machen ihn für den Sachverständigenrat unverzichtbar.

Fehler und Mängel, die das Gutachten enthält, gehen allein zu Lasten der Unterzeichner.

Wiesbaden, 6. November 2014

Peter Bofinger　　　　　　　　　　　　Isabel Schnabel

Lars P. Feld　　　　Christoph M. Schmidt　　　　Volker Wieland

INHALTSVERZEICHNIS

Kurzfassung
Mehr Vertrauen in Marktprozesse ... 1

Konjunkturausblick 2015 ... 1
Deutschland: Wirtschaftspolitik von der Realität eingeholt ... 1
Deutschland: Öffentliche Finanzen ... 3
Europa: Strukturelle Anpassungsprozesse und Geldpolitik ... 3
Europa: Finanzmarktregulierung ... 4

Erstes Kapitel
Wirtschaftspolitik: Mehr Vertrauen in Marktprozesse ... 6

I. Wirtschaftspolitik von der Realität eingeholt ... 7
II. Deutschland: Wachstumspotenziale freisetzen ... 12
1. Keine Investitionslücke, aber Handlungsbedarf ... 12
2. Arbeitsmarkt: Neue Hürden für Beschäftigung ... 18
3. Sozialpolitik: Verfehlte Reformen ... 19
   → Die Rolle rückwärts in der Rentenpolitik ... 19
   → Gesundheitspolitik: Vermischung von Effizienz und Verteilung ... 20
   → Die Pflegestärkungsgesetze ... 21
4. Energiepolitik: Niedrige Erwartungen bestätigt ... 23
5. Innovationen: Entdeckungsprozesse ermöglichen ... 27
III. Finanzpolitik: Reformbedarf steigt ... 28
1. Staatshaushalt weiter mit Rückenwind ... 29
2. Reformoptionen für den Solidaritätszuschlag ... 32
3. Neuordnung der Bund-Länder-Finanzbeziehungen ... 35
IV. Europa: Zeit für Subsidiarität ... 37
1. Unverändertes Leitbild: Maastricht 2.0 ... 37
   → Chancen eines Transatlantischen Freihandelsabkommens ... 39
2. Expansive Geldpolitik, nationale Wirtschaftspolitik ... 41
3. Bankenunion und Finanzstabilität ... 42

Eine andere Meinung ... 44

Literatur ... 48

Zweites Kapitel
Internationale Konjunktur: Euro-Raum verliert den Anschluss ... 50

I. Weltwirtschaft: Hinter den Erwartungen zurückgeblieben ... 52
1. Konjunkturelle Lage ... 52
   → Euro-Raum fällt hinter übrige Industrieländer zurück ... 52
   → Schlechtere Finanzierungsbedingungen belasten Schwellenländer ... 56
2. Ausblick ... 58
   → Chancen und Risiken ... 60

II. Konjunktur außerhalb des Euro-Raums ... 61
1. Vereinigte Staaten: Unterauslastung am Arbeitsmarkt geht zurück ... 61
2. China: Baukonjunktur belastet Wachstum ... 64
3. Japan: Aufschwung nicht selbsttragend ... 67
4. Vereinigtes Königreich: Binnenwirtschaft stützt Aufschwung ... 68

III. Euro-Raum: Im Griff der Reformunwilligen ... 70
1. Konjunkturelle Lage ... 70
2. Analyse der großen Volkswirtschaften ... 72
   → Staatliche und private Verschuldung ... 74
   → Wettbewerbsfähigkeit ... 76
   → Finanzierungsbedingungen ... 82
3. Keine Erholung in Sicht ... 83

Literatur ... 85

Drittes Kapitel
Deutschland: Konjunktur kommt nicht in Fahrt ... 88

I. Überblick ... 90
1. Zur wirtschaftlichen Lage in Deutschland ... 90
2. Ausblick ... 94
3. Rahmenbedingungen und Annahmen der Prognose ... 99

II. Die Entwicklung im Einzelnen ... 103
1. Außenhandel leicht aufwärts gerichtet ... 103
2. Investitionen: Ausrüstungen weiterhin schwach, Bau mit Substanz ... 105
3. Hoher Beschäftigungsstand stützt Konsum ... 106
4. Niedriger Preisanstieg ... 107
5. Arbeitsmarkt: Reformen dämpfen Beschäftigungswachstum ... 107
6. Öffentliche Finanzen: Ausgeglichene Haushalte ... 111

III. Das Produktionspotenzial ... 114

Anhang: Generalrevision der Volkswirtschaftlichen Gesamtrechnungen 2014 ... 120

Literatur ... 123

Viertes Kapitel
Strukturelle Anpassung und geldpolitische Lockerung im Euro-Raum ... 124

I. Einleitung ... 126

II. Anzeichen konvergierender Entwicklungen in den Mitgliedstaaten ... 127
   → Zwischenfazit ... 130

III. Weitere Entspannung trotz OMT-Kritik des Bundesverfassungsgerichtes ... 131
   → Mögliche Entscheidungen des EuGH und Reaktionen des BVerfG ... 133
   → Mögliche Gründe für den fortgesetzten Rückgang der Risikoaufschläge ... 134
   Zwischenfazit ... 135

IV. Massive geldpolitische Lockerung durch die EZB ... 136
1. Zinssenkungen und quantitative Lockerung ... 136
   → Negativer Einlagezins ... 137
   → Gezielte längerfristige Refinanzierungsgeschäfte (GLRG) ... 138

→ Aufkaufprogramme für Kreditverbriefungen (ABS), Pfandbriefe und Staatsanleihen 141
2. Einordnung der Maßnahmen anhand geldpolitischer Regeln 143
3. Zwischenfazit 144

V. Risiken niedriger Inflation und vorbeugende geldpolitische Lockerung 145
1. Inflationsentwicklung und –prognosen 145
2. Risiken längerfristig niedriger Inflationsraten 147
  → Deflationsrisiko 148
3. Vorbeugende geldpolitische Lockerung 150
4. Zwischenfazit 153

VI. Risiken für eine nachhaltige wirtschaftliche Entwicklung 153
1. Geldpolitik, Kreditentwicklung und Vermögenspreise 153
2. Mögliche Fehlentwicklungen: Vor der Krise und aktuell 156
  → Bankkredite und Vermögenspreise in Mitgliedstaaten des Euro-Raums 157
  → Gegenwärtige Risiken für längerfristige Fehlentwicklungen 160
3. Risiken für eine nachhaltige Wirtschaftspolitik 161

VII. Fazit: Risikoabwägung spricht derzeit gegen weitere Lockerung 163

Eine andere Meinung 164

Literatur 165

Fünftes Kapitel
Der weite Weg zu mehr Finanzstabilität in Deutschland und Europa 168

I. Systemrisiken im Finanzsystem 170
1. Die Lehren aus zwei Krisen 170
2. Implizite Garantien noch immer hoch 171

II. Erste Schritte in der Europäischen Bankenunion 175
1. Richtfest bei der Bankenunion 175
2. Bankenprüfung: Geringer Kapitalbedarf, große Heterogenität 176
  → Ergebnisse der Bankenprüfung 178

III. Abwicklung in der Bankenunion: Glaubwürdigkeit stärken 180
1. Das Zeitinkonsistenzproblem der Bankenrettung 181
2. Governance zu komplex 182
3. Für eine glaubwürdige Gläubigerbeteiligung 185
  → Gläubigerbeteiligung (Bail-in) 186
  → Der europäische Bankenabwicklungsfonds 189
  → Fiskalische Backstops 191
4. Globale Bankenabwicklung derzeit kaum möglich 192
5. Fazit 193

IV. Makroprudenzielle Aufsicht: Aufbruch ins Unbekannte 194
1. Systemstabilität als Regulierungsziel 195
2. Aufsichtsstruktur: Effektiv trotz Schwächen? 197
  → Ausgestaltung der makroprudenziellen Aufsicht 197
  → Aktuelle Struktur der makroprudenziellen Aufsicht 199
3. Instrumente: Feinsteuerung vermeiden 202
  → Instrumenteneinsatz 205
  → Bewertung 205

4. Fazit ... 207

Anhang ... 209

Literatur ... 212

Sechstes Kapitel
Leistungsbilanz: Aktionismus nicht angebracht ... 216

I. Die aktuelle Kontroverse ... 218

II. Sicht der Finanzierungsrechnung ... 221
1. Stilisierte Fakten ... 221
2. Konsolidierungsprozess der privaten Haushalte ... 224
   → Effekte der Demografie ... 225
3. Unternehmenssektor: Höhere Ersparnis bei sinkender Investitionsneigung ... 227
   → „Deleveraging" des Unternehmenssektors ... 228
   → Investitionen der deutschen Unternehmen im Ausland ... 230
4. Gibt es eine Investitionsschwäche in Deutschland? ... 231
   → Entwicklung der Ausrüstungsinvestitionen ... 232
   → Entwicklung der Bauinvestitionen ... 234

III. Die realwirtschaftliche Seite der deutschen Leistungsbilanz ... 238
1. Überblick ... 238
2. Bestimmungsgründe des Außenhandels ... 240
   → Impulse durch die steigende Weltnachfrage ... 240
   → Preiselastizität und Wettbewerbsfähigkeit ... 240
   → Lohnmoderation und Konsumnachfrage ... 247
3. Effekte der Fiskalpolitik ... 248

IV. Entwicklung des Auslandsvermögens ... 250
   → Sind deutsche Auslandsanlagen ein „schlechtes Investment"? ... 252

V. Schlussfolgerungen und Ausblick ... 254

Eine andere Meinung ... 256

Anhang ... 261
1. Einfluss der Demografie auf den Leistungsbilanzüberschuss ... 261
2. Die Studie von Kollmann et al. (2015) ... 263

Literatur ... 267

Siebtes Kapitel
Arbeit und Soziales: Neue Beschäftigungshürden und Verteilungskonflikte ... 270

I. Verteilung: Verzerrte Wahrnehmung ... 272
1. Verteilung der Haushalts- und Arbeitseinkommen ... 273
2. Verteilung der Vermögen ... 279
3. Wirtschaftspolitischer Handlungsbedarf ... 281

II. Arbeitsmarkt: Auf Marktprozesse vertrauen ... 282
1. Reformen des Arbeitsmarkts – ein wichtiger Erfolgsbaustein ... 282
2. Die Gefahren regulatorischer Markteingriffe ... 285

→ Mindestlohn – Was nun? 286
→ Regulierung keinesfalls weiter ausbauen 289
3. Eine zielführende Arbeitsmarktordnung 291

III. Das Rentenpaket und die Tragfähigkeit der öffentlichen Finanzen 293
1. Das Rentenpaket – Inhalt und Bewertung 294
2. Aktualisierte Tragfähigkeitsberechnungen 298
→ Entwicklung demografiesensitiver Ausgabenbereiche 300
→ Berechnungen zur Tragfähigkeit der öffentlichen Finanzen 303
3. Wirtschaftspolitische Schlussfolgerungen 308

Literatur 311

Achtes Kapitel
Öffentliche Finanzen: Effizienz durch Subsidiarität 316

I. Für eine aktivierende Finanzverfassung 318
1. Defizite des aktuellen Länderfinanzausgleichs 318
→ Der steuerkraftbezogene Finanzausgleich 320
→ Umverteilungsgrad und Anreizwirkungen 324
2. Zur Reform des Länderfinanzausgleichs 328
→ Reform des Ausgleichsmechanismus 329
→ Berücksichtigung der Neuen Länder und der Stadtstaaten 332
→ Reform der Steuerverteilung 333
→ Übertragung weiterer Sozialleistungen an den Bund 335
→ Kein Altschuldentilgungsfonds für die Länder 336
3. Mehr Steuerautonomie für die Länder 337
→ Einnahmeautonomie und Wettbewerb 340
→ Hochverschuldete und finanzschwache Länder 342
4. Fazit 343

Eine andere Meinung 344

II. Internationale Gewinnverlagerungen 347
1. Gewinnverlagerungen und die OECD-Initiative 347
2. Das Dilemma der Gewinnbesteuerung 351
3. Überregulierung vermeiden 354
→ Gewinnverlagerungen über Verrechnungspreise 355
→ Verlagerungen von immateriellem Vermögen 356
Gewinnverlagerungen über Finanzierungsstrukturen 357
4. Fazit 358

Anhang: Ineffizienz des Finanzausgleichs 359
→ Finanzausgleich 360
→ Steuerverteilung 360

Literatur 363

Analyse
Einkommens- und Vermögensverteilung in Deutschland 369

I. Einkommensverteilung 370
→ Verwendete Einkommenskonzepte 370
→ Entwicklung, Verteilung und Zusammensetzung der Einkommen 371

→ Einkommensmobilität 377
→ Internationaler Vergleich 379

II. Vermögensverteilung 381
→ Entwicklung, Verteilung und Zusammensetzung der Vermögen 382
→ Die Vermögensverteilung nach individuellen Charakteristika 386
→ Vermögensmobilität 390
→ Internationaler Vergleich 392

Literatur 397

Anhang

I. Sachverständigenratsgesetz 399

II. Stabilitäts- und Wachstumsgesetz 402

III. Gutachten und Expertisen des Sachverständigenrates 403

VERZEICHNIS DER ABBILDUNGEN IM TEXT

Nr.	Titel	Seite
1	Bruttoanlageinvestitionen in Deutschland und Frankreich	16
2	Bruttoinvestitionen des Staates in Deutschland und Frankreich nach Aufgabenbereichen	17
3	Aufkommen des Solidaritätszuschlags und Zuweisungen des Bundes im Rahmen der Solidarpakte I und II	33
4	Belastungen durch die Kalte Progression und durch den Solidaritätszuschlag	35
5	Lohnkosten der Arbeitgeber	44
6	Finanzierungssalden ausgewählter Länder und Ländergruppen im Jahr 2014	47
7	Voraussichtliche wirtschaftliche Entwicklung der Industrie- und Schwellenländer	52
8	Indikatoren zur konjunkturellen Entwicklung in großen Industrieländern	53
9	Arbeitslosigkeit und Verschuldung in großen Industrieländern	54
10	Veränderung des strukturellen Finanzierungssaldos und regionale Beiträge	55
11	Output-Lücke und Potenzialwachstumsrate der Schwellenländer	56
12	Verschuldung in ausgewählten Schwellenländern	57
13	Konjunkturindikatoren für die Vereinigten Staaten	62
14	Konjunkturindikatoren für China	65
15	Konjunkturindikatoren für das Vereinigte Königreich	69
16	Konjunkturindikatoren für den Euro-Raum	71
17	Entwicklung des Bruttoinlandsprodukts und seiner Wachstumsbeiträge in ausgewählten Mitgliedstaaten des Euro-Raums	73
18	Verschuldung und Finanzierungssalden ausgewählter Mitgliedstaaten des Euro-Raums	75
19	Leistungsbilanzsalden und Weltmarktanteile der Exporte ausgewählter Mitgliedstaaten des Euro-Raums	77
20	Wettbewerbsindikatoren ausgewählter Mitgliedstaaten des Euro-Raums	78
21	Finanzierungsbedingungen im Euro-Raum	82
22	Bruttoinlandsprodukt und Verbraucherpreise im Euro-Raum	83
23	Ausgewählte Indikatoren zur konjunkturellen Entwicklung	92
24	Voraussichtliche Entwicklung des Bruttoinlandsprodukts	94
25	Prognosen zum Bruttoinlandsprodukt des Jahres 2014 im Zeitablauf	96
26	Prognoseintervalle für Bruttoinlandsprodukt und Verbraucherpreise	96
27	Produktionspotenzial und Output-Lücke	98
28	Deutscher Außenhandel nach Regionen	99
29	Voraussichtliche Entwicklung des außenwirtschaftlichen Umfelds	100
30	Komponenten des Bruttoinlandsprodukts	104
31	Inflationsraten und deren Komponenten	108
32	Wachstumsbeiträge der Komponenten des Produktionspotenzials	116
33	Bruttoinlandsprodukt und Verbraucherpreise ausgewählter Mitgliedstaaten des Euro-Raums	127
34	Kennziffern zu den strukturellen Anpassungsprozessen in ausgewählten Mitgliedstaaten des Euro-Raums	129
35	Zinsaufschläge für 10-jährige Staatsanleihen im Vergleich zu Deutschland	131
36	Struktur der EZB-Aktiva	139
37	Zinsbänder geldpolitischer Regeln im Vergleich zum Leitzins	143
38	Verbraucherpreisindex (HVPI) und Bruttoinlandsprodukt im Euro-Raum	146
39	Logik vorbeugender Lockerung, Zentralbankreserven und Inflation in Japan	152
40	Geldmenge und Bankkredite	157
41	Kredite, Hauspreise und Aktienindizes in ausgewählten Mitgliedstaaten des Euro-Raums	158

42	Überschreitungen finanzieller Grenzwerte	159
43	Unterstützungswahrscheinlichkeit von Banken mit Support Rating	172
44	SRM: Entscheidungswege bei einer Bankenabwicklung	183
45	SRM: Finanzierungskaskade bei einer Bankenabwicklung	185
46	CDS-Spreads von Banken in ausgewählten europäischen Ländern	187
47	Akteure der makroprudenziellen Politik in Deutschland	199
48	Leistungsbilanzsalden für ausgewählte Länder	219
49	Gesamtwirtschaftlicher Finanzierungssaldo	222
50	Finanzierungssituation der privaten Haushalte	224
51	Geschätzte Regressionskoeffizienten und partielle Auswirkung der Bevölkerungsentwicklung auf den Leistungsbilanzsaldo	227
52	Sparen der nichtfinanziellen Kapitalgesellschaften	228
53	Geldvermögen und Finanzierungsstruktur der Unternehmen	229
54	Nettoinvestitionen und Bruttoanlageinvestitionen	232
55	Entwicklung der Ausrüstungsinvestitionen	233
56	Immobilienpreise und Leistungsbilanzsaldo	236
57	Zyklischer Zusammenhang zwischen Bruttoanlageinvestitionen und öffentlichen Investitionen	237
58	Leistungsbilanz nach Komponenten und Regionen	238
59	Entwicklung des Nettoauslandsvermögens und der Primäreinkommen	239
60	Struktur des deutschen Außenhandels	241
61	Leistungsbilanz und preisliche Wettbewerbsfähigkeit	242
62	Wertschöpfungsstruktur der Exporte	243
63	Auswirkungen der wirtschaftspolitischen Reformen in Deutschland	245
64	Einfluss der preislichen Wettbewerbsfähigkeit auf den Leistungsbilanzsaldo	246
65	Zusammenhang von Einkommen und Konsumausgaben	247
66	Vermögensstatus Deutschlands gegenüber dem Ausland	251
67	Indikatoren der Zahlungsbilanz	252
68	Reallöhne und inländische Nachfrage in großen Volkswirtschaften	257
69	Geschätzte Regressionskoeffizienten und partielle Auswirkung der Bevölkerungsentwicklung auf den Leistungsbilanzsaldo (OECD 1 und OECD 2)	263
70	Historische Schockdekomposition der deutschen Leistungsbilanz	265
71	Ungleichheit in Deutschland im Jahr 2011	274
72	Sozialversicherungspflichtig Vollzeitbeschäftigte nach Entgeltklassen	284
73	Mindestlohn, Arbeitslosigkeit und Bruttoinlandsprodukt in Frankreich und dem Vereinigten Königreich	288
74	Projektion der Beitragssätze der Sozialversicherungszweige bis 2060	302
75	Projektion der Finanzierungsdefizite und der Schuldenstandsquote des Staates bis 2060	304
76	Zerlegung der langfristigen Tragfähigkeitslücke	305
77	Steuereinnahmen in Deutschland und ihre Verteilung	319
78	Finanzkraft der Länder vor und nach dem Finanzausgleich im Jahr 2013	324
79	Auswirkungen des Finanzausgleichs im Jahr 2013	325
80	Nettopositionen der Länder im Finanzausgleich im Jahr 2013	327
81	Relative Finanzkraft der Länder vor dem Länderfinanzausgleich	332
82	Struktur der Steuereinnahmen der Länder und Gemeinden im Jahr 2013	340
83	BAK-Taxation-Index für Unternehmen im Jahr 2013	345
84	Gewinnsteueraufkommen und Steuersätze in Deutschland	350
85	Entwicklung der Einkommen in West- und Ostdeutschland	372
86	Relative Entwicklung der durchschnittlichen Markt- und Haushaltsnettoeinkommen in Ostdeutschland	375
87	Gesamthaushaltseinkommen nach Einkommensarten und Dezilen	376
88	Gini-Koeffizient der Einkommensverteilung für ausgewählte OECD-Länder	380

89	Gini-Koeffizienten der Einkommensverteilung im Zeitverlauf für ausgewählte OECD-Länder	380
90	Anteile und Höhe der individuellen Nettovermögen in Deutschland nach Dezilen	383
91	Individuelles Nettovermögen in Deutschland nach Altersgruppen	387
92	Durchschnittliches individuelles Nettovermögen für Einkommensdezile	389
93	Gini-Koeffizienten der Vermögens- und Einkommensverteilung	393

VERZEICHNIS DER TABELLEN IM TEXT

1	Finanzpolitische Kennziffern	29
2	Reales Bruttoinlandsprodukt und Verbraucherpreise ausgewählter Länder	60
3	Ausgewählte Indikatoren zur nicht-preislichen Wettbewerbsfähigkeit	81
4	Reales Bruttoinlandsprodukt, Verbraucherpreise und Arbeitslosenquote im Euro-Raum	84
5	Vergleich der Frühjahrs- und Herbstprognose für das Jahr 2014	95
6	Wachstumsbeiträge zum Bruttoinlandsprodukt nach Verwendungskomponenten	97
7	Wirtschaftliche Eckdaten	98
8	Komponenten der Wachstumsprognose des realen Bruttoinlandsprodukts	103
9	Arbeitsmarkt in Deutschland	109
10	Einnahmen und Ausgaben des Staates sowie finanzpolitische Kennziffern	112
11	Ergebnisse der Mittelfristprognose	117
12	Die wichtigsten Daten der Volkswirtschaftlichen Gesamtrechnungen für Deutschland	119
13	Änderungen makroökonomischer Größen durch die VGR-Revision 2014	121
14	Zusammenhang zwischen CDS-Spreads und Support Ratings von Banken	174
15	Ergebnisse der Bankenprüfung durch die EZB	178
16	Überblick über die makroprudenziellen Instrumente gemäß dem CRD IV-Paket	204
17	Finanzierungssaldo nach Sektoren (1996-1999 und 2010-2013)	223
18	Auswirkungen einer Erhöhung der öffentlichen Konsumausgaben und des Staatsdefizits	250
19	Fixed-Effects-Schätzung	262
20	Beschäftigungs- und Lohnstruktur nach Alters- und Qualifikationsgruppen in den Jahren 1993 bis 1996 und 2009 bis 2012	277
21	Veränderung der langfristigen Tragfähigkeitslücke gegenüber dem Basisszenario	307
22	Beispielhafte Berechnungen zu einem anreizfreundlicheren Länderfinanzausgleich	362
23	Einkommenshöhe und -verteilung auf Basis des SOEP	373
24	Dezilanteile und Dezilverhältnisse der Einkommensverteilung auf Basis des SOEP	374
25	Einkommensmobilität in West- und Ostdeutschland	378
26	Verteilung der individuellen Nettovermögen in Deutschland	382
27	Portfoliostruktur des individuellen Nettovermögens in Deutschland	385
28	Portfoliostruktur des individuellen Nettovermögens in West- und Ostdeutschland	386
29	Nettogesamtvermögen nach der beruflichen Stellung	388
30	Vermögensmobilität in Deutschland	391
31	Internationaler Vergleich der Vermögensverteilung	394
32	Internationaler Vergleich der Vermögensstruktur	395

VERZEICHNIS DER KÄSTEN IM TEXT

1	Ursachen kurieren, statt Symptome zudecken	10
2	Analyse des Investitionsverhaltens in Frankreich und Deutschland	15
3	Die Pflegestärkungsgesetze 1 und 2	21
4	Grundzüge der EEG-Novelle 2014	25
5	Solidaritätszuschlag	33
6	Ökonomische Auswirkungen eines transatlantischen Freihandelsabkommens	40
7	Nicht-preisliche Wettbewerbsfähigkeit	80
8	Zur Anpassung der Prognose für das Jahr 2014	95
9	Prognoseannahmen im Überblick	101
10	Technische Erläuterungen zur Bestimmung des Produktionspotenzials	114
11	Eckpunkte der Entscheidung des Bundesverfassungsgerichtes	132
12	Negative Einlagezinsen: Erfahrungen in Dänemark	138
13	Theorie und Praxis der quantitativen Lockerung	151
14	Schwellenwerte für Kredit- und Vermögenspreiszyklen	159
15	Finanzierungskostenvorteile von Banken durch implizite Garantien	173
16	Umfassende Bankenprüfung durch die EZB	176
17	Die Auswirkungen von Bail-in-Ereignissen auf CDS-Spreads	186
18	Bail-in-Regeln im einheitlichen Abwicklungsmechanismus	209
19	Zentrale Begriffe und Zusammenhänge in der Zahlungsbilanzstatistik	220
20	Quantifizierung der demografischen Effekte auf die deutsche Leistungsbilanz	226
21	Einfluss des Immobilienmarkts auf die Leistungsbilanz	235
22	Auswirkungen der deutschen Reformpolitik in den Jahren 1999 bis 2008	244
23	Die Bedeutung von Kompositionseffekten für die Entwicklung der Lohnungleichheit	276
24	Auswirkungen der Umstellung bei Erhebungsinhalten der Beschäftigungsstatistik	284
25	Ökonomische Analyse des Rentenpakets	297
26	Zur Tragfähigkeit der öffentlichen Haushalte	299
27	Annahmen des Basisszenarios	303
28	Ausnahmen und Sonderregelungen im Finanzausgleich	322
29	Vor- und Nachteile des Wettbewerbsföderalismus	338
30	Quantifizierung der Gewinnverlagerungen	349
31	Beispiele für Antimissbrauchsregeln	354

Hinweise zum verwendeten Datenmaterial

Datengrundlage und methodische Anmerkungen

Angaben aus der amtlichen Statistik für die Bundesrepublik Deutschland stammen, soweit nicht anders vermerkt, vom Statistischen Bundesamt. Abweichende Gebietsstände sind ausdrücklich angemerkt.

Generell wurde in den Tabellen und Abbildungen aufgerundet beziehungsweise abgerundet. Dadurch können sich bei der Summierung von Einzelangaben geringfügige Abweichungen zur angegebenen Endsumme ergeben.

Saisonbereinigte Daten wurden mittels des Census-X-12-Arima-Verfahrens berechnet.

Online-Datenangebot

Alle in diesem Jahresgutachten enthaltenen Abbildungen und Tabellen sowie die dazugehörigen Daten (soweit sie nicht von kommerziellen Anbietern stammen) können von der Homepage des Sachverständigenrates heruntergeladen werden (www.sachverstaendigenrat-wirtschaft.de).

Darüber hinaus bietet der Sachverständigenrat auf seiner Homepage im Bereich „Statistik" (www.sachverstaendigenrat-wirtschaft.de/statistik.html) eine Vielzahl nationaler Indikatoren und lange Zeitreihen aus den verschiedenen volkswirtschaftlichen Bereichen an, die er für seine Arbeiten im Zusammenhang mit den Jahresgutachten, Sondergutachten und Expertisen nutzt. Das Datenangebot wird laufend aktualisiert und umfasst im Einzelnen:

- eine umfassende Zusammenstellung von **Konjunkturindikatoren für Deutschland** wie Auftragseingänge und Produktion in der Industrie und im Baugewerbe, Vertrauensindikatoren wie die ZEW-Konjunkturerwartungen und den ifo Geschäftsklimaindex, Außenhandelsdaten und Daten für den Arbeitsmarkt sowie Quartalsdaten aus den Volkswirtschaftlichen Gesamtrechnungen,

- **Lange Zeitreihen für Deutschland** zu den Bereichen Bevölkerung und Erwerbstätigkeit, Volkswirtschaftliche Gesamtrechnungen, Öffentliche Finanzen, Zahlungsbilanz, Geld, Kredite, Aktien und Zinssätze, Industrie und Handel, monetäre Indikatoren, Arbeitsmarkt, Soziale Sicherung und Energie.

Abkürzungen

ABS	–	Asset Backed Securities
ABSPP	–	ABS Purchase Programme
AFS	–	Ausschuss für Finanzstabilität
ALV	–	Arbeitslosenversicherung
AMECO	–	Annual Macro Economic Database
AStG	–	Außensteuergesetz
AVS	–	Auslandsvermögensstatus
BA	–	Bundesagentur für Arbeit
BaFin	–	Bundesanstalt für Finanzdienstleistungsaufsicht
BAföG	–	Bundesausbildungsförderungsgesetz
BEPS	–	Base Erosion and Profit Shifting
BEV	–	Bevölkerung im erwerbsfähigen Alter
BEZ	–	Bundesergänzungszuweisungen
BIP	–	Bruttoinlandsprodukt
BIZ	–	Bank für Internationalen Zahlungsausgleich
BMAS	–	Bundesministerium für Arbeit und Soziales
BMF	–	Bundesministerium der Finanzen
BoE	–	Bank of England
BoJ	–	Bank of Japan
BRRD	–	Bank Recovery and Resolution Directive
BVAR	–	Bayesianisches Vektorautoregressionsmodell
BVerfG	–	Bundesverfassungsgericht
CBO	–	Congressional Budget Office
CBPP	–	Covered Bond Purchase Programme
CDS	–	Credit Default Swaps
CEPREMAP	–	Centre pour la recherche économique et ses applications
CEPS	–	Centre for European Policy Studies
CES	–	Center for Economic Studies
CRD	–	Capital Requirements Directive
CRR	–	Capital Requirements Regulation
DIHK	–	Deutscher Industrie- und Handelskammertag
DIW	–	Deutsches Institut für Wirtschaftsforschung
DSGE	–	Dynamic Stochastic General Equilibrium
EATR	–	Effective Average Tax Rate
EBA	–	European Banking Authority
ECB	–	European Central Bank
ECJ	–	European Court of Justice
EEG	–	Erneuerbare-Energien-Gesetz
EFSF	–	Europäische Finanzstabilisierungsfazilität

Abkürzungen

ELG	–	Erwerbslosenquote
EMTR	–	Effective Marginal Tax Rate
ESM	–	Europäischer Stabilitätsmechanismus
ESRB	–	European Systemic Risk Board
EStG	–	Einkommensteuergesetz
ESVG	–	Europäisches System Volkswirtschaftlicher Gesamtrechnungen
EU	–	Europäische Union
EuGH	–	Europäischer Gerichtshof
Eurostat	–	Statistisches Amt der Europäischen Union
EVS	–	Einkommens- und Verbrauchsstichprobe
EWU	–	Europäische Währungsunion
EZB	–	Europäische Zentralbank
F&E	–	Forschung und Entwicklung
FAG	–	Finanzausgleichsgesetz
FHFA	–	Federal Housing Finance Agency
FLS	–	Funding for Lending Scheme
FMSA	–	Bundesanstalt für Finanzmarktstabilisierung
FOMC	–	Federal Open Market Committee
GCI	–	Global Competitiveness Indicator
GG	–	Grundgesetz
GKV	–	Gesetzliche Krankenversicherung
GLRG	–	Gezielte längerfristige Refinanzierungsgeschäfte
GRV	–	Gesetzliche Rentenversicherung
G-SIBs	–	Global Systemically Important Banks
GWR	–	Global Wealth Report
HFCS	–	Household Finance and Consumption Survey
HVPI	–	Harmonisierter Verbraucherpreisindex
IAB	–	Institut für Arbeitsmarkt- und Berufsforschung
IfD	–	Institut für Demoskopie
IMF	–	International Monetary Fund
INSEE	–	Institut National de la Statistique et des Études Économiques
IWF	–	Internationaler Währungsfonds
JG	–	Jahresgutachten des Sachverständigenrates zur Begutachtung der gesamtwirtschaftlichen Entwicklung
KdU	–	Kosten der Unterkunft
KStG	–	Körperschaftsteuergesetz
LCR	–	Liquiditätsdeckungsquote
LFA	–	Länderfinanzausgleich
LRG	–	Längerfristige Refinanzierungsgeschäfte
LTRO	–	Longer-Term Refinancing Operations

Abkürzungen		
LWS	–	Luxembourg Wealth Study
MiLoG	–	Mindestlohngesetz
MRO	–	Main Refinancing Operation
NAWM	–	New Area Wide Model
NAWRU	–	Non-accelerating wage rate of unemployment
NBER	–	National Bureau of Economic Research
OECD	–	Organisation for Economic Co-Operation and Development
OMT	–	Outright Monetary Transactions
PHF	–	Private Haushalte und ihre Finanzen
PQ	–	Partizipationsquote
SGB	–	Sozialgesetzbuch
SMP	–	Securities Markets Programme
SNA	–	System of National Accounts
SOEP	–	Sozio-oekonomisches Panel des DIW
SPE	–	Single-Point-of-Entry-Ansatz
SPF	–	Survey of Professional Forecasters
SPV	–	Soziale Pflegeversicherung
SRB	–	Single Resolution Board
SRF	–	Single Resolution Fund
SRM	–	Single Resolution Mechanism
SSM	–	Single Supervisory Mechanism
TARGET2	–	Trans-European Automated Real-time Gross Settlement Express Transfer System
TLAC	–	Total Loss Absorbing Capacity
TLTRO	–	Targeted Long-Term Refinancing Operations
TTIP	–	Transatlantic Trade and Investment Partnership
UVE	–	Unternehmens- und Vermögenseinkommen
VAR	–	Vektorautoregression
VGR	–	Volkswirtschaftliche Gesamtrechnungen
VPI	–	Verbraucherpreisindex
WSI	–	Wirtschafts- und Sozialwissenschaftliches Institut in der Hans-Böckler-Stiftung
ZEW	–	Zentrum für Europäische Wirtschaftsforschung

Zeichenerklärung

—	=	nichts vorhanden
0	=	weniger als die Hälfte der kleinsten dargestellten Einheit
.	=	kein Nachweis
...	=	Angaben fallen später an
— oder |	=	der Vergleich ist durch grundsätzliche Änderungen beeinträchtigt
x	=	Nachweis ist nicht sinnvoll beziehungsweise Fragestellung trifft nicht zu
( )	=	Aussagewert eingeschränkt, da der Zahlenwert statistisch relativ unsicher ist

KURZFASSUNG DES JAHRES-GUTACHTENS 2014/15

Konjunkturausblick 2015

Deutschland: Wirtschaftspolitik von der Realität eingeholt

Deutschland: Öffentliche Finanzen

Europa: Strukturelle Anpassungsprozesse und Geldpolitik

Europa: Finanzmarktregulierung

Konjunkturausblick 2015

1. Die **Weltkonjunktur** ist im Jahr 2014 hinter den Erwartungen zurückgeblieben. Für das Jahr 2015 ist mit einer leichten Beschleunigung des globalen Wachstums zu rechnen, wobei sich die **zweigeteilte Entwicklung** in der Gruppe der Industrieländer fortsetzen wird. Mit Zuwachsraten des Bruttoinlandsprodukts von 3,1 % und 2,6 % bleiben die Vereinigten Staaten beziehungsweise das Vereinigte Königreich die Wachstumslokomotiven. Für den Euro-Raum zeichnet sich weiterhin eine eher verhaltene Entwicklung ab. Bei einer erwarteten Zuwachsrate des Bruttoinlandsprodukts von 1,0 % und einer Inflationsrate von 0,7 % ist ein Abgleiten in die Deflation nicht wahrscheinlich.

2. Nach einem überraschend guten Start in das Jahr 2014 hat die **deutsche Konjunktur** einen **deutlichen Dämpfer** erhalten. Hierfür dürften die geopolitischen Risiken ebenso eine Rolle gespielt haben wie die ungünstige Entwicklung im Euro-Raum. Über Vertrauenseffekte könnte sich zudem der von der Bundesregierung eingeschlagene Kurs in der Energiepolitik sowie in der Arbeitsmarkt- und Sozialpolitik negativ bemerkbar gemacht haben. Im Jahr 2015 dürfte sich die verhaltene wirtschaftliche Entwicklung fortsetzen; der Sachverständigenrat rechnet mit einer Zuwachsrate des Bruttoinlandsprodukts von 1,0 %.

Deutschland: Wirtschaftspolitik von der Realität eingeholt

3. Mit Einführung der abschlagsfreien Rente ab 63 Jahren und der Ausweitung der Mütterrente hat die Bundesregierung ihre wirtschaftspolitischen Spielräume ausgiebig genutzt. Schneller als erwartet wurde die **Wirtschaftspolitik von der Realität eingeholt**. Die noch immer gute Verfassung der deutschen Wirtschaft eröffnet die Chance, die Wirtschaftspolitik neu auszurichten, diesmal jedoch auf Effizienz statt allein auf Umverteilung.

4. Die notwendigen Weichenstellungen sollten sich an den **zentralen langfristigen Herausforderungen** orientieren. Der demografische Wandel wird spätestens ab den 2020er-Jahren die Wachstumsaussichten mindern. Konjunkturelle und strukturelle Krisen können nur bewältigt werden, wenn in guten Zeiten widerstands- und anpassungsfähige Strukturen geschaffen und hinreichende fiskalische Puffer aufgebaut werden.

5. Die ungünstigeren Perspektiven haben zu einer lebhaften öffentlichen Diskussion um eine vermeintliche **Investitionsschwäche** in Deutschland geführt. Es ist zwar zielführend, auf Investitionen als eine zentrale Determinante künftiger Leistungsfähigkeit zu schauen. Dennoch geht die aktuelle Debatte in die falsche Richtung, da sie sich an Symptomen und nicht an Ursachen orientiert:

   – So gibt es zwar Anhaltspunkte für eine Schwäche bei den **öffentlichen Investitionen**. Doch anstatt die Prioritäten in den öffentlichen Haushalten zu hinterfragen, wird in der Diskussion meist auf mangelnde Einnahmen verwiesen und entweder Steuererhöhungen oder eine Ausweitung der Verschuldung gefordert.

   – Für eine pathologische Schwäche bei den **privaten Investitionen** („Investitionslücke"), die es wirtschaftspolitisch zu kurieren gilt, gibt es derzeit keine

Anhaltspunkte. Stattdessen sollten die wirtschaftlichen Rahmenbedingungen für private Investitionen und Innovationen verbessert werden.

6. Die vom Sachverständigenrat für sinnvoll erachtete Therapie setzt auf die Prinzipien der Sozialen Marktwirtschaft, zunächst die Effizienz der Wirtschaftsprozesse sicherzustellen und dann die Verteilungsergebnisse dem gesellschaftlichen Konsens entsprechend über das Steuer- und Transfersystem zu verändern. Insgesamt ist **mehr Vertrauen in Marktprozesse** angebracht.

Die Reformerfordernisse sind in Anbetracht der Herausforderungen beträchtlich. Die wirtschaftlichen Rahmenbedingungen sind trotz der aktuellen Eintrübung hinreichend günstig, um zukunftsgerichtete Reformen einzuleiten.

7. Um gute Rahmenbedingungen für private Investitionen zu bieten, muss die Effizienz der Faktormärkte in Deutschland sichergestellt sein:

   – Statt den **Arbeitsmarkt** noch stärker zu regulieren, sind die bestehenden Regulierungen kritisch zu überprüfen und zu korrigieren. Dies betrifft insbesondere den ab dem Jahr 2015 geltenden flächendeckenden allgemeinen Mindestlohn. Dies wäre nötig, um für künftige konjunkturelle und strukturelle Krisen widerstands- beziehungsweise anpassungsfähig zu sein.

   – Der demografische Wandel erfordert nachhaltig und effizient finanzierte **soziale Sicherungssysteme**. Die aktuellen rentenpolitischen Maßnahmen stehen dazu in einem klaren Gegensatz. Vielmehr müsste die Lebensarbeitszeit an die weiter steigende Lebenserwartung angepasst werden.

   – Die **Energiewende** sollte nicht länger rein national verfolgt, sondern in eine internationale Strategie des Klimaschutzes eingebettet werden. Selbst ein rein nationales Vorgehen könnte effizienter organisiert werden, wenn das Erneuerbare-Energien-Gesetz (EEG) grundlegend reformiert würde.

Schließlich sind die Leistungsfähigkeit des deutschen Bildungs- und Innovationssystems zu stärken und eine vertiefte Einbettung der deutschen Volkswirtschaft in die internationale Arbeitsteilung zu gewährleisten.

8. Eine Verbesserung der Wachstumsperspektiven kann dazu beitragen, dass mehr deutsche Ersparnisse für Investitionen im Inland verbleiben und ausländisches Kapital angezogen wird. Der Sachverständigenrat hält Maßnahmen für sinnvoll, die das Wachstum des Produktionspotenzials stärken – etwa mehr Zuwanderung qualifizierter Arbeitskräfte und eine höhere Erwerbsbeteiligung. Hingegen sollten keine wirtschaftspolitischen Maßnahmen ergriffen werden, die allein darauf abzielen, den deutschen **Leistungsbilanzüberschuss** zu reduzieren.

9. Eine verteilungspolitische Begründung für die jüngst umgesetzten und noch diskutierten Maßnahmen lässt sich nicht aus der Entwicklung der Einkommensverteilung ableiten. Im Vergleich zu den 1990er-Jahren ist die **Einkommensungleichheit** zwar gestiegen, dies ist nicht zuletzt Ergebnis der höheren Erwerbstätigkeit von Geringqualifizierten, Älteren und Frauen. Seit den Reformen der Agenda 2010 hat jedoch die Ungleichheit nicht weiter zugenommen. Das Ausmaß der Umverteilung in Deutschland ist im internationalen Vergleich hoch.

Deutschland: Öffentliche Finanzen

10. Strukturell ist der Budgetausgleich nahezu erreicht, und die Schuldenstandsquote wird deutlich zurückgehen. Die Vorgaben des Fiskalvertrags, der Schuldenbremse und des Stabilitäts- und Wachstumspakts werden eingehalten oder sogar übertroffen. Die **Sanierung der öffentlichen Haushalte** nach der Wirtschafts- und Finanzkrise war bislang erfolgreich.

    Konjunkturell trübt sich die Situation allerdings ein, und angesichts des strukturell ausgeglichenen Haushalts besteht finanzpolitischer Spielraum im Rahmen der Schuldenbremse. Gewichtige Argumente sprechen gegen dessen Nutzung: Im Euro-Raum ist die **Glaubwürdigkeit** der Fiskalregeln noch nicht gesichert.

    Zudem geht die gute Haushaltslage auf die Kalte Progression und auf vorübergehende **Sonderfaktoren** zurück: niedrige Zinsen, gestiegene Beschäftigung und eine demografische Atempause. Gleichzeitig sind die strukturellen Kernausgaben erheblich gestiegen.

11. Aktuelle Projektionen verdeutlichen, dass die öffentlichen Finanzen angesichts des demografischen Wandels **langfristig nicht tragfähig** sind. Es ist daher höchste Zeit für eine wachstums- und investitionsfreundliche Finanzpolitik:

    – Das geltende Finanzausgleichssystem ließe sich anreizkompatibel und wachstumsfreundlich im Sinne einer **aktivierenden Finanzverfassung** ausgestalten. Dabei müssten die hohen Grenzabschöpfungsquoten verringert, die Ausnahmen des Ausgleichssystems zurückgeführt und vor allem die Einnahmeautonomie der Länder durch begrenzte Zuschlagsrechte auf die Einkommen- und Körperschaftsteuer gestärkt werden.

    – Unternehmensneugründungen und das Wachstum junger Unternehmen werden steuerlich weiterhin behindert, weil die Unternehmensbesteuerung nicht finanzierungsneutral ist. Der Sachverständigenrat schlägt hierzu weiterhin eine **Zinsbereinigung des Grundkapitals** vor.

    – Bei der Koordinierung der internationalen Unternehmensbesteuerung im Rahmen der Base Erosion and Profit Shifting (BEPS)-Initiative der OECD sollte die Ausweitung ineffizienter Antimissbrauchsregeln verhindert werden.

    – Die verdeckte Mehrbelastung der Steuerzahler durch die **Kalte Progression** sollte abgemildert werden.

    – Der bestehende Finanzierungsbedarf für eine leistungsfähige **Verkehrsinfrastruktur** könnte durch Umschichtungen in den öffentlichen Haushalten abgebildet werden.

Europa: Strukturelle Anpassungsprozesse und Geldpolitik

12. Im Euro-Raum sind die **Anpassungsprozesse** weiter vorangeschritten. Diese erfreuliche Entwicklung ist nicht nur Folge der Ankündigung der EZB, notfalls umfangreiche Staatsanleihekäufe zu tätigen. Die Anpassung ist ebenso Ausdruck struktureller Reformen und der eingeleiteten Konsolidierung der öffentlichen Haushalte, insbesondere in Irland, Portugal, Griechenland und Spanien. Die

Krise im Euro-Raum ist jedoch nicht überwunden. So hat insbesondere Italien die Entspannung auf den Finanzmärkten nicht für konsequente Reformen und wachstumsfreundliche Konsolidierungsmaßnahmen genutzt.

13. Gleichzeitig ist die Inflation im Euro-Raum deutlich zurückgegangen. Vor diesem Hintergrund hat die EZB den Leitzins auf nahe Null gesenkt und umfangreiche **quantitative Lockerungsmaßnahmen** eingeleitet. Diese Politik birgt allerdings Gefahren für die langfristige wirtschaftliche Entwicklung des Euro-Raums. Zum einen wird der Finanzsektor durch niedrige Zinsen dazu verleitet, zu hohe Risiken einzugehen. Zum anderen könnten die EZB-Aufkaufprogramme dazu führen, dass Regierungen in ihren Reform- und Konsolidierungsanstrengungen nachlassen.

    Die EZB sollte eine weitere massive Ausweitung ihrer Bilanz vermeiden, solange das Eintreten einer Deflation im Euro-Raum weder beobachtet noch prognostiziert wird. Italien und Frankreich können mit einer konsequenten Reform- und Konsolidierungspolitik zu einer dauerhaften Verbesserung der Wirtschaftslage beitragen. Die Bundesregierung sollte sich verstärkt für eine solche Politik einsetzen – und selbst mit gutem Beispiel vorangehen.

Europa: Finanzmarktregulierung

14. Die globale Finanzkrise der Jahre 2007 bis 2009 und die Krise im Euro-Raum haben **weitreichende Reformen der Finanzmarktarchitektur** angestoßen. Als Gradmesser für deren Erfolg kann der Abbau impliziter staatlicher Rettungsgarantien im Bankensystem dienen. Die Garantien sind jedoch noch immer hoch, vor allem für global systemrelevante Banken und für solche in finanzstarken Ländern wie Deutschland. Der Handlungsbedarf ist nach wie vor groß.

15. Die **Europäische Bankenunion** soll verhindern, dass weiterhin Risiken von der nationalen auf die europäische Ebene verschoben werden, und stellt einen wichtigen Schritt zu einem stabilen Finanzsystem dar. Die gemeinsame Bankenaufsicht in der EZB ist gestartet. Die Bankenprüfung offenbarte geringe Kapitallücken, sodass es nicht zu einer flächendeckenden Eigenkapitalerhöhung bei den Banken kam; eine Marktbereinigung ist unwahrscheinlich. Für die gemeinsame Bankenabwicklung ist entscheidend, dass die **Glaubwürdigkeit der Gläubigerbeteiligung** hergestellt wird. Aufgrund von Ermessensspielräumen ist dies bislang nicht der Fall. Die Politik ist gefordert, den Rahmen für Bankenabwicklungen im europäischen und im globalen Kontext weiterzuentwickeln.

16. Die neue **makroprudenzielle Aufsichtsstruktur** im Euro-Raum ist zu begrüßen. Allerdings sollte sie mittelfristig außerhalb der EZB angesiedelt werden, um Interessenkonflikte mit der Geldpolitik zu vermeiden. In Deutschland ist die Einflussnahme durch die Politik zu groß. Die Wirksamkeit makroprudenzieller Instrumente ist ungewiss und auf den regulierten Sektor begrenzt. Es droht eine **übermäßige Feinsteuerung**. Eine Erhöhung des Eigenkapitals könnte bereits einen Großteil der systemischen Risiken im Bankensystem auffangen.

WIRTSCHAFTSPOLITIK: MEHR VERTRAUEN IN MARKTPROZESSE

I. Wirtschaftspolitik von der Realität eingeholt

II. Deutschland: Wachstumspotenziale freisetzen
1. Keine Investitionslücke, aber Handlungsbedarf
2. Arbeitsmarkt: Neue Hürden für Beschäftigung
3. Sozialpolitik: Verfehlte Reformen
4. Energiepolitik: Niedrige Erwartungen bestätigt
5. Innovationen: Entdeckungsprozesse ermöglichen

III. Finanzpolitik: Reformbedarf steigt
1. Staatshaushalt weiter mit Rückenwind
2. Reformoptionen für den Solidaritätszuschlag
3. Neuordnung der Bund-Länder-Finanzbeziehungen

III. Europa: Zeit für Subsidiarität
1. Unverändertes Leitbild: Maastricht 2.0
2. Expansive Geldpolitik, nationale Wirtschaftspolitik
3. Bankenunion und Finanzstabilität

Eine andere Meinung

Literatur

I. WIRTSCHAFTSPOLITIK VON DER REALITÄT EINGEHOLT

1. Im Herbst 2013 sah die wirtschaftliche Lage Deutschlands noch verheißungsvoll aus. Die hohe Beschäftigung, die historisch gute Finanzsituation der öffentlichen Haushalte und der Sozialversicherungen sowie die Aussicht auf einen langanhaltenden wirtschaftlichen Aufschwung eröffneten der Großen Koalition erhebliche wirtschaftspolitische Spielräume. Diese nutzte die Politik ausgiebig: So wurde etwa mit der Einführung des gesetzlichen Mindestlohns nicht nur ein sozialpolitisches Experiment mit unbekanntem Ausgang gestartet, sondern gleichzeitig ein **Paradigmenwechsel** in der Arbeitsmarktpolitik eingeleitet – Marktergebnisse werden festgelegt, anstatt sie dort, wo es politisch erwünscht ist, nachträglich über das Steuer- und Transfersystem zu verändern.

   Zudem wurden die in der Vergangenheit in den sozialen Sicherungssystemen eingeleiteten **Reformen verwässert**: Mit der abschlagsfreien **Rente ab 63 Jahren** für langjährig Versicherte wurde die ohnehin systemfremde abschlagsfreie Rente ab 65 Jahren temporär noch einmal ausgeweitet. Zusätzlich werden mit der **Ausweitung der Mütterrente** die Rentenausgaben bis etwa zum Jahr 2050 im Vergleich zum Status quo ante deutlich erhöht sein, ohne dass künftige Regierungen diese einmal gewährten Ansprüche wieder reduzieren könnten.

   Der stete Verweis der Koalitionspartner darauf, dass alle Maßnahmen bis zum Ende der Legislaturperiode solide finanziert seien, ließ bereits erahnen, dass diese über die aktuelle Legislaturperiode hinaus Mehrausgaben verursachen würden. Doch nun wurde **die Politik** weit schneller als erwartet **von der Realität eingeholt**: Aufgrund der eingetrübten Wachstumsaussichten und der Vielzahl konjunktureller Risiken dürften sich diese Mehrausgaben bereits in dieser Legislaturperiode deutlich bemerkbar machen.

2. Allerdings eröffnet dies zumindest die Chance, die Wirtschaftspolitik neu auszurichten, diesmal jedoch auf Effizienz statt allein auf Umverteilung. Die Suche nach den richtigen Weichenstellungen sollte sich dabei an den **zentralen langfristigen Herausforderungen** für die deutsche Volkswirtschaft orientieren:

   – Der **demografische Wandel** wird spätestens ab den 2020er-Jahren die Volkswirtschaft, insbesondere die sozialen Sicherungssysteme, immer mehr belasten und mindert die Wachstumsaussichten.

   – Die voranschreitende **Globalisierung** eröffnet zwar die Möglichkeit, künftigen Wohlstand zu steigern, intensiviert aber den Standortwettbewerb und schränkt so die Handlungsoptionen der nationalen Wirtschaftspolitik ein.

   – Künftige **konjunkturelle und strukturelle Krisen** erfordern in guten Zeiten den Aufbau widerstands- beziehungsweise anpassungsfähiger Strukturen sowie hinreichender fiskalischer Puffer.

Der Sachverständigenrat verdeutlichte bereits im Jahresgutachten 2013, dass die Mehrzahl der seinerzeit diskutierten und nun umgesetzten wirtschaftspolitischen Maßnahmen im **klaren Widerspruch** zu den aus diesen Herausforderungen erwachsenden wirtschaftspolitischen Erfordernissen steht.

3. Als im laufenden Jahr die erhoffte konjunkturelle Dynamik ausblieb und sich zunehmend abzeichnete, dass sich die Erwartungen eines anhaltenden Aufschwungs bis auf Weiteres nicht erfüllen, intensivierte sich die öffentliche Diskussion um eine **vermeintliche Investitionsschwäche** in Deutschland. Diese Debatte zeigt zumindest, dass sich in der Politik und der Öffentlichkeit langsam die Erkenntnis durchsetzt, dass der künftige Wohlstand Deutschlands kein Selbstläufer ist, sondern aktiv gesichert werden muss.

    Das macht grundsätzlich Hoffnung. Zudem ist es sinnvoll, auf Investitionen als einen zentralen Indikator künftiger Leistungsfähigkeit zu schauen. Dennoch ist die aktuelle Debatte **verfehlt**, da sie die Symptome und nicht die eigentlichen Ursachen in den Mittelpunkt stellt:

    – Es gibt Anhaltspunkte für eine Schwäche bei den **öffentlichen Investitionen**, während gleichzeitig die konsumtiven Ausgaben ausgeweitet werden. Richtig wäre es, die Ausgabenschwerpunkte bei Bund, Ländern und Kommunen sowie die Organisation der föderalen Finanzbeziehungen zu hinterfragen. ↘ ZIFFERN 590 FF. Stattdessen wird in der politischen Diskussion meist der einfachste Weg gewählt, indem auf mangelnde Einnahmen verwiesen wird und entweder Steuer- oder Abgabenerhöhungen oder eine Ausweitung der expliziten oder impliziten Verschuldung gefordert werden.

    – Für eine pathologische Schwäche bei den **privaten Investitionen**, die es wirtschaftspolitisch zu kurieren gilt, gibt es derzeit keine Anhaltspunkte. ↘ ZIFFERN 431 FF. Gleichwohl suggerieren die in der Öffentlichkeit prominent diskutierten „Investitionslücken" eine vermeintlich einfache Therapie: Wer diese Lücke schließt, hat sämtliche Probleme gelöst. Richtig wäre es stattdessen zu hinterfragen, wie die wirtschaftlichen Rahmenbedingungen für private Investitionen und Innovationen verbessert werden könnten, um künftig für ein starkes Wirtschaftswachstum zu sorgen.

4. Nicht zuletzt wird aktuell zu Recht darüber diskutiert, inwieweit die bereits beschlossenen wirtschaftspolitischen Maßnahmen schon jetzt, noch vor dem Zeitpunkt ihrer Umsetzung, dazu beigetragen haben könnten, die Wachstumsperspektiven einzutrüben. Denn angesichts der **erwarteten Belastung** revidieren möglicherweise die Unternehmen, die etwa von der Einführung des gesetzlichen Mindestlohns direkt betroffen sind, ihre Investitionsentscheidungen bereits heute und damit vor dessen Inkrafttreten.

    Zudem können einzelne Maßnahmen, selbst wenn sie für sich genommen keine hohen Kosten verursachen, in ihrer Gesamtheit das Vertrauen der wirtschaftlichen Akteure in die Verlässlichkeit des Ordnungsrahmens schwächen. Eine wirtschaftliche **Aufbruchstimmung** hat die Große Koalition jedenfalls bislang **nicht erzeugt**. Vielmehr zeichnet sich bereits heute deutlich ab, dass die aktuellen Maßnahmen den künftigen Reformbedarf erhöht haben.

5. Die Bewältigung der zentralen langfristigen Herausforderungen würde in noch weitere Ferne rücken, wenn die Politik die Auswirkung fehlgeleiteter struktureller Weichenstellungen statt durch deren Abbau durch weitere staatliche Regulierung abmildern wollte. Eine **Investitionsstrategie** für die deutsche Volkswirtschaft zu entwerfen, bei der öffentliche „Investitionslücken" rasch durch die **Mobilisierung privaten Kapitals** geschlossen werden, birgt die Gefahr, dass die ursächlichen Hemmnisse, welche die staatlichen und privaten Akteure zu geringen Investitionen bewogen haben, unvermindert fortbestehen. ⇘ KASTEN 1 Insbesondere wenn mit staatlich initiierten Investitionsprogrammen gezielt Industriepolitik betrieben werden sollte, drohen erhebliche ungünstige Nebenwirkungen.

6. Die vom Sachverständigenrat für sinnvoller erachtete Therapie folgt dem Leitmotiv: **Effizienz sichern, um Teilhabe zu ermöglichen**. Dieser Grundsatz der Sozialen Marktwirtschaft prägte bereits aus gutem Grund den gesetzlichen Auftrag des Sachverständigenrates zu prüfen, „wie im Rahmen der marktwirtschaftlichen Ordnung gleichzeitig Stabilität des Preisniveaus, hoher Beschäftigungsstand und außenwirtschaftliches Gleichgewicht bei stetigem und angemessenem Wachstum gewährleistet werden können. In die Untersuchung sollen auch die Bildung und die Verteilung von Einkommen und Vermögen einbezogen werden."

In der Sozialen Marktwirtschaft wird zunächst die Effizienz der Wirtschaftsprozesse und damit die **volkswirtschaftliche Leistungsfähigkeit** über den Markt gesichert, bevor die Verteilungsergebnisse dem gesellschaftlichen Konsens entsprechend über das **Steuer- und Transfersystem verändert** werden. Sie folgt damit der Einsicht, dass es aufgrund des komplexen Zusammenspiels von Angebot und Nachfrage auf den Absatz- und Faktormärkten in der Regel unmöglich ist, direkt und ohne nicht beabsichtigte Nebenwirkungen ein unter Verteilungsgesichtspunkten anzustrebendes Marktergebnis durch direkte staatliche Regulierung herbeizuführen.

7. Die Reformerfordernisse sind in Anbetracht der Herausforderungen beträchtlich. Allerdings sind die wirtschaftlichen Rahmenbedingungen trotz der aktuellen Eintrübung **immer noch günstig genug**, um zukunftsgerichtete Reformen einzuleiten. Diese Spielräume werden in absehbarer Zeit kleiner und verschwinden spätestens, wenn sich der demografische Wandel in den 2020er-Jahren beschleunigt. Dann wird die Politik unter **steigenden Handlungsdruck** geraten, dem besser heute als morgen durch Reformen begegnet wird. Dies illustriert die aktualisierte Analyse zur Tragfähigkeit der öffentlichen Haushalte. ⇘ ZIFFERN 570 FF.

Daher wäre die deutsche Wirtschaftspolitik gut beraten, eine zentrale Lehre aus der Krise des Euro-Raums zu beherzigen: Zu spät eingeleitete Reformen sind wirtschaftlich und gesellschaftlich besonders teuer. Die empirische Regelmäßigkeit, dass Reformen nur in schweren wirtschaftlichen und gesellschaftlichen Krisen eingeleitet werden, ist jedenfalls kein Naturgesetz und sollte von der Wirtschaftspolitik bewusst durchbrochen werden.

↘ KASTEN 1

Ursachen kurieren, statt Symptome zudecken

Die in diesem Jahresgutachten nicht weiter quantifizierte Schlussfolgerung, dass sich mit **besseren Rahmenbedingungen** für private Investitionen auf Dauer ein stärkeres gesamtwirtschaftliches Wachstum realisieren ließe, mag der Politik unangemessen vage erscheinen. Doch aus Sicht einer verantwortungsbewussten wissenschaftlichen Politikberatung ist es nicht angemessen, **Genauigkeit vorzutäuschen**, wenn Genauigkeit auf seriöse Weise nicht zu erreichen ist.

Denn hinter der statistisch erfassten aggregierten Größe der Investitionen stehen im Einzelnen verschiedene konkrete Investitionsprojekte mit ganz **unterschiedlichen Wirkungen**. Wenn die Investitionsintensität steigt, führt dies daher keineswegs zu einer eindeutigen, leicht zu bestimmenden Wirkung. Noch viel schwerer ist die Frage der Kausalität zu beantworten, also wie groß die **ursächliche Wirkung** von wirtschaftspolitischen Maßnahmen tatsächlich ist. Gesamtwirtschaftliche Fragestellungen entziehen sich grundsätzlich einer experimentellen Analyse, da die deutsche Volkswirtschaft nicht wie in einem Labor unter **kontrollierten Bedingungen** verschiedenen Maßnahmen ausgesetzt werden kann, um so deren ursächliche Wirkung zu messen.

Vorsicht bei leichtfertigen Kausalaussagen

Daher müssen empirische Analysen, etwa zu den von einer wirtschaftspolitischen Maßnahme zu erwartenden Wachstumswirkungen, die Daten mithilfe statistischer Verfahren so auswerten, dass diese das nicht durchführbare Experiment möglichst gut nachstellen. Die moderne empirische Wirtschaftsforschung zeichnet ein realistisches Bild der Möglichkeiten und Grenzen dieser statistischen Methoden (Bauer et al., 2009). Insbesondere sind Regressionsmodelle lediglich Verfahren zur **Beschreibung** empirischer Regelmäßigkeiten. Nur wenn sehr strenge Voraussetzungen erfüllt sind, eignen sie sich zur **Kausalanalyse**. Dafür müssen mindestens die vermeintlichen Stellschrauben in der Tat von der Politik in Isolation zu beeinflussende Instrumente sein. Ist das nicht der Fall, sondern handelt es sich dabei um **Ergebnisgrößen**, ist diese Interpretation problematisch. Denn dann wäre es schlicht unmöglich, dass andere Größen unbeeinflusst blieben, deren Veränderung jedoch ganz andere Wirkungen nach sich ziehen könnte als geplant.

Ein **illustrierendes Beispiel** kann hier helfen: Jeder oberflächliche Beobachter der Fußball-Bundesliga weiß, dass ein gutes Torverhältnis typischerweise mit einem hohen Punktestand einhergeht. Mannschaften in der Krise haben nicht nur wenige Punkte vorzuweisen, sondern haben meist wenige Tore erzielt oder viele zugelassen. Dem Trainer in dieser Situation den schlichten Rat zu geben, das Torverhältnis zu verbessern, wäre sicherlich kein besonders produktiver Rat. Vielmehr sollte dieser die Ursachen der Misere erforschen und sich fragen, ob es etwa an der physischen Fitness seiner Spieler liegt oder an Defiziten im Spielverständnis. An beiden Stellschrauben kann der Trainer drehen, am Ergebnis auf dem Platz nicht.

Die gesamtwirtschaftliche **private Investitionsquote** ist eine solche **Ergebnisgröße** und nicht etwa ein Instrument. Wird sie aber in schlichten Regressionsanalysen als Instrument fehlinterpretiert (Bach et al., 2013), kann dies zu fragwürdigen wirtschaftspolitischen Schlussfolgerungen führen. So könnte man versucht sein, die Schlussfolgerung zu ziehen, dass private Investitionen nur durch staatlichen Eingriff – etwa durch ein breit angelegtes **Investitionsprogramm** – über das ansonsten zustandekommende Niveau hinaus erhöht werden müssten und dass daraus dann eine stärkere Wachstumsleistung entstünde. Doch in der Realität werden die Akteure reagieren und tendenziell andere Investitionen nicht tätigen, die sie ansonsten durchgeführt hätten. Denn Investitionen innerhalb des Programms sind ja für den einzelnen Investor zwangsläufig lukrativer. Damit besteht gar die Möglichkeit eines langfristig **geringeren Wachstums** als ohne Investitionsprogramm. Doch dies droht unbemerkt zu bleiben, denn was ohne das Programm passiert wäre, wird man nie direkt beobachten können.

Ein **mahnendes Beispiel** für eine solche Konstellation ist das Erneuerbare-Energien-Gesetz, bei dem Investoren über die staatliche Preisgarantie für eingespeisten Strom eine positive Rendite erhalten, die ohne Preisgarantie nicht zustande käme. Die Investitionen sind dann zwar aus individuellem Kalkül heraus lukrativ, gesamtgesellschaftlich liegt die Rendite aber unter derjenigen des Investors, denn der Stromverbraucher muss dafür einen Aufschlag auf den Marktpreis zahlen.

Überlässt man den Marktakteuren die Investitionsentscheidungen, sorgen diese mit ihrer Kenntnis der Sachverhalte vor Ort tendenziell dafür, dass eher rentable Projekte durchgeführt werden, da sie auch alle damit verbundenen Risiken tragen. Entscheidet hingegen der Staat, welche konkrete Investition durchzuführen ist, dann fehlt diese lokale Kenntnis des Sachverhalts, und die Allgemeinheit trägt die Risiken. Die **Geförderten** darf man dazu nicht um Rat fragen. Es ist verständlich, wenn institutionelle Anleger darüber erfreut wären, würden sie künftig für ihre Investitionen in Infrastrukturprojekte eine mehr als marktübliche Rendite erhalten. Werden ihre Aktivitäten subventioniert, steigert dies ihre Gewinnmöglichkeiten und sichert damit ihre langfristige Existenz. Aber der betriebswirtschaftliche Erfolg macht dies noch lange nicht zu einer gesamtwirtschaftlich sinnvollen Politik.

Stattdessen sollten die Rahmenbedingungen für Investitionen verändert und mögliche gesamtwirtschaftlich negativ wirkende Investitionshemmnisse beseitigt werden. Das stünde zwar in einem gewissen Widerspruch zum aktuellen Zeitgeist. Richtig wäre es gleichwohl.

Vorsicht bei der Berechnung von „Investitionslücken"

Selbst der sachkundige Einsatz von Regressionsanalysen zur bloßen Beschreibung von multivariaten Datenstrukturen ist kein Selbstläufer. Für die aktuelle Diskussion um vermeintliche „Investitionslücken" in der Europäischen Union (Baldi et al., 2014) ergibt sich daraus eine wichtige Schlussfolgerung: Man sollte kritisch hinterfragen, wie sie ermittelt worden sind, bevor man sie zum Gegenstand wirtschaftspolitischer Debatten macht. Es ist offensichtlich, dass man (i) **nur Vergleichbares** international **vergleichen** sollte; insbesondere können aufgrund unterschiedlicher Abgrenzungen separate Analysen öffentlicher und privater Investitionen kritisch sein, denn der Staat greift je nach Land in unterschiedlicher Weise in das Investitionsgeschehen ein. ↘ KASTEN 2

Ebenso ist (ii) kritisch zu fragen, welcher **Vergleichsmaßstab** herangezogen wird, um eine **pathologische Abweichung** von einem anzustrebenden Zustand anzuzeigen, der mit staatlichem Handeln entgegengewirkt werden sollte. Für gesamtwirtschaftliche Ergebnisgrößen wie die Investitionsquote gilt: Der unauffällige „Normalzustand" ist wohl für jede Volkswirtschaft ein anderer und ist für den Wirtschaftsforscher keineswegs leicht, wenn überhaupt, zu erkennen.

Typischerweise gehen Ökonomen aus gutem Grund von der **Arbeitshypothese** aus, dass die jeweils beobachteten Ausprägungen zumindest im langfristigen Durchschnitt eine direkte Reflexion eines solchen Zustands darstellen – sind sie doch nichts anderes als die Aggregation einer Vielzahl von **dezentral getroffenen Entscheidungen** einzelner auf eigene Rechnung handelnder Akteure. Diese Arbeitshypothese steht im Prinzip hinter vielen konkreten Anwendungen der empirischen Wirtschaftsforschung, die folgerichtig meist auf der Konstruktion bedingter Mittelwerte beruhen, etwa beim Versuch der Trennung von Trend und Zyklus in der Makroökonomik.

In der Praxis gibt es jedoch viele Akteure, die keine Berührungsängste mit der (impliziten) **Unterstellung** haben, dass diese dezentral getroffenen Entscheidungen einen pathologischen Kern enthalten. Statt die häufig äußerst schwierige Frage zu stellen, wieso es als Resultat dezentralen Handelns zu den beobachteten Ausprägungen gekommen ist, muss man dann nicht nach tiefer liegenden **ursächlichen Faktoren** suchen. Im Zweifelsfalle sind diese nur schwer durch wirtschaftspolitisches Handeln zu beeinflussen. Doch man kann es sich auch leicht machen und lediglich eine argumentativ mehr oder weniger gut unterfütterte „Benchmark" auswählen und dann umgehend mit der Berechnung pathologischer Abweichungen und der Formulierung von Ratschlägen zu deren Abhilfe beginnen. Darauf sollte die Politik nicht hereinfallen.

II. DEUTSCHLAND: WACHSTUMSPOTENZIALE FREISETZEN

8. Eine nüchterne Bestandsaufnahme zeigt, dass aus Sicht potenzieller Investoren in der deutschen Wirtschaftsordnung **zahlreiche Hemmnisse** bestehen oder jüngst aufgebaut wurden, welche die Entfaltung einer **regen Investitionstätigkeit** in Deutschland behindern. Zwar sind wir noch weit von einem katastrophalen Zustand entfernt, der umfassendes staatliches Krisenmanagement erfordern würde. Ein Abbau dieser Hemmnisse ist gleichwohl angezeigt. Um gute Rahmenbedingungen für private Investitionen zu bieten, ist es insbesondere wichtig, dass die Effizienz der Faktormärkte in Deutschland sichergestellt ist. Aus dieser Einsicht ergibt sich ein erster Handlungskatalog:

   – Der **Arbeitsmarkt** hat zwar die konjunkturelle Krise des Jahres 2009 sehr gut überstanden. Er weist jedoch unzureichende Flexibilität auf, um künftige strukturelle Krisen ähnlich erfolgreich zu meistern. Statt ihn nun mit noch mehr Regulierungsmaßnahmen zu überziehen, sind die bestehenden Regulierungen ebenso kritisch zu überprüfen und zu korrigieren wie der ab dem Jahr 2015 geltende flächendeckende allgemeine Mindestlohn.

   – Angesichts des demografischen Wandels kommt nachhaltig und effizient finanzierten **sozialen Sicherungssystemen** eine wesentliche Bedeutung zu. Es gilt gleichermaßen, dem zurückgehenden Erwerbspersonenpotenzial zu begegnen und die künftige Steigerung der Beitragssätze und damit ihre beschäftigungshemmende Wirkung in einem erträglichen Rahmen zu halten. Dies erfordert nicht zuletzt eine Anpassung der Lebensarbeitszeit an die weiter steigende Lebenserwartung und Bemühungen, Effizienzpotenziale bei der Gesundheitsversorgung zu heben.

   – Das gesamtgesellschaftliche Projekt der **Energiewende** sollte nicht länger als nationales industriepolitisches Projekt verfolgt, sondern in eine internationale Strategie des Klimaschutzes eingebettet werden. Dazu bietet der europäische Handel mit CO_2-Zertifikaten einen ersten wichtigen Ansatzpunkt. Selbst ein rein nationales Vorgehen könnte deutlich weniger kostenintensiv organisiert werden, wenn der bestehende Subventionsapparat grundlegend reformiert würde und nicht wie jetzt halbherzig.

1. Keine Investitionslücke, aber Handlungsbedarf

9. Die Leistungsfähigkeit der deutschen Volkswirtschaft ergibt sich aus dem Zusammenspiel von drei Faktoren: dem eingesetzten Arbeitsvolumen, dem investierten Sachkapital und der Totalen Faktorproduktivität. Vor allem die Entwicklung der Totalen Faktorproduktivität, die synonym für den technologischen Fortschritt steht, bestimmt das gesamtwirtschaftliche Wachstum (Expertise 2011 Ziffern 230, 232, 251).

10. Im aktuellen politischen Diskurs geht es jedoch nicht um die Totale Faktorproduktivität, sondern vor allem um die Ausstattung der deutschen Volkswirtschaft mit Sachkapital. In der Tat haben sich die **gesamtwirtschaftlichen Investitionen** gemessen als Anteil am Bruttoinlandsprodukt in den vergangenen Jahrzehnten **verringert**. Um diese Entwicklung sinnvoll einordnen zu können, müssen allerdings öffentliche und private Investitionen getrennt voneinander betrachtet werden. Analysen des Sachverständigenrates weisen nicht auf eine pathologische Schwäche der privaten Investitionen hin. ↘ ZIFFERN 431 FF. Die anhaltend niedrigen öffentlichen Investitionen geben jedoch Anlass, die Prioritäten in den staatlichen Haushalten zu hinterfragen.

11. Mit dem langfristigen Trend sinkender öffentlicher Investitionen bei zugleich hohem öffentlichem Kapitalstock geht ein steigender Erneuerungs- und Erhaltungsbedarf bei der **öffentlichen Infrastruktur** einher. Dieser ist jedoch nur schwer zu quantifizieren. Die dafür in der Vergangenheit eingesetzten sachkundigen Kommissionen sind bei ihrem Urteil nicht gänzlich frei von Eigeninteressen. Wenn etwa die Kommunen oder die Länder in solchen Kommissionen vertreten sind, wird die dort ermittelte Größenordnung des Investitionsbedarfs eher als Obergrenze anzusehen sein, weil nicht nur das Notwendige, sondern auch das Wünschenswerte zum Investitionsbedarf gezählt wird.

    Doch selbst die als Obergrenze ermittelte Größenordnung wäre im Rahmen der vorhandenen budgetären Spielräume durchaus zu bewältigen. Dafür notwendig ist lediglich der **politische Wille**, entsprechende Schwerpunkte zu setzen. Der vielfach herangezogene Vergleich mit anderen Ländern etwa im Euro-Raum, mit dessen Hilfe der vermeintlich notwendige Umfang öffentlicher Investitionen bestimmt wird, geht hingegen komplett fehl. Wenn lediglich die öffentlichen Investitionsquoten Deutschlands mit denen anderer Länder verglichen werden, werden die jeweilige Aufgabenteilung zwischen privatem und öffentlichem Sektor und die länderspezifische institutionelle Ausgestaltung ignoriert.

12. Besonders häufig wird das öffentliche Investitionsniveau Deutschlands mit demjenigen Frankreichs verglichen, das jedoch bei genauerer Betrachtung **nicht direkt vergleichbar** ist. ↘ KASTEN 2 Beispielsweise verwundern die relativ hohen französischen Investitionen in den öffentlichen Wohnungsbau nicht, wenn man sich verdeutlicht, dass diese Investitionen in Deutschland weitgehend durch private Investoren getätigt werden, nicht zuletzt durch Genossenschaften und Unternehmen ohne Erwerbszweck. Ebenso käme man nicht auf die Idee, Frankreich zu mehr öffentlichen Investitionen in die Verkehrsinfrastruktur anzuhalten, nur weil diese im Gegensatz zu Deutschland nicht vollständig als öffentliche, sondern teils als private Investitionen gezählt werden.

    Beide Länder können zwar durchaus voneinander lernen. So könnte Deutschland längerfristige Konzessionen für die Nutzung der Bundesautobahnen an private Investoren vergeben, die staatlich regulierte, nutzungsabhängige Gebühren festlegen könnten, und so eine private Finanzierung der Verkehrsinfrastruktur in einem ausgesuchten Bereich erschließen. Die naive Vorstellung einer Angleichung von öffentlichen Investitionsquoten beider Länder ist jedoch verfehlt.

13. Was für die öffentlichen Investitionen gilt, gilt gleichermaßen für die privaten Investitionen: Die unterschiedliche Aufgabenteilung zwischen öffentlichem und privatem Sektor verhindert einen einfachen Vergleich von Investitionsquoten verschiedener Länder. So spielen die jeweilige **länderspezifische Wirtschaftsstruktur** und deren zeitliche Entwicklung eine wichtige Rolle für die Höhe der Investitionen. Weist eine Volkswirtschaft vergleichsweise viele kapitalintensive Sektoren auf, ist im Durchschnitt damit zu rechnen, dass die Investitionen höher ausfallen. Ein Vergleich zwischen verschiedenen Ländern muss diesem Umstand Rechnung tragen, indem die sektorale Struktur der betrachteten Länder statistisch „normiert" wird. Macht man dies beispielhaft für Deutschland und Frankreich, relativieren sich einige der Unterschiede, die bei aggregierter Betrachtung auftreten. ↘ KASTEN 2 Die **Ausrüstungsinvestitionen** sind in Deutschland demnach vergleichsweise **hoch**.

    Die gleiche Vorsicht ist angebracht, wenn die Investitionsquoten für eine einzelne Volkswirtschaft zu unterschiedlichen Zeitpunkten miteinander verglichen werden. So hat etwa die Bauwirtschaft in den 1990er-Jahren nach der **Deutschen Einheit** einen **Bauboom** erlebt. Es verwundert daher kaum, dass es in Deutschland in den vergangenen Jahren vor allem die **geringen Bauinvestitionen** waren, die zu den im Zeitvergleich geringeren Investitionen erheblich beigetragen haben (JG 2013 Kasten 26). ↘ ZIFFERN 437 FF.

14. Selbst wenn die Investitionsquoten international vergleichbar wären, ergibt eine sogenannte **„Investitionslücke"** insbesondere bei privaten Akteuren **keinen Sinn**. Da die gesamtwirtschaftlichen privaten Investitionen die Summe vieler einzelner Investitionsentscheidungen darstellen, muss man sich vielmehr fragen, weshalb Investitionen nicht unternommen werden. Eine geringe Investitionstätigkeit dürfte in erster Linie **geringere Renditeaussichten** widerspiegeln. Also müssen die Renditeaussichten im Inland nicht notwendigerweise gesunken sein, wenn sich die Investitionen abschwächen. Es reicht bereits, wenn die Renditen im Ausland gestiegen sind.

    Der bloße Vergleich von Investitionsquoten im Sinne einer „Investitionslücke" ist daher wenig hilfreich und dürfte sogar in die Irre führen, wenn daraus unmittelbarer Handlungsbedarf abgeleitet wird. In der Öffentlichkeit wird dies jedoch allzu oft getan und darauf gedrungen, die vermeintlich identifizierte „Investitionslücke" durch die Mobilisierung privaten Kapitals zu schließen.

15. Wie jede Therapie birgt auch diese die Gefahr **unerwünschter Nebenwirkungen**. Aus gutem Grund wird es in der Sozialen Marktwirtschaft nicht als Aufgabe des Staates angesehen, dort vermeintlich renditeträchtige Investitionspotenziale zu identifizieren, wo private Akteure nicht tätig werden. Vielmehr sollte der Umstand, dass es an dieser Stelle bislang nicht zu einer Investition gekommen ist, als Hinweis auf die möglicherweise fehlende Wirtschaftlichkeit verstanden werden. Mobilisiert der Staat privates Kapital dadurch, dass er die geringe Rendite aufbessert, dann macht er es für die Privaten zwar lukrativer, erhöht jedoch die gesamtwirtschaftliche Rendite nicht.

    Im Gegenteil: Um Private zur Investition zu überreden, übernimmt der Steuerzahler den zusätzlich erforderlichen Renditeteil. Dies verdeutlicht bereits die

Nebenwirkungen. Durch die Therapie selbst entstehen (Opportunitäts-)Kosten, in Form von **unterlassenen gesamtwirtschaftlich sinnvolleren Projekten**, die durchaus im Ausland liegen könnten. Ein Beispiel dafür liefert die bisherige Förderung der erneuerbaren Energien: Die gewählte Finanzierungform reizt zwar die Investitionen mit garantierten Einnahmen an. Diese impliziten Schulden müssen aber künftig durch die Bürger abgetragen werden, allerdings wird keine entsprechende **Belastungsreduktion** an anderer Stelle vorgesehen. Dadurch bewirkt diese Förderung eine wachstumshemmende, verdeckte Steuererhöhung, noch dazu mit unerwünschter Verteilungswirkung (JG 2011 Ziffer 425).

16. Statt am Ergebnis „Investition" anzusetzen, sollte sich die Wirtschaftspolitik in erster Linie auf die Gestaltung der **Rahmenbedingungen** konzentrieren. Die Voraussetzungen für öffentliche Investitionen können dann gegeben sein, wenn private Investoren die positiven Effekte ihrer Investitionen nur unzureichend vereinnahmen können. Dies gilt beispielsweise für die Grundlagenforschung und Teile der Infrastruktur. Um den staatlichen Eingriff zu rechtfertigen, müssen empirische Belege für ein derartiges Marktversagen vorliegen. Zudem ist der Nachweis zu erbringen, dass staatliches Handeln tatsächlich geeignet ist, das Marktversagen zu beseitigen.

    Zu den wichtigen Rahmenbedingungen für **private Investitionen** zählen die Gegebenheiten auf den Güter- und Faktormärkten, etwa bei der Energie- und Stromversorgung, auf dem Arbeitsmarkt und bei der Finanzierung innovativer Projekte. Dafür gilt es, Beschäftigungshürden auf dem Arbeitsmarkt abzubauen und die sozialen Sicherungssysteme mit einer demografiefesten Finanzierungsstruktur zu versehen. Zudem muss der unter dem Begriff Energiewende angestrebte vollständige Umbau des Systems der Energieversorgung effizient gestaltet werden. Schließlich sind die Leistungsfähigkeit des deutschen Bildungs- und Innovationssystems zu stärken und eine vertiefte Einbettung der deutschen Volkswirtschaft in die internationale Arbeitsteilung zu gewährleisten.

> ↘ KASTEN 2
>
> **Analyse des Investitionsverhaltens in Frankreich und Deutschland**
>
> Die deutsche Wirtschaftspolitik wird häufig aufgefordert, mehr Impulse für die inländische Investitionstätigkeit zu setzen. Dies wird meist anhand der im internationalen Vergleich vermeintlich geringen Investitionsquote der deutschen Volkswirtschaft begründet. So liegt die deutsche Investitionsquote trotz der hierzulande besseren konjunkturellen Lage in der Tat noch immer unter derjenigen Frankreichs. ↘ ABBILDUNG 1 OBEN LINKS
>
> Die seit dem Jahr 2003 höhere französische Investitionsquote lässt sich vor allem durch die Entwicklung bei den Bauinvestitionen erklären (Lindner, 2014). ↘ ABBILDUNG 1 OBEN RECHTS Seit zehn Jahren liegt dieser Wert für Frankreich im Durchschnitt gut 2,8 Prozentpunkte über dem Deutschlands. Hingegen war die Quote der deutschen Investitionen in Ausrüstungen und Sonstige Anlagen in diesem Zeitraum höher. Der Unterschied betrug zwischen den Jahren 2003 und 2013 gut einen Prozentpunkt. Die Quoten haben sich in den Jahren 2012 und 2013 allerdings nahezu angeglichen.
>
> Beim Blick auf die Investitionsausgaben der einzelnen Wirtschaftssektoren fällt auf, dass der öffentliche Sektor in Frankreich durchweg eine höhere Quote aufweist als in Deutschland. ↘ ABBILDUNG 1

UNTEN LINKS Im Jahr 2012 hat der französische Staat mit 64 Mrd Euro über 20 Mrd Euro mehr investiert als der deutsche. Diese statistisch dokumentierten Unterschiede liegen jedoch vor allem in der unterschiedlichen Aufteilung der Investitionstätigkeiten zwischen dem privaten und dem öffentlichen Sektor begründet. So lassen sich 7,5 Mrd Euro durch den Unterschied in der Finanzierung der Investitionen in Krankenhäuser erklären, die in Deutschland, anders als in Frankreich, über Zuschüsse unterstützt werden, die aber nicht als staatliche Investitionen gebucht werden. Weitere 13,5 Mrd Euro des Unterschieds ergeben sich aus dem geringeren öffentlichen deutschen Engagement im Bereich Wohnungswesen und kommunale Einrichtungen. ↘ ABBILDUNG 2

Interessanterweise sind die deutschen Ausgaben für den Verkehr – im Wesentlichen Straßenbau – deutlich höher als die französischen. Diesen Bereich hat der französische Staat zu einem hohen Anteil privatisiert, sodass diese Investitionen dem Privatsektor zugerechnet werden. Diese Zahlen zeigen bereits, dass ein zu starrer Blick auf öffentliche Investitionsquoten für wirtschaftspolitische Beurteilungen nicht zielführend ist.

↘ ABBILDUNG 1
Bruttoanlageinvestitionen in Deutschland und Frankreich[1]
in Relation zum nominalen Bruttoinlandsprodukt

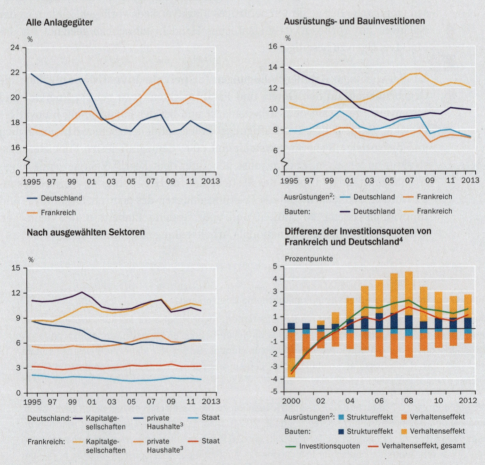

1 – Nach ESVG 95. 2 – Einschließlich Sonstige Anlagen. 3 – Einschließlich private Organisationen ohne Erwerbszweck.
4 – Eigene Berechnungen.
Quelle: Eurostat

Der bloße Vergleich von Investitionsquoten – hier nominale Bruttoanlageinvestitionen in Relation zur Bruttowertschöpfung – ist zudem nicht angemessen, da er die unterschiedliche Bedeutung der sektoralen Wirtschaftsstrukturen der jeweiligen Volkswirtschaften nicht berücksichtigt. So kann die unterschiedliche Bedeutung von Wirtschaftsbereichen, wie etwa des Verarbeitenden Gewerbes, für die jeweilige Volkswirtschaft zu strukturellen Unterschieden („Struktureffekt") in den aggregierten Investitionsquoten führen. Der Grund liegt in den grundsätzlich unterschiedlichen Investitionsintensitäten verschiedener Wirtschaftsbereiche. Daher ist es wichtig, beim Vergleich von Investitionsquoten zweier Volkswirtschaften explizit die unterschiedliche Wirtschaftsstruktur zu berücksichtigen. Dadurch wird ein „Verhaltenseffekt" isoliert, der denjenigen Teil der Differenz der beobachteten Investitionsquoten beschreibt, der nicht auf die unterschiedliche Wirtschaftsstruktur zurückgeht. Der Verhaltenseffekt ist für die Wirtschaftspolitik interessant, da er Hinweise auf Verzerrungen in den Rahmenbedingungen für die Investitionsentscheidungen liefern kann. Für seine Beurteilung muss allerdings berücksichtigt werden, dass dieser Indikator nicht zuletzt konjunkturelle Einflüsse enthält.

↘ ABBILDUNG 2

Bruttoinvestitionen des Staates in Deutschland und Frankreich nach Aufgabenbereichen[1]
in Relation zum nominalen Bruttoinlandsprodukt

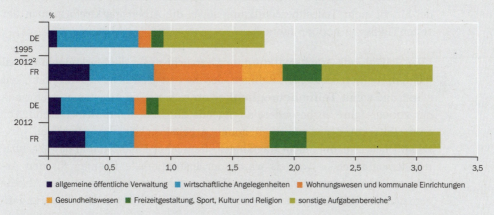

1 – Nach ESVG 95. 2 – Durchschnitt. 3 – Verteidigung, öffentliche Ordnung und Sicherheit, Umweltschutz, Bildungswesen und soziale Sicherung.
Quelle: Eurostat

SVR-14-388

Im Folgenden soll die Differenz zwischen der französischen Investitionsquote, I^F, und der deutschen Investitionsquote, I^D, in einen Struktureffekt, $\Delta_{Struktur}$, und einen Verhaltenseffekt, $\Delta_{Verhalten}$, zerlegt werden:

$$I^F - I^D = \Delta_{Struktur} + \Delta_{Verhalten}.$$

Die Berechnungen erfolgen anhand der Oaxaca-Blinder-Dekomposition. Bei der Zerlegung wird zur „Normierung" die Wirtschaftsstruktur des gesamten Euro-Raums (EWU) unterstellt, da sich die deutsche und französische Wirtschaftsstruktur deutlich unterscheiden. Der Verhaltenseffekt errechnet sich dann anhand folgender Gleichung:

$$\Delta_{Verhalten} = \sum_i (I_i^F - I_i^D)\gamma_i^{EWU},$$

wobei γ_i^{EWU} den Anteil des Sektors i an der Bruttowertschöpfung im Euro-Raum definiert. In den Berechnungen wird zudem zwischen Bau- und Ausrüstungsinvestitionen unterschieden.

Es zeigt sich, dass im Jahr 2012 der Verhaltenseffekt mit gut einem Prozentpunkt rund zwei Drittel der Differenz zwischen der höheren französischen und der deutschen Investitionsquote von gut

1,6 Prozentpunkten erklären kann. ↘ ABBILDUNG 1 UNTEN RECHTS Beim Verhaltenseffekt dominieren die höheren französischen Ausgaben für Bauten. Allerdings haben die Unternehmen in Deutschland deutlich mehr in Ausrüstungen und Sonstige Anlagen investiert. Die geringeren deutschen Bauinvestitionen hängen damit zusammen, dass in Deutschland die Unternehmen und Haushalte noch sehr stark von den entstandenen Baukapazitäten in den 1990er-Jahren zehren, die infolge des Baubooms nach der Wiedervereinigung entstanden sind. Vor diesem Hintergrund lässt sich bezweifeln, dass strukturelle Verzerrungen bestehen, welche die Bautätigkeit in Deutschland beeinträchtigen.

2. Arbeitsmarkt: Neue Hürden für Beschäftigung

17. Der **Arbeitsmarkt** hat sich seit Mitte des vergangenen Jahrzehnts positiv entwickelt. Die aktuell hohe Beschäftigung und die niedrige Arbeitslosigkeit in Deutschland, insbesondere bei Jugendlichen, wird **international bewundert**. Die Gründe für diesen Arbeitsmarkterfolg sind vielfältig: international wettbewerbsfähige Unternehmen, eine moderate Lohnentwicklung, struktureller Wandel hin zu mehr Teilzeitbeschäftigung sowie die Arbeitsmarktreformen in der ersten Hälfte der 2000er-Jahre.

18. Eine zielführende Arbeitsmarktordnung versucht nicht, die Marktergebnisse zu fixieren, sondern setzt einen Rahmen, der die wirtschaftliche Leistungsfähigkeit stärkt und somit **Teilhabemöglichkeiten** sichert. Die Arbeitsmarktreformen der 2000er-Jahre, insbesondere die Agenda 2010, folgten diesem Leitbild. Vor dem Hintergrund der seinerzeit hohen Arbeitslosigkeit, der schwachen wirtschaftlichen Dynamik, nicht tragfähiger öffentlicher Finanzen und des absehbaren demografischen Wandels wurde der institutionelle Rahmen für den Arbeitsmarkt umgestaltet. Die jüngsten Reformvorhaben stellen indes eine Abkehr vom damals eingeschlagenen Weg hin zu mehr Flexibilität am Arbeitsmarkt dar.

19. Das Tarifautonomiestärkungsgesetz schränkt mit dem Mindestlohn die **interne Flexibilität** der Unternehmen ein, vor allem im Bereich einfacher Tätigkeiten. Die Möglichkeit, Löhne und Arbeitszeiten an die wirtschaftlichen Gegebenheiten anzupassen, muss aber als ein wesentlicher Grund für den Arbeitsmarktaufschwung der Vergangenheit gesehen werden. Die nun geschaffene Lohnrigidität birgt erhebliche Gefahren für die zukünftige Beschäftigungsentwicklung, insbesondere in Krisenzeiten. Verteilungspolitische Ziele können im deutschen Institutionengeflecht wesentlich zielgenauer im Steuer- und Transfersystem als mit regulatorischen Markteingriffen erreicht werden.

Einschränkungen von Zeitarbeit und Werkverträgen bedeuten einen Verlust an **externer Flexibilität** für Unternehmen. Die Möglichkeiten, den Beschäftigungsstand an die wirtschaftlichen Gegebenheiten anzupassen, sind in Deutschland ohnehin nicht sehr groß. Um Investitionen zu tätigen und Arbeitsplätze zu schaffen, also langfristig planen zu können, benötigen Unternehmen aber ein Mindestmaß an Flexibilität.

20. Die gute Arbeitsmarktlage darf nicht darüber hinwegtäuschen, dass sich an den grundlegenden Herausforderungen wenig geändert hat. Der demografische Wandel schreitet weiter voran, das Potenzialwachstum ist gering und wird wei-

ter sinken, die öffentlichen Finanzen sind nicht tragfähig. Trotz eines Beschäftigungsrekords liegt die registrierte Arbeitslosigkeit immer noch bei fast drei Millionen Personen. Aus Sicht des Sachverständigenrates bietet die aktuelle Situation die **Chance**, den Arbeitsmarkt zielgerichtet zu flexibilisieren, um das Regelwerk besser an die wirtschaftlichen und gesellschaftlichen Gegebenheiten anzupassen und die Erfolge der jüngeren Vergangenheit langfristig zu sichern.

Zu begrüßen sind etwa die Überlegungen zur Flexibilisierung des Renteneintritts – sofern es sich dabei nicht um eine verdeckte Frühverrentung handelt – oder zur besseren Förderung von Hartz IV-Empfängern. Grundsätzlich muss das Ziel darin bestehen, Strukturen zu schaffen, die der gewachsenen Heterogenität am Arbeitsmarkt Rechnung tragen. Anstatt diese Vielfalt gesetzgeberisch einzuengen, sollten **Marktprozesse gestärkt** werden. Weitere Bildungsanstrengungen und die Verbesserung des Umfelds für private Investitionen können dazu beitragen, die wirtschaftliche Leistungsfähigkeit und die gesellschaftliche Teilhabe langfristig zu sichern (JG 2009 Ziffern 466 ff.).

Dass durch ein verstärktes Vertrauen auf Marktprozesse keine drastische Steigerung der Einkommensungleichheit zu befürchten ist, zeigt die in diesem Jahresgutachten vorgelegte Analyse der Verteilung von Einkommen und Vermögen seit der Zeit der Hartz-Reformen in der Mitte des vergangenen Jahrzehnts. Diese Verteilung ist offenbar nicht zuletzt aufgrund des funktionsfähigen Steuer- und Transfersystems bemerkenswert stabil geblieben. ↘ ZIFFERN 695 FF

3. Sozialpolitik: Verfehlte Reformen

Die Rolle rückwärts in der Rentenpolitik

21. Mit den jüngsten Maßnahmen in der Gesetzlichen Rentenversicherung (GRV) hat die Bundesregierung gegenüber den bisherigen Rentenreformen eine „Rolle rückwärts" vollzogen. Nicht nur, dass mit der abschlagsfreien Rente mit 63 Jahren und der Ausweitung der Mütterrente die ohnehin bislang nur bis zum Jahr 2030 erreichte **finanzielle Stabilität gefährdet** wurde, sie hat zudem erhebliche Zweifel an ihrer grundsätzlichen rentenpolitischen Strategie aufkommen lassen. Bislang hatten sich alle wirtschaftlichen Akteure auf die weitere Anhebung des Renteneintrittsalters eingestellt und ihre Entscheidungen danach ausgerichtet.

Das **Vertrauen** in regelgebundenes Handeln wurde zudem erschüttert, als die eigentlich angezeigte Senkung der Beitragssätze zur GRV unterblieb und die dadurch entstehenden Mehreinnahmen zusammen mit den bislang entstandenen Reserven zur Finanzierung der Ausweitung der Mütterrente verwendet wurden. Da die Bundesregierung dadurch die Versicherungsbedingungen im Nachhinein zu Lasten der aktuellen Beitragszahler und Rentenbezieher geändert hat, hätte dies zwingend die Verwendung von Steuermitteln erfordert.

22. Zudem wurden mit der Berücksichtigung von Zeiten der Arbeitslosigkeit die **Voraussetzungen** zur Erfüllung der Wartezeit im Kontext der abschlagsfreien

Rente mit 63 Jahren gelockert. Selbst nach dem erneuten Erreichen der ursprünglichen Altersgrenze von 65 Jahren bei der Altersrente für besonders langjährig Versicherte im Jahr 2029 wird diese Regelung weiterhin Mehrausgaben in der GRV verursachen. Daher sollte sie spätestens mit dem Wiedererreichen der ursprünglichen Altersgrenze auslaufen.

23. Zur Sicherstellung der langfristigen Stabilität der GRV ist ein weiterer Anstieg des gesetzlichen Renteneintrittsalters ab dem Jahr 2030 notwendig, wenn das Absicherungsniveau nicht weiter sinken soll. Zur Etablierung eines sich selbst stabilisierenden Rentensystems, das keine diskretionären Eingriffe erfordert, ist eine an die fernere Lebenserwartung gekoppelte **regelgebundene Anpassung** des Renteneintrittsalters geeignet (Expertise 2011 Ziffern 319 ff.). Konsequenterweise müsste bei einer solchen weiteren Anhebung der Regelaltersgrenze über Anpassungen bei der Erwerbsminderungsrente nachgedacht werden.

Gesundheitspolitik: Vermischung von Effizienz und Verteilung

24. Beinahe unbemerkt von der Öffentlichkeit wurde im Sommer 2014 die Finanzierungsstruktur der Gesetzlichen Krankenversicherung (GKV) erneut geändert. Mit dem *GKV-Finanzstruktur- und Qualitäts-Weiterentwicklungsgesetz* (GKV-FQWG) wird der **Beitragssatz zur GKV** von derzeit 15,5 % wieder auf 14,6 % gesenkt. Der Anteil der Arbeitgeber am Beitragssatz bleibt wie im *GKV-Finanzierungsgesetz* (GKV-FinG) bei 7,3 % festgeschrieben, allerdings entfällt der bisher allein von den Arbeitnehmern aufgebrachte Beitrag in Höhe von 0,9 %. Ebenso entfällt der bisher zwar gesetzlich vorgesehene, aber noch nicht erhobene einkommensunabhängige Zusatzbeitrag. Stattdessen soll ein kassenindividueller, **einkommensabhängiger Zusatzbeitrag** erhoben werden. Folglich besteht keine Notwendigkeit für den bei der Erhebung pauschaler Zusatzbeiträge vorgesehenen steuerfinanzierten Sozialausgleich, der deshalb ebenfalls abgeschafft wird.

25. Während die im GKV-FinG vorgesehene Erhebung einkommensunabhängiger Zusatzbeiträge als ein Schritt in Richtung einer einkommensunabhängigen Finanzierung der GKV angesehen werden konnte, um so **Effizienz- und Verteilungsziele** auf Dauer erfolgreich voneinander zu **trennen** (JG 2010 Ziffern 408 ff.), hat die Bundesregierung nun eine Kehrtwende vollzogen. Denn im Gegensatz zu den jetzt beschlossenen einkommensabhängigen Zusatzbeiträgen dürften die Preissignale, die von Pauschalbeiträgen ausgehen, von den Versicherten deutlicher wahrgenommen werden, weil sie nicht von einer Umverteilungskomponente überlagert werden.

Daher wird sich nach der Neuregelung voraussichtlich der Anreiz für Mitglieder abschwächen, die Krankenkasse zu wechseln, wenn diese teurer als andere ist. Dies wird den Kassenwettbewerb mindern und somit dessen kostendämpfende Effekte verringern.

26. Das neue System sieht einen Einkommensausgleich zwischen den Krankenkassen vor, damit es nicht zu einem Wettbewerb um einkommensstarke Mitglieder kommt. Das Ziel, so den **Wettbewerb zwischen den Krankenkassen** auf

eine effiziente Gesundheitsversorgung zuzuspitzen, ist grundsätzlich richtig. Allerdings ist geplant, den Einkommensausgleich auf Basis der Anzahl der Krankenkassenmitglieder und ihrer sozialversicherungspflichtigen Einkommen vorzunehmen. Damit blieben die durch mitzuversichernde Familienangehörige entstehenden Kosten beim Einkommensausgleich unberücksichtigt. Der Zusatzbeitragssatz dürfte daher für sich genommen umso höher ausfallen, je größer die Anzahl der mitzuversichernden Familienangehörigen einer Krankenkasse ist. Richtig wäre es, den Einkommensausgleich auf Basis der Anzahl der Versicherten und ihrer durchschnittlichen Einkommen vorzunehmen.

Die Pflegestärkungsgesetze

27. Nicht so unbemerkt wie die Änderungen in der GKV, aber lange nicht so intensiv diskutiert wie das Rentenpaket, bereitet die Bundesregierung derzeit zwei sogenannte Pflegestärkungsgesetze vor. ↘ KASTEN 3 Mit dem bereits vom Deutschen Bundestag verabschiedeten **Pflegestärkungsgesetz 1** kommt der Gesetzgeber seiner Verpflichtung zur Dynamisierung der Leistungssätze in der Sozialen Pflegeversicherung (SPV) nach. Gleichzeitig sieht es zusätzliche Leistungen vor, mit denen Verbesserungen in der pflegerischen Versorgung erzielt werden sollen.

Darüber hinaus wird ein von der Deutschen Bundesbank verwalteter Vorsorgefonds eingerichtet. Dieser soll den Beitragssatz zur SPV ab dem Jahr 2035 stabilisieren. Zur Finanzierung der Leistungsdynamisierung, der zusätzlichen Leistungsausgaben und des Vorsorgefonds wird der Beitragssatz zur SPV zum 1. Januar 2015 um 0,3 Prozentpunkte angehoben.

In der laufenden Legislaturperiode sollen zudem mit dem **Pflegestärkungsgesetz 2** ein neuer Pflegebedürftigkeitsbegriff und ein neues Begutachtungsverfahren eingeführt werden. ↘ KASTEN 3 Damit wären erneute Leistungsausweitungen verbunden, die mit einer weiteren Anhebung des Beitragssatzes zur SPV (+ 0,2 Prozentpunkte) finanziert werden sollen.

↘ KASTEN 3

Die Pflegestärkungsgesetze 1 und 2

Das am 17.10.2014 vom Deutschen Bundestag verabschiedete *Fünfte Gesetz zur Änderung des Elften Buches Sozialgesetzbuch - Leistungsausweitung für Pflegebedürftige, Pflegevorsorgefonds* (**Pflegestärkungsgesetz 1**) sieht unter anderem eine Dynamisierung der Leistungssätze vor. Damit kommt der Gesetzgeber der seit Inkrafttreten des Pflege-Weiterentwicklungsgesetzes zum 1. Juli 2008 bestehenden Verpflichtung nach, wonach ab dem Jahr 2014 alle drei Jahre die Notwendigkeit und Höhe einer Anpassung der Leistungen der Pflegeversicherung im Folgejahr geprüft werden muss.

Als Orientierungswert für die Anpassungsnotwendigkeit gilt die kumulierte Preisentwicklung in den letzten drei abgeschlossenen Kalenderjahren. Allerdings ist sicherzustellen, dass der Anstieg der **Leistungssätze** nicht höher ausfällt als die Bruttolohnentwicklung im gleichen Zeitraum (§ 30 SGB XI). Zum 1. Januar 2015 werden die meisten Leistungen um etwa 4 % angehoben, während der VPI im Zeitraum der Jahre 2011 bis 2013 um 4,2 % stieg.

Neben dieser Dynamisierung sieht das Pflegestärkungsgesetz 1 weitere Leistungsausgaben zur Verbesserung der pflegerischen Versorgung vor. Zum Beispiel sollen künftig 100 Euro pro Monat zur

Finanzierung zusätzlicher Betreuungs- und Entlastungsleistungen für Pflegebedürftige „ohne eingeschränkte Alltagskompetenz" (**Demenzkranke**) gewährt werden.

Außerdem wird ein **Vorsorgefonds** eingerichtet, der von der Deutschen Bundesbank verwaltet werden soll. Die Zuführung der Mittel soll im Jahr 2015 beginnen und im Jahr 2034 enden. Dem Vorsorgefonds soll jährlich ein Betrag zugeführt werden, der den Einnahmen aus etwa 0,1 Beitragssatzpunkten entspricht. Ab dem Jahr 2035 soll der Fonds dann allmählich aufgelöst werden, wenn ansonsten eine Beitragssatzanhebung erforderlich wäre, die nicht auf solchen Leistungsverbesserungen beruht, die über eine allgemeine Dynamisierung der Leistungen hinausgehen.

Zur Finanzierung der Leistungsdynamisierung, der zusätzlichen Leistungsausgaben und des Vorsorgefonds wird der **Beitragssatz** zur SPV zum 1. Januar 2015 um 0,3 Prozentpunkte auf 2,35 % für Versicherte mit Kindern angehoben. Für kinderlose Versicherte liegt der Beitragssatz dann bei 2,6 %, inklusive eines Beitragszuschlags von 0,25 %, der nicht paritätisch finanziert wird.

Schließlich sollen mit einem **Pflegestärkungsgesetz 2**, das derzeit in Planung ist, noch in dieser Legislaturperiode ein neuer Pflegebedürftigkeitsbegriff und ein neues Begutachtungsverfahren eingeführt werden. Insbesondere soll durch den neuen Pflegebedürftigkeitsbegriff die bisherige Unterscheidung zwischen Pflegebedürftigen mit körperlichen Einschränkungen und Pflegebedürftigen mit kognitiven und psychischen Einschränkungen wegfallen. Das Pflegestärkungsgesetz 2 ist ebenfalls mit Mehrausgaben verbunden. Der **Beitragssatz** zur SPV wird daher um weitere 0,2 Prozentpunkte erhöht werden.

28. Um die Legitimität der als Teilkaskoversicherung konzipierten SPV mittel- bis langfristig nicht zu gefährden, ist es notwendig, dass auch **zukünftige Generationen** ein Leistungsniveau erhalten, das mit dem heutigen in etwa vergleichbar ist. Um dies zu gewährleisten, sollte sich die Anpassung der Leistungssätze eher an der Zuwachsrate der Löhne und Gehälter als an der Inflation orientieren, da Pflegedienstleistungen sehr personalintensiv sind. ⇘ ZIFFER 574

29. Zudem ist es notwendig, alle Ursachen für Pflegebedürftigkeit im Leistungskatalog der SPV ausreichend zu berücksichtigen. Bislang wurde Pflegebedürftigkeit vor allem mit körperlichen Beeinträchtigungen verbunden, sodass insbesondere **Demenzerkrankungen** nur unzureichend berücksichtigt werden. Diese sind in einer alternden Gesellschaft immer häufiger die Ursache für Pflegebedürftigkeit (JG 2012 Ziffer 642).

30. Der Aufbau eines Vorsorgefonds kann prinzipiell zur Dämpfung zukünftiger demografisch bedingter Beitragssatzsteigerungen beitragen, allerdings nur dann, wenn der Aufbau des Kapitalstocks tatsächlich wie vorgesehen bis zum Jahr 2034 durchgehalten wird. Die Vergangenheit hat gezeigt, dass **Reserven** in den Sozialversicherungen, die aus den Überschüssen mehrerer Jahre gespeist werden, bisweilen **zweckentfremdet** werden. So wird die Nachhaltigkeitsrücklage der GRV derzeit zur Finanzierung des Rentenpakets verwendet, ⇘ ZIFFER 562 und die hohe Liquiditätsreserve der GKV hat dazu geführt, dass der Bund seine der Finanzierung versicherungsfremder Leistungen dienenden Zuschüsse zur GKV vorübergehend kürzt. ⇘ ZIFFER 46

Indem der Deutschen Bundesbank die Verwaltung des Vorsorgefonds übertragen wird, soll wohl der unsachgemäßen Verwendung entgegengewirkt werden.

Allerdings hat die Deutsche Bundesbank keine Entscheidungskompetenzen über die Mittelverwendung und könnte deshalb letztendlich eine sachfremde Verwendung nicht verhindern. Ob mit der Einrichtung des Vorsorgefonds der Beitragssatz zur SPV ab dem Jahr 2035 stabilisiert werden kann, bleibt abzuwarten.

31. Selbst nach der Erhöhung des Beitragssatzes zur SPV um insgesamt 0,5 Prozentpunkte ist dessen Anteil am Gesamtsozialversicherungsbeitrag nach wie vor nicht besonders groß. Dennoch trägt diese dazu bei, dass sich der **Abgabenkeil** wieder vergrößert und sich so negativ auf das Arbeitsangebot auswirkt.

Die am besten geeignete Finanzierungsform für die SPV und die GKV ist nach wie vor eine **einkommensunabhängige Finanzierung** (JG 2004 Ziffern 510 ff.). Allerdings ist diese nur dann sinnvoll, wenn sie in institutioneller Verbundenheit dieser beiden Sozialversicherungen etabliert wird. Mit dem GKV-FQWG wurde nun genau der entgegengesetzte Weg eingeschlagen.

4. Energiepolitik: Niedrige Erwartungen bestätigt

32. Der im Jahr 2011 beschlossene Ausstieg aus der Kernenergie und das im Jahr 2010 formulierte Energiekonzept der Bundesregierung definieren die **beschleunigte Energiewende**. Damit wird ein grundlegender Umbau des gesamten Systems der Energieversorgung angestrebt. Im Mittelpunkt steht dabei die Stromerzeugung. Demnach sollen bis zum Jahr 2050 mindestens 80 % des erzeugten Stroms aus erneuerbaren Energien stammen. Die Stromerzeugung aus den meisten erneuerbaren Energien war und ist jedoch nicht wettbewerbsfähig, und dies wird aller Voraussicht nach künftig so bleiben.

Angesichts dessen muss grundsätzlich die Frage gestellt werden, welche Funktion der Aufbau spezifischer und in Deutschland in dieser Größenordnung nicht wettbewerbsfähiger Stromerzeugungskapazitäten haben soll, wenn das übergeordnete Ziel der **globale Klimaschutz** ist. Für den Klimaschutz ist das bevorzugte und zielführende Instrument der europäische Markt für CO_2-Emissionszertifikate (EU-ETS), der letztlich auf die globale Ebene gehoben werden muss. Dann würden dort, wo erneuerbare Energien im Sinne der Emissionsvermeidung die lukrativste Investitionsentscheidung sind, die entsprechenden Erzeugungskapazitäten errichtet. Eine separate Förderung erneuerbarer Energien erhöht die Kosten des Klimaschutzes und ist somit ineffizient (JG 2011 Ziffern 403, 422 ff., JG 2012 Ziffern 476 ff.).

Jedenfalls kann das national formulierte Ziel nur erreicht werden, wenn der Kapazitätsaufbau bei den Erneuerbaren noch über einen langen Zeitraum subventioniert wird (JG 2011 Ziffern 422 ff., JG 2012 Ziffern 476 ff., JG 2013 Ziffern 85 ff.). In der Konsequenz ist die Energiewende ein inhärent planwirtschaftliches Projekt, und alle Fördersysteme, die zu dessen Zielerreichung eingerichtet werden, sind vor allem eines: **Subventionssysteme**. Das zentrale Subventionsinstrument dafür ist das seit dem Jahr 2000 bestehende Erneuerbare-Energien-Gesetz (EEG).

33. Für die durch das EEG geförderten Anlagen gilt, dass der produzierte Strom vorrangig eingespeist und **technologiespezifisch vergütet** wird. Im Zeitverlauf sinkt jedoch die technologiespezifische Einspeisevergütung für Neuinstallationen („Degression"), deren Höhe aber bei Inbetriebnahme jeweils für gut 20 Jahre garantiert ist. Dadurch werden den Investoren mit dem Preis- und Absatzrisiko zentrale Risiken abgenommen, denen sich sonst ein Investor auf jedem Markt gegenübersieht. Wettbewerb findet somit nicht auf der Erzeugungsseite statt, sondern auf Seiten der Anlagenbauer. Durch die technologiespezifische Preissteuerung wird **nicht die effizienteste Kombination** von Technologie und Standort zum Einsatz kommen, sondern jene, die im Rahmen der gesetzlichen Vergütungsstruktur die höchste Rendite verspricht (JG 2011 Ziffern 424, 427).

34. Für die im Rahmen des EEG bereits installierten Anlagen bestehen künftige **Zahlungsverpflichtungen** von rund 300 Mrd Euro (in Preisen von 2014), wobei der Subventionsanteil bei etwa 192 Mrd Euro liegt (Öko-Institut, 2014). Insbesondere in den vergangenen fünf Jahren sind die Gesamtkosten des EEG drastisch angestiegen, weil die Politik auf den rasanten Rückgang der Kosten für die Anlagen, insbesondere bei der Photovoltaik, viel zu spät mit entsprechenden Anpassungen der Einspeisetarife reagiert hatte (JG 2011 Ziffern 424 ff., JG 2012 Ziffern 476 ff., JG 2013 Ziffern 785 ff., 803).

Die schon jetzt immens hohen Zahlungsverpflichtungen des EEG haben verschiedentlich zu Forderungen geführt, deren Rückzahlung mittels eines **EEG-Vorleistungsfonds** noch sehr viel weiter als die bisher geplanten 20 Jahre in die Zukunft zu verschieben, um so die aktuellen Verbraucher zu schonen (Töpfer und Bachmann, 2013). Die Befürworter begründen dies damit, dass das EEG und damit die aufgelaufenen Verpflichtungen zu Innovationssprüngen geführt hätten, an denen sich Generationen jenseits des aktuellen Rückzahlungszeitraums von nahezu 20 Jahren beteiligen sollten.

Diese Argumentation ignoriert jedoch, dass die „technologischen Vorleistungskosten" deshalb derart hoch ausgefallen sind, weil das Förderregime durchweg äußerst ineffizient war, immer viel zu spät korrigiert und nur halbherzig reformiert wurde. Zudem würde durch eine **weitere Lastenverschiebung** die Logik des EEG auf den Kopf gestellt, weil es dem Aufbau von Kapazitäten dienen sollte und nicht als Instrument der Forschungsförderung gedacht war. Die Forschung wird bestenfalls mittelbar bei denjenigen Unternehmen beeinflusst, welche diese Anlagen bauen, wobei in den vergangenen Jahren der durchschnittliche Anteil der Forschungsausgaben am Umsatz dieser Unternehmen bei mageren 2,5 % lag (BMWi, 2012). Ordnungspolitisch sind alle Ideen abzulehnen, welche die eingegangenen Zahlungsverpflichtungen noch weiter in die Zukunft verschieben.

35. Die Gesamtkosten der jährlichen EEG-Förderung – gezahlte Einspeisetarife abzüglich der Erlöse aus der Stromvermarktung – werden auf die Stromverbraucher im Rahmen der **EEG-Umlage** umgelegt. Sie ist seit Ende 2010 von 2,047 Cent/kWh auf derzeit 6,24 Cent/kWh angestiegen. Die steigenden Gesamtkosten des EEG erforderten in der Vergangenheit immer wieder Änderungen am EEG, ohne jedoch die Kostendynamik zu bremsen.

Zum 1. August 2014 ist nun die jüngste EEG-Reform in Kraft getreten, die entsprechend der im Vorhinein formulierten Ziele sogar als EEG 2.0 bezeichnet wurde. Zentrales Ziel war es, „die Bezahlbarkeit der Energiewende für die Bürger sowie die Wirtschaft sicherzustellen und die Belastungen für das Gesamtsystem zu begrenzen" (BMWi, 2014a). Aufgrund der Vielzahl von Interessengruppen, die vom EEG begünstigt werden, war jedoch bereits frühzeitig abzusehen, dass es **nicht zu einer tiefgreifenden Reform** kommen würde (JG 2013 Ziffern 808 f.). Diese Erwartung wurde nicht enttäuscht.

36. Durch die Novellierung wurden Elemente der Mengensteuerung in die bestehende Systematik des EEG aufgenommen, die grundsätzlich geeignet sind, die Kosten künftig etwas zu dämpfen. ↘ KASTEN 4 Dies wird aber bei weitem nicht in dem Maße gelingen, wie es durch eine grundlegende Reform möglich gewesen wäre, etwa bei Einführung eines **Quotenmodells** nach schwedischem Vorbild (JG 2011 Ziffern 435 ff., JG 2012 Ziffer 502). Vielmehr wurden Kostensenkungspotenziale im bestehenden System sogar verschenkt, indem etwa die Förderung bei der Photovoltaik wieder ausgeweitet wurde und der künftige monatliche Rückgang der Fördersätze von 1 % auf jetzt 0,5 % verringert wird.

    Es wäre bereits ein Schritt in Richtung eines technologieneutralen Fördersystems gewesen, wenn die Vergütungssätze in einer **technologieneutralen** jährlichen Mengenauktion ermittelt würden statt in einer technologiespezifischen Versteigerung, wie ab dem Jahr 2017 geplant. Zwar würde dies nicht so stark kostendämpfend wirken wie ein entsprechend ausgestaltetes Quotenmodell, es entstünde aber zumindest gegenüber der aktuell geplanten Variante nicht das Risiko von Kostensteigerungen (JG 2013 Ziffern 803 ff.; Kronberger Kreis, 2014).

↘ KASTEN 4

Grundzüge der EEG-Novelle 2014

Mit dem EEG-2014 wird die technologiespezifische Preissteuerung um Elemente der Mengensteuerung ergänzt. So werden für die wichtigsten Energieträger jährliche **Ausbaukorridore** definiert, innerhalb derer sich der künftige Ausbau abspielen soll. Insbesondere wird für die Windkraft an Land (onshore) und biologische Energieträger mit einem definierten Ausbaukorridor der „atmende Deckel" eingeführt, den es für die Photovoltaik bereits seit dem EEG-2012 gibt. Dabei wird ausgehend von einer Basisdegression die künftige Entwicklung der Vergütung für Neuanlangen daran gekoppelt, ob der jährliche Ausbaukorridor verlassen wurde. Liegt der Ausbau oberhalb des Korridors, so sinken die Fördersätze schneller, liegt er unterhalb, sinken sie langsamer oder steigen sogar.

Für die Photovoltaik liegt der jährliche Ausbaukorridor brutto weiterhin zwischen 2,4 und 2,6 GW. Der gleiche Ausbaukorridor, jedoch netto, gilt für die Windenergie an Land, während für die Biomasse 100 MW brutto gelten. Für die Windenergie auf See (offshore) ist bis zum Jahr 2020 ein weiterer durchschnittlicher Ausbau von 0,85 GW pro Jahr vorgesehen, jedoch ohne einen atmenden Deckel für die künftigen Vergütungen. Der **künftige Vergütungspfad** wurde zudem für die **Photovoltaik erhöht**, indem die monatliche Basisdegression von bisher 1 % auf 0,5 % abgesenkt wurde. Bei den anderen Energieträgern orientiert sich die quartalsweise Basisdegression im Wesentlichen an den bislang bereits geltenden jährlichen Degressionssätzen.

Mit der Einführung der **Direktvermarktungspflicht** für erzeugten Strom wird für Neuanlagen versucht, die Stromerzeuger besser in den Strommarkt zu integrieren. Bis zum 1. Januar 2016 sind kleinere Anlagen unter 1000 kW von der Regelung ausgenommen, danach nur noch Anlagen unter 100 kW. Die bislang bei der Direktvermarktung gewährte Managementprämie wird in den Vergütungstarif integriert. Zudem ist ab dem Jahr 2017 geplant, aber nicht gesetzlich verankert, die Einspeisevergütungen für die einzelnen Erzeugungsarten durch **technologiespezifische Versteigerungen** zu ermitteln. Erprobt werden soll das Verfahren ab dem Jahr 2015 mit Freiflächenanlagen der Photovoltaik. Eine weitere Reform wäre somit ab dem Jahr 2017 notwendig.

Da die Gesamtkosten der Förderung durch das EEG von verschiedenen Faktoren bestimmt werden, ist die Wirkung der Reform auf die Gesamtkosten schwer abzuschätzen. Dennoch ermöglicht ein Vergleich der Vergütungssätze bei Annahme identischer Ausbaupfade und Rahmenbedingungen, wie etwa beim Großhandelspreis für Strom, potenzielle Kostenänderungen aufgrund des EEG-2014 zu identifizieren: Bei der Photovoltaik wurden durch die verringerte Degression bei unverändertem Ausbaupfad die **Kosten erhöht**. Bei einem Ausbau von 2,5 GW pro Jahr, also innerhalb des Ausbaupfads, und einem Gesamtausbauziel von 52 GW ergäben sich im Vergleich zur alten Rechtslage Mehrkosten von circa 8,3 %.

Bezüglich der Windkraft auf See sowie der Windenergie an Land sind unter der Annahme eines moderaten Ausbaus keine signifikanten Gesamtkostenänderungen durch das EEG-2014 zu erwarten. Im Gegensatz dazu erfährt die Biomasse durch den neu eingeführten Korridor einen starken Einschnitt in Bezug auf die in den vergangenen Jahren realisierten Ausbaupfade, wodurch die Gesamtkosten reduziert werden dürften.

Im EEG-2014 wurde zudem der Kreis an Unternehmen erweitert, die sich an den Kosten des Ausbaus beteiligen müssen. Damit reagiert die Bundesregierung unter anderem auf eine **Klage der EU-Kommission**, die in der bisherigen Ausgestaltung der Besonderen Ausgleichsregelung eine unerlaubte Beihilfe für deutsche Unternehmen gegenüber den Wettbewerbern aus der EU sah. In der seit August geltenden Rechtslage ist die **Besondere Ausgleichsregelung** der EEG-Umlage für energieintensive Unternehmen nun an das EU-Beihilferecht angepasst worden.

Gemäß der Neuregelung gelten Unternehmen aus 219 Branchen als grundsätzlich anspruchsberechtigt. Dabei wird zwischen stromintensiven und (außen-)handelsintensiven Branchen unterschieden: Ein antragstellendes Unternehmen muss eine Stromkostenintensität von mindestens 16 % (17 % ab 2016) beziehungsweise 20 % der Bruttowertschöpfung aufweisen. Werden diese Kriterien erfüllt, dann wird die EEG-Umlage für die Stromabnahme jenseits von 1 GWh auf 15 % begrenzt. Für besonders stromintensive Unternehmen wird die EEG-Umlage weiter reduziert, liegt aber mindestens bei 0,1 Cent/kWh (0,05 Cent/kWh bei einigen metallerzeugenden Branchen). Damit wird die bislang nach Abnahmemenge und damit faktisch nach Unternehmensgröße gestaffelte Ausnahmeregelung ersetzt. Im Ergebnis ändert sich der **privilegierte Letztverbrauch** kaum, allerdings steigt dessen Finanzierungsbeitrag (Übertragungsnetzbetreiber, 2014).

Weitere Änderungen der Verteilungslast ergeben sich bezüglich der **privilegierten Eigenstromversorgung**. Bisher war selbsterzeugter Strom durch EEG-Anlagen von der EEG-Umlage befreit. Mit der Reform wurde diese Ausnahme für Neuanlagen abgeschafft und durch eine schrittweise Anhebung der zu zahlenden Umlage ersetzt. Die Sätze werden progressiv angehoben, von 30 % im Jahr 2015 bis 40 % ab dem Jahr 2017. Zudem sind kleine Anlagen mit einer Leistung von maximal 10 kW für maximal 10 MWh pro Jahr ausgenommen.

Die mittelfristigen Auswirkungen der Neuregelungen auf die Entwicklung der EEG-Umlage sind nicht exakt zu bestimmen, da die Gesamtkosten nicht nur von den Förderkosten, sondern auch vom Börsenpreis für Strom abhängen. Die Prognosen des Bundeswirtschaftsministeriums für das Jahr 2017 liegen je nach Strompreis zwischen 6,1 und 6,6 Cent/kWh (BMWi, 2014b).

37. Wenn nun die EEG-Umlage im Jahr 2015 um 0,07 Cent/kWh auf 6,17 Cent/kWh sinkt, ist dies nicht, wie von der Bundesregierung behauptet, ein Indiz dafür, dass die jüngst in Kraft getretene EEG-Novelle bereits einen unmittelbar dämpfenden Einfluss auf die EEG-Umlage im Jahr 2015 hat. Denn dieser Rückgang geht nicht unmittelbar auf die EEG-Novelle zurück: In der Umlage für das Jahr 2014 war ein **Nachholbetrag** in Höhe von rund 0,6 Cent/kWh enthalten, weil die unerwartet hohen Vergütungszahlungen im Jahr 2013 zu einem Defizit geführt hatten, das ausgeglichen werden musste. In diesem Jahr lag statt eines Defizits ein Überschuss vor, weil die Einspeisung witterungsbedingt unter den Prognosen lag.

38. Der künftige Ausbau der erneuerbaren Energien wird nach der jüngsten EEG-Novelle weiterhin nicht mit den geringstmöglichen Subventionen und damit kosteneffizient vorangetrieben. Dafür müsste das EEG **technologieneutral** ausgestaltet werden; die Chance dafür bestünde bei der ohnehin geplanten Einführung der Versteigerungen.

    Positiv ist, dass die Politik derzeit nicht den Forderungen nachgibt, einen Kapazitätsmarkt einzuführen, sondern versucht, das künftige **Strommarktdesign** für einen Strommarkt mit einem stetig steigenden Anteil erneuerbarer Energien festzulegen (JG 2012 Ziffer 475). Dabei muss allerdings beachtet werden, dass dieses gleichermaßen den Kapazitätsaufbau und -erhalt konventioneller (Reserve-)Kraftwerke sicherstellen und den subventionsfreien Aufbau von Stromerzeugungskapazitäten erneuerbarer Energien ermöglichen muss.

5. Innovationen: Entdeckungsprozesse ermöglichen

39. Die wichtigste Quelle des Wirtschaftswachstums ist die Erhöhung der Totalen Faktorproduktivität. Diese steht synonym für den Stand des **technologischen Wissens** in der Volkswirtschaft und nimmt dann zu, wenn neue Produkte erfolgreich auf dem Gütermarkt etabliert werden (Produktinnovationen) oder neue Prozesse die Leistungserstellung effizienter gestalten (Prozessinnovationen). Im Ergebnis wirken sich Innovationen darauf aus, wie erfolgreich die wirtschaftlichen Akteure die Faktoren Arbeit und Kapital im Produktionsprozess zusammenführen. Es ist daher eine zentrale Aufgabe der Wirtschaftspolitik, die Leistungsfähigkeit des deutschen Innovationssystems sicherzustellen.

40. Eine kluge Innovationspolitik findet die Balance zwischen der Setzung eines Ordnungsrahmens zur Entfaltung des Dreiklangs „**Bildung-Forschung-Wissenstransfer**", flankiert durch eine effektive Wettbewerbspolitik auf Faktor- und Gütermärkten, und gezielten staatlichen Eingriffen, um Innovationsbemühungen einzelner Akteure dort zu unterstützen, wo sie von allein nicht zustande kommen (JG 2009 Ziffern 380 ff.). Das bedeutet in doppelter Hinsicht, dass der Staat eine gleichermaßen unterstützende wie Handlungsfreiheit gewährende Rolle einnimmt.

41. Erstens reflektiert die Bereitstellung einer leistungsfähigen **Infrastruktur für Innovationen** die Erkenntnis, dass Innovationssysteme komplexe Gebilde

sind, die keine einfache Umsetzung der eingesetzten Inputs, etwa von Mitteln der Forschungsförderung, in den Output „Innovation" zulassen. Vielmehr ist häufig das Beste, was staatliches Handeln tun kann, den Entdeckungsprozess, der zu Innovationen führt, so auszugestalten, dass er auf Dauer zu möglichst umfassendem Erfolg führt. Dies erfordert nicht nur die Bereitstellung hinreichender finanzieller Mittel für Bildung, Forschung und Wissenstransfer, sondern vielfach auch die Disziplin, sich einer staatlichen Steuerung im Detail zu enthalten. Um diese Prinzipien einzuhalten, ist die Politik gut beraten, grundsätzlich eine „horizontale" Industriepolitik zu verfolgen (JG 2009 Ziffern 351 ff.).

42. Zweitens sollte der Staat nur dort **gezielt** ins Innovationsgeschehen **eingreifen**, wo Marktversagen den Fortschritt ansonsten hemmt. Der Sachverständigenrat hat die daraus erwachsende anspruchsvolle Rolle der Innovationspolitik in seinem Jahresgutachten 2009 umfassend diskutiert. Denn es ist keineswegs trivial, derartige Hemmnisse zu identifizieren und die richtigen Instrumente zu entwickeln, um sie zu beseitigen.

Insbesondere hat der Sachverständigenrat **Prinzipien** vielversprechender Fördermaßnahmen erarbeitet, sodass private Initiative und Kreativität zwar behutsam unterstützt, aber nicht durch eine staatliche Detailsteuerung gleichsam erstickt werden. Nicht zuletzt sollten Maßnahmen der direkten Innovationsförderung mit einem bindenden Auslaufdatum versehen sein und nach aktuellen Standards der Forschung von unabhängiger Seite evaluiert werden. Dies bedeutet insbesondere, dass Industriepolitik und Innovationspolitik nicht vermischt werden sollten.

III. FINANZPOLITIK: REFORMBEDARF STEIGT

43. Insgesamt zeigt sich, dass die Herausforderungen an eine verantwortungsbewusste Wirtschaftspolitik groß sind. Die für die private Leistungserstellung komplementäre Infrastruktur, nicht zuletzt die Infrastruktur für Innovationen, erfordert einen erheblichen **Einsatz staatlicher Mittel**. Allerdings dürfte deren Größenordnung durchaus im Rahmen der bestehenden staatlichen Handlungsspielräume liegen, wenn die **Prioritäten** öffentlichen Handelns stärker auf die Ermöglichung gesamtwirtschaftlichen Wachstums gelegt werden. Die Sorge, dass gewaltige „Investitionslücken" zu schließen seien und deshalb über die Bereitstellung staatlicher Mittel hinaus eine gestaltende Wirtschaftspolitik erforderlich sei, ist übertrieben.

Gleichwohl wird die künftige Leistungsfähigkeit der deutschen Volkswirtschaft davon abhängen, dass der Staat seine Aufmerksamkeit und seine finanziellen Mittel vermehrt dort einsetzt, wo er selbst als Investor auftreten sollte. Dazu bedarf es allerdings **keiner Umlenkung privater Mittel** in öffentliche Vorhaben, denn mehr öffentliche Investitionen sind durchaus mit den bestehenden Einnahmen und unter **Einhaltung der Schuldenbremse** zu bewerkstelligen. Erforderlich ist aber insbesondere ein stärkeres Bekenntnis der Politik zur Zukunftssicherung der Leistungsfähigkeit der deutschen Volkswirtschaft. Dabei sind viele der erforderlichen Schritte kostenfrei, da sie lediglich den Abbau oder die Rücknahme von Regulierungen bedeuten.

1. Staatshaushalt weiter mit Rückenwind

44. Im Jahr 2014 wird der gesamtstaatliche Haushalt voraussichtlich erneut einen **geringen Überschuss** aufweisen. ↘ TABELLE 1 Strukturell ist der Budgetausgleich nahezu erreicht, die Schuldenstandsquote wird deutlich zurückgehen und dürfte zum Ende dieses Jahres 74 % betragen, nachdem sie im Jahr 2012 noch bei 79 % und damit nur knapp unter ihrem Höchststand aus dem Jahr 2010 gelegen hatte. Die Vorgaben des Fiskalvertrags, der Schuldenbremse und des Stabilitäts- und Wachstumspakts werden somit eingehalten oder sogar übertroffen. Die **Sanierung der öffentlichen Haushalte** nach der Wirtschafts- und Finanzkrise, ein Projekt, das nicht zuletzt von den anderen Euro-Mitgliedstaaten kritisch beobachtet wird, war bislang erfolgreich.

↘ TABELLE 1
Finanzpolitische Kennziffern[1]
%[2]

	2008	2009	2010	2011	2012	2013	2014[3]	2015[3]
Finanzierungssaldo	– 0,0	– 3,0	– 4,2[a]	– 0,9	0,1	0,1	0,3	– 0,0
Struktureller Finanzierungssaldo[4]	– 0,5	– 1,1	– 1,8	– 0,7	– 0,3	0,2	– 0,0	– 0,2
Schuldenstandsquote	64,9	72,4	80,3	77,6	79,0	76,9	74,1	72,0
Staatsquote[5]	43,5	47,4	47,3[a]	44,6	44,2	44,3	44,2	44,6
Abgabenquote[6]	38,0	38,4	37,0	37,5	38,2	38,4	38,4	38,6
Steuerquote[7]	23,1	22,7	21,8	22,4	22,9	23,0	23,0	23,1
Staatskonsumquote	17,9	19,6	19,2	18,7	19,0	19,3	19,5	19,7
Sozialbeitragsquote[8]	14,9	15,6	15,3	15,2	15,3	15,4	15,4	15,5
Zins-Steuer-Quote[9]	11,7	11,7	11,4	11,2	10,1	8,8	7,9	7,3

1 – Für den Gesamtstaat, in der Abgrenzung der Volkswirtschaftlichen Gesamtrechnungen. 2 – Wenn nicht anders angegeben, jeweils in Relation zum nominalen Bruttoinlandsprodukt. 3 – Prognose des Sachverständigenrates. 4 – Um konjunkturelle Einflüsse und transitorische Effekte bereinigter Finanzierungssaldo, siehe JG 2007 Anhang IV D. 5 – Gesamtstaatliche Ausgaben. 6 – Steuern einschließlich Erbschaftsteuer, Steuern an die EU und tatsächliche Sozialbeiträge. 7 – Steuern einschließlich Erbschaftsteuer, Steuern an die EU. 8 – Sozialbeiträge, ohne unterstellte Sozialbeiträge. 9 – Zinsausgaben in Relation zu den Steuern. a – Ohne die Einnahmen aus der Versteigerung von Frequenzen für den drahtlosen Netzzugang (LTE). Unter Berücksichtigung dieser Einnahmen lag die Defizitquote bei 4,1 % und die Staatsquote bei 47,2 %.

SVR-14-373

45. Konjunkturell trübt sich die Situation allerdings ein. ↘ ZIFFER 164 Die Output-Lücke dürfte sich weiter öffnen. Darüber hinaus besteht angesichts des strukturell ausgeglichenen Haushalts finanzpolitischer Spielraum im Rahmen der Schuldenbremse. Es scheint nahe zu liegen, diesen Spielraum zu nutzen und zusätzliche Staatsausgaben zu tätigen. Doch gewichtige Argumente stehen dem entgegen: Die Krise im Euro-Raum hat sich lediglich beruhigt, ist jedoch noch nicht überwunden, und das Vertrauen in die **Glaubwürdigkeit** der angekündigten Konsolidierung muss erst durch Taten erarbeitet werden. Zudem geht die aktuell gute Haushaltslage auf eine Reihe von **Sonderfaktoren** zurück (JG 2012 Ziffern 15, 347 ff., JG 2013 Ziffern 12, 552 ff.), die etwa bei der Schulden-

bremse als strukturell klassifiziert werden: die historisch niedrigen Zinsen, die demografische Atempause sowie den Anstieg der Beschäftigung.

Gleichwohl hat die deutsche Finanzpolitik begonnen, ihre Spielräume zu nutzen. Im Jahr 2015 wird voraussichtlich ein leicht erhöhtes strukturelles Finanzierungsdefizit festzustellen sein, das auf **strukturelle Mehrausgaben** zurückzuführen ist. ↘ TABELLE 1 Angesichts der Sonderfaktoren, welche die Konsolidierung der öffentlichen Haushalte begünstigen, sind diese strukturellen Mehrausgaben problematisch: Ändert sich das für die Konsolidierung günstige Umfeld, so müssen die Bemühungen von Bund und Ländern zur Einhaltung der Schuldenbremse verstärkt werden.

46. Die **Zinsausgaben** sind bei kaum verändertem Schuldenstand allein vom Jahr 2012 auf das Jahr 2013 um fast 7 Mrd Euro (10,8 %) zurückgegangen. Im ersten Halbjahr 2014 setzte sich dieser steile Rückgang mit 9,1 % fort. Die Belastungen des demografischen Wandels werden hingegen erst in einigen Jahren, etwa ab dem Jahr 2020, deutlich hervortreten. Bis dahin entlastet die **demografische Atempause** die öffentlichen Haushalte: Die Anzahl der Rentenbezieher ist weitgehend stabil, bei zugleich nennenswerten Rückgängen der Schülerzahlen.

Es ist bemerkenswert, dass diese Phase mit dem **Rückgang der strukturellen Arbeitslosenquote** zusammenfällt. Allein die Rückgänge beim Arbeitslosengeld und beim Arbeitslosengeld II beliefen sich gegenüber dem Jahr 2006 auf mehr als 14 Mrd Euro. Zudem stieg die Beschäftigung aufgrund der starken Zuwanderung und beträchtlich steigender Frauenerwerbstätigkeit nochmals stärker an. Dies begünstigte die Sozialversicherungen, weshalb in den vergangenen Jahren die Beitragssätze bereits mehrmals gesenkt werden konnten. Einen weiteren Rückgang verhinderte der Bund durch die Umsetzung des Rentenpakets sowie die Kürzung seiner Zuschüsse für versicherungsfremde Leistungen, die mittlerweile um rund 8 Mrd Euro im Jahr 2014 niedriger liegen.

Die überaus positive Einnahmeentwicklung wird durch die **Kalte Progression** in der Einkommensteuer zusätzlich unterstützt, denn sie bewirkt jedes Jahr aufs Neue strukturelle Mehreinnahmen von etwa 2,5 Mrd Euro (JG 2011 Ziffern 344 ff.; Breidenbach et al., 2014). Da die Kalte Progression die reale Steuerbelastung stetig erhöht, steigt die Steuerquote, die mittlerweile auf einem der höchsten Niveaus der vergangenen drei Jahrzehnte liegt. Der Anstieg der Steuerquote macht zudem deutlich, dass die Belastung der **Kalten Progression kumulativ wirkt** und die aktuell niedrigen Inflationsraten nur deren jährliche Zusatzbelastung senken.

47. Die genannten Sonderfaktoren verdecken, dass bei den **Kernausgaben** des Staates, den staatlichen Konsumausgaben und den Sozialleistungen (mit Ausnahme der stabilen bis rückläufigen Ausgaben für Arbeitslosigkeit) hohe Zuwachsraten zu verzeichnen sind. Länder und Gemeinden wiesen im ersten Halbjahr 2014 Zuwachsraten bei den nominalen Konsumausgaben von 3,4 % beziehungsweise 5,2 % auf. Der Bund setzte demgegenüber **erhebliche strukturelle Zuwächse** bei den Sozialausgaben um. Allein das Rentenpaket der Bundesregierung bedeutet eine strukturelle Ausweitung der jährlichen Sozialleistungen um rund 10 Mrd Euro. Die Bruttoinvestitionen des Staates steigen im laufenden

Jahr auf voraussichtlich 67 Mrd Euro, nachdem sie im Jahr 2008 noch bei 51 Mrd Euro gelegen hatten.

Mittelfristig ergeben solche Werte zwangsläufig eine Ausweitung der Staatsquote. Angesichts dieser Entwicklungen kann sicherlich nicht von einer übertriebenen Konsolidierungspolitik gesprochen werden. Die international mit unverminderter Vehemenz geäußerte Kritik an der angeblich restriktiven Finanzpolitik Deutschlands ist daher verfehlt (IWF, 2014a).

48. Die Sonderfaktoren wirken lediglich vorübergehend und entsprechende Projektionen machen deutlich, dass die öffentlichen Finanzen angesichts des demografischen Wandels **langfristig nicht tragfähig** sind. ↘ ZIFFERN 559 FF. Somit sollten die vorübergehenden finanzpolitischen Spielräume klug und umsichtig genutzt werden. Dabei haben solche Maßnahmen oberste Priorität, die geeignet sind, die finanziellen Lasten und die ungünstigen Wachstumseffekte des demografischen Wandels abzumildern. Es ist daher höchste Zeit für eine wachstums- und investitionsfreundliche Finanzpolitik, die auf langfristig verlässliche Rahmenbedingungen für private Investitionen setzt. Wichtige finanzpolitische Reformbedarfe, welche dieses Kriterium erfüllen, nimmt die Bundesregierung bislang nicht oder zu zaghaft in Angriff. Es ergibt sich ein zweiter, finanzpolitischer, Handlungskatalog:

– So werden Unternehmensneugründungen und das Wachstum junger Unternehmen steuerlich weiterhin behindert, weil die Unternehmensbesteuerung nicht finanzierungsneutral ist. Der Sachverständigenrat hatte hierzu den Vorschlag einer **Zinsbereinigung des Grundkapitals** unterbreitet, der mit vertretbaren Mindereinnahmen verbunden wäre (JG 2012 Ziffern 385, 407 ff.).

– Im Hinblick auf eine Koordinierung der internationalen Unternehmensbesteuerung im Rahmen der Base Erosion and Profit Shifting (BEPS)-Initiative der OECD diskutieren Bund und Länder als Gegenmaßnahmen gegen Sondervorschriften einiger Staaten für Forschungs- und Entwicklungsausgaben (Patent- oder Lizenzboxen) vor allem Beschränkungen der Abzugsmöglichkeit solcher Ausgaben (Lizenzschranke). Dies kann zu ähnlichen Belastungen für die Wirtschaft führen wie die Zinsschranke. Die Einrichtung einer **Patentbox** in der deutschen Unternehmensbesteuerung wird hingegen nicht ernsthaft erwogen. ↘ ZIFFER 673 Diese könnte so ausgestaltet sein, dass Deutschland nicht seinerseits zu einem aggressiven Steuerwettbewerb übergeht.

– Bei der **Erbschaft- und Grundsteuer** wählt man den bequemen Weg: Obwohl zweifellos Handlungsbedarf besteht, wird das ausstehende Verfassungsgerichtsurteil abgewartet. Dies verunsichert Investoren, nicht zuletzt die mittelständischen Unternehmen.

– Bei der **Grunderwerbsteuer** geht der Anstieg der Steuersätze in den meisten Ländern ungebremst weiter und belastet so die Bauinvestitionen.

– Die Mehreinnahmen der **Kalten Progression** sind von Bund und Ländern innerhalb ihrer Finanzplanungen der kommenden Jahre für Ausgabenzuwächse voll eingeplant. Bislang fehlt jede Antwort darauf, auf welchem Niveau die Steuerquote in Zukunft stabilisiert werden soll.

– Die Finanzierung einer eigentlich als Selbstverständlichkeit anzusehenden leistungsfähigen **Verkehrsinfrastruktur** steht zunehmend in Frage, obwohl der bestehende Finanzierungsbedarf mit etwas politischem Willen durch Umschichtungen in den Finanzplanungen von Bund und Ländern berücksichtigt werden könnte.

In der Konsequenz ist das finanzpolitische Umfeld für private Investitionen steuer- und finanzpolitisch keineswegs günstig.

49. Eine Ursache für den finanzpolitischen Stillstand sind die begonnenen Verhandlungen über die **Bund-Länder-Finanzbeziehungen**. Die Länder ließen in den vergangenen Monaten kaum eine Gelegenheit aus, um auf ihre vermeintlich unzureichende Finanzausstattung hinzuweisen. Bereits vorab – im Koalitionsvertrag – wurden erhebliche Zugeständnisse des Bundes an die Länder festgeschrieben. So übernimmt er ab dem Jahr 2015 unter anderem die Kosten des BAföG. Im Zuge dieser Debatte werden die Finanzierung der Verkehrsinfrastruktur und der Abbau der Kalten Progression zunehmend **politisch instrumentalisiert**.

Angesichts der Klagen über unzureichende Einnahmen verwundert es nicht, dass die Fortschritte bei der **Konsolidierung der Länderhaushalte** weitgehend zum Erliegen gekommen sind. Im Jahr 2014 wird das Finanzierungsdefizit der Länder wohl nicht wie in den vergangenen Jahren reduziert werden. Dabei haben die Länder durch Entlastungen bei den Zinsausgaben und den weiterhin stabilen Zuwächsen bei den Steuereinnahmen beste Rahmenbedingungen, um ihre Haushalte zu konsolidieren. Der demografisch bedingte Rückgang der Schülerzahlen bedeutet zudem zusätzliche strukturelle Haushaltsentlastungen bei den Ländern, die diese offenbar nicht konsequent zum Defizitabbau zu nutzen wissen.

2. Reformoptionen für den Solidaritätszuschlag

50. Der Bund sollte dem Druck der Länder, sie finanziell besser auszustatten, keinesfalls nachgeben, ohne dass er im Gegenzug das **Zugeständnis für echte Reformen** erhält. Die Strategie der Länder zielt offenbar darauf, die Einsparungen des Bundes beim Solidarpakt II für sich zu reklamieren und die direkte Beteiligung am Aufkommen des Solidaritätszuschlags zu erlangen. Im Jahr 2014 belaufen sich die Zuweisungen an die Neuen Länder noch auf etwa 5,8 Mrd Euro. Diese Zuweisungen werden bis zum Jahr 2019 zurückgeführt, womit für den Staat ein entsprechendes Finanzierungsvolumen für andere Ausgaben frei zu werden scheint.

Dies trifft nicht zu: Wenn der Aufbau Ost beendet ist, verliert der Solidaritätszuschlag seine Existenzberechtigung. Dass dem Bund bei einer Streichung des Solidaritätszuschlags nennenswert Einnahmen verloren gehen, ist für sich genommen kein Argument für seinen Fortbestand, insbesondere da diese Einnahmen über den für den Aufbau Ost aufgewendeten Mitteln liegen.

51. Hingegen fordern die Länder nicht nur dessen Beibehaltung; vielmehr sollen die Einnahmen daraus in einen Altschuldentilgungsfonds fließen, oder der Solidaritätszuschlag soll in den Tarif der Einkommensteuer integriert werden. Dies käme einer **Übertragung von Einnahmen** vom Bund auf die Länder in einer Größenordnung von etwa 8 Mrd Euro pro Jahr gleich. ↘ KASTEN 5 Für eine Übertragung von Aufkommen in dieser Größenordnung auf die Länder fehlt eine überzeugende Begründung. Der Bund hat im Jahr 1993 in einer Föderalismusreform zudem sieben Umsatzsteuerpunkte an die Länder gegeben, um die Aufnahme der Neuen Länder in das Finanzausgleichssystem sicherzustellen. Haben die Neuen Länder weiterhin eine unterdurchschnittliche originäre Finanzausstattung, so könnte die Gemeinschaft der Länder allenfalls dann Anspruch auf die Mittel aus dem Solidaritätszuschlag erheben, wenn sie zu einer Rückgabe dieser Umsatzsteuerpunkte bereit wäre.

↘ KASTEN 5

Solidaritätszuschlag

Vor dem Hintergrund der Kosten der deutschen Einheit wurde der Solidaritätszuschlag im Jahr 1991 zunächst nur für eine begrenzte Dauer und anschließend im Jahr 1995 ohne festes Auslaufdatum eingeführt. Bis einschließlich des Jahres 1997 betrug der Zuschlag 7,5 %, seitdem 5,5 %. Sein **Aufkommen** wird bis zum Jahr 2019 voraussichtlich auf etwa 18 Mrd Euro ansteigen. ↘ ABBILDUNG 3 Juristisch ist die Verknüpfung zwischen dem Solidaritätszuschlag und dem Solidarpakt II aufgrund des Non-Affektationsprinzips im Haushaltsrecht nicht zwingend. Eine Begründung für seine Aufrechterhaltung über das Jahr 2019 hinaus fiele gleichwohl politisch schwer.

↘ ABBILDUNG 3

Aufkommen des Solidaritätszuschlags und Zuweisungen des Bundes im Rahmen der Solidarpakte I und II

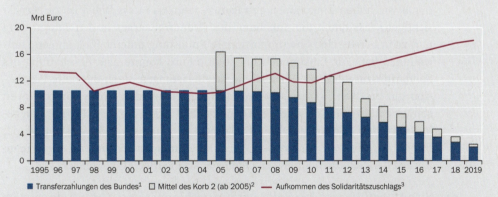

■ Transferzahlungen des Bundes[1] □ Mittel des Korb 2 (ab 2005)[2] — Aufkommen des Solidaritätszuschlags[3]

1 – Direkte Zahlungen im Rahmen des Solidarpaktes I (bis einschließlich 2004) und Zahlungen im Rahmen des Korb 1 des Solidarpaktes II (ab 2005). 2 – Quelle: Sächsisches Staatsministerium der Finanzen (2014). Verschiedene Zuweisungen des Bundes und der EU, die überproportional an die Neuen Länder gezahlt werden. Ein expliziter Pfad ist für diese Zuweisungen nicht vorgegeben, allerdings die Höhe von mindestens 51,4 Mrd Euro. Für die Jahre 2013 bis 2019 eigene Schätzung. 3 – Für die Jahre 2014 bis 2019 Ergebnisse des Arbeitskreises Steuerschätzungen Mai 2014. In den Jahren 1995 bis 1997 betrug der Zuschlag 7,5 %, anschließend 5,5 %.

SVR-14-378

Kapitel 1 – Wirtschaftspolitik: Mehr Vertrauen in Marktprozesse

> Der Solidaritätszuschlag belastet das steuerpflichtige Einkommen von natürlichen und juristischen Personen ebenso wie die Einkommen- beziehungsweise Körperschaftsteuer. Im Gegensatz zu diesen Steuern fällt das Aufkommen allerdings **alleine beim Bund** an. Einkommen- und Körperschaftsteuer stehen stattdessen zu 57,5 % beziehungsweise 50 % Ländern und Gemeinden zu. Das Aufkommen des Solidaritätszuschlags belief sich im Jahr 2013 auf etwa 14,4 Mrd Euro. Bei der Erhebung wird nicht zwischen Neuen Ländern und früherem Bundesgebiet unterschieden; er belastet somit Einkommen in West und Ost gleichermaßen.
>
> Eine Besonderheit des Solidaritätszuschlags ist seine technische Ausgestaltung. Er berechnet sich als **prozentualer Zuschlag** auf die Steuerschuld von Einkommen- und Körperschaftsteuer. Der tarifliche Satz von 5,5 % ist damit nicht mit einer Tariferhöhung um 5,5 Punkte gleichzusetzen. Stattdessen steigt der effektive Eingangssteuersatz der Einkommensteuer von 14 % auf 14,8 %, der Spitzensteuersatz von 45 % auf 47,5 %.
>
> Ohne die Belastung der Steuerpflichtigen zu erhöhen, wäre es möglich, den Solidaritätszuschlag in die Einkommensteuer zu **überführen**, wenn der Tarif auf die genannten Sätze erhöht würde. Bei der Körperschaftsteuer müsste der Tarif von 15 % auf 15,8 % steigen. Von den derzeitigen Einnahmen in Höhe von rund 14,4 Mrd Euro würden dann 1,8 Mrd Euro direkt den Gemeinden zufallen, die Länder erhielten 6,3 Mrd Euro zusätzlich. Entsprechend hätte der Bund Mindereinnahmen von 8,1 Mrd Euro.

52. Wenn die Länder sich weiter gegen die Bereinigung der Kalten Progression sträuben, könnte der Bund den Solidaritätszuschlag abschaffen, um diese so indirekt abzubauen. Dies wäre konsequent, da nach dem Auslaufen des Solidarpakts II eine Reduktion und schließlich eine Abschaffung naheliegender wären als eine Übertragung des Aufkommens an die Länder und Gemeinden. Dieser Zielrichtung würde beispielsweise eine umgehende Halbierung und anschließende stufenweise Reduktion bis zum Jahr 2019 entsprechen. Die Mindereinnahmen würden sich zunächst auf etwa 7 Mrd (bei der Halbierung) und anschließend etwa 2 Mrd Euro in den Jahren 2016 bis 2019 belaufen.

Allerdings werden durch die Kalte Progression überwiegend **untere und mittlere Einkommen** belastet, der Solidaritätszuschlag wird hingegen überproportional von hohen Einkommen getragen. ↘ ABBILDUNG 4 LINKS Dabei ist zu berücksichtigen, dass durch die Anhebung des Grundfreibetrags in den Jahren 2013 und 2014 bereits eine überproportionale Entlastung unterer Einkommen stattgefunden hat. Für Einkommen bis 50 000 Euro könnte eine Abschaffung des Solidaritätszuschlags die Rücknahme der Belastungen durch die Kalte Progression gut ersetzen. ↘ ABBILDUNG 4 RECHTS Hingegen würden **hohe Einkommen** stärker entlastet, als diese in der Vergangenheit durch die Kalte Progression belastet wurden. Dies ist gleichwohl folgerichtig, denn es war die Absicht bei der Einführung des Solidaritätszuschlags, höhere Einkommen stärker an der Finanzierung der deutschen Einheit zu beteiligen als niedrige Einkommen.

53. Eine **Überführung des Solidaritätszuschlags** in den Tarif würde zwar im Vergleich zum Status quo keine Mehrbelastung bedeuten, wenn der Spitzensteuersatz der Einkommensteuer bei 47,5 % zu liegen käme. Die Mehrbelastung durch den Solidaritätszuschlag verlöre dann aber den Anschein einer vorübergehenden Belastung und würde **dauerhaft**. Es mag gleichwohl unrealistisch sein zu glauben, dass der Bund und die Länder im Angesicht der Schuldenbrem-

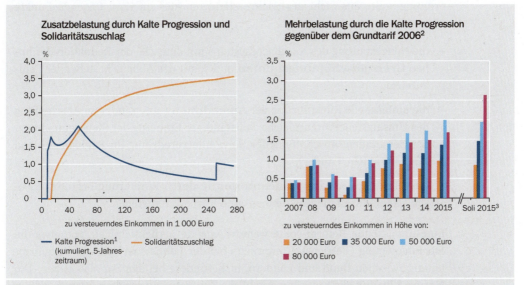

se bereit sind, auf diese Einnahmen zu verzichten. Dann ist die Überführung in die Tarife der Einkommen- und Körperschaftsteuer allemal die bessere Lösung.

Eine Abschaffung des Solidaritätszuschlags bei zeitgleicher Anhebung des Tarifs könnte in zweierlei Hinsicht einen Kompromiss darstellen. Zum einen würden die Länder in begrenztem Rahmen bessergestellt. Zum anderen könnte vor dem Hintergrund der großen Entlastungen im Zuge der Einkommensteuerreform der Jahre 2001 bis 2005 die stärkere Entlastung unterer und mittlerer Einkommen verteilungspolitisch eher gewünscht sein als eine Entlastung, die sich auf die oberen Einkommensschichten konzentriert.

54. Die Länder sollten ihre Blockadehaltung aufgeben und sich an den Kosten der **Bereinigung der Kalten Progression** beteiligen. Dann wäre eine Abschaffung des Solidaritätszuschlags durch dessen Überführung in die Tarife im Gegenzug zur Rücknahme der Belastungen durch die Kalte Progression möglich (JG 2011 Ziffern 344 ff.). Eine solche Einigung wird jedoch erst dann realistisch, wenn die Neuordnung der Bund-Länder-Finanzbeziehungen zum Abschluss gebracht ist.

3. Neuordnung der Bund-Länder-Finanzbeziehungen

55. Die derzeitigen Missstände der Bund-Länder-Finanzbeziehungen sind derart umfangreich, dass es fahrlässig wäre, die Chance zu einer umfassenden Reform erneut wie bereits im Jahr 2001 zu vertun. Es lässt sich insbesondere eine Anreiz- und Wachstumsfeindlichkeit des geltenden Finanzausgleichssystems fest-

stellen. ↘ ZIFFERN 590 FF. Dieses ließe sich anreizkompatibel im Sinne einer **aktivierenden Finanzverfassung** ausgestalten. ↘ ZIFFERN 603 FF. Eine solche Neuordnung sollte aus Sicht des Sachverständigenrates im Kern folgende Punkte umfassen:

− die Neugestaltung des Ausgleichssystems mit dem Ziel der Reduktion der hohen **Grenzabschöpfungsquoten** und somit des Abbaus bestehender Fehlanreize,

− die umfassende Rückführung der **Ausnahmen** (unter anderem Abschaffung des Umsatzsteuervorausgleichs, vollständiger Einbezug der Steuereinnahmen der Gemeinden, Abschaffung der Einwohnerveredelung für Stadtstaaten und dünn besiedelte Länder),

− die Stärkung der **Einnahmeautonomie** durch Einführung begrenzter Zuschlagsrechte auf die Einkommen- und Körperschaftsteuer.

Eine umfassende Reform sollte weitere Aspekte berücksichtigen, wie etwa die Steuerzerlegung (Betriebsstättenprinzip bei der Lohnsteuer) und die Aufgabenteilung zwischen Bund und Ländern, insbesondere bei den Sozialausgaben. Die **Neuen Länder**, die weiterhin erhebliche Zuweisungen erhalten werden, sollten durch Zahlungen des Bundes unterstützt werden, die anreizkompatibel ausgestaltet sein müssen.

56. Der Einführung von Steuerautonomie kommt angesichts der Schuldenbremse eine sehr hohe Bedeutung zu. Die **Haushaltsautonomie** muss mit dem unumkehrbaren Inkrafttreten des grundgesetzlichen Neuverschuldungsverbots dringend gestärkt werden, um verlässlich in den Schuldenabbau einzusteigen. Die Erfahrungen anderer Staaten zeigen, dass sich eine Stärkung der Steuerautonomie eher positiv auswirkt. ↘ ZIFFERN 629 FF. Die Steuerautonomie der Länder hätte nichts mit dem Steuerwettbewerb im internationalen Umfeld zu tun, weil sich dieser dort vor allem über Sondervorteile bei der Gestaltung der Bemessungsgrundlagen auswirkt. Die Bemessungsgrundlagen von Einkommen- und Körperschaftsteuer blieben trotz Steuerautonomie der Länder jedoch bundesweit einheitlich.

57. Eine Verlängerung der Unterstützungszahlungen an hoch verschuldete Länder erfordert **glaubwürdigere Konsolidierungszusagen** als bisher. Dies gilt insbesondere für Bremen und das Saarland, die in den Jahren 1994 bis 2004 Haushaltsnotlagen-Bundesergänzungszuweisungen erhalten haben und denen für den Zeitraum der Jahre 2011 bis 2019 Konsolidierungshilfen gewährt wurden. Der Stabilitätsrat sollte im Zuge der Fortführung der Konsolidierungszahlungen zudem bessere **Sanktionsmechanismen** erhalten. Dabei sollte es nicht darum gehen, beide Länder zu umfassenden Steuererhöhungen zu drängen. Jedoch könnte der Stabilitätsrat Steuererhöhungen fordern, falls die Konsolidierung hinter den Zusagen zurückbliebe. Ein glaubwürdiger Ausstieg aus den Konsolidierungshilfen könnte in der mittleren Frist wohl nur so erreicht werden. Ohne Steuerautonomie droht hingegen eine ökonomisch, vermutlich zudem verfassungsrechtlich problematische dauerhafte Bevorzugung dieser beiden Länder.

58. Die Einführung eines Altschuldentilgungsfonds wäre hingegen ein falscher Schritt. ↘ ZIFFERN 672 F. Es besteht **keine Notwendigkeit gemeinschaftlicher Entschuldungshilfen** des Bundes und der finanzstarken Länder für die finanzschwachen. Angesichts der auf mittlere Sicht relativ geringfügigen Vorprägung durch Bundes- oder europäische Vorgaben, sind die Ausgaben der Länder das **Ergebnis eigener politischer Entscheidungen**. ↘ ZIFFER 592 Übermäßige Ausgaben, die zu einer übermäßigen Verschuldung führen, sind das Resultat politischer Fehlentscheidungen der Vergangenheit. Ein Altschuldentilgungsfonds würde die finanzpolitischen Fehler der Vergangenheit nachträglich belohnen und damit Anreize zu einer unsoliden Finanzpolitik im Bundesstaat setzen. Dies ist dem Postulat einer aktivierenden Finanzverfassung diametral entgegengesetzt.

IV. EUROPA: ZEIT FÜR SUBSIDIARITÄT

59. Die Krise im Euro-Raum ist nicht überwunden. Die **Europäische Zentralbank** (EZB) hat immer wieder stützend eingegriffen und den Mitgliedstaaten so **Zeit verschafft**, um die wesentlichen Ursachen der Krise zu beseitigen. Die gemeinschaftlich zu behebenden Schwächen des institutionellen Rahmens der Währungsunion wurden erkannt und Reformen eingeleitet: Das wichtigste Projekt ist die **Bankenunion**, mit der eine effektive supranationale Bankenaufsicht und -abwicklung organisiert werden sollen. Die dabei noch verbliebenen Schwachstellen müssen jedoch im Rahmen einer Änderung der europäischen Verträge ausgeräumt werden.

Um die Währungsunion dauerhaft zu erhalten, müssen in den Mitgliedstaaten die Grundlagen für nachhaltiges Wachstum gelegt werden. Die dazu notwendigen **fiskalischen Konsolidierungsschritte** und **strukturellen Wirtschaftsreformen** müssen in nationaler Verantwortung durchgeführt werden. Eine andere Lösung wäre angesichts der offensichtlich gewünschten nationalen Souveränität in der Wirtschaftspolitik nicht realistisch. Während die (ehemaligen) Programmländer Irland, Griechenland und Portugal sowie Spanien in dieser Hinsicht deutliche Fortschritte erzielt haben, besteht in Frankreich und Italien weiterhin dringender Handlungsbedarf.

1. Unverändertes Leitbild: Maastricht 2.0

60. Der Sachverständigenrat hat in den vergangenen Jahren mit seinem Konzept „Maastricht 2.0" eine Blaupause für einen nachhaltig verfassten Euro-Raum vorgelegt (JG 2012 Ziffern 173 ff., JG 2013 Ziffern 269 ff.). Es beruht auf drei Säulen für Stabilität, welche die **Einheit von Haftung und Kontrolle** jeweils auf der gleichen Ebene gewährleisten. Während die Europäische Bankenunion diese Einheit auf gemeinschaftlicher Ebene herstellt, verbleibt die Verantwortung für die Wirtschafts- und Finanzpolitik auf der Ebene der einzelnen Mitgliedstaaten. Damit dies glaubwürdig bleibt, sollte der Europäische Stabilitäts-

mechanismus (ESM) in der weiteren Zukunft, wenn die öffentlichen Schuldenstände die Maastricht-Kriterien erfüllen, ein regelgebundenes Verfahren für eine geordnete staatliche Insolvenz vorsehen, wenn es zu einer zugespitzten Krise kommen sollte. Zudem müsste die regulatorische Privilegierung von Staatsanleihen, etwa in der Eigenkapitalregulierung von Banken, abgeschafft werden.

61. Obwohl das regelgebundene Insolvenzverfahren für Mitgliedstaaten bislang nicht Teil des Krisenmechanismus ist, entspricht der eingeschlagene Weg dem Konzept Maastricht 2.0. Die allgemeine Wirtschaftspolitik und die Finanzpolitik liegen allein in nationalstaatlicher Verantwortung. Die Finanzpolitik wird jedoch über den Stabilitäts- und Wachstumspakt europäisch reguliert und koordiniert, um ausreichende Transparenz und Tragfähigkeit sicherzustellen. Dennoch gibt es in der öffentlichen und politischen Diskussion Bestrebungen, **dauerhafte gemeinschaftlich gestaltete Mechanismen** der Risiko- und Kostenteilung zu etablieren, beispielsweise eine europäische Arbeitslosenversicherung oder Instrumente der gemeinschaftlichen Verschuldung. Diese Vorschläge stehen im klaren Widerspruch zu Maastricht 2.0 und würden das Prinzip der Einheit von Haftung und Kontrolle durchbrechen.

Parallel dazu flammt immer wieder eine Diskussion auf, welche die Währungsunion seit ihren Anfängen begleitet hat: Sollte die **Regeltreue** gegenüber den vielfältigen europäischen Verabredungen, wie dem Stabilitäts- und Wachstumspakt, dann aufgeweicht werden, wenn dadurch die wirtschaftliche Lage kurzfristig verbessert werden könnte?

62. Aktuell wird zum Beispiel offen in Frage gestellt, dass die Mitgliedstaaten ihr Potenzialwachstum mit Strukturreformen **aus eigener Kraft** steigern können und sollten. Stattdessen wird der Verzicht auf Regeltreue und **zusätzliche fiskalpolitische Unterstützung** durch andere Mitgliedstaaten vorgeschlagen. Dies betrifft beispielsweise den Vorstoß Frankreichs zu versprechen, mehr Engagement bei Strukturreformen zu zeigen, wenn Deutschland stärker in seine eigene Infrastruktur investiere (FAZ, 2014). In eine ähnliche Richtung ging die Idee der EU-Kommission der Einführung eines „Convergence and Competitiveness Instrument" (CCI), mit dem Reformanstrengungen einzelner Mitgliedstaaten unterstützt werden sollten, indem die Erreichung vertraglich festgelegter Ziele mit entsprechenden Zahlungen verknüpft wird (JG 2013 Ziffern 345 ff.).

All diese Mechanismen hat der Sachverständigenrat aufgrund der damit verbundenen Anreizprobleme und der Widersprüche zur institutionellen Struktur Maastricht 2.0 abgelehnt. Übrigens haben sich Mitgliedstaaten mit wirtschaftlichen Problemen selbst gegen das CCI ausgesprochen, obwohl entsprechende fiskalische Transfers dazugehören würden. Dies illustriert die geringe Bereitschaft der Mitgliedstaaten, vertragliche Festlegungen oder gar Durchgriffsrechte zu akzeptieren.

63. In der öffentlichen Diskussion werden zudem immer wieder neue europäische Initiativen für mehr Investitionen vorgeschlagen. Diese könnten jedoch nur unter einer Reihe von Bedingungen sinnvoll sein: Erstens müssten damit ausschließlich Hemmnisse beseitigt werden, die nicht in erster Linie unter nationaler Verantwortung anzugehen sind; zweitens müssten die Hemmnisse und Pro-

bleme zweifelsfrei identifiziert und ein europäischer öffentlicher Handlungsbedarf nachgewiesen werden; drittens sollte ein hinreichendes **Verständnis über die Wirkungen** der eingesetzten Instrumente bestehen. Dafür sind die **Anreizwirkungen** unterschiedlicher Instrumente kritisch zu diskutieren und deren Wirksamkeit anhand der vorhandenen **empirischen Belege** zu prüfen. ↘ KASTEN 1 Die als „Europäischer Marshallplan" oder allgemein als „Europäische Investitionsoffensive" titulierten Investitionsprogramme erfüllen diese Anforderungen nicht.

Chancen eines Transatlantischen Freihandelsabkommens

64. Seit Mitte des Jahres 2013 wird zwischen den Vereinigten Staaten und der Europäischen Union das **Transatlantische Freihandelsabkommen** (Transatlantic Trade and Investment Partnership, TTIP) verhandelt. Dies würde die größte Freihandelszone der Welt schaffen. TTIP wird in der Öffentlichkeit kontrovers diskutiert, nicht zuletzt weil Umfang und Details des Abkommens bisher nicht publiziert wurden.

Aus ökonomischer Sicht führt ein Abbau von Handelsschranken, in tarifärer oder nicht-tarifärer Form, zu positiven Effekten für die Länder, die ein solches Abkommen schließen (Handelsschaffung), allerdings auch zu negativen Effekten im Binnenverhältnis der beiden Wirtschaftsräume sowie im Verhältnis zu Drittländern (Handelsumlenkung). Empirische Studien belegen insgesamt **positive Wohlfahrtseffekte für TTIP**, wobei die Unsicherheit der Schätzungen relativ hoch ist. ↘ KASTEN 6

65. Beim Abbau von nicht-tarifären Handelshemmnissen muss allerdings berücksichtigt werden, dass es sich bei diesen häufig um nationale Regulierungen handelt, die bestimmte **nicht-ökonomische Ziele** verfolgen, wie beispielsweise den Verbraucherschutz. Dieser Aspekt spielt in der öffentlichen Diskussion eine wichtige Rolle. So gilt in den Vereinigten Staaten beispielsweise im Lebensmittelbereich das Prinzip, dass der Produzent eines genmanipulierten Erzeugnisses nachweisen muss, dass es mit einer hohen Wahrscheinlichkeit nicht gefährlich ist. In der Europäischen Union kommt hingegen das Vorsichtsprinzip zur Anwendung, wonach gezeigt werden muss, dass das Produkt mit einer hohen Wahrscheinlichkeit sicher ist. Für beide Prinzipien gibt es gute Gründe (Egger et al., 2014). Solche nicht-ökonomischen Aspekte machen eine Beurteilung der Wohlfahrtseffekte von TTIP nicht einfacher (Egger et al., 2014).

66. Ein weiterer Punkt, der stark in der Kritik steht, ist das im TTIP vorgesehene **Investitionsschutzabkommen**, das es ausländischen Investoren ermöglicht, Sitzstaaten unter Umgehung des nationalen Rechtswegs vor privaten Schiedsgerichten zu verklagen. Dabei bietet sich neben der radikalen Lösung, auf ein solches Abkommen bei TTIP zu verzichten, die Alternative, TTIP als Gelegenheit für eine Reform von internationalen Investitionsregimen zu begreifen.

67. Der Sachverständigenrat sieht in der verstärkten Einbindung Europas in die **internationale Arbeitsteilung** große Potenziale für Effizienzgewinne und damit verbundenes Wirtschaftswachstum. Die Bundesregierung wäre schlecht be-

raten, den Verhandlungsprozess aufgrund der genannten Bedenken scheitern zu lassen. Generell steigen durch TTIP die Anreize für Drittländer, sich diesem Freihandelsraum anzuschließen. TTIP eröffnet somit die Chance, die Handelsintegration weltweit zu vertiefen.

↘ KASTEN 6

Ökonomische Auswirkungen eines transatlantischen Freihandelsabkommens

Im Juni 2013 wurde die Transatlantische Handels- und Investitionspartnerschaft (Transatlantic Trade and Investment Partnership, TTIP) initiiert. Dieses Freihandelsabkommen zielt darauf ab, **Handels- und Investitionshemmnisse** zwischen den Mitgliedstaaten der EU und den Vereinigten Staaten zu **beseitigen**. Dadurch würde ein Freihandelsraum geschaffen, der etwa 45 % der weltweiten Wirtschafts-leistung abdeckt. Im Rahmen des Abkommens werden zudem Sachverhalte wie der Investitions-, Umwelt- und Verbraucherschutz diskutiert.

Die **Bedeutung von Handelskosten** ist wissenschaftlich gut belegt. Sie umfassen neben den Transportkosten vor allem die politisch bestimmten tarifären und nicht-tarifären Handelshemmnisse. Bei den tarifären Handelshemmnissen handelt es sich um Zölle. Nicht-tarifäre Handelshemmnisse umfassen direkte Handelsbeschränkungen (Importquoten) und Regulierungen (Industrienormen oder Standards des Verbraucherschutzes). Wenn sich diese zwischen den Wirtschaftsräumen unterscheiden, entstehen Anpassungskosten. Die Zölle zwischen den Vereinigten Staaten und der EU sind gering und liegen im Durchschnitt bei etwa 3 %. Die **nicht-tarifären Hemmnisse** machen somit den **Großteil** der **Handelskosten** aus.

Der Abbau von Handelshemmnissen erhöht den Handel und steigert so Einkommen und Wohlfahrt. Die wichtigsten **Wirkungskanäle** dafür sind: (a) die Senkung der Produktionskosten durch Spezialisierung und Ausnutzung von Größenvorteilen, (b) die Erhöhung der Produktvielfalt durch Einfuhr ausländischer Güter, (c) die Intensivierung des Wettbewerbs und dadurch der Zwang zu mehr Effizienz der Firmen sowie die Verringerung der Marktmacht, (d) die Erhöhung der Erträge aus Forschung und Entwicklung infolge eines größeren Marktes und somit höhere Investitionsanreize.

Der **Abbau von Zöllen** verringert die Handelskosten und Zolleinnahmen. Zudem führt eine bilaterale Zollsenkung zur Handelsumlenkung: US-Güter werden gegenüber denjenigen aus der EU oder Drittländern günstiger. Dadurch kann der Handel innerhalb der EU oder mit Drittländern sinken. Ferner könnte sich die EU schlechterstellen, wenn ihre Importe aus Drittländern durch US-Importe ersetzt werden und deren Preise gegenüber den vorherigen kaum niedriger sind, denn sie müsste nun auf ihre Zolleinnahmen verzichten. Angesichts der niedrigen Zölle zwischen der EU und den Vereinigten Staaten sind jedoch geringe Effekte aus deren Abbau zu erwarten.

Der **Abbau nicht-tarifärer Hemmnisse** senkt zwar die Kosten der Unternehmen, kann aber wiederum zu Handelsumlenkungseffekten führen. Das Abkommen reduziert beispielsweise die relative Wettbewerbsfähigkeit deutscher Unternehmen in Frankreich, da US-Firmen die gleichen Markteintrittschancen bekommen. Die Einführung gemeinsamer Standards könnte positive Ausstrahlungseffekte auf Firmen aus Drittländern haben, wenn sie in beide Regionen exportieren. Ferner könnten sich die Standards weltweit etablieren und so den Marktzugang in allen Ländern erleichtern.

Felbermayr et al. (2013a) quantifizieren die möglichen Auswirkungen von TTIP auf die Handelsströme und den Welthandel. Ein umfassendes Abkommen, mit dem alle tarifären und nicht-tarifären Handelshemmnisse abgebaut werden, kann zu einer **Zunahme des transatlantischen Handels** um etwa 80 % führen. Im Zuge dessen könnte der Handel innerhalb der EU um 20 % bis 40 % zurückgehen. Die Auswirkung auf den Handel mit Drittländern ist heterogen. Der Handel Deutschlands mit Japan dürfte zunehmen, aber derjenige der EU mit China zurückgehen.

Felbermayr et al. (2014) untersuchen die Wohlfahrtseffekte des Abkommens. Durch ein umfassendes Abkommen dürfte sich die **weltweite Wohlfahrt** (gemessen am realen Einkommen) **um 1,6 %**

erhöhen. In Deutschland könnte sie um 3,5 % steigen. Verlierer sind vor allem Drittländer, die bereits ein Handelsabkommen mit der EU oder den Vereinigten Staaten haben. Unter Berücksichtigung positiver **Ausstrahlungseffekte** auf Drittländer könnten die Wohlfahrtseffekte weltweit noch deutlich höher ausfallen. Angesichts der niedrigen Zölle zwischen den Vereinigten Staaten und der EU würde ein reiner Zollabbau nur geringe Effekte auf die weltweite Wohlfahrt haben (0,1 %). Weitere aktuelle Studien zum TTIP-Abkommen von Francois et al. (2013) und Egger et al. (2014) zeigen ebenfalls positive Effekte für die EU und die Vereinigten Staaten. Das Ausmaß hängt jedoch vom gewählten Modell und dessen Spezifikation ab, wie zum Beispiel des Umfangs der Handelskostenreduktion und der Auswirkung auf Drittländer. Felbermayr et al. (2014) liegen mit ihren Ergebnissen zu einem umfangreichen TTIP-Abkommen im Mittelfeld. Auf die **Beschäftigung** dürfte der reine Zollabbau ebenfalls kaum Auswirkungen haben (Felbermayr et al. 2013a). Hingegen führt ein umfassendes Abkommen zu **weltweiten Beschäftigungszuwächsen**: In Deutschland lägen sie bei 110 000 Personen (das entspricht einem Zuwachs von 0,3 %) und in der EU bei bis zu 400 000 Beschäftigten. In der übrigen Welt könnte jedoch die Beschäftigung um 240 000 Personen zurückgehen.

Insbesondere führt das Abkommen zu **Reallohnsteigerungen** in der EU und den Vereinigten Staaten, während in Drittländern kaum Zuwächse zu erwarten sind. Der Reallohnanstieg geht auf die höhere durchschnittliche Produktivität sowie auf das niedrigere Preisniveau zurück, weil die weniger produktiven Unternehmen den Markt verlassen und die produktiveren ihre Produktion ausweiten. Dieser Produktivitätseffekt trägt wiederum zum Wachstum des Bruttoinlandsprodukts bei.

Insbesondere **produktive mittelständische Unternehmen**, die erst durch den Abbau von nichttarifären Hemmnissen den US-Markt bedienen können, werden **gewinnen** (Felbermayr et al., 2013b). Größere Firmen, die bereits in die Vereinigten Staaten exportieren, dürften kaum Auswirkungen spüren. Einerseits werden sie durch geringere Transaktionskosten weniger belastet, andererseits erhöht sich für sie der Wettbewerb. Der zunehmende Wettbewerb in Deutschland dürfte kleinere, nicht effiziente Firmen Marktanteile kosten, was ursächlich auf das Wachstum effizienter Firmen zurückgeht und gesamtwirtschaftliche Wohlfahrtsgewinne erst möglich macht.

Ein umfassendes Abkommen könnte weltweit positive **Wachstums-** und **Beschäftigungseffekte** generieren. Baldwin und Seghezza (2010) untersuchen, ob regionale Abkommen die Chancen für eine multilaterale Liberalisierung verschlechtern, und widerlegen dies. Zwar verschlechtern sich die Anreize für Länder innerhalb der Freihandelszone, multilaterale Verhandlungen aufzunehmen, jedoch erhöhen sie sich für Drittländer. TTIP könnte daher zu mehr internationaler Kooperation führen. Zudem sind die Vertragspartner in der Pflicht, den negativen Auswirkungen durch ein multilaterales Abkommen entgegenzuwirken, um Benachteiligungen für Entwicklungsländer zu verhindern.

2. Expansive Geldpolitik, nationale Wirtschaftspolitik

68. Die Politik der EZB hat durch verschiedenste Maßnahmen wiederholt dazu beigetragen, die Krise im Euro-Raum zu beruhigen. ↘ ZIFFERN 223, 232 Da die Krise zum erheblichen Teil auf strukturelle Probleme in den Mitgliedstaaten zurückgeht, kann sie nicht durch geldpolitische Maßnahmen gelöst werden. Vielmehr liegt es an den Mitgliedstaaten, die dafür nötigen wirtschaftspolitischen Reformen und die Haushaltskonsolidierung voranzutreiben.

Irland, Griechenland und Portugal sowie Spanien haben umfangreiche Strukturreformen umgesetzt und konsolidieren ihre Haushalte. Dabei waren in Spanien diese Maßnahmen nicht Teil der Auflagen eines ESM-Programms. Dagegen haben Frankreich und Italien zwar gewisse Konsolidierungsanstrengungen unternommen, jedoch kaum Strukturreformen umgesetzt. Dabei kommen internationale Organisationen übereinstimmend zum Schluss, dass tiefgreifende strukturelle Reformen in Italien und in Frankreich **dringend notwendig** wären (IWF, 2014b; OECD, 2014). ↘ ZIFFER 145 Im Falle Italiens hält die Wachstumsschwäche bereits mehr als eine Dekade an. Für beide Staaten gilt, dass die Konsolidierungsmaßnahmen weitgehend auf die Einnahmeseite konzentriert und damit nicht wachstumsfördernd waren (JG 2013 Ziffern 239 ff.).

69. Die Zielrichtung, der Umfang und die zeitliche Abfolge von Strukturreformen werden dadurch beeinflusst, wie die politischen Machtverhältnisse in einem Land und wie gravierend die wirtschaftlichen Probleme sind. Die **Geldpolitik** der EZB wirkt dabei mittelbar auf die **Reformpolitik** ein. ↘ ZIFFERN 283 FF. So können die Regierungen eine lockere Geldpolitik entweder dafür nutzen, Reformen zügiger vorzunehmen oder aber notwendige Reformen auf einen politisch opportunen, späteren Zeitpunkt zu verschieben (Leiner-Killinger et al., 2007). Die Erfahrung im Euro-Raum legt nahe, dass es vor allem nationale Krisensituationen waren, in denen umfassende Strukturreformen auf den Weg gebracht wurden.

Der deutschen Wirtschaftspolitik verbleiben nur zwei Möglichkeiten, um zu verhindern, dass es aufgrund des Aufschubs von Konsolidierungs- und Reformanstrengungen zu einer neuerlichen Verschärfung der Krise kommt. Einerseits sollte sie **mit gutem Beispiel vorangehen** und die eigenen Reformanstrengungen intensivieren. Insofern sind die jüngst umgesetzten wirtschaftspolitischen Maßnahmen gerade nicht geeignet, die europäischen Partner zu verstärkten Anstrengungen zu motivieren.

Andererseits sollte sie die Europäische Kommission dabei unterstützen, das reformierte Regelwerk der fiskalpolitischen Überwachung und Koordinierung gegenüber den betreffenden Mitgliedstaaten vollumfänglich einzusetzen. Nur so kann das neue Regelwerk **Glaubwürdigkeit gewinnen**. Fatal wäre es, wenn wieder einmal der Eindruck bestätigt würde, dass die Regeln nicht in gleicher Weise für die großen Länder angewendet werden wie für die kleinen Länder.

3. Bankenunion und Finanzstabilität

70. Durch die Europäische Bankenunion werden der **gemeinsamen Geldpolitik** in der Währungsunion **gemeinsame Kompetenzen** in der Bankenaufsicht und -abwicklung zur Seite gestellt. Dies ist ein wichtiger Schritt bei der Neugestaltung der Architektur des Euro-Raums. Seit Beginn der Finanzkrise im Jahr 2007 beobachtet man eine zunehmende Fragmentierung und Re-Nationalisierung der europäischen Finanzmärkte, die es wieder umzukehren gilt. Gleichzeitig leiden vor allem die Krisenländer unter einer schleppenden Kreditvergabe.

71. Die **umfassende Bankenprüfung** der EZB bot die Gelegenheit, die Probleme des Bankensektors im Euro-Raum zu identifizieren, schwache Banken zu rekapitalisieren und durch Schaffung von Transparenz das Vertrauen in das europäische Bankensystem zu stärken. ↘ ZIFFERN 308, 314 Die Prüfung offenbarte vor allem in Griechenland, Irland, Italien, Portugal und Zypern Kapitallücken, wenngleich

deren Volumen im Aggregat gering war. Turbulenzen auf den Finanzmärkten blieben aus, und eine umfassende Marktbereinigung scheint unwahrscheinlich. Ob die relevanten Risiken tatsächlich identifiziert wurden und eine Verschiebung von Altlasten auf die europäische Ebene somit vermieden werden kann, lässt sich zum jetzigen Zeitpunkt nicht verlässlich einschätzen.

72. Mit der Übernahme der Aufsichtsverantwortung durch die EZB ist die Bankenunion nun gestartet. Ihre institutionelle Ausgestaltung weist jedoch **Schwächen** auf. Denn sie konnte nicht auf dem Reißbrett entworfen werden, sondern musste sich an den engen Grenzen orientieren, die durch die europäischen Verträge gesetzt werden. Dies führte zum einen zur Ansiedlung des gemeinsamen Aufsichtsmechanismus innerhalb der EZB, was vom Sachverständigenrat aufgrund der Kombination mit der Geldpolitik kritisch gesehen wird (JG 2012 Ziffern 303 ff.). Zum anderen verhindert es eine Ausstattung des einheitlichen Abwicklungsmechanismus mit weitreichenden Kompetenzen. ↘ ZIFFERN 327 F. Damit ist eine gleichwertige Einbindung von EU-Ländern außerhalb des Euro-Raums nicht möglich.

73. Zur Stärkung der Bankenunion ist daher eine **Änderung der europäischen Verträge** nötig, um eine eigenständige europäische Banken- oder sogar Allfinanzaufsicht zu schaffen, die institutionell unabhängig von der Geldpolitik ist und die mikro- und makroprudenzielle Aufsicht integriert. Außerdem könnte die Abwicklungsbehörde mit weitreichenden Kompetenzen ausgestattet werden, damit sie für alle Banken, die kleineren eingeschlossen, weitgehend unabhängig Abwicklungen einleiten und umsetzen kann. Aus diesen Gründen sollte die Bundesregierung mit Nachdruck auf eine Änderung der Verträge hinwirken.

74. Die Politik ist weiterhin gefordert, den institutionellen Rahmen für Bankenabwicklungen in Europa fortzuentwickeln, um die Glaubwürdigkeit der Gläubigerbeteiligung im Krisenfall zu stärken. ↘ ZIFFER 359 Dies gilt ebenso im Hinblick auf die Herstellung der Abwicklungsfähigkeit global tätiger Banken. Mindestanforderungen für bail-in-fähige Verbindlichkeiten sollten kein Substitut für eine **Erhöhung des Eigenkapitals** sein.

Mit der aktuellen, sehr expansiven Geldpolitik der EZB sind nicht nur Risiken für eine nachhaltige Wirtschaftspolitik im Euro-Raum verbunden, sondern ebenso solche für die Finanzstabilität. Der neu geschaffenen **makroprudenziellen Aufsicht** stehen Instrumente zur Verfügung, um solchen Risiken zu begegnen. ↘ ZIFFERN 360 FF. Allerdings ist die Wirksamkeit dieser Instrumente beschränkt und ungewiss. Daher sollten die Erwartungen an deren Wirksamkeit nicht zu hoch gesteckt und eine wirtschaftspolitische **Feinsteuerung vermieden** werden.

Eine andere Meinung

75. Ein Mitglied des Rates, **Peter Bofinger**, kann sich der in diesem Kapitel vorgenommenen Analyse der Wirtschaftspolitik nicht anschließen.

76. Die Mehrheit des Rates sieht das zentrale Problem der deutschen Wirtschaftspolitik in „**fehlgeleiteten strukturellen Weichenstellungen**", insbesondere in einem Paradigmenwechsel in der Arbeitsmarktpolitik. Die Reformerfordernisse seien „beträchtlich". ↘ ZIFFERN 18 FF. Wie sich das insbesondere mit der bis zuletzt sehr positiven Entwicklung des deutschen Arbeitsmarkts vereinbaren lässt, die weltweit als vorbildlich angesehen wird, bleibt offen. Unklar ist dabei zudem, warum der deutsche Arbeitsmarkt eine unzureichende Flexibilität aufweisen soll, um künftige Krisen ähnlich erfolgreich zu meistern wie in der Vergangenheit. Das Instrument der Kurzarbeit, mit dem die Krise des Jahres 2009 überwiegend bewältigt werden konnte, steht auch in Zukunft zur Verfügung. Der demografische Wandel ist zwar in der Tat eine Herausforderung für die deutsche Wirtschaft, nicht jedoch für den Arbeitsmarkt. Er wird das Angebot an Arbeitskräften reduzieren und somit aller Voraussicht nach zu einem weiteren Abbau der Arbeitslosigkeit führen.

77. Es trifft zu, dass der flächendeckende **Mindestlohn für Deutschland** einen Paradigmenwechsel darstellt. Aber er ist alles andere als ein „sozialpolitisches Experiment mit ungewissem Ausgang". In fast allen hoch entwickelten Ländern ist der Mindestlohn seit Langem die gängige Praxis, sofern nicht – wie beispielsweise in Skandinavien – durch flächendeckende oder allgemeinverbindliche Tarifverträge für eine wirksame Lohnuntergrenze gesorgt wird. Von seiner Höhe her erscheint der deutsche Mindestlohn dabei als unproblematisch. Nach Berechnungen der OECD entspricht die Relation des deutschen Mindestlohns

↘ ABBILDUNG 5
Lohnkosten der Arbeitgeber[1]
Mindestlohn in Relation zum Median des Stundenlohns eines in Vollzeit abhängig Beschäftigten

1 – Einschließlich Arbeitgeberbeiträge; Stand: 2012. US - Vereinigte Staaten, JP - Japan, KR - Republik Korea, LU - Luxemburg, EE - Estland, CZ - Tschechische Republik, IE - Irland, UK - Vereinigtes Königreich, CA - Kanada, AU - Australien, GR - Griechenland, PL - Polen, NL - Niederlande, ES - Spanien, MX - Mexiko, DE - Deutschland, IL - Israel, NZ - Neuseeland, BE - Belgien, HU - Ungarn, SK - Slowakei, CL - Chile, SI - Slowenien, FR - Frankreich, PT - Portugal, TR - Türkei.

Quelle: OECD

(einschließlich der Arbeitgeberbeiträge zur Sozialversicherung) zum Medianlohn mit 58 % nahezu dem OECD-Durchschnitt mit 57 %. ↘ ABBILDUNG 5

78. Die Erfahrungen mit dem neu eingeführten **branchenspezifischen Mindestlohn für das Friseurhandwerk**, der seit dem 1. November 2013 gilt und seit dem 1. August 2014 einen Mindestlohn von 8,00 Euro je Stunde im Westen und von 7,50 Euro je Stunde im Osten (einschließlich Berlin) vorgibt, sprechen dafür, dass Mindestlöhne nicht zu Beschäftigungsproblemen führen müssen. Im Gegenteil: Die Anzahl der Arbeitslosen bei Friseuren war im Oktober 2014 geringer als vor einem Jahr. Der Rückgang ist zudem prozentual stärker ausgefallen als in der übergeordneten Berufsgruppe (nicht-medizinische Gesundheit, Körperpflege) und als in der Gesamtwirtschaft. Eine ähnliche Entwicklung zeigt sich für den **Mindestlohn für die Fleischindustrie**, der seit dem 1. August 2014 gilt. Auch hier war im Oktober 2014 ein überdurchschnittlicher Rückgang der Arbeitslosenzahlen zu beobachten. Diese Befunde decken sich mit den Erfahrungen, die in Deutschland mit der Einführung branchenspezifischer Mindestlöhne in der Vergangenheit gemacht wurden (JG 2013 Ziffer 533), ebenso wie mit dem Großteil der empirischen Literatur zu den Beschäftigungseffekten von Mindestlöhnen (Bosch und Weinkopf, 2014).

79. In der **Energiepolitik** wiederholt die Mehrheit des Rates ihre ebenso pauschale wie fundamentale Kritik am Erneuerbare-Energien-Gesetz (EEG), die so außerhalb der deutschen volkswirtschaftlichen Diskussion kaum zu finden ist. Hierzu sei auf das Minderheitsvotum im Jahresgutachten 2012/13 (Ziffern 505 ff.) verwiesen.

Die Mehrheit des Rates befürwortet weiterhin das **Quotenmodell**, das mit erheblichen Nachteilen gegenüber der mit der EEG-Reform ab dem Jahr 2017 vorgesehenen **Ausschreibungslösung** verbunden ist (Bofinger, 2013). Die empirische Evidenz zeigt, dass das Quotenmodell in der Praxis erhebliche Probleme aufweist (ECOFYS, 2014). Aus diesem Grund haben sich drei große EU-Mitgliedstaaten (Vereinigtes Königreich, Polen und Italien) für den Ausstieg aus dem Quotenmodell entschieden. Wie ECOFYS (2014) feststellt, ist das schwedische Modell, das von der Mehrheit der Ratsmitglieder als Erfolgsbeispiel genannt wird, nur begrenzt auf andere Länder übertragbar.

Nicht nachvollziehbar ist zudem die Präferenz der Mehrheit der Ratsmitglieder für eine **technologieneutrale Förderung**. Da es voraussichtlich nicht möglich sein wird, die langfristige Versorgung durch erneuerbare Energien mit nur einer einzigen Technologie zu gewährleisten, kommt es durch die technologieneutrale Förderung unweigerlich zu Windfall-Profiten der Erzeuger mit kostengünstigeren Technologien. Die technologieneutrale Förderung führt dann zu höheren Kosten für die Verbraucher (ECOFYS, 2014).

Es ist schließlich auch nicht zutreffend, dass eine separate Förderung erneuerbarer Energien innerhalb eines Modells handelbarer **Emissionszertifikate** ineffizient sei. Wie Lehman und Gawel (2013) zeigen, trifft dies nur dann zu, wenn die Zielwerte von einem wohlmeinenden Diktator festgelegt werden. Da die Festlegung der Menge der CO_2-Zertifikate in der Realität jedoch wesentlich durch den Einfluss von Interessengruppen bestimmt wird, trägt die Förderung erneuerbarer Energien dazu bei, dass ambitioniertere Zielwerte festgelegt werden können.

80. Nicht zwingend ist die Feststellung, dass in der Sozialen Marktwirtschaft zunächst die **Effizienz der Wirtschaftsprozesse** gesichert werden müsse, bevor die Marktergebnisse über das **Steuer- und Transfersystem** korrigiert werden könnten. ↘ ZIFFER 6 Dies folge der Einsicht, „dass es aufgrund des komplexen Zusammenspiels von Angebot und Nachfrage auf den Absatz- und Faktormärkten in der Regel unmöglich ist, direkt und ohne nicht beabsichtigte Nebenwirkungen ein unter Verteilungsgesichtspunkten anzustrebendes Marktergebnis durch direkte staatliche Regulierung herbeizuführen."

Neuere Studien zeigen, dass es durch die **Einkommensumverteilung** keinesfalls zu negativen **Wachstumseffekten** kommen muss (Ostry et al., 2014). Eine geringe Netto-Ungleichheit sei vielmehr mit einem stärkeren und robusteren Wachstum verbunden. Die Umverteilung sei zudem unschädlich bezüglich ihrer Wachstumseffekte, nur in extremen Fällen seien negative Wachstumseffekte zu beobachten.

81. Bei der Frage der **Investitionslücke**, insbesondere im öffentlichen Bereich, geht es weder um das „Notwendige" noch um das „Wünschenswerte". ↘ ZIFFERN 11 FF. Es geht vielmehr allein darum, welches **Potenzial für hoch rentable öffentliche Investitionen** in Deutschland besteht, insbesondere in einem Umfeld mit historisch niedrigen Realzinsen.

Dabei ist es keinesfalls so, dass Marktakteure bei der Identifikation rentabler langfristiger Investitionen grundsätzlich dem Staat überlegen sind. Zudem sind Investitionen im Bereich der Infrastruktur, im Bildungsbereich und im Bereich von Forschung und Entwicklung typischerweise öffentliche Investitionen. Wie Mazzucato (2014) belegt, sind insbesondere in den Vereinigten Staaten viele grundlegende Innovationen nur deshalb realisiert worden, weil sie eine **gezielte staatliche Förderung** erhalten haben. Eine staatliche Aktivität kann insbesondere dann sinnvoll sein, wenn es um sehr langfristige Investitionen geht, die durch Unsicherheit – im Sinne einer nicht bekannten Risikoverteilung – gekennzeichnet sind. Zudem hat die Finanzkrise verdeutlicht, dass es den Marktakteuren trotz „ihrer Kenntnis der Sachverhalte vor Ort" offensichtlich nicht immer gelingt, „gesamtwirtschaftlich sinnvolle Projekte" zu identifizieren.

82. Nicht geteilt wird die Feststellung, dass die Lösung für die Krise im Euro-Raum nur durch Haushaltskonsolidierung und wirtschaftspolitische Reformen erreicht werden könnte. ↘ ZIFFER 59 Das impliziert eine **asymmetrische makroökonomische Anpassung** des Euro-Raums, wie sie in den vergangenen Jahren praktiziert worden ist. Sie ist dafür verantwortlich, dass sich der Euro-Raum seit Jahren schwächer entwickelt als andere große Wirtschaftsräume. Konkret kommt die Asymmetrie darin zum Ausdruck, dass der Euro-Raum ein im internationalen Vergleich sehr geringes Budgetdefizit ausweist.

Dies ist insoweit problematisch, als der private Sektor des Euro-Raums (private Haushalte und Unternehmen) noch immer ein vergleichsweise hohes „**Deleveraging**" betreibt, das sich in einem positiven Finanzierungssaldo des privaten

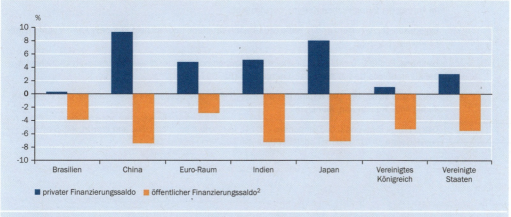

↘ ABBILDUNG 6

Finanzierungssalden ausgewählter Länder und Ländergruppen im Jahr 2014[1]
in Relation zum nominalen Bruttoinlandsprodukt

■ privater Finanzierungssaldo   ■ öffentlicher Finanzierungssaldo[2]

1 – Für China 2013. 2 – China einschließlich außerbudgetärer Ausgaben (geschätzte Infrastrukturausgaben lokaler Regierungen abzüglich Nettogrundstücksverkäufe).
Quelle: IWF

Sektors niederschlägt. Dies bedeutet, dass die laufenden Ausgaben der Privaten geringer sind als ihre Einnahmen, was für sich genommen einen negativen Effekt auf die gesamtwirtschaftliche Nachfrage ausübt. Dieser kann grundsätzlich dadurch kompensiert werden, dass der öffentliche Sektor mehr ausgibt als er einnimmt, was sich in einem negativen Budgetsaldo niederschlägt. Anders als in allen anderen großen Wirtschaftsräumen ist im Euro-Raum eine solche Kompensation nur partiell zu beobachten. ↘ ABBILDUNG 6

83. **„Von der Realität eingeholt"** wurden somit vor allem jene Ökonomen und Politiker, die geglaubt hatten, der Euro-Raum könne durch eine asymmetrische Anpassung, insbesondere eine restriktive Fiskalpolitik im Verbund mit Strukturreformen, den Weg aus der Krise finden. Die Tatsache, dass Länder wie Spanien und Portugal wieder ein bescheidenes Wachstum erzielen, ist dabei wesentlich darauf zurückzuführen, dass man ihnen – anders als im Fall Griechenlands – sehr viel Zeit für die Konsolidierung eingeräumt hat. So weist **Spanien**, das in diesem Jahresgutachten als Modell herausgestrichen wird, mit einem Budgetdefizit von 5,7 % für das Jahr 2014 nach Japan die **zweithöchste Neuverschuldung** aller hoch entwickelten Volkswirtschaften aus.

84. Zu dem von der Mehrheit der Ratsmitglieder weiterhin präferierten Modell **„Maastricht 2.0"** für die ordnungspolitische Ausgestaltung der Europäischen Währungsunion sei auf meine Kritik im Jahresgutachten 2013/14 (Ziffern 281 ff.) verwiesen.

Literatur zum Minderheitsvotum

Bofinger, P. (2013), *Förderung fluktuierender erneuerbarer Energien: Gibt es einen dritten Weg?*, Gutachten im Rahmen des Projekts „Stromsystem – Eckpfeiler eines zukünftigen Regenerativwirtschaftsgesetzes", im Auftrag der Baden-Württemberg Stiftung gGmbH unter Federführung der IZES gGmbH, Würzburg.

Bosch, G. und C. Weinkopf (2014) *Zur Einführung des gesetzlichen Mindestlohns von 8,50 € in Deutschland*, Arbeitspapier 304, Hans Böckler Stiftung, Düsseldorf.

ECOFYS (2014), *Design features of support schemes for renewable electricity*, Task 2 report, Gutachten im Auftrag der Europäischen Kommission, Utrecht.

Eggertsson, G., A. Ferrero und A. Raffo (2014), Can structural reforms help Europe?, *Journal of Monetary Economics* 61, 2-22.

Lehmann, P. und E. Gawel (2013), Why should support schemes for renewable electricity complement the EU emissions trading scheme?, *Energy Policy* 52, 597-607.

Mazzucato, M. (2014), *Das Kapital des Staates: Eine andere Geschichte von Innovation und Wachstum*, Verlag Antje Kunstmann, München.

Ostry, J.D., A. Berg und C.G. Tsangarides (2014), *Redistribution, inequality, and growth*, IMF Staff Discussion Note 14/02, Internationaler Währungsfonds, Washington, DC.

LITERATUR ZUM KAPITEL

Bach, S. et al. (2013), Wege zu einem höheren Wachstumspfad, *DIW Wochenbericht* 26/2013, 6-17.

Baldi, G., F. Fichtner, C. Michelsen und M. Rieth (2014), Schwache Investitionen dämpfen Wachstum in Europa, *DIW Wochenbericht* 27/2014, 637-651.

Baldwin, R.E. und E. Seghezza (2010), Are trade blocs building or stumbling blocs?, *Journal of Economic Integration* 25, 276-297.

Bauer, T.K., M. Fertig und C.M. Schmidt (2009), *Empirische Wirtschaftsforschung: Eine Einführung*, Springer, Berlin.

BMWi (2014a), *Entwurf eines Gesetzes zur grundlegenden Reform des Erneuerbare-Energien-Gesetzes und zur Änderung weiterer Bestimmungen des Energiewirtschaftsrechts*, Bundesministerium für Wirtschaft und Energie, Berlin.

BMWi (2014b), *Szenarien für die zukünftige Entwicklung der EEG-Umlage*, Bundesministerium für Wirtschaft und Energie, Berlin.

BMWi (2012), *Bericht des Bundesministeriums für Wirtschaft und Technologie zur Lage der deutschen Photovoltaikindustrie*, Bundesministerium für Wirtschaft und Technologie, Berlin.

Breidenbach, P., R. Döhrn und T. Kasten (2014), *Günstige Gelegenheit: Jetzt die kalte Progression abschaffen*, RWI Position 60, Essen.

Egger, P., J. Francois, M. Manchin und D. Nelson (2014), *Non-tariff barriers, integration, and the transatlantic economy*, Arbeitspapier.

FAZ (2014), Paris verlangt von Berlin höhere Staatsausgaben, *Frankfurter Allgemeine Zeitung*, 19.10.2014.

Felbermayr, G., B. Heid, M. Larch und E. Yalcin (2014), *Macroeconomic potentials of transatlantic free trade: A high resolution perspective for Europe and the world*, vorläufige Version eines Konferenzpapiers, 60. Economic Policy Panel, Rom, 24.-25. Oktober.

Felbermayr, G., B. Heid und S. Lehwald (2013a), *Die Transatlantische Handels- und Investitionspartnerschaft (THIP) – Wem nutzt ein transatlantisches Freihandelsabkommen?*, Bertelsmann Stiftung, Gütersloh.

Felbermayr, G., M. Larch, L. Flach, E. Yalcin, S. Benz und F. Krüger (2013b), Dimensionen und Effekte eines transatlantischen Freihandelsabkommens, *ifo Schnelldienst* 4/2013, 22-31.

Francois, J., M. Manchin, H. Norberg, O. Pindyuk und P. Tomberger (2013), *Reducing transatlantic barriers to trade and investment: An economic assessment – Final project report march 2013*, Centre for Economic Policy Research, London.

IWF (2014a), *World economic outlook october 2014 - Legacies, clouds, uncertainties*, Internationaler Währungsfonds, Washington, DC.

IWF (2014b), *Italy: Article IV consultation*, IMF Country Report No. 14/283, Internationaler Währungsfonds, Washington, DC.

Kronberger Kreis (2014), *Neustart in der Energiepolitik jetzt!*, Kronberger Kreis-Studien Nr. 58, Berlin.

Leiner-Killinger, N., V. López Pérez, R. Stiegert und G. Vitale (2007), *Structural reforms in EMU and the role of monetary policy - A survey of the literature*, Occasional Paper No. 66, Europäische Zentralbank, Frankfurt am Main.

Lindner, F. (2014), *Privater Investitionsstau in Deutschland? Kein Mangel an Maschinen, aber an Nachfrage*, Report 96, Institut für Makroökonomie und Konjunkturforschung, Düsseldorf.

OECD (2014), *Economic policy reform 2014: Going for growth – Interim report*, Organisation for Economic Co-operation and Development, Paris.

Öko-Institut (2014), *Konzept, Gestaltungselemente und Implikationen eines EEG-Vorleistungsfonds – Endbericht für den Rat für Nachhaltige Entwicklung*, Berlin.

Töpfer, K. und G. Bachmann (2013), *Kostenschnitt für die Energiewende – Die Neuordnung der Stromkosten ist die Voraussetzung für die Reform der Energiepolitik*, Memo, Berlin.

Sächsisches Staatsministerium der Finanzen (2014), *Fortschrittsbericht „Aufbau Ost" des Freistaates Sachsen für das Jahr 2013*, Dresden.

Übertragungsnetzbetreiber (2014), *Prognose der EEG-Umlage 2015 nach AusglMechV – Prognosekonzept und Berechnung der Übertragungsnetzbetreiber*.

02 INTERNATIONALE KONJUNKTUR: EURO-RAUM VERLIERT DEN ANSCHLUSS

I. Weltwirtschaft: Hinter den Erwartungen zurückgeblieben
   1. Konjunkturelle Lage
   2. Ausblick

II. Konjunktur außerhalb des Euro-Raums
   1. Vereinigte Staaten: Unterauslastung am Arbeitsmarkt geht zurück
   2. China: Baukonjunktur belastet Wachstum
   3. Japan: Aufschwung nicht selbsttragend
   4. Vereinigtes Königreich: Binnenwirtschaft stützt Aufschwung

III. Euro-Raum: Im Griff der Reformunwilligen
   1. Konjunkturelle Lage
   2. Analyse der großen Volkswirtschaften
   3. Keine Erholung in Sicht

Literatur

DAS WICHTIGSTE IN KÜRZE

Die konjunkturelle Entwicklung der Weltwirtschaft ist im Jahr 2014 bisher hinter den Erwartungen zurückgeblieben. Dies ist vor allem auf die anhaltende Konjunkturschwäche des Euro-Raums und ein gegenüber den vergangenen Jahren eher verhaltenes Wachstum in den Schwellenländern zurückzuführen. In China scheint der Übergang zu einem stärker vom privaten Konsum getragenen Wachstum nicht ohne Reibungsverluste vonstattenzugehen. Demgegenüber verzeichnen die Vereinigten Staaten und das Vereinigte Königreich mittlerweile einen selbsttragenden Aufschwung. Hier ist es insbesondere gelungen, die vor der Krise stark angestiegene private Verschuldung in Relation zur Wirtschaftsleistung deutlich zu reduzieren.

Die zweigeteilte wirtschaftliche Entwicklung in den Industrieländern spiegelt sich in der Geldpolitik wider. Bei einer weiterhin expansiven Ausrichtung wurden in den Vereinigten Staaten die Anleiheankäufe mittlerweile eingestellt, während die Europäische Zentralbank eine umfassende geldpolitische Lockerung eingeleitet hat.

In den Mitgliedstaaten der Europäischen Währungsunion ist es Irland, Portugal und Spanien in diesem Jahr gelungen, positive Wachstumsraten zu erzielen, selbst in Griechenland sind erste Erfolge festzustellen. Hierzu dürften Konsolidierungsanstrengungen ebenso beigetragen haben wie ehrgeizige Strukturreformen. Im Vergleich dazu sind Frankreich und insbesondere Italien zurückgefallen und haben das Wachstum im Euro-Raum gebremst. Trotz einiger Reformbemühungen steht hier eine grundlegende Flexibilisierung auf den Güter- und Faktormärkten noch aus.

Für das Jahr 2015 ist mit einer leichten Beschleunigung des globalen Wachstums zu rechnen, wobei die zweigeteilte Entwicklung fortbestehen wird. Mit Wachstumsraten von 3,1 % und 2,6 % werden die Vereinigten Staaten beziehungsweise das Vereinigte Königreich erneut zu den Wachstumslokomotiven unter den hochentwickelten Volkswirtschaften zählen. Mit einer Ausweitung des Bruttoinlandsprodukts um 7 % wird die Dynamik in China nachlassen, wodurch sich dämpfende Effekte für andere Schwellenländer ergeben. Für den Euro-Raum zeichnet sich weiterhin eine eher verhaltene Entwicklung ab. Bei einer Wachstumsrate von 1,0 % und einer prognostizierten Inflationsrate von 0,7 % ist ein Abgleiten in die Deflation jedoch nicht wahrscheinlich.

I. WELTWIRTSCHAFT: HINTER DEN ERWARTUNGEN ZURÜCKGEBLIEBEN

1. Konjunkturelle Lage

85. Die konjunkturelle Entwicklung der **Weltwirtschaft** ist in der ersten Hälfte des Jahres 2014 hinter den Erwartungen zurückgeblieben. Der Euro-Raum hatte daran einen entscheidenden Anteil, da die für das Frühjahr erwartete Erholung ausblieb und selbst in den jüngsten Daten eine fortgesetzte Konjunkturschwäche erkennbar ist. Demgegenüber ist der Aufschwung in den übrigen großen Industrieländern weiterhin intakt. Die Expansion wurde dort nur vorübergehend von Sonderfaktoren gestört, wie etwa Witterungseinflüssen in den Vereinigten Staaten. ↘ ABBILDUNG 7 LINKS In den Schwellenländern hat sich die konjunkturelle Abschwächung im ersten Halbjahr fortgesetzt. Aufgrund länderspezifischer Faktoren, nicht zuletzt der Krise in Osteuropa, fiel der Wachstumsrückgang in einzelnen Schwellenländern kräftiger aus als erwartet.

Euro-Raum fällt hinter übrige Industrieländer zurück

86. Innerhalb der großen Industrieländer zeichnet sich eine Zweiteilung der konjunkturellen Entwicklung ab. Mehrere große Volkswirtschaften außerhalb des Euro-Raums sind im Aufschwung und wachsen schneller als ihr Potenzial, ↘ ABBILDUNG 8 RECHTS insbesondere die **Vereinigten Staaten** ↘ ZIFFERN 105 FF. und das **Vereinigte Königreich**. ↘ ZIFFERN 124 FF. Der Aufschwung wird in beiden Ländern überwiegend von der inländischen Nachfrage gestützt und dürfte inzwischen selbsttragend sein. Dies zeigt sich in einer fortgeschrittenen Erholung der

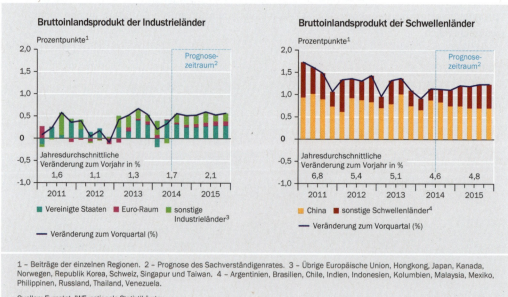

↘ ABBILDUNG 7

Voraussichtliche wirtschaftliche Entwicklung der Industrie- und Schwellenländer

1 – Beiträge der einzelnen Regionen. 2 – Prognose des Sachverständigenrates. 3 – Übrige Europäische Union, Hongkong, Japan, Kanada, Norwegen, Republik Korea, Schweiz, Singapur und Taiwan. 4 – Argentinien, Brasilien, Chile, Indien, Indonesien, Kolumbien, Malaysia, Mexiko, Philippinen, Russland, Thailand, Venezuela.

Quellen: Eurostat, IWF, nationale Statistikämter

↘ ABBILDUNG 8

Indikatoren zur konjunkturellen Entwicklung in großen Industrieländern

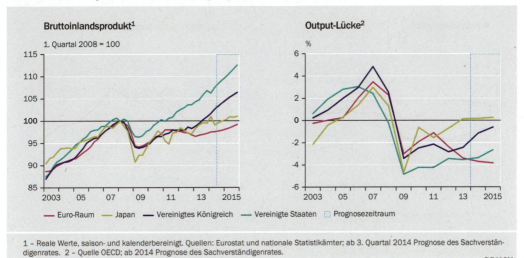

1 – Reale Werte, saison- und kalenderbereinigt. Quellen: Eurostat und nationale Statistikämter; ab 3. Quartal 2014 Prognose des Sachverständigenrates. 2 – Quelle OECD; ab 2014 Prognose des Sachverständigenrates.

SVR-14-344

Arbeitsmärkte. ↘ ABBILDUNG 9 LINKS Aus konjunktureller Sicht ist die Wirtschaft **Japans** ebenfalls im Aufschwung, der jedoch nicht selbsttragend ist. Im Vergleich zu den beiden zuvor genannten Ländern ist die inländische Nachfrage fragil und in stärkerem Ausmaß von geld- und fiskalpolitischen Impulsen abhängig. ↘ ZIFFERN 120 FF.

Anders sieht es im **Euro-Raum** aus ↘ ZIFFERN 129 FF., dessen Wirtschaftsentwicklung zunehmend hinter derjenigen in den übrigen Industrieländern zurückbleibt. ↘ ABBILDUNG 8 LINKS Die Output-Lücke hat sich zuletzt sogar weiter geöffnet. Im Vergleich zu den anderen Industrieländern ist der Entschuldungsprozess des privaten Sektors und speziell der privaten Haushalte im Euro-Raum kaum vorangekommen. ↘ ABBILDUNG 9 RECHTS Noch gravierender sind die Unterschiede beim Abbau der Verbindlichkeiten des Finanzsektors. Im Vereinigten Königreich und in den Vereinigten Staaten konnten die Schulden dieses Sektors um mehr als 35 Prozentpunkte des Bruttoinlandsprodukts zurückgeführt werden, im Euro-Raum lediglich um 7,5 Prozentpunkte (IWF, 2014a). Da die geringere Verschuldung in den Vereinigten Staaten und dem Vereinigten Königreich mit einer Verbesserung der Vermögensposition einhergeht, ist davon auszugehen, dass sich dies positiv auf die private Nachfrage und damit die Wirtschaftsentwicklung ausgewirkt hat.

87. Die zweigeteilte wirtschaftliche Entwicklung der Industrieländer ist darauf zurückzuführen, dass der Euro-Raum nach dem Ausbruch der globalen Finanz- und Wirtschaftskrise in eine weitere Krise geraten war. Die **Krise im Euro-Raum** besteht aus drei miteinander verwobenen Krisenherden: einer Bankenkrise, einer Staatsschuldenkrise und einer makroökonomischen Krise (SG 2012). Für eine nachhaltige Erholung müssen alle drei Krisen gelöst werden. Zwar sind auf europäischer Ebene erhebliche **gemeinsame politische Schritte** unternommen worden, um die Lösung der aktuellen Krise zu beschleunigen, etwa durch die Gründung der Europäischen Bankenunion und den gestärkten fiskalpolitischen Rahmen (JG 2013 Ziffern 359 ff.). ↘ ZIFFERN 295 FF. Letztlich sind je-

ABBILDUNG 9
Arbeitslosigkeit und Verschuldung in großen Industrieländern

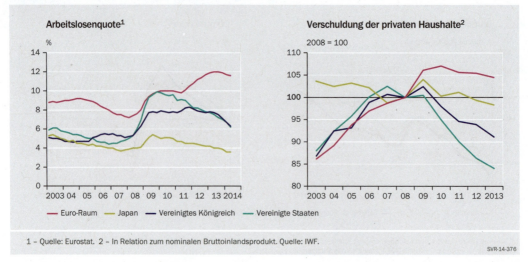

1 – Quelle: Eurostat. 2 – In Relation zum nominalen Bruttoinlandsprodukt. Quelle: IWF.

doch die **einzelnen Mitgliedstaaten** dafür verantwortlich, Maßnahmen zur Überwindung der Krise zu ergreifen, insbesondere durch die Bereinigung der nationalen Bankensektoren, durch Strukturreformen und Konsolidierungsanstrengungen.

Die Europäische Zentralbank (EZB) hat mit ihren im Verlauf der vergangenen Jahre ergriffenen geldpolitischen Maßnahmen wesentlich dazu beigetragen, die wirtschaftliche Lage zu stabilisieren. Gleichzeitig hat sie aber damit den Handlungsdruck auf die nationalen Regierungen verringert. ⭨ ZIFFERN 283 FF. Daher verzeichnen seitdem vor allem jene Mitgliedstaaten große Fortschritte, deren Handlungsdruck sich nicht verringerte, da sie makroökonomischen Anpassungsprogrammen mit expliziter Konditionalität unterworfen waren.

88. Die Entwicklung des ersten Halbjahrs 2014 zeigt, dass die **ehemaligen Programmländer Irland, Portugal und Spanien** bei der Überwindung der Krise spürbar vorankommen. Selbst im Programmland Griechenland sind erste Erfolge zu beobachten. Hieran dürften die eingeleiteten Anpassungsprozesse einen wesentlichen Anteil haben (JG 2013 Ziffern 88 ff.). Die Wirtschaftsleistung dieser Länder hat im ersten Halbjahr 2014 zugenommen. Im Vergleich dazu fallen **Italien und Frankreich** zurück. So bewegt sich Frankreichs Wirtschaft seit drei Jahren am Rande der Stagnation. Italien befindet sich sogar seit dem Jahr 2012 in der Rezession. In beiden Mitgliedstaaten stehen tiefer liegende Probleme hinsichtlich der Wettbewerbsfähigkeit und der Flexibilität ihrer Produkt- und Faktormärkte einem konjunkturellen Aufschwung entgegen. ⭨ ZIFFERN 139 FF. Besonders gravierend sind diese in Italien.

89. Die Ausrichtung der **Geldpolitik** in den Industriestaaten ist weiterhin sehr expansiv. Allerdings spiegeln sich die unterschiedlichen Positionen der großen Industrieländer im Konjunkturzyklus in den jüngsten Entscheidungen ihrer Zentralbanken. Die Inflationsraten im Euro-Raum waren aufgrund der schwachen Nachfrage, aber auch wegen verschiedener Sondereinflüsse, im Verlauf des

↘ ABBILDUNG 10
Veränderung des strukturellen Finanzierungssaldos und regionale Beiträge[1]

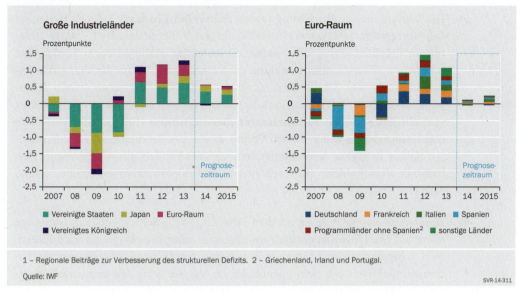

1 – Regionale Beiträge zur Verbesserung des strukturellen Defizits. 2 – Griechenland, Irland und Portugal.
Quelle: IWF

vergangenen Jahres rückläufig. Dies löste eine **Deflationsdebatte** aus und veranlasste die EZB im September 2014 zu einer weiteren Zinssenkung. Gleichzeitig kündigte sie Maßnahmen im Bereich der quantitativen Lockerung an. ↘ ZIFFERN 233 FF. Im Euro-Raum ist somit eine Ausweitung der expansiven Maßnahmen zu beobachten.

Dem steht in den Vereinigten Staaten und dem Vereinigten Königreich aufgrund der fortschreitenden Konjunkturerholung die schrittweise Rückführung expansiver Maßnahmen gegenüber. Bislang ist dies nur bei der quantitativen Lockerung zu beobachten. So haben beide Länder mittlerweile ihre Programme zum Ankauf von Staatsanleihen beendet. Es besteht jedoch Unsicherheit unter den Marktteilnehmern über die weitere Entwicklung der Leitzinsen. Nach historischen Erfahrungen hätten beide Zentralbanken schon aus der Niedrigzinspolitik aussteigen müssen. Bislang hat dies nicht stattgefunden.

Zudem haben verschiedene Äußerungen der Zentralbankpräsidenten über mögliche Zinsanhebungen in den vergangenen Monaten zu Irritationen auf den Finanzmärkten geführt (Bernanke, 2013; Carney, 2014a; Yellen, 2014). Der Sachverständigenrat geht bei der Prognose davon aus, dass bei einer weiterhin positiven Wirtschaftsentwicklung im kommenden Jahr jeweils ein erster Zinsschritt erfolgt.

90. Die öffentlichen Finanzierungsdefizite haben sich in den Industrieländern weiter zurückgebildet. Die **Konsolidierungsbemühungen** nehmen jedoch trotz anhaltend hoher Schuldenstände ab oder wurden bereits **eingestellt**. Dies zeigt sich darin, dass die Verbesserung der strukturellen Finanzierungssalden in den Jahren 2014 und 2015 deutlich geringer ausfallen wird als in den Vorjahren. ↘ ABBILDUNG 10 Insbesondere gehen von der Fiskalpolitik im Euro-Raum kaum noch restriktiv wirkende Impulse aus.

Schlechtere Finanzierungsbedingungen belasten Schwellenländer

91. Der konjunkturelle Abschwung in den **Schwellenländern** hat sich in diesem Jahr fortgesetzt. ↘ ABBILDUNG 11 LINKS In einigen Volkswirtschaften – unter anderem in Brasilien – ging die Produktion im ersten Halbjahr sogar zurück. Die schwächere Wirtschaftsentwicklung geht einher mit einem Rückgang der Expansionsraten des Kreditvolumens. Der Kreditzyklus hat somit seinen Höhepunkt überschritten (IWF, 2014a). Er spiegelt die sich seit Mitte des Jahres 2013 **verschlechternden Finanzierungsbedingungen** für private Haushalte und Unternehmen wider. In den Vorjahren war der Kreditzugang für den privaten Sektor in vielen Schwellenländern außerordentlich günstig gewesen. Dies hatte die Verschuldung stark erhöht und zu Fehlentwicklungen geführt. ↘ ABBILDUNG 12

92. Die starken Kapitalzuflüsse vor dem Jahr 2013 in die Schwellenländer waren vor allem auf **Portfolioinvestitionen** internationaler Investoren zurückzuführen. Ihre Anlagemotive lagen damals in höheren Zinsen sowie günstigeren Wachstumsperspektiven der Schwellenländer im Vergleich zu den Industrieländern. Dies übertrug sich in deutliche Währungsaufwertungen der meisten Schwellenländer. Spätestens aber seit sich ein Ausstieg der US-amerikanischen Zentralbank Federal Reserve (Fed) aus den unkonventionellen Maßnahmen abzeichnete, haben die internationalen Investoren ihre Risikoprämien für Anlagen in den Schwellenländern nach oben angepasst. In einigen Ländern kam es im Sommer 2013 und zu Jahresbeginn 2014 sogar zu einer **Umkehr der Kapitalflüsse** und zu starken Währungsabwertungen. Diese Turbulenzen auf den Finanzmärkten haben sich im weiteren Verlauf des Jahres 2014 gelegt.

93. Die Stabilisierung der Finanzmärkte wurde maßgeblich durch das **aktive Eingreifen der Wirtschaftspolitik** erreicht. So haben etwa die Zentralbanken in Brasilien, Indien und Russland teils starke Zinserhöhungen beschlossen, um den

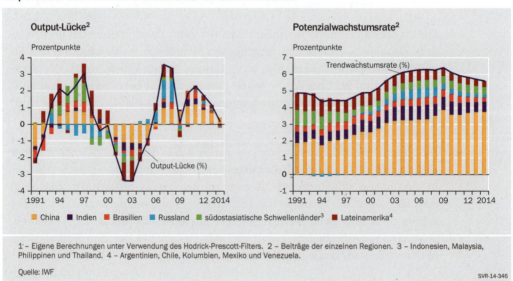

↘ ABBILDUNG 11
Output-Lücke und Potenzialwachstumsrate der Schwellenländer[1]

1 – Eigene Berechnungen unter Verwendung des Hodrick-Prescott-Filters. 2 – Beiträge der einzelnen Regionen. 3 – Indonesien, Malaysia, Philippinen und Thailand. 4 – Argentinien, Chile, Kolumbien, Mexiko und Venezuela.

Quelle: IWF

Kapitalabfluss zu stoppen. Zudem kamen in vielen Ländern makroprudenzielle Maßnahmen und Kapitalverkehrsbeschränkungen zum Einsatz (IWF, 2014a). Darüber hinaus versuchte die Fiskalpolitik gegenzusteuern, in Indonesien etwa durch die Kürzung von Energiesubventionen oder in Brasilien durch Haushaltseinsparungen. Diese wirtschaftspolitischen Maßnahmen stabilisierten zwar die Finanzmärkte, belasteten aber die Konjunktur.

94. Der Anstieg der Risikoprämien geht allerdings noch auf weitere Gründe zurück. So hat sich das **makroökonomische Umfeld** in den meisten Schwellenländern seit dem Jahr 2012 **spürbar verschlechtert**. Die Produktionsexpansion vor allem in den BRIC-Staaten (Brasilien, Russland, Indien und China) ist weniger dynamisch als noch vor drei Jahren und die Inflationsraten weisen mit Ausnahme von China sehr hohe Niveaus auf. Zudem hat die gute Konjunkturentwicklung in den Jahren vor 2013 länderspezifische Probleme verdeckt, wie etwa die schlechte Infrastruktur und die Politikunsicherheit in Brasilien und Indien. Diese stehen nun wieder stärker im Fokus der Investoren.

95. **Russland** ist unter den Schwellenländern ein Sonderfall. Der Konflikt mit der Ukraine und die im Zuge dessen erhobenen Wirtschaftssanktionen haben das makroökomische Umfeld zusätzlich verschlechtert. Im Ergebnis muss die russische Volkswirtschaft im Jahr 2014 voraussichtlich einen Abzug ausländischen Finanzkapitals von etwa 100 Mrd US-Dollar verkraften (IWF, 2014b). Seit Anfang des Jahres führte dies zu einer Abwertung des Rubels um mehr als 20 % gegenüber dem US-Dollar und ließ die Verbraucherpreisinflation auf 8 % ansteigen.

Um der Kapitalflucht und der zunehmenden Inflation entgegenzuwirken, erhöhte die russische Zentralbank ihren Leitzins im selben Zeitraum von 5,5 % auf 9,5 % und reduzierte den Bestand an internationalen Reserven um gut 10 %. All dies führte zu einer Eintrübung der Konsumstimmung, sodass vom privaten

↘ ABBILDUNG 12
Verschuldung in ausgewählten Schwellenländern[1]

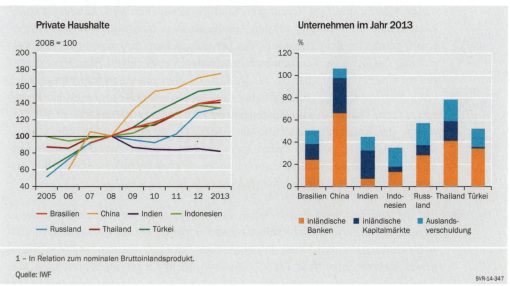

1 – In Relation zum nominalen Bruttoinlandsprodukt.
Quelle: IWF

Verbrauch im ersten Halbjahr des Jahres 2014 erstmalig seit etwa fünf Jahren kein Wachstumsbeitrag auf das Bruttoinlandsprodukt ausging. Nur weil der Außenbeitrag sich durch einen markanten Rückgang der Importe spürbar erhöhte, konnte die russische Wirtschaftsleistung insgesamt noch schwach expandieren.

96. Dass die abnehmenden Wachstumsraten des Bruttoinlandsprodukts in den großen Schwellenländern nicht nur konjunkturelle Ursachen haben, zeigen die **Rückgänge der Potenzialwachstumsraten**. Berechnungen mit Hilfe von statistischen Filterverfahren deuten an, dass die Potenzialwachstumsrate für China im Zeitraum der Jahre 2008 bis 2014 von etwa 10 % auf knapp unter 8 % zurückgegangen ist, in Indien im selben Zeitraum von etwa 7 % auf 6 %. Im Vergleich zu den meisten anderen Schwellenländern ist jedoch das Potenzialwachstum in China und Indien immer noch sehr hoch. Aufgrund ihrer steigenden wirtschaftlichen Bedeutung für die Schwellenländer insgesamt ist deren Potenzialwachstumsrate seit dem Jahr 2008 nur um 0,5 Prozentpunkte gefallen. ↘ ABBILDUNG 11 RECHTS

97. Das schwächere Potenzialwachstum in China und Indien ist vor allem auf geringere Wachstumsbeiträge der **Produktivitätsentwicklung** zurückzuführen (Anand et al., 2014). Demgegenüber spielen der langsamere Aufbau des Kapitalstocks und Veränderungen des Erwerbspersonenpotenzials eine geringere Rolle. Insbesondere für China deutet einiges darauf hin, dass es insbesondere im Bausektor zunehmend zu fehlgeleiteten Investitionen gekommen ist. In Indien dürften primär die mangelhafte Infrastruktur und die geringen Ausgaben für Forschung und Entwicklung das Potenzialwachstum dämpfen.

2. Ausblick

98. In den **Industrieländern** zeichnet sich für den Prognosezeitraum eine **moderate Ausweitung der Wirtschaftsleistung** ab. ↘ ABBILDUNG 7 LINKS Die Zweiteilung in der konjunkturellen Entwicklung setzt sich dabei fort. So gehen auf der einen Seite positive Impulse von der Wirtschaftsentwicklung in den Vereinigten Staaten und dem Vereinigten Königreich aus. Für beide Länder ist zu erwarten, dass die Erholung auf den Arbeitsmärkten anhält und vor dem Hintergrund geringerer Schuldenstände des privaten Sektors zu einer deutlichen Ausweitung des privaten Verbrauchs führt. In den **Vereinigten Staaten** existiert zudem ein konjunktureller Nachholbedarf, da die Produktionskapazitäten noch unterausgelastet sind. Die Produktion im **Vereinigten Königreich** hat hingegen nahezu das Produktionspotenzial erreicht, sodass bei einer weiteren Zunahme der Kapazitätsauslastung die Reallöhne im kommenden Jahr voraussichtlich anziehen werden. Zudem kann erwartet werden, dass die positive Entwicklung am Immobilienmarkt, unter anderem über Vermögenseffekte, den privaten Verbrauch und die Bauinvestitionen stimulieren wird.

99. Auf der anderen Seite stehen Japan und der Euro-Raum. Der Aufschwung in **Japan** ist vermutlich nicht selbsttragend und hat seinen Höhepunkt voraussichtlich überschritten. Ohne durchgreifende Strukturreformen ist davon auszugehen, dass die japanische Produktion kaum mehr als 1 % im kommenden Jahr

zunehmen wird. Im **Euro-Raum** ist keine Erholung in Sicht. Zwar haben sich die konjunkturellen Aussichten für die ehemaligen Programmländer und Spanien verbessert und es ist davon auszugehen, dass sich dies im kommenden Jahr fortsetzt. Jedoch stehen dem die gedämpften wirtschaftlichen Perspektiven der drei größten Volkswirtschaften gegenüber. Dabei haben Frankreich und in noch größerem Ausmaß Italien mit Problemen ihrer Wettbewerbsfähigkeit zu kämpfen. Zudem lassen die schlechten Geschäftserwartungen und das trübe Investitionsklima einen baldigen Konjunkturaufschwung als unrealistisch erscheinen.

100. In den **Schwellenländern** wird sich die **konjunkturelle Abschwächung** im Prognosezeitraum voraussichtlich fortsetzen. Im größten Schwellenland China dürfte die rückläufige Aktivität im Bausektor zu einem geringeren Expansionstempo führen. Da China neben den Vereinigten Staaten den größten Absatzmarkt für Rohstoffe und Produkte aus Lateinamerika und Südostasien darstellt, ist davon auszugehen, dass sich die Exportaussichten der übrigen Schwellenländer dadurch nicht aufhellen werden. Zusätzlich dämpfende Impulse ergeben sich aus den Finanzierungsbedingungen für die Schwellenländer. Zwar ist zu erwarten, dass die Risikoprämien internationaler Investoren nicht mehr deutlich steigen, jedoch wird die Fed vermutlich im nächsten Jahr ihren Leitzins anheben und somit die Renditen von alternativen Anlagemöglichkeiten erhöhen.

Unter der Annahme, dass die Zinserhöhung von den Marktakteuren hinreichend antizipiert wird, ist nicht mit Turbulenzen auf den Finanzmärkten und einer Kapitalflucht aus den Schwellenländern zu rechnen. Insgesamt darf erwartet werden, dass die konjunkturelle Entwicklung in den Vereinigten Staaten positive Impulse auf die Schwellenländer aussendet. Die restriktiven Effekte, die von der Zinserhöhung ausgehen, dürften durch stimulierende Faktoren im Zuge der deutlichen Expansion der US-amerikanischen Wirtschaft überkompensiert werden. Aufgrund der Tatsache, dass die Weltwirtschaft insgesamt nur moderat wächst, werden sich die Rohstoffmärkte eher verhalten entwickeln. Die globale Rohstoffstoffnachfrage wird daher kaum zu einer spürbaren Verbesserung der Konjunktur in den Schwellenländern Lateinamerikas beitragen.

101. Insgesamt geht der Sachverständigenrat davon aus, dass die **Weltproduktion** im Jahr 2014 und im Jahr 2015 um 2,6 % beziehungsweise 2,9 % expandieren wird. ↘ TABELLE 2 Im Einklang mit dieser Prognose wird für das Jahr 2014 ein Zuwachs des Welthandels von 2,8 % und im Jahr 2015 von 4,0 % erwartet. Bei dieser Prognose wurde berücksichtigt, dass sich der Zusammenhang zwischen Welthandel und Weltproduktion in den zurückliegenden Jahren geändert hat. So kommen mehrere Analysen zu dem Ergebnis, dass die Elastizität des Welthandels in Bezug auf eine Ausweitung der Weltproduktion in den vergangenen Jahren abgenommen hat (Deutsche Bundesbank, 2013; EZB, 2014a; Zwick, 2013; IfW, 2014). Neben strukturellen Aspekten, wie etwa der zunehmenden Belieferung ausländischer Märkte über Produktionsstätten vor Ort, werden hierfür auch konjunkturelle Entwicklungen, wie die schwache Dynamik handelsintensiver Investitionsgüter oder die unterdurchschnittliche Konjunkturentwicklung der eng miteinander verflochtenen europäischen Volkswirtschaften, verantwortlich gemacht.

⇘ TABELLE 2

Reales Bruttoinlandsprodukt und Verbraucherpreise ausgewählter Länder

Land/Ländergruppe	Gewicht in %[1]	Bruttoinlandsprodukt			Verbraucherpreise		
		Veränderung zum Vorjahr in %					
		2013	2014[2]	2015[2]	2013	2014[2]	2015[2]
Europa	31,6	0,3	1,3	1,4	2,0	1,3	1,5
Euro-Raum	19,6	− 0,5	0,8	1,0	1,4	0,5	0,7
Vereinigtes Königreich	3,9	1,7	3,0	2,6	2,6	1,6	1,9
Russland	3,2	1,3	0,6	0,5	6,8	7,3	6,5
Mittel- und Osteuropa[3]	1,8	1,3	2,6	2,8	1,4	0,4	1,3
andere Länder[4]	3,1	1,2	1,7	2,0	0,7	0,7	1,1
Amerika	36,4	2,2	2,0	2,8	2,9	3,7	3,6
Vereinigte Staaten	25,6	2,2	2,3	3,1	1,5	1,8	1,9
Lateinamerika[5]	4,3	2,4	1,4	2,4	9,8	13,9	12,5
Brasilien	3,6	2,5	0,2	1,5	6,2	6,3	6,0
Kanada	2,9	2,0	2,3	2,4	0,9	2,0	2,0
Asien	32,0	4,8	4,6	4,6	2,7	2,9	2,7
China	13,3	7,7	7,4	7,0	2,6	2,1	2,2
Japan	9,4	1,5	0,8	0,9	0,4	2,7	1,7
asiatische Industrieländer[6]	3,6	2,9	3,2	3,6	1,7	1,8	2,4
Indien	2,9	4,7	5,7	6,3	10,9	6,5	7,0
südostasiatische Schwellenländer[7]	2,8	5,2	4,6	5,9	4,3	4,5	4,2
Insgesamt	100	2,5	2,6	2,9	2,6	2,7	2,6
Industrieländer[8]	69,9	1,3	1,7	2,1	1,3	1,5	1,5
Schwellenländer[9]	30,1	5,1	4,6	4,8	5,5	5,5	5,3
nachrichtlich:							
exportgewichtet[10]	100	1,2	1,8	2,0	.	.	.
nach dem Messkonzept des IWF[11]	100	3,3	3,4	3,7	.	.	.
Welthandel		2,8	2,8	4,0	.	.	.

1 – Anteil am nominalen Bruttoinlandsprodukt des Jahres 2012 in US-Dollar aller aufgeführten Länder beziehungsweise Ländergruppen an dem nominalen Bruttoinlandsprodukt insgesamt. 2 – Prognose des Sachverständigenrates. 3 – Bulgarien, Kroatien, Litauen, Polen, Rumänien, Tschechische Republik und Ungarn. 4 – Dänemark, Norwegen, Schweden und Schweiz. 5 – Argentinien, Chile, Kolumbien, Mexiko und Venezuela. 6 – Hongkong, Republik Korea, Singapur und Taiwan. 7 – Indonesien, Malaysia, Philippinen und Thailand. 8 – Asiatische Industrieländer, Euro-Raum, Mittel- und Osteuropa, Dänemark, Japan, Kanada, Norwegen, Schweden, Schweiz, Vereinigtes Königreich und Vereinigte Staaten. 9 – Lateinamerika, südostasiatische Schwellenländer, Brasilien, China, Indien und Russland. 10 – Summe der aufgeführten Länder. Gewichtet mit den Anteilen an der deutschen Ausfuhr im Jahr 2012. 11 – Gewichte nach Kaufkraftparitäten und hochgerechnet auf den Länderkreis des IWF (World Economic Outlook, Oktober 2014).

Quellen: Eurostat, IWF World Economic Outlook, nationale Statistikämter, OECD

SVR-14-407

Chancen und Risiken

102. Für die zukünftige Entwicklung der Weltwirtschaft bestehen Chancen und Risiken. So basiert die Prognose auf der Annahme, dass eine **Zinsanhebung** in den Vereinigten Staaten und im Vereinigten Königreich im Jahr 2015 wie erwartet stattfindet und keine Überraschung für die Marktteilnehmer darstellt. Sollten jedoch die Erwartungen der Finanzmärkte und die Zinspolitik der Zentralbank auseinanderfallen, käme es zu Rückkopplungen auf die Realwirtschaft. Im Euro-Raum besteht hingegen die Möglichkeit für eine bessere konjunkturelle Ent-

wicklung als prognostiziert. Sollten wider Erwarten Italien und Frankreich zügig und entschlossen **Reformmaßnahmen durchführen,** würde dies ihre Wachstumsaussichten erhöhen.

103. Ein weiteres Risiko für die weltwirtschaftliche Entwicklung stellt die zukünftige Entwicklung des **Konflikts zwischen Russland und der Ukraine** dar. Die Krise hat bis zur Mitte des Jahres 2014 die makroökonomische Unsicherheit in Europa erhöht. Dies dürfte die Investitionstätigkeit gehemmt und die Exportaussichten der Firmen in einigen Volkswirtschaften, wie etwa Finnland, eingetrübt haben. In der Mehrzahl der Länder waren jedoch keine großen gesamtwirtschaftlichen Auswirkungen zu beobachten. Eine Eskalation der Krise, verbunden mit einer deutlichen Verschärfung der Sanktionen, hätte negative und schwer einzuschätzende Effekte auf die europäische Konjunktur.

104. Große Unsicherheit besteht weiterhin hinsichtlich der zukünftigen Wirtschaftsentwicklung in **China**. Der starke Anstieg der gesamtwirtschaftlichen Verschuldung sowie der Bauinvestitionen hat die Wahrscheinlichkeit einer abrupten Korrektur auf dem Immobilienmarkt und einer **Bankenkrise** erhöht. In der Vergangenheit ist es der chinesischen Regierung meist gelungen, solche abrupten Korrekturen durch wirtschaftspolitische Maßnahmen zu vermeiden. Es besteht jedoch die Gefahr, dass dies zukünftig nicht in ähnlicher Weise gelingt. Allerdings schätzt der Internationale Währungsfonds (2014c) die Wahrscheinlichkeit einer Bankenkrise in China als gering ein. Neben dem weiterhin reichlich vorhandenen Spielraum der Wirtschaftspolitik spielt für diese Einschätzung eine Rolle, dass die Auslandsverbindlichkeiten Chinas sehr niedrig sind und damit die Möglichkeit eines plötzlichen Kapitalabflusses („sudden stop") nicht gegeben ist.

II. KONJUNKTUR AUSSERHALB DES EURO-RAUMS

1. Vereinigte Staaten: Unterauslastung am Arbeitsmarkt geht zurück

105. Zu Jahresbeginn hatten Witterungseffekte die US-amerikanische Konjunktur gedämpft. Aufgrund des außergewöhnlich harten Winters sank das Bruttoinlandsprodukt im ersten Quartal um rund 0,5 % gegenüber dem Vorquartal. ↘ ABBILDUNG 13 OBEN LINKS Die privaten Investitions- und Konsumausgaben lieferten unterdurchschnittliche positive Wachstumsbeiträge, ↘ ABBILDUNG 13 OBEN RECHTS vom Außenhandel ging sogar ein negativer Beitrag aus. Im zweiten und dritten Quartal 2014 folgte eine deutliche Gegenbewegung. Deren Größenordnung fiel vor dem Hintergrund der unterausgelasteten Produktionskapazitäten aber überraschend gering aus.

106. Es stellt sich somit die Frage, ob noch ein konjunktureller Aufholprozess zu erwarten ist. Dazu gibt es **verschiedene Einschätzungen**. Während die EU-Kommission davon ausgeht, dass die Produktionslücke nahezu geschlossen ist,

deuten die Schätzungen des Internationalen Währungsfonds und des Congressional Budget Office (CBO) auf eine starke Unterauslastung hin. Insgesamt liegt die Bandbreite der Schätzungen für die **Produktionslücke** im Jahr 2014 zwischen -0,4 % und -4,2 %. ↘ ABBILDUNG 13 UNTEN LINKS

Die Unterschiede sind dabei auf Abweichungen hinsichtlich der Methodik und der unterstellten Annahmen zurückzuführen. Vor allem nach einer schweren Krise herrscht große Unsicherheit darüber, inwieweit Entwicklungen als strukturell oder konjunkturell zu bewerten sind.

107. Die Lage auf dem **Arbeitsmarkt** hat sich deutlich verbessert. Die Arbeitslosenquote ging im September 2014 im Vergleich zum Vorjahresmonat von 7,2 % auf 5,9 % zurück und lag damit 4,1 Prozentpunkte unter dem Höchststand vom Oktober 2009. Zudem nahm die Anzahl der Beschäftigten in den vergangenen zwölf Monaten um gut zwei Millionen zu; mit 146,6 Millionen Personen im Sep-

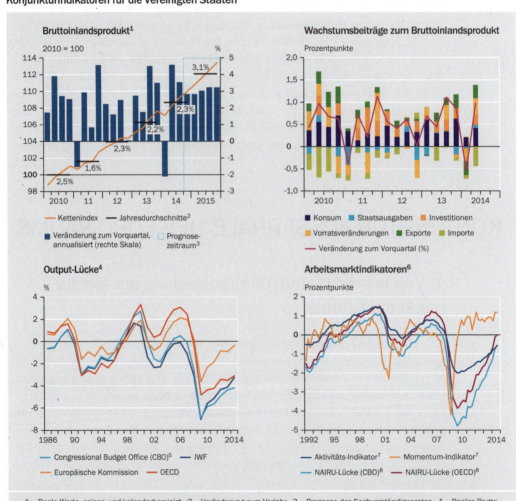

↘ ABBILDUNG 13
Konjunkturindikatoren für die Vereinigten Staaten

tember 2014 ist mittlerweile das Vorkrisenniveau von Ende 2007 erreicht. Jedoch ist im selben Zeitraum die erwerbsfähige Bevölkerung um fast 17 Millionen Personen gestiegen. Der Rückgang der Partizipationsquote um 3 Prozentpunkte seit Ende 2007 trug somit wesentlich zur gesunkenen Arbeitslosenquote bei. Ein Großteil des Rückgangs der Partizipationsquote ist auf strukturelle Faktoren zurückzuführen. Das CBO (2014) geht daher davon aus, dass die aktuelle Partizipationsquote nur rund 0,75 Prozentpunkte unter ihrem Potenzialniveau liegt.

Unterstellt man die vom CBO geschätzte gleichgewichtige Arbeitslosenquote (NAIRU) in Höhe von 5,5 %, ergibt sich eine „Beschäftigungslücke" von 2,4 Millionen Stellen. Bei fortgesetztem Stellenaufbau dürfte sich diese im Jahr 2016 schließen und die Ökonomie vollausgelastet sein. Dieses Bild einer deutlich reduzierten Unterauslastung des Arbeitsmarkts wird durch mehrere Arbeitsmarktindikatoren bestätigt. ↘ ABBILDUNG 13 UNTEN RECHTS

108. Die Erholung des Arbeitsmarkts hat zu steigenden verfügbaren Einkommen geführt und damit zur Expansion des privaten Konsums beigetragen. Jedoch haben sich die Vermögenseffekte auf die Konsumneigung abgeschwächt, da sich die Immobilienpreise zuletzt verhaltener entwickelten als zuvor. Die Preissteigerungen gegenüber dem Vorjahresmonat, gemessen am Hauspreisindex der Federal Housing Finance Agency (FHFA), haben sich im Laufe der vergangenen zwölf Monate von 8 % kommend nahezu halbiert. Hierfür dürfte der **Anstieg der Langfristzinsen** mitverantwortlich sein. So haben sich zwischen Mai 2013 und Januar 2014 die Zinsen 30-jähriger Hypotheken und 10-jähriger Staatsanleihen um fast einen Prozentpunkt erhöht. Hierzu dürfte die Mitte des Jahres 2013 geführte Debatte über einen baldigen Ausstieg der Fed aus der expansiven Geldpolitik einen Beitrag geleistet haben.

109. Die Konjunktur wird von der **Fiskalpolitik** momentan kaum beeinträchtigt. Nach der Beilegung des Haushaltsstreits zu Jahresbeginn wurden größere Konsolidierungsmaßnahmen zunächst zurückgestellt. Insgesamt schätzt das CBO, dass geringere diskretionäre fiskalpolitische Maßnahmen das Wirtschaftswachstum in diesem und dem folgenden Jahr um höchstens 0,25 Prozentpunkte reduzieren werden (CBO, 2014). Im Jahr 2013 hatten sie noch einen geschätzten negativen Effekt von etwa 1,5 Prozentpunkten. Das staatliche Finanzierungsdefizit dürfte sich von 5,8 % des Bruttoinlandsprodukts im Jahr 2013 auf etwa 5,5 % in diesem Jahr reduzieren. Für das kommende Jahr wird aufgrund der guten Konjunktur ein weiterer Rückgang erwartet.

110. Die **Geldpolitik** wird weiterhin expansiv bleiben. Allerdings hat die Fed im Dezember 2013 mit der Rückführung ihrer Anleihekäufe im Rahmen ihres dritten Quantitative-Easing-Programms (QE3; JG 2012 Ziffer 45) begonnen und hat sie im Oktober dieses Jahres eingestellt. Aufgrund der sich bessernden Lage auf dem Arbeitsmarkt ist mit einer ersten Zinserhöhung im Frühjahr 2015 zu rechnen. Im restlichen Jahresverlauf 2015 dürften weitere Zinserhöhungen folgen. So gingen die Mitglieder des Offenmarktausschusses der Fed (FOMC) im September 2014 in ihren Prognosen im Mittelwert davon aus, dass der Leitzins Ende 2015 bei 1,4 % liegen wird (FOMC, 2014). Diese Zinsprognosen sind jedoch mit großer Unsicherheit behaftet. So ist das FOMC im Zuge der Finanzkrise nach

und nach mit seinen Zinsentscheidungen von der historischen Reaktion auf seine Inflations- und Arbeitslosigkeitsprognosen nach unten abgewichen. Zukünftige Zinsanhebungen sind somit für die Öffentlichkeit schwerer vorherzusagen, als es früher der Fall war.

111. In den vergangenen Jahren wurden häufig die Effekte der erhöhten Unsicherheit auf die Konjunktur hervorgehoben. So geht Bloom (2014) davon aus, dass der Anstieg der Politikunsicherheit zwischen den Jahren 2011 und 2013 in hohem Maße zum schwachen Aufschwung in den Vereinigten Staaten beigetragen hat. Born et al. (2014) zeigen hingegen, dass rückblickend keine bedeutenden Effekte der **Politikunsicherheit** auf das amerikanische Bruttoinlandsprodukt und die Arbeitslosenquote zu identifizieren sind. Negative Effekte lassen sich lediglich für die breiter definierte Unsicherheit hinsichtlich des makroökonomischen Umfelds finden. Diese Effekte laufen jedoch im Prognosezeitraum aus, sodass kaum noch negative Impulse zu erwarten sind.

112. Insgesamt rechnet der Sachverständigenrat damit, dass die US-amerikanische Wirtschaft im Prognosezeitraum spürbar stärker expandiert als ihr Produktionspotenzial, da die Produktionskapazitäten noch deutlich unterausgelastet sind. Die jährliche Zuwachsrate des Produktionspotenzials liegt nach Schätzungen verschiedener Institutionen im Bereich von 1,7 % bis 2,2 %. Die Expansion der Wirtschaftsleistung wird getragen von einer Ausweitung der Privaten Konsumausgaben. Diese werden begünstigt von steigenden Einkommen aufgrund einer stetigen Verbesserung des Arbeitsmarkts. Zudem ist zu erwarten, dass der Immobilienmarkt im kommenden Jahr wieder stärker an Fahrt aufnimmt. Insgesamt wird das Bruttoinlandsprodukt nach 2,3 % im Jahr 2014 vermutlich um 3,1 % im Jahr 2015 zunehmen.

2. China: Baukonjunktur belastet Wachstum

113. Die Wachstumsraten der zweitgrößten Volkswirtschaft der Welt haben im bisherigen Jahresverlauf 2014 weiter abgenommen. Das Bruttoinlandsprodukt stieg in den ersten drei Quartalen insgesamt um 7,4 % im Vergleich zum Vorjahreszeitraum. Zu Beginn dieses Jahres sah sich die Regierung sogar gezwungen, ein Konjunkturpaket aufzulegen, um das Wachstumsziel von 7,5 % zu erreichen.

114. Die **Triebkräfte des chinesischen Wirtschaftswachstums** haben sich in den letzten fünf Jahren aufgrund der schwächeren globalen Wirtschaftsentwicklung stark verändert. Zwischen den Jahren 2001 und 2008 haben viele internationale Unternehmen einen Teil ihrer Wertschöpfungsketten nach China verlagert. Infolgedessen nahmen die Ausfuhren und importierten Vorleistungen deutlich zu. ↘ ABBILDUNG 14 OBEN LINKS Daneben wurden die Investitionen stark ausgeweitet, da verstärkt Produktionsstätten durch ausländische Direktinvestitionen aufgebaut wurden (Siebert, 2007). ↘ ABBILDUNG 14 OBEN RECHTS Die globale Krise im Jahr 2009 und die seither vorherrschende schwache Konjunktur in den Industrieländern haben den Außenhandel belastet. Die im internationalen Vergleich immer noch hohen Zuwachsraten des Bruttoinlandprodukts resultieren seitdem primär aus einer **schuldenfinanzierten Investitionstätigkeit im Bausektor.** Dies hat zu gesamtwirtschaftlichen Fehlentwicklungen geführt,

deren Korrektur seit Jahresbeginn einen dämpfenden Einfluss auf die Konjunktur ausübt und sie zukünftig weiter belasten wird.

115. Seit dem Jahr 2009 wird die chinesische Konjunktur durch eine deutlich expansive Fiskalpolitik gestützt. ↘ ABBILDUNG 14 UNTEN LINKS Jedoch wird die Größenordnung dieser fiskalischen Maßnahmen nicht im Staatsdefizit ausgewiesen, da die Lokalregierungen ihre Ausgaben für Investitionsprojekte außerbudgetär über Zweckgesellschaften finanzieren (Zhang und Barnett, 2014). Auf diese greifen sie verstärkt zurück, da es ihnen untersagt ist, selbstständig Steuern zu erheben oder Schulden aufzunehmen.

Der Internationale Währungsfonds (2014) geht davon aus, dass im Jahr 2013 das Staatsdefizit inklusive der außerbudgetären Ausgaben 7,4 % des Bruttoinlandsprodukts betrug. Die Staatsverschuldung schätzt er auf 54 % des Bruttoinlandsprodukts. Im Gegensatz dazu liegen die offiziellen Zahlen für das Staatsdefizit bei 0,9 % und für die Staatsverschuldung bei 39,4 % des Bruttoinlandsprodukts.

↘ ABBILDUNG 14
Konjunkturindikatoren für China

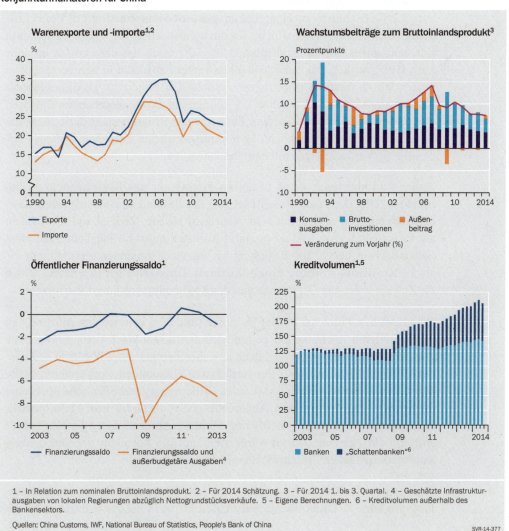

1 – In Relation zum nominalen Bruttoinlandsprodukt. 2 – Für 2014 Schätzung. 3 – Für 2014 1. bis 3. Quartal. 4 – Geschätzte Infrastrukturausgaben von lokalen Regierungen abzüglich Nettogrundstücksverkäufe. 5 – Eigene Berechnungen. 6 – Kreditvolumen außerhalb des Bankensektors.

Quellen: China Customs, IWF, National Bureau of Statistics, People's Bank of China

Das Niveau der gesamten **Staatsverschuldung** ist somit zwar **moderat**. Jedoch dürften viele Infrastrukturprojekte nicht die erforderliche Rendite erwirtschaften, um die ausstehenden Kredite zu bedienen. Einige regionale Regierungen könnten sich daher finanziell übernommen haben. Für den Prognosezeitraum ist davon auszugehen, dass die öffentlichen Baumaßnahmen zurückgeführt werden und dies die Konjunkturentwicklung dämpft.

116. Neben den Infrastrukturausgaben stützte der **Wohnungsbau** die chinesische Konjunktur. Der Anteil der Wohnungsbauinvestitionen am Bruttoinlandsprodukt hat sich von gut 7 % im Jahr 2008 auf 11 % im Jahr 2013 erhöht (IWF, 2014c). Seit Jahresanfang 2014 stagnieren jedoch die Preise und Umsätze auf dem Immobilienmarkt. In manchen Regionen sind sie sogar leicht rückläufig. Die starke Zunahme der städtischen Bevölkerung und die steigenden verfügbaren Einkommen dürften aber einer deutlichen Eintrübung bei den Investitionen in Wohnbauten entgegenwirken (Deutsche Bundesbank, 2014). Freilich werden die konjunkturellen Impulse seitens der Bauwirtschaft geringer ausfallen als in der jüngsten Vergangenheit.

117. Der verstärkte Ausbau der öffentlichen Infrastruktur und des privaten Wohnungsbestands führte zu einer hohen **gesamtwirtschaftlichen Verschuldung**. Das gesamtwirtschaftliche Kreditvolumen stieg von 130 % in Relation zum nominalen Bruttoinlandsprodukt im Jahr 2008 auf über 200 % im Jahr 2013 (IWF, 2014c). Das Schattenbankensystem hat hierzu in den vergangenen beiden Jahren verstärkt beigetragen. ↘ ABBILDUNG 14 UNTEN RECHTS Da dieses System intransparent und kaum reguliert ist, können die davon ausgehenden Gefahren nur schlecht eingeschätzt werden. Ein zentrales Risiko besteht darin, dass die Schattenbanken eine erhebliche Fristentransformation betreiben. Zudem existieren enge Verflechtungen mit dem Bankensystem.

Bisher sind aber noch keine negativen Effekte auf das Bankensystem zu beobachten (OECD, 2014a): So befindet sich der Bestand an **notleidenden Kreditforderungen** aktuell auf sehr niedrigem Niveau. Zudem sind die Banken gut kapitalisiert, etwa weil sie verstärkt Rückstellungen für mögliche Kreditausfälle aufgebaut haben. Die Regierung hat zuletzt Maßnahmen ergriffen, um die starke **Kreditausweitung einzudämmen**. Diese scheinen zu wirken, da sich die Zuwachsraten der Geldmenge und des Kreditvolumens jüngst verringerten.

118. Die genannten Probleme dürften in diesem und dem kommenden Jahr 2015 zu einem weiteren Rückgang des gesamtwirtschaftlichen Wachstums führen. Eine deutliche Reduktion erscheint jedoch unwahrscheinlich. Dies liegt zum einen an der kräftigen Ausweitung der real verfügbaren Einkommen. Zum anderen dürfte durch den weiteren Ausbau der sozialen Sicherungssysteme die hohe Sparquote der privaten Haushalte sinken. Außerdem verfügt die **Geld- und Fiskalpolitik** über genügend Spielraum, um bei einer weiteren Abschwächung der Konjunktur stützend einzugreifen. Jedoch würde sie damit die Korrektur der jüngsten gesamtwirtschaftlichen Fehlentwicklungen hinauszögern.

119. Der Sachverständigenrat geht davon aus, dass die Expansionsrate des Bruttoinlandsprodukts in China im Jahresdurchschnitt 2014 bei 7,4 % liegen wird. Im

nächsten Jahr dürfte die Zuwachsrate aufgrund der schwächeren fiskalischen Impulse und der geringeren Dynamik bei den Bauinvestitionen auf 7,0 % sinken.

3. Japan: Aufschwung nicht selbsttragend

120. Die konjunkturelle Entwicklung Japans wurde in der ersten Jahreshälfte 2014 maßgeblich von der **Mehrwertsteuererhöhung** von 5 % auf 8 % im April bestimmt. So sorgten Vorzieheffekte im ersten Quartal für das stärkste Quartalswachstum seit dem Jahr 2011 und im zweiten Quartal 2014 für einen Nachfrageeinbruch. Insgesamt stagnierte die japanische Wirtschaft in der ersten Jahreshälfte, obwohl im Februar 2014 versucht wurde, mit einem kurzfristig aufgelegten Konjunkturpaket im Umfang von 1,1 % des Bruttoinlandsprodukts gegenzusteuern. Die von der Steuererhöhung ausgelösten Quartalsschwankungen überlagerten den rückläufigen Trend des Wirtschaftswachstums seit Anfang des Jahres 2013.

121. Wenngleich eine nachhaltige Belebung der Binnennachfrage bislang nicht gelang, setzte sich die **positive Beschäftigungsentwicklung** fort. Die Arbeitslosenquote sank auf zuletzt 3,5 % im August 2014, von ehemals 5,5 % im Sommer 2009. Fortschritte zeigen sich zudem bei der Entwicklung der **Verbraucherpreis- und Kerninflation**. So verließen beide Kennzahlen im Sommer des Jahres 2013 den Deflationsbereich und stiegen – unterstützt vom Staatsanleihekaufprogramm der Bank of Japan (BoJ) und der damit einhergehenden Abwertung des japanischen Yen – bis zum Frühjahr 2014 kontinuierlich an. ↘ KASTEN 13 Die Verbraucherpreisinflation lag daher bereits im Vorfeld der Mehrwertsteuererhöhung bei etwa 1,5 % und sprang anschließend auf 3,5 %. Bereinigt um diesen Effekt verlor der Preisauftrieb seither jedoch wieder an Schwung, weshalb die BoJ Ende Oktober eine zusätzliche Ausweitung des Staatsanleihekaufprogramms beschloss.

Für die weitere Konjunkturentwicklung nach dem Auslaufen der Sondereffekte wird maßgeblich sein, ob sich die Nominallohnentwicklung an der von der BoJ formulierten Zielinflationsrate von 2 % orientieren wird. Bislang zeichnet sich dies trotz steigender Inflationserwartungen noch nicht ab. Die Mehrwertsteuererhöhung verursachte im zweiten Quartal deshalb einen **Reallohnrückgang** um 3,2 % gegenüber dem Vorjahresquartal. Dieser Kaufkraftverlust überkompensiert momentan die positiven Einkommenseffekte aus dem Beschäftigungsaufbau und belastet die private Konsumnachfrage. Insgesamt deuten die konjunkturellen Faktoren auf keine Beschleunigung im Prognosezeitraum hin.

122. Das **Potenzialwachstum verharrt** aufgrund der geringen Fortschritte der japanischen Regierung bei den angekündigten **Strukturreformen** auf einem niedrigen Niveau. Laut Schätzung der OECD (2014) liegt es im Jahr 2014 bei 0,8 %. Zwar kündigte die Regierung zuletzt an, die Körperschaftsteuer schrittweise ab dem Frühjahr 2015 zu senken, um die Gewinnaussichten der Unternehmen zu steigern und Investitionsanreize zu setzen. In entscheidenden anderen Bereichen fehlen jedoch weiterhin konkrete Reformpläne. Dies betrifft etwa Maßnahmen zur Erhöhung der Partizipationsquote von Frauen oder zur Erleich-

terung der Zuwanderung in den japanischen Arbeitsmarkt. Vor dem Hintergrund des demografisch bedingten Erwerbspersonenrückgangs dürfte ein Reformaufschub in diesen Bereichen besonders stark auf die Investitionen und damit das Wachstum wirken.

123. Im restlichen Verlauf des Jahres 2014 ist aufgrund der rückläufigen Realeinkommen lediglich mit einer schwachen Expansion des privaten Verbrauchs zu rechnen. Die für das dritte Quartal vorliegenden Indikatoren, wie etwa Einzelhandelsumsätze und Konsumentenvertrauen, lassen allerdings keinen Einbruch erwarten. Die Senkung der Körperschaftsteuer zu Beginn des Jahres 2015 dürfte einen stimulierenden Effekt auf die Investitionen haben, jedoch wird die zweite Stufe der Mehrwertsteuererhöhung im Oktober 2015 voraussichtlich erneut Schwankungen der Binnennachfrage hervorrufen. Insgesamt erwartet der Sachverständigenrat für das Jahr 2014 eine Zunahme des Bruttoinlandsprodukts um 0,8 %. Für das Jahr 2015 wird eine Wachstumsrate von 0,9 % prognostiziert.

4. Vereinigtes Königreich: Binnenwirtschaft stützt Aufschwung

124. Der kraftvolle Aufschwung im Vereinigten Königreich setzt sich unvermindert fort. ↘ ABBILDUNG 15 OBEN LINKS Das Bruttoinlandsprodukt wuchs in den letzten sieben Quartalen im Vergleich zum Vorquartal mit annualisierten Raten von 2 % bis annähernd 4 % und erreichte im Frühjahr 2014 erstmals das Vorkrisenniveau des Jahres 2008. Getragen wird die wirtschaftliche Belebung vor allem von der anhaltenden **Ausweitung des privaten Konsums**. Seit Mitte des Jahres 2013 kommen zunehmend Impulse von den Investitionen, die sich zu etwa gleichen Teilen auf die privaten Ausrüstungs- und Bauinvestitionen verteilen. Der Außenhandelssaldo und der Staatssektor spielen nur eine untergeordnete Rolle.

125. Die Entwicklung des privaten Konsums spiegelt vor allem die positive Entwicklung auf dem **britischen Arbeitsmarkt** wider. ↘ ABBILDUNG 15 OBEN RECHTS Die Arbeitslosenquote ist seit Ende des Jahres 2011 kontinuierlich gefallen und liegt bei 6,0 %. Jedoch hat die Erholung auf dem Arbeitsmarkt noch nicht zu kräftigeren Lohnsteigerungen geführt. Der Anstieg der Nominallöhne je Arbeitnehmer liegt seit über fünf Jahren unter der Verbraucherpreisinflation. Im laufenden Jahr 2014 dürften die Reallöhne je Arbeitnehmer aber wieder steigen. Zusammen mit dem weiteren Beschäftigungsaufbau ist zu erwarten, dass die real verfügbaren Einkommen zukünftig noch kräftiger expandieren werden.

126. Im Zuge des konjunkturellen Aufschwungs hat sich die Belebung des **Immobilienmarkts** zuletzt beschleunigt. Die Häuserpreise stiegen im August 2014 um insgesamt rund 12 % gegenüber dem Vorjahresmonat, in London sogar um etwa 20 %. Allerdings lassen sich momentan keine deutlichen Anzeichen für Fehlentwicklungen erkennen:

– Die **Kreditvergabe** stieg bislang nur moderat und ist vergleichsweise weit von früheren Höchstständen entfernt. ↘ ABBILDUNG 15 UNTEN LINKS Das Volumen der neu vergebenen Immobilienkredite lag in der ersten Jahreshälfte 2014 knapp 45 % unterhalb des Wertes des Jahres 2007.

- Bisher fand keine ausgeprägte **Reallokation** von Ressourcen hin zur Bauwirtschaft statt. So liegt die Bauproduktion trotz jüngster Zuwächse über 10 % unter dem Vorkrisenniveau.

- Die privaten Haushalte haben ihre **Verschuldung** nicht erhöht. Ganz im Gegenteil reduzierte sich die Schuldenquote – Verschuldung im Verhältnis zum verfügbaren Einkommen – um etwa 23 Prozentpunkte gegenüber dem Höchststand im Jahr 2008, der bei 157 % gelegen hatte. ↘ ABBILDUNG 15 UNTEN RECHTS Die Bank of England (BoE) geht daher davon aus, dass die private Verschuldung in naher Zukunft keine Bedrohung für die Finanzmarktstabilität darstellt (Bank of England, 2014).

- Der Anteil der Immobilienkredite, die eine Relation des Kreditbetrags zum Immobilienwert („**loan to value ratio**") von über 90 % aufweisen, ist im Vergleich zu der Zeit vor der Finanzkrise relativ gering (Carney, 2014b). Zuletzt hat der Anteil aber zugenommen (Bank of England, 2014).

↘ ABBILDUNG 15
Konjunkturindikatoren für das Vereinigte Königreich

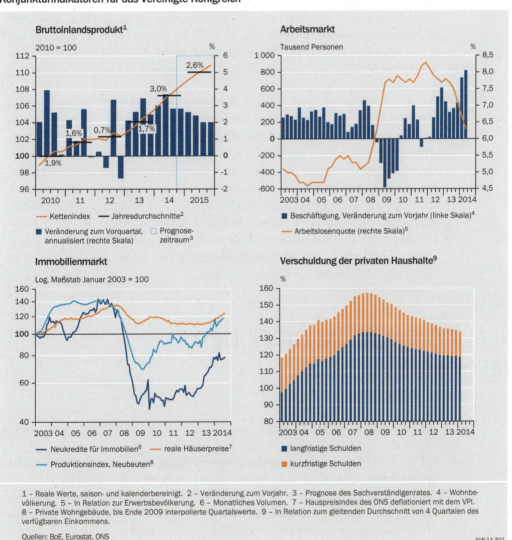

127. All dies deutet aktuell eher auf einen nachhaltigen Aufschwung im Vereinigten Königreich hin. Jedoch war die Dynamik auf dem Immobilienmarkt zuletzt so rasant, dass sich die Bewertung der Situation schnell ändern kann (IWF, 2014d). Der britische Immobilienmarkt wird neben konjunkturellen Faktoren von **fiskal- und geldpolitischen Instrumenten** beeinflusst. Auf der einen Seite stehen die Maßnahmen der „Help to Buy"- und „Funding for Lending"-Programme. Mit ersterem erleichtert die Regierung einkommensschwachen Haushalten den Zugang zu Immobilienkrediten und erhöht dadurch die Immobiliennachfrage. Die BoE geht jedoch davon aus, dass hiervon keine wesentlichen Effekte auf den Immobilienmarkt oder die Finanzmarktstabilität ausgehen (Carney, 2014b). Mit letzterem fördert die BoE die Kreditvergabe der Geschäftsbanken an den privaten Sektor. Seit November 2013 sind Kredite an private Haushalte jedoch ausgenommen, sodass keine Beeinflussung des privaten Häusermarkts mehr besteht.

Auf der anderen Seite stehen die Maßnahmen des „Mortgage Market Review" der BoE vom April 2014, mit denen die **Kreditvergabestandards verschärft** wurden. Unter anderem sehen die neuen Richtlinien vor, dass Neukredite maximal das 4,5-fache des Schuldnerjahreseinkommens betragen sollen. Außerdem ist im Rahmen eines Stresstests zu prüfen, ob die Rückzahlung der Kredite nach einem kräftigen Zinsanstieg für die privaten Haushalte noch zu schultern ist. Beide Regeln sind allerdings aktuell noch nicht bindend.

128. Im Prognosezeitraum dürfte wegen der bevorstehenden Unterhauswahlen im Mai 2015 kaum mit neuen Konsolidierungsanstrengungen der **Fiskalpolitik** zu rechnen sein. Auf Seiten der **Geldpolitik** ist zu erwarten, dass wegen der fortschreitenden Erholung am Arbeits- und Immobilienmarkt im Jahresverlauf 2015 die Leitzinsen erhöht werden. Die Zinswende und das allmähliche Abklingen der konjunkturellen Aufholprozesse dürften im kommenden Jahr zu einer schrittweisen Verringerung der Wachstumsraten in Richtung des Potenzialwachstums von etwa 1,5 % führen. Aufgrund der Entwicklung im ersten Halbjahr und der hohen konjunkturellen Grunddynamik erwartet der Sachverständigenrat im Jahr 2014 ein Wirtschaftswachstum von 3,0 %. Für das Jahr 2015 wird eine Zunahme um 2,6 % prognostiziert.

III. EURO-RAUM: IM GRIFF DER REFORMUNWILLIGEN

1. Konjunkturelle Lage

129. Die im Frühjahr erwartete **Konjunkturerholung** des Euro-Raums ist **nicht eingetreten**. Zwar konnte die Wirtschaftsleistung im ersten Quartal leicht expandieren, jedoch stagnierte sie im zweiten Quartal. ↘ ABBILDUNG 16 OBEN LINKS Wesentlich trug dazu die schwache Entwicklung in Frankreich und Italien bei; Italiens Wirtschaft schrumpfte im zweiten Quartal sogar erneut. In diesem Zeitraum

gingen zudem negative Impulse von der deutschen Konjunktur aus. ↘ ZIFFER 156 Hier waren jedoch witterungsbedingte Effekte maßgebend. Von den großen Volkswirtschaften behielt nur Spanien den Erholungskurs bei. In Einklang mit der schwachen Konjunkturentwicklung haben sich die Verbraucher- und Unternehmensstimmung in nahezu allen Ländern eingetrübt. ↘ ABBILDUNG 16 UNTEN RECHTS

130. Aufgrund der schwachen Konjunktur verharrt die **Arbeitslosigkeit** im Euro-Raum – trotz eines leichten Rückgangs seit Jahresbeginn – auf einem hohen Niveau von zuletzt 11,5 % im August 2014. ↘ ABBILDUNG 16 UNTEN LINKS, mit großen Unterschieden zwischen den Mitgliedstaaten: Die Arbeitslosenquoten in Frankreich und Italien bewegen sich seitwärts beziehungsweise steigen sogar leicht, während sie in Irland, Spanien und Portugal bereits deutlich zurückgehen. Gleichwohl liegen die Arbeitslosenquoten für Irland und Portugal noch weit über 10 % und für Spanien sogar bei 24,4 %.

↘ ABBILDUNG 16
Konjunkturindikatoren für den Euro-Raum

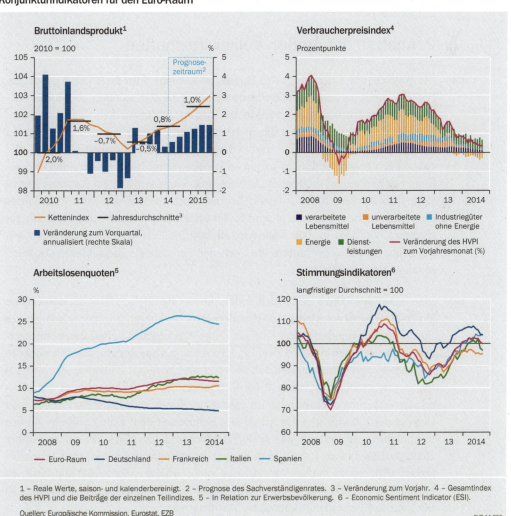

1 – Reale Werte, saison- und kalenderbereinigt. 2 – Prognose des Sachverständigenrates. 3 – Veränderung zum Vorjahr. 4 – Gesamtindex des HVPI und die Beiträge der einzelnen Teilindizes. 5 – In Relation zur Erwerbsbevölkerung. 6 – Economic Sentiment Indicator (ESI).

Quellen: Europäische Kommission, Eurostat, EZB

SVR-14-295

131. Die Verbraucherpreisinflation ist seit Ende des Jahres 2012 stetig bis auf 0,3 % im September 2014 gefallen. Ein wesentlicher Teil der niedrigen **Inflationsrate** geht auf fallende Preise für Energie und unverarbeitete Nahrungsmittel zurück. Von diesen Gütern wird ein Großteil importiert, sodass die Preisrückgänge zum Teil auf die Aufwertung des Euro im Verlauf des vergangenen Jahres zurückzuführen sind. Insgesamt hatten die Preise für Energie und unverarbeitete Nahrungsmittel beispielsweise im September 2014 einen negativen Wachstumsbeitrag von 0,3 Prozentpunkten der Inflationsrate. ⇘ ABBILDUNG 16 OBEN RECHTS

Die besondere Bedeutung der fallenden **Importpreise** für die Konsumentenpreise zeigt sich bei einer Gegenüberstellung mit dem Deflator des Bruttoinlandsprodukts. Dessen Veränderungsrate lag in den vergangenen Quartalen durchweg oberhalb der Verbraucherpreisinflation, da er einen wesentlich breiteren Warenkorb umfasst und somit die Importpreise weniger stark berücksichtigt. Im zweiten Quartal 2014 stieg er im Vorjahresvergleich um 0,8 %. Die Kerninflation – Inflationsrate ohne Nahrungsmittel und Energie – liegt mit gut 0,8 % ebenfalls über der Verbraucherpreisinflation. Jedoch ist die Kerninflationsrate in den zurückliegenden Monaten ebenfalls rückläufig und befindet sich auf einem niedrigen Niveau.

2. Analyse der großen Volkswirtschaften

132. Die Wirtschaftsleistung des Euro-Raums ist seit dem Jahr 2011 kaum gestiegen. Hierfür waren bis zum Frühjahr 2013 vor allem die Rezessionen in den **ehemaligen Programmländern sowie in Italien** verantwortlich. Seit dem Sommer des Jahres 2013 zeigen die in Irland, Portugal und Spanien eingeleiteten Reformen auf den Produkt- und Arbeitsmärkten ihre positiven Effekte. Die ehemaligen Programmländer haben an Wettbewerbsfähigkeit gewonnen und befinden sich in einem moderaten Aufschwung. ⇘ ZIFFERN 216 FF. Im Kontrast hierzu steht insbesondere Italien, dessen Bruttoinlandsprodukt seit Mitte des Jahres 2011 nicht mehr gewachsen ist und in der ersten Jahreshälfte 2014 abermals zurückging. Von den großen Volkswirtschaften im Euro-Raum weist Italien seit dem Jahr 2000, insbesondere aber seit der Finanzkrise, die schlechteste Wirtschaftsentwicklung auf.

133. Im Verlauf des Jahres 2014 wird zudem immer deutlicher, dass die **schwache Wirtschaftsentwicklung in Frankreich** die konjunkturelle Erholung des Euro-Raums behindert. Zwar ist die zweitgrößte Volkswirtschaft des Währungsraums im Vergleich zu den Krisenländern recht gut aus der globalen Finanzkrise gekommen und konnte in den Jahren 2012 und 2013 mit ähnlichen Zuwachsraten wie Deutschland aufwarten. Im Unterschied zu Deutschland kam das Wirtschaftswachstum in Frankreich im Jahr 2014 jedoch zum Erliegen. Zudem zeigt sich bei der Entwicklung der Arbeitslosenquote seit dem Jahr 2008 ein ähnlich treppenförmiger Verlauf, wie er für Deutschland bis Mitte der 2000er-Jahre charakteristisch war: Die im konjunkturellen Abschwung aufgebaute Arbeitslosigkeit wird im folgenden Aufschwung nicht wieder vollständig abgebaut. In Frankreich liegt die Arbeitslosenquote mit über 10 % inzwischen etwa doppelt so hoch wie in Deutschland. ⇘ ABBILDUNG 16 UNTEN LINKS

Internationale Konjunktur: Euro-Raum verliert den Anschluss – **Kapitel 2**

134. Die wirtschaftliche Schwäche Frankreichs und Italiens spielt für die Konjunktur des gesamten Euro-Raums eine große Rolle. Die beiden Länder sind für etwa 38 % der Wirtschaftsleistung im Euro-Raum verantwortlich, während die Wirtschaftsleistung von Portugal, Irland und Spanien zusammen nur etwa 14 % ausmacht. Zudem sind sie über den Handel stark mit den Mitgliedstaaten verflochten, wodurch sich deutliche **Spillover-Effekte** ergeben. Somit hat ein starker Rückgang in der Binnennachfrage beider Länder signifikant negative Auswirkungen auf den gesamten Euro-Raum. Deshalb ist es wichtig zu verstehen, ob die Entwicklung in Frankreich und Italien auf konjunkturelle oder eher strukturelle, das Potenzialwachstum betreffende, Faktoren zurückgeht.

135. Erste Hinweise auf mögliche Ursachen der bisherigen Entwicklung Frankreichs und Italiens liefert ein Vergleich der **Wachstumsbeiträge der Verwendungskomponenten** des Bruttoinlandsprodukts mit denen anderer Mitglied-

↘ ABBILDUNG 17

Entwicklung des Bruttoinlandsprodukts und seiner Wachstumsbeiträge in ausgewählten Mitgliedstaaten des Euro-Raums¹

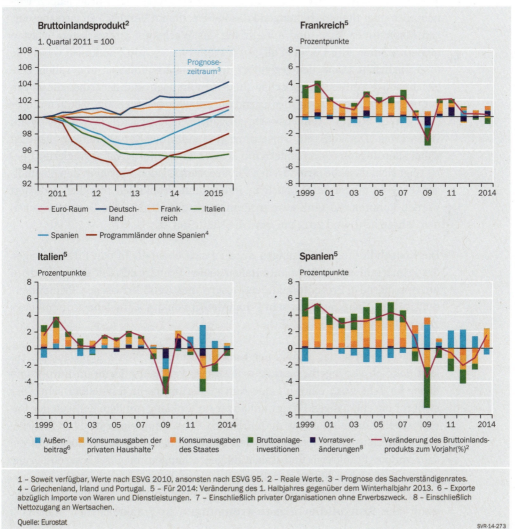

1 – Soweit verfügbar, Werte nach ESVG 2010, ansonsten nach ESVG 95. 2 – Reale Werte. 3 – Prognose des Sachverständigenrates. 4 – Griechenland, Irland und Portugal. 5 – Für 2014: Veränderung des 1. Halbjahres gegenüber dem Winterhalbjahr 2013. 6 – Exporte abzüglich Importe von Waren und Dienstleistungen. 7 – Einschließlich privater Organisationen ohne Erwerbszweck. 8 – Einschließlich Nettozugang an Wertsachen.

Quelle: Eurostat

SVR-14-273

staaten, insbesondere mit den ehemaligen Programmländern. ↘ ABBILDUNG 17 Seit dem Jahr 2011 kamen für die ehemaligen Programmländer vermehrt exportgetriebene Impulse vom Außenbeitrag. Für Italien lieferte der Außenhandel ebenfalls positive Wachstumsbeiträge, jedoch überwiegend durch die schwache Importentwicklung, welche die rückläufige Entwicklung der Binnennachfrage reflektiert. Für Frankreich verblieb der Außenhandelskanal hingegen ohne Wachstumsimpulse, da sich die Ex- und Importe in konstantem Verhältnis schwach positiv entwickelten. In den ehemaligen Programmländern war zudem im Jahr 2014 zu beobachten, dass deren Investitionsnachfrage für Ausrüstungen leicht anstieg und der private Verbrauch im Gegensatz zu den Vorjahren wieder zulegen konnte. Im Vergleich dazu konnten die Investitions- und Konsumausgaben in Italien und Frankreich bislang nicht spürbar zunehmen.

Staatliche und private Verschuldung

136. In den vergangenen Jahren sind in den ehemaligen Programmländern sowie in Frankreich und Italien **umfangreiche Konsolidierungsmaßnahmen** eingeleitet und durchgeführt worden. Insbesondere in Italien wurde jedoch vornehmlich über Steuererhöhungen konsolidiert, die im Vergleich zu ausgabeseitigen Maßnahmen kurz- und mittelfristig das Wachstum am stärksten belasten (JG 2013 Ziffer 240; Cogan et al., 2013; Wolters, 2013). In Frankreich waren die ursprünglichen Pläne demgegenüber wachstumsfreundlicher und sahen eine gleichmäßige Aufteilung zwischen Steuererhöhungen und Ausgabenkürzungen vor. Bisher wurden jedoch vorwiegend die einnahmeseitigen Maßnahmen umgesetzt (IWF, 2014e). Nennenswerte ausgabenseitige Schritte lassen weiter auf sich warten. Der konkrete Umsetzungsgrad einzelner Konsolidierungspläne ist dabei allerdings in allen Ländern nur schwer zu beziffern. Auf aggregierter Ebene zeigt sich, dass die strukturellen Finanzierungssalden sowohl in den ehemaligen Programmländern als auch in Italien und Frankreich merklich reduziert werden konnten. So sank etwa in Frankreich das strukturelle Defizit zwischen den Jahren 2010 und 2013 um rund die Hälfte auf -2,7 %.

Die Konsolidierungsbemühungen drücken sich ebenfalls in den Entwicklungen der Primärsalden aus. So konnte Italien seinen Primärsaldo seit dem Jahr 2010 um annähernd 2 Prozentpunkte verbessern und weist inzwischen Primärüberschüsse aus. Frankreich hat sein Primärdefizit von 4,5 % im Jahr 2010 auf etwa 2 % im Jahr 2013 zurückgeführt.

137. Gleichwohl wurde das Tempo der Konsolidierung in allen Mitgliedstaaten zuletzt deutlich verringert. ↘ ABBILDUNG 10 SEITE 55 Per Saldo dürfte im Euro-Raum daher im Jahr 2014 nahezu keine Konsolidierung mehr feststellbar sein. Dies steht für die ehemaligen Programmländer im Einklang mit dem Zeitplan der Europäischen Kommission zur mittelfristigen Erreichung eines strukturell ausgeglichenen Haushalts. Spanien ist den Empfehlungen des Rates sogar um ein Jahr voraus. Frankreich und Italien hingegen hängen mit ihrer Konsolidierung ein bis zwei Jahre hinter den Ratsempfehlungen zurück und werden die ursprünglichen Haushaltsziele in diesem Jahr verfehlen (EZB, 2014b). Der **Rückgang der Konsolidierungsanstrengungen** in Frankreich und Italien ist

bemerkenswert, da die Schuldenstände weit oberhalb von 60 % liegen und die im Fiskalpakt verbindlich vereinbarten Konsolidierungspfade deutlich ambitionierter sind. ⭨ ABBILDUNG 18 OBEN

138. Im Gegensatz zum öffentlichen Sektor wies der **private Sektor** in nahezu allen Programmländern sowie in Frankreich und Italien in den vergangenen fünf Jahren einen **positiven Finanzierungssaldo** aus. ⭨ ABBILDUNG 18 UNTEN RECHTS In Frankreich und Italien befindet sich die private Verschuldung gemessen am Bruttoinlandsprodukt zudem unterhalb des Niveaus des Euro-Raums. Jedoch erhöhte sich in beiden Ländern seit dem Jahr 1999 die Verschuldungsquote um gut 20 Prozentpunkte. ⭨ ABBILDUNG 18 UNTEN LINKS Der treibende Faktor hinter der französischen Verschuldung war die Entwicklung der Immobilienkredite (Europäische Kommission, 2014). In Italien haben neben den Immobilienkrediten die Konsumentenkredite ebenfalls zum Anstieg der privaten Verschuldung beigetragen (Europäische Kommission, 2012).

Seit dem Jahr 2009 hat sich die Schuldenquote beider Länder nicht mehr erhöht. Im Vergleich zu den Vorjahren haben die privaten Haushalte und nichtfinanziellen Kapitalgesellschaften ihre Kreditaufnahmen damit deutlich zurückge-

⭨ ABBILDUNG 18
Verschuldung und Finanzierungssalden ausgewählter Mitgliedstaaten des Euro-Raums[1]

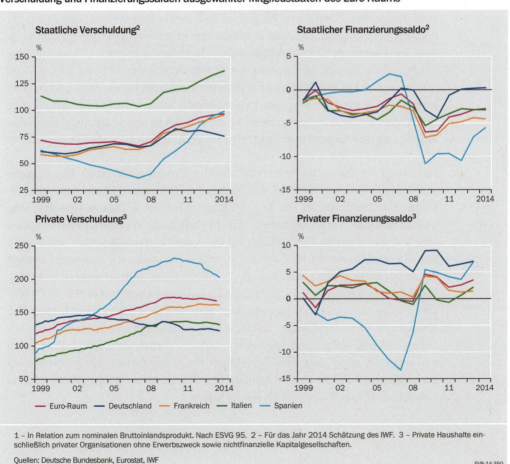

1 – In Relation zum nominalen Bruttoinlandsprodukt. Nach ESVG 95. 2 – Für das Jahr 2014 Schätzung des IWF. 3 – Private Haushalte einschließlich privater Organisationen ohne Erwerbszweck sowie nichtfinanzielle Kapitalgesellschaften.
Quellen: Deutsche Bundesbank, Eurostat, IWF

fahren. Somit kann in beiden Ländern ein **Konsolidierungsprozess** beobachtet werden. Dieser zeigte sich bislang nicht in einem Rückgang der privaten Schuldenstandsquote, da das nominale Bruttoinlandprodukt im selben Zeitraum in Frankreich stagnierte und im Fall von Italien sogar zurückging. Die bis zuletzt rückläufige Kreditentwicklung im privaten Sektor Frankreichs und Italiens deutet auf ein Andauern des Konsolidierungsprozesses hin und lässt in beiden Ländern keine kreditfinanzierte Ausweitung der privaten Konsum- und Investitionsnachfrage erwarten.

In den ehemaligen Programmländern hat sich der Konsolidierungsprozess für die privaten Haushalte und die nichtfinanziellen Kapitalgesellschaften weiter fortgesetzt. Im Unterschied zu Frankreich und Italien ist zu beobachten, dass die Schuldenstände langsam zurückgehen, jedoch befinden sie sich nach wie vor auf hohem Niveau.

Wettbewerbsfähigkeit

139. Die Konsolidierungsbemühungen im privaten und öffentlichen Sektor haben sich in einer deutlichen Verbesserung der **Leistungsbilanzsalden** in den Programmländern und in Italien niedergeschlagen. In Frankreich hat sich das Leistungsbilanzdefizit im Verlauf der vergangenen beiden Jahre demgegenüber kaum verringert. Bei realwirtschaftlicher Betrachtung der Leistungsbilanz zeigt sich, dass in den ehemaligen Programmländern die Exporte seit dem Jahr 2011 deutlich expandierten, während in Italien und Frankreich geringere Impulse seitens der Ausfuhren zu beobachten waren. In Italien geht die Verbesserung des Leistungsbilanzsaldos größtenteils auf den Rückgang der Importe zurück. ⭘ ABBILDUNG 19 LINKS Die relativ schwache Exportentwicklung Frankreichs und Italiens ist kein Phänomen der jüngeren Vergangenheit, sondern schon seit Einführung der Währungsunion zu beobachten. Sie drückt sich in einem überproportionalen **Rückgang der Exportmarktanteile** am Weltmarkt aus. ⭘ ABBILDUNG 19 RECHTS

140. Ein Grund für die moderate Entwicklung der Exportnachfrage ist die schwache Wettbewerbsfähigkeit der italienischen und französischen Wirtschaft. Im Vergleich zum Durchschnitt des Euro-Raums ist für beide Länder eine deutliche und persistente Verschlechterung der **preislichen Wettbewerbsfähigkeit** – gemessen am realen Wechselkurs auf Basis der Lohnstückkosten – seit Beginn der Währungsunion zu beobachten. ⭘ ABBILDUNG 20 LINKS OBEN Insgesamt beträgt die reale Aufwertung gegenüber Deutschland (dem Euro-Raum) seit Anfang 2000 für Frankreich 17 % (4 %) und für Italien mehr als 26 % (12 %). Im Gegensatz hierzu steht die Entwicklung der preislichen Wettbewerbsfähigkeit der ehemaligen Programmländer, insbesondere von Spanien. So hatte Spanien zunächst bis zum Jahr 2008 besonders stark an Wettbewerbsfähigkeit verloren und um 15 % gegenüber dem Euro-Raum real aufgewertet. Im Unterschied zu Frankreich und Italien konnte Spanien den Verlust an preislicher Wettbewerbsfähigkeit seither jedoch mehr als kompensieren.

ABBILDUNG 19
Leistungsbilanzsalden und Weltmarktanteile der Exporte ausgewählter Mitgliedstaaten des Euro-Raums

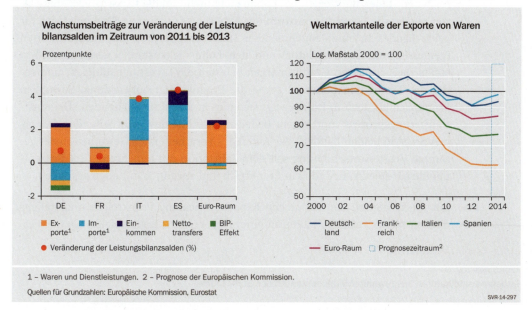

1 – Waren und Dienstleistungen. 2 – Prognose der Europäischen Kommission.
Quellen für Grundzahlen: Europäische Kommission, Eurostat
SVR-14-297

141. Die preisliche Wettbewerbsfähigkeit einer Volkswirtschaft hängt maßgeblich von der Produktivitäts- und Lohnentwicklung ab. Diese Größen haben sich seit dem Jahr 2008 in den einzelnen Ländern höchst unterschiedlich entwickelt: In Italien resultiert der Anstieg der Lohnstückkosten vor allem aus der **schwachen Produktivitätsentwicklung**. ↘ ABBILDUNG 20 OBEN RECHTS Trotz stark rückläufiger Beschäftigung im Export- und Nichtexportsektor hat sich die Produktivität verschlechtert. Gleichwohl sind die Löhne weiter gestiegen, sodass sich vor allem die Exportgüter immer weiter verteuert haben.

Hingegen zeigt sich für die französische Wirtschaft, dass sich die Produktivität je Erwerbstätigen im Vergleich zum Euro-Raum und Deutschland etwas besser entwickelt hat. Im Exportsektor hat die Produktivität je Erwerbstätigen Frankreichs mit 13 % sogar deutlich stärker zugelegt als im deutschen Exportsektor. Im Gegensatz zu Deutschland resultieren die französischen Produktivitätsfortschritte jedoch zum größten Teil aus einem Rückgang der Erwerbstätigkeit. Dabei haben die Löhne in Frankreich seit dem Jahr 2008 etwas stärker zugenommen als im restlichen Euro-Raum und in Deutschland, obwohl sich die Arbeitsmarktlage im selben Zeitraum stetig verschlechterte. ↘ ABBILDUNG 20 UNTEN LINKS

142. Spanien konnte seine preisliche Wettbewerbsposition im Gegensatz zu Frankreich und Italien seit dem Jahr 2008 deutlich verbessern. So reduzierte Spanien seine **Lohnstückkosten** seit dem Jahr 2008 um knapp 6 %. Ein Großteil dieser Verbesserung lässt sich durch die Steigerung der Produktivität je Erwerbstätigen von gut 12 % erklären. Im Exportsektor betrug der Anstieg sogar knapp 20 %. Bei genauerer Betrachtung zeigt sich jedoch, dass sich ein wesentlicher Teil des Produktivitätsanstiegs durch einen kräftigen Beschäftigungsrückgang erklären lässt. Sowohl im Exportsektor als auch im Nichtexportsektor hat die Beschäftigung seit dem Jahr 2008 um etwa 25 % abgenommen. ↘ ABBILDUNG 20 UNTEN LINKS

Kapitel 2 – Internationale Konjunktur: Euro-Raum verliert den Anschluss

143. Vor allem in den vorangegangenen Jahren konnten die Unternehmen in Frankreich und Italien die steigenden Löhne nicht mehr auf die Exportpreise überwälzen, sodass die **Gewinnspannen** der Exporteure erodierten. Dies zeigt sich für beide Länder in einer zunehmenden Differenz zwischen den Ausfuhrpreisen (gemessen am Exportdeflator) und den Lohnstückkosten. ↘ ABBILDUNG 20 UNTEN RECHTS Die geringeren Gewinnmargen belasten die Investitionstätigkeit und somit das Produktionspotenzial sowie die Produktivitätsentwicklung. Sowohl in Frankreich als auch in Italien zeigt sich dies in einem schleichenden „Deindustrialisierungsprozess" und einem Bedeutungsverlust des Verarbeitenden Gewerbes. So ist in beiden Ländern der Anteil des Verarbeitenden Gewerbes an der gesamten Bruttowertschöpfung seit dem Jahr 2000 um annähernd fünf Prozentpunkte auf zuletzt etwa 10 % in Frankreich und etwa 15 % in Italien gesunken.

144. Für die Erklärung der schwachen Exportentwicklung Frankreichs und Italiens dürften nicht-preisliche Faktoren eine noch größere Rolle spielen als die Ver-

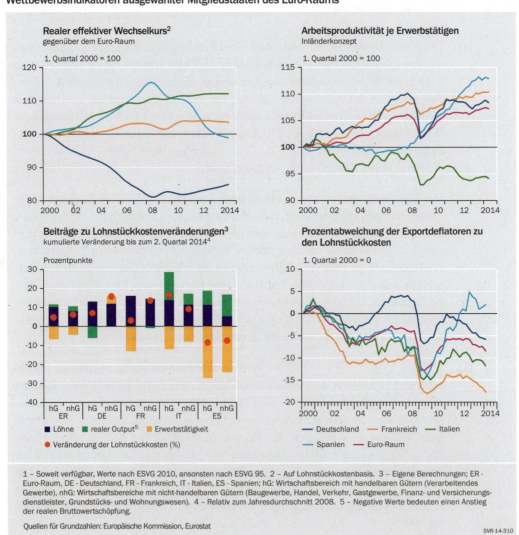

↘ ABBILDUNG 20
Wettbewerbsindikatoren ausgewählter Mitgliedstaaten des Euro-Raums[1]

1 – Soweit verfügbar, Werte nach ESVG 2010, ansonsten nach ESVG 95. 2 – Auf Lohnstückkostenbasis. 3 – Eigene Berechnungen; ER - Euro-Raum, DE - Deutschland, FR - Frankreich, IT - Italien, ES - Spanien; hG: Wirtschaftsbereich mit handelbaren Gütern (Verarbeitendes Gewerbe), nhG: Wirtschaftsbereiche mit nicht-handelbaren Gütern (Baugewerbe, Handel, Verkehr, Gastgewerbe, Finanz- und Versicherungsdienstleister, Grundstücks- und Wohnungswesen). 4 – Relativ zum Jahresdurchschnitt 2008. 5 – Negative Werte bedeuten einen Anstieg der realen Bruttowertschöpfung.

Quellen für Grundzahlen: Europäische Kommission, Eurostat

schlechterung der preislichen Wettbewerbsfähigkeit (Borey und Quille, 2013; Europäische Kommission, 2014). Die Faktoren **nicht-preislicher Wettbewerbsfähigkeit** umfassen eine Vielzahl an Themenfeldern – wie zum Beispiel das Innovationspotenzial, die Qualität der Infrastruktur, Bürokratiehemmnisse und andere unternehmerische Rahmenbedingungen. Diese beeinflussen die Ressourcenallokation, die Attraktivität von Investitionen und damit das Wachstumspotenzial wesentlich. ↘ KASTEN 7

Der Global Competitiveness Indicator (GCI) des World Economic Forum bewertet eine Vielzahl dieser Faktoren und weist jedem Land einen entsprechenden Rangplatz zu. Frankreichs nicht-preisliche Wettbewerbsfähigkeit erreicht darin insgesamt einen höheren Rangplatz als die Spaniens und Italiens. Seit dem Jahr 2011 haben sich die Platzierungen Frankreichs und Italiens jedoch verschlechtert. Spanien hingegen konnte seine Position gemessen am Gesamtindex im selben Zeitraum leicht verbessern. Dies ist innerhalb der spanischen Teilindikatoren insbesondere auf eine überproportionale Verbesserung der Rahmenbedingungen auf dem Arbeitsmarkt zurückzuführen und dürfte eine Folge der durchgeführten Reformen sein.

Deutschland hat sich gegenüber dem Jahr 2011 um einen Rangplatz verbessert, die zunächst zu beobachtende Verbesserung um zwei Rangplätze wurde jedoch seit dem vergangenen Jahr zum Teil aufgezehrt. Allerdings ist der GCI, wie die meisten Indikatoren der nicht-preislichen Wettbewerbsfähigkeit, mit methodischen Problemen behaftet (JG 2004 Kasten 28).

145. Analysen und Länderstudien der OECD und des IWF, in denen die Strukturreformen der vergangenen Jahre detailliert untersucht wurden, deuten darauf hin, dass Spanien erhebliche Fortschritte bei der Verbesserung seiner nicht-preislichen Wettbewerbsfähigkeit erzielt hat (OECD, 2014b; IWF, 2014f). Hingegen scheinen die politischen Empfehlungen für Frankreich nur unzureichend berücksichtigt worden zu sein (OECD, 2014b).

Die Studien des IWF (2014) und der OECD (2014b) zeigen zudem, dass Italien zwar einige Reformvorschläge umgesetzt hat. Jedoch wird darauf verwiesen, dass noch **erheblicher Bedarf für weitere substanzielle Reformen** besteht. So greifen etwa die angekündigten Arbeitsmarktreformen in einigen Bereichen, wie der nationalen Koordination von Stellenvermittlungen, zu kurz (IWF, 2014g). Ähnliches gilt für Reformen der Justiz und der Fiskalpolitik. Die langwierigen Gerichtsverfahren stellen nach wie vor eine wesentliche Behinderung für das unternehmerische Umfeld Italiens dar (IWF, 2014g). Eine Senkung der Sozialversicherungsbeiträge dürfte zielführender sein als die vorgenommenen Einkommensteuersenkungen (IWF, 2014g).

146. Die wirtschaftlichen Probleme Frankreichs und Italiens, die sich unter anderem in den Wettbewerbsindikatoren widerspiegeln, stellen ein großes **Hemmnis für das Potenzialwachstum** dar. Hierbei sind die Probleme in Italien gravierender als in Frankreich. Die aktuelle Entwicklung der beiden Länder dürfte somit nicht nur eine vorübergehende konjunkturelle Schwäche darstellen. Es ist eher davon auszugehen, dass die Strukturen auf den Arbeitsmärkten, die sich in der nicht-preislichen Wettbewerbsfähigkeit niederschlagen, die effiziente Allo-

kation von Arbeitskräften in diesen Volkswirtschaften behindern. Dies hat gerade in den vergangenen Jahren zu hohen Arbeitslosenquoten geführt. Die verbesserte Wettbewerbsposition Spaniens hingegen dürfte positiv auf das Exportwachstum in den zurückliegenden Jahren gewirkt haben und wird die künftige Investitionsnachfrage stärken.

↘ KASTEN 7

Nicht-preisliche Wettbewerbsfähigkeit

Die nicht-preisliche Wettbewerbsfähigkeit umfasst die **angebotsseitigen Rahmenbedingungen** einer Volkswirtschaft und beinhaltet etwa das regulatorische Umfeld von Unternehmen (beispielsweise Bürokratiedichte und Kündigungsschutz) und die Bedingungen für die Innovationsfähigkeit von Unternehmen (beispielsweise Bildungssystem und Forschungsausgaben). Hinsichtlich der Bedeutung der nicht-preislichen Wettbewerbsfähigkeit für die Entwicklungen der Mitgliedstaaten des Euro-Raums zeigen Estrada et al. (2013), dass die nicht-preislichen Faktoren einer Volkswirtschaft – gemessen am Global Competitiveness Index (GCI) – stark mit der Entwicklung der Leistungsbilanz und der Exportperformance zusammenhängen. Jedoch sind die meisten Indikatoren der nicht-preislichen Wettbewerbsfähigkeit wie der GCI mit methodischen Problemen behaftet (JG 2004 Kasten 28).

Eine Komponente der nicht-preislichen Wettbewerbsfähigkeit ist die **Innovationsfähigkeit** einer Volkswirtschaft. Innovative Unternehmen können Impulse für die Produktivität und Investitionstätigkeit einer Volkswirtschaft setzen und die Exportleistung insgesamt stärken. Frankreich, Italien und Spanien weisen geringe Ausgaben für Forschung und Entwicklung (F&E) im privaten Sektor auf. Im Jahr 2011 lagen in diesen Ländern die von der Industrie finanzierten F&E-Ausgaben deutlich unterhalb des OECD-Durchschnitts von 1,4 % des Bruttoinlandsprodukts. ↘ TABELLE 3

Die geringen F&E-Ausgaben können zum Teil durch die **Unternehmensstruktur** erklärt werden. Im Vergleich zu Deutschland haben Frankreich, Italien und Spanien deutlich mehr kleine Unternehmen. So liegt etwa der Anteil von Unternehmen mit weniger als zehn Mitarbeitern in Deutschland bei etwa 80 % während er in Frankreich, Italien und Spanien rund 95 % ausmacht. Dies könnte darauf hindeuten, dass es für Unternehmen in diesen Ländern schwieriger ist zu wachsen. Größere Unternehmen haben einen besseren Zugang zur Finanzierung und profitieren von Skaleneffekten sowie höheren Kapitalrenditen beispielsweise aus F&E (Ciriaci und Hervás, 2012). Empirisch ist daher zu beobachten, dass gerade größere Unternehmen verstärkt in F&E investieren. Diese Vorteile verschaffen größeren Unternehmen im Vergleich zu kleineren einen besseren Zugang zu Auslandsmärkten (Altomonte et al., 2012). Empirische Studien weisen daher auf einen starken Zusammenhang zwischen der Exportentwicklung und der **Unternehmensgröße** hin. Zudem lassen sich in Frankreich, Italien und Spanien die unterdurchschnittlichen privaten F&E-Ausgaben auf die geringe Bedeutung des Verarbeitenden Gewerbes zurückführen, in dem in der Regel sehr viele F&E-Ausgaben getätigt werden.

Ein weiterer nicht-preislicher Faktor ist das **regulatorische Umfeld für Unternehmen**. Es spielt für die effiziente Ressourcenallokation und die Investitionstätigkeit eine große Rolle und umfasst Komponenten wie die Effizienz des Staates, die Regulierung auf dem Arbeitsmarkt sowie die Abgabenbelastung der Unternehmen. Hinsichtlich der Effizienz des Staates schneiden Frankreich, Italien und Spanien im GCI schlecht ab und haben sich im Vergleich zum Jahr 2011 sogar noch verschlechtert. Insbesondere die Verschwendung von Staatsausgaben, eine hohe Regulierungsdichte und unzureichende politische Transparenz werden als kritisch angesehen.

Die **Arbeitsmärkte** in allen betrachteten Ländern sind stark reguliert (JG 2013 Ziffern 452 ff.). Dies zeigt sich etwa in den Einstellungs- und Entlassungsregelungen sowie im Zentralisierungsgrad der Lohnfindung. Zwar konnten Deutschland und Spanien im Ranking seit dem Jahr 2011 aufsteigen, jedoch weisen sie nach wie vor schlechte Platzierungen auf. Während sich die verbesserte Position

Spaniens vor allem auf Strukturreformen zurückführen lässt, scheint die Verbesserung Deutschlands im GCI durch die momentan gute Entwicklung des Arbeitsmarkts verzerrt zu sein. Am institutionellen Umfeld, etwa dem Kündigungsschutz, hat sich in Deutschland seit Mitte des vergangenen Jahrzehnts wenig getan (JG 2013 Ziffern 447 ff.).

Die **Abgabenlast** für Unternehmen ist in Italien, Frankreich und Spanien sehr hoch. Sie reduziert die Gewinnmargen und hemmt somit die Investitions- und Einstellungsbereitschaft der Unternehmen. Im GCI nehmen Frankreich, Italien und Spanien in der Kategorie „Gewinnbesteuerung der Unternehmen" und „Auswirkungen des Steuersystems auf die Investitionsanreize" hintere Ränge ein. ↘ TABELLE 3

↘ TABELLE 3
Ausgewählte Indikatoren zur nicht-preislichen Wettbewerbsfähigkeit

	Deutschland		Frankreich		Spanien		Italien	
	2014	2011	2014	2011	2014	2011	2014	2011
I. Global Competitiveness Index (Rangplatz)[1]	5	6	23	18	35	36	49	43
Institutionen	17	19	32	28	73	49	106	88
Effizienz des Staates	16	32	65	37	105	82	143	137
Verschwendung von Staatsausgaben	20	40	72	56	113	108	139	114
Regulierungsdichte des Staates	55	88	121	116	123	110	142	140
Infrastruktur	7	2	8	4	9	12	26	32
Hochschul- und Berufsbildung	16	7	28	20	29	32	47	41
Effizienz des Gütermarkts	19	26	46	38	75	66	73	59
Auswirkungen des Steuersystems auf Investitionsanreize	36	–	135	–	130	–	143	–
Gesamtsteuerbelastung in % der Gewinne	110	100	132	128	127	119	134	132
Effizienz des Arbeitsmarkts	35	64	61	68	100	119	136	123
Einstellungs- und Entlassungsregelungen	109	132	134	136	116	137	141	126
Zentralisierungsgrad von Lohnfindungsprozessen	136	136	87	57	117	128	138	134
Effizienter Einsatz von Talenten	13	17	40	27	82	74	130	116
Innovationen	6	7	19	17	37	39	35	43

	Deutschland		Frankreich		Spanien		Italien	
II. Weitere Kennzahlen (abweichende Jahresvergleiche)								
F&E-Ausgaben in % des nominalen BIP[2]	2,9	2,2	2,3	2,3	1,3	0,8	1,3	1,0
industriefinanzierte F&E-Ausgaben[3] in % des nominalen BIP	1,9	1,3	1,2	1,1	0,6	0,3	0,6	0,4
Kündigungsschutz, unbefristet (OECD)[4]	40	37	36	33	19	28	35	38
Kündigungsschutz, befristet (OECD)[4]	15	14	38	37	35	36	31	31
Sozialversicherungsbeiträge[5] in % der Arbeitnehmerentgelte	18		27		23		27	
Steuern und Abgaben[6] in % der Arbeitskosten	49		49		41		48	

1 – Global Competitiveness Index (GCI): Rang von ausgewählten Indikatoren des GCI zur wahrgenommenen wirtschaftlichen Wettbewerbsfähigkeit im internationalen Vergleich (144 Länder im Jahr 2014 und 142 im Jahr 2011). 2 – Werte beziehen sich auf 2012 und 1994. 3 – Werte beziehen sich auf 2011 und 1994; Quelle: Weltbank. 4 – Unbefristet: Schutz vor persönlicher Kündigung und Massenentlassungen bei unbefristet Beschäftigten; befristet: Schutz bei befristet Beschäftigten; jeweils gemessen am EPRC-Index der OECD. Rangplätze beziehen sich auf die Jahre 2013 und 2010 für insgesamt 41 Länder. 5 – Arbeitgeberanteil, Werte für 2013. 6 – Werte für 2013. Alleinstehende ohne Kinder mit durchschnittlichem Arbeitseinkommen.

Quellen: EU, OECD, Weltbank, World Economic Forum

SVR-14-345

Finanzierungsbedingungen

147. Die Maßnahmen der EZB in den vergangenen Monaten haben zu **günstigeren Finanzierungsbedingungen** im Euro-Raum beigetragen. Die Durchführung unkonventioneller Maßnahmen und die Senkung des Leitzinses von 0,5 % Anfang November 2013 auf momentan 0,05 % haben den durchschnittlichen Zinssatz für Neukredite an Unternehmen im Euro-Raum um gut einen halben Prozentpunkt gesenkt. ↘ ABBILDUNG 21 LINKS Zudem haben die geringeren Refinanzierungskosten die Bankbilanzen entlastet und die Bereitschaft zur Kreditvergabe erhöht (EZB, 2014c).

148. Die Höhe der Kreditzinsen variiert jedoch weiterhin stark zwischen den Mitgliedstaaten. So sind die Finanzierungsbedingungen in Deutschland und Frankreich günstiger als in Spanien und Italien. Neben nachfrageseitigen Faktoren ist davon auszugehen, dass zusätzlich angebotsseitige Bedingungen in einigen Mitgliedstaaten die Bankkreditvergabe beeinflussen (JG 2013 Ziffern 368 ff.). Insbesondere in Italien ist zu beobachten, dass der kontinuierliche Anstieg an notleidenden Forderungen die Bilanzen der Banken belastet. ↘ ABBILDUNG 21 RECHTS Im Einklang damit schnitt Italien in der **umfassenden Bankenprüfung** relativ schlecht ab. ↘ ZIFFER 312

Aufgrund der weiterhin vorherrschenden **Segmentierung** der europäischen Finanzmärkte hat die Schwäche der Banken negative Rückkopplungen auf die Realwirtschaft, da ein Großteil der Unternehmen auf die Kreditvergabe der inländischen Finanzinstitute angewiesen ist (EZB, 2013, 2014d). So zeigt der Internationale Währungsfonds (2013) mit Hilfe eines Vektorautoregressionsmodells, dass die angebotsseitigen Kreditbeschränkungen in Italien in den vergangenen Jahren deutlich zugenommen haben und hiervon dämpfende Effekte auf das Wirtschaftswachstum ausgegangen sind. Durch eine Rekapitalisierung der

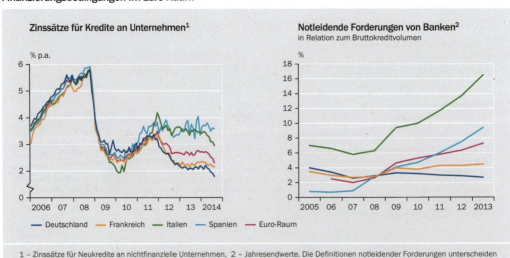

↘ ABBILDUNG 21
Finanzierungsbedingungen im Euro-Raum

1 – Zinssätze für Neukredite an nichtfinanzielle Unternehmen. 2 – Jahresendwerte. Die Definitionen notleidender Forderungen unterscheiden sich zwischen den Mitgliedstaaten. Daher sind Angaben zwischen den Ländern weniger gut vergleichbar als der Verlauf innerhalb eines Landes über die Zeit.

Quellen: EZB, IWF, Weltbank

italienischen Banken infolge der Bankenprüfung könnte es zu einer Lockerung dieser angebotsseitigen Beschränkungen kommen.

3. Keine Erholung in Sicht

149. Die Wirtschaftsleistung des gesamten Euro-Raums wird in der zweiten Jahreshälfte 2014 voraussichtlich nur **schwach expandieren**. Darauf deuten Stimmungsindikatoren hin. ↘ ABBILDUNG 16, SEITE 71 Insbesondere in den drei großen Volkswirtschaften Deutschland, Frankreich und Italien dürfte die Produktion kaum mehr als stagnieren, während in den ehemaligen Programmländern, aber selbst in Griechenland, die Produktion zunehmen wird. Für das kommende Jahr ist zu erwarten, dass sich die **heterogene Entwicklung der einzelnen Mitgliedstaaten** des Währungsraums fortsetzt. Momentan deutet nichts darauf hin, dass die Konjunkturentwicklung in Frankreich und Italien an Fahrt aufnehmen wird. Im Gegensatz hierzu ist davon auszugehen, dass sich die positive Entwicklung in den ehemaligen Programmländern fortsetzt. ↘ TABELLE 4 In Deutschland wird die Wirtschaftsleistung vermutlich stärker expandieren als in Italien und Frankreich, aber schwächer als in den ehemaligen Programmländern. ↘ ZIFFERN 161 FF.

150. Die zukünftige Wirtschaftsentwicklung **Frankreichs**, aber insbesondere **Italiens**, wird stark durch die mangelnde Wettbewerbsfähigkeit beeinträchtigt. Angesichts der eher verhaltenen Weltkonjunktur ist nicht mit substanziellen Impulsen vom Außenhandel zu rechnen. Zudem erschweren das schwierige Geschäftsumfeld und das schwache Bankensystem in Italien die Investitionstätigkeit. Ferner wird der private Verbrauch durch hohe Schuldenstände und die Arbeitslosigkeit belastet. Eine Zunahme der Beschäftigung ist aufgrund der schlechten Geschäftserwartungen und der rigiden Arbeitsmärkte nicht in Sicht.

Stützend dürften für Frankreich weiterhin die günstigen Finanzierungsbedingungen wirken, da die EZB den eingeschlagenen Weg der expansiven Geldpolitik

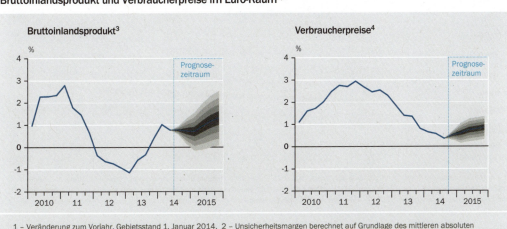

↘ ABBILDUNG 22
Bruttoinlandsprodukt und Verbraucherpreise im Euro-Raum[1,2]

1 – Veränderung zum Vorjahr, Gebietsstand 1. Januar 2014. 2 – Unsicherheitsmargen berechnet auf Grundlage des mittleren absoluten Prognosefehlers. Die Breite des symmetrisch um den wahrscheinlichsten Wert verteilten Bandes entspricht dem doppelten mittleren absoluten Prognosefehler. 3 – Reale Werte, kalender- und saisonbereinigt. 4 – Harmonisierter Verbraucherpreisindex.

Quelle: Eurostat und eigene Berechnungen

beibehalten wird. Die Abwertung des Euro im Jahresverlauf könnte die Exportnachfrage ebenfalls erhöhen.

151. Für die **ehemaligen Programmländer** wird erwartet, dass die sinkenden Arbeitslosenzahlen zu einer weiteren Expansion des privaten Konsums führen. Zudem dürften die verbesserten Geschäftserwartungen die Investitionstätigkeit erhöhen. Im Euro-Raum insgesamt wird das Wachstum verhalten bleiben, da die Expansion der Wirtschaftsleistung in den großen Mitgliedstaaten schwach ausfällt. Das Bruttoinlandsprodukt im Euro-Raum wird daher in den Jahren 2014 und 2015 um 0,8 % beziehungsweise um 1,0 % ansteigen. ↘ ABBILDUNG 22

152. Die **Inflation** im Euro-Raum wird im Prognosezeitraum weiterhin gering bleiben. So bleiben die Produktionskapazitäten stark unterausgelastet. Es ist jedoch nicht mit einer Deflation zu rechnen, da sich die kurzfristigen Inflationserwartungen noch deutlich im positiven Bereich befinden. ↘ ZIFFER 261 Die Löhne und die Kerninflation werden daher voraussichtlich schwach zunehmen. Zudem ist davon auszugehen, dass die zuletzt beobachtete Abwertung des Euro zu einem Anstieg der Inflationsraten im kommenden Jahr beiträgt. Der Sachverständigenrat erwartet einen Anstieg der Verbraucherpreise im Jahr 2014 von 0,5 % und im folgenden Jahr von 0,7 %.

↘ TABELLE 4
Reales Bruttoinlandsprodukt, Verbraucherpreise und Arbeitslosenquote im Euro-Raum

Land/Ländergruppe	Gewicht in %[1]	Bruttoinlandsprodukt			Verbraucherpreise[2]			Arbeitslosenquote[3]		
		Veränderung zum Vorjahr in %						%		
		2013	2014[4]	2015[4]	2013	2014[4]	2015[4]	2013	2014[4]	2015[4]
Euro-Raum[5]	100	− 0,5	0,8	1,0	1,4	0,5	0,7	11,9	11,6	11,2
darunter:										
Deutschland	27,7	0,1	1,2	1,0	1,6	1,0	1,3	5,3	5,0	5,1
Frankreich	21,7	0,3	0,3	0,4	1,0	0,7	0,5	10,3	10,4	10,6
Italien	16,3	− 1,9	− 0,3	0,1	1,3	0,1	0,1	12,2	12,5	12,7
Spanien	10,7	− 1,2	1,3	2,0	1,5	− 0,1	0,4	26,1	24,6	23,0
Niederlande	6,7	− 0,7	0,9	1,4	2,6	0,5	1,0	6,7	6,8	6,2
Belgien	3,9	0,3	1,1	1,4	1,2	0,6	0,7	8,4	8,5	8,4
Österreich	3,2	0,2	1,0	1,3	2,1	1,5	1,6	4,9	4,9	4,7
Finnland	2,1	− 1,2	− 0,2	0,7	2,2	1,3	1,2	8,2	8,6	8,8
Griechenland	2,0	− 3,3	0,1	1,9	− 0,9	− 0,9	− 0,1	27,5	26,6	24,6
Irland	1,8	0,2	5,2	2,4	0,5	0,4	0,9	13,1	11,6	10,6
Portugal	1,7	− 1,4	1,0	1,6	0,4	− 0,2	0,3	16,4	14,2	12,8
nachrichtlich: Euro-Raum ohne Deutschland	72,3	− 0,7	0,6	0,9	1,3	0,4	0,5	14,4	14,0	13,5

1 – Anteil des nominalen Bruttoinlandsprodukts des Jahres 2012 in US-Dollar am nominalen Bruttoinlandsprodukt des Euro-Raums. 2 – Harmonisierter Verbraucherpreisindex. 3 – Standardisiert. Für den gesamten Euro-Raum und den Euro-Raum ohne Deutschland gewichtet mit der Anzahl der Erwerbspersonen des Jahres 2013. 4 – Prognose des Sachverständigenrates. 5 – Gewichteter Durchschnitt der 18 Mitgliedstaaten des Euro-Raums.

Quellen: Eurostat, IWF World Economic Outlook

SVR-14-408

LITERATUR ZUM KAPITEL

Altomonte, C., T. Aquilante und G. Ottaviano (2012), *The triggers of competitiveness: The EFIGE cross-country report*, Bruegel Blueprint 17, Brüssel.

Anand, R., K.C. Cheng, S. Rehman und P. Zhang (2014), *Potential growth in emerging Asia*, IMF Working Paper 14/2, Internationaler Währungsfonds.

Bank of England (2014), *Financial stability report – June 2014*, Issue No. 35, London.

Bernanke, B.S. (2013), *The econonomic outlook*, Anhörung vor dem Senat der Vereinigten Staaten, Washington, DC, 22. Mai 2013.

Bloom, N. (2014), Fluctuations in uncertainty, *Journal of Economic Perspectives* 28, 153-76.

Borey, G. und B. Quille (2013), How to explain the recent shift in balance-of-trade trends in Europe?, *Conjuncture in France* June, 19-40.

Born, B., S. Breuer und S. Elstner (2014), *Uncertainty and the Great Recession*, Working Paper 04/2014, Sachverständigenrat zur Begutachtung der gesamtwirtschaftlichen Entwicklung, Wiesbaden.

Carney, M. (2014a), *Speech given by the Governor of the Bank of England*, Rede, Lord Mayor's Banquet for Bankers and Merchants of the City of London at the Mansion House, London, 12. Juni 2014.

Carney, M. (2014b), *Assessment of help to buy: Mortgage guarantee*, Brief an Chancellor of the Exchequer George Osborne, London, 2. Oktober.

CBO (2014), *An update to the budget and economic outlook: 2014 to 2024*, Congressional Budget Office, Washington, DC.

Ciriaci, D. und F. Hervás (2012), *Bridging ideas with markets: The impact of training, marketing and design on innovation*, JRC Scientific and Policy Reports, Europäische Kommission – Joint Research Centre, Brüssel.

Cogan, J.F., J.B. Taylor, V. Wieland und M.H. Wolters (2013), Fiscal consolidation strategy, *Journal of Economic Dynamics and Control* 37, 404-421.

Deutsche Bundesbank (2014), Zu den möglichen realwirtschaftlichen Effekten eines Abschwungs am chinesischen Wohnimmobilienmarkt, *Monatsbericht* August 2014, 18-20.

Deutsche Bundesbank (2013), Zum empirischen Zusammenhang zwischen Welthandel und globaler Wirtschaftsleistung, *Monatsbericht* November 2013, 14-18.

Estrada, Á., J. Galí und D. López-Salido (2013), Patterns of convergence and divergence in the Euro Area, *IMF Economic Review* 61, 601-630.

Europäische Kommission (2014), *Macroeconomic imbalances – France 2014*, European Economy – Occasional Papers 178, Europäische Kommission, Generaldirektion Wirtschaft und Finanzen, Brüssel.

Europäische Kommission (2012), *Macroeconomic imbalances – Italy*, European Economy – Occasional Papers 107, Europäische Kommission, Generaldirektion Wirtschaft und Finanzen, Brüssel.

EZB (2014a), Die Elastizität des Welthandels – Was hat sich verändert?, *Monatsbericht* Juli 2014, 10-14, Europäische Zentralbank.

EZB (2014b), Entwicklung der öffentlichen Finanzen, *Monatsbericht* September 2014, 91-103, Europäische Zentralbank.

EZB (2014c), *The Euro Area bank lending survey – 2nd quarter of 2014*, Europäische Zentralbank, Frankfurt am Main.

EZB (2014d), *Financial integration in Europe – April 2014*, Europäische Zentralbank, Frankfurt am Main.

EZB (2013), *Financial integration in Europe – April 2013*, Europäische Zentralbank, Frankfurt am Main.

FOMC (2014), *Projection materials – September 2014*, Federal Open Market Committee, Washington, DC.

IfW (2014), *Weltkonjunktur im Herbst 2014*, Institut für Weltwirtschaft, Kiel.

IWF (2014a), *Global financial stability report April 2014 – Moving from liquidity- to growth-driven markets*, Internationaler Währungsfonds, Washington, DC.

IWF (2014b), *Russian Federation: Concluding statement for the September 2014 staff visit*, Internationaler Währungsfonds, Washington, DC, 1. Oktober.

IWF (2014c), *People's Republic of China: 2014 Article IV consultation*, IMF Country Report No. 14/235, Internationaler Währungsfonds, Washington, DC.

IWF (2014d), *United Kingdom: 2014 Article IV consultation*, IMF Country Report No. 14/233, Internationaler Währungsfonds, Washington, DC.

IWF (2014e), *France: Article IV consultation*, IMF Country Report No. 14/182, Internationaler Währungsfonds, Washington, DC.

IWF (2014f), *Spain: Article IV consultation*, IMF Country Report No. 14/192, Internationaler Währungsfonds, Washington, DC.

IWF (2014g), *Italy: Article IV consultation*, IMF Country Report No. 14/283, Internationaler Währungsfonds, Washington, DC.

IWF (2013), *Italy: Article IV consultation*, IMF Country Report No. 13/298, Internationaler Währungsfonds, Washington, DC.

OECD (2014a), *OECD economic outlook – May 2014*, Organisation for Economic Co-operation and Development, Paris.

OECD (2014b), *Economic policy reform 2014: Going for growth – Interim report*, Organisation for Economic Co-operation and Development, Paris.

Siebert, H. (2007), China: Coming to grips with the new global player, *World Economy* 30, 893-922.

Wolters, M. (2013), *Möglichkeiten und Grenzen von makroökonomischen Modellen zur (exante) Evaluierung wirtschaftspolitischer Maßnahmen*, Arbeitspapier 05/2013, Sachverständigenrat zur Begutachtung der gesamtwirtschaftlichen Entwicklung, Wiesbaden.

Yellen, J. (2014), *Transcript of chair Yellen's press conference*, Washington, DC, 19. März.

Zwick, L. (2013), Verlangsamte Expansion des Welthandels? – Empirische Evidenz und mögliche Ursachen, *RWI Konjunkturbericht* 64/4, 23-30.

DEUTSCHLAND: KONJUNKTUR KOMMT NICHT IN FAHRT

I. Überblick
   1. Zur wirtschaftlichen Lage in Deutschland
   2. Ausblick
   3. Rahmenbedingungen und Annahmen der Prognose

II. Die Entwicklung im Einzelnen
   1. Außenhandel leicht aufwärts gerichtet
   2. Investitionen: Ausrüstungen weiterhin schwach, Bau mit Substanz
   3. Hoher Beschäftigungsstand stützt Konsum
   4. Niedriger Preisanstieg
   5. Arbeitsmarkt: Reformen dämpfen Beschäftigungswachstum
   6. Öffentliche Finanzen: Ausgeglichene Haushalte

III. Das Produktionspotenzial

Anhang: Generalrevision der Volkswirtschaftlichen Gesamtrechnungen 2014

Literatur

DAS WICHTIGSTE IN KÜRZE

Nach einem überraschend guten Start im ersten Quartal 2014 hat die deutsche Konjunktur im weiteren Verlauf des Jahres einen deutlichen Dämpfer erhalten. Hierfür dürften die zunehmenden geopolitischen Risiken ebenso eine Rolle gespielt haben wie die ungünstige wirtschaftliche Entwicklung in großen Mitgliedstaaten des Euro-Raums. In diesem Umfeld ist insbesondere die erwartete Belebung der Ausrüstungsinvestitionen trotz sehr günstiger Finanzierungsbedingungen ausgeblieben. Über Vertrauenseffekte könnte sich zudem der von der Bundesregierung eingeschlagene Kurs in der Energiepolitik sowie in der Arbeitsmarkt- und Sozialpolitik negativ bemerkbar gemacht haben. Insgesamt wird für das Jahr 2014 eine Zuwachsrate des Bruttoinlandsprodukts von 1,2 % erwartet.

Der Arbeitsmarkt hat sich sehr robust entwickelt. Die Erwerbstätigkeit ist seit der Rezession im Jahr 2009 kontinuierlich angestiegen. Die Anzahl der registriert Arbeitslosen wird mit 2,91 Millionen Personen im Jahresdurchschnitt 2014 sogar noch etwas geringer ausfallen als im Vorjahr. Der Preisauftrieb hat sich – gemessen am Verbraucherpreisindex – im Jahr 2014 weiter verlangsamt.

Für das Jahr 2015 dürfte sich an der eher verhaltenen wirtschaftlichen Entwicklung nichts Grundlegendes ändern. Der Sachverständigenrat rechnet mit einer Zuwachsrate des Bruttoinlandsprodukts von 1,0 %. Positive Impulse werden vor allem vom privaten Verbrauch ausgehen, der durch die weiterhin gute Arbeitsmarktlage und steigende Reallöhne gestützt wird. Von den Ausrüstungs- und den Bauinvestitionen sind weiterhin keine nennenswerten Wachstumsbeiträge zu erwarten. Wie schon in den Vorjahren ist mit einer geringen Dynamik im Exportgeschäft zu rechnen, sodass vom Außenbeitrag per Saldo erneut mit einem dämpfenden Effekt auf die deutsche Wirtschaftsentwicklung zu rechnen ist. Während die Arbeitslosigkeit dabei geringfügig ansteigen wird, dürfte die Beschäftigung weiter leicht zunehmen. Die Inflationsrate dürfte 1,3 % betragen und somit etwas höher ausfallen als im Jahr 2014.

I. ÜBERBLICK

153. Zur Jahresmitte 2014 hat die Konjunktur in Deutschland einen Dämpfer erhalten. Insgesamt ist die deutsche Volkswirtschaft jedoch weiterhin in **guter Verfassung**: Die Beschäftigung steigt, und die Arbeitslosigkeit verharrt seit längerer Zeit auf einem vergleichsweise niedrigen Niveau. Der Anstieg der Verbraucherpreise liegt unterhalb des Nominallohnanstiegs, sodass die Reallöhne und damit die verfügbaren Einkommen steigen. Die Unternehmen genießen äußerst günstige Finanzierungsbedingungen und sind gering verschuldet. Der Staat verzeichnet Fortschritte bei der Konsolidierung, ohne dafür eine restriktive Finanzpolitik verfolgen zu müssen.

154. Für das zweite Halbjahr 2014 deuten die Indikatoren auf eine Stagnation der deutschen Konjunktur hin. Nach der technischen Rezession im Winterhalbjahr 2012/13 wurde erneut ein aufkeimender **Aufschwung unterbrochen**. In den Vorjahren war der primäre Grund die sich zuspitzende Krise im Euro-Raum. Diesmal sind mehrere Faktoren gemeinsam verantwortlich. So ist insbesondere die wirtschaftliche Erholung einiger wichtiger Handelspartner im Euro-Raum bislang ausgeblieben. In der gewerblichen Wirtschaft wurden die Geschäftserwartungen sowie die Lageeinschätzungen deutlich zurückgenommen. Dabei könnte der von der Bundesregierung eingeschlagene Kurs in der Energiepolitik sowie der Arbeitsmarkt- und Sozialpolitik ebenso eine Rolle gespielt haben wie die Verunsicherungen aufgrund der geopolitischen Spannungen. Über Vertrauenseffekte könnte dies die Investitionstätigkeit hemmen.

155. Gleichwohl bestehen weiterhin gute Voraussetzungen für einen Aufschwung, zudem dürfte die **Output-Lücke** moderat negativ sein. Gemäß dem Stand im Konjunkturzyklus ließen die zyklischen Antriebskräfte somit eigentlich einen Aufschwung erwarten. Die ausbleibende ausländische Nachfrage und die verschiedenen geopolitischen Krisenherde erlauben diesen allem Anschein nach momentan nicht. Vielmehr haben sich die Risiken für den wirtschaftlichen Ausblick angesichts der Entwicklung des außenwirtschaftlichen Umfelds erhöht. Alarmismus ist jedoch nicht angebracht. Denn in diesem und dem kommenden Jahr zeichnen sich immer noch Zuwachsraten in Höhe des Produktionspotenzials ab.

1. Zur wirtschaftlichen Lage in Deutschland

156. Nachdem sich in der zweiten Jahreshälfte 2013 das Tempo der wirtschaftlichen Expansion erhöht hatte, stieg zu Jahresbeginn 2014 das preisbereinigte Bruttoinlandsprodukt in saison- und kalenderbereinigter Betrachtung deutlich um 0,7 % gegenüber dem Vorquartal an. Dabei wurden neben den Konsumausgaben und den Ausrüstungsinvestitionen vor allem die Bauinvestitionen deutlich ausgeweitet. Bei Letzteren spielte die **milde Witterung** eine wichtige Rolle, da es kaum zu winterbedingten Produktionsausfällen kam. Statistische Verfahren der Saisonbereinigung greifen derartige Phänomene unzureichend auf, weil diese Verfahren die Produktionswirkungen einer durchschnittlichen Saison aus den

Ursprungsdaten herausrechnen. Weichen die Witterungsverhältnisse von diesem Durchschnitt ab, verbleiben Witterungseffekte in der saisonbereinigten Reihe. Im folgenden Quartal kommt es dann zu einer technisch bedingten Gegenbewegung.

Im Einklang mit der kräftigen Binnennachfrage stiegen die Importe deutlich. Die Exporte wurden insbesondere durch die nach wie vor schwache Nachfrage aus dem Euro-Raum belastet und stagnierten. Der Wachstumsbeitrag des **Außenbeitrags** war im ersten Quartal 2014 – wie im Gesamtjahr 2013 – negativ.

Im zweiten Quartal 2014 ging das Bruttoinlandsprodukt um 0,2 % zurück, wobei die Binnennachfrage noch leicht zunahm. Der private und staatliche Konsum wurden geringfügig erhöht, die Bruttoanlageinvestitionen waren jedoch rückläufig. Im Bereich der Bauinvestitionen war wie zu erwarten eine technische Gegenbewegung zu verzeichnen. Zudem wurde weniger als im Vorquartal in Ausrüstungen investiert. Der Außenbeitrag dämpfte erneut die Zuwachsrate des Bruttoinlandsprodukts.

157. Eine Betrachtung der gesamten ersten Jahreshälfte, bei der sich die Witterungseffekte annähernd neutralisieren, zeigt einen **langsameren Zuwachs** der deutschen Wirtschaftsleistung, nachdem sich dieser in der zweiten Jahreshälfte 2013 noch beschleunigt hatte. Im Laufe des zweiten Quartals 2014 hatte sich bereits abgezeichnet, dass der Aufschwung im Euro-Raum nicht – wie zunächst erwartet – an Fahrt gewinnen sollte. Insbesondere bei wichtigen Handelspartnern wie Frankreich und Italien häuften sich die Negativmeldungen. In Frankreich stagnierte das Bruttoinlandsprodukt abermals, in Italien sind noch immer keine positiven Zuwachsraten zu verzeichnen. Zwar sind die Probleme beider Länder sehr unterschiedlich, im Ergebnis sind die Auswirkungen auf die deutsche Volkswirtschaft jedoch ähnlich.

Für den weiteren konjunkturellen Fortgang in Deutschland kommt der wirtschaftlichen Lage im **Euro-Raum** große Bedeutung zu. Dies gilt zum einen für den Außenhandel, da die Mitgliedstaaten des Euro-Raums mit einem Anteil von etwa 38 % am deutschen Außenhandel den größten Absatzmarkt für deutsche Exporte darstellen. Die deutschen Ausfuhren entwickelten sich in der ersten Jahreshälfte nur unterdurchschnittlich. ↘ ABBILDUNG 23 MITTE LINKS Zum anderen werden die Unternehmen in Deutschland wieder deutlich mehr investieren, wenn aufgrund der zusätzlichen Exportnachfrage zusätzliche Kapazitäten benötigt werden.

158. Neben den Risiken im Euro-Raum sorgen der anhaltende Konflikt zwischen Russland und der Ukraine und die damit verbundenen Handelssanktionen sowie weitere **geopolitische Krisen** für Verunsicherung. Spürbare realwirtschaftliche Auswirkungen sind in der ersten Jahreshälfte zwar aufgrund des recht geringen direkten Handelsvolumens mit den Krisenregionen – der Anteil betrug im Jahr 2013 etwa 3,8 % am deutschen Außenhandel– noch nicht zu verzeichnen gewesen. Die Unternehmenserwartungen trübten sich aber deutlich ein. Dazu könnten neben den geopolitischen Konflikten die Beschlüsse der Bundesregierung beigetragen haben (DIHK, 2014a).

↘ ABBILDUNG 23

Ausgewählte Indikatoren zur konjunkturellen Entwicklung

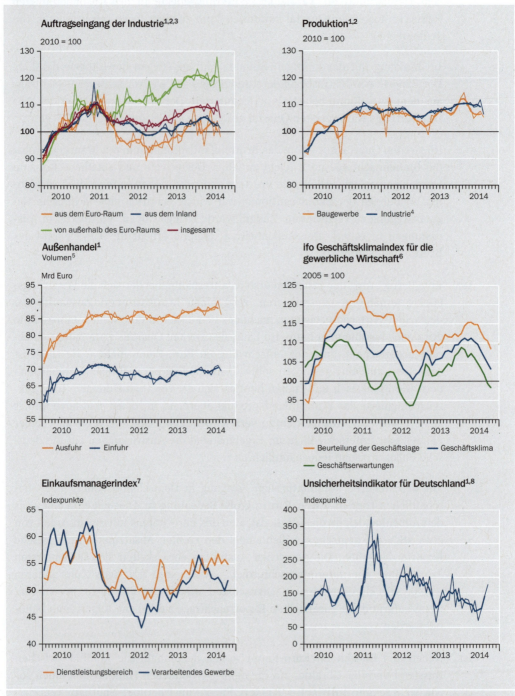

1 – Dünne Linie: Monatswerte; dicke Linie: gleitende 3-Monatsdurchschnitte. 2 – Volumenindex; saisonbereinigte Werte. 3 – Verarbeitendes Gewerbe ohne Ernährungsgewerbe und Tabakverarbeitung sowie ohne Kokerei, Mineralölverarbeitung, Herstellung und Verarbeitung von Spalt- und Brutstoffen, Recycling. 4 – Produzierendes Gewerbe ohne Energie und Baugewerbe. 5 – Errechnet unter Verwendung von Indizes der Durchschnittswerte auf Basis 2010 = 100. 6 – Verarbeitendes Gewerbe, Bauhauptgewerbe, Groß- und Einzelhandel. 7 – Der Einkaufsmanagerindex basiert auf einer monatlichen Umfrage in der verarbeitenden Industrie, an der etwa 500 Einkaufsleiter und Geschäftsführer teilnehmen. 8 – Basierend auf den Unsicherheitsindikatoren von Baker, Bloom und Davies (www.policyuncertainty.com). Berechnet wird der Indikator aus zwei Komponenten. Die erste Komponente misst die Anzahl von Zeitungsmeldungen, die sich mit politikbezogener wirtschaftlicher Unsicherheit befassen. Die zweite Komponente betrachtet die Uneinigkeit unter Konjunkturbeobachtern als Indikator für Unsicherheit.

SVR-14-050

All dies dürfte sich in der **politischen Unsicherheit** niedergeschlagen haben. So stieg der Politische Unsicherheitsindikator für Deutschland in den vergangenen Monaten an. ↘ ABBILDUNG 23 UNTEN RECHTS Er befindet sich auf dem höchsten Stand seit elf Monaten, liegt jedoch deutlich unter den Höchstständen des Jahres 2011, als die Krise im Euro-Raum ihren Höhepunkt fand. Die Kombination dieser Faktoren könnte dazu führen, dass der im Winterhalbjahr 2013/14 begonnene Aufschwung im Bereich der Ausrüstungsinvestitionen erheblich beeinträchtigt wird, wenn sich die Unternehmen in den kommenden Monaten bei ihren Investitionsentscheidungen zurückhalten. Im ersten Halbjahr des Jahres 2014 lagen die Ausrüstungsinvestitionen jedoch noch 4,4 % über dem Vorjahresniveau.

159. Im Einklang mit dieser langsameren Entwicklung hat sich die **Kapazitätsauslastung** im Verarbeitenden Gewerbe zuletzt etwas verringert, befindet sich allerdings noch im Bereich des längerfristigen Durchschnitts, der als Normalauslastung angesehen werden kann. Das hängt damit zusammen, dass die positive Grundtendenz der deutschen Wirtschaft nach wie vor besteht: Die binnenwirtschaftlichen Auftriebskräfte – vor allem die Privaten Konsumausgaben – sind nicht zuletzt dank des stabilen Arbeitsmarkts weiterhin recht stark.

Die **realwirtschaftlichen Indikatoren** setzten im dritten Quartal ihren Abwärtstrend fort. Daher ist damit zu rechnen, dass sich die Industriekonjunktur in den kommenden Monaten weiter abschwächt. Der starke Rückgang der Produktion im August 2014 war fast ausschließlich auf die Verringerung der Automobilproduktion zurückzuführen. Dies lässt sich teilweise durch die ungewöhnliche Konzentration der Werksferien in diesem Monat erklären (Deutsche Bundesbank, 2014). Andere Branchen waren von solchen Ferieneffekten weitaus weniger betroffen. Die Industrieproduktion und die Produktion im Baugewerbe sind nach Rückgängen im zweiten Quartal aber weiterhin abwärts gerichtet. ↘ ABBILDUNG 23 OBEN RECHTS Zudem verzeichneten die Industrieunternehmen tendenziell einen Rückgang der Auftragseingänge. ↘ ABBILDUNG 23 OBEN LINKS Die zuletzt volatile Entwicklung war auf Großaufträge im Bereich „Sonstiger Fahrzeugbau" (zum Beispiel Schiffe, Flugzeuge) zurückzuführen.

Zum Jahresende 2014 deutet sich nochmals eine Abschwächung der Wirtschaftsleistung an. Das signalisieren die **umfragebasierten Indikatoren**. Der ifo Geschäftsklimaindex ging im Oktober 2014 erneut zurück, nachdem er sich bereits zuvor fünf Monate in Folge verschlechtert hatte. ↘ ABBILDUNG 23 MITTE RECHTS Die Geschäftserwartungen und die Einschätzung der aktuellen Geschäftslage wurden in diesem Zeitraum deutlich zurückgenommen. Per Saldo sind die Erwartungen inzwischen pessimistisch. Der Rückgang des Geschäftsklimas im dritten Quartal kann auf die Eintrübung der Exporterwartungen zurückgeführt werden. Auch gemäß der Herbstumfrage des Deutschen Industrie- und Handelskammertages (DIHK) nahmen die Exporterwartungen gegenüber den vorherigen Umfragen ab.

Der Einkaufsmanagerindex für das Verarbeitende Gewerbe ist seit Jahresbeginn ebenfalls deutlich zurückgegangen, befindet sich jedoch über der Schwelle von 50 Punkten, die Wachstum signalisiert. ↘ ABBILDUNG 23 UNTEN LINKS Die Umfrage im

Dienstleistungsbereich lässt indes nach wie vor auf Zuwächse im Dienstleistungsgewerbe schließen, wenngleich sich die Stimmung zuletzt etwas abschwächte. Die Geschäftslage ist in diesem Bereich weiterhin sehr gut.

160. Der Rückgang der Erwartungen der Exportindustrie passt zur Fortsetzung der **Konjunkturschwäche im Euro-Raum,** ↘ ZIFFER 129 dem bedeutendsten Absatzmarkt für deutsche Exporte. Die umfragebasierten Indikatoren für die Mitgliedstaaten des Euro-Raums deuten nicht auf eine baldige konjunkturelle Belebung des Euro-Raums insgesamt hin. Stützend wirkt hingegen die robuste Konjunktur in den Vereinigten Staaten und dem Vereinigten Königreich. Im Jahr 2013 entfielen auf diese Länder 15 % der deutschen Exporte. Die Zuwachsraten in den Schwellenländern entwickelten sich zuletzt schwächer als im Durchschnitt der vergangenen Jahre.

Die außenwirtschaftlichen Vorzeichen für Deutschland sind nicht besser als in der jüngeren Vergangenheit, und es kann zum Jahresende 2014 nicht von einer deutlichen Belebung der **ausländischen Nachfrage** ausgegangen werden. Somit dürften die Ausfuhren weiterhin nur einen moderaten Aufwärtstrend aufweisen.

2. Ausblick

161. Insgesamt zeigt sich für die zweite Jahreshälfte 2014 und für das kommende Jahr ein **verhaltenes Bild.** Hierfür spricht eine Kurzfristprognose auf der Basis verschiedener Indikatoren. Sie lässt – in saison- und kalenderbereinigter Betrachtung – eine Stagnation des preisbereinigten Bruttoinlandsprodukts im dritten und im vierten Quartal 2014 erwarten. ↘ ABBILDUNG 24 Unter Berücksichtigung dieser Ergebnisse rechnet der Sachverständigenrat mit einer jahresdurchschnittlichen **Zuwachsrate des Bruttoinlandsprodukts für das Jahr 2014** von 1,2 %. ↘ TABELLE 7 SEITE 98 In der im März dieses Jahres veröffentlichten Prognose wurde noch von einer Zuwachsrate von 1,9 % ausgegangen. ↘ KASTEN 8

↘ ABBILDUNG 24
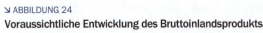
Voraussichtliche Entwicklung des Bruttoinlandsprodukts

1 – Referenzjahr 2010, saison- und kalenderbereinigt. 2 – Veränderung zum Vorjahr.

↘ KASTEN 8

Zur Anpassung der Prognose für das Jahr 2014

Der Sachverständigenrat hatte im März 2014 einen Zuwachs des preisbereinigten Bruttoinlandsprodukts im Jahr 2014 von 1,9 % prognostiziert. Es war erwartet worden, dass nach einem kräftigen Zuwachs im ersten Quartal im weiteren Jahresverlauf Zuwachsraten oberhalb des Potenzialwachstums zu verzeichnen sind. Dafür sprach zum damaligen Zeitpunkt die Indikatorenlage. Als Risiken der Prognose hatte der Sachverständigenrat eine schwächere Entwicklung im Euro-Raum sowie die Unwägbarkeiten infolge des Ukraine-Russland-Konflikts herausgestellt.

Impulse für die Konjunktur waren von der inländischen Verwendung erwartet worden, vor allem den Investitionen und den Privaten Konsumausgaben. Vom Außenbeitrag war ein leicht positiver Wachstumsbeitrag erwartet worden. Die Prognose für die jahresdurchschnittliche Zuwachsrate des preisbereinigten Bruttoinlandsprodukts wird in diesem Gutachten um 0,7 Prozentpunkte auf 1,2 % abgesenkt. ↘ TABELLE 5 Die Werte sind jedoch nur eingeschränkt vergleichbar, da die Generalrevision der Volkswirtschaftlichen Gesamtrechnungen (VGR) die statistische Grundlage der Prognose geändert hat. ↘ ANHANG 1 Aufgrund des geänderten Jahresverlaufs des Jahres 2013 ergibt sich beispielsweise ein um 0,1 Prozentpunkte höherer statistischer Überhang.

↘ TABELLE 5

Vergleich der Frühjahrs- und Herbstprognose für das Jahr 2014

	Prognose des Sachverständigenrates					
	20. März 2014		JG 2014/15		Differenz	
	Veränderung zum Vorjahr[1]	Wachstumsbeiträge[2]	Veränderung zum Vorjahr[1]	Wachstumsbeiträge[2]	Veränderung zum Vorjahr[2]	Wachstumsbeiträge[2]
Bruttoinlandsprodukt[3]	1,9	x	1,2	x	− 0,7	x
Konsumausgaben	1,4	1,1	0,9	0,6	− 0,5	− 0,4
Private Konsumausgaben[4]	1,4	0,8	0,8	0,5	− 0,6	− 0,3
Konsumausgaben des Staates	1,2	0,2	1,0	0,2	− 0,2	− 0,1
Ausrüstungsinvestitionen	6,3	0,4	3,0	0,2	− 3,3	− 0,2
Bauinvestitionen	4,8	0,5	3,5	0,3	− 1,3	− 0,1
Inländische Verwendung	1,9	1,8	1,5	1,4	− 0,4	− 0,4
Außenbeitrag	X	0,1	X	− 0,2	X	− 0,3
Exporte	5,5	2,8	2,9	1,3	− 2,6	− 1,5
Importe	6,1	− 2,7	3,7	− 1,5	− 2,4	1,2

1 – In %. 2 – In Prozentpunkten. 3 – Preisbereinigt; gilt auch für alle angegebenen Bestandteile des Bruttoinlandsprodukts. 4 – Einschließlich privater Organisationen ohne Erwerbszweck.

SVR-14-387

Den Ergebnissen der VGR zufolge ist das Bruttoinlandsprodukt im zweiten Quartal zurückgegangen. Zudem lassen die Aussichten für die zweite Jahreshälfte 2014 nicht auf eine kräftige Beschleunigung hoffen. Anders als im Frühjahr erwartet, blieb die Belebung im Euro-Raum aus. Die Zuwachsrate der Exporte geht deutlicher zurück als die der Importe, sodass der Außenbeitrag negativ zum Bruttoinlandsprodukt beitragen dürfte. Zudem wachsen die Investitionen voraussichtlich mit niedrigeren Raten.

Eine Absenkung der Prognosen zeichnete sich erst zu Beginn des dritten Quartals 2014 ab. Bis zu diesem Zeitpunkt wurden die Prognosen noch weiter angehoben, nachdem sie seit Mitte des Jahres 2013 sukzessive erhöht worden waren. ↘ ABBILDUNG 25

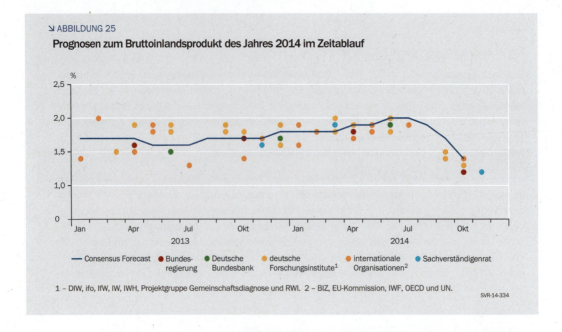

↘ ABBILDUNG 25
Prognosen zum Bruttoinlandsprodukt des Jahres 2014 im Zeitablauf

1 – DIW, ifo, IfW, IW, IWH, Projektgruppe Gemeinschaftsdiagnose und RWI. 2 – BIZ, EU-Kommission, IWF, OECD und UN.

162. Unter den getroffenen Annahmen legt das Expansionstempo nach einer Schwächephase zum Jahresende 2014 im nächsten Jahr nur leicht zu. ↘ ABBILDUNG 24 Insgesamt wird für das Jahr 2015 eine jahresdurchschnittliche **Zuwachsrate des Bruttoinlandsprodukts** von 1,0 % erwartet. ↘ ABBILDUNG 26 Der Zuwachs des Bruttoinlandsprodukts im Prognosezeitraum wird aller Voraussicht nach wieder binnenwirtschaftlich getragen sein. Bereits seit dem Jahr 2013 kommen die wesentlichen Wachstumsbeiträge von den binnenwirtschaftlichen Komponenten. ↘ TABELLE 6

Dabei dürften die Konsumausgaben den größten Wachstumsbeitrag zum Bruttoinlandsprodukt liefern. Dies geht maßgeblich auf die gute Arbeitsmarktlage zurück. Zudem werden die Transferausgaben kräftig erhöht. Gleichzeitig ist zu erwarten, dass die Zuwachsrate der Ausrüstungsinvestitionen im Jahr 2015 im

↘ ABBILDUNG 26
Prognoseintervalle für Bruttoinlandsprodukt und Verbraucherpreise[1,2]

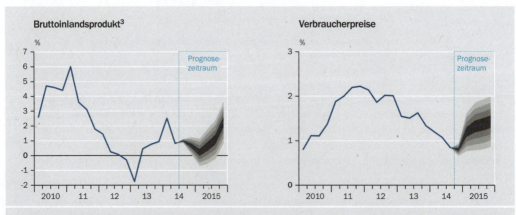

1 – Veränderung zum Vorjahresquartal. 2 – Unsicherheitsmargen berechnet auf Grundlage des mittleren absoluten Prognosefehlers. Die breiteste Ausprägung des symmetrisch um den wahrscheinlichsten Wert verteilten Bandes entspricht dem doppelten mittleren absoluten Prognosefehler. 3 – Reale Werte.

Vergleich zu den Vorjahren etwas steigt, ohne dabei jedoch einen deutlichen Wachstumsbeitrag zu liefern. Mit dem Anstieg der Konsumausgaben nehmen die geschätzten Importe ebenfalls deutlich zu, sodass der Außenbeitrag im Jahr 2015 erneut einen negativen Wachstumsbeitrag liefern wird.

↘ TABELLE 6
Wachstumsbeiträge zum Bruttoinlandsprodukt nach Verwendungskomponenten[1]
Prozentpunkte

	2009	2010	2011	2012	2013	2014[2]	2015[2]
Inländische Verwendung	− 3,0	2,8	2,9	− 0,9	0,6	1,4	1,4
Konsumausgaben	0,6	0,6	1,4	0,6	0,6	0,6	1,1
Private Konsumausgaben[3]	0,0	0,4	1,3	0,4	0,5	0,5	0,8
Konsumausgaben des Staates	0,5	0,3	0,1	0,2	0,1	0,2	0,2
Bruttoanlageinvestitionen	− 2,0	0,9	1,4	− 0,1	− 0,1	0,6	0,5
Ausrüstungsinvestitionen	− 1,7	0,6	0,4	− 0,2	− 0,2	0,2	0,2
Bauinvestitionen	− 0,3	0,3	0,8	0,1	− 0,0	0,3	0,2
Sonstige Anlagen	0,0	0,0	0,2	0,0	0,0	0,1	0,1
Vorratsveränderungen	− 1,6	1,3	0,1	− 1,4	0,2	0,2	− 0,1
Außenbeitrag	− 2,6	1,3	0,7	1,3	− 0,5	− 0,2	− 0,4
Exporte	− 6,2	5,5	3,4	1,3	0,7	1,3	1,7
Importe	3,6	− 4,2	− 2,7	0,0	− 1,3	− 1,5	− 2,1
nachrichtlich:							
Bruttoinlandsprodukt (%)	− 5,6	4,1	3,6	0,4	0,1	1,2	1,0

1 – Reale Werte. 2 – Prognose des Sachverständigenrates. 3 – Einschließlich privater Organisationen ohne Erwerbszweck.

SVR-14-060

163. Der Sachverständigenrat geht davon aus, dass sich weitere **wirtschaftliche Eckdaten** im Prognosezeitraum wie folgt entwickeln: Die Inflationsrate des Jahres 2014 liegt im Zuge eines deutlichen Rückgangs der Preise für Nahrungsmittel und Energie bei moderaten 1,0 %. Für das kommende Jahr wird von einer höheren Inflationsrate von jahresdurchschnittlich 1,3 % ausgegangen. Die Lage am Arbeitsmarkt bleibt trotz der abgeschwächten Konjunktur weiterhin gut: Die Beschäftigung wird im weiteren Jahresverlauf 2014 und im Jahr 2015 nochmals leicht ansteigen und die **Anzahl der Arbeitslosen** im kommenden Jahr in etwa konstant bleiben. Im Jahresdurchschnitt 2014 dürfte sie sich auf 2,91 Millionen registriert Arbeitslose und im Jahr 2015 auf 2,93 Millionen Personen belaufen. Der gesamtstaatliche Haushalt wird im Jahr 2014 einen Überschuss von 8,3 Mrd Euro ausweisen, im Jahr 2015 dürfte ein Defizit von 1,2 Mrd Euro zu verzeichnen sein. ↘ TABELLE 7

164. Die auf Basis der Jahre 1970 bis 2013 durchgeführten Schätzungen des **Produktionspotenzials** ergeben für die Jahre 2014 und 2015 ein Potenzialwachstum von 1,1 % beziehungsweise 1,0 %. Mit diesen Schätzwerten lässt sich eine Output-Lücke, definiert als relative Abweichung des Bruttoinlandsprodukts vom Produktionspotenzial, bestimmen. ↘ ABBILDUNG 27 Die Output-Lücke beschreibt die Position im Konjunkturzyklus. Im Jahr 2014 beträgt sie -0,6 %. Die deutsche Volkswirtschaft befindet sich somit vermutlich in einer **leichten Unterauslastung.**

Kapitel 3 – Deutschland: Konjunktur kommt nicht in Fahrt

TABELLE 7
Wirtschaftliche Eckdaten

	Einheit	2012	2013	2014[1]	2015[1]
Bruttoinlandsprodukt[2]	%	0,4	0,1	1,2	1,0
Konsumausgaben	%	0,8	0,8	0,9	1,4
Private Konsumausgaben[3]	%	0,7	0,8	0,8	1,5
Konsumausgaben des Staates	%	1,2	0,7	1,0	1,2
Ausrüstungsinvestitionen	%	-2,9	-2,7	3,0	3,9
Bauinvestitionen	%	0,6	-0,1	3,5	2,0
Inländische Verwendung	%	-0,9	0,7	1,5	1,5
Außenbeitrag (Wachstumsbeitrag in Prozentpunkten)		1,3	-0,5	-0,2	-0,4
Exporte	%	2,8	1,6	2,9	3,6
Importe	%	-0,0	3,1	3,7	5,1
Erwerbstätige	Tausend	42 033	42 281	42 641	42 795
Sozialversicherungspflichtig Beschäftigte[4]	Tausend	29 341	29 713	30 180	30 474
Registriert Arbeitslose[4]	Tausend	2 897	2 950	2 908	2 931
Arbeitslosenquote[4,5]	%	6,8	6,9	6,7	6,7
Verbraucherpreise[6]	%	2,0	1,5	1,0	1,3
Finanzierungssaldo des Staates[7]	%	0,1	0,1	0,3	-0,0

1 – Prognose des Sachverständigenrates. 2 – Preisbereinigt; Veränderung zum Vorjahr. Gilt auch für alle angegebenen Bestandteile des Bruttoinlandsprodukts. 3 – Einschließlich privater Organisationen ohne Erwerbszweck. 4 – Quelle für die Jahre 2012 und 2013: BA. 5 – Registriert Arbeitslose in Relation zu allen zivilen Erwerbspersonen. 6 – Veränderung gegenüber dem Vorjahr. 7 – Gebietskörperschaften und Sozialversicherung in der Abgrenzung der Volkswirtschaftlichen Gesamtrechnungen; in Relation zum nominalen Bruttoinlandsprodukt.

SVR-14-357

Ein Aufschwung erreicht üblicherweise dann seine höchste Dynamik, wenn das Vorzeichen der Output-Lücke gerade positiv wird. Dies liegt vor allem an den Ausrüstungsinvestitionen, die in dieser Phase aufgrund der längerfristig positiven Ertragserwartungen verstärkt ausgeweitet werden. Damit deutet sich zyklisch eine Beschleunigung der zukünftigen Wirtschaftsentwicklung an. Unter der Indikatorenlage ist jedoch von einer lediglich allmählichen Erholung auszugehen, sodass sich die negative Output-Lücke im Jahr 2015 zunächst nur leicht

ABBILDUNG 27
Produktionspotenzial und Output-Lücke[1]

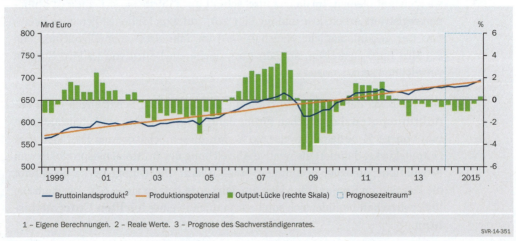

1 – Eigene Berechnungen. 2 – Reale Werte. 3 – Prognose des Sachverständigenrates.

SVR-14-351

verringert. Im Durchschnitt der Jahre 2015 bis 2019 erwartet der Sachverständigenrat einen Rückgang der Wachstumsrate des Produktionspotenzials auf 1,0 %. ↘ ZIFFER 202

3. Rahmenbedingungen und Annahmen der Prognose

165. Die wirtschaftlichen Rahmenbedingungen dürften sich im kommenden Jahr etwas günstiger darstellen, die Risiken haben sich jedoch erhöht. Deutschland ist – gemessen an der Im- und Exportquote – eine der handelsoffensten großen Volkswirtschaften der Welt. Daher hat die **wirtschaftliche Entwicklung der Handelspartner** eine immense Bedeutung für die inländische Konjunktur und muss in die Berechnungen mit einbezogen werden. Um die Exporte der deutschen Volkswirtschaft im Prognosezeitraum zu bestimmen, wird daher ein spezieller Indikator verwendet. Dieser „Exportnachfrageindikator" berücksichtigt die wirtschaftliche Lage von 48 wichtigen Handelspartnern. Die Gewichtung eines Landes ergibt sich dabei aus dem jeweiligen Anteil am deutschen Export. Das Gewicht des Euro-Raums hat zwar in den vergangenen Jahren deutlich abgenommen. Nach wie vor stellt der Euro-Raum jedoch den wichtigsten Absatzmarkt für deutsche Produkte dar. ↘ ABBILDUNG 28

166. Für den Prognosezeitraum wird der Exportnachfrageindikator gemäß der Prognosen für das Bruttoinlandsprodukt der einzelnen Länder fortgeschrieben. ↘ ZIFFERN 98 FF. Im Zuge der leichten konjunkturellen Beschleunigung der Weltwirtschaft steigt der Indikator im kommenden Jahr um 2,0 % und damit nur etwas stärker als in diesem Jahr. Dabei kommen im Vergleich zum Jahr 2014 **Nachfragezuwächse** voraussichtlich vor allem aus den Vereinigten Staaten und dem Vereinigten Königreich. Aus dem Euro-Raum sind kaum spürbare Impulse zu erwarten. ↘ ABBILDUNG 29 LINKS

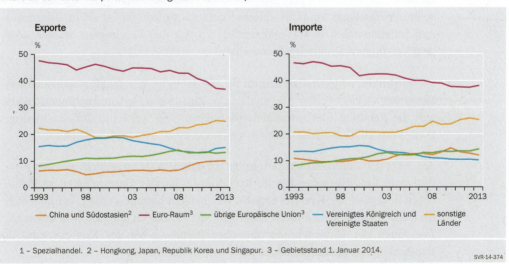

↘ ABBILDUNG 28
Deutscher Außenhandel nach Regionen¹
Anteile an den Gesamtexporten beziehungsweise Gesamtimporten

1 – Spezialhandel. 2 – Hongkong, Japan, Republik Korea und Singapur. 3 – Gebietsstand 1. Januar 2014.

↘ ABBILDUNG 29
Voraussichtliche Entwicklung des außenwirtschaftlichen Umfelds¹

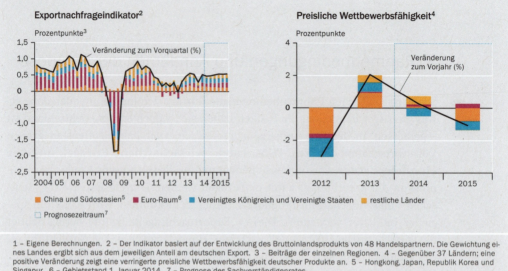

1 – Eigene Berechnungen. 2 – Der Indikator basiert auf der Entwicklung des Bruttoinlandsprodukts von 48 Handelspartnern. Die Gewichtung eines Landes ergibt sich aus dem jeweiligen Anteil am deutschen Export. 3 – Beiträge der einzelnen Regionen. 4 – Gegenüber 37 Ländern; eine positive Veränderung zeigt eine verringerte preisliche Wettbewerbsfähigkeit deutscher Produkte an. 5 – Hongkong, Japan, Republik Korea und Singapur. 6 – Gebietsstand 1. Januar 2014. 7 – Prognose des Sachverständigenrates.

SVR-14-339

167. Neben der Nachfrage ist die **preisliche Wettbewerbsfähigkeit** ein wichtiger Bestimmungsfaktor für die Exportentwicklung. Die Wettbewerbsfähigkeit auf Basis der Inflationsraten hat sich im Jahr 2014 gegenüber den Handelspartnern leicht verschlechtert. In der zweiten Jahreshälfte dürfte sie sich jedoch verbessern. Dies ist unter anderem darauf zurückzuführen, dass der Euro gegenüber den wichtigsten Währungen – insbesondere gegenüber dem US-Dollar – deutlich abgewertet hat. Im Prognoseprozess werden gemäß üblicher Konventionen konstante Wechselkurse unterstellt (JG 2013 Ziffer 125). Deshalb werden zur Bestimmung der preislichen Wettbewerbsfähigkeit im Jahr 2015 die Prognosen der Verbraucherpreise in den jeweiligen Ländern herangezogen.

Gegenüber dem restlichen Euro-Raum dürfte es im kommenden Jahr infolge der in Deutschland höheren Inflationsrate zu einer leichten Verschlechterung der preislichen Wettbewerbsfähigkeit kommen. ↘ ABBILDUNG 29 RECHTS Gegenüber den anderen Absatzmärkten verbessert sich die Wettbewerbsfähigkeit, da der unterstellte Wechselkurs im Jahresdurchschnitt 2015 niedriger ist als im Jahr 2014 und Inflationsraten in Hauptabsatzländern wie den Vereinigten Staaten oder dem Vereinigten Königreich höher ausfallen. ↘ ZIFFERN 105 FF.

168. Die **Finanzierungsbedingungen** für die deutsche Wirtschaft stellen sich seit Längerem ausgesprochen günstig dar. Das Zinsniveau für Unternehmenskredite und die Renditen für Unternehmensanleihen sind weiterhin äußerst niedrig. Diese Konstellation dürfte über den gesamten Prognosezeitraum anhalten.

Aus Sicht der Unternehmen kam es bis zur Jahresmitte 2014 nicht zu einer restriktiveren Kreditvergabe: Die ifo Kredithürde, bei der Unternehmen zu ihrem Urteil bezüglich der **Kreditvergabe** von Banken befragt werden, befindet sich nach wie vor auf einem äußerst niedrigen Niveau. Zuletzt stieg sie zwar etwas an. Der Anteil der Unternehmen, die über Probleme bei der Kreditvergabe in Deutschland berichten, ist jedoch nach wie vor gering.

169. Für exportorientierte Unternehmen, insbesondere solche im großvolumigen Investitionsgüterbereich, ist jedoch ebenso wichtig, welchen Zugang ausländische Kunden zu Krediten haben. Nach wie vor beeinträchtigt der schlechte Kreditzugang in einigen Ländern Europas deutsche Unternehmen. Teilweise müssen die deutschen Exporteure zusätzlich Finanzierungsangebote machen, um Geschäfte mit einem ausländischen Partner überhaupt zu ermöglichen (DIHK, 2014b). Die Kreditvergabe in diesen Ländern könnte durch die Bankenprüfung der Europäischen Zentralbank (EZB) beeinflusst worden sein, da sich die Banken bis zur Veröffentlichung der Ergebnisse in der Kreditvergabe eher zurückgehalten haben könnten. ⇘ ZIFFER 315

⇘ KASTEN 9

Prognoseannahmen im Überblick

– Mit Blick auf die Weltwirtschaft basiert die Prognose auf den Annahmen gemäß ⇘ ZIFFER 101 sowie der Entwicklung des außenwirtschaftlichen Umfelds laut ⇘ TABELLE 2. Der Welthandel steigt demnach im Jahr 2014 um 2,8 % und im Jahr 2015 um 4,0 %. Der Wechselkurs des Euro zum US-Dollar liegt bei 1,27.

– Der Anstieg der tariflichen Stundenlöhne liegt in den Jahren 2014 und 2015 bei 3,1 % beziehungsweise 2,7 %.

– Die Beitragssätze zu den Sozialversicherungen ändern sich wie folgt:

　– Gesetzliche Rentenversicherung: Absenkung von 18,9 % auf 18,6 %.

　– Gesetzliche Krankenversicherung: Absenkung von 15,5 % auf 15,3 %.

　– Gesetzliche Pflegeversicherung: Erhöhung von 2,05 % auf 2,35 %.

– Grundlage der Prognose ist die derzeitige Gesetzeslage, das heißt, es werden ansonsten nur diejenigen Maßnahmen einbezogen, bei denen das Gesetzgebungsverfahren bis Ende Oktober 2014 abgeschlossen war.

– Es wird in der Prognose unterstellt, dass es zu keiner Zuspitzung der geopolitischen Konflikte und zu keinen Turbulenzen auf den Finanzmärkten kommt.

– Grundlage der Prognose ist der Datenstand zum 31. Oktober 2014.

170. Die Finanzpolitik ist im Prognosezeitraum leicht expansiv ausgerichtet. Dies ist vor allem auf ausgabenseitige Maßnahmen zurückzuführen: Das zum 1. Juli 2014 eingeführte Rentenpaket sowie das Betreuungsgeld führen zu einer Belastung des gesamtstaatlichen Haushalts. Im Jahr 2015 werden zusätzlich die Leistungen der Sozialen Pflegeversicherung (SPV) ausgeweitet. Ein weiterer, jedoch wesentlich geringerer **expansiver Impuls** kommt von der Einnahmeseite: Die effektiven Beitragssätze der Gesetzlichen Krankenversicherung (GKV) dürften aufgrund der kassenindividuellen Flexibilisierung im Saldo zurückgehen. In der Gesetzlichen Rentenversicherung (GRV) dürfte es ebenso zu einer Senkung des Beitragssatzes um 0,3 Prozentpunkte kommen, die jedoch von einer ebenso starken Anhebung bei der Pflegeversicherung kompensiert wird. ⇘ ZIFFERN 27 FF. Im Saldo sinken die Beitragssätze leicht. ⇘ KASTEN 9 Die staatlichen Investitionen und der staatliche Konsum legen im Prognosezeitraum in nominalen Größen stärker zu als das Bruttoinlandsprodukt.

171. Die von der Politik bereits umgesetzten und noch diskutierten Vorhaben in der Arbeitsmarkt- und Sozialpolitik sowie in der Energiepolitik machen den **Investitionsstandort** Deutschland insgesamt unattraktiver, die Rahmenbedingungen verschlechtern sich. Das Zurückrudern bei der Rentenpolitik, die Regulierungen am Arbeitsmarkt, die Mietpreisbremse und der Kurs in der Energiepolitik sorgen für direkte Belastungen und erhöhen die Unsicherheit über den künftigen wirtschaftspolitischen Kurs. Wird der aktuelle Kurs beibehalten, dürfte das Vertrauen in die Wirtschaftspolitik im Prognosezeitraum weiter sinken, mit entsprechenden Folgen für die unternehmerische Investitionstätigkeit in Deutschland. Der aktuelle wirtschaftspolitische Kurs stellt daher eine Belastung für die wirtschaftliche Entwicklung im Prognosezeitraum dar.

172. Risiken für den konjunkturellen Fortgang bestehen zudem in der **Geopolitik**, vor allem in dem Konflikt zwischen Russland und der Ukraine. Grundsätzlich ist die deutsche Wirtschaft aufgrund der regionalen Diversifikation ihrer Exporte gegenüber regionalen Abschwüngen abgesichert. Dementsprechend waren die direkten Auswirkungen auf den deutschen Außenhandel in der ersten Jahreshälfte begrenzt. Sollte sich der Konflikt jedoch verschärfen und osteuropäische Volkswirtschaften beeinträchtigen, könnte dies über den Handelskanal spürbar auf die deutsche Volkswirtschaft ausstrahlen. Dann könnte die Zunahme der ausländischen Nachfrage schwächer ausfallen als in dieser Prognose unterstellt. Das gilt ebenso für den Fall einer weiteren Verschärfung der gegenseitigen Handelssanktionen, insbesondere im Bereich Energie.

Im Falle einer Einschränkung des russischen Erdöl- und Erdgasangebots könnte es zu Lieferengpässen kommen. Die deutsche Volkswirtschaft wäre hiervon zwar stark betroffen, da Erdgas im Jahr 2013 etwa 30 % der Einfuhren von Energie ausmachte (AG Energiebilanzen, 2014). Allerdings dürften nennenswerte Substitutionsmöglichkeiten bestehen.

Schließlich können weitere geopolitische Unwägbarkeiten, wie der Konflikt im Irak und die fragile Lage in anderen arabischen Ländern, den Ölpreis beeinflussen. Davon gehen insbesondere Risiken für die Inflationsprognose aus. In den letzten Monaten sank der Ölpreis jedoch nicht zuletzt aufgrund des steigenden Angebots und der wenig dynamischen Nachfrage deutlich. Die für die Annahmen zur Entwicklung des Ölpreises verwendeten Terminnotierungen zeigten zuletzt nur leicht nach oben. Somit ergibt sich für die Prognose im Jahresdurchschnitt 2015 ein niedrigerer Ölpreis.

Der Zustand des Euro-Raums birgt nach wie vor Risiken für die wirtschaftliche Entwicklung. Neuerliche Unsicherheitsschocks oder krisenhafte Zuspitzungen im Euro-Raum, die bereits in der Vergangenheit immer wieder zu starken Beeinträchtigungen geführt haben, können nicht ausgeschlossen werden. Dies kann ebenso wie die geopolitischen Unwägbarkeiten nicht nur über den Außenhandelskanal, sondern auch über Vertrauenseffekte auf die deutsche Volkswirtschaft ausstrahlen.

II. DIE ENTWICKLUNG IM EINZELNEN

173. Die hier vorgestellte Prognose des Sachverständigenrates wird im Sinne eines Modalwerts als das wahrscheinlichste Szenario der gesamtwirtschaftlichen Entwicklung in diesem und dem kommenden Jahr angesehen. Infolge der Stagnation in der zweiten Jahreshälfte 2014 ergibt sich eine jahresdurchschnittliche Veränderungsrate von 1,2 % für das Jahr 2014 und kein **statistischer Überhang** für das Jahr 2015. Dies führt dazu, dass die erwartete jahresdurchschnittliche Zuwachsrate des Jahres 2015 von 1,0 % (kalenderbereinigt 0,8 %) die **konjunkturelle Belebung** unterzeichnet.

Dies wird deutlich, wenn man die Jahresverlaufsraten, also die arbeitstäglich bereinigten Veränderungen des vierten Quartals gegenüber dem Vorjahresquartal, betrachtet. Diese Größe beschreibt die konjunkturelle Tendenz am aktuellen Rand besser. Nach einem Zuwachs der Jahresverlaufsrate von nur 0,5 % im vierten Quartal des Jahres 2014 wird für das Jahr 2015 ein entsprechender Wert von 1,5 % erwartet. ↘ TABELLE 8

↘ TABELLE 8
Komponenten der Wachstumsprognose des realen Bruttoinlandsprodukts
%

	2009	2010	2011	2012	2013	2014[1]	2015[1]
Statistischer Überhang am Ende des Vorjahres[2]	− 1,7	1,0	1,5	0,2	− 0,2	0,7	− 0,0
Jahresverlaufsraten[3]	− 3,0	4,4	2,4	0,1	1,1	0,5	1,5
Jahresdurchschnittliche Veränderungsrate des Bruttoinlandsprodukts, kalenderbereinigt	− 5,6	3,9	3,7	0,6	0,2	1,2	0,8
Kalendereffekt (in % des Bruttoinlandsprodukts)	− 0,1	0,2	− 0,1	− 0,2	− 0,1	0,0	0,2
Jahresdurchschnittliche Rate des Bruttoinlandsprodukts[4]	− 5,6	4,1	3,6	0,4	0,1	1,2	1,0

1 – Prognose des Sachverständigenrates. 2 – Prozentuale Differenz zwischen dem absoluten Niveau des Bruttoinlandsprodukts im letzten Quartal des Jahres t und dem durchschnittlichen Niveau der Quartale im Jahr t (siehe JG 2005 Kasten 5). 3 – Veränderung des vierten Quartals zum vierten Quartal des Vorjahres. 4 – Abweichungen in der Summe rundungsbedingt.

SVR-14-349

1. Außenhandel leicht aufwärts gerichtet

174. Die Ausfuhr von Waren ist in den ersten acht Monaten des Jahres 2014 nur wenig gestiegen. Dies ist unter anderem darauf zurückzuführen, dass die Konjunktur im Euro-Raum weiterhin stockt. Die Auftragseingänge aus dem Ausland sowie die ifo Exporterwartungen deuten darauf hin, dass es in der zweiten Jahreshälfte 2014 nicht zu einer Beschleunigung der Exporte kommen dürfte.

175. Nach einer nur geringen Ausweitung der **Exporte** im Jahr 2014 um 2,9 % wird davon ausgegangen, dass es im Jahr 2015 im Zuge der sich belebenden weltwirtschaftlichen Entwicklung zu einem etwas stärkeren Zuwachs in Höhe von 3,6 % kommt. Bei der im Vergleich zum langjährigen Durchschnitt schwachen Exportdynamik dürften die Komponenten der inländischen Nachfrage die Importentwicklung wesentlich beeinflussen, insbesondere wenn sich – wie in der Prog-

nose unterstellt – im Jahresverlauf 2015 die Investitionstätigkeit wieder etwas belebt. Getragen von der stabilen Entwicklung der Privaten Konsumausgaben und der steigenden Investitionstätigkeit ist daher mit einer weiteren Expansion der **Importe** zu rechnen. Insgesamt sollten die Importe im Jahr 2014 schätzungsweise um 3,7 % und im Jahr 2015 um 5,1 % ansteigen. ↘ ABBILDUNG 30

176. Aufgrund der seit zwei Jahren rückläufigen Einfuhrpreise und der sich damit verbessernden **Terms of Trade** tragen die stärker steigenden Importe nur geringfügig zum Abbau des in nominalen Werten gemessenen Leistungsbilanz-

↘ ABBILDUNG 30
Komponenten des Bruttoinlandsprodukts

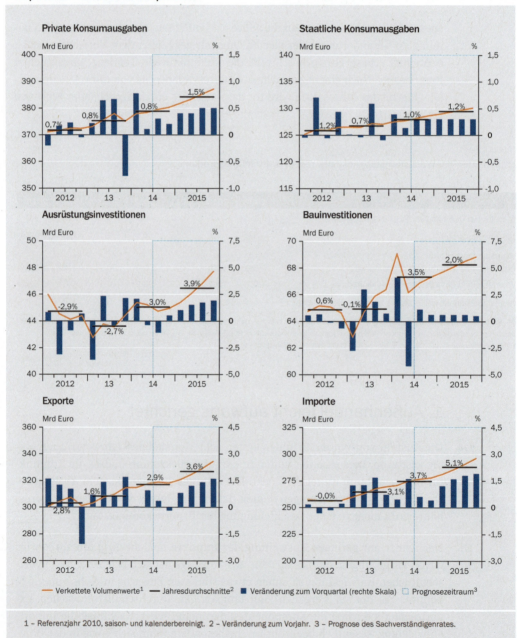

1 – Referenzjahr 2010, saison- und kalenderbereinigt. 2 – Veränderung zum Vorjahr. 3 – Prognose des Sachverständigenrates.

überschusses bei. Für den Prognosezeitraum wird mit etwas größeren Preissetzungsspielräumen der Unternehmen gerechnet. Im Jahresdurchschnitt 2014 werden sich die Terms of Trade voraussichtlich um 1,4 % verbessern, im kommenden Jahr nur noch um 0,2 %.

2. Investitionen: Ausrüstungen weiterhin schwach, Bau mit Substanz

177. Die vorliegenden Indikatoren deuten nicht auf eine deutliche Zunahme der Investitionstätigkeit zum Jahresende 2014 hin. So zeigt die inländische Nachfrage im Investitionsgütersektor zur Jahresmitte nach unten, was einem weiteren Anstieg der Ausrüstungsinvestitionen im dritten Quartal zuwiderläuft. Darauf weisen nicht zuletzt die **rückläufigen Auftragseingänge für Investitionsgüter** im dritten Quartal des Jahres 2014 hin (Datenstand August). Diese Werte sind jedoch – ebenso wie bei der Produktion im Verarbeitenden Gewerbe – durch die ungewöhnliche Lage der Ferien beeinflusst worden. ↘ ZIFFER 159 Der Herbstumfrage des DIHK zufolge konzentrieren sich die Unternehmen bei ihren Investitionsentscheidungen in erster Linie auf den Ersatz und die Rationalisierungen. Zudem gewinnen Produktinnovationen als Investitionsmotiv an Bedeutung (DIHK, 2014c). Im Jahr 2015 könnten mit der leicht anziehenden außenwirtschaftlichen Nachfrage **Kapazitätserweiterungen** als Investitionsmotiv wieder an Bedeutung gewinnen, momentan gibt es der Umfrage zufolge für Erweiterungsinvestitionen wenig Anlass.

178. Neben den günstigen Finanzierungsbedingungen dürften sich die Möglichkeiten der Innenfinanzierung weiter verbessern und somit einen weiteren Grundstein für eine im kommenden Jahr wieder **aufwärts gerichtete Investitionstätigkeit** der Unternehmen legen. Insgesamt kommt die Prognose zu dem Ergebnis, dass die Ausrüstungsinvestitionen im Jahr 2014 um 3,0 % ansteigen werden und sich im Jahr 2015 ein Zuwachs von 3,9 % einstellen wird.

179. Die Rahmenbedingungen für die **Bauinvestitionen** sind **weiterhin gut**. Die vorliegenden Indikatoren signalisieren jedoch zur Jahresmitte schwächere Auftragseingänge. Die Wohnungsbauinvestitionen dürften im Prognosezeitraum die gesamten Bauinvestitionen stützen. Dafür dürften neben der stabilen Arbeitsmarktlage die günstigen Finanzierungsbedingungen für Wohnungsbaukredite sowie die niedrigen Renditen alternativer Kapitalanlagen verantwortlich sein. Die Effektivzinssätze für Wohnungsbaukredite im Neugeschäft an private Haushalte sind seit Jahresbeginn weiter gesunken. Sie befinden sich im August 2014 bei lediglich 2,51 %. Insgesamt liegt die prognostizierte Zuwachsrate der Wohnungsbauinvestitionen im Jahr 2014 unter diesen Voraussetzungen bei 3,4 %. Für das Jahr 2015 wird von einer Zuwachsrate von 2,3 % ausgegangen.

Vom gewerblichen Bau sind deutlich weniger Impulse zu erwarten. Dieser dürfte durch die zur Jahresmitte gesunkene Investitionsbereitschaft der Unternehmen gedämpft werden. Dies signalisieren die Baugenehmigungen. Im kommenden Jahr dürften die Investitionen in gewerbliche Bauten vor dem Hintergrund einer gesamtwirtschaftlichen Aufwärtsbewegung wieder etwas deutlicher ansteigen.

Der öffentliche Bau ist ebenfalls aufwärts gerichtet. Insgesamt steigen die prognostizierten Bauinvestitionen im Jahr 2014 um 3,5 %. Im kommenden Jahr legen sie etwas schwächer zu und zwar um 2,0 %.

180. Die Bruttoanlageinvestitionen insgesamt, die neben den Ausrüstungs- und den Bauinvestitionen noch die Investitionen in Sonstige Anlagen beinhalten, dürften im Jahr 2014 um 3,0 % und im Jahr 2015 um 2,6 % expandieren.

3. Hoher Beschäftigungsstand stützt Konsum

181. Die bisherige gesetzliche Regelbindung in der GRV sah vor, dass im Fall entsprechend umfangreicher Reserven alle Mitglieder der GRV und der Staat entlastet werden. Demzufolge hätte zum 1. Januar 2014 eine **Beitragssatzsenkung** umgesetzt werden müssen, welche die Arbeitnehmer und -geber entlastet hätte. In der Folge wären aufgrund der Berechnung der Rentenanpassungen zukünftige Rentensteigerungen etwas kräftiger ausgefallen. Schließlich hätte der Bund seinen Zuschuss zur GRV etwas senken können. Dies hätte für das Jahr 2014 eine Senkung der Sozialabgaben und damit eine Erhöhung der verfügbaren Einkommen bedeutet. Die Bundesregierung hat jedoch entschieden – entgegen der bisherigen gesetzlichen Regelung – von einer Beitragssatzsenkung abzusehen.

182. Statt dieser Regelung zu folgen und dadurch alle Mitglieder der GRV an der temporär günstigen finanziellen Lage teilhaben zu lassen, entschied sich die Bundesregierung zu einem anderen Vorgehen: Sie beschloss das Rentenpaket. Dieses sieht vor, dass nach bestimmten Stichtagsregelungen ausgewählte Personengruppen höhere Sozialleistungen erhalten. Dadurch entstehen **dauerhafte Leistungsausweitungen** der GRV. ↘ ZIFFERN 559 FF. Für das Jahr 2015 beläuft sich die Erhöhung der Transferausgaben auf etwa 10 Mrd Euro. Während die bisherige Regelung bereits für das gesamte Jahr 2014 gewirkt hätte, führt der von der Bundesregierung gewählte Zeitablauf vor allem zu einem Impuls auf die verfügbaren Einkommen der Transferempfänger im Jahr 2015.

183. Im Prognosezeitraum ist ein weiterer **Anstieg der Privaten Konsumausgaben** zu erwarten. Die Bruttolöhne und -gehälter dürften infolge der stabilen Arbeitsmarktentwicklung und der Tariflohnabschlüsse im Jahr 2014 um 3,8 % steigen, im Jahr 2015 um 3,7 %. Dies wird im Jahr 2015 von einer Erhöhung der Transferausgaben und einer leichten Entlastung bei den Sozialabgaben flankiert. Insgesamt steigen die prognostizierten verfügbaren Einkommen der privaten Haushalte im Jahr 2015 nominal um 2,7 %. Dies wird in Kombination mit einer Teuerungsrate von 1,3 % dazu führen, dass die Privaten Konsumausgaben im Prognosezeitraum weiter zulegen. Im Jahr 2014 werden sie schätzungsweise um 0,8 %, im Jahr 2015 um 1,5 % ansteigen.

4. Niedriger Preisanstieg

184. Der Anstieg des Verbraucherpreisindex (VPI) hat sich im Jahresverlauf 2014 merklich verringert. Betrug die Inflationsrate im Januar 2014 noch 1,3 %, so sank sie bis September auf 0,8 %. Ausschlaggebend dafür waren vor allem die volatileren Komponenten der Verbraucherpreise: Nahrungsmittel und Energie. ⇘ ABBILDUNG 31 Waren diese beiden Komponenten im Jahr 2011 noch für weit mehr als die Hälfte der Gesamtinflationsrate verantwortlich, so ging deren Beitrag sukzessive zurück, wobei zunächst die Energiepreise weniger stark stiegen und im Jahr 2014 sogar durchweg einen negativen Wachstumsbeitrag lieferten. Da zudem der Beitrag der Nahrungsmittelpreise an der Gesamtinflation im Jahr 2014 auf nahezu Null zurückgegangen ist, sind die positiven Inflationsraten fast vollständig auf die Kerninflation zurückzuführen. Diese um Nahrungsmittel- und Energiepreise bereinigte Größe liefert seit dem Jahr 2011 einen in etwa konstanten Beitrag zur Inflationsrate von rund einem Prozentpunkt, der sich im Jahr 2014 nicht maßgeblich geändert hat.

Der in Deutschland, etwa für Tarifverhandlungen, maßgebliche Verbraucherpreisindex (VPI) und der für die Geldpolitik relevante Harmonisierte Verbraucherpreisindex (HVPI) weichen immer wieder voneinander ab. Zwar werden beide Indizes auf Grundlage derselben Daten erhoben, doch bezieht der VPI zusätzliche Größen ein. Diese sind: Selbstgenutztes Wohneigentum, Glücksspiel und die Kraftfahrzeugsteuer/Zulassungsgebühr, wobei die beiden letztgenannten Größen quantitativ unbedeutend sind. Die Preise für selbstgenutztes Wohneigentum werden anhand des Mietäquivalenzansatzes berechnet. Da Mieten in der Regel im Jahresdurchschnitt eine niedrigere Steigerungsrate als der Gesamtindex aufweisen, fällt der Anstieg des VPI meist geringer aus als der des HVPI. Ein weiterer Unterschied ergibt sich durch die unterschiedlichen Anpassungen der Wägungsschemata. Während die Gewichte des VPI alle fünf Jahre neu bestimmt werden, werden diese beim HVPI jährlich angepasst.

185. Die durchschnittliche Veränderungsrate des VPI betrug bis einschließlich Oktober 2014 1,0 %. Dies dürfte zugleich das Jahresergebnis 2014 darstellen. ⇘ ABBILDUNG 26 RECHTS, SEITE 96 Für das Jahr 2015 ist mit einem leichten Anstieg der Inflationsrate auf 1,3 % zu rechnen. Zu diesem Anstieg trägt die Einführung des Mindestlohns mit 0,2 Prozentpunkten bei. Der für europäische Zwecke berechnete Harmonisierte Verbraucherpreisindex (HVPI) dürfte ebenfalls eine Inflationsrate von 1,0 % im Jahr 2014 und 1,3 % im Jahr 2015 aufweisen.

5. Arbeitsmarkt: Reformen dämpfen Beschäftigungswachstum

186. Der Arbeitsmarkt hat sich seit dem Jahr 2012 trotz des schwierigen gesamtwirtschaftlichen Umfelds sehr robust entwickelt. Die **Erwerbstätigkeit** ist seit der Rezession im Jahr 2009 kontinuierlich angestiegen und wird sich im Jahresdurchschnitt 2014 auf voraussichtlich gut 42,6 Millionen Personen belaufen. ⇘ TABELLE 9 Allerdings resultierten die Beschäftigungsgewinne seit der ersten Jahreshälfte 2012 vor allem aus einem Anstieg des Erwerbspersonenpotenzials. Die registrierte Arbeitslosigkeit verharrt seither bei etwas weniger als 3 Millionen

↘ ABBILDUNG 31

Inflationsraten und deren Komponenten[1]

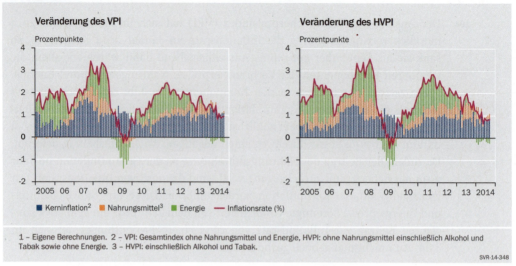

1 – Eigene Berechnungen. 2 – VPI: Gesamtindex ohne Nahrungsmittel und Energie, HVPI: ohne Nahrungsmittel einschließlich Alkohol und Tabak sowie ohne Energie. 3 – HVPI: einschließlich Alkohol und Tabak.

Personen. Dies deutet auf ein nach wie vor bestehendes Problem **verfestigter Arbeitslosigkeit** hin.

187. Die Frühindikatoren für die Arbeitsmarktentwicklung in der näheren Zukunft lassen eine weiterhin stabile, wenngleich weniger dynamische Entwicklung erwarten. Das Stellenangebot liegt auf einem im langfristigen Vergleich hohen Niveau. Umfragen wie das ifo Beschäftigungsbarometer oder das IAB-Arbeitsmarktbarometer zeigen, dass weder mit einem Rückgang der Beschäftigung noch mit einem merklichen Anstieg der Arbeitslosigkeit gerechnet wird. Vor dem Hintergrund des verhaltenen Zuwachses des Bruttoinlandsprodukts rechnet der Sachverständigenrat für das Jahr 2015 mit einem leichten Anstieg der Erwerbstätigkeit um rund 150 000 Personen und weiterhin knapp 3 Millionen registriert Arbeitslosen. Mit dem Mindestlohn und der abschlagsfreien Rente mit 63 Jahren sind jedoch zwei Reformen durchgeführt worden, die dazu führen, dass die Prognose der zukünftigen Arbeitsmarktentwicklung mit einiger Unsicherheit behaftet ist.

188. Der **Anstieg der Erwerbstätigkeit** gegenüber dem Vorjahr wird im Jahr 2014 mit mehr als 350 000 Personen höher ausfallen als im Jahr 2013, das von einer sehr schwachen wirtschaftlichen Dynamik gekennzeichnet war. Die Beschäftigungsentwicklungen der jüngeren Vergangenheit deuten darauf hin, dass sich der strukturelle Zusammenhang von Beschäftigungs- und Wirtschaftswachstum geändert hat. Die Beschäftigungsschwelle, also der für einen Beschäftigungsanstieg erforderliche Zuwachs des Bruttoinlandsprodukts, fällt insbesondere seit dem Rezessionsjahr 2009 niedriger aus als zuvor (Klinger und Weber, 2014).

189. Die Beschäftigungsanstiege in den vergangenen drei Jahren speisten sich überwiegend aus einer gestiegenen Erwerbstätigkeit von Frauen und Älteren sowie der weiterhin starken Nettozuwanderung, insbesondere aus Ost- und Südeuropa. Durch den Wegfall der Freizügigkeitsbeschränkungen für die EU-Mitglied-

staaten Bulgarien und Rumänien zum 1. Januar 2014 kam es zu einem zusätzlichen Impuls für das Erwerbspersonenpotenzial (Brücker et al., 2014; Hartmann und Reimer, 2014).

↘ TABELLE 9
Arbeitsmarkt in Deutschland
Tausend Personen

	2012	2013	2014[1]	2015[1]	2014[1]	2015[1]
	Jahresdurchschnitte				Veränderung zum Vorjahr in %	
Erwerbspersonen[2,3]	44 295	44 496	44 743	44 949	0,6	0,5
Erwerbslose[4]	2 316	2 270	2 159	2 209	- 4,9	2,4
Pendlersaldo[5]	54	55	56	55	1,2	- 0,6
Erwerbstätige[6]	42 033	42 281	42 641	42 795	0,9	0,4
Selbstständige	4 544	4 457	4 415	4 412	- 0,9	- 0,1
Arbeitnehmer	37 489	37 824	38 225	38 383	1,1	0,4
darunter: marginal Beschäftigte[7]	5 704	5 698	5 659	5 524	- 0,7	- 2,4
Sozialversicherungspflichtig Beschäftigte[8]	29 341	29 713	30 180	30 474	1,6	1,0
Geringfügig entlohnt Beschäftigte insgesamt[8,9]	7 220	7 361	7 416	7 276	0,7	- 1,9
ausschließlich geringfügig entlohnt Beschäftigte	4 981	5 017	5 013	4 884	- 0,1	- 2,6
im Nebenerwerb geringfügig entlohnt Beschäftigte	2 240	2 344	2 404	2 392	2,5	- 0,5
Registriert Arbeitslose[8]	2 897	2 950	2 908	2 931	- 1,4	0,8
Unterbeschäftigung (ohne Kurzarbeit)[8,10]	3 928	3 901	3 814	3 835	- 2,2	0,6
Kurzarbeiter (Beschäftigungsäquivalent)[8]	41	47	38	43	-19,1	10,8
Erwerbspersonenpotenzial[11]	45 278	45 615	45 753	45 871	0,3	0,3
nachrichtlich:						
Arbeitsvolumen (Millionen Stunden)[12]	57 763	57 608	58 358	58 799	1,3	0,8
Arbeitslosenquote[8,13,14]	6,8	6,9	6,7	6,7	- 0,2	- 0,0
ILO-Erwerbslosenquote[14,15]	5,5	5,3	5,0	5,1	- 0,3	0,1

1 – Prognose des Sachverständigenrates. 2 – Personen im erwerbsfähigen Alter mit Wohnort in Deutschland (Inländerkonzept). 3 – In der Abgrenzung der Volkswirtschaftlichen Gesamtrechnungen. 4 – Nach ILO-Definition. 5 – Erwerbstätige Einpendler aus dem Ausland/Auspendler in das Ausland. 6 – Erwerbstätige mit einem Arbeitsplatz in Deutschland unabhängig von ihrem Wohnort (Inlandskonzept). 7 – Arbeitnehmer, die keine voll sozialversicherungspflichtige Beschäftigung ausüben, aber nach dem Labour-Force-Konzept der ILO als erwerbstätig gelten, insbesondere ausschließlich geringfügig Beschäftigte und Personen in Arbeitsgelegenheiten. 8 – Quelle: BA. 9 – Beschäftigte mit einem Arbeitsentgelt bis zu 450 Euro; bis 31.12.2012 bis zu 400 Euro (§ 8 Absatz 1 Nr. 1 SGB IV). 10 – Gemäß Unterbeschäftigungskonzept der BA. 11 – Quelle: IAB. 12 – Geleistete Arbeitsstunden der Erwerbstätigen (Inland). 13 – Registriert Arbeitslose in Relation zu allen zivilen Erwerbspersonen. 14 – Jahresdurchschnitte in %; Veränderung zum Vorjahr in Prozentpunkten. 15 – Erwerbslose in Relation zu den Erwerbspersonen, jeweils Personen in Privathaushalten im Alter von 15 bis 74 Jahren; Quelle: Eurostat.

SVR-14-359

190. Im Hinblick auf die Beschäftigungsformen zeigt sich im Jahr 2014 wie in den Vorjahren ein überproportionaler Anstieg der **sozialversicherungspflichtigen Beschäftigung** auf im Jahresdurchschnitt erstmalig mehr als 30 Millionen Personen. Dabei sind zuletzt sowohl die Teilzeit- als auch die Vollzeitbeschäftigung angewachsen. Die ausschließlich geringfügig entlohnte Beschäftigung liegt seit dem Jahr 2006 bei rund 5 Millionen Personen. Nach der Anhebung der Verdienstgrenze für Minijobs von 400 auf 450 Euro am 1. Januar 2013 waren nur leichte Zuwächse zu beobachten; eine größere Dynamik war bei der

geringfügigen Beschäftigung im Nebenjob zu verzeichnen. Diese dürfte im Jahresdurchschnitt 2014 bei etwa 2,4 Millionen Personen liegen.

191. Die Vorzeichen für einen weiteren Beschäftigungsanstieg stehen zwar an sich gut, allerdings ist davon auszugehen, dass die Arbeitsmarktentwicklung durch den **Mindestlohn** und die **abschlagsfreie Rente mit 63 Jahren** zukünftig belastet wird. Während die Auswirkungen des Mindestlohns schwer absehbar und umstritten sind, lassen sich ausgehend von den Anspruchsvoraussetzungen die möglichen Folgen der letzteren Politikmaßnahme besser berücksichtigen: Der Sachverständigenrat geht im Rahmen seiner Prognose davon aus, dass sich durch die Rente mit 63 die Anzahl der Personen, welche die Möglichkeit eines früheren Renteneintritts in Anspruch nehmen, in den Jahren 2014 und 2015 um 60 000 beziehungsweise 100 000 erhöht (abgeleitet aus Werding, 2014).

192. Der **Mindestlohn** wird vor allem die Arbeitsnachfrage im Bereich einfacher Tätigkeiten belasten. Dort wird es im Jahr 2015 zu Lohnsteigerungen im zweistelligen Prozentbereich kommen (Brenke, 2014). Selbst unter der Annahme einer geringen Lohnelastizität der Arbeitsnachfrage und der Tatsache, dass zunächst – etwa aufgrund von Ausnahmeregelungen – nicht bei allen Beschäftigten der Lohn entsprechend angepasst wird, ist von deutlich negativen Beschäftigungseffekten auszugehen (Henzel und Engelhardt, 2014). Insbesondere bei geringfügig entlohnt Beschäftigten dürfte es wegen der Verdienstgrenzen zu Anpassungen der (vereinbarten) Arbeitszeit bei unverändertem Entgelt kommen.

Unabhängig von der Art der Anpassung steigt für die vom Mindestlohn betroffenen Arbeitnehmer die für die Rentabilität ihres Arbeitsplatzes erforderliche Produktivität. Letztere wird vor allem für geringqualifizierte Arbeitnehmer oft schwer zu erreichen sein. Der Sachverständigenrat nimmt daher im Rahmen der Prognose an, dass im Jahr 2015 rund 100 000 Minijobs und etwa 40 000 sozialversicherungspflichtige Stellen weniger entstehen als ohne den Mindestlohn.

193. Der Mindestlohn und die abschlagsfreie Rente mit 63 beeinflussen zudem die Lohnentwicklung. Aufgrund der günstigen Arbeitsmarktlage entwickeln sich die **Tarifverdienste je Stunde** aktuell recht dynamisch. Im Jahr 2014 werden sie etwa 3,1 % höher liegen als im Vorjahr. Ausgehend von den bereits feststehenden Tarifabschlüssen, dem schwachen wirtschaftlichen Umfeld und der niedrigen Inflationsrate geht der Sachverständigenrat von einem leichten Rückgang der Tarifverdienstentwicklung auf 2,7 % im Jahr 2015 aus. ↘ KASTEN 9 Dies bringt aber weiterhin merkliche **Reallohngewinne** mit sich.

194. Die **Effektivverdienste je Stunde** sind im Jahr 2014 in geringerem Maße angestiegen als die Tarifverdienste. Die somit negative Lohndrift ist vor allem auf die witterungsbedingt hohe Arbeitszeit im ersten Quartal 2014 zurückzuführen. Im kommenden Jahr wird mit einer positiven Lohndrift gerechnet. Dies ist insbesondere auf den Mindestlohn zurückzuführen, durch den es zu erheblichen Lohnzuwächsen bei Geringverdienern kommen kann. Zudem werden voraussichtlich Personen mit unterdurchschnittlichem Verdienst aus dem Arbeitsmarkt ausscheiden, sodass die Durchschnittsverdienste höher ausfallen. Ein entgegengesetzter Kompositionseffekt ist von der abschlagsfreien Rente mit 63

zu erwarten, da durch sie Beschäftigte mit überdurchschnittlichen Verdiensten den Arbeitsmarkt verlassen. ↘ ZIFFER 567

195. Die **registrierte Arbeitslosigkeit** verharrt schon seit der ersten Jahreshälfte 2012 trotz eines gleichzeitigen Beschäftigungsanstiegs von rund 1 Million Personen bei etwas unter 3 Millionen Personen. Die Unterbeschäftigung (nach BA-Konzept) hat sich in den vergangenen beiden Jahren ebenfalls nicht mehr deutlich reduziert und dürfte im Jahresdurchschnitt 2014 rund 3,8 Millionen Personen umfassen. In beiden Fällen erwartet der Sachverständigenrat keine wesentlichen Veränderungen für das Jahr 2015. Freie Arbeitsstellen werden voraussichtlich weiterhin eher aus der Zuwanderung und der Stillen Reserve besetzt.

Da durch den Mindestlohn vor allem geringfügig entlohnte Beschäftigungsverhältnisse wegfallen dürften und zudem hinzuverdienende Arbeitslose betroffen sind, ist sein Effekt auf die registrierte Arbeitslosigkeit gering. Die ohnehin rückläufige Abgangswahrscheinlichkeit aus Arbeitslosigkeit in Erwerbstätigkeit wird aber voraussichtlich durch den Mindestlohn weiter sinken. Die abschlagsfreie Rente mit 63 Jahren führt zu einer Reduzierung des Erwerbspersonenpotenzials, wodurch einige – ansonsten zu erwartende – Zugänge in Arbeitslosigkeit unterbleiben dürften. Außerdem wird einer kleinen Anzahl Arbeitsloser ermöglicht, abschlagsfrei in Rente zu gehen. Diese könnten aber ebenso wie diejenigen, die ihren Arbeitsplatz verlieren und keinen Anspruch auf Arbeitslosengeld haben, weiter nach einer Beschäftigung suchen. Es liegt daher nahe, dass durch die beiden Reformmaßnahmen die durch Umfrage ermittelte Erwerbslosigkeit stärker ansteigen könnte als die registrierte Arbeitslosigkeit.

6. Öffentliche Finanzen: Ausgeglichene Haushalte

196. Der Finanzierungssaldo des Staates wird wie bereits im Jahr 2013 im laufenden und im kommenden Jahr **annähernd ausgeglichen** sein. Dabei dürfte der Überschuss mit 8,3 Mrd Euro im Jahr 2014 etwa 4 Mrd Euro höher ausfallen als im vergangenen Jahr. ↘ TABELLE 10 Für das Jahr 2015 erwartet der Sachverständigenrat allerdings einen beachtlichen Rückgang beim Finanzierungssaldo auf -1,2 Mrd Euro. Die **Schuldenstandsquote sinkt** voraussichtlich von 76,9 % im Jahr 2013 auf 74,1 % im Jahr 2014. Ende des kommenden Jahres dürfte sie etwa 72,0 % betragen. Hierzu trägt der Abbau von Schulden und Finanzvermögen innerhalb der Abwicklungsanstalten ebenso bei wie die Zuwächse des nominalen Bruttoinlandsprodukts.

197. Ein Grund für den **Anstieg des Überschusses im Jahr 2014** ist die zum Jahresbeginn unterbliebene Absenkung des Beitragssatzes zur GRV. Die Mehreinnahmen sollen zwar für Leistungsausweitungen im Rahmen des Rentenpakets verwendet werden, diese traten jedoch erst in der zweiten Jahreshälfte in Kraft. Positiv auf den Finanzierungssaldo wirkte zudem, dass ein höherer Bundesbankgewinn an den Bundeshaushalt abgeführt wurde. Gegenüber dem Jahr 2013 erhöhte sich die Gewinnabführung im Jahr 2014 von 0,7 Mrd Euro auf 4,6 Mrd Euro, da erstmals seit drei Jahren keine weiteren Rückstellungen für

übernommene Risiken im Zuge der Stabilisierungsmaßnahmen im Euro-Raum gebildet wurden.

↘ TABELLE 10
Einnahmen und Ausgaben des Staates[1] sowie finanzpolitische Kennziffern

	2013	2014[2]	2015[2]	2014[2]	2015[2]
	Mrd Euro			Veränderung zum Vorjahr in %	
Einnahmen	1 249,4	1 289,0	1 324,7	3,2	2,8
Steuern	637,9	656,6	677,5	2,9	3,2
Sozialbeiträge	465,4	481,5	496,6	3,5	3,1
sonstige Einnahmen[3]	146,2	151,0	150,6	3,3	- 0,2
Ausgaben	1 245,3	1 280,8	1 325,9	2,9	3,5
Vorleistungen	131,5	134,7	139,3	2,4	3,4
Arbeitnehmerentgelte	217,6	224,1	230,3	3,0	2,8
geleistete Vermögenseinkommen (Zinsen)	56,3	52,2	50,1	- 7,4	- 3,9
Subventionen	24,7	25,3	25,8	2,5	2,1
monetäre Sozialleistungen	439,9	452,1	467,7	2,8	3,5
soziale Sachleistungen	226,9	239,1	251,7	5,4	5,3
Bruttoinvestitionen	62,8	67,5	70,3	7,5	4,1
sonstige Ausgaben[4]	85,5	85,8	90,5	x	x
Finanzierungssaldo	4,2	8,3	- 1,2	x	x
Finanzpolitische Kennziffern (%)[5]					
Staatsquote[6]	44,3	44,2	44,6	x	x
Steuerquote[7]	23,0	23,0	23,1	x	x
Abgabenquote[8]	38,4	38,4	38,6	x	x
Finanzierungssaldo	0,1	0,3	- 0,0	x	x
Schuldenstandsquote[9]	76,9	74,1	72,0	x	x

1 – In der Abgrenzung der Volkswirtschaftlichen Gesamtrechnungen (nominale Angaben). 2 – Prognose des Sachverständigenrates. 3 – Verkäufe, empfangene sonstige Subventionen, empfangene Vermögenseinkommen, sonstige laufende Transfers, Vermögenstransfers. 4 – Sonstige laufende Transfers, Vermögenstransfers, geleistete sonstige Produktionsabgaben sowie Nettozugang an nichtproduzierten Vermögensgütern. 5 – Jeweils in Relation zum nominalen Bruttoinlandsprodukt. 6 – Gesamtstaatliche Ausgaben. 7 – Steuern einschließlich Erbschaftsteuer und Steuern an die EU. 8 – Steuern einschließlich Erbschaftsteuer, Steuern an die EU und tatsächliche Sozialbeiträge. 9 – Schulden des Staates (in der Abgrenzung gemäß dem Vertrag von Maastricht).

SVR-14-258

198. Zur **Verschlechterung des Finanzierungssaldos** des Staates **im Jahr 2015** tragen das Rentenpaket und seine Finanzierung bei. Die hohen Rücklagen der Rentenversicherung dürften entsprechend der gesetzlichen Regelung im Jahr 2015 zu einer Beitragssatzsenkung führen, die ein Defizit bei der Rentenversicherung entstehen lässt. Ziel dieser Regelung ist gewissermaßen, dass sich die Rücklage stets in einem Korridor zwischen 0,2 und 1,5 Monatsausgaben bewegt. Dieser Korridor wird zum Ende des laufenden Jahres nach dem diskretionären Eingriff zu Jahresbeginn erheblich überschritten werden. So überstieg die Rücklage bereits im September die Grenze von 1,5 Monatsausgaben um 4,8 Mrd Euro; bis zum Jahresende dürfte dieser Betrag trotz Rentenpaket auf etwa 8 Mrd Euro ansteigen, da der Monat November besonders beitragsstark ist.

199. Die **Einnahmen des Staates** steigen im Jahr 2014 um 3,2 % und damit stärker als das nominale Bruttoinlandsprodukt. Als Grund hierfür lässt sich die steigende Beschäftigung anführen. Die Bruttolöhne und -gehälter (BLG) legen voraussichtlich um 3,9 % zu, sodass die Sozialbeiträge und die Einnahmen aus der Lohnsteuer relativ stark wachsen. Im Jahr 2015 ist mit Beitragssatzänderungen bei den Sozialversicherungen im Saldo um -0,2 Prozentpunkte zu rechnen, wodurch sich die Zuwächse der Sozialbeiträge leicht abflachen.

Die insgesamt niedrigen Zuwachsraten des Bruttoinlandsprodukts in den vergangenen Jahren führten im ersten Halbjahr 2014 zu leichten Rückgängen bei der Körperschaft- und Kapitalertragsteuer auf Gewinnausschüttungen (nicht veranlagte Steuern vom Ertrag). Die Gewinnsteuern werden sich im Prognosezeitraum im Vergleich zu den Vorjahren wohl nur verhalten entwickeln. Positiv werden die Steuereinnahmen hingegen von den Mehreinnahmen durch die Kalte Progression beeinflusst. Für die Steuereinnahmen rechnet der Sachverständigenrat im Jahr 2015 mit einer Zuwachsrate von 3,2 % nach 2,9 % im Jahr 2014. Insgesamt dürften die Einnahmen des Staates im Jahr 2015 um 2,8 % steigen.

200. Die **Staatsausgaben** wachsen im Jahr 2014 voraussichtlich um 2,9 %, womit die Staatsquote in etwa stabil bleibt. Dies gelingt jedoch nur aufgrund abermals erheblich sinkender Zinsausgaben. Überproportionale Steigerungen sind hingegen – in nominalen Größen – bei den staatlichen Konsumausgaben (4,1 %) und bei den Investitionen des Staates (7,5 %) zu erwarten. Im Jahr 2015 dürfte die **Staatsquote ansteigen**.

Die Zuwächse bei den **Investitionen** im laufenden Jahr sind unter anderem auf die Ausgaben für Forschung und Entwicklung, die Instandsetzung der Infrastruktur nach den Hochwasserschäden aus dem Jahr 2013 und auf Witterungseffekte im ersten Quartal zurückzuführen. Im kommenden Jahr werden die Investitionen voraussichtlich nochmals ausgeweitet, wobei hier die von der Bundesregierung vereinbarten zusätzlichen Ausgaben in den Bereichen Verkehrsinfrastruktur, Städtebau und sozialer Wohnungsbau eine gewisse Rolle spielen.

Der gegenüber den Vorjahren höhere Anstieg bei den **sozialen Sachleistungen** basiert zum Teil auf dem Auslaufen der Arzneimittelrabatte zu Beginn des Jahres 2014. Im Jahr 2015 ist aufgrund der Pflegereform ein weiteres Mal mit höheren Steigerungsraten zu rechnen.

201. Die **monetären Sozialleistungen** steigen ebenfalls stärker an als im Jahr 2013. Dies liegt vor allem am Rentenpaket, das in den Jahren 2014 und 2015 zu Mehrausgaben von 3,9 Mrd Euro beziehungsweise 9,3 Mrd Euro führen wird (Werding, 2014). Aufgrund niedrigerer Wachstumsraten bei anderen Sozialleistungen – wie etwa den Unterstützungsleistungen bei Arbeitslosigkeit – ergeben sich insgesamt Anstiege von 2,8 % im laufenden und 3,5 % im kommenden Jahr. Insgesamt dürften die Ausgaben im Jahr 2015 um 3,5 % zulegen.

III. DAS PRODUKTIONSPOTENZIAL

202. Das **Produktionspotenzial** bezeichnet die gesamtwirtschaftliche Produktion, die bei Normalauslastung der volkswirtschaftlichen Produktionsfaktoren – Arbeitskräfte und Kapital – erreichbar wäre. Die aus der Differenz zwischen tatsächlichem Produktionsniveau und Produktionspotenzial berechnete Output-Lücke besitzt eine Vorlaufeigenschaft für die zukünftige Inflationsrate.

Der Sachverständigenrat hat in diesem Jahr sein **Schätzverfahren** zur Bestimmung des Produktionspotenzials grundlegend überarbeitet. Zu den wesentlichen Änderungen gehören: ↘ KASTEN 10 (1) die detaillierte Berücksichtigung der Demografie in einem umfangreichen Bevölkerungsmodell und (2) darauf aufbauend die Projektion alters-, kohorten- und geschlechterspezifischer Partizipationsquoten und Arbeitszeiten sowie (3) die methodische Weiterentwicklung der empirischen Schätzung der konjunkturbereinigten Erwerbslosenquote (NAIRU). Mit dem so veränderten Verfahren können weit besser als bislang die Wirkungen demografischer Veränderungen sowie wirtschafts- und sozialpolitischer Strukturreformen auf das mittelfristige Produktionspotenzial analysiert werden.

> ↘ KASTEN 10
>
> **Technische Erläuterungen zur Bestimmung des Produktionspotenzials**
>
> Der Ausgangspunkt zur Bestimmung des Produktionspotenzials ist eine Cobb-Douglas-Produktionsfunktion mit konstanten Skalenerträgen. Anhand dieser Produktionstechnologie lassen sich Veränderungen des Produktionspotenzials aus Variationen der eingesetzten Produktionsfaktoren Arbeit und Kapital oder durch eine Veränderung der Totalen Faktorproduktivität bestimmen. Das Produktionspotenzial Y_t ist hierbei wie folgt definiert,
>
> $$Y_t = A_t \cdot K_t^{0,34} \cdot L_t^{0,66},$$
>
> wobei A_t, L_t und K_t die Potenzialwerte der Totalen Faktorproduktivität, des in Stunden gemessenen Arbeitsvolumens und des Kapitalstocks bezeichnen. Hinsichtlich der Bestimmung der Produktionselastizitäten von Arbeit und Kapital weicht der Sachverständigenrat vom früheren Verfahren ab (JG 2007). So wird die Produktionselastizität für den Produktionsfaktor Arbeit durch den langjährigen Durchschnitt der Arbeitseinkommen im Verhältnis zur Bruttowertschöpfung bestimmt, angepasst um die Einkommen der Selbstständigen. Im früheren Verfahren hat sich die Produktionselastizität für Arbeit nach der Arbeitseinkommensquote gerichtet, die statt der Bruttowertschöpfung das Volkseinkommen verwendet. Dieses berücksichtigt jedoch keine Abschreibungen.
>
> Das **Arbeitsvolumen** ist definiert als Produkt aus der Bevölkerung im erwerbsfähigen Alter (BEV), der Partizipationsquote (PQ), der Erwerbslosenquote (ELQ) und der durchschnittlichen Jahresarbeitszeit je Erwerbstätigem (H):
>
> $$AV_t = BEV_t \cdot PQ_t \cdot (1 - ELQ_t) \cdot H_t.$$
>
> Die **Bevölkerung im erwerbsfähigen Alter** umfasst alle Personen im Alter zwischen 15 und 74 Jahren. Sie wird bis zum Jahr 2019 durch die 12. Koordinierte Bevölkerungsvorausberechnung aus dem Jahr 2009 fortgeschrieben (Variante 1-W1). Jedoch weichen die Annahmen hinsichtlich der Nettozuwanderung bei der 12. Koordinierten Bevölkerungsvorausberechnung bis zum aktuellen Rand deut-

lich von den tatsächlich beobachteten Werten ab. Daher werden die Abweichungen sowie die Niveauverschiebung aufgrund der Zensusergebnisse im Jahr 2011 berücksichtigt und die Berechnung der Erwerbsbevölkerung dementsprechend angepasst. Für die Jahre ab 2014 werden die Annahmen bezüglich der Nettozuwanderung ebenfalls angepasst. So ist zu erwarten, dass sich die Nettozuwanderung im Jahr 2014 auf 460 000 Personen beläuft. Das Niveau der Nettozuwanderung wird dann linear bis zum Jahr 2019 auf die in der Variante 1-W1 unterstellten 100 000 Personen zurückgeführt. Für die Bevölkerung im erwerbsfähigen Alter ist nicht die gesamte Nettozuwanderung relevant, da etwa 12 % der Zuwanderer jünger als 15 oder älter als 74 Jahre sind.

Die Analyse der **Partizipationsquote** erfolgt getrennt für Männer und Frauen. Diese Herangehensweise berücksichtigt, dass die Frauenerwerbsquote seit 1991 deutlich stärker angestiegen ist als diejenige der Männer. So war für die erwerbsfähigen Frauen zwischen den Jahren 1991 und 2013 ein Anstieg der Partizipationsquote von gut 54 % auf etwa 63 % zu beobachten. Bei den Männern beliefen sich die Werte auf 65 % im Jahr 1991 und 68 % im Jahr 2013. Gleichzeitig wird für die Altersstruktur kontrolliert, indem für die weibliche und männliche Erwerbsbevölkerung jeweils 5-Jahres-Alterskohorten berücksichtigt werden. Hier zeigt sich, dass insbesondere ab dem Jahr 2016 der relative Anteil der Personen im Alter über 55 Jahren spürbar zunehmen wird. Diese Altersgruppe hatte in der Vergangenheit deutlich geringere Partizipationsquoten aufgewiesen als die Bevölkerung im Alter von 25 bis 54 Jahren. Anhand der Daten von Werding (2014) werden die Partizipationsquoten für die jeweiligen Alterskohorten getrennt nach Geschlecht und Alter fortgeschrieben. Schließlich werden die geschlechterspezifischen Partizipationsquoten zusammengefasst, indem sie mit dem jeweiligen Anteil an der Bevölkerung im erwerbsfähigen Alter in die Berechnungen eingehen. Der Trendwert der Partizipationsquote wird mit Hilfe eines Hodrick-Prescott-Filters ermittelt.

Hinsichtlich der Bestimmung des Trends der **jährlich geleisteten Arbeitszeit pro Kopf** wird erneut zwischen Männern und Frauen unterschieden. Schließlich geht der über die vergangenen Jahrzehnte zu beobachtende Rückgang der Pro-Kopf-Arbeitszeit im Wesentlichen auf den Anstieg der Teilzeitbeschäftigung zurück. Dabei wurde die Möglichkeit der Teilzeitarbeit stärker von Frauen genutzt. Zudem wird erneut für die Altersstruktur kontrolliert. Die Teilzeitquoten für die geschlechterspezifischen Alterskohorten werden anhand eines adaptiven Ansatzes fortgeschrieben. Die endgültige Trendzeitreihe der Arbeitszeit pro Kopf wird anhand des Hodrick-Prescott-Filters bestimmt.

Die **konjunkturbereinigte Erwerbslosenquote** (NAIRU) wird mit einem Zustandsraummodell bestimmt. In diesem wird die Konsumentenpreisinflation durch die Inflationsprognose des Sachverständigenrates, die Terms of Trade sowie die Abweichung der Erwerbslosenquote von der NAIRU erklärt. Die NAIRU wird zeitvariant modelliert und so geschätzt, dass die Differenz zwischen Erwerbslosenquote und NAIRU einen deutlichen Zusammenhang mit der realisierten Inflationsrate aufweist. Es zeigt sich, dass der Rückgang der Trenderwerbslosenquote der vergangenen Jahre spürbar zum Anstieg des Produktionspotenzials beigetragen hat. Dies dürfte jedoch in den kommenden Jahren enden.

Die Zuwachsraten des **Kapitalstocks** wurden anhand einer Projektion der Trendkomponenten für die Ausrüstungs- und Bauinvestitionen sowie der Investitionen in Sonstige Anlagen bestimmt. Das **Trendwachstum der Totalen Faktorproduktivität** wird anhand der konjunkturbereinigten Komponente des Solow-Residuums bestimmt. Das Solow-Residuum ergibt sich aus der Differenz der Logarithmen des tatsächlichen Produktionsniveaus, des Kapitalstocks und des Arbeitsvolumens. Im Unterschied zum früheren Verfahren des Sachverständigenrates findet eine Betrachtung über die Niveaus und nicht über die Differenzen der logarithmierten Werte statt. Um die konjunkturbedingten Schwankungen von der Trendkomponente der Totalen Faktorproduktivität trennen zu können, wird anstatt des Hodrick-Prescott-Filters ein Zustandsraummodell verwendet. Dieses lehnt sich stark an den Hodrick-Prescott-Filter an, berücksichtigt jedoch zusätzliche Informationen, wie die Kapazitätsauslastung im Verarbeitenden Gewerbe, das ifo Geschäftsklima und die Inflationsrate.

↘ ABBILDUNG 32

Wachstumsbeiträge der Komponenten des Produktionspotenzials

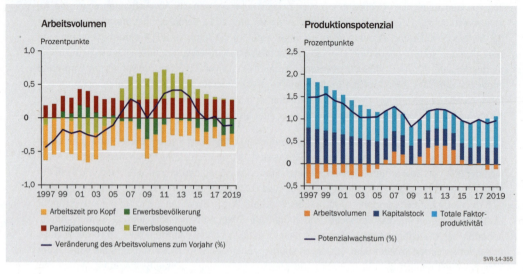

203. Die wesentliche Verbesserung gegenüber der bisherigen Vorgehensweise liegt in der disaggregierten Betrachtung des Arbeitsvolumens. Dazu wird die kohorten-, alters- und geschlechterspezifische Entwicklung analysiert. Dies ermöglicht eine genauere Vorstellung über die Fortschreibung der einzelnen Bestandteile des Arbeitsvolumens. ↘ ABBILDUNG 32 LINKS Dadurch wird beispielsweise dem Umstand Rechnung getragen, dass sich die Erwerbsquoten oder die Arbeitszeit je nach Geschlecht und Geburtskohorte unterschiedlich entwickeln.

204. Insgesamt ist zu erwarten, dass die expansiven Impulse des **gesamten Arbeitsvolumens** auf das Produktionspotenzial aus den vergangenen Jahren zukünftig nachlassen werden. Für die Jahre 2018 und 2019 ist sogar mit negativen Wachstumsbeiträgen zu rechnen, da hier der Rückgang der Erwerbsbevölkerung besonders stark ausfällt. ↘ ABBILDUNG 32 LINKS

Der Rückgang der Erwerbsbevölkerung dürfte für das Produktionspotenzial einen negativen Wachstumsbeitrag von etwa 0,3 Prozentpunkten im Durchschnitt der kommenden Jahre liefern. Die Partizipationsquote, von welcher der höchste Wachstumsbeitrag ausgeht, wird sich aller Voraussicht nach in den kommenden Jahren weiter erhöhen, da die Erwerbsbeteiligung der Frauen spürbar ansteigt. Hinsichtlich der Arbeitszeit pro Kopf zeigt sich, dass in den kommenden Jahren die Teilzeitbeschäftigung geringer zunehmen dürfte als in den Vorjahren. Das liegt jedoch nicht an der Änderung der Arbeitszeit der Voll- und Teilzeitstellen, sondern an dem zukünftig langsameren Anstieg der Teilzeitquote.

205. Bezüglich des **Kapitalstocks** geht der Sachverständigenrat anhand einer Projektion der Investitionen davon aus, dass dieser in den kommenden Jahren mit etwa 0,4 Prozentpunkten zum Wachstum des Produktionspotenzials beitragen wird. Somit werden sich die projizierten Wachstumsbeiträge des Kapitalstocks in den nächsten Jahren kaum erhöhen.

Der stabile Wachstumsbeitrag des Kapitalstocks ist im Wesentlichen auf zwei Aspekte zurückzuführen. Zum einen ist die Höhe des Kapitalstocks stabil. So belief sich der nominale Kapitalstock zu Wiederbeschaffungspreisen am Ende des Jahres 2013 auf 16 Billionen Euro. Dem standen Bruttoanlageinvestitionen in Höhe von 554 Mrd Euro gegenüber. Selbst bei optimistischen Prognosen in Bezug auf die Zuwachsraten der Investitionen hat dies kaum Auswirkungen auf das Expansionstempo des Kapitalstocks. Zum anderen dürften aufgrund der Altersstruktur des Kapitalstocks in den kommenden Jahren verstärkt Maschinen oder Gebäude komplett abgeschrieben werden und somit aus dem Bruttoanlagevermögen verschwinden.

206. Der Teil des Produktionsanstiegs, der nicht durch den Einsatz der Produktionsfaktoren Arbeit und Kapital erklärt werden kann, ist das Solow-Residuum. Dieses wird gemeinhin dem **technologischen Fortschritt** zugeschrieben. Vom konjunkturbereinigten Trend des Solow-Residuums gehen momentan im Vergleich zu den Vorjahren niedrige Wachstumsbeiträge von etwa 0,5 Prozentpunkten auf das Produktionspotenzial aus. ↘ ABBILDUNG 32 RECHTS Ein Grund könnte darin liegen, dass der deutliche Rückgang der Arbeitsproduktivität im Jahr 2009 bisher nicht aufgeholt wurde. Jedoch ist damit zu rechnen, dass der Wachstumsbeitrag wieder leicht ansteigen wird. Einen Hinweis hierauf liefert die Arbeitsproduktivität je Erwerbstätigenstunde. So war der durchschnittliche Anstieg dieser Größe im Zeitraum zwischen 2010 und 2014 mit 1,4 % kaum geringer als im Zeitraum der Jahre 1991 und 2008 mit 1,7 %.

207. Insgesamt belaufen sich die **Zuwachsraten des Produktionspotenzials** in den Jahren 2014 und 2015 auf 1,1 % beziehungsweise 1,0 %. ↘ TABELLE 11 Im Durchschnitt der Jahre 2015 bis 2019 wird ein Anstieg von 1,0 % erwartet, der komplett auf den Anstieg der Totalen Faktorproduktivität und des Kapitalstocks zurückgeht. Vom Arbeitsvolumen gehen im Unterschied zu neueren Berechnungen des Produktionspotenzials unter Anwendung des EU-Verfahrens keine nennenswerten Impulse aus, da dort eine höhere Nettozuwanderung pro Jahr unterstellt wird (Projektgruppe Gemeinschaftsdiagnose, 2014).

↘ TABELLE 11
Ergebnisse der Mittelfristprognose[1]

	1995 bis 2014				2015 bis 2019	
	tatsächlich		potenziell			
Kapitalstock	1,6	(0,5)	1,6	(0,6)	1,1	(0,4)
Solow-Residuum	0,7	(0,7)	0,7	(0,7)	0,6	(0,6)
Arbeitsvolumen	0,0	(0,0)	− 0,0	(− 0,0)	− 0,1	(− 0,0)
davon:						
Bevölkerung im erwerbsfähigen Alter		(− 0,0)		(− 0,0)		(− 0,3)
Partizipationsquote		(0,5)		(0,4)		(0,4)
Erwerbslosenquote		(0,2)		(0,2)		(0,0)
durchschnittliche Arbeitszeit		(− 0,6)		(− 0,5)		(− 0,3)
Produktionspotenzial	1,3		1,2		1,0	

1 – Jahresdurchschnittliche Veränderung zum Vorjahr in %. In Klammern: Wachstumsbeiträge. Rundungsdifferenzen.

SVR-14-353

208. Die Analyse zeigt, dass das Produktionspotenzial hinter den in der jüngeren Vergangenheit beobachteten Wachstumsraten zurückbleiben dürfte. Die **Wirtschaftspolitik** sollte daher versuchen, dieser Entwicklung durch geeignete Maßnahmen entgegenzuwirken. Im Bereich der erwerbsfähigen Bevölkerung ist zu prüfen, ob es Verzerrungen gibt, welche die gewünschte Teilhabe am Erwerbsleben einschränken. ↘ ZIFFER 549 Zudem sind Maßnahmen zu vermeiden, die – wie im Rahmen der abschlagsfreien Rente mit 63 Jahren gerade geschehen – die Erwerbsbeteiligung weiter senken. ↘ ZIFFER 569

Im Bereich des Kapitalstocks muss es darum gehen, das Investitionsumfeld zu verbessern und stabile, verlässliche Rahmenbedingungen für die mittlere Frist zu schaffen. ↘ ZIFFERN 16 FF. Beispielsweise ist selbst nach der Neuordnung des Erneuerbare-Energien-Gesetzes (EEG) weiterhin unklar, mit welchen längerfristigen Erträgen die Investitionen in konventionelle Kraftwerke in Deutschland verbunden sind. ↘ ZIFFERN 32 FF.

↘ TABELLE 12
Die wichtigsten Daten der Volkswirtschaftlichen Gesamtrechnungen für Deutschland
Veränderung gegenüber dem Vorjahr in %

	2012	2013	2014[1]	2015[1]
Verwendung des Inlandsprodukts, preisbereinigt				
Konsumausgaben	0,8	0,8	0,9	1,4
Private Konsumausgaben[2]	0,7	0,8	0,8	1,5
Konsumausgaben des Staates	1,2	0,7	1,0	1,2
Bruttoanlageinvestitionen	− 0,7	− 0,7	3,0	2,6
Ausrüstungsinvestitionen	− 2,9	− 2,7	3,0	3,9
Bauinvestitionen	0,6	− 0,1	3,5	2,0
Sonstige Anlagen	0,1	1,3	1,8	1,8
Vorratsveränderung (Wachstumsbeitrag)[3,4]	− 1,4	0,2	0,2	− 0,1
Inländische Verwendung	− 0,9	0,7	1,5	1,5
Außenbeitrag (Wachstumsbeitrag)[3]	1,3	− 0,5	− 0,2	− 0,4
Exporte	2,8	1,6	2,9	3,6
Importe	− 0,0	3,1	3,7	5,1
Bruttoinlandsprodukt	0,4	0,1	1,2	1,0
Verwendung des Inlandsprodukts, in jeweiligen Preisen				
Konsumausgaben	2,4	2,5	2,5	3,0
Private Konsumausgaben[2]	2,2	2,1	1,9	2,7
Konsumausgaben des Staates	3,1	3,8	4,1	4,2
Bruttoanlageinvestitionen	1,3	0,7	4,0	3,6
Ausrüstungsinvestitionen	− 2,1	− 2,5	2,8	3,9
Bauinvestitionen	3,4	1,9	4,9	3,4
Sonstige Anlagen	2,1	3,3	3,9	3,6
Inländische Verwendung	0,8	2,2	2,9	3,1
Exporte	4,4	1,4	2,7	3,6
Importe	2,1	1,4	2,1	4,8
Bruttoinlandsprodukt	1,9	2,2	3,1	2,7
Preisentwicklung (Deflatoren)				
Konsumausgaben	1,6	1,7	1,6	1,6
Private Konsumausgaben[2]	1,5	1,2	1,0	1,2
Konsumausgaben des Staates	1,8	3,1	3,1	2,9
Inländische Verwendung	1,7	1,6	1,4	1,6
Terms of Trade	− 0,5	1,5	1,4	0,2
Exporte	1,6	− 0,2	− 0,2	− 0,0
Importe	2,1	− 1,6	− 1,5	− 0,3
Bruttoinlandsprodukt	1,5	2,1	1,8	1,6
Entstehung des Inlandsprodukts				
Erwerbstätige (Inland)	1,1	0,6	0,8	0,4
Arbeitsvolumen	− 0,3	− 0,3	1,3	0,8
Produktivität (Stundenbasis)	0,6	0,4	− 0,0	0,5
Verteilung des Volkseinkommens				
Volkseinkommen	1,4	2,2	3,0	2,6
Arbeitnehmerentgelte	3,8	2,8	3,7	3,5
Bruttolöhne und -gehälter	4,0	3,0	3,8	3,7
darunter: Nettolöhne und -gehälter[5]	3,8	2,8	3,4	3,3
Unternehmens- und Vermögenseinkommen	− 3,3	0,9	1,7	0,5
Verfügbares Einkommen der privaten Haushalte[2]	2,0	1,8	2,1	2,7
Sparquote der privaten Haushalte[2,6]	9,4	9,1	9,2	9,2
nachrichtlich:				
Lohnstückkosten[7] (Inlandskonzept)	3,3	2,4	2,2	2,4
Verbraucherpreise	2,0	1,5	1,0	1,3

1 – Prognose des Sachverständigenrates. 2 – Einschließlich privater Organisationen ohne Erwerbszweck. 3 – In Prozentpunkten. 4 – Einschließlich Nettozugang an Wertsachen. 5 – Arbeitnehmerentgelte abzüglich Sozialbeiträge der Arbeitgeber sowie Sozialbeiträge und Lohnsteuer der Arbeitnehmer. 6 – Ersparnis in Relation zum verfügbaren Einkommen zuzüglich der Zunahme betrieblicher Versorgungsansprüche. 7 – Arbeitnehmerentgelt je Arbeitnehmer in Relation zum Bruttoinlandsprodukt (preisbereinigt) je Erwerbstätigen.

SVR-14-358

ANHANG: GENERALREVISION DER VOLKSWIRTSCHAFTLICHEN GESAMTRECHNUNGEN 2014

209. Im August 2014 veröffentlichte das Statistische Bundesamt Ergebnisse der Generalrevision der Volkswirtschaftlichen Gesamtrechnungen (VGR). Diese in größeren Zeitabständen durchgeführten, umfassenden Überarbeitungen des gesamtwirtschaftlichen Rechenwerks dienen in erster Linie der Anpassung statistischer Methoden und Konzepte an die sich fortlaufend wandelnden ökonomischen Gegebenheiten und Anforderungen. Hauptanlass der VGR-Revision 2014 war die Einführung einer neuen Rechtsgrundlage, des „Europäischen Systems Volkswirtschaftlicher Gesamtrechnungen (ESVG) 2010", in allen EU-Mitgliedstaaten. Das Regelwerk, das eine hohe Vergleichbarkeit der VGR-Daten innerhalb der EU gewährleisten soll, löst das bisher gültige ESVG 1995 ab. Grundlage des ESVG 2010 ist das weltweit anerkannte „System of National Accounts 2008" (SNA 2008) der Vereinten Nationen, an dem sich außereuropäische Länder wie die Vereinigten Staaten ebenfalls orientieren.

210. Mit der Generalrevision 2014 waren grundsätzlich zehn Konzeptänderungen verbunden, die sich auf das Bruttoinlandsprodukt auswirkten (Räth und Braakmann, 2014). Die drei quantitativ bedeutsamsten Änderungen stellen Ausweitungen des Investitionsbegriffs dar:

– **Ausgaben für Forschung und Entwicklung** werden als Investitionen aufgefasst. Sie werden in den VGR somit nicht länger den Vorleistungen, sondern den Bruttoanlageinvestitionen zugerechnet. Dies wirkt sich in mehrfacher Hinsicht auf das Bruttoinlandsprodukt aus: Bei Marktproduzenten werden künftig nicht mehr nur die Käufe, sondern auch selbst produzierte Forschungs- und Entwicklungsleistungen als Investition gebucht. Diese erhöhen so direkt das Bruttoinlandsprodukt. Bei Nichtmarktproduzenten verschieben sich die Ausgaben für Forschung und Entwicklung von den Konsumausgaben zu den Bruttoanlageinvestitionen. Dies beeinflusst die Höhe des Bruttoinlandsprodukts nicht unmittelbar. Jedoch erhöht sich das Bruttoinlandsprodukt indirekt, da die Abschreibungen auf die staatlichen Investitionen als Staatskonsum verbucht werden.

– Bei der Verbuchung von **militärischen Anlagen** entfällt die unterschiedliche Behandlung zivil nutzbarer Anlagen und rein militärischer Waffensysteme. Wurden Erstere bislang bereits als investiv betrachtet, zählten Letztere zu den Vorleistungen. Mit dieser Änderung wird die Grundregel, dass Güter, die länger als ein Jahr im Produktionsprozess eingesetzt werden, den Investitionen zuzurechnen sind, auch bei militärischen Waffensystemen zugrunde gelegt (Braakmann, 2013). Hieraus folgt zunächst lediglich eine Verschiebung von den Konsumausgaben des Staates zu den Anlageinvestitionen. Der positive Gesamteffekt auf das Bruttoinlandsprodukt resultiert, wie im Fall von Forschung und Entwicklung, aus den zusätzlichen Abschreibungen und einem entsprechenden Anstieg der über die Kostenseite berechneten Bruttowertschöpfung des Staates.

- Bei der Verbuchung von **geringwertigen Wirtschaftsgütern** entfällt die Wertschwelle von 500 ECU in Preisen von 1995, von der bislang abhing, ob ein Gut schon den Investitionen oder noch den Vorleistungen zugerechnet wurde. Stattdessen erfolgt diese Zuordnung – wertunabhängig – anhand der Art und Weise ihrer Verwendung im Produktionsprozess. Per Saldo ergibt sich aus der geänderten Zuordnung dieser Güter eine Erhöhung der Ausrüstungsinvestitionen.

211. Nach den revidierten Ergebnissen liegt das Bruttoinlandsprodukt im Jahr 2010 – dem Berichtsjahr, für das sich die Ausgangsdaten nicht mehr ändern und das somit das Ausmaß der Revision am besten widerspiegelt – um 81,2 Mrd Euro über demjenigen vor der Revision, wovon 66,7 Mrd Euro konzeptbedingt sind und 14,5 Mrd Euro aus der Überprüfung der bisherigen Rechenansätze resultieren. Auf Forschung und Entwicklung entfallen 57,1 Mrd Euro, auf geringwertige Wirtschaftsgüter 5,3 Mrd Euro und auf militärische Waffensysteme 2,4 Mrd Euro.

212. Aufgrund der Revision stellen sich einige makroökonomische Relationen anders dar. Dies betrifft in erster Linie die Investitionsquoten. Durch die Ausweitung des Investitionsbegriffs fällt die Investitionsquote (Bruttoanlageinvestitionen in Relation zum nominalen Bruttoinlandsprodukt) um etwa 2 Prozentpunkte höher aus. Durch die geänderte Behandlung der Forschungs- und Entwicklungsausgaben erhöht sich die Investitionsquote der Sonstigen Anlagen zudem deutlich.
↘ TABELLE 13 Die Quote der Ausrüstungsinvestitionen sinkt jedoch geringfügig aufgrund des höheren Bruttoinlandsprodukts, gleiches gilt für die Bauinvestitionen.

213. Die zur gleichen Zeit durchgeführte umfassende Überarbeitung der Zahlungsbilanzstatistik führt zu einer deutlichen Reduktion der Export- und Importquoten. Der Offenheitsgrad der deutschen Volkswirtschaft fällt somit um etwa 5 Prozentpunkte niedriger aus als zuvor. Zudem ist eine geringere (residual

↘ TABELLE 13
Änderungen makroökonomischer Größen durch die VGR-Revision 2014
in Relation zum nominalen Bruttoinlandsprodukt in %, Berichtsjahr 2010

	vor Revision[1]	nach Revision
Bruttoanlageinvestitionen	17,4	19,3
Ausrüstungsinvestitionen	6,8	6,7
Bauinvestitionen	9,5	9,2
Sonstige Anlagen	1,1	3,4
Importe	42,0	37,1
Exporte	47,6	42,3
nachrichtlich:		
Sparquote der privaten Haushalte[2]	10,9	9,9
Lohnquote[3]	66,1	66,8

1 – Stand: Mai 2014. 2 – Einschließlich privater Organisationen ohne Erwerbszweck. Ersparnis in Relation zum verfügbaren Einkommen zuzüglich der Zunahme betrieblicher Versorgungsansprüche. 3 – Arbeitnehmerentgelte in Relation zum Volkseinkommen.

SVR-14-361

ermittelte) Sparquote der privaten Haushalte zu verzeichnen, da die Privaten Konsumausgaben im Zuge der Revision in den meisten Jahren angehoben wurden.

214. Die Lohnquote, definiert als Arbeitnehmerentgelt der Inländer in Relation zum Volkseinkommen, liegt etwas höher. Dies ist auf die neuberechneten Angaben der Erwerbstätigenrechnung sowie geänderte unterstellte Sozialbeiträge zurückzuführen. Im Zuge der Revisionen der Beschäftigungsstatistik der Bundesagentur für Arbeit (BA) und der Erwerbstätigenrechnung als Teil der VGR wurden die Niveaus der sozialversicherungspflichtigen Beschäftigung und der Erwerbstätigkeit deutlich nach oben korrigiert. Die Dynamik der Entwicklungen änderte sich dabei nicht wesentlich.

LITERATUR ZUM KAPITEL

AG Energiebilanzen (2014), *Energieverbrauch fällt auf niedrigsten Stand seit der Wiedervereinigung*, Pressemitteilung 07/2014, Berlin, 28. Oktober.

Braakmann, A. (2013), Revidierte Konzepte für Volkswirtschaftliche Gesamtrechnungen, *Wirtschaft und Statistik* 8/2013, 521-527.

Brenke, K. (2014), Mindestlohn: Zahl der anspruchsberechtigten Arbeitnehmer wird weit unter fünf Millionen liegen, *DIW Wochenbericht* 5/2014, 71-77.

Brücker, H., A. Hauptmann und E. Vallizadeh (2014), *Zuwanderungsmonitor Bulgarien und Rumänien*, Aktuelle Berichte, Institut für Arbeitsmarkt und Berufsforschung, Nürnberg.

Deutsche Bundesbank (2014), *Monatsbericht* Oktober 2014.

DIHK (2014a), *Dynamik im Inland überlagert Störfaktoren – Ergebnisse der DIHK-Konjunkturumfrage bei den Industrie- und Handelskammern*, Deutscher Industrie- und Handelskammertag, Berlin.

DIHK (2014b), *Der deutsche Außenhandel 2014 | 2015 – AHK-Weltkonjunkturbericht des Deutschen Industrie- und Handelskammertages*, Deutscher Industrie- und Handelskammertag, Berlin.

DIHK (2014c), *Konjunktur ausgebremst – Ergebnisse der DIHK-Konjunkturumfrage bei den Industrie- und Handelskammern*, Deutscher Industrie- und Handelskammertag, Berlin.

Hartmann, M. und K. Reimer (2014), *Auswirkungen der Arbeitnehmerfreizügigkeit und der EU-Schuldenkrise auf den deutschen Arbeitsmarkt*, Statistischer Sonderbericht, Bundesagentur für Arbeit, Nürnberg.

Henzel, S.R. und K. Engelhardt (2014), Arbeitsmarkteffekte des flächendeckenden Mindestlohns in Deutschland – Eine Sensitivitätsanalyse, *ifo Schnelldienst* 10/2014, 23-29.

Klinger, S. und E. Weber (2014), Seit der Großen Rezession: Schwächerer Zusammenhang von Konjunktur und Beschäftigung, *Wirtschaftsdienst* 94, 756-758.

Projektgruppe Gemeinschaftsdiagnose (2014), *Deutsche Wirtschaft stagniert – Jetzt Wachstumskräfte stärken*, Gemeinschaftsdiagnose im Auftrag des Bundesministeriums für Wirtschaft und Technologie, Berlin.

Räth, N. und A. Braakmann (2014), Generalrevision der Volkswirtschaftlichen Gesamtrechnungen 2014 für den Zeitraum 1991 bis 2014, *Wirtschaft und Statistik* 9/2014, 502-543.

Werding, M. (2014), *Demographischer Wandel und öffentliche Finanzen. Langfrist-Projektion 2014-2060 unter besonderer Berücksichtigung des Rentenreform-Pakets der Bundesregierung*, Arbeitspapier 01/2014, Sachverständigenrat zur Begutachtung der gesamtwirtschaftlichen Entwicklung, Wiesbaden.

STRUKTURELLE ANPASSUNG UND GELDPOLITISCHE LOCKERUNG IM EURO-RAUM

I. Einleitung

II. Anzeichen konvergierender Entwicklungen in den Mitgliedstaaten

III. Weitere Entspannung trotz OMT-Kritik des Bundesverfassungsgerichtes

IV. Massive geldpolitische Lockerung durch die EZB
   1. Zinssenkungen und quantitative Lockerung
   2. Einordnung der Maßnahmen anhand geldpolitischer Regeln
   3. Zwischenfazit

V. Risiken niedriger Inflation und vorbeugende geldpolitische Lockerung
   1. Inflationsentwicklung und -prognosen
   2. Risiken längerfristig niedriger Inflationsraten
   3. Vorbeugende geldpolitische Lockerung
   4. Zwischenfazit

VI. Risiken für eine nachhaltige wirtschaftliche Entwicklung
   1. Geldpolitik, Kreditentwicklung und Vermögenspreise
   2. Mögliche Fehlentwicklungen: Vor der Krise und aktuell
   3. Risiken für eine nachhaltige Wirtschaftspolitik

VII. Fazit: Risikoabwägung spricht derzeit gegen weitere Lockerung

Eine andere Meinung

Literatur

DAS WICHTIGSTE IN KÜRZE

Ausgangslage

Die Anpassungsprozesse im Euro-Raum sind weiter vorangeschritten. In Irland, Portugal und Spanien hat sich die Wirtschaftslage sichtlich verbessert, aber auch Griechenland ist wettbewerbsfähiger geworden. Diese erfreulichen Entwicklungen sind nicht nur Folge der Ankündigung der Europäischen Zentralbank (EZB), notfalls umfangreiche Staatsanleihekäufe im Rahmen der Outright Monetary Transactions (OMT) zu tätigen. Sie sind zudem Ausdruck struktureller Reformen und der eingeleiteten Konsolidierung der öffentlichen Haushalte. Die Krise im Euro-Raum ist jedoch nicht überwunden. So hat Italien die Entspannung auf den Finanzmärkten nicht für konsequente Reformen und wachstumsfreundliche Konsolidierungsmaßnahmen genutzt.

Gleichzeitig ist die Inflation im Euro-Raum deutlich zurückgegangen, teils aufgrund der fallenden Energiepreise und der Aufwertung des Euro seit Mitte 2012, teils aufgrund der weiterhin schwachen Kapazitätsauslastung. Vor diesem Hintergrund hat die EZB seit Juni 2014 den Leitzins auf nahe Null gesenkt und umfangreiche quantitative Lockerungsmaßnahmen eingeleitet, um die Kreditvergabe der Banken anzuregen und die EZB-Bilanz auszuweiten.

Vorbeugende Deflationsbekämpfung

Die Zinssenkung bedeutet für sich genommen eine ähnliche oder sogar etwas stärkere Reaktion der EZB auf Inflations- und Wachstumsprognosen als in der Vergangenheit. Im Vergleich zu einer einfachen Zinsregel wie der Taylor-Regel fällt sie ebenfalls etwas stärker aus. Somit lassen sich die quantitativen Maßnahmen zur Kreditvergabe als eine zusätzliche Lockerung einordnen, mit der dem Risiko einer anhaltenden Deflation vorgebeugt werden soll.

Diese Politik birgt allerdings Gefahren für die langfristige wirtschaftliche Entwicklung des Euro-Raums. Zum einen wird der Finanzsektor durch niedrige Zinsen dazu verleitet, zu hohe Risiken einzugehen. Zum anderen könnten die EZB-Aufkaufprogramme dazu führen, dass Regierungen ihre Reform- und Konsolidierungsmaßnahmen erneut verschieben. Diese Risiken gilt es zusammen mit dem Deflationsrisiko abzuwägen.

Bewertung

Nach Einschätzung des Sachverständigenrates stehen dem gegenwärtig verhältnismäßig geringen Deflationsrisiko ebenfalls moderate, aber nicht zu vernachlässigende Risiken für die längerfristige wirtschaftliche Entwicklung gegenüber. Deshalb sollte die EZB eine weitere massive Ausweitung ihrer Bilanz vermeiden, so lange das Eintreten einer Deflation im Euro-Raum weder beobachtet noch prognostiziert wird. Mitgliedstaaten wie Italien und Frankreich können mit einer konsequenten Reform- und Konsolidierungspolitik zu einer dauerhaften Verbesserung der Wirtschaftslage beitragen. Die Bundesregierung sollte sich deshalb verstärkt für eine solche Politik einsetzen – und selbst mit gutem Beispiel vorangehen.

I. EINLEITUNG

215. Seit dem Jahr 2012 ist eine Entspannung an den Finanzmärkten eingetreten; zugleich hat sich die wirtschaftliche Lage in den Krisenländern verbessert. Diese Verbesserung beruht teils auf den geldpolitischen Maßnahmen der Europäischen Zentralbank (EZB), teils auf der Konsolidierungs- und Reformpolitik der Krisenländer sowie auf den beschlossenen Reformen des institutionellen Rahmens der Währungsunion, ohne dass sich der jeweilige Beitrag der verschiedenen Maßnahmen präzise abschätzen ließe. **Die Krise im Euro-Raum ist gleichwohl nicht überwunden.** Denn die geldpolitischen Maßnahmen können weder die staatlichen oder die privaten Finanzen nachhaltig sichern noch dauerhaft höhere Wachstumsraten des realen Bruttoinlandsprodukts herbeiführen. Entscheidend sind die Konsolidierungs- und Reformanstrengungen der nationalen Regierungen und ein konsistenter Ordnungsrahmen für die Währungsunion (JG 2012 Ziffern 173 ff.; JG 2013 Ziffern 269 ff.).

216. Erfreulicherweise haben sich die strukturellen Anpassungsprozesse in den meisten Krisenländern des Euro-Raums in den Jahren 2013 und 2014 fortgesetzt. **Die Anzeichen konvergierender Entwicklungen** deuten darauf hin, dass die Verbesserung der Lage nicht allein von der Ankündigung der EZB getrieben wurde, notfalls umfangreiche Staatsanleihekäufe im Rahmen von Outright Monetary Transactions (OMT) zu tätigen. Die **Kritik des Bundesverfassungsgerichtes am OMT-Programm** hat keine höheren Zinsaufschläge ausgelöst.

Es wäre sinnvoll gewesen, wenn die bislang nicht durch ein Anpassungsprogramm dazu angehaltenen Mitgliedstaaten, allen voran Frankreich und Italien, konsequent ihre Bemühungen um Strukturreformen und die Konsolidierung ihrer Haushalte verstärkt hätten, um die wirtschaftliche Erholung zu festigen. Die Geldpolitik hat den Mitgliedstaaten Zeit verschafft, die einige unzureichend genutzt haben.

Seit Juni 2014 hat die EZB neue Maßnahmen ergriffen, die zu einer **massiven Lockerung der Geldpolitik** führen sollen. Sie will damit den Risiken niedriger Inflationsraten im Euro-Raum vorbeugen. Dazu gehört insbesondere die **Gefahr einer Deflation** (Issing, 2003; EZB, 2003). Diese geldpolitische Lockerung ist allerdings nicht ohne Zielkonflikte. Sie birgt **Risiken für die Nachhaltigkeit der wirtschaftlichen Entwicklung**. Zum einen setzt sie Anreize für den Finanzsektor, die zu einer gesteigerten Risikoübernahme und zu Fehlallokationen von Investitionen beitragen könnten; zum anderen dürfte sie Regierungen anregen, nötige Konsolidierungs- und Reformmaßnahmen erneut hinauszuschieben.

II. ANZEICHEN KONVERGIERENDER ENTWICKLUNGEN IN DEN MITGLIEDSTAATEN

217. Mit dem Eintritt in die Europäische Währungsunion (EWU) haben die Mitgliedstaaten darauf verzichtet, eine Geldpolitik zu betreiben, die sich an nationalen Gegebenheiten orientiert. Divergierende makroökonomische Entwicklungen können zudem nicht mehr über Wechselkursänderungen abgefedert werden. Stattdessen kommt es dann zur Ausprägung größerer Unterschiede bei Löhnen und Preisen oder bei Arbeit und Produktion. Ein Vergleich der **Entwicklung des Bruttoinlandsprodukts** in verschiedenen Mitgliedstaaten zeigt, wie sehr sich die Wirtschaftsleistung seit dem Jahr 2005 auseinander entwickelt hat. ↘ ABBILDUNG 33 LINKS Während das deutsche Bruttoinlandsprodukt mittlerweile bereits 12 % über dem Niveau des Jahres 2005 liegt, verharrt Italien noch bei etwa 5 % unter dem Niveau des Basisjahres. Griechenland liegt sogar knapp 17 % darunter. Unter den von der Krise besonders betroffenen Ländern weisen Irland, Spanien und Portugal in jüngster Zeit wieder einen deutlichen Aufwärtstrend in der Wirtschaftsleistung auf. Ihre Wachstumsraten des Bruttoinlandsprodukts liefern erste Anzeichen für eine konvergierende Entwicklung. In Spanien und Portugal expandierte das Bruttoinlandsprodukt auch im 2. Vierteljahr 2014.

Die **Arbeitslosigkeit** in den Krisenländern ist zwar weiterhin sehr hoch, geht aber seit Sommer 2013 sichtbar zurück. In Irland sank die Arbeitslosenquote von 13,9 % im Mai 2013 auf 11,4 % im August 2014, in Portugal von 16,9 % auf 14,0 % und in Spanien von 26,2 % auf 24,4 %. In Italien stagniert sie auf einem hohen Niveau zwischen 12,6 % beziehungsweise 12,3 %.

218. Bei den **Konsumentenpreisen** zeigt sich für die Mitgliedstaaten, die vor der Krise relativ hohe Inflationsraten aufwiesen, seither eher ein geringerer Preisanstieg. Besonders deutlich ist die Verlangsamung des Preisanstiegs zuletzt in

↘ ABBILDUNG 33
Bruttoinlandsprodukt und Verbraucherpreise ausgewählter Mitgliedstaaten des Euro-Raums

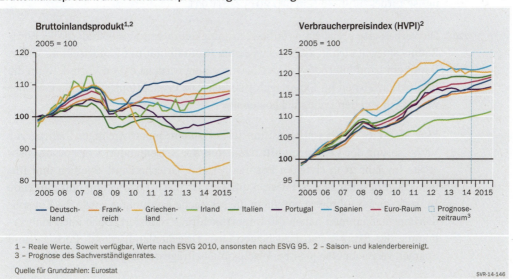

1 – Reale Werte. Soweit verfügbar, Werte nach ESVG 2010, ansonsten nach ESVG 95. 2 – Saison- und kalenderbereinigt.
3 – Prognose des Sachverständigenrates.

Quelle für Grundzahlen: Eurostat

Spanien, Portugal und Italien. In Griechenland ging das Preisniveau seit dem Jahr 2012 sogar zurück. Zwischen den Jahren 2009 und 2012 hatte der Preisanstieg dort noch über 10 % gelegen, teilweise bedingt durch eine Mehrwertsteuererhöhung um 4 Prozentpunkte. In Irland fiel der kumulierte Preisanstieg am geringsten aus, bei jedoch stets positiven Inflationsraten seit dem Jahr 2010.

Dies ist eine deutliche Umkehr gegenüber der Entwicklung vor der Krise. Mit dieser konvergierenden Entwicklung gewinnen die Krisenländer an (preislicher) Wettbewerbsfähigkeit. Während die Inflationsrate in Deutschland vor der Krise eher am unteren Rand der Bandbreite im Euro-Raum lag, bewegte sie sich seither an den oberen Rand. Die kumulierte Zunahme des deutschen Preisindex liegt jedoch noch im Mittelfeld der betrachteten Länder. ↘ ABBILDUNG 33 RECHTS

219. Die Inflationsraten in den Krisenländern wurden insbesondere durch Lohnanpassungen beeinflusst. Die Arbeitnehmerentgelte waren in diesen Ländern im Vergleich zum Rest des Euro-Raums bis Mitte des Jahres 2008 deutlich stärker gestiegen. ↘ ABBILDUNG 34 OBEN LINKS Vor allem Irland, Griechenland und Spanien verzeichneten damals starke Lohnzuwächse. Hingegen waren die Lohnkosten in Deutschland bis dahin leicht rückläufig. Seit dem Jahr 2009 schließt sich diese Lücke allmählich. Ein besonders starker Rückgang der Löhne je Arbeitnehmer ist in Irland und Griechenland zu sehen. Insgesamt deuten die Entwicklungen in den Krisenländern auf eine deutliche Verbesserung der preislichen Wettbewerbsfähigkeit hin.

Zur Beurteilung der internationalen preislichen Wettbewerbsfähigkeit wird der reale (effektive) Wechselkurs herangezogen. Zur Berechnung dieses Maßes dienen die Lohnstückkosten, die Verbraucherpreise und der Deflator des Bruttoinlandsprodukts. Unabhängig vom verwendeten Preisindex weisen insbesondere Griechenland, Irland und Spanien eine Verbesserung ihrer **preislichen Wettbewerbsfähigkeit** auf. Portugal hingegen verzeichnet nur eine leichte Verbesserung. Zudem verringert sich die Diskrepanz zwischen Deutschland und den Krisenländern schrittweise seit dem Jahr 2009. Dabei dürfte die reale Aufwertung in Deutschland auf relativ stärker steigende Lohnstückkosten und Güterpreise zurückzuführen sein (JG 2013 Ziffer 93).

220. Die verbesserte preisliche Wettbewerbsfähigkeit in den Krisenländern des Euro-Raums spiegelt sich in einer gesteigerten Profitabilität des Exportsektors wider. Damit ein Land international wettbewerbsfähig wird, ist es von Vorteil, wenn die Produktionskosten im Exportsektor sinken. Die Produktionskosten hängen aber wesentlich von den Lohnstückkosten ab.

Eine stärkere Wettbewerbsposition leistet zudem einen wichtigen Beitrag zur Verbesserung der **Leistungsbilanzsalden** der Krisenländer. ↘ ABBILDUNG 34 OBEN RECHTS Im Jahr 2013 erzielten Portugal, Irland, Griechenland, Spanien und Italien Leistungsbilanzüberschüsse. Zum Teil ist diese Entwicklung auf sinkende Importe zurückzuführen; vor allem die schwache Konjunktur sowie die Konsolidierungsmaßnahmen haben die Importnachfrage reduziert. Doch auch eine Erhöhung der Exporte hat dazu beigetragen. Griechenland, Irland, Portugal und Spanien verzeichneten positive Wachstumsbeiträge der Exporte. Die Leistungs-

↘ ABBILDUNG 34

Kennziffern zu den strukturellen Anpassungsprozessen in ausgewählten Mitgliedstaaten des Euro-Raums

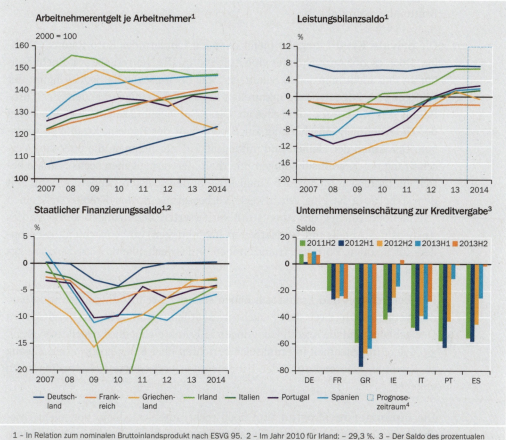

bilanzverbesserungen beruhen dort demnach nicht lediglich auf konjunkturellen Entwicklungen, sondern auch auf strukturellen Anpassungen.

221. Staatliche Konsolidierungsmaßnahmen haben trotz schwacher Wirtschaftsleistung zu einem deutlichen Rückgang der **öffentlichen Finanzierungssalden** in Relation zum Bruttoinlandsprodukt geführt. ↘ ABBILDUNG 34 UNTEN LINKS Die öffentlichen Haushalte in den Krisenländern wurden dabei seit dem Jahr 2012 durch den Rückgang der Schuldzinsen begünstigt. In Irland verbesserte sich der Finanzierungssaldo von -29 % im Jahr 2010 auf -7 % im Jahr 2013, in Griechenland von -11 % auf -3 %, in Portugal von -10 % auf -5 % und in Spanien von -10 % auf -7 %.

Diese erfolgreichen öffentlichen Konsolidierungsbemühungen spiegeln sich zudem in den **Primärsalden** wider. Seit dem Jahr 2013 weist Griechenland einen positiven Primärsaldo aus. In Irland, Portugal und Spanien haben sich die Primärsalden innerhalb der vergangenen Jahre schrittweise verbessert. Im Jahr 2014 dürften sich die Konsolidierungsbemühungen im Euro-Raum jedoch deutlich abschwächen. ↘ ZIFFER 90 Aufgrund des schwachen Wirtschaftswachstums und der nach wie vor vorhandenen Defizite führen die Verbesserungen im Staatshaushalt derzeit nicht zu einem Rückgang der Schuldenstände relativ zum Bruttoinlandsprodukt.

222. Die **private Kreditvergabe** bleibt in vielen Ländern des Euro-Raums verhalten. Doch es gibt Anzeichen für eine Aufhellung. Die Neuvergabe von Buchkrediten an den nichtfinanziellen Sektor ist zwar noch rückläufig, jedoch nahm der Rückgang im Zuge der konjunkturellen Erholung in einigen Ländern des Euro-Raums seit Mitte 2013 sukzessive ab. Diese Entwicklung zeigt sich ebenfalls bei der Unternehmenseinschätzung zur Bereitschaft der Banken, Kredite zu vergeben. Der Anteil der kleinen und mittelgroßen Unternehmen, die über eine Verschärfung der Kreditbedingungen innerhalb der vergangenen sechs Monate berichten, hatte sich im Sog der Finanzkrise in den meisten Ländern erhöht. Seit dem Jahr 2012 ist eine schrittweise Verbesserung in den Kreditrestriktionen (Nettoeffekt: Anstieg des Anteils mit verbesserten Bedingungen abzüglich des Anstiegs des Anteils mit restriktiveren Bedingungen) zu beobachten, insbesondere für Spanien, Portugal, Irland, Italien und Griechenland. ↘ ABBILDUNG 34 UNTEN RECHTS

Für Deutschland und Frankreich haben sich die Kreditbedingungen innerhalb der vergangenen zwei Jahre nicht wesentlich verändert. Im Vergleich zu Deutschland sind die Kreditbedingungen in Frankreich jedoch restriktiver. Rund 35 % der Unternehmen in Frankreich berichten über einen erschwerten Zugang zu Krediten, während 10 % der Unternehmen verbesserte Kreditbedingungen angeben.

Die **Finanzierungskosten** sind noch recht unterschiedlich. Vor allem Griechenland und Portugal weisen Zinssätze für ausstehende Kredite an nichtfinanzielle Unternehmen (alle Laufzeiten, alle Volumina) auf, die deutlich über dem Durchschnitt des Euro-Raums liegen; in Griechenland und Portugal um 2,3 beziehungsweise 0,9 Prozentpunkte. In Italien und Spanien sind es noch 0,5 beziehungsweise 0,2 Prozentpunkte. Frankreich und Deutschland liegen hingegen unterhalb des Euro-Raum-Durchschnitts von 3,2 %, mit Zinsniveaus von 2,6 % beziehungsweise 3,0 %.

Zwischenfazit

223. Die Maßnahmen zur Wiedergewinnung der Wettbewerbsfähigkeit und zur Konsolidierung der Haushalte in den Krisenländern zeigen Früchte. In Irland, Portugal und Spanien hat sich die Wirtschaftslage deutlich verbessert. Griechenland hat den tiefsten Einbruch erlebt, ist aber sichtlich wettbewerbsfähiger geworden. Italien hat hingegen überwiegend mit Steuererhöhungen den Staatshaushalt stabilisiert (JG 2013 Ziffer 240). Die Wirtschaftsleistung war dort im ersten Halbjahr 2014 rückläufig. Die Anzeichen konvergierender Entwicklungen in den Programmländern legen nahe, dass die Programme der European Financial Stability Facility (EFSF) und des European Stability Mechanism (ESM) wie beabsichtigt wirken und die verbesserte Wirtschaftslage nicht allein auf die Ankündigung des OMT-Programms zurückzuführen ist.

III. WEITERE ENTSPANNUNG TROTZ OMT-KRITIK DES BUNDESVERFASSUNGSGERICHTES

224. Als EZB-Präsident Draghi in der EZB-Pressekonferenz im Juni 2013 zu den laufenden Anhörungen des Bundesverfassungsgerichtes zu den OMT befragt wurde, beschrieb er die **OMT-Ankündigung** als die vermutlich erfolgreichste geldpolitische Maßnahme der neueren Zeit: Sie habe Stabilität gebracht – nicht nur für die Finanzmärkte in Europa, sondern für die Märkte weltweit. In der Tat waren die Zinsaufschläge für Staatsanleihen seit Mitte des Jahres 2012 drastisch zurückgegangen. Für spanische und italienische Staatsanleihen markierte der Sommer 2012 die Trendwende. ↘ ABBILDUNG 35 Irische und portugiesische Zinsen waren bereits seit Mitte 2011 beziehungsweise Frühjahr 2012 gefallen.

Eine **empirische Untersuchung** von Altavilla et al. (2014) kommt zu dem Ergebnis, dass die Ankündigung des OMT-Programms die Renditen zweijähriger spanischer und italienischer Staatsanleihen um etwa zwei Prozentpunkte reduziert hat, während sie die deutschen und französischen Renditen unberührt ließ. Diese Schätzung beruht auf einer Ereignisstudie, die die jeweilige Informationslage der Marktteilnehmer anhand eines umfangreichen Datensatzes abbildet. In einem zweiten Schritt schätzen die Autoren mittels einer Vektorautoregression (VAR), dass das Bruttoinlandsprodukt in Spanien und Italien ohne die OMT-Ankündigung um etwa 2,0 % beziehungsweise 1,5 % geringer ausgefallen wäre. Allerdings erscheint diese Schlussfolgerung etwas gewagt. Zum einen würde eine solche kontrafaktische Analyse den Einsatz eines strukturellen makroökonomischen Modells erfordern. Zum anderen kam es zeitgleich zu einer Reihe von Reformen und Strukturveränderungen in Spanien.

225. Die EZB hatte die OMT damit begründet, dass die außergewöhnlich **hohen Risikoprämien für Staatsanleihen** die Transmission der Geldpolitik in mehre-

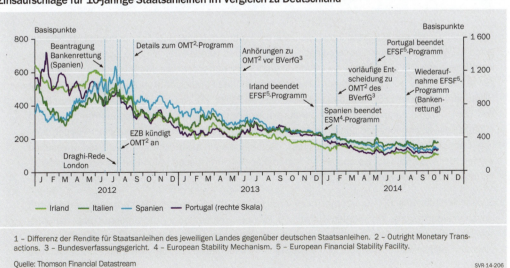

↘ ABBILDUNG 35
Zinsaufschläge für 10-jährige Staatsanleihen im Vergleich zu Deutschland[1]

1 – Differenz der Rendite für Staatsanleihen des jeweiligen Landes gegenüber deutschen Staatsanleihen. 2 – Outright Monetary Transactions. 3 – Bundesverfassungsgericht. 4 – European Stability Mechanism. 5 – European Financial Stability Facility.

Quelle: Thomson Financial Datastream

ren Mitgliedstaaten behindert hätten. Insbesondere wollte sie der Befürchtung entgegentreten, diese Länder könnten den Euro-Raum verlassen und neue nationale Währungen einführen. Sie knüpfte dieses Staatsanleihekaufprogramm an die Bedingung, dass das betreffende Land zumindest einen Antrag auf ein vorsorgliches Programm beim ESM in Form einer Enhanced Conditions Credit Line stellen müsse. Damit würde es einer expliziten makroökonomischen Konditionalität unterliegen. In diesem Fall könnte die EZB Anleihen aufkaufen, um Risikoaufschläge zu reduzieren. Sie wäre somit bereit, Verluste zu tragen, die bei einem möglichen zukünftigen Schuldenschnitt oder Austritt aus dem Euro-Raum auftreten würden.

226. Am 7. Februar 2014 gab das deutsche **Bundesverfassungsgericht (BVerfG)** bekannt, dass nach seiner Einschätzung der OMT-Beschluss der EZB über ihr Mandat für die Währungspolitik hinausgehe. ↘ KASTEN 11 Diese Nachricht zog – für viele Beobachter überraschend – keinen Anstieg der Risikoaufschläge an den Staatsanleihemärkten nach sich. Anfänglich könnten Marktteilnehmer aus der Vorlage mehrerer Fragen zur Vorabentscheidung durch den Europäischen Gerichtshof (EuGH) zwar geschlossen haben, dass der EuGH letztendlich die Vereinbarkeit der OMT mit dem Primärrecht attestieren würde. Doch schnell wiesen Kommentatoren darauf hin, dass sich das Bundesverfassungsgericht ein endgültiges Urteil vorbehalte (Thiele, 2014), und erklärten das OMT-Programm für „effektiv tot" (Fratzscher, 2014). Trotzdem gingen die Zinsaufschläge weiter zurück.

↘ KASTEN 11

Eckpunkte der Entscheidung des Bundesverfassungsgerichtes

Bei der Stellungnahme des BVerfG vom 7. Februar 2014 handelt es sich um eine vorläufige Entscheidung, da erstmals wesentliche Fragen an den EuGH weitergeleitet wurden. Dabei hat das BVerfG keine Eilentscheidung beantragt. Deshalb muss nicht mit einer zügigen Antwort durch den EuGH gerechnet werden. Das BVerfG hat bereits seine Einschätzung klar geäußert. „Nach Auffassung des Senats sprechen gewichtige Gründe dafür, dass er [der OMT-Beschluss] über das Mandat der EZB für die Währungspolitik hinausgeht und damit in die Zuständigkeit der Mitgliedstaaten [Wirtschaftspolitik] übergreift sowie gegen das Verbot der monetären Haushaltsfinanzierung verstößt" (Bundesverfassungsgericht, 2014).

Die Zuständigkeit der EZB beschränkt sich auf die Währungspolitik und nur nachrangig auf die allgemeine Wirtschaftspolitik. Letztere liegt vor allem in den Händen der Mitgliedstaaten. Das BVerfG klassifiziert das OMT-Programm als „überwiegend wirtschaftspolitische Maßnahme" und führt folgende drei Gründe an: (1) die Selektivität der Käufe, (2) die Parallelität (Konditionalität) der OMT mit Hilfsprogrammen der EFSF oder des ESM und (3) das Risiko, die Zielsetzung und Auflagen von EFSF und ESM zu unterlaufen, da die OMT bereits bei einem vorsorglichen ESM-Programm mit milderen Auflagen als einem vollständigen Programm und in unbegrenztem Umfang eingesetzt werden können. Damit müssten die OMT als „ultra vires", das heißt als ein ausbrechender Rechtsakt angesehen werden, der außerhalb der Kompetenzen liegt, die an die Europäische Union und die EZB mit den EU-Verträgen übertragen wurden.

Zudem verstößt das OMT-Programm nach Ansicht des BVerfG gegen das Verbot der monetären Haushaltsfinanzierung. Neben den Hinweisen für die Argumentation zur Unterstützung der Wirtschaftspolitik werden noch folgende Anhaltspunkte genannt: (i) die Bereitschaft zur Beteiligung an einem möglichen Schuldenschnitt und das erhöhte Risiko, dass es bei den erworbenen Staatsanleihen zu einem Schuldenschnitt kommen könnte, (ii) die Tatsache, dass es sich um einen Eingriff in die Preisbildung am Markt handelt, durch den Marktteilnehmer zum Erwerb der Staatsanleihen am Primärmarkt ermutigt werden, und (iii) die Möglichkeit, die erworbenen Anleihen bis zur Endfälligkeit zu halten.

Trotz dieser erheblichen Vorbehalte hat das BVerfG drei Kriterien aufgestellt, unter denen das Programm möglicherweise doch nicht zu beanstanden wäre: (1) Ein Schuldenschnitt auf gekaufte Anleihen muss ausgeschlossen werden. (2) Staatsanleihen einzelner Staaten dürfen nicht in unbegrenzter Höhe angekauft werden. (3) Eingriffe in die Preisbildung am Markt müssen möglichst vermieden werden. Das Gericht schloss aus Aussagen der EZB-Vertreter bei der Anhörung im Juni 2013, dass die Ziele der OMT innerhalb solcher Grenzen erreicht werden könnten.

Mögliche Entscheidungen des EuGH und Reaktionen des BVerfG

227. Da das BVerfG zum ersten Mal in seiner Geschichte einen Sachverhalt dem EuGH vorgelegt hat, liegt es nun an diesem, das OMT-Programm zu bewerten. Das BVerfG hat deutlich gemacht, unter welchen Umständen OMT-Anleihekäufe nach seiner Ansicht doch verfassungskonform wären. Der EuGH wird diese Punkte diskutieren müssen. Es ist zwar möglich, dass der EuGH dem BVerfG widerspricht und die Vereinbarkeit der OMT in der vorliegenden Form mit dem EU-Primärrecht attestiert. Das BVerfG behält sich jedoch vor, ein abschließendes Urteil zu fällen. Würde es dann eine Kompetenzüberschreitung der EZB (einen Ultra-vires-Akt) feststellen, entstünde ein **rechtlicher Konflikt** zwischen der europäischen (EZB, EuGH) und der nationalen Ebene (Deutsche Bundesbank, Bundesregierung, BVerfG), der auf dem Rechtsweg nicht aufzulösen wäre.

Auf Seiten der Bundesregierung könnte ein Urteil des BVerfG **Handlungspflichten** auslösen, die Kompetenzüberschreitung nachträglich durch Änderung des Primärrechts zu legitimieren oder sie mit rechtlichen oder politischen Mitteln zu unterbinden. Wenigstens müsste sich die Bundesregierung bemühen, die Auswirkung des OMT-Beschlusses im Inland zu begrenzen. Die Deutsche Bundesbank könnte aufgefordert werden, sich nicht an Käufen im Rahmen des OMT-Programms zu beteiligen. Zudem dürfte es schwierig werden, für zukünftige Anträge auf ESM-Hilfen eine Mehrheit im Bundestag zu finden, wenn dadurch das OMT-Programm aktiviert würde. Die EZB wiederum könnte die Deutsche Bundesbank vor dem EuGH verklagen, wenn sie die Umsetzung der OMT nicht ausreichend unterstützen würde.

228. Es läge im Interesse beider Gerichte, einen solchen Konflikt zu vermeiden. Eine Reihe von **Kompromissvarianten** wäre möglich (Siekmann und Wieland, 2014). Der EuGH könnte den bereits vom BVerfG formulierten Einschränkungen ganz oder teilweise zustimmen und von der EZB eine entsprechende Klärung verlangen. Insbesondere könnte der EuGH in denjenigen Punkten Zugeständnisse machen, die aus seiner Sicht die Wirksamkeit des OMT-Programms am wenigsten einschränken. Hierzu würde zum Beispiel die Aufforderung an die EZB ergehen, die Stillhaltefrist von Primärmarktemissionen zu konkretisieren. Dies würde die Wirkung der OMT nicht entscheidend verändern. Zudem könnte eine weitere Präzisierung und Beschränkung der Höhe der Käufe gefordert wer-

den. Zwar würde dies die Effektivität der OMT möglicherweise reduzieren, jedoch hat die EZB bereits bei der Einführung eine Begrenzung der Käufe auf Anleihen mit ein- bis dreijähriger Restlaufzeit angekündigt. Somit bestünde ein großer Spielraum für Präzisierungen, die immer noch umfangreiche Käufe erlauben würden.

229. Eine einschneidende Beschränkung würde sich insbesondere dann ergeben, wenn die EZB ähnlich wie bei ihrem ersten Staatsanleihekaufprogramm, dem Securities Markets Programme (SMP), eine **Übernahme von Verlusten** bei einem erzwungenen Schuldenschnitt ausschließen würde. Im Fall des Schuldenschnitts für griechische Staatsanleihen im März 2012 bestand die EZB auf einem Umtausch der Anleihen in ihrem Besitz, um sich diesen Verlusten zu entziehen. Unter solchen Umständen dürfte der Ankauf der EZB einen stark verminderten Effekt auf die Zinsaufschläge haben, da das Verlustrisiko bei den privaten Investoren bleibt. Die Wirkung der OMT wäre damit beschränkt. Im Falle eines Landes, das absehbar auf einen Schuldenschnitt zusteuert, könnten derartige EZB-Aufkäufe sogar zu höheren Zinsaufschlägen führen, da sie das Verlustrisiko der verbleibenden privaten Investoren erhöhen. Dann wären die OMT kontraproduktiv.

Würde der EuGH die Übernahme von Verlustrisiken für vereinbar mit dem europäischen Primärrecht halten, so stünde das BVerfG vor der schwierigen Entscheidung, ob es einen Kompromiss mittragen oder den Konflikt weitertreiben soll. Allerdings gäbe es selbst in diesem Fall noch Möglichkeiten, die Wirksamkeit des OMT-Programms zu erhalten. Zum Beispiel könnten die Mitgliedstaaten entscheiden, dass mögliche Ausfälle auf das EZB-Portfolio durch Garantien des ESM gedeckt würden.

Mögliche Gründe für den fortgesetzten Rückgang der Risikoaufschläge

230. Ein Grund dafür, dass die Risikoaufschläge auf Staatsanleihen der Krisenländer trotz der Entscheidung des BVerfG weiter gefallen sind, könnte darin liegen, dass die Marktteilnehmer glauben, der EuGH hätte das letzte Wort und würde die Vereinbarkeit der OMT mit dem europäischen Primärrecht endgültig bestätigen. Angesichts der breiten Berichterstattung und Diskussion unter Marktbeobachtern zu der Tragweite des rechtlichen Konflikts zwischen nationaler und europäischer Ebene ist dies jedoch wenig wahrscheinlich. Andererseits könnten die Marktteilnehmer wie oben beschrieben von einem **Kompromiss zwischen EuGH und BVerfG** ausgehen. Für diesen Fall könnten sie weiterhin die Möglichkeit von OMT bei der Bewertung von Anleihen der Krisenländer berücksichtigen.

231. Ein anderer Grund für die fortgesetzte Entspannung an den Finanzmärkten könnte darin liegen, dass die **strukturellen makroökonomischen Anpassungsprozesse** in den Krisenländern weit genug fortgeschritten sind, um negative Auswirkungen der rechtlichen Diskussion um das OMT-Programm auszuschließen. Die bislang genannten Indikatoren stützen diese Sichtweise. Zum anderen haben, mit Ausnahme von Griechenland, die Programmländer ihre

EFSF/ESM-Programme inzwischen erfolgreich zum Abschluss gebracht. Das irische EFSF-Programm endete bereits im Dezember 2013. Im selben Monat schloss die spanische Regierung ihr bankensektorspezifisches ESM-Programm ab. Zwei Monate später war zudem absehbar, dass Portugal sein EFSF-Programm erfolgreich abschließen würde. Dies geschah im Mai 2014. Am 3. August musste Portugal jedoch noch einmal auf ungenutzte Mittel zur Bankenstützung aus dem Programm zurückgreifen, um im Zuge einer Restrukturierung die portugiesische Banco Espírito Santo mit 4,4 Mrd Euro zu rekapitalisieren.

Eine weitere, mit der positiven Einschätzung der Fortschritte bei den nationalen Strukturreformen eng verwandte, Ursache der positiven Marktentwicklung könnte in den großen Fortschritten beim Projekt der europäischen **Bankenunion** liegen. ⇘ ZIFFERN 305 FF. Denn innerhalb dieses Rahmens sollte es einfacher werden, Banken zu restrukturieren oder abzuwickeln, ohne dass ein Mitgliedstaat in Zahlungsschwierigkeiten gerät.

232. Schließlich könnte die Entwicklung an den Finanzmärkten die Zuversicht der Marktteilnehmer widerspiegeln, dass die EZB andere Wege finden wird, Maßnahmen mit einer ähnlichen Wirkung wie die OMT umzusetzen. Inzwischen hat die EZB bereits eine **weitere geldpolitische Lockerung** in die Wege geleitet. In diesem Zusammenhang hat sie umfangreiche neue Liquiditätsangebote für die Banken bereitgestellt und wird ein substanzielles Aufkaufprogramm für private Wertpapiere umsetzen. Zudem wird eine weitere quantitative Lockerung mittels eines breiten, nicht-selektiven Staatsanleihekaufprogramms ernsthaft diskutiert. Staatsanleihekäufe dieser Art könnten eine ähnliche Wirkung wie die OMT auf Risikoaufschläge entfalten, ohne dass sie der vom BVerfG geäußerten Kritik der Selektivität und Parallelität unterliegen würden.

Zwischenfazit

233. In der Folge der Ankündigung des OMT-Programms durch die EZB hat sich die angespannte Lage im Euro-Raum deutlich beruhigt. Die vorliegende Evidenz deutet darauf hin, dass die Ankündigung zur Entspannung beigetragen hat. Umso verwunderlicher erscheint es auf den ersten Blick, dass die Kritik des BVerfG, welche die mögliche Aktivierung des OMT-Programms erheblich gefährdet, keine negativen Auswirkungen gezeigt hat. Es wird nicht ultimativ zu klären sein, ob dies an der positiven Einschätzung der Marktteilnehmer liegt, was die Reformfortschritte im Euro-Raum angeht, oder an ihrem Vertrauen in die Bereitschaft der EZB, im Notfall zu anderen Maßnahmen der quantitativen Lockerung zu greifen.

IV. MASSIVE GELDPOLITISCHE LOCKERUNG DURCH DIE EZB

1. Zinssenkungen und quantitative Lockerung

234. Die **Niedrigzinspolitik der EZB** reflektiert das nach wie vor sehr verhaltene Wirtschaftswachstum sowie die geringe Inflation im Euro-Raum. Die Inflationsrate liegt derzeit deutlich unter dem Ziel der EZB von unter, aber nahe 2 %, gemessen am harmonisierten Verbraucherpreisindex (HVPI). Bereits im Juli 2013 kündigte der EZB-Rat erstmals nicht nur eine Entscheidung für den aktuellen Zinssatz an, sondern informierte darüber, dass er erwarte, den Leitzins noch für einen längeren Zeitraum auf dem aktuellen oder einem niedrigeren Niveau zu belassen. Trotzdem kam die nächste Zinssenkung am 7. November 2013 für Beobachter etwas überraschend (JG 2013 Ziffern 185 ff.). Die EZB begründete die Maßnahme mit einem stärkeren als dem prognostizierten Rückgang der Inflationsrate und mit ihrer Erwartung einer längeren Periode niedriger Inflation. Als Gründe für den schwachen Preisauftrieb nannte die EZB den Rückgang der Energiepreise, die Aufwertung des Euro und die Unterauslastung der Wirtschaft im Euro-Raum insgesamt. Im April und Mai 2014 bereitete die EZB im Rahmen ihrer Kommunikation die Märkte dann auf eine weitere anstehende Lockerung vor.

235. Am 5. Juni 2014 beschloss der EZB-Rat **umfangreiche weitere Lockerungsmaßnahmen**. Er begründete die Entscheidung mit der unerwartet schwächeren Entwicklung von Wachstum und Inflation, einer Verschlechterung der entsprechenden Prognosen für die nähere Zukunft und mit den Risiken, die mit einer anhaltenden Periode niedriger Inflationsraten verbunden wären. Der Hauptrefinanzierungssatz (MRO-Rate) wurde auf 15 Basispunkte und der Spitzenrefinanzierungssatz auf 40 Basispunkte gesenkt. Erstmals führte die EZB einen negativen Einlagezins von -10 Basispunkten ein, mit dem Ziel, die Liquidität im Interbankenmarkt zu erhöhen. In dieselbe Richtung zielten die Entscheidungen, die Vollzuteilung im Rahmen der Hauptrefinanzierungsgeschäfte mindestens bis Dezember 2016 fortzusetzen und die Sterilisierung des Staatsanleiheportfolios aus den Anleihekäufen im Rahmen des SMP-Programms auszusetzen.

Zudem wurde ein neues Instrument eingeführt, das eine umfangreiche längerfristige Ausleihung günstiger Liquidität an den Bankensektor zum Ziel hat, die **gezielten längerfristigen Refinanzierungsgeschäfte** (GLRG, engl. Targeted Long-Term Refinancing Operations, TLTRO). Im Zeitraum von zwei Jahren sollen acht derartige Geschäfte durchgeführt werden. Mit den GLRG will die EZB eine Verbesserung der Kreditvergabe der Banken an den nichtfinanziellen privaten Sektor des Euro-Raums (ohne Wohnungsbaukredite an private Haushalte) erreichen. Zusätzlich informierte die EZB, dass sie die vorbereitenden Arbeiten für ein weiteres neues Instrument, ein Aufkaufprogramm für private strukturierte Wertpapiere oder Kreditverbriefungen (Asset-Backed Securities, ABS), verstärken werde.

236. Am 4. September legte der EZB-Rat noch einmal nach – wiederum mit Verweis auf schwächer als erwartete Wachstums- und Inflationsdaten. Der Leitzins wurde auf 5 Basispunkte abgesenkt, der Spitzenrefinanzierungssatz auf 30 Basispunkte und der Einlagezinssatz auf -20 Basispunkte. Zudem kündigte der Rat **Programme zum Aufkauf von ABS und gedeckten Schuldverschreibungen**, zum Beispiel Pfandbriefe, an. Am 2. Oktober veröffentlichte die EZB die Modalitäten der Programme und gab bekannt, dass die Aufkäufe ab diesem Quartal, beginnend mit Pfandbriefen in der zweiten Oktoberhälfte, starten sollen, ohne jedoch eine geplante Größenordnung zu nennen.

In der Pressekonferenz im September erklärte EZB-Präsident Draghi, dass der Rat mit diesen Schritten zwei Absichten verfolge: Die **Kreditvergabe im Bankensektor** sollte damit angeregt und die **Bilanz des Eurosystems hin zum Niveau vom Anfang des Jahres 2012 geführt werden**. Einen Zeithorizont oder den genauen Umfang der Bilanzausweitung nannte er allerdings nicht, auch nicht in der Pressekonferenz im Oktober. Im Januar 2012 hatte die Bilanzsumme bei knapp 2,7 Billionen Euro gelegen, war aber im März 2012 auf über drei Billionen Euro gestiegen. Ende August 2014 betrug sie nur noch etwas mehr als zwei Billionen Euro. Eine Erhöhung um eine Billion Euro entspräche etwa 10 % des jährlichen Bruttoinlandsprodukts des Euro-Raums. Der EZB-Rat hat zuletzt im Oktober darauf hingewiesen, dass er, falls nötig, weitere unkonventionelle Maßnahmen vornehmen werde.

Negativer Einlagezins

237. EZB-Präsident Draghi hatte bereits im Jahr 2013 immer wieder betont, dass die EZB technisch vorbereitet sei, einen **negativen Einlagezins** einzuführen, falls dies nötig würde. Die EZB erhebt nun seit dem 11. Juni 2014 eine Gebühr von 0,1 % auf Einlagen der Banken, die sie im September 2014 sogar auf 0,2 % ausweitete. Damit will sie den betroffenen Banken einen zusätzlichen Anreiz setzen, diese Liquidität nicht bei der Notenbank zu deponieren, sondern an andere Banken zu verleihen, die ihrerseits Liquidität benötigen. Auf diesem Weg könnten sie die Gebühr vermeiden. Darüber hinaus soll der Bankensektor insgesamt zu einer höheren Kreditvergabe ermutigt werden.

Der Zinssenkungsspielraum unter 0 % wird allerdings durch die **Kosten der Bargeldhaltung** begrenzt. Kreditinstitute werden ihr Geld bei der EZB nur einlegen, solange die Kosten nicht die der eigenen Aufbewahrung übersteigen. Auch wenn Bargeld stets mit 0 % verzinst wird, kommt es bei Bargeldhaltung in großen Mengen zu Kosten bezüglich Lagerung und Sicherheit. Die EZB wendet den Negativzins nicht nur auf die Einlagefazilität an, sondern ebenfalls auf die Girokonten der Banken bei der EZB, mit Ausnahme der zu haltenden Mindestreserve. Sie zieht hiermit Lehren aus den Erfahrungen der Notenbank von Dänemark, die in dieser Hinsicht massive Ausweichreaktionen der Banken zuließ und sogar förderte (Danmarks Nationalbank, 2012; Klose, 2013). ↘ KASTEN 12

> KASTEN 12

Negative Einlagezinsen: Erfahrungen in Dänemark

Die EZB ist nicht die erste Zentralbank, die das Mittel des negativen Einlagezinses nutzt. Die dänische Zentralbank senkte den Einlagezins im Juli 2012 von 0,05 % auf -0,2 %. Ende Januar 2013 erhöhte sie ihn zunächst auf -0,1 % und im April 2014 auf 0,05 %, um ihn im September 2014 wieder auf −0,05 % zu senken. Sie beabsichtigte mit der Senkung des Einlagezinses, dem Aufwertungsdruck auf die Dänische Krone entgegenzuwirken. Im Rahmen des Wechselkursmechanismus II hat sich Dänemark verpflichtet, einen stabilen Wechselkurs zum Euro beizubehalten. Die Einlagezinssenkung sollte Kapitalzuflüsse reduzieren.

Mit Einführung des negativen Einlagezinssatzes wurde aber die Höchstgrenze für Einlagen auf den Girokonten der Banken bei der dänischen Zentralbank angehoben, wahrscheinlich um die Folgen des negativen Einlagezinses für die Banken abzumildern. Gleichzeitig blieb diese Art der Einlage, die als tägliche Transaktionskasse mit anderen Kreditinstituten oder der Zentralbank dient, unverzinst. Zunächst stieg sie von 23 Mrd auf rund 70 Mrd Dänische Kronen und erreichte bis zu knapp 105 Mrd Dänische Kronen. Mit der Abschaffung des negativen Einlagezinses senkte die Notenbank die Höchstgrenze auf 38 Mrd Dänische Kronen. Mit der Erweiterung dieser Ausweichmöglichkeit wurde die Wirkung des Negativzinses zu einem erheblichen Teil konterkariert. Während im ersten Halbjahr des Jahres 2012 durchschnittlich 32 % des Einlagevolumens auf Girokonten ungenutzt blieben, waren es im zweiten Halbjahr nur noch 7 %. Dass es überhaupt zu ungenutzten Kapazitäten kommen konnte, dürfte daran liegen, dass sich die Ausgestaltung der Obergrenze auf Einzelinstitute bezieht, statt eine allgemeine Obergrenze festzulegen. Mit der vorübergehenden Abschaffung des negativen Einlagezinses im April 2014 stieg der Abstand der Einlagen auf Girokonten zu der zulässigen Höchstgrenze wieder an. Wurden im ersten Quartal 2014 noch immer lediglich 7 % der maximal möglichen Einlagen nicht genutzt, so waren es im zweiten Quartal bereits 11 %. Als die Dänische Zentralbank im September 2014 wieder einen negativen Einlagezins einführte, weitete sie die Höchstgrenze für Einlagen auf Girokonten nicht erneut aus.

Insgesamt sind die Einlagen der Kreditinstitute bei der Zentralbank in der Zeit des negativen Einlagezinses gestiegen. Dabei nahmen die Einlagen auf Girokonten in der zweiten Hälfte des Jahres 2012 gegenüber der ersten Hälfte um über 400 % auf etwa 65 Mrd Dänische Kronen zu. Der Zuwachs der Einlagefazilität blieb mit durchschnittlich 2 % allerdings nahezu unverändert. Ein ähnliches Bild ergibt sich nach der Abschaffung des negativen Einlagezinses. Im Vergleich zum ersten Quartal 2014 nahmen die Giroeinlagen um rund 47 % ab, während die Einlagefazilität nur um 11 % zurückging.

Gezielte längerfristige Refinanzierungsgeschäfte (GLRG)

238. Die GLRG sind eine neue Variante der längerfristigen Refinanzierungsgeschäfte (LRG, engl. Longer-Term Refinancing Operations, LTRO). Viele Geschäftsbanken haben inzwischen die Möglichkeit zur vorzeitigen Rückzahlung der **LRG mit dreijähriger Laufzeit**, die im Dezember 2011 und Februar 2012 durchgeführt wurden, genutzt – ein klares Zeichen dafür, dass sie wieder besseren Liquiditätszugang am Markt genießen. Das Zuteilungsvolumen belief sich damals auf 489 Mrd Euro beziehungsweise 530 Mrd Euro (JG 2012 Ziffer 136). Seitdem sank das Volumen von über einer Billion Euro auf nur noch 33 % des Anfangsbestands. Infolge der frühzeitigen Rückzahlungen reduzierte sich die Bilanz des Eurosystems. Seit Anfang 2013 ging sie von deutlich über 30 % des Bruttoinlandsprodukts des Euro-Raums (3 018 Mrd Euro) auf knapp über 20 % (1 988 Mrd Euro) zurück. ⇘ ABBILDUNG 36 Diesen Rückgang will die EZB nun ausgleichen und schreibt dabei den GLRG eine wichtige Rolle zu.

↘ ABBILDUNG 36
Struktur der EZB-Aktiva
in Relation zum nominalen Bruttoinlandsprodukt

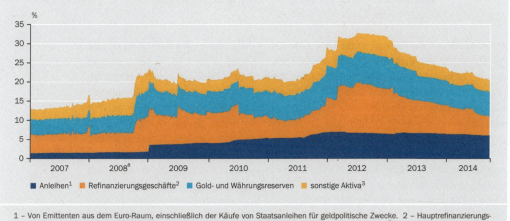

1 – Von Emittenten aus dem Euro-Raum, einschließlich der Käufe von Staatsanleihen für geldpolitische Zwecke. 2 – Hauptrefinanzierungs- und längerfristige Refinanzierungsgeschäfte. 3 – Einschließlich sonstiger Kredite an Banken. a – Ende 2008: Änderung der Zuordnung von „sonstige Aktiva" in die Kategorie „Anleihen".

Quellen für Grundzahlen: Eurostat, EZB

239. Um die GLRG in einem Umfeld, in dem die Geschäftsbanken die dreijährigen LRG frühzeitig zurückzahlen, attraktiv zu gestalten, bietet die EZB **Liquidität nicht zu einem variablen, sondern zu einem günstigen festen Zins** an. Dieser Zins liegt 10 Basispunkte über dem gültigen Hauptrefinanzierungssatz. Mit der letzten Zinssenkung hat die EZB die Attraktivität der GLRG im Vergleich zum Juni noch einmal erhöht. Nun können sich die Banken zu einem Festzins von 15 Basispunkten für ganze vier Jahre mit Liquidität versorgen. Laut EZB-Präsident Draghi sei eine untere Grenze für den Leitzins erreicht. Es bestünde kein Grund, in Erwartung weiterer Zinssenkungen auf einen späteren GLRG-Termin zu warten.

Die **EZB beschränkt den Kreditanspruch** der Banken für die GLRG am 18. September und 18. Dezember auf 7 % des Gesamtbetrags ihrer am 30. April 2014 ausstehenden Kredite an den nichtfinanziellen privaten Sektor des Euro-Währungsgebiets (ohne Wohnungsbaukredite an private Haushalte). Der Anspruch beläuft sich auf etwa 400 Mrd Euro oder 4,4 % des Bruttoinlandsprodukts. Von März 2015 bis Juni 2016 werden vierteljährlich sechs weitere GLRG durchgeführt. Der entsprechende Kreditanspruch beläuft sich auf das Dreifache der Zunahme der Kreditvergabe an den Zielsektor seit April 2014 relativ zu einer Referenzgröße. ↘ ENGDRUCK SEITE 140 Alle GLRG werden zum September 2018 fällig. Sollten die teilnehmenden Banken ihre Kreditvergabe an den Zielsektor nicht entsprechend der Referenzgröße erhöhen, müssen sie die Kredite bereits nach zwei Jahren an die EZB zurückzahlen.

240. Ein vergleichbares Programm wurde von der Bank of England (BoE) und dem britischen Finanzministerium bereits im Juli 2012 mit dem **Funding for Lending Scheme (FLS)** aufgelegt. Es sollte Banken mit Liquidität zu günstigen Konditionen versorgen, wenn sie damit Kredite an Haushalte und Unternehmen (seit November 2013 nur noch Unternehmen) finanzieren (JG 2012 Ziffer 49). Das Volumen des FLS blieb sehr gering. Lag der Kreditbestand in den FLS-

fähigen Sektoren vor der Einführung bei rund 1,4 Billionen Britischen Pfund, so sind über das FLS bis Ende Juni 2014 nur knapp 47 Mrd Britische Pfund verliehen worden – weniger als 3,3 % des gesamten Marktes.

Der Kreditanspruch der Banken an die Zentralbank im Rahmen der ersten zwei GLRG im Jahr 2014 sowie der nachfolgenden sechs vierteljährlich durchgeführten GLRG lässt sich an folgendem Beispiel verdeutlichen. Angenommen, die betroffene Bank hat zum Stichtag, dem 30. April 2014, Kredite an den Zielsektor Nichtbanken (ohne Immobilien und öffentlichen Sektor) im Umfang von einer Millarde Euro in ihrem Portfolio, so hat sie Anspruch auf 7 % dieses Betrages, das heißt 70 Mio Euro im Rahmen der ersten beiden GLRG. Wenn die betroffene Bank bis zum nächsten Termin ihre Nettokreditvergabe an den Zielsektor erhöht, zum Beispiel um 1 % oder 10 Mio Euro, dann erhält sie einen zusätzlichen Anspruch auf Zentralbankliquidität in Höhe des Dreifachen dieses Zuwachses, das heißt 30 Mio Euro. Dies gilt allerdings nur für Banken, deren Nettokreditvergabe in den zwölf Monaten vor dem 30. April 2014 positiv war. War die Nettokreditvergabe in diesem Zeitraum negativ, so muss für ein Jahr nicht einmal die Nettokreditvergabe ausgeweitet werden, um zusätzliche Mittel aus den GLRG zu erhalten.

241. Die **Verwendung der Liquidität** aus den GLRG ist **nur rudimentär eingeschränkt**. Verwendet eine Bank den Zentralbankkredit vollständig zur Finanzierung von Staatsanleihen oder Immobilienkrediten an Haushalte, so ist die einzige Konsequenz die vorgezogene Rückzahlung im September 2016. In diesem Fall entspräche die Maßnahme einem **zweijährigen LRG mit Festzins**. Bei den zusätzlichen vierteljährlichen GLRG in den Jahren 2015 und 2016 kann immer das Dreifache der bisherigen zusätzlichen Kreditvergabe an den Zielsektor (in Relation zu einer Referenzgröße) geliehen werden. Somit genügt es, nur einen Teil der Liquidität für zusätzliche Kredite an den nichtfinanziellen Sektor ohne Staat und Immobilien zu vergeben, um den Referenzwert einzuhalten. Eine zusätzliche Kreditvergabe an den öffentlichen Sektor und an Haushalte für Immobilieninvestitionen wird mit den GLRG jedenfalls nicht vermieden.

Es stellt sich jedoch die grundsätzliche Frage, ob die Notenbank die Kreditvergabe überhaupt in dieser Weise **feinsteuern** sollte. Da die Geschäftsbanken besser über die Kreditwürdigkeit der Schuldner und die Projektqualität informiert sind, sollten sie besser selbst über die Verwendung der Liquidität entscheiden. Zudem steht die Einschränkung im Widerspruch zu anderen Maßnahmen, wie der OMT-Ankündigung und dem ABS-Kaufprogramm, die eine günstige Wirkung auf die Finanzierung des öffentlichen Sektors und privater Immobilieninvestitionen entfalten.

242. Der Anspruch an Zentralbankliquidität aus allen GLRG zusammen könnte sich nach Aussage von EZB-Präsident Draghi im Juli 2014 auf maximal eine Billion Euro belaufen. In der nachfolgenden Sitzung verwies er auf Markteinschätzungen, nach denen der tatsächliche Umfang der Geschäfte insgesamt zwischen 450 und 850 Mrd Euro liegen könnte. Im Rahmen des ersten GLRG am 18. September liehen sich Banken 82,6 Mrd Euro von der EZB. Nach einer Umfrage von Bloomberg hatten Analysten einen doppelt so hohen Betrag erwartet (Financial Times, 2014). Reuters und andere Nachrichtenagenturen berichteten, dass knapp die Hälfte des Betrages an italienische und spanische Banken ging.

Ein Grund für die geringere Nachfrage könnte sein, dass die Banken sich bis zum Abschluss der umfassenden Prüfung der Bankbilanzen durch die EZB Ende Oktober zurückhalten wollten, wenngleich der Stichtag für die Bilanzprüfung (31.12.2013) bereits vorbei war. In diesem Fall müsste das Geschäft im Dezember deutlich größer ausfallen. Außerdem spielt für Banken, die sich gegenwärtig günstig finanzieren können, eine Wartezeit bis Dezember keine große Rolle. Ein anderer Grund könnte auf der Nachfrageseite des Kreditmarkts liegen. Den nichtfinanziellen Unternehmen im Euro-Raum bieten sich möglicherweise nicht genügend attraktive Investitionsmöglichkeiten (Gros et al., 2014). Dann wäre an anderer Stelle anzusetzen, nämlich bei den **Strukturreformen**, die außerhalb des Einflussbereichs der EZB angesiedelt sind.

Aufkaufprogramme für Kreditverbriefungen (ABS), Pfandbriefe und Staatsanleihen

243. Sollte sich die Nachfrage nach GLRG-Liquidität im Dezember nicht massiv erhöhen, käme den **Aufkaufprogrammen** eine bedeutendere Rolle bei der Steigerung der EZB-Bilanz zu. Das „ABS purchase programme" (ABSPP) und das „covered bond purchase programme" (CBPP3) sollen sich über mindestens zwei Jahre erstrecken. Die Eignung von Kreditverbriefungen und Schuldverschreibungen für einen Ankauf orientiert sich an dem Rahmen, der festlegt, welche Vermögenswerte als Sicherheiten für geldpolitische Geschäfte zugelassen sind. Da mit dem Ankauf größere Risiken eingegangen werden als mit der Hereinnahme als Sicherheit, sind die Bedingungen risikomindernd angepasst worden. Unter zusätzlichen Einschränkungen können selbst griechische und zyprische Wertpapiere angekauft werden, obwohl sie derzeit nicht notenbankfähig sind.

Aufkaufprogramme dieser Art werden als **quantitative Lockerung** bezeichnet. Zum einen wollen Notenbanken damit Risikoprämien in bestimmten Märkten reduzieren, um diese neu zu beleben (Credit Easing), zum anderen wollen sie ihre Bilanz und damit die Geldbasis ausweiten. Die Geldbasis tritt somit als Instrument der Geldpolitik an die Stelle des Leitzinses, wenn der Leitzins nahe Null liegt und nicht weiter gesenkt werden kann.

244. Mit dem CBPP3 sollen gedeckte Schuldverschreibungen, etwa Pfandbriefe, gekauft werden. Pfandbriefe gelten wegen ihrer gesetzlichen Garantien in Deutschland als äußerst sicher. Das Eurosystem hat bereits in der Vergangenheit zwei Kaufprogramme für diese gedeckten Schuldverschreibungen durchgeführt (JG 2009 Ziffer 136; JG 2012 Ziffer 129). CBPP1 wurde im Juli 2009 aufgelegt und mit dem angekündigten Volumen von 60 Mrd Euro bis zum Abschluss des Programms im Juni 2010 voll ausgeschöpft. Die EZB hält die Papiere bis zu ihrem Laufzeitende. CBPP2 lief von Oktober 2011 bis September 2012. Hier kaufte die EZB weniger als die Hälfte des geplanten Volumens von 40 Mrd Euro und gab als Gründe für diese Kaufzurückhaltung damals die gestiegene Nachfrage am Markt und ein geringeres Angebot an.

245. Im Rahmen des ABSPP wird das Eurosystem ein **breit angelegtes Portfolio von Kreditverbriefungen** von Banken ankaufen. Diese Wertpapiere erlauben Banken, Forderungen aus Unternehmenskrediten oder Hypothekendarlehen aus

ihrer eigenen Bilanz auszulagern und weiterzuverkaufen. Die Banken können auf diese Weise Risiken reduzieren und regulatorisches Eigenkapital freisetzen, mit dem sie neue Kredite vergeben können. Mit dieser Maßnahme setzt die EZB somit Anreize für Banken, größere Ausfallrisiken einzugehen. Die EZB will sowohl die relativ sicheren Senior-Tranchen als auch die riskanteren Mezzanine-Tranchen kaufen. Letztgenannte werden nur berücksichtigt, wenn staatliche Garantien vorliegen. Inzwischen ist eine Debatte darüber entbrannt, ob Staaten solche Garantien abgeben sollten. Während EZB-Vertreter dafür werben, haben sich die Regierungen von Frankreich und Deutschland sowie die Deutsche Bundesbank dagegen ausgesprochen. Diese wies dabei auf ihre früheren Warnungen hin, dass eine entsprechende Übernahme von Risiken in die Bilanz des Euro-Systems nicht zu weit gehen dürfe.

246. Der **mögliche Umfang der zwei neuen Aufkaufprogramme** ist momentan nur schwer abzuschätzen. Sollte die EZB dabei bleiben, nur Senior-Tranchen der Kreditverbriefungen anzukaufen, und sollten staatliche Garantien für riskantere Tranchen ausbleiben, dürfte das Volumen begrenzt bleiben. Kreditverbriefungen, welche die Bedingungen für den Einsatz als Sicherheiten bei der EZB-Kreditvergabe an die Banken erfüllen, beliefen sich im Juni des Jahres 2014 auf 684,2 Mrd Euro. Etwa die Hälfte davon (300,9 Mrd Euro) waren als Sicherheiten bei der EZB hinterlegt. Das Gesamtvolumen ausstehender notenbankfähiger gedeckter Bankschuldverschreibungen lag Mitte 2014 im Euro-Raum bei knapp 1,5 Billionen Euro. Allerdings entwickelt sich dieser Markt in Ländern wie Spanien und Italien gerade erst.

247. Angesichts des begrenzten Volumens an geeigneten ABS und Schuldverschreibungen sowie der unerwartet geringen Nachfrage nach Zentralbankliquidität bei dem ersten GLRG rückt ein **mögliches Ankaufprogramm für Staatsanleihen** stärker in den Fokus. EZB-Präsident Draghi hat bereits häufiger darauf hingewiesen, dass der EZB-Rat, wenn er es für die Sicherstellung der Preisstabilität für notwendig erachtet, durchaus ein breit angelegtes Ankaufprogramm für Staatsanleihen umsetzen würde. Die EZB hat bereits in der Vergangenheit Staatsanleihen einzelner Länder im Rahmen des SMP aufgekauft. In der Pressekonferenz im September erwähnte Draghi, dass ein breit angelegter Ankauf von Staatsanleihen in der Ratssitzung diskutiert und von einigen Mitgliedern gefordert worden sei.

Ein Programm, das zu einer massiven Ausweitung der Bilanz beitragen soll, könnte den Kauf von Staatsanleihen aller Mitgliedstaaten zum Ziel haben, möglicherweise gewichtet nach dem Anteil am Bruttoinlandsprodukt des Euro-Raums. Das Volumen könnte explizit begrenzt, und die Aufkäufe könnten im Sekundärmarkt getätigt werden. Angesichts der hohen Staatsverschuldung im Euro-Raum müsste nur ein kleiner Anteil der vorhandenen Anleihen gekauft werden. Die Übernahme von Verlustrisiken bei einem möglichen Schuldenschnitt könnte, wie beim griechischen Schuldenschnitt praktiziert, vermieden werden. Ein solches Programm dürfte selbst die Bedingungen erfüllen, die das Bundesverfassungsgericht bei der Prüfung des OMT-Programms hinsichtlich seiner Vereinbarkeit mit den europäischen Verträgen genannt hat. Es muss somit davon ausgegangen werden, dass die Ausweitung der geplanten quantitativen Lockerung auf Staatsanleihekäufe zur Entscheidung anstehen könnte.

2. Einordnung der Maßnahmen anhand geldpolitischer Regeln

248. Grundsätzlich ist zu prüfen, ob die geplante massive Ausweitung der Zentralbankliquidität angesichts der makroökonomischen Entwicklung im Euro-Raum notwendig und angemessen ist. Die EZB hat das bisherige Maßnahmenpaket mit der **unerwartet schwächeren Entwicklung** von Wachstum und Inflation im Euro-Raum sowie mit einer Verschlechterung der Wachstums- und Inflationsprognosen für die nähere Zukunft und mit den **Risiken** einer zu langen Periode niedriger Inflationsraten begründet. Der erste Ansatzpunkt für diese Prüfung ist die Betrachtung geldpolitischer Regeln.

249. In der Tat können die Entscheidungen des EZB-Rates zum Leitzins seit dem Jahr 1999 gut mit einer Reaktion auf die jeweils vorliegenden Wachstums- und Inflationsprognosen beschrieben werden (Orphanides und Wieland, 2013; JG 2013 Ziffern 182 ff.). Insbesondere hat die EZB in den Jahren der Finanzkrise und der Rezession im Euro-Raum diesem Maßstab zufolge ihre Zinsentscheidungen mit Blick auf Inflation und Wachstum ähnlich wie in der Vergangenheit gefällt. Mit den Zinsentscheidungen in den Jahren 2013 und 2014 rückte die EZB allerdings knapp unter das von dieser **Zinsänderungsregel** implizierte Band. ↘ ABBILDUNG 37 LINKS Nimmt man diesen Blickwinkel an, so hat die EZB ihren Leitzins bereits ausreichend an die niedrigen Inflations- und Wachstumsraten angepasst und muss die Zentralbankbilanz nicht unbedingt massiv ausweiten.

Zwar beschreibt die oben genannte Regel die Leitzinspolitik der EZB sehr gut. Trotzdem könnten andere Zinsregeln bessere Ergebnisse liefern. Zum Vergleich

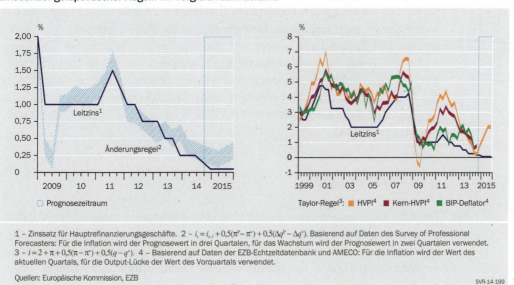

↘ ABBILDUNG 37
Zinsbänder geldpolitischer Regeln im Vergleich zum Leitzins

1 – Zinssatz für Hauptrefinanzierungsgeschäfte. 2 – $i_t = i_{t-1} + 0{,}5(\pi^p - \pi^*) + 0{,}5(\Delta q^p - \Delta q^*)$. Basierend auf Daten des Survey of Professional Forecasters: Für die Inflation wird der Prognosewert in drei Quartalen, für das Wachstum wird der Prognosewert in zwei Quartalen verwendet. 3 – $i = 2 + \pi + 0{,}5(\pi - \pi^*) + 0{,}5(q - q^*)$. 4 – Basierend auf Daten der EZB-Echtzeitdatenbank und AMECO: Für die Inflation wird der Wert des aktuellen Quartals, für die Output-Lücke der Wert des Vorquartals verwendet.

Quellen: Europäische Kommission, EZB

wird hier die bekannteste Zinsregel, die sogenannte Taylor-Regel (Taylor, 1993), herangezogen. Sie wurde zur Beschreibung der Geldpolitik (in den Vereinigten Staaten zwischen 1988 und 1993) und als Bewertungsmaßstab verwendet (JG 2013 Ziffern 180 f.). In den Jahren vor der Finanzkrise setzte die US-Notenbank (Fed) den Geldmarktzins deutlich unter dem Niveau der Taylor-Regel fest. Die Regel signalisierte somit eine zu stark akkommodierende Politik. Neuere Forschungsergebnisse legen nahe, dass diese Abweichungen den Immobilienboom beförderten (Taylor, 2007).

250. Die Anwendung der Taylor-Regel auf den Euro-Raum ↘ ABBILDUNG 37 RECHTS zeigt, dass der EZB-Leitzins vor der Finanzkrise ebenfalls für einige Jahre unter dem Niveau der Taylor-Regel lag. Die Abbildung lässt drei Varianten mit unterschiedlichen Inflationsraten erkennen: Der Deflator des Bruttoinlandsprodukts entspricht der ursprünglichen Taylor-Regel. Die Variante mit dem harmonisierten Verbraucherpreisindex (HVPI) impliziert weitaus stärkere Ausschläge nach oben und unten. Der Kern-HVPI – ohne Energie- und Lebensmittelpreise – kommt der ursprünglichen Taylor-Regel etwas näher und spiegelt die Orientierung der EZB auf die mittelfristige Inflationsentwicklung wider. In der gegenwärtigen Situation nimmt die Taylor-Regel für den Euro-Raum Werte an, die über dem aktuellen Leitzinsniveau liegen.

251. In jüngster Zeit wird die These vertreten, dass der **reale Gleichgewichtszins** in den Vereinigten Staaten stark gefallen ist (Summers, 2013) und die Geldpolitik dies berücksichtigen müsse. Es ist gegenwärtig jedoch äußerst schwer zu erkennen, ob der Rückgang der realen Zinsen durch die anhaltend lockere Geldpolitik oder durch einen Rückgang des Gleichgewichtszinses bedingt ist (Borio und Disyatat, 2014). Zudem sind Schätzwerte des realen Gleichgewichtszinses noch ungenauer als die des Potenzialoutputs (Laubach und Williams, 2003; Mesonnier und Renne, 2007). Dies spricht für eine Änderungsregel, die ohne Schätzwert des Gleichgewichtszinses auskommt, so wie die geschätzte Regel für den Euro-Raum (Orphanides und Williams, 2002). ↘ ABBILDUNG 37 LINKS

Allerdings liegt ein Nachteil der Änderungsregel im Vergleich zur Taylor-Regel darin, dass ein einmaliger Politikfehler eine längere Periode zu niedriger oder zu hoher Zinsen nach sich zieht. Deshalb sind beide Regeln nützliche Referenzpunkte. Die Taylor-Regel bezieht sich auf den langfristigen realen Gleichgewichtszins. Diesbezügliche Schätzungen variieren weit weniger als für kurz- oder mittelfristige Gleichgewichtszinsen. Eine aktuelle Schätzung in dem vielbeachteten strukturellen makroökonomischen Modell von Smets und Wouters (2007) liegt für die vergangenen 20 Jahre nahe dem Wert von 2 % in der Taylor-Regel (Taylor et al., 2014).

3. Zwischenfazit

252. Die EZB hat zwischen Juni und Oktober dieses Jahres ein umfangreiches Paket an neuen geldpolitischen Lockerungsmaßnahmen in die Wege geleitet. **Wichtigstes Element** ist nicht die Leitzinssenkung auf zuletzt lediglich 5 Basispunkte, sondern eine Reihe von **quantitativen Lockerungsmaßnahmen**. Dazu

gehören die GLRG und die neuen Aufkaufprogramme für private Wertpapiere. Die EZB will mit diesen Maßnahmen die Banken zu einer stärkeren Kreditvergabe anregen sowie ihre eigene Bilanz und damit die Geldbasis signifikant ausweiten. Laut EZB-Präsident Draghi soll sie auf das Niveau von Anfang des Jahres 2012 steigen. Dies würde eine Erhöhung um 700 Milliarden bis einer Billion Euro bedeuten. Die EZB hat sich allerdings nicht auf eine exakte Zahl und einen Zeithorizont für die Ausweitung der Bilanz festgelegt.

Mit den beschlossenen Maßnahmen lässt sich die EZB-Bilanz jedoch nur schwer auf diesen ungefähren Umfang ausweiten, vor allem weil sich nur ein begrenztes Volumen an privaten Wertpapieren für die Aufkaufprogramme eignet. Darüber hinaus zeichnet sich bislang eine geringer als erwartete Nachfrage der Banken nach Liquidität im Rahmen der GLRG ab. Deshalb könnte die Ausweitung der Aufkäufe auf Staatsanleihen zur Entscheidung anstehen.

Ein Vergleich mit einfachen Regeln für die Zinspolitik erlaubt es, das Maßnahmenpaket der EZB einzuordnen. Die Zinssenkung bedeutet für sich genommen eine ähnliche oder sogar etwas stärkere Reaktion der EZB auf die vorliegenden Inflations- und Wachstumsprognosen als in der Vergangenheit. Dieses Ergebnis resultiert aus dem Vergleich mit einer Zinsänderungsregel, die die historischen Zinsänderungen in Reaktion auf Wachstums- und Inflationsprognosen relativ gut beschreibt. Auch die ursprüngliche Taylor-Regel würde leicht höhere Zinsen nahelegen. Gemessen an diesen Regeln lassen sich die neuen quantitativen Maßnahmen als eine **zusätzliche Lockerung** einordnen, mit der die **Risiken**, die niedrige Inflationsraten mit sich bringen, **vorbeugend bekämpft** werden sollen.

V. RISIKEN NIEDRIGER INFLATION UND VORBEUGENDE GELDPOLITISCHE LOCKERUNG

1. Inflationsentwicklung und -prognosen

253. Gemessen am Verbraucherpreisindex ist die **Inflation im Euro-Raum** innerhalb des vergangenen Jahres **deutlich gesunken**, von 1,6 % im Juli 2013 auf 0,3 % im September 2014. Neben der wettbewerbsgetriebenen Verlangsamung des Preisanstiegs in den Krisenländern waren insbesondere die rückläufigen Energiepreise für die niedrige Inflationsrate verantwortlich. Zwischen Februar 2013 und September 2014 sanken die Energiepreise um 3,3 %. In diesem Zusammenhang spielte die Aufwertung des Euro zwischen Sommer 2012 und Frühjahr 2014, die handelsgewichtet über 10 % ausmachte, ebenfalls eine wichtige Rolle. Die jährliche Verbraucherpreisinflation ohne Energiepreise und unbearbeitete Lebensmittel im Euro-Raum liegt seit Mai bei 0,8 %, abgesehen von einem Anstieg auf 0,9 % im August.

254. Die EZB hat den Verbraucherpreisindex als Maß für ihr Preisstabilitätsziel gewählt. Ihr Stab erwartet derzeit einen **sehr langsamen Anstieg der Ver-**

↘ ABBILDUNG 38

Verbraucherpreisindex (HVPI) und Bruttoinlandsprodukt im Euro-Raum

1 – Eigene Berechnungen. Bayesianisches Vektorautoregressionsmodell (BVAR) mit zwei Verzögerungen von endogenen Variablen (Bruttoinlandsprodukt, Harmonisierter Verbraucherpreisindex, Tageszinssatz, Geldmenge M3, Arbeitslosenquote abzüglich NAWRU) und exogenen Variablen (Ölpreis der Marke Brent, realer effektiver Wechselkurs). 2 – Konfidenzintervalle basieren für das BVAR auf dem 57,5 %-Konfidenzintervall und für die EZB und den Sachverständigenrat auf den früheren Prognosedifferenzen (die Bandbreite ist der Durchschnitt des absoluten Wertes dieser Prognosedifferenzen multipliziert mit zwei, dies entspricht dem 57,5 %-Konfidenzintervall).

SVR-14-191

braucherpreisinflation (2014: 0,6 %; 2015: 1,1 %; 2016: 1,4 %), die demnach selbst Ende 2016 erst 1,5 % erreichen dürfte. ↘ ABBILDUNG 38 LINKS Die August-Umfrage des Survey of Professional Forecasters (SPF) prognostiziert einen etwas zügigeren Anstieg der Inflationsrate. Zum Vergleich stellt die Abbildung der EZB-Prognose die Prognose des Sachverständigenrates sowie eine weitere Prognose, die mithilfe eines Bayesianischen Vektorautoregressionsmodell (BVAR) berechnet wurde, gegenüber.

Die Prognose des Sachverständigenrates weist für das Jahr 2014 eine Inflationsrate von 0,5 % und im Jahr 2015 von 0,7 % auf. Somit liegt diese Prognose um 0,1 beziehungsweise 0,4 Prozentpunkte unter der Prognose des EZB-Stabes. Die BVAR-Prognose ergibt hingegen mit 0,7 % für das Jahr 2014 eine um 0,1 Prozentpunkte höhere Inflationsrate. Für die Jahre 2015 und 2016 impliziert die BVAR-Prognose eine schnellere Rückkehr zum Zielwert der EZB (2015: 1,6 % und 2016: 1,8 %).

Das BVAR wurde mit Quartalsdaten für den Euro-Raum vom ersten Quartal des Jahres 1999 bis zum zweiten Quartal des Jahres 2014 geschätzt. Die Prognose erfolgt ab dem dritten Quartal 2014. Die Berechnung verwendet den Minnesota Prior. Die Standard-Informationskriterien (Likelihood-Ratio, Akaike, Hannan-Quinn) legen nahe, zwei Verzögerungen zu berücksichtigen. Neben den endogenen Variablen (Bruttoinlandsprodukt, harmonisierter Verbraucherpreisindex, Tageszinssatz, Geldmenge M3, Arbeitslosenquote abzüglich der Quote, bei der Lohnerhöhungen nicht zu Inflation führen (NAWRU)) werden zudem exogene Variablen (Ölpreis (Brent in US-Dollar), realer effektiver Wechselkurs (gegenüber 39 Handelspartnern)) verwendet. Die konkrete Prognose beruht auf dem Median der geschätzten Impuls-Antwort-Folgen.

255. Die **Unsicherheit bezüglich der Prognose** wird anhand von Konfidenzintervallen aufgezeigt. Die Prognose des EZB-Stabes vom September 2014 wurde zusammen mit einem Konfidenzintervall von 57,5 % für die Quartalswerte bis Ende des Jahres 2016 veröffentlicht. ↘ ABBILDUNG 38 LINKS Dieses Intervall (rot schraffiert), das die tatsächliche Inflationsrate nach der Schätzung der EZB mit einer Wahrscheinlichkeit von 57,5 % einschließen dürfte, erstreckt sich im Jahr 2015 in etwa von 0,5 % bis 2,0 % und steigt bis Ende 2016 auf 0,8 % bis 2,2 %. Diese Prognose der EZB geht mit der Erwartung einher, dass das Wirtschaftswachstum im Euro-Raum in den nächsten zwei Jahren verhalten bleibt. Die EZB erwartet eine durchschnittliche Quartalswachstumsrate des Bruttoinlandsprodukts von 0,4 %. Das Konfidenzintervall erstreckt sich von etwa 0,0 % bis 0,9 %.
↘ ABBILDUNG 38 RECHTS

2. Risiken längerfristig niedriger Inflationsraten

256. Als der EZB-Rat im Jahr 1998 sein Preisstabilitätsziel definierte, gab er für die mittlere Frist eine Zielzone für die Inflationsrate, gemessen am HVPI, zwischen 0 % und 2 % an („Zunahme unter 2 %"). Die gegenwärtig prognostizierten niedrigen Inflationsraten sind nach der damaligen Zielvorgabe somit unbedenklich. Im Zuge seiner Mid-Term Strategy Review im Jahr 2003 rückte der Rat jedoch näher an ein Punktziel von unter, aber nahe 2 %. In einer umfangreichen Analyse (Issing, 2003; EZB, 2003) wurden **Vorteile und Risiken niedriger Inflationsraten** abgewogen. Die **Kosten der Inflation**, die aus Verzerrungen des Steuersystems, Preisanpassungskosten, Verzerrungen durch Preisrigiditäten und Geldhaltung resultieren, sind bei einer Inflationsrate von Null deutlich **geringer** als bei 2 %. Schätzwerte summieren sich auf dauerhaft etwa 1 bis 2 % des Bruttoinlandsprodukts (Camba-Mendez et al., 2003). Die prognostizierte Phase niedrigerer Inflation brächte somit gewisse wirtschaftliche Vorteile.

Allerdings ergibt sich aus einer solchen Phase niedriger Inflation eine Reihe von **Risiken**. So liegt ein Risiko in **möglichen Messfehlern**. Durchschnittlich überschätzt der HVPI die tatsächliche Inflation, da er auf einem festen Warenkorb basiert. Somit könnte die vermeintlich expansive Geldpolitik in Wirklichkeit unangemessen restriktiv sein. In der gegenwärtigen Phase liegt jedoch eher eine Unterschätzung vor, da der Konsumdeflator, der die Budgetumschichtung der Haushalte berücksichtigt, einen deutlich geringeren Rückgang der Inflation von 1,4 % auf 0,7 % in den vergangenen vier Quartalen aufweist als der HVPI. Der Deflator des Bruttoinlandsprodukts, der ein breiteres Maß der Preise für Güter und Dienstleistungen darstellt, fiel von 1,6 % auf 0,7 %.

Weitere Risiken liegen in der großen Schwierigkeit, die Löhne nominal zu kürzen, und in den Effekten unerwarteter Inflation für Schuldner und Gläubiger. Denn eine anstehende Reallohnsenkung lässt sich bei sehr niedrigen Inflationsraten nicht mehr über verhaltene, aber weiterhin positive Nominallohnsteigerungen organisieren. Trotz der niedrigen Inflationsraten sind die **Arbeitnehmerentgelte** in Mitgliedstaaten, die von der Krise besonders betroffen sind, jedoch bereits stark zurückgegangen. ↘ ZIFFER 219 Diese Reallohnsenkungen wurden nicht durch die Abneigung gegenüber nominalen Lohnkürzungen verhindert. Die Lohnrückgänge haben dort einen deflationären Effekt, der jedoch eher positiv zu bewerten ist, da er zu Steigerungen der Wettbewerbsfähigkeit führt. Schließlich erhöhen geringer als erwartete Inflationsraten den realen Wert der Schulden und zwingen die Schuldner, ihre Ausgaben zu reduzieren (Fisher, 1933). Soweit ihre Konsumneigung die der Gläubiger übersteigt, fällt die Gesamtnachfrage.

257. Die EZB könnte sich darüber hinaus angesichts der niedrigen Inflation um eine mögliche **Entankerung der langfristigen Inflationserwartungen** am Markt von ihrem Ziel von knapp 2 % sorgen. Die verfügbaren Maße liegen jedoch weiterhin nahe 2 % und variieren innerhalb der Bandbreite der Vergangenheit. Die Langfristprognose aus der EZB-Umfrage unter professionellen Prognostikern stieg zuletzt im August von 1,8 % auf 1,9 %. Der Mittelwert der Consensus-Economics-Umfrage zur langfristigen Prognose im Frühjahr lag ebenfalls bei 2,0 %. Die anleihebasierte fünfjährige Termin-Breakeven-Inflationsrate in fünf Jahren gab zuletzt nach, belief sich aber am 1. Oktober immer noch auf 1,89 %.

Zudem spricht gegen eine starke geldpolitische Reaktion auf längerfristige Inflationserwartungen, dass sie ihrerseits destabilisierend wirken kann. Die Wechselwirkung zwischen Geldpolitik und Markterwartungen kann zusätzliche Schwankungen verursachen (Bernanke und Woodford, 1997), denn die Marktteilnehmer können die Reaktion der Notenbank wiederum als Signal für deren Einschätzung künftiger Inflationsraten werten, ebenso wie die Unsicherheit über das angemessene Prognosemodell (Levin et al., 2003).

Deflationsrisiko

258. Das bedeutendste Risiko längerfristig niedriger Inflationsraten, das die EZB in der gegenwärtigen Lage zu berücksichtigen hat, ist die Möglichkeit, dass eine **anhaltende Deflationsphase** eintritt. Letztlich hatte die EZB die Präzisierung ihres Preisstabilitätsziels auf knapp 2 % im Jahr 2003 damit begründet, dass ihr der daraus erwachsende zusätzliche Zinssenkungsspielraum einen zusätzlichen Puffer gegenüber anhaltenden Deflationsphasen verschaffe (Krugman, 1998; Orphanides und Wieland, 1998; Coenen, 2003; Issing, 2003; EZB, 2003). Eine Abweichung von der aktuellen Prognose nach unten könnte aus folgenden Gründen schlimmere Konsequenzen haben als eine Abweichung nach oben: Da der Nominalzins, den Sparer erhalten, praktisch kaum unter 0 % fallen kann, würden Deflationserwartungen den realen Zinssatz (Nominalzins abzüglich Inflationserwartungen) nach oben treiben. So würden Investitionen verteuert, Konsumverzicht attraktiver und damit die Nachfrage nach Wirtschaftsgütern sowie die Wirtschaftsleistung fallen. Diese Entwicklung würde die Deflationserwartung verstärken und könnte eine länger anhaltende Deflationsphase herbeiführen.

Zudem können Deflationserwartungen im Falle nominaler Lohnrigiditäten (das heißt einer Abneigung gegenüber nominalen Lohnsenkungen trotz gleichbleibendem Reallohn) zu einem verstärkten Rückgang der Produktion führen. Darüber hinaus können vermehrt auftretende Insolvenzen, insbesondere über die resultierende Verschlechterung der Bankbilanzen, die rezessive Entwicklung verstärken (Bilanzrezession).

259. Die Wahrscheinlichkeit eines zukünftigen Preisrückgangs wird trotz der sehr niedrigen Ausgangsrate im Rahmen der oben genannten Prognosen derzeit als gering eingeschätzt. Während die BVAR-Prognose eine **Deflationswahrscheinlichkeit** von etwa 5 % für das Jahr 2015 impliziert, liefert die SPF-Umfrage der EZB im August eine geringere Deflationswahrscheinlichkeit von nur 2,5 %. Laut Haushaltsumfrage der Europäischen Kommission rechneten im Juli lediglich 2,9 % der Haushalte mit fallenden Preisen in den nächsten zwölf Monaten. Eine Deflationsphase wäre demnach recht unwahrscheinlich.

260. **Faktoren, die die Wahrscheinlichkeit einer Deflationsphase beeinflussen**, lassen sich am besten aus dem Blickwinkel der Neu-Keynesianischen Phillips-Kurve analysieren:

$$\pi = \pi^e + \alpha(q - q^*) + \varepsilon$$

Demnach wird die aktuelle Inflationsrate π bestimmt durch die erwartete zukünftige Inflationsrate π^e, die Output-Lücke, also die Abweichung des Bruttoinlandsprodukts q vom Potenzial q^*, die durch einen Steigungsparameter α bewertet wird, und einen Schock ε, der weitere Einflussfaktoren, wie Importpreise, insbesondere Öl und anderer Energieträger, sowie den Wechselkurs, aufgreift.

261. Die Inflationserwartungen der Marktteilnehmer sind somit ein wichtiger Bestimmungsfaktor der Inflation, unabhängig davon, ob sie die Inflation gut vorhersagen oder verzerrt sind. Gegenwärtig liegen alle verfügbaren Indikatoren der Markterwartungen deutlich im positiven Bereich. Die Teilnehmer der SPF-Umfrage und bei Consensus Economics erwarteten noch im August 2014 durchschnittlich etwas mehr als 1 % Inflation für das nächste Jahr. Inflationsgebundene Zinsswaps wiesen zuletzt auf geringere, aber trotzdem positive Inflationserwartungen hin, ebenso die Haushaltsumfrage der Europäischen Kommission.

262. Die **Output-Lücke** im Euro-Raum liegt nach Schätzungen der Organisation für wirtschaftliche Zusammenarbeit und Entwicklung (OECD) und der Europäischen Kommission bei etwa -3 % und stellt eine wichtige Ursache niedriger Inflationsraten dar. Musso et al. (2009) schätzen den Steigungsparameter α im Euro-Raum auf einen Wert von 0,13. Die Output-Lücke würde nach Einschätzung dieser Autoren demnach einen negativen Beitrag zur Inflationsrate von etwa 0,4 Prozentpunkten liefern. Sie zeigen zudem, dass dieser Parameter mit dem Übergang zur Währungsunion gefallen ist. Dieser Rückgang lässt sich damit erklären, dass der Anreiz für Unternehmen, ihre Preise zu ändern, in einem Umfeld mit niedrigeren Inflationsraten geringer ist (Dotsey et al., 1999). Die Erfahrungen Japans legen nahe, dass die Wirkung der Output-Lücke auf die Preise bei Inflationsraten von unter 1 % noch geringer ausfällt (De Veirman, 2009; Wieland und Wolters, 2014).

263. Der bisherige Rückgang der Inflationsrate im Euro-Raum wurde größtenteils durch temporäre Effekte wie den **Rückgang der Energiepreise und die Aufwertung des Euro** getrieben. Aktuelle Umfragen zu den Risiken aus den

geopolitischen Konflikten für die Weltwirtschaft weisen jedoch als größtes Risiko auf einen drohenden Anstieg der Energiepreise hin (Kleemann, 2014). Der handelsgewichtete Kurs des Euro war nach der Londoner Rede von EZB-Präsident Draghi im Juli 2012 stetig gestiegen. Diese Bewegung war wohl zum Teil eine Normalisierung. Die Aufwertung gegenüber 20 Handelspartnern erreichte bis März 2014 einen Umfang von 11,3 %. Ende September hatte der Euro allerdings im Vergleich zum März bereits wieder um 5,7 % an Wert verloren. Diese **Abwertung liefert zukünftig zusätzlichen Preisauftrieb**. Damit liegt der Euro knapp unter dem Außenwert, den er bei seiner Einführung hatte.

3. Vorbeugende geldpolitische Lockerung

264. Das stärkste Argument, das für das umfangreiche Maßnahmenpaket der EZB spricht, ergibt sich aus den negativen Konsequenzen einer möglicherweise anhaltenden Deflation. Damit hätte es einen vorbeugenden Charakter. Eine anhaltend deflationäre Entwicklung ist zwar unwahrscheinlich. Dies legen zumindest das geschätzte Ausmaß an Unsicherheit der Prognose und die Analyse der Einflussfaktoren im Rahmen der Phillips-Kurve nahe. Trotzdem könnte eine **asymmetrische Lockerung zur vorbeugenden Deflationsbekämpfung** auf Basis der Theorie der Geldpolitik bei einem Leitzins nahe Null begründet werden.

265. So haben Mitglieder des Offenmarktausschusses der Fed geldpolitische Lockerungen vor und während der globalen Finanzkrise mit den Ergebnissen begründet, welche die **ökonomische Forschung** bereits unter dem Eindruck der Zins- und Inflationsentwicklung in Japan in den späten 1990er-Jahren erarbeitet hat (Bernanke, 2002; Williams, 2014). Reifschneider und Williams (2000) zeigten damals, dass die Notenbank bei einem Leitzins von Null mit entsprechender Kommunikation über zukünftige Zinsentscheidungen die längerfristigen Zinsen beeinflussen könne (Eggertsson und Woodford, 2003; Adam und Billi, 2006, 2007). Diese Strategie kam in den Vereinigten Staaten im Rahmen der „Forward Guidance" (JG 2013 Kasten 8) und der Ankündigung, den Leitzins länger nahe Null zu halten, zum Einsatz. Orphanides und Wieland (2000) zeigten, dass die Notenbank einer deflationären Entwicklung bei einem Leitzins von Null mit einer Ausweitung der Zentralbankbilanz entgegentreten kann. ↘ KASTEN 13 Die BoE und die Fed haben auf diese Weise seit dem Jahr 2009 die Geldpolitik bei einem Leitzins nahe Null mit quantitativen Lockerungsmaßnahmen fortgesetzt. In Japan wurden sie bereits im Jahr 2001 eingesetzt.

266. Während der kurzfristige Geldmarktzins unverändert bleibt, wirken diese quantitativen Maßnahmen über **andere Transmissionskanäle**. Dazu zählen Realkassen-, Portfolio- und Risikoprämieneffekte. Sie ergeben sich daraus, dass Anlagen wie etwa Geld, Devisen, staatliche und private Wertpapiere keine perfekten Substitute sind. Deshalb hängt die Nachfrage nach der jeweiligen Anlage nicht allein von den relativen Preisen, sondern ebenso von den relativen Mengen ab. Anleihekaufprogramme wirken somit auch ohne Zinsänderung stimulierend auf Gesamtnachfrage und Inflation. Ihr Einfluss auf die Inflationserwartungen verstärkt ihre Wirkung (Belke und Klose, 2013). Zu den Wirkungskanälen der

quantitativen Lockerung zählt unter anderem der sogenannte Bankenkanal, über den die Kreditvergabe der Banken angeregt wird (Kashyap et al., 1993; Gambacorta und Marques-Ibanez, 2011).

267. Der **Wechselkurs** kann ebenfalls eine wichtige Rolle als Wirkungskanal der quantitativen Lockerung spielen (Coenen und Wieland, 2003, 2004), denn Wechselkursänderungen resultieren nicht allein aus Zinsdifferenzialen, sondern ebenfalls aus Portfolio- und Risikoprämieneffekten. EZB-Präsident Draghi hat wiederholt darauf hingewiesen, dass die EZB eine divergierende geldpolitische Entwicklung zwischen dem Euro-Raum und anderen Industrienationen, zum Beispiel den Vereinigten Staaten, erwartet. Deshalb rechnet sie mit einer Abwertung des Euro. In der Vergangenheit wurde sogar vorgeschlagen, bei einem Leitzins nahe Null zum Wechselkurs als Instrument der Geldpolitik überzugehen (McCallum, 2000; Svensson, 2001). Dieses Vorgehen würde jedoch im Falle der EZB, wie von Präsident Draghi betont, den Vereinbarungen der Gruppe der zwanzig wichtigsten Industrie- und Schwellenländer (G20) widersprechen.

Außerdem könnte eine Abwertungspolitik Wachstum und Inflation in anderen Ländern negativ beeinflussen. Im Zuge der anhaltenden geldpolitischen Lockerung in den Vereinigten Staaten kam es immer wieder zu Beschwerden seitens der Schwellenländer über unerwünschte Nebenwirkungen, die aus wiederholten Richtungsänderungen der internationalen Kapitalströme resultierten. Eine mögliche Ursache könnte das Abweichen von einer systematischen, und damit prognostizierbaren, Geldpolitik sein (Taylor, 2013).

268. Da sich der Euro-Raum gegenwärtig nicht in einer deflationären Situation befindet, wäre eine weitergehende quantitative Lockerung erst einmal nicht notwendig. Ein Argument für eine **präventive geldpolitische Lockerung** ergibt sich allerdings dann, wenn die (multiplikative) **Unsicherheit über die Transmissionskanäle quantitativer Lockerung** als besonders hoch eingeschätzt wird. ↘ KASTEN 13 In diesem Fall sollte die Notenbank den Leitzins zügiger auf Null reduzieren, da sie die Wirkung der Leitzinssenkung verlässlicher einschätzen kann. Zudem sollte sie früher quantitative Maßnahmen ergreifen.

↘ KASTEN 13

Theorie und Praxis der quantitativen Lockerung

Bereits unter dem Eindruck fallender Zinsen und Inflationsraten Ende der 1990er-Jahre in Japan wurde die Theorie der Geldpolitik weiterentwickelt, um den Einsatz quantitativer Lockerungsmaßnahmen zu berücksichtigen (Orphanides und Wieland, 2000; Clouse et al., 2003; Coenen und Wieland, 2003, 2004; Auerbach und Obstfeld, 2005; Wieland, 2010). Bei positiven Inflationsraten kann die Notenbank den Leitzins und die Geldbasis nicht als separate Instrumente handhaben. Wählt die Notenbank den Leitzins als Instrument und reagiert auf einen Rückgang der Inflation mit Leitzinssenkungen, so führen die damit verbunden Offenmarktgeschäfte zu einer Ausweitung der Zentralbankbilanz und der Geldbasis. ↘ ABBILDUNG 39 LINKS Die Reaktion der Notenbank folgt dabei einem Zinssetzungsverhalten ähnlich der oben genannten Änderungs- oder Taylor-Regel.

Wenn die Inflation aber so tief fällt, dass die verwendete Zinsregel einen Leitzins von Null vorschreibt, kann die Notenbank auf weitere Rückgänge der Inflationsrate mit einer Ausweitung der Zentralbankbilanz reagieren. Sie wechselt somit das Instrument der Geldpolitik, behält das Ziel der

Inflationskontrolle jedoch bei. Die Geldbasis kann unabhängig vom konstanten Leitzinsniveau durch Aufkaufprogramme ausgeweitet werden. ↘ ABBILDUNG 39 LINKS Man spricht von einer Nullzinsgrenze, da Sparer grundsätzlich auf Bargeld als Wertanlage ausweichen können, wenn Banken Gebühren im Sinne von negativen Zinsen erheben. Da der Zins dann als Wirkungskanal ausfällt, muss die Geldbasis in Reaktion auf zunehmende Deflationsraten proportional stärker angehoben werden. So wird über die verbleibenden Wirkungskanäle (zum Beispiel Geldmengen- und Portfolioeffekte auf Erwartungen, Gesamtnachfrage und Wechselkurs) sichergestellt, dass eine sich selbstverstärkende Deflation vermieden und die Inflation wieder zur Zielrate, π^*, zurückgeführt wird.

Solange die verwendete Zinsregel keinen negativen Leitzins empfiehlt, ist keine zusätzliche quantitative Lockerung erforderlich. Eine Begründung für eine vorbeugende Lockerung ergibt sich erst dann, wenn eine optimierende Notenbank versucht, die Variabilität der Inflationsrate unter Unsicherheit über die Wirkungskanäle ihrer Instrumente zu minimieren (Brainard, 1967; Orphanides und Wieland, 2000). Da die aus dem Zinskanal resultierende multiplikative Unsicherheit geringer ist als diejenige bezüglich Geldmengen- und Portfoliokanälen, wird der Zinskanal stärker genutzt, indem der Leitzins schon bei positiven Inflationsraten auf Null geführt und die Notenbankbilanz ausgeweitet wird. ↘ ABBILDUNG 39 LINKS

↘ ABBILDUNG 39
Logik vorbeugender Lockerung, Zentralbankreserven und Inflation in Japan

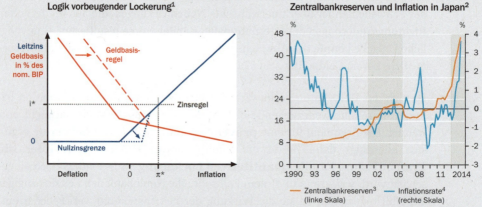

1 – Die Zinsregel (blau) impliziert Leitzinssenkungen bei fallender Inflation. Damit verbundene Offenmarktgeschäfte führen zu einem Anstieg der Geldbasis (rot). Bei einem Leitzins von Null wird die Geldbasis durch Aufkaufprogramme stärker erhöht. Die vorbeugende Lockerung (gestrichelt) setzt schon bei positiven Inflationsraten an. 2 – Phasen zur quantitativen Lockerung der Bank of Japan als schattierte Bereiche von März 2001 bis März 2006 und von Januar 2013 bis zum aktuellen Rand. 3 – In Relation zum nominalen Bruttoinlandsprodukt. 4 – Nationaler Verbraucherpreisindex (2010 = 100), Veränderung zum Vorjahresquartal, beinhaltet eine Erhöhung der Mehrwertsteuer von 5 % auf 8 % im April 2014. Die Inflationsrate dürfte ohne den Mehrwertsteuereffekt etwa bei 1,5 % statt 3,6 % liegen.

Quellen: BoJ, Cabinet Office, MIC

SVR-14-338

Im März 2001 wechselte die Bank of Japan (BoJ) bei einem Leitzins nahe Null zur Geldbasis als Instrument, genauer zu den Zentralbankreserven (Current Account Balances, Mindestreserve zuzüglich sonstiger Überschusseinlagen). Zudem kündigte sie an, die Geldbasis solange mittels eines Aufkaufprogramms für Staatsanleihen auszuweiten, bis die Inflationsrate wieder positiv wäre. Infolgedessen stieg die Geldbasis von etwa 14 % des Bruttoinlandprodukts im Jahr 2001 auf 22 % des Bruttoinlandsprodukts im Jahr 2005. ↘ ABBILDUNG 39 RECHTS Nachdem die Inflationsrate von negativen Werten zwischen -1 % und -2 % wieder auf knapp über 0 % zurückgekehrt war, beendete die BoJ das Aufkaufprogramm im März 2006. Da sie hauptsächlich kurzlaufende Staatsanleihen gekauft hatte, fiel die Geldbasis zügig auf etwa 16 % des Bruttoinlandsprodukts.

Im Zuge der weltweiten Finanzkrise und der Rückkehr der Deflation in Japan folgte seit Beginn des Jahres 2013 ein neues, umfangreicheres Maßnahmenpaket. Es bildet einen Teil des sogenannten

"Abenomics"-Programms, das zudem ein fiskalpolitisches Konjunkturprogramm und Strukturreformen auf Güter- und Faktormärkten umfasst. Die BoJ hat das Inflationsziel von 1 % auf 2 % angehoben, und will dies bis Ende 2015 mit einer Steigerung der Anleihekaufprogramme und einer Ausweitung der Zentralbankbilanz um jährlich 60 bis 70 Billionen Yen erreichen.

In ihrer empirischen Untersuchung der Wirkung der quantitativen Lockerungsmaßnahmen der BoJ verwenden Michaelis und Watzka (2014) ein zeitabhängiges Bayesianisches Vektorautoregressionsmodell (BVAR), um einen quantitativen Lockerungsschock (QL-Schock) zu identifizieren und seine Auswirkungen über die Zeit hinweg einzuschätzen. Eine Erhöhung der Zentralbankreserven um 1 % führt nach Schätzung von Michaelis und Watzka innerhalb eines Jahres zu einem Anstieg der Inflationsrate um fünf bis sechs Basispunkte. Die Auswirkungen des QL-Schocks variieren über die Zeit. Während der Lockerungsphase von März 2001 bis März 2006 sind die Auswirkungen auf die Inflationsrate nur kurzfristig signifikant. Seit dem Jahr 2013 bewirkt der QL-Schock jedoch einen längerfristig signifikanten Anstieg der Kerninflation. Diese empirischen Ergebnisse stützen die Einschätzung der oben genannten Analysen, dass die Notenbank die Inflation bei Zinsen nahe Null mittels quantitativer Lockerungsmaßnahmen stabilisieren kann.

4. Zwischenfazit

269. Die von der EZB erwartete Phase längerfristig niedriger Inflationsraten bringt eine Reihe von Risiken mit sich. Das bedeutendste Risiko liegt in einer möglichen anhaltenden Deflationsphase. Die Wahrscheinlichkeit solch einer Entwicklung ist jedoch nach den verfügbaren Einschätzungen recht gering. Die Theorie der Geldpolitik liefert eine schlüssige Begründung für einen Wechsel zur quantitativen Lockerung und Ausweitung der Zentralbankbilanz, wenn der Leitzins nahe Null liegt. Umfangreiche quantitative Lockerungsmaßnahmen können bei einem tatsächlichen Eintreten von Deflation vorgenommen werden. Ein sich selbst verstärkender Deflationsprozess könnte damit vermieden und die Inflation auf das gewünschte Ziel zurückgeführt werden. Eine präventive Lockerung, wie sie von der EZB verfolgt wird, kann dagegen durchaus mit einer hohen Unsicherheit über die Wirkungskanäle der quantitativen Maßnahmen bei einem Leitzins von Null begründet werden.

VI. RISIKEN FÜR EINE NACHHALTIGE WIRTSCHAFTLICHE ENTWICKLUNG

1. Geldpolitik, Kreditentwicklung und Vermögenspreise

270. Bereits im Jahr 2002 begründete die **Fed in den Vereinigten Staaten** den verzögerten Ausstieg aus ihrer damaligen Niedrigzinspolitik mit einer **vorbeugenden Deflationsbekämpfung**. Dabei verwiesen ihre Vertreter auf die oben genannten Forschungsergebnisse (Bernanke, 2002). In den Folgejahren erklärte die Fed regelmäßig, dass die Risiken niedriger Inflationsraten in der vorherseh-

baren Zukunft dominierten und somit eine Politik längerfristig niedriger Zinsen gerechtfertigt sei. Die lockere Geldpolitik in den Jahren 2002 bis 2006 war neben unzureichenden regulatorischen Vorgaben zumindest eine von mehreren wichtigen **Ursachen des Booms der Hypothekenkredite** mit geringer Bonität (Subprime) in den Vereinigten Staaten. Denn niedrige Zinsen und ein extremes Kreditwachstum führen tendenziell zu übertriebenen Immobilienpreisen (Borio und White, 2003; Taylor, 2007; Jarocinski und Smets, 2008; Kahn, 2010; McDonald und Stokes, 2013).

Es gab Warnungen vor der Finanzkrise. Vertreter der Bank für Internationalen Zahlungsausgleich (BIZ) (Borio und White, 2003) wiesen auf das Wachstum der Kreditmenge und der Vermögenspreise hin und empfahlen, die Zinspolitik entsprechend anzupassen. Ebenso hätte die Taylor-Regel deutlich höhere Zinsen empfohlen. Die Abweichung nach unten hat wohl zum Boom auf dem Subprime-Markt beigetragen. Ähnliche Fehlentwicklungen in Form von Kredit-, Immobilien- und Vermögenspreisbooms gab es in europäischen Ländern wie dem Vereinigten Königreich, Island, Spanien und Irland.

271. Diese Erfahrung zeigt, dass eine langanhaltende geldpolitische Lockerung **Risiken für die längerfristige wirtschaftliche Entwicklung** mit sich bringt. Vor allem kann sie Anreize für eine übertriebene Renditesuche und Fehlinvestitionen setzen. Zwar verstärken diese Investitionen den Aufschwung für einige Zeit, sie legen aber keine stabile Entwicklung an. Im Zuge einer Neubewertung endet die Boomphase typischerweise in einem scharfen Einbruch. Der Ausbruch der Finanzkrise im Sommer 2007 und die große Rezession in den Jahren 2008 und 2009 sind Beispiele dafür, wenngleich die lockere Geldpolitik für diese nur eine von mehreren wichtigen Ursachen war.

272. Natürlich werden Kreditvergabe und Vermögenspreise von vielen Faktoren beeinflusst. Eine zentrale Rolle spielen darüber hinaus jedoch die **Erwartungen** der Marktteilnehmer über die **längerfristig realisierbaren Erträge**. Bei vielen Anlagen erfordert die Erstellung neuer Objekte eine gewisse Zeit. Umso stärker reagiert zeitnah der Preis der bestehenden Objekte auf gestiegene Ertragserwartungen. Sie lösen Umstrukturierungen in Produktion und Bau aus, die wiederum einen starken Einfluss auf die Konjunktur ausüben. Ob diese Entwicklungen übertrieben sind, ob sie Blasen darstellen, die nach einer gewissen Zeit platzen müssen, und ob die übertriebenen Erwartungen irrational oder rational im Sinne eines selbsterfüllenden Prozesses sind, lässt sich vorab kaum ersehen. Auch rückblickend ist dies nur schwer zu klären. Insbesondere die Korrektur kreditgetriebener Aufschwünge in Sektoren, die größere Umschichtungen in der Wirtschaftsaktivität erfordern, kann die Konjunktur empfindlich treffen.

273. Die **Geldpolitik beeinflusst Kreditvergabe und Vermögenspreise** insbesondere über die Zinsen. Bei höheren Zinsen werden zukünftige Erträge von Investitionsprojekten stärker diskontiert. Außerdem hängen die längerfristigen Kreditzinsen mit den laufenden sowie mit den zukünftig erwarteten Kurzfristzinsen am Geldmarkt zusammen. So kann die Notenbank über den aktuellen Leitzins, durch die Kommunikation über zukünftige Leitzinsen oder durch langfristige Refinanzierungsgeschäfte die längerfristigen Kreditzinsen beeinflussen.

Kredit-, Risiko- und Vermögenskanäle sind wichtige Transmissionsmechanismen der Geldpolitik. Gerade wenn der Geldmarktzins nahe Null liegt, wirken Wertpapierkäufe der Notenbanken über diese Kanäle. Die gegenwärtige akkommodierende Geldpolitik trägt somit in den meisten Industrieländern zu einem Anstieg der Vermögenspreise bei.

274. Die Diskussion um die Rolle der Geldpolitik im Rahmen der Stabilität des Finanzsektors ist von unterschiedlichen und teils gegensätzlichen Positionen geprägt. Grundsätzlich gilt: Das Ziel der Geldpolitik ist die **makroökonomische Stabilität**. Für die Fed und viele andere Notenbanken, die eine sogenannte Inflationssteuerung (Inflation Targeting) verfolgen, umfasst dieses Ziel gleichrangig die Stabilisierung der Inflationsrate möglichst nah am Zielwert sowie der realen Wirtschaftsleistung möglichst nah am Potenzialniveau. Vorrangiges Ziel der Geldpolitik im Euro-Raum ist hingegen die Stabilisierung der Inflationsrate unter, aber nahe 2 %. Nur wenn das Ziel der Preisstabilität nicht beeinträchtigt ist, soll die Geldpolitik noch andere Ziele der Staatengemeinschaft unterstützen, wie zum Beispiel Wirtschaftswachstum und Beschäftigung. Geld-, Kredit- und Vermögenspreisbooms können jedoch Konjunktur und Inflation stark beeinflussen. Die Geldpolitik reagiert deshalb zumindest insoweit auf diese Entwicklungen, wie deren Einfluss auf Konjunktur und Inflation absehbar ist.

275. Die Fed hat es immer abgelehnt, den Leitzins explizit in Reaktion auf die Zunahme der Bankkredite und Immobilienpreise anzuheben. Ihre Position, die häufig als **„benign neglect"** bezeichnet und mit dem ehemaligen Fed-Chairman Alan Greenspan assoziiert wird, empfiehlt eine asymmetrische Reaktion. Kommt es zu schweren Einbrüchen bei den Vermögenspreisen, so senkt die Notenbank umgehend den Leitzins, um das Bankensystem und indirekt die Vermögenspreise zu stützen. Dies geschieht durch eine großzügige Bereitstellung von Zentralbankliquidität zu günstigen Konditionen. Befürworter des „benign neglect"-Ansatzes befürchten hohe wirtschaftliche Kosten aufgrund der Versuche, die Kredit- und Vermögenspreisentwicklung mit Zinserhöhungen zu bremsen (Bernanke und Gertler, 2001).

276. Die Gegenposition wird oft als **„leaning against the wind"** bezeichnet. Ihre Vertreter weisen darauf hin, dass das Versprechen der Notenbank, bei einem Einbruch stützend einzugreifen, bei einem Aufschwung aber nicht zu bremsen, zu Übertreibungen bei Bankkrediten und Vermögenspreisen führen würde. Sie empfehlen einen eher symmetrischen Ansatz. Zwar sollen rapides Kreditwachstum oder Vermögenspreiszuwächse nicht mit massiven Zinserhöhungen abgewürgt werden. Die Notenbank soll sich jedoch gegen diese Entwicklung lehnen, indem sie eine Zinsreaktion auf Kreditwachstum oder Vermögenspreise explizit in ihre Reaktionsfunktion einbezieht. Damit können – den Vertretern dieses Ansatzes zufolge – zukünftige Finanzkrisen vermieden oder zumindest deren Ausmaß reduziert werden (Cecchetti et al., 2000; Borio und Lowe, 2002; Bordo und Jeanne, 2002).

277. Anhänger des „benign neglect"-Ansatzes vertreten häufig die Ansicht, dass die Geldpolitik sich um makroökonomische Stabilität kümmern soll, während die **makroprudenzielle Politik** die Finanzstabilität sicherstellen soll. ↘ ZIFFER 394

Die beiden Ziele hängen jedoch zusammen. Eine makroprudenzielle Politik, der es gelingt, die Wahrscheinlichkeit und das Ausmaß zukünftiger Finanzkrisen zu reduzieren, stabilisiert ebenfalls die Wirtschaftsleistung. Geld- und makroprudenzielle Politik beeinflussen sich gegenseitig. Anhänger des „leaning against the wind"-Ansatzes betonen eher die Unsicherheit bezüglich der Wirkung der makroprudenziellen Instrumente. Sie verweisen darauf, dass eine Zinserhöhung in allen Sektoren wirkt und von Banken nicht umgangen werden kann.

Diese Fragen sind zudem Gegenstand vieler neuer wissenschaftlicher Arbeiten. Eine explizite Reaktion auf Vermögenspreise wird in einigen Studien weiterhin sehr kritisch beurteilt (Galí, 2014; Galí und Gambetti, 2014). Dagegen gibt es immer mehr Analysen, welche die Wirkung einer Zinspolitik, die neben Inflation und Wachstum auch explizit auf die Kreditentwicklung reagiert, positiv beurteilen (Kannan et al., 2012; Gambacorta und Signoretti, 2014; Angelini et al., 2012).

Die Erfahrung aus den Jahren vor der Finanzkrise zeigt, dass manche Maßstäbe und Regeln für die Zinspolitik, die sich an Inflation und Bruttoinlandsprodukt orientieren, durchaus eine restriktivere Politik empfohlen hätten. Dazu gehört die ursprüngliche Taylor-Regel, die ohne eine explizite Reaktion auf Kreditentwicklung oder Vermögenspreise ein stärkeres „leaning against the wind" empfohlen hätte, als die Zinspolitik der Fed. Der **Sachverständigenrat** hält es zumindest für notwendig, die Risiken für die längerfristige wirtschaftliche Entwicklung, die sich aus Fehlanreizen im Finanzsektor ergeben könnten, zusammen mit den Risiken längerfristig niedriger Inflationsraten in einer geldpolitischen Risikoabwägung zu berücksichtigen.

2. Mögliche Fehlentwicklungen: Vor der Krise und aktuell

278. Zunächst sind Indikatoren zu identifizieren, die in der Zeit vor der Finanzkrise Anzeichen für Fehlentwicklungen im Euro-Raum lieferten. Die EZB weist der **Geld- und Kreditentwicklung** eine besondere Bedeutung im Rahmen der **monetären Säule ihrer Strategie** zu. Sie untersucht regelmäßig, ob der Trend des Geldmengenwachstums mittel- oder längerfristige Risiken für die Preisstabilität aufzeigt. Die Analyse monetärer Trends dient ihr zur Gegenprüfung der Inflationsprognose, die basierend auf der konjunkturellen Analyse die andere Säule der EZB-Strategie bildet. Kredite sind aus Sicht der Geschäftsbanken das bilanzielle Gegenstück zu Einlagen, die Bestandteile der für die EZB wichtigen Geldmengenaggregate sind. So überrascht es nicht, dass Geldmenge und Bankkredite zumeist eine ähnliche Entwicklung aufweisen. ↘ ABBILDUNG 40 LINKS Ihre Wachstumsraten nahmen ab dem Jahr 2004 deutlich zu. Gegen Ende des Jahres 2005 hat die EZB dann ihre Zinswende mit Signalen der monetären Säule begründet (Trichet, 2006, 2008).

279. Beck und Wieland (2007, 2008) haben die monetäre Gegenprüfung und ihre Wirkung in makroökonomischen Modellen analysiert. Eine praktische Anwendung liefert erstmalig Mitte des Jahres 2004 einen signifikanten Ausschlag.

ABBILDUNG 40
Geldmenge und Bankkredite

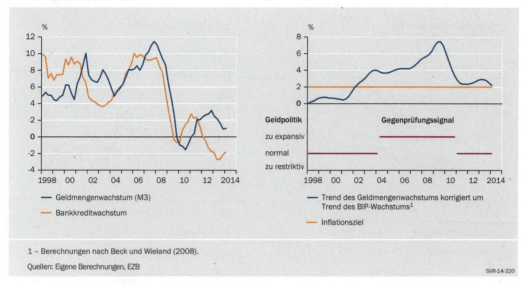

1 – Berechnungen nach Beck und Wieland (2008).
Quellen: Eigene Berechnungen, EZB

↘ ABBILDUNG 40 RECHTS Zu diesem Zeitpunkt lag die Trendrate des Geldmengenwachstums (M3) lange genug über dem Wert, der mit einem Inflationsziel von 2 % konsistent wäre, um sie statistisch als Gefahr für die Stabilität einzuordnen. Der Geldmengentrend wird dabei um das Trendwachstum des Bruttoinlandsprodukts, gewichtet nach der Einkommenselastizität der Geldnachfrage, korrigiert. Dieser Indikator signalisiert demnach ebenso wie die Anwendung der Taylor-Regel auf den Euro-Raum, dass der Leitzins in den Jahren vor der Krise zu niedrig lag. ↘ ZIFFER 250

Bankkredite und Vermögenspreise in Mitgliedstaaten des Euro-Raums

280. Die Entwicklung der Bankkreditvergabe und Vermögenspreise vor der Finanzkrise verlief sehr unterschiedlich in den Mitgliedstaaten des Euro-Raums. Dies bedeutet nicht, dass die Geldpolitik keinen Beitrag zu den Übertreibungen in den einzelnen Ländern geliefert hat. Die von der EZB bereitgestellte Liquidität verteilt sich nicht symmetrisch über die Fläche. Sie fließt primär in die Sektoren und Regionen, in denen die Differenz zwischen Ertragserwartungen und Finanzierungskosten am größten erscheint. Deshalb empfiehlt es sich, auf nationaler Ebene nach **Warnsignalen** vor der Finanzkrise zu suchen. Zur Identifikation eines Kreditbooms ist es sinnvoll, die Kreditvergabe im Verhältnis zum nominalen Bruttoinlandsprodukt zu untersuchen (Borio und Lowe, 2002).

Diese Größe zeigt eindrucksvoll, wie stark die Kreditvergabe in Spanien, Portugal und Irland vor der Finanzkrise angewachsen war. ↘ ABBILDUNG 41 OBEN LINKS In Spanien und Irland stiegen infolgedessen die Bauaktivität und die Immobilienpreise rasant an. ↘ ABBILDUNG 41 UNTEN LINKS Diese Expansion legte schon damals ein gewisses Maß an Fehlinvestitionen nahe (JG 2013 Kasten 26, Ziffer 839), mit signifikanten Auswirkungen auf die Arbeitsmärkte (JG 2012 Kasten 1). In Italien und Frankreich stiegen die Immobilienpreise ebenfalls deutlich stärker als zum

ABBILDUNG 41
Kredite, Hauspreise und Aktienindizes in ausgewählten Mitgliedstaaten des Euro-Raums

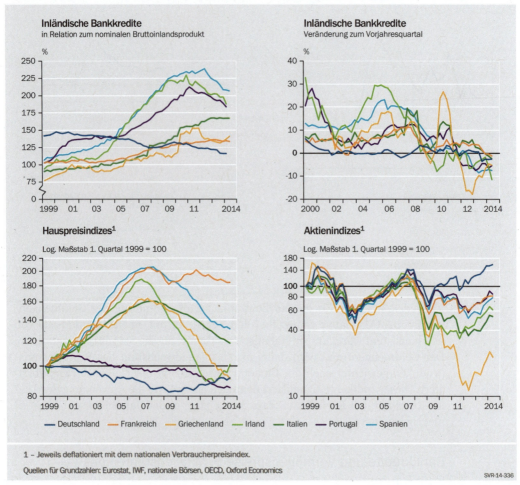

1 – Jeweils deflationiert mit dem nationalen Verbraucherpreisindex.
Quellen für Grundzahlen: Eurostat, IWF, nationale Börsen, OECD, Oxford Economics

Beispiel in Deutschland. Die Aktienkurse legten dagegen in allen betrachteten Ländern zwischen 2003 und 2007 überdurchschnittlich zu. ↘ ABBILDUNG 41 UNTEN RECHTS

281. Eine **weitergehende Einschätzung** der Risiken aus Kreditentwicklung und Vermögenspreisen lässt sich mithilfe der Berechnung von Schwellenwerten erreichen. Entsprechende ökonometrische Verfahren wurden von Borio und Drehmann (2009) und Dell'Ariccia et al. (2012) vorgeschlagen (Expertise 2010 Kasten 4). Der Kreditboom vor der Finanzkrise führte in Irland zu Überschreitungen der drei Schwellenwerte von Borio und Drehmann (2009) und der zwei Schwellenwerte von Dell'Ariccia et al. (2012). In Spanien, Griechenland und Italien wurden vier und im Euro-Raum insgesamt immerhin noch drei der fünf Schwellenwerte überschritten. ↘ KASTEN 14

↘ KASTEN 14

Schwellenwerte für Kredit- und Vermögenspreiszyklen

Um zu bestimmen, ob sich durch eine zu starke Kreditvergabe und Vermögenspreisanstiege Risiken im Finanzsektor aufbauen, berechnen eine Reihe von Autoren konkrete Schwellenwerte, die sie als Warnzeichen bezüglich möglicher Fehlentwicklungen interpretieren. Borio und Drehmann (2009) analysieren das Verhältnis des Kreditvolumens zum Bruttoinlandsprodukt (Kredit/BIP-Verhältnis), die Immobilienpreisentwicklung und die Aktienpreisentwicklung (Expertise 2010 Kasten 4). Sie verwenden die kumulierte prozentuale Abweichung der jeweiligen Variablen von ihrem einseitig gefilterten Trend, um Fehlentwicklungen über einen längeren Zeitraum zu erfassen. Sie ermitteln über Signal-to-noise-ratios, dass bei kumulierten Trendabweichungen von über 4 % für das Kredit/BIP-Verhältnis, über 15 % bei Immobilienpreisen und über 40 % bei Aktienpreisen das Risiko eines Auftretens von Bankenkrisen in den nächsten drei Jahren deutlich erhöht ist.

Dell'Ariccia et al. (2012) stellen kurzfristiger orientierte Schwellenwerte für einen Kreditboom auf. Liegt die jährliche Wachstumsrate des Kredit/BIP-Verhältnisses über 20 %, werten sie dies als Hinweis auf einen Kreditboom. Liegt das Wachstum zwischen 10 % und 20 %, so hängt es von der Abweichung des Kredit/BIP-Verhältnisses vom einseitigen kubischen Trend über die vergangenen zehn Jahre ab. Liegt diese über der 1,5-fachen Standardabweichung, signalisiert sie ebenfalls einen Kreditboom. Gibt man jedem Schwellenwert nun die gleiche Wertigkeit, wobei im Falle von Dell'Ariccia et al. (2012) ein Punkt für ein Kreditwachstum über 10 % und nochmal ein Punkt für ein Kreditwachstum über 20 % oder die Überschreitung der 1,5-fachen Standardabweichung vergeben wird, so kann ein Punktwert für einzelne Länder zu jedem Zeitpunkt errechnet werden. Je höher der Punktwert, desto stärker ist das Signal bezüglich Fehlentwicklungen im Finanzsektor.

↘ ABBILDUNG 42

Überschreitungen finanzieller Grenzwerte[1]

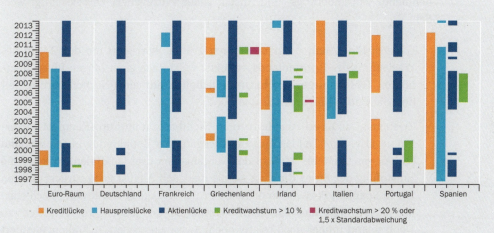

1 – Eigene Berechnungen.

↘ ABBILDUNG 42 zeigt die Ergebnisse für Deutschland, Frankreich, Italien, Spanien sowie Griechenland, Irland, Portugal und den Euro-Raum als Ganzes. Zu Beginn der Währungsunion waren bereits höhere Ausschläge aufgetreten. Vor der Finanzkrise, in den Jahren 2005 bis 2007, zeigte sich die höchste Zahl an Überschreitungen von Schwellenwerten, insbesondere in Irland, Spanien, Griechenland und Italien. Seit dem Jahr 2013 werden in allen Ländern und im Euro-Raum die Schwellenwerte für Aktienpreise überschritten. In Irland und Spanien kommen die Immobilienpreise hinzu. Dies scheint aber eher Ergebnis einer ersten Erholung zu sein. In Italien schlägt immer noch die Kreditlücke an. Dies liegt jedoch primär an der schwachen Entwicklung des italienischen Bruttoinlandsprodukts.

Gegenwärtige Risiken für längerfristige Fehlentwicklungen

282. Der Bankensektor im Euro-Raum befindet sich immer noch in der Krise. Seine Schwächen sollten durch regulatorische und fiskalische Maßnahmen im Rahmen des Übergangs zur neuen europäischen Bankenaufsicht und Bankenabwicklung behoben werden. ⇘ ZIFFERN 305 FF. Die Geldpolitik wirkt derzeit stützend auf den Bankensektor. GLRG und ABS-Ankaufprogramme können als Subventionen des Bankensektors gesehen werden. Gleichzeitig bringt die andauernde Niedrigzinspolitik die **Banken jedoch unter immer größeren Ertragsdruck**. Der Wettbewerb treibt Banken zu verstärkter Renditesuche. Infolgedessen können Risiken unterschätzt und Kapital fehlgeleitet werden. Hinzu kommt ein steigendes Risiko im Zusammenhang mit der Fristentransformation. Wenn die Zinsen in der Zukunft wieder steigen, wird die Refinanzierung der in der gegenwärtigen Niedrigzinsphase vergebenen Kredite teuer. Die beabsichtigte weitere geldpolitische Lockerung der EZB führt zu einer noch großzügigeren Ausstattung des Finanzsektors mit Zentralbankliquidität und erhöht tendenziell diese Zinsänderungsrisiken. Das ABS-Programm setzt zusätzliche Anreize für Banken, das freiwerdende Kapital für eine riskantere Kreditvergabe einzusetzen.

283. Der **Sachverständigenrat** kann bei der gegenwärtigen Datenlage nicht darauf schließen, dass schon der Grundstein für den nächsten Boom-Bust-Zyklus durch bereits vorhandene große Fehlentwicklungen im Finanzsektor gelegt ist. Im Rahmen einer geldpolitischen Risikoabwägung müssen jedoch die in einigen Sektoren sehr lockeren Finanzierungsstandards und die Anreize für Banken, zunehmende Zinsänderungs- und Ausfallrisiken einzugehen, berücksichtigt werden:

- Erstens: Eine Analyse der monetären Trends, korrigiert um den Trend des Wachstums des Bruttoinlandsprodukts, weist nach einer langen Phase überhöhten **Geldmengenwachstums** lediglich auf eine Normalisierung seit dem Jahr 2010 hin. ⇘ ABBILDUNG 40

- Zweitens: Das **Kreditwachstum** an Nichtbanken im Euro-Raum ist weiterhin negativ. Zum Teil lag dies am Rückgang der Bankkredite in Deutschland (Anteil von 20 % bis 25 % in den vergangenen drei Quartalen), der auf die Einstufung der Eurex Clearing AG als Bank seit August 2013 zurückzuführen ist. In Spanien, Portugal und Irland ist der Rückgang der Kredite noch stärker ausgeprägt, das Kredit/BIP-Verhältnis ist jedoch im Vergleich zu Deutschland immer noch relativ hoch. ⇘ ABBILDUNG 41 OBEN In Italien stagniert das Kreditwachstum, das Verhältnis zum Bruttoinlandsprodukt ist aber aufgrund der schwachen Wirtschaftsleistung weiter gestiegen.

- Drittens: Die **Immobilienpreise** sind in den meisten Ländern weiterhin rückläufig, in Deutschland steigen sie dagegen seit Jahren. ⇘ ABBILDUNG 41 UNTEN LINKS Der Anstieg der Immobilienpreise in Deutschland wirkt zwar im Vergleich zu den Wachstumsraten in Spanien und Irland vor der Krise noch gering (JG 2013 Ziffer 838), aber die Deutsche Bundesbank und die BIZ weisen warnend darauf hin, dass Preise für Wohnungen in den großen Städten seit dem Jahr 2008 um 45 % gestiegen sind (BIZ, 2014).

- Viertens: In den meisten Ländern haben die **Aktienpreise** im Jahr 2013 bestimmte Schwellenwerte ⇘ KASTEN 14 überschritten. Hier bauen sich Risiken auf. Der Anstieg der Vermögenspreise hängt mit der lockeren Geldpolitik und der Erwartung langfristig niedriger Zinsen zusammen. Allerdings fällt ein Einbruch der Wirtschaftsleistung im Zuge einer Neubewertung bei einem Vermögenspreisboom, der kaum kreditfinanziert ist, geringer als bei einem kreditgetriebenen Boom aus.

- Fünftens: Die Anwendung der **Taylor-Regel** auf den Euro-Raum legt ebenfalls nahe, dass eine weitere massive Lockerung der Geldpolitik zu höheren Risiken für die längerfristige wirtschaftliche Entwicklung führen könnte.

- Sechstens: Neben Banken beteiligten sich andere Finanzintermediäre und Investoren an der Renditesuche. Dies zeigt sich zum Beispiel bei **Anleihen von Unternehmen geringer Bonität** wie im „iTraxx Europe Crossover". Der Index, der die CDS-Spreads der 50 liquidesten Unternehmen mit einer Bonität unterhalb des „Investment Grade"-Bereichs bündelt, hat zum Beispiel bereits wieder das **Niveau aus dem Jahr 2006** vor der Finanzkrise erreicht.

3. Risiken für eine nachhaltige Wirtschaftspolitik

284. Eine akkommodierende Geldpolitik kann dazu führen, dass die Mitgliedstaaten Konsolidierungs- und Reformmaßnahmen vermeiden, verzögern oder verringern. Bereits die OMT-Ankündigung brachte Fehlanreize für die nationale Wirtschaftspolitik mit sich (JG 2013 Ziffern 170 ff.). Eine weitere und länger anhaltende massive Lockerung der Geldpolitik, möglicherweise noch inklusive breit angelegter Staatsanleihekäufe, könnte Konsolidierungs- und Reformanstrengungen wieder schwächen.

285. **Geldpolitik und fiskalische Konsolidierung** stehen in einem direkten strategischen Zusammenhang. Zinssenkungen der Notenbank reduzieren in der Regel zugleich die Finanzierungskosten des Staates. Bei einem Leitzins nahe Null haben Staatsanleihekäufe in den Vereinigten Staaten, Japan und dem Vereinigten Königreich die Staatsfinanzierung erleichtert. Im Euro-Raum hat die OMT-Ankündigung zu einem deutlichen Rückgang der Finanzierungskosten der Regierungen in Spanien und Italien geführt. ⇘ ZIFFERN 223 F. Diese Kostensenkung kann von den Regierungen einerseits als Chance wahrgenommen werden, die Ersparnis für eine zügigere Konsolidierung einzusetzen. Andererseits ergibt sich der Anreiz, die Verschuldung hoch zu halten.

Die (ehemaligen) Programmländer Irland, Griechenland und Portugal haben jedenfalls große Fortschritte bei der fiskalischen Konsolidierung erzielt. Sie waren allerdings strengen makroökonomischen Konditionen im Rahmen der EFSF-Programme unterworfen. Spanien und Italien haben ebenfalls bedeutende Konsolidierungsanstrengungen unternommen. Während Spanien, das ein bankensektorspezifisches Programm des ESM durchlief, die Ausgaben stark senkte, setzte Italien auf Steuererhöhungen. Dabei hat EZB-Präsident Draghi in Bezug auf Italien wiederholt darauf hingewiesen, dass ausgabenbasierte Konsolidierungsprogramme wachstumsförderlicher wären. Der Sachverständigenrat kam im Rahmen einer modellbasierten Analyse zu demselben Ergebnis (JG 2013 Ziffern 224 ff.). Der IWF empfiehlt Italien ebenfalls eine entsprechende Umschichtung der Konsolidierung (IWF, 2014). Die niedrigen Zinsen sind von der italienischen Regierung bisher jedoch nicht als Chance zum Umsteuern genutzt worden.

286. Timing, Ausmaß und Zielrichtung **struktureller Wirtschaftsreformen** werden durch politische Machtverhältnisse und die Dringlichkeit der betreffenden wirtschaftlichen Probleme beeinflusst. Die Geldpolitik wirkt über die wirtschaftliche Lage auf die Reformpolitik ein. Einerseits könnte die Lockerung als Spielraum für zügigere Reformschritte genutzt werden. Andererseits setzt sie Anreize, notwendige Reformen auf einen politisch opportunen, späteren Zeitpunkt zu verschieben (Leiner-Killinger et al., 2007). Die Erfahrung im Euro-Raum legt nahe, dass vor allem Regierungen, deren Land sich in einer Krisensituation befindet, Reformen auf den Weg bringen, die für mehr Wettbewerb und freiere Märkte sorgen. Ein Beispiel dafür sind die Reformen, die mit der Agenda 2010 in Deutschland in der ersten Hälfte der 2000er-Jahre umgesetzt wurden.

Dagegen beschränken die Reformen, die angesichts der guten wirtschaftlichen Lage in Deutschland im Lauf des Jahres 2014 umgesetzt wurden, die Preisbildung an Märkten. Sie sind von rückwärtsgewandtem Charakter (JG 2013 Ziffern 2 f.). Im Euro-Raum unternahmen die Programmländer, die makroökonomischen Konditionen unterworfen sind, bedeutende strukturelle Reformen, die sich in Fortschritten bei den makroökonomischen Anpassungsprozessen niedergeschlagen haben. ↘ ZIFFERN 216 FF. Spanien, das ein Programm für den Finanzsektor durchlief, hat ebenfalls umfangreiche marktorientierte Reformen umgesetzt. In anderen großen Mitgliedstaaten wie Frankreich und Italien sind die Reformanstrengungen vergleichsweise geringer.

287. Die EZB wirbt regelmäßig für marktorientierte strukturelle Reformen. In der Pressekonferenz im August 2014 wies EZB-Präsident Draghi beispielsweise im Zusammenhang mit der **wirtschaftlichen Stagnation in Italien** darauf hin, dass der **Reformstau** Grund für die Investitionszurückhaltung sei. ↘ ZIFFER 217 Er erwähnte lähmende Regularien und fehlende Reformen des Arbeitsmarkts, der Produktmärkte und der öffentlichen Verwaltung. Ein aktueller Bericht der Europäischen Kommission kommt zu dem Schluss, dass der Schwung der Reformpolitik in Italien nachgelassen hat (Europäische Kommission, 2014). Laut IWF-Stabsbericht vom September sind tiefgreifende strukturelle Reformen in Italien dringend notwendig (IWF, 2014). Der Bericht führt zahlreiche Reformempfehlungen bezüglich des Arbeitsmarkts, der Justiz, der Wettbewerbspolitik und Korruptionsbekämpfung an, die ihrer Umsetzung harren oder noch gar nicht angegangen wurden.

288. Ein direktes quid pro quo zwischen geldpolitischen Maßnahmen und konkreten Reformschritten in einzelnen Ländern wäre sicherlich nicht durch das **Mandat der EZB** gedeckt. Nach **Einschätzung des Sachverständigenrates** sollte die EZB jedoch die Risiken, die sich aus einer weiteren, länger anhaltenden geldpolitischen Lockerung für die Nachhaltigkeit der längerfristigen wirtschaft-

lichen Entwicklung im Euro-Raum insgesamt ergeben, im Rahmen einer geldpolitischen Risikoabwägung berücksichtigen. Dabei sollten Richtung und Geschwindigkeit struktureller Reformen nicht ausgeklammert werden.

VII. FAZIT: RISIKOABWÄGUNG SPRICHT DERZEIT GEGEN WEITERE LOCKERUNG

289. Die Maßnahmen zur Wiedergewinnung der Wettbewerbsfähigkeit in den Krisenländern des Euro-Raums haben zu ersten konvergierenden Entwicklungen geführt. Die verbesserte Wirtschaftslage rührt also nicht allein von der OMT-Ankündigung der EZB her. Um diesen Prozess erfolgreich fortzuführen, müssen die nationalen Regierungen die Reform- und Konsolidierungsschritte weiter vorantreiben. Die EZB hat in Reaktion auf den Rückgang der Inflation und die schwächer als erwartete Erholung im Euro-Raum inzwischen weitere umfangreiche geldpolitische Lockerungsmaßnahmen auf den Weg gebracht. Dabei stehen nicht die Leitzinssenkungen, sondern die neuen längerfristigen Refinanzierungsgeschäfte und die Wertpapierkaufprogramme im Vordergrund. Damit soll die EZB-Bilanz massiv ausgeweitet werden.

290. Grundsätzlich ist der Übergang zu quantitativen Maßnahmen sinnvoll, wenn eine weitere Lockerung notwendig ist, der Leitzins aber bereits bei Null liegt. Im Vergleich zu der bisherigen Reaktion der EZB auf Inflations- und Wachstumserwartungen sowie der Taylor-Regel bedeutet die massive Ausweitung der EZB-Bilanz jedoch eine besondere zusätzliche Lockerung der Geldpolitik. Sie kann als Vorbeugung gegen die Risiken längerfristig niedriger Inflationsraten, insbesondere das Risiko einer Deflationsphase, begründet werden. Bei ihrer geldpolitischen Risikoabwägung sollte die EZB ebenfalls die entgegen gerichteten Risiken, die sich aus der weiteren Lockerung für die längerfristige wirtschaftliche Entwicklung ergeben, gewichten.

Nach **Einschätzung des Sachverständigenrates** stehen dem gegenwärtig verhältnismäßig geringen Deflationsrisiko ebenfalls moderate, aber nicht zu vernachlässigende Risiken für die längerfristige wirtschaftliche Entwicklung gegenüber. Sie entstehen aus möglichen Fehlentwicklungen im Finanzsektor und Anreizen für nachlassende Reform- und Konsolidierungsbemühungen. Im Rahmen dieser Abwägung kommt der Sachverständigenrat zu dem Schluss, dass die EZB eine **weitere massive Ausweitung ihrer Bilanz** wegen der damit einhergehenden Risiken derzeit **besser vermeiden sollte**. Dies schließt nicht aus, dass bei Eintreten einer deflationären Entwicklung eine weitere quantitative Lockerung notwendig werden kann.

291. Die Lage der EZB ist das Ergebnis der unzureichenden Antwort der Mitgliedstaaten auf die Krise im Euro-Raum. Setzt die EZB die Lockerung weiter um, können sich die Mitgliedstaaten weiter aus der Verantwortung stehlen. Die Bundesregierung sollte sich daher verstärkt für die **Fortsetzung der Konsolidie-**

rungs- und Reformpolitik in den Krisenländern einsetzen und die Europäische Kommission in ihrem Bemühen um Strukturreformen und die Konsolidierung öffentlicher Haushalte unterstützen. Die Bundesregierung kann dies nur glaubhaft tun, wenn sie mit gutem Beispiel vorangeht.

Eine andere Meinung

292. Ein Mitglied des Rates, **Peter Bofinger**, kann nicht die Aussage der Mehrheit teilen, die Europäische Zentralbank (EZB) solle bei ihrer geldpolitischen Risikoabwägung „Richtung und Geschwindigkeit struktureller Reformen" berücksichtigen. Die Reformen der Agenda 2010 seien ein Beispiel dafür, dass es einer Krisensituation bedürfe, um grundlegende Reformen politisch umsetzen zu können.
 ↘ ZIFFER 286

293. Dabei muss jedoch beachtet werden, dass die deutsche **Lohnmoderation** wesentlich vom europäischen makroökonomischen Umfeld der Jahre 2002 bis 2007 profitieren konnte, das von der damaligen Niedrigzinspolitik der EZB geprägt war. ↘ ZIFFER 250 Dass Strukturreformen nur erfolgreich sein können, wenn sie in einem positiven makroökonomischen Umfeld umgesetzt werden, wird auch durch die neuere Literatur bestätigt (Eggertson et al., 2014).

    Es wäre somit fatal, wenn die EZB auf eine – aufgrund von Risiken für die Preisentwicklung gebotene – geldpolitische Lockerung verzichten würde, weil dies zu einer günstigeren makroökomischen Entwicklung in einzelnen Ländern führen könnte und somit möglicherweise für einzelne Länder Anreize gesetzt würden, notwendige Reformen zu verschieben.

294. Eine geldpolitische Risikoabwägung, wie sie die Mehrheit befürwortet, würde dem Mandat der EZB auch deshalb nicht gerecht, weil sie grundsätzlich nicht für die Wirtschaftspolitik in einzelnen Mitgliedstaaten zuständig ist und schon gar nicht für die Ausgestaltung beispielsweise der Arbeitsmarktordnung in Ländern wie Frankreich oder Italien.

Literatur zum Minderheitsvotum

Eggertsson, G., A. Ferrero und A. Raffo (2014), Can structural reforms help Europe?, *Journal of Monetary Economics* 61, 2-22.

LITERATUR ZUM KAPITEL

Adam, K. und R.M. Billi (2007), Discretionary monetary policy and the zero lower bound on nominal interest rates, *Journal of Monetary Economics* 54, 728-752.

Adam, K. und R.M. Billi (2006), Optimal monetary policy under commitment with a zero bound on nominal interest rates, *Journal of Money, Credit and Banking* 38, 1877-1905.

Altavilla, C., D. Giannone und M. Lenza (2014), *The financial and macroeconomic effects of the OMT announcements*, CSEF Working Paper No. 352, Neapel.

Angelini, P., S. Neri und F. Panetta (2012), *Monetary and macroprudential policies*, Working Paper No 1449, Europäische Zentralbank, Frankfurt am Main.

Auerbach, A.J. und M. Obstfeld (2005), The case for open-market purchases in a liquidity trap, *American Economic Review* 95, 110-137.

Beck, G.W. und V. Wieland (2008), Central bank misperceptions and the role of money in interest-rate rules, *Journal of Monetary Economics* 55, S1-S17.

Beck, G.W. und V. Wieland (2007), Money in monetary policy design: A formal characterization of ECB-style cross-checking, *Journal of the European Economic Association* 5, 524-533.

Belke, A. und J. Klose (2013), Modifying Taylor reaction functions in the presence of the zero-lower-bound – Evidence for the ECB and the Fed, *Economic Modelling* 35, 515-527.

Bernanke, B.S. (2002), *Deflation: Making sure „it" doesn't happen here*, Rede, National Economists Club, Washington, DC, 21. November 2002.

Bernanke, B.S. und M. Gertler (2001), Should central banks respond to movements in asset prices?, *American Economic Review* 91, 253-257.

Bernanke, B.S. und M. Woodford (1997), Inflation forecasts and monetary policy, *Journal of Money, Credit and Banking* 29, 653-84.

BIZ (2014), *Quartalsbericht, September 2014*, Bank für Internationalen Zahlungsausgleich, Basel.

Bordo, M.D. und O. Jeanne (2002), Monetary policy and asset prices: Does ‚benign neglect' make sense?, *International Finance* 5, 139-64.

Borio, C. und P. Disyatat (2014), *Low interest rates and secular stagnation: Is debt a missing link?*, VoxEU.org, 25. Juni 2014.

Borio, C. und M. Drehmann (2009), Assessing the risk of banking crises - revisited, *BIS Quarterly Review* März 2009, 29-46.

Borio, C. und P. Lowe (2002), *Asset prices, financial and monetary stability: Exploring the nexus*, BIS Working Papers No 114, Basel.

Borio, C. und W. White (2003), *Whither monetary and financial stability? The Implications of evolving policy regimes*, Konferenzpapier, Federal Reserve Bank of Kansas City Economic Policy Symposium, Jackson Hole, 28.-30. August 2003.

Brainard, B.S. (1967), Uncertainty and the effectiveness of policy, *American Economic Review* 57, 411-425.

Bundesverfassungsgericht (2014), *Hauptsacheverfahren ESM/EZB: Urteilsverkündung sowie Vorlage an den Gerichtshof der Europäischen Union*, Pressemitteilung 9/2014, Karlsruhe, 7. Februar.

Camba-Mendez, G., J.Á. García und D.R. Palenzuela (2003), Relevant economic issues concerning the optimal rate of inflation, in: Issing, O./EZB (Hrsg.): *Background studies for the ECB's evaluation of its monetary policy strategy*, Europäische Zentralbank, Frankfurt am Main, 91-125.

Cecchetti, S.G., H. Genberg, J. Lipsky und S.B. Wadhwani (2000), *Asset prices and central bank policy*, Geneva Reports on the World Economy 2, Center for Economic Policy Research, London.

Clouse, J., D. Henderson, A. Orphanides, D.H. Small und P.A. Tinsley (2003), Monetary policy when the nominal short-term interest rate is zero, *The B.E. Journal of Macroeconomics* 3, 1-65.

Coenen, G. (2003), Zero lower bound: Is it a problem in the Euro Area?, in: Issing, O./EZB (Hrsg.): *Background studies for the ECB's evaluation of its monetary policy strategy*, Europäische Zentralbank, Frankfurt am Main, 139-155.

Coenen, G. und V. Wieland (2004), Exchange-rate policy and the zero bound on nominal interest rates, *American Economic Review* 94, 80-84.

Coenen, G. und V. Wieland (2003), The zero-interest-rate bound and the role of the exchange rate for monetary policy in Japan, *Journal of Monetary Economics* 50, 1071-1101.

Danmarks Nationalbank (2012), *Interest rate reduction*, Pressemitteilung, Kopenhagen, 5. Juli.

Dell'Ariccia, G., D. Igan, L. Laeven, H. Tong, B.B. Bakker und J. Vandenbussche (2012), *Policies for macrofinancial stability: How to deal with credit booms*, IMF Staff Discussion Note SDN/12/06, Internationaler Währungsfonds, Washington, DC.

Dotsey, M., R.G. King und A.L. Wolman (1999), State-dependent pricing and the general equilibrium dynamics of money and output, *Quarterly Journal of Economics* 114, 655-690.

Eggertsson, G.B. und M. Woodford (2003), The zero bound on interest rates and optimal monetary policy, *Brookings Papers on Economic Activity* 34, 139-235.

Europäische Kommission (2014), *Market reforms at work in Italy, Spain, Portugal and Greece*, European Economy 5/2014, Generaldirektion Wirtschaft und Finanzen, Brüssel.

EZB (2003), ECB press release: The ECB's monetary policy strategy, in: Issing, O./EZB (Hrsg.): *Background studies for the ECB's evaluation of its monetary policy strategy*, Europäische Zentralbank, Frankfurt am Main, 329-330.

Financial Times (2014), *ECB poised to start its lending spree*, 16. September 2014.

Fisher, I. (1933), The debt-deflation theory of great depressions, *Econometrica* 1, 337-357.

Fratzscher, M. (2014), *Low interest rates and secular stagnation: Is debt a missing link?*, project-syndicate.org, 10. Februar 2014.

Galí, J. (2014), Monetary policy and rational asset price bubbles, *American Economic Review* 104, 721-752.

Galí, J. und L. Gambetti (2014), The effects of monetary policy on stock market bubbles: Some evidence, *American Economic Journal: Macroeconomics*, im Erscheinen.

Gambacorta, L. und D. Marques-Ibanez (2011), *The bank lending channel: Lessons from the crisis*, BIS Working Papers No 345, Basel.

Gambacorta, L. und F.M. Signoretti (2014), Should monetary policy lean against the wind?, *Journal of Economic Dynamics and Control* 43, 146-174.

Gros, D., C. Alcidi und A. Giovannini (2014), *Targeted longer-term refinancing operations (TLTROs): Will they revitalise credit in the Euro Area?*, Arbeitspapier, CEPS, Brüssel.

Issing, O. (Hrsg.) (2003), *Background studies for the ECB's evaluation of its monetary policy strategy*, Europäische Zentralbank, Frankfurt am Main.

IWF (2014), *Italy: Article IV consultation*, IMF Country Report No. 14/283, Internationaler Währungsfonds, Washington, DC.

Jarocinski, M. und F.R. Smets (2008), House prices and the stance of monetary policy, *Federal Reserve Bank of St. Louis Review*, 339-366.

Kahn, G.A. (2010), Taylor rule deviations and financial imbalances, *Federal Reserve Bank of Kansas City Economic Review*, 63-99.

Kannan, P., P. Rabanal und A.M. Scott (2012), Monetary and macroprudential policy rules in a model with house price booms, *The B.E. Journal of Macroeconomics* 12, 1-44.

Kashyap, A.K., J.C. Stein und D.W. Wilcox (1993), Monetary policy and credit conditions: Evidence from the composition of external finance, *American Economic Review* 83, 78-98.

Kleemann, M. (2014), Die globalen Auswirkungen der Ukraine-Krise: Ergebnisse des jüngsten ifo World Economic Survey, *ifo Schnelldienst* 16/2014, 50-52.

Klose, J. (2013), Negative Einlagezinsen im Euroraum? Lehren aus Dänemark, *Wirtschaftsdienst* 93, 824-827.

Krugman, P.R. (1998), It's baaack: Japan's slump and the return of the liquidity trap, *Brookings Papers on Economic Activity* 29, 137-206.

Laubach, T. und J.C. Williams (2003), Measuring the natural rate of interest, *Review of Economics and Statistics* 85, 1063-1070.

Leiner-Killinger, N., V. López Pérez, R. Stiegert und G. Vitale (2007), *Structural reforms in EMU and the role of monetary policy – A survey of the literature*, Occasional Paper No. 66, Europäische Zentralbank, Frankfurt am Main.

Levin, A., V. Wieland und J. C. Williams (2003), The performance of forecast-based monetary policy rules under model uncertainty, *American Economic Review* 93, 622-645.

McCallum, B.T. (2000), Theoretical analysis regarding a zero lower bound on nominal interest rates, *Journal of Money, Credit and Banking* 32, 870-904.

McDonald, J. und H. Stokes (2013), Monetary policy and the housing bubble, *Journal of Real Estate Finance and Economics* 46, 437-451.

Mesonnier, J.-S. und J.-P. Renne (2007), A time-varying „natural" rate of interest for the Euro Area, *European Economic Review* 51, 1768-1784.

Michaelis, H. und S. Watzka (2014), *Are there differences in the effectiveness of quantitative easing at the zero-lower-bound in Japan over time?*, CESifo Working Paper No. 4901, München.

Musso, A., L. Stracca und D. van Dijk (2009), Instability and nonlinearity in the Euro Area Phillips Curve, *International Journal of Central Banking* 5, 181-212.

Orphanides, A. und V. Wieland (2013), Complexity and monetary policy, *International Journal of Central Banking* 9, 167-204.

Orphanides, A. und V. Wieland (2000), Efficient monetary policy design near price stability, *Journal of the Japanese and International Economies* 14, 327-365.

Orphanides, A. und V. Wieland (1998), *Price stability and monetary policy effectiveness when nominal interest rates are bounded at zero*, FEDS Working Paper 1998-35, Board of Governors of the Federal Reserve System, Washington, DC.

Orphanides, A. und J.C. Williams (2002), Robust monetary policy rules with unknown natural rates, *Brookings Papers on Economic Activity* 33, 63-146.

Reifschneider, D. und J.C. Williams (2000), Three lessons for monetary policy in a low inflation era, *Journal of Money, Credit and Banking* 32, 936-966.

Siekmann, H. und V. Wieland (2014), *The German Constitutional Court's decision on OMT: Have markets misunderstood?*, Policy Insight, Centre for Economic Policy Research, London, im Erscheinen.

Smets, F. und R. Wouters (2007), Shocks and frictions in US business cycles: A Bayesian DSGE approach, *American Economic Review* 97, 586-606.

Summers, L.H. (2013), *Why stagnation might prove to be the new normal*, larrysummers.com, 15. Dezember 2013.

Svensson, L.E.O. (2001), The zero bound in an open economy: A foolproof way of escaping from a liquidity trap, *Monetary and Economic Studies* 19, 277-312.

Taylor, J.B. (2013), *International monetary policy coordination: Past, present and future*, BIS Working Papers No. 437, Basel.

Taylor, J.B. (2007), *Housing and monetary policy*, Konferenzpapier, Federal Reserve Bank of Kansas City Economic Policy Symposium, Jackson Hole, 30. August-1. September 2007.

Taylor, J.B. (1993), Discretion versus policy rules in practice, *Carnegie-Rochester Conference Series on Public Policy* 39, 195-214.

Taylor, J. B., V. Wieland und M. Wolters (2014), *Monetary policy and the equilibrium rate of interest*, Working Paper, Franfurt am Main.

Thiele, A. (2014), Friendly or unfriendly act? The "historic" referral of the Constitutional Court to the ECJ regarding the ECB's OMT program, *German Law Journal* 15, 241-264.

Trichet, J.-C. (2008), *Interview mit Le Figaro, Frankfurter Allgemeine Zeitung, Irish Times und Jornal de Negócios*, Frankfurter Allgemeine Zeitung, 18. Juli 2008.

Trichet, J.-C. (2006), *The role of money: Money and monetary policy at the ECB*, Rede, Fourth ECB central banking conference, Frankfurt am Main, 9.-10. November 2006.

De Veirman, E. (2009), What makes the output-inflation trade-off change? The absence of accelerating deflation in Japan, *Journal of Money, Credit and Banking* 41, 1117-1140.

Wieland, V. (2010), Quantitative easing: A rationale and some evidence from Japan, in: Reichlin, L. und K.D. West (Hrsg.): *NBER International Seminar on Macroeconomics 2009*, University of Chicago Press, Chicago, 354-366.

Wieland, V. und M. Wolters (2014), *Is there a threat of self-reinforcing deflation in the Euro Area? A view through the lens of the Phillips cuve*, IMFS Working Paper No. 81, Frankfurt am Main.

Williams, J.C. (2014), *Monetary policy at the zero lower bound – Putting theory into practice*, Arbeitspapier, Hutchins Center on Fiscal & Monetary Policy at Brookings, Washington, DC.

DER WEITE WEG ZU MEHR FINANZSTABILITÄT IN DEUTSCHLAND UND EUROPA

I. Systemrisiken im Finanzsystem
  1. Die Lehren aus zwei Krisen
  2. Implizite Garantien noch immer hoch

II. Erste Schritte in der Europäischen Bankenunion
  1. Richtfest bei der Bankenunion
  2. Bankenprüfung: Geringer Kapitalbedarf, große Heterogenität

III. Abwicklung in der Bankenunion: Glaubwürdigkeit stärken
  1. Das Zeitinkonsistenzproblem der Bankenrettung
  2. Governance zu komplex
  3. Für eine glaubwürdige Gläubigerbeteiligung
  4. Globale Bankenabwicklung derzeit kaum möglich
  5. Fazit

IV. Makroprudenzielle Aufsicht: Aufbruch ins Unbekannte
  1. Systemstabilität als Regulierungsziel
  2. Aufsichtsstruktur: Effektiv trotz Schwächen?
  3. Instrumente: Feinsteuerung vermeiden
  4. Fazit

Anhang

Abkürzungen

Literatur

DAS WICHTIGSTE IN KÜRZE

Reformen der Finanzmarktarchitektur

Die globale Finanzkrise der Jahre 2007 bis 2009 und die Krise im Euro-Raum haben weitreichende Reformen der Finanzmarktarchitektur angestoßen. Diese beruhen auf zwei wichtigen Erkenntnissen: Zum einen reicht es nicht aus, einzelne Marktteilnehmer zu beaufsichtigen, um die Stabilität von global vernetzten Finanzsystemen zu sichern. Zum anderen können insolvente Banken nur dann geschlossen werden, wenn wirksame Abwicklungsverfahren zur Verfügung stehen, mit denen Ansteckungseffekte vermieden werden können.

Der Abbau impliziter staatlicher Rettungsgarantien im Bankensystem kann als Gradmesser für den Erfolg der Reformen dienen. Die Evidenz ist ernüchternd: Die Garantien sind noch immer hoch, vor allem für global systemrelevante Banken und für solche in finanzstarken Ländern wie Deutschland. Der Handlungsbedarf ist daher nach wie vor groß.

Wirksame Bankenabwicklung erfordert Glaubwürdigkeit

Der Regelungsrahmen der Bankenunion ist nun weitgehend gesetzt. Er soll verhindern, dass weiterhin Risiken von der nationalen auf die europäische Ebene verschoben werden. Die Bankenunion stellt einen wichtigen Schritt auf dem Weg zu einem stabilen Finanzsystem dar.

Die gemeinsame Bankenaufsicht in der Europäischen Zentralbank (EZB) hat ihre Arbeit bereits offiziell aufgenommen. Die zuvor durchgeführte Bankenprüfung offenbarte nur geringe Kapitallücken, Turbulenzen auf den Finanzmärkten blieben aus. Zu einer flächendeckenden Erhöhung des Eigenkapitals der europäischen Banken kam es indes nicht, und eine Marktbereinigung ist unwahrscheinlich.

Für die gemeinsame Bankenabwicklung ist entscheidend, dass die Marktteilnehmer die Möglichkeit einer Gläubigerbeteiligung als glaubwürdig einschätzen. Aufgrund vieler Ausnahmeregelungen und Ermessensspielräume ist dies bislang nicht der Fall. Daher ist die Politik gefordert, den Rahmen für Bankenabwicklungen weiterzuentwickeln, im europäischen und im globalen Kontext.

Feinsteuerung durch makroprudenzielle Politik vermeiden

Die Struktur der neu geschaffenen Systemaufsicht im Euro-Raum ist grundsätzlich zu begrüßen. Allerdings sollte sie mittelfristig außerhalb der EZB angesiedelt werden, um Interessenkonflikte mit der Geldpolitik zu vermeiden. In Deutschland sind zudem die Möglichkeiten der Einflussnahme durch die Politik zu groß.

Die Wirksamkeit makroprudenzieller Instrumente ist ungewiss, und ihre Wirkungen sind auf den regulierten Sektor begrenzt. Zudem ist eine übermäßige Feinsteuerung zu befürchten. Durch eine wesentliche Erhöhung des Eigenkapitals könnte bereits ein Großteil der systemischen Risiken im Bankensystem aufgefangen werden.

I. SYSTEMRISIKEN IM FINANZSYSTEM

1. Die Lehren aus zwei Krisen

295. Die Banken- und Staatsschuldenkrisen der vergangenen sieben Jahre haben weitreichende Reformen der Finanzmarktarchitektur in Gang gesetzt. Die auf Ebene der 20 wichtigsten Industrie- und Schwellenländer (G20) angestoßenen Reformen waren eine direkte Reaktion auf die **globale Finanzkrise** der Jahre 2007 bis 2009. Sie beruhen auf zwei wichtigen Erkenntnissen: Erstens lässt sich Systemstabilität in global vernetzten Finanzsystemen nicht allein durch die **mikroprudenzielle Aufsicht**, die Beaufsichtigung einzelner Marktteilnehmer, gewährleisten. Zweitens ist eine Schließung von Banken nur möglich, wenn Abwicklungsmechanismen zur Verfügung stehen, die der Gefahr von Ansteckungseffekten im Finanzsystem Rechnung tragen.

296. Die auf **globaler Ebene** koordinierten Reformstränge zielten daher zum einen darauf ab, das Finanzsystem als Ganzes widerstandsfähiger zu machen und eine **makroprudenzielle Aufsicht** zu schaffen, um die Stabilität des gesamten Finanzsystems zu gewährleisten (JG 2010 Ziffern 283 ff.). ↘ ZIFFERN 360 FF. Zum anderen sollten **Abwicklungsregime für Banken** nach einheitlichen Standards geschaffen werden (JG 2012 Ziffern 277 ff.). Die globalen Absprachen wurden national umgesetzt, die Harmonisierung dieser Bemühungen blieb begrenzt. Innerhalb der EU war der Harmonisierungsgrad naturgemäß höher. Auf eine Zentralisierung von Entscheidungskompetenzen wurde hier aber zunächst verzichtet. So erhielten weder die neue europäische Bankenaufsichtsbehörde (European Banking Authority, EBA) noch die neue Systemaufsicht (European Systemic Risk Board, ESRB) direkte Eingriffsbefugnisse.

297. Die im Jahr 2010 einsetzende **Krise im Euro-Raum** machte deutlich, dass die bisherigen Reformen nicht ausreichten, um die aus einer Währungsunion mit ansonsten souveränen Staaten erwachsenden Herausforderungen zu meistern. In der Währungsunion tragen die Mitgliedstaaten die Risiken gemeinsam, die sich in der Bilanz des Euro-Systems niederschlagen. Die Banken wurden jedoch weiterhin auf nationaler Ebene beaufsichtigt, sodass der Anreiz bestand, Risiken des heimischen Bankensystems auf die Bilanz der Europäischen Zentralbank (EZB) zu verschieben. Denn in einer Krise kommen Stützungsmaßnahmen der EZB allen Banken zugute, selbst solchen mit zweifelhafter Solvenz.

298. Um solche Risikoverschiebungen zukünftig zu verhindern, werden mit der **Europäischen Bankenunion** Aufsichts- und Abwicklungskompetenzen im Euro-Raum zentralisiert. Außerdem wird zumindest teilweise ein gemeinschaftlicher Finanzierungsrahmen für Bankenabwicklungen geschaffen. Die Bankenunion kann als „Torwächterin" zur gemeinsamen Zentralbankbilanz verstanden werden, die für einen stärkeren Gleichlauf von Haftung und Kontrolle sorgen soll. Außerdem soll sie dazu beitragen, die Belastung der öffentlichen Haushalte in zukünftigen Bankenkrisen zu begrenzen und so den **Teufelskreis zwischen Banken- und Staatsschuldenkrisen** abzumildern (JG 2013 Ziffern 291 ff.). ↘ ZIFFERN 316 FF. Mit der Ausgestaltung der Bankenunion wurden die Reformen

der G20-Agenda im Euro-Raum weiter vorangetrieben. Dadurch verloren allerdings die zuvor geschaffenen Institutionen an Bedeutung, und es entstand eine überaus komplexe Aufsichtsstruktur. ↘ ZIFFERN 375 FF.

2. Implizite Garantien noch immer hoch

299. In den Krisen konnte das Finanzsystem nur dadurch stabilisiert werden, dass Zentralbanken und Regierungen kostenträchtige Rettungsmaßnahmen ergriffen. Die direkten fiskalischen Kosten der Bankenrettung stellen allerdings nur einen Teil der negativen Konsequenzen dieser Rettungsaktionen dar. Schwerwiegender dürften die mit der Rettung verbundenen Anreizverzerrungen (**Moral Hazard**) sein. Denn angesichts der dramatischen Auswirkungen des Lehman-Zusammenbruchs konnte nun fest damit gerechnet werden, dass Banken im Falle einer Schieflage künftig nicht abgewickelt, sondern gerettet würden. Faktisch wurde so eine **implizite Staatsgarantie** für nahezu das gesamte Finanzsystem geschaffen.

Durch eine solche Garantie verschwinden für die Gläubiger die Anreize, das Risikoverhalten der Bank zu überwachen. Dies wiederum verleitet die Banken dazu, erhöhte Risiken zu übernehmen, wodurch die Wahrscheinlichkeit einer erneuten Krise steigt. Um negative Anreizwirkungen zu vermindern, haben die Regierungen zwar erklärt, dass sie Finanzinstitute zukünftig nicht mehr retten würden. Solche Ankündigungen sind jedoch unglaubwürdig, da die guten Vorsätze im Falle einer Krise rasch über Bord geworfen werden, wenn die Stabilität des Finanzsystems akut bedroht ist. Ein zentrales Anliegen der Bankenregulierung ist es, dieses **Zeitinkonsistenzproblem der Bankenrettung** zu lösen oder zumindest abzuschwächen.

300. Da durch implizite Staatsgarantien die Wahrscheinlichkeit sinkt, dass Bankgläubiger bei einer Insolvenz Verluste tragen müssen, schenken Ratingagenturen den impliziten Garantien große Beachtung. Sie geben spezielle Ratings heraus, welche die Wahrscheinlichkeit der Unterstützung quantifizieren (**Support Ratings**). Ein höheres Support Rating übersetzt sich in eine bessere Beurteilung der Bonität einer Bank (**Rating Uplift**) und geht mit geringeren Finanzierungskosten von Banken einher (Ueda und Weder di Mauro, 2013). Mit Hilfe der Ratings können somit Finanzierungskostenvorteile durch implizite Garantien ermittelt werden. ↘ KASTEN 15 Ziel der aktuellen Regulierungsbestrebungen ist es, die **Marktdisziplin** wiederherzustellen, sodass die Finanzierungskosten der Banken deren tatsächliche Risikopositionen widerspiegeln. Daher kann die Entwicklung der Ratings und der Finanzierungskosten Indizien liefern, ob man diesem Ziel näher gekommen ist.

301. Doch die empirische Evidenz ist ernüchternd. Die Support Ratings der Ratingagentur Fitch deuten auf einen dramatischen Anstieg der erwarteten Unterstützung für die von den Aufsichtsbehörden als global systemrelevant eingestuften Banken (G-SIBs) hin. ↘ ABBILDUNG 43 OBEN LINKS Zunächst stiegen sie im Anschluss an die umfangreichen Rettungsmaßnahmen Ende des Jahres 2008 sprunghaft an, dann erneut mit der erstmaligen Veröffentlichung der Liste der G-SIBs

durch das Financial Stability Board am Ende des Jahres 2011. Es scheint, als hätte die explizite Einführung des G-SIB-Status die **impliziten staatlichen Garantien** bei diesen Banken weiter **verfestigt** (Moenninghoff et al., 2014). Bei den übrigen Banken stieg das Support Rating Ende des Jahres 2008 ebenfalls an, allerdings sinkt es seit Ende des Jahres 2010 wieder, wenngleich das Vorkrisenniveau bislang nicht erreicht wurde. Dieser Verlauf ist konsistent mit Ergebnissen empirischer Untersuchungen zum Finanzierungskostenvorteil aus impliziten Garantien, die Optionspreismethoden nutzen (IWF, 2014a).

302. Im regionalen Vergleich fällt auf, dass die Unterstützungswahrscheinlichkeit der G-SIBs im Euro-Raum bereits vor der Krise als sehr hoch eingeschätzt wurde. ↘ ABBILDUNG 43 OBEN RECHTS Im Gegensatz dazu war sie für die US-amerikanischen G-SIBs bis Ende des Jahres 2008 niedrig und wurde erst während der Krise er-

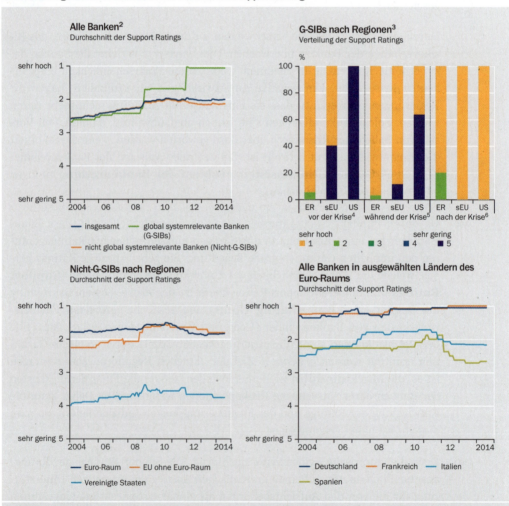

↘ ABBILDUNG 43
Unterstützungswahrscheinlichkeit von Banken mit Support Rating[1]

1 – Unterstützungswahrscheinlichkeit für externe Unterstützung, etwa durch den Staat. Eigene Berechnungen, basierend auf Daten von Fitch Ratings. 2 – Alle Banken aus Europa, OECD-Ländern und Ländern, in denen mindestens eine der 100 größten Banken weltweit (gemessen an der Bilanzsumme im Jahr 2013) beheimatet ist, und für die ein Support Rating von Fitch existiert. Am Ende des Beobachtungszeitraums umfasst die Stichprobe 239 Banken. 3 – ER - Euro-Raum, sEU - sonstige EU und US - Vereinigte Staaten. 4 – Ab Januar 2004 bis Juli 2007. 5 – Ab August 2007 bis August 2012. 6 – Ab September 2012; Verteilung der Support Ratings entspricht der aktuellen Verteilung.

höht. Nach der Veröffentlichung der Liste der systemrelevanten Banken stiegen die Support Ratings aller US-amerikanischen G-SIBs auf die höchste Stufe. Im Euro-Raum wurden hingegen zwei G-SIBs nach der Krise abgewertet, die spanische Banco Santander und die italienische UniCredit, also gerade die beiden G-SIBs aus besonders hoch verschuldeten Mitgliedstaaten des Euro-Raums.

Bemerkenswert ist die unterschiedliche Entwicklung der Support Ratings der nicht global systemrelevanten Banken. ↘ ABBILDUNG 43 UNTEN LINKS So wird die Unterstützungswahrscheinlichkeit der europäischen Banken deutlich höher eingeschätzt als diejenige in den Vereinigten Staaten. Dies deckt sich mit der Beobachtung, dass in den Vereinigten Staaten in der Krise – anders als in Europa – viele Banken geschlossen wurden (JG 2013 Ziffer 367). Allerdings sanken im Euro-Raum die Support Ratings seit Ende des Jahres 2010 deutlich, sogar unter das Vorkrisenniveau. Auch in den übrigen EU-Mitgliedstaaten gingen sie zurück, das Vorkrisenniveau wurde hier jedoch nicht erreicht.

Nimmt man die Support Ratings als Gradmesser des Erfolgs der Reformen, könnte man zumindest im Euro-Raum einen gewissen **Fortschritt beim Abbau der impliziten Garantien** vermuten. Im Hinblick auf den neuen Rahmen für Bankenabwicklungen haben die Ratingagenturen zudem in Aussicht gestellt, die Einstufungen der Banken zu überprüfen (Fitch Ratings, 2014; Moody's Investors Service, 2014). Hier bleibt abzuwarten, ob dies tatsächlich zu substanziellen Veränderungen der Support Ratings führen wird.

303. Allerdings gibt es innerhalb des Euro-Raums **erhebliche Unterschiede**. ↘ ABBILDUNG 43 UNTEN RECHTS In Deutschland und Frankreich ist kein derartiger Rückgang zu verzeichnen, während der Rückgang in Italien und Spanien erheblich ist. Der Abbau impliziter Staatsgarantien scheint also vor allem in solchen Ländern vorangeschritten zu sein, in denen ein geringer fiskalischer Spielraum für eine Bankenrettung besteht (Schich und Lindh, 2012). Dies legt den Schluss nahe, dass eine Vergemeinschaftung der Kosten von Bankenproblemen auf Ebene des Euro-Raums nun in geringerem Maße erwartet wird. Ein Hinweis auf einen generellen Erfolg der Bankreformen ist dies hingegen nicht. Denn in den finanzstarken Ländern wird nach wie vor nicht damit gerechnet, dass der Staat künftig auf Bankenrettungen verzichtet. Hierdurch erlangen Banken in finanzstarken Ländern einen **Wettbewerbsvorteil** gegenüber Banken in schwächeren Ländern. Tatsächlich sind die Refinanzierungskostenvorteile aus impliziten Garantien nach der Krise weiterhin erheblich. ↘ KASTEN 15

↘ KASTEN 15

Finanzierungskostenvorteile von Banken durch implizite Garantien

Liegen implizite Garantien des Staates vor, so können Banken sich günstiger finanzieren, da ihre Kreditgeber erwarten, im Insolvenzfall die Verluste nicht vollständig tragen zu müssen. Die Kostenvorteile können mit Hilfe von Regressionsanalysen quantifiziert werden, indem der Zusammenhang zwischen Finanzierungskosten und Maßen für implizite Garantien ermittelt wird.

In einer aktuellen Studie analysieren Barth und Schnabel (2014) die Preise für Kreditausfallversicherungen (CDS-Spreads) für unbesicherte Bankschuldtitel von Januar 2005 bis Juni 2014. Geringere (höhere) CDS-Spreads implizieren niedrigere (höhere) Zinsen der Schuldtitel. Als Maß für die impliziten Garantien und Ausfallwahrscheinlichkeiten werden Ratings der Agentur Fitch verwendet: Das **Support Rating** gibt die Wahrscheinlichkeit externer Unterstützung – typischerweise durch die Regierung des Sitzlandes – im Falle eines drohenden Ausfalls an. Es ist auf einer Skala von 5 (sehr geringe Unterstützung) bis 1 (sehr hohe Unterstützung) definiert. Das **Viability Rating** reflektiert die Ausfallwahrscheinlichkeit der Bank, ohne dass die Möglichkeit externer Unterstützung berücksichtigt wird. Es liegt zwischen f (kodiert als 1, Insolvenz) und aaa (kodiert als 10, sehr geringe Ausfallwahrscheinlichkeit).

Im Schnitt über die gesamte Stichprobe geht eine Verbesserung des Support Ratings um eine Stufe mit einem Absinken der CDS-Spreads um 30 Basispunkte einher. Berücksichtigt man in den Regressionen zusätzlich, dass der Wert impliziter Garantien von der Solvenz der Bank abhängen dürfte, so ergibt sich für relativ schwache Banken mit einem Viability Rating von 6 (25 %-Quantil) ein Absinken um 42 Basispunkte, für sehr solvente Banken mit einem Viability Rating von 8 (75 %-Quantil) hingegen ein Absinken um nur 11 Basispunkte.

Außerdem beobachtet man eine interessante Dynamik über die Zeit. Hierzu werden fünf Krisenphasen unterschieden. In allen Phasen zeigt sich, dass bessere Ratings – sowohl Support als auch Viability Ratings – mit geringeren CDS-Spreads einhergehen. ↘ TABELLE 14 Bei den Support Ratings wird der Zusammenhang im Zeitverlauf zunächst stärker, bevor er sich wieder abschwächt. Bei den Viability Ratings hat sich der Zusammenhang im Verlauf der Krise ebenfalls verstärkt, er bleibt allerdings nach der Krise auf einem hohen Niveau. Die Schwankungen der Koeffizienten im Zeitablauf lassen eine Neubewertung von Bankrisiken vermuten. Das Verharren des Effekts der Viability Ratings auf Krisenniveau könnte auf eine gewisse Rückkehr der Marktdisziplin hindeuten.

↘ TABELLE 14
Zusammenhang zwischen CDS-Spreads und Support Ratings von Banken[1]

Effekt der Verbesserung des Ratings um eine Stufe	Vor der Krise: bis Jul 2007	Finanzkrise 1: Aug 2007 – Aug 2008	Finanzkrise 2: Sep 2008 – Sep 2009	Eurokrise: Okt 2009 – Aug 2012	Nach der Krise: ab Sep 2012
	Veränderung der CDS-Spreads (Basispunkte)				
Support Rating	(– 6)	–21	–56	–32	–18
Viability Rating	–20	–24	–60	–64	–61

1 – Ergebnisse einer Fixed-effects-Regression der CDS-Spreads auf Support Ratings und Viability Ratings der Ratingagentur Fitch. Support Ratings liegen auf einer Skala von 1 (sehr hohe Unterstützungswahrscheinlichkeit) bis 5 (sehr geringe Unterstützungswahrscheinlichkeit). Um die Interpretation der Ergebnisse zu erleichtern, wurde die Skala mit –1 multipliziert. Viability Ratings liegen auf einer Skala von 1 (Insolvenzfall eingetreten) bis 10 (äußerst geringe Ausfallwahrscheinlichkeit). Statistisch nicht signifikante Ergebnisse sind durch Klammern gekennzeichnet (Signifikanzniveau 10 %).

Quelle: Barth und Schnabel (2014)

SVR-14-332

304. Zusammenfassend zeigen die empirischen Ergebnisse, dass die impliziten Staatsgarantien und die daraus erwachsenden Refinanzierungsvorteile nur **bei wenigen Banken zurückgegangen** sind und selbst dann nur selten unter das Vorkrisenniveau. Bei den systemrelevanten Instituten sind bislang kaum Fortschritte zu verzeichnen. Ganz im Gegenteil scheint die explizite Benennung von G-SIBs durch die Aufsichtsbehörden die impliziten staatlichen Garantien verfestigt zu haben. Ein Rückgang der impliziten Garantien lässt sich vor allem im Euro-Raum erkennen, allerdings nur in hochverschuldeten Mitgliedstaaten.

II. ERSTE SCHRITTE IN DER EUROPÄISCHEN BANKENUNION

1. Richtfest bei der Bankenunion

305. Mit der Übernahme der Aufsichtsverantwortung durch die EZB im Rahmen des **gemeinsamen Aufsichtsmechanismus** (Single Supervisory Mechanism, SSM; JG 2013 Ziffern 293 ff.) am 4. November 2014 ist einer der drei Bausteine der Bankenunion – die zentralisierte Bankenaufsicht – offiziell gestartet. Zur Vorbereitung auf diesen ersten Schritt in die Bankenunion hatte die EZB eine **umfassende Prüfung der Bankbilanzen** (Comprehensive Assessment) durchgeführt. Ihre ersten wichtigen Entscheidungen als Aufsichtsbehörde betreffen nun den Umgang mit den Ergebnissen. ↘ ZIFFERN 311 FF.

306. Die beiden anderen Bausteine – die zentralisierte Bankenabwicklung und eine gemeinsame Finanzierung von Abwicklungsverfahren – befinden sich noch in der Umsetzung. Im vergangenen Jahr gelang es, den rechtlichen Rahmen für das gemeinsame Abwicklungsregime festzulegen (**Single Resolution Mechanism, SRM**). Die SRM-Verordnung wurde im April 2014 vom Europäischen Parlament verabschiedet, ebenso wie eine Richtlinie zur Festlegung von EU-weiten Bankenabwicklungsregeln, auf denen ein Großteil der SRM-Verordnung fußt (**Bank Recovery and Resolution Directive, BRRD**). Die Richtlinie muss bis zum Jahreswechsel in den Mitgliedstaaten umgesetzt werden. Der SRM wird nach derzeitiger Planung ab dem Jahr 2016 tätig sein. ↘ ZIFFERN 316 FF. Ebenso wie der SSM ist der SRM für Euro-Länder verpflichtend. EU-Mitgliedstaaten außerhalb des Euro-Raums können sich anschließen (Opt-in), ein Austritt ist aber jederzeit möglich. Es ist zu erwarten, dass sich bis auf das Vereinigte Königreich und Schweden alle Mitgliedstaaten anschließen werden.

307. Zudem wurde im Rahmen des SRM die Einrichtung eines gemeinsamen Bankenabwicklungsfonds (**Single Resolution Fund, SRF**) beschlossen, der im Laufe von acht Jahren durch Erhebung einer harmonisierten Bankenabgabe auf ein Volumen von rund 55 Mrd Euro anwachsen soll. Eine gemeinsame Einlagensicherung wird es auf absehbare Zeit nicht geben. Hier bleibt es bei einer weiteren Harmonisierung auf Basis einer Richtlinie, die im April 2014 vom Europäischen Parlament verabschiedet wurde. Damit ist der institutionelle Rahmen für die Bankenunion weitgehend gesetzt. Unklarheit besteht nach wie vor hinsichtlich der Frage, wie ein unter Umständen auftretender zusätzlicher Mittelbedarf in künftigen Bankenkrisen fiskalisch organisiert würde (**fiskalische Backstops**), ohne dass die Regierungen wieder in durch nationale Interessen bestimmte Ad-hoc-Lösungen zurückfallen. ↘ ZIFFERN 349 FF.

2. Bankenprüfung: Geringer Kapitalbedarf, große Heterogenität

308. Vor Übernahme der direkten Aufsicht über die 120 als signifikant klassifizierten Institute des Euro-Raums im Rahmen des SSM hatte die EZB eine **umfassende Prüfung der Bankbilanzen** durchgeführt. ↘ KASTEN 16 Die erklärten Ziele der Prüfung waren eine Steigerung der Transparenz (das heißt eine Offenlegung versteckter Risiken in den Bankbilanzen), eine „Reparatur" schwacher Banken (insbesondere durch Rekapitalisierung) und die Stärkung des Vertrauens in den europäischen Bankensektor (EZB, 2013). Hierdurch sollte die Bankenprüfung die notwendige Sanierung der Bankbilanzen herbeiführen und im Idealfall sogar zur Marktbereinigung im europäischen Bankensektor beitragen (JG 2013 Ziffern 366, 375 ff.). Die Offenlegung bestehender Probleme ist außerdem eine Voraussetzung dafür, dass Altlasten aus der Zeit vor dem Eintritt in die Bankenunion in nationaler Verantwortung getragen werden können. Dies mindert gleichzeitig das Risiko von Reputationsschäden der EZB, die entstünden, wenn durch Altlasten begründete Schieflagen der neuen Aufsichtsbehörde angelastet würden.

↘ KASTEN 16

Umfassende Bankenprüfung durch die EZB

Vor Übernahme ihrer Aufsichtsfunktionen am 4. November 2014 hatte die EZB die direkt von ihr beaufsichtigten Institute einer umfangreichen Prüfung (Comprehensive Assessment) unterzogen (JG 2013 Kasten 13). Neben einer Einschätzung der Gesamtrisikolage bestand das Prüfungsverfahren aus einer Werthaltigkeitsprüfung einzelner Bankaktiva (Asset Quality Review) und einem gemeinsam mit der EBA durchgeführten Stresstest.

Für die **Asset Quality Review** wurden zunächst die zu prüfenden Vermögenswerte festgelegt. Hierzu wurden zum Bilanzstichtag 31.12.2013 Kreditportfolien ausgewählt, von denen vermutet wurde, dass sie besonders risikoreich, überbewertet oder fehlklassifiziert sind (EZB, 2014a). Weiterhin wurden schwer zu bewertende Titel der Handelsbücher betrachtet. Die EZB bezifferte das untersuchte Volumen auf 3,7 Billionen Euro oder 58 % der risikogewichteten Aktiva der einbezogenen Banken. Insgesamt waren rund 6 000 Mitarbeiter von Aufsichtsbehörden und externen Wirtschaftsprüfern eingebunden. Als Ergebnis wurde die Kapitallücke veröffentlicht, die allein aus Neubewertungen im Rahmen der Asset Quality Review resultiert.

Mit dem **Stresstest** wurde ermittelt, wie die um die Ergebnisse der Asset Quality Review berichtigten Bankbilanzen auf ungünstige makroökonomische Entwicklungen und Marktstress bis zum Jahr 2016 reagieren. Die Stresstestresultate wurden von den Banken selbst berechnet, EZB und nationale Bankenaufsichtsbehörden waren für Qualitätskontrollen zuständig. Der Stresstest umfasste zwei Szenarien. Das **Basisszenario** entsprach der makroökonomischen Winterprognose 2014 der Europäischen Kommission, ergänzt um eine Projektion für das Jahr 2016. Das **negative Szenario** wurde vom ESRB (2014a) entwickelt. Es umfasste unter anderem einen Anstieg der Langfristzinsen mit länderspezifischen Auswirkungen auf die Staatsanleihezinsen, eine Erhöhung der kurzfristigen Refinanzierungskosten der Banken sowie einen Einbruch der Aktien- und Immobilienpreise. Das negative Szenario unterstellte im Euro-Raum ein Wachstum des realen Bruttoinlandsprodukts von -0,7 %, -1,4 % beziehungsweise 0 % in den Jahren 2014 bis 2016. Für beide Szenarien wurden Kapitallücken veröffentlicht.

Banken, für die eine **Kapitallücke** ausgewiesen wurde, ↘ TABELLE 15 mussten der EZB innerhalb von zwei Wochen nach der Veröffentlichung der Ergebnisse Pläne vorlegen, wie sie die Kapitallücken schließen würden. Laut EZB soll dies in erster Linie durch die Aufnahme von neuem Eigenkapital geschehen (EZB, 2014b). Sofern Banken ihre Kapitallücken nicht aus eigener Kraft und durch private Mittel schließen können, kommen staatliche Finanzhilfen im Einklang mit den Beihilferegeln in Betracht. Kapitallücken aus dem Basisszenario müssen innerhalb von sechs Monaten, solche aus dem negativen Szenario binnen neun Monaten geschlossen werden.

309. Der Kern der Bankenprüfung war die aufsichtliche Bewertung ausgewählter Vermögensgegenstände in den Bankbilanzen (**Asset Quality Review**). Durch eine Festlegung auf einheitliche Bewertungskriterien sollten Bewertungsspielräume bei problembehafteten Aktiva eingeengt und Wertverluste offengelegt werden. Der **Stresstest** projizierte die Entwicklung der Bankbilanzen unter ungünstigen gesamtwirtschaftlichen Bedingungen, verbunden mit starken Preisbewegungen auf den Finanz- und Vermögensmärkten. Allerdings weisen Stresstests methodische Schwächen auf (Borio et al., 2014).

So werden nur wenige, **willkürlich gewählte Szenarien** betrachtet. Die Aussagekraft von Stresstests wird zudem dadurch eingeschränkt, dass die Ergebnisse von einer Vielzahl von Modellannahmen abhängen. Rückkopplungseffekte zwischen dem gesamtwirtschaftlichem Umfeld und den Bankbilanzen sowie zwischen den Banken werden, wenn überhaupt, nur eingeschränkt berücksichtigt, Anpassungsreaktionen von Banken auf die Stresstestergebnisse werden ignoriert. Daher bietet der Stresstest **keine Gewähr**, dass alle relevanten Risiken aufgedeckt werden. Dennoch kann er relevante Informationen für die Marktteilnehmer offenbaren, indem er spezifische Schwächen der Banken offenlegt. Außerdem sind an die Stresstestergebnisse Sanktionen der Bankenaufsicht geknüpft, sodass sie schon deshalb marktrelevante Informationen darstellen.

310. Rückblickend zeigt sich bei der Ausgestaltung der Bankenprüfung eine Reihe von Schwächen. Der **Zeitrahmen** war politisch gewollt sehr **knapp**, was eine sorgfältige Verknüpfung (**Join-up**) von Asset Quality Review und Stresstest erschwerte. Weil sich die neuen Aufsichtsstrukturen noch im Aufbau befinden, war die EZB von der Expertise nationaler Bankenaufseher und externer Berater abhängig. Dies ging so weit, dass die Portfolios, die im Rahmen der Asset Quality Review untersucht wurden, von den nationalen Aufsehern selbst vorgeschlagen wurden. Angesichts offensichtlicher Interessenkonflikte zwischen nationalen Aufsehern und EZB ist dies kritisch zu sehen.

Interessenkonflikte bestehen zudem zwischen der EZB und den Regierungen der Mitgliedstaaten. Die EZB hat als Bankenaufseherin ein starkes Eigeninteresse an einer gründlichen Bilanzprüfung. Die Politik hat hingegen kein Interesse daran, dass allzu große Probleme aufgedeckt werden, weil dies den Einsatz nationaler Steuermittel nach sich ziehen könnte. Die Fortsetzung der Strategie, die Sanierung der Bankbilanzen durch geldpolitische Maßnahmen über die Zentralbankbilanz zu erreichen, ist aus Sicht der Regierungen bequemer. Daher verwundert es nicht, dass die wiederholt von der EZB geforderten fiskalischen Backstops, wenn überhaupt, nur sehr spät eingerichtet wurden. Notwendige Vereinbarungen zwischen den Regierungen über Lastenteilungen bei grenzüberschreitend tätigen Instituten (JG 2013 Ziffern 375 ff.) wurden nicht getroffen.

Ergebnisse der Bankenprüfung

311. Die Bankenprüfung offenbarte bei **25 Banken** einen Kapitalbedarf in Höhe von insgesamt **25 Mrd Euro**. Dies entspricht etwa 0,3 % der risikogewichteten Aktiva der geprüften Banken (Stand Ende 2013) und ist somit relativ zur Größe des gesamten Finanzsystems gering. Bei den durchgefallenen Banken macht der Kapitalbedarf 2,5 % der risikogewichteten Aktiva aus, was immerhin 25 % ihres harten Kernkapitals entspricht (jeweils Median).

Bereits vor Abschluss der Bankenprüfung hatten viele der geprüften Banken **neues Eigenkapital** aufgenommen. So wurden von Januar bis September 2014 netto 36 Mrd Euro emittiert. Bei 12 Banken reichte dies aus, die ermittelte Kapitallücke zu decken. In 5 weiteren Fällen ist aufgrund geplanter Restrukturierungs- und Abwicklungsmaßnahmen keine Kapitalaufnahme nötig (EZB, 2014c). Somit sind zusätzliche Kapitalmaßnahmen nur bei **8 Banken** erforderlich, die **6,4 Mrd Euro** Kapital beschaffen müssen. Angesichts dieser Größenordnungen überrascht es nicht, dass Erschütterungen an den Finanzmärkten oder gar ein Wiederaufflammen der Staatsschuldenkrise ausblieben.

312. Auffällig ist die **regionale Konzentration** der durchgefallenen Banken auf diejenigen Länder, die von der Krise im Euro-Raum besonders stark betroffen sind. ↘ TABELLE 15 Griechenland, Irland, Italien, Portugal und Zypern beheimaten 17 der 25 Problemfälle, was 92 % des identifizierten Kapitalbedarfs entspricht, obwohl auf sie nur 21 % der risikogewichteten Aktiva entfallen (Stand Ende 2013). In Spanien, das bereits ein bankenspezifisches Anpassungsprogramm

↘ TABELLE 15
Ergebnisse der Bankenprüfung durch die EZB[1]

Länder	Geprüfte Banken		Kapitallücke			Eigenkapitalaufnahme[2]	Buchwertanpassung durch AQR[3]	
	Anteil[4] (%)	Anzahl Banken	Anzahl Banken	Mio Euro	in Relation zu RWA[5] (%)	in Relation zu RWA[5] (%)	in Relation zu RWA[5] (%)	in Relation zu CET1[6] (%)
Frankreich	30,5	13	1	129	0,0	0,1	– 0,2	– 2,1
Deutschland	20,8	25	1	229	0,0	1,0	– 0,5	– 3,6
Spanien	14,2	15	1	32	0,0	0,2	– 0,2	– 1,8
Italien	10,4	15	9	9 679	0,8	0,9	– 1,0	–10,0
Irland	2,8	5	1	855	0,4	0,0	– 0,4	– 2,6
Griechenland	1,6	4	3	8 721	4,2	3,2	– 3,7	–28,5
Portugal	1,0	3	1	1 137	0,9	– 0,6	– 1,2	– 9,9
Zypern	0,3	4	3	2 365	6,2	6,8	– 2,2	–31,3
Sonstige[7]	18,5	46	5	1 470	0,1	– 0,3	– 0,7	– 5,2

1 – Eigene Berechnungen. 2 – Eigenkapitalaufnahme (CET1-Instrumente) aller Banken eines Landes abzüglich Rückkäufe und Rückzahlungen in den Monaten Januar bis September 2014. 3 – Anpassung der Buchwerte der Aktiva durch die Asset Quality Review (AQR). 4 – Bilanzsumme der geprüften Banken eines Landes in Relation zur gesamten Bilanzsumme aller geprüften Banken zum Jahresende 2013. 5 – Risikogewichtete Aktiva zum Jahresende 2013. 6 – Hartes Kernkapital zum Jahresende 2013. 7 – Übrige Länder des Euro-Raums und Litauen.

Quelle für Grundzahlen: EZB

durchlaufen hat, weist hingegen nur eine Bank eine Kapitallücke auf (0,1 % des gesamten Kapitalbedarfs).

In **Italien** sind allein 9 Banken betroffen (39 % des gesamten Kapitalbedarfs), darunter die drittgrößte Bank des Landes (Banca Monte dei Paschi di Siena), die trotz Kapitalaufnahme eine Lücke von 2,1 Mrd Euro aufweist. Die durchgefallenen Banken repräsentieren rund 23 % der gesamten Aktiva des italienischen Bankensystems. Dies zeigt, wie stark sich die lang anhaltende Krise der italienischen Volkswirtschaft auf die Bankbilanzen ausgewirkt hat.

In **Deutschland** wies mit der Münchener Hypothekenbank nur eine Bank eine Kapitallücke auf, die jedoch durch Kapitalaufnahme im laufenden Jahr bereits geschlossen wurde. Somit haben alle deutschen Banken den Test bestanden. Zwar kam es in der AQR zu Neubewertungen, beispielsweise bei den Schiffskrediten, allerdings entsprachen diese mit 6,7 Mrd Euro nur 0,5 % der risikogewichteten Aktiva.

313. Die Anpassungen der Buchwerte der Aktiva im Rahmen der **AQR**, die auch solche Banken betreffen, bei denen keine Kapitallücken festgestellt wurden, belaufen sich insgesamt auf rund **48 Mrd Euro**. Das entspricht 4,8 % des harten Kernkapitals (0,6 % der risikogewichteten Aktiva) der geprüften Banken zum Jahresende 2013. Allerdings zeigt sich auch hier eine erhebliche **Heterogenität** zwischen den Banken und über die Länder hinweg. ↘ TABELLE 15 Die Korrekturen fielen bei den schwächer kapitalisierten Banken tendenziell stärker aus. Dies könnte ein Hinweis darauf sein, dass die Banken zuvor Ermessensspielräume bei der Bewertung eigenkapitalschonend ausgenutzt und notwendige Abschreibungen hinausgezögert hatten, möglicherweise unter Duldung der Aufsicht.

314. Es stellt sich die Frage, ob die EZB die selbstgesteckten Ziele – Transparenz, Reparatur und Vertrauen – durch die Bankenprüfung erreicht hat. Insgesamt wurde die **Transparenz** sicherlich erhöht, beispielsweise durch die Verwendung harmonisierter aufsichtlicher Standards bei der Bewertung von Bankaktiva. Die zukünftige Marktbewertung wird hierüber einen gewissen Aufschluss geben können. In den vergangenen Jahren lagen die Marktwerte des Eigenkapitals vieler Banken deutlich unter den Buchwerten (JG 2013 Ziffer 365). Sofern die Bankenprüfung die gewünschte Transparenz erzeugt, sollten sich die Marktbewertungen den Buchwerten wieder annähern.

Unklar ist, ob die Maßstäbe streng genug angesetzt wurden. Es wäre denkbar, dass die EZB nicht konsequent genug vorging, weil ihr die fiskalische Rückendeckung durch die Mitgliedstaaten und funktionsfähige Abwicklungsmechanismen fehlten. Allerdings lässt sich die **Strenge der Bankenprüfung** auf Basis der öffentlich verfügbaren Informationen nicht objektiv beurteilen.

Die **Reparatur**, also der Umgang mit den identifizierten Kapitallücken, ist die erste wichtige Aufgabe der EZB in ihrer neuen Rolle als Bankenaufsichtsbehörde. Die EZB sollte die bestehenden Probleme konsequent angehen und sich in den zu erwartenden Konflikten mit den nationalen Aufsehern behaupten, sodass zumindest bei diesen Banken tatsächlich eine Rekapitalisierung stattfindet. Davon wird es wesentlich abhängen, ob die Marktteilnehmer **Vertrauen** in die EZB als neue Bankenaufsicht und in die Solvenz der Banken fassen werden.

315. Der Start in die Bankenunion ist nun vollzogen. Sofern die Banken sich angesichts der Unsicherheiten über die Bankenprüfung bei der Kreditvergabe zurückgehalten haben sollten, könnte der Abschluss der Bankenprüfung zu einer Belebung des Kreditmarkts führen. Eine allgemeine Stärkung der Eigenkapitalbasis der Banken des Euro-Raums wird es infolge der Bankenprüfung vermutlich nicht geben. Selbst durch die bereits im Jahr 2014 erfolgten Kapitalaufnahmen erhöhte sich der Anteil des harten Kernkapitals an der Bilanzsumme der geprüften Banken um lediglich 0,16 Prozentpunkte. Eine Marktbereinigung durch Schließung von Banken ist ebenfalls unwahrscheinlich.

Es bleibt zu hoffen, dass sich nicht bereits kurz nach der Bankenprüfung neue Schwächen bei Finanzinstituten zeigen, die den Test bestanden haben, so wie es in früheren Stresstests der Fall war (JG 2011 Ziffer 221). Noch problematischer wäre es allerdings, wenn die EZB solche Schwächen unter den Teppich kehren und mit geldpolitischen Maßnahmen kaschieren würde, um ihre Reputation als Bankenaufsicht nicht zu gefährden.

III. ABWICKLUNG IN DER BANKENUNION: GLAUBWÜRDIGKEIT STÄRKEN

316. Die Verwerfungen nach der Insolvenz von Lehman Brothers im September 2008 führten der Welt vor Augen, welche Auswirkungen der Zusammenbruch systemrelevanter Banken auf das Finanzsystem und die Volkswirtschaft haben kann. Die Regierungen sprachen weitreichende Garantien für das Finanzsystem aus und retteten angeschlagene Banken, statt sie abzuwickeln. Paradoxerweise bewirkte somit die ausbleibende Rettung eines systemrelevanten Instituts eine massive Ausdehnung der impliziten staatlichen Garantien im Finanzsystem.
↘ ZIFFERN 301 FF.

In vielen Ländern gab es damals keine Regeln für den Umgang mit Banken in Schieflage, die den Systemschutz in ausreichendem Maße berücksichtigten. Die länderübergreifende Zusammenarbeit schlug mangels im Voraus festgelegter bindender Regeln und Verfahrensweisen fehl. Einer der wichtigsten auf Ebene der G20 im Jahr 2008 angestoßenen Reformstränge ist daher die Einrichtung **spezieller Abwicklungsregime für Banken**.

317. Die **Krise im Euro-Raum** offenbarte spezielle Probleme in der Europäischen Währungsunion. Zum einen konnten Mitgliedstaaten, die beispielsweise durch heimische Bankenrettungen fiskalisch unter Druck gerieten, nicht davon ausgehen, dass die Zentralbank im Zweifel liquide Mittel zur Begleichung der Staatsschulden zur Verfügung stellen würde. Da die Banken selbst in großem Umfang Staatsschuldtitel hielten, **verstärkten sich Banken- und Staatsschuldenkrise** gegenseitig.

Zum anderen bestanden Anreize, **insolvente Banken am Leben** zu halten, statt sie zu restrukturieren oder abzuwickeln, weil eine Liquiditätsbereitstellung durch die EZB erwartet werden konnte. Diese Anreize rührten nicht allein daher, dass keine adäquaten Verfahren zum Umgang mit Bankinsolvenzen zur Verfügung standen. Vielmehr konnte die Politik Verluste bei heimischen Bankgläubigern vermeiden, indem sie die Risiken stattdessen auf die gemeinsame Zentralbankbilanz verschob.

318. Die Gründung der Europäischen Bankenunion ist eine der zentralen Antworten auf diese Probleme. Der **SRM** als Kernelement der Bankenunion stellt einen wichtigen Schritt hin zu einem effektiveren Vorgehen bei Bankenabwicklungen dar. Die Schaffung **supranationaler Entscheidungskompetenzen** im Euro-Raum durch den SRM erlaubt es, Externalitäten nationaler Abwicklungsentscheidungen zu internalisieren. So kann wirksamer als bisher verhindert werden, dass die Abwicklung von Banken aus nationalem Interesse verschleppt wird, Finanzkonzerne entlang nationaler Grenzen abgeschottet und Kosten auf die europäische Ebene verschoben werden (Buch et al., 2014).

Durch eine verstärkte **Gläubigerbeteiligung** (Bail-in) und die Schaffung eines gemeinsamen **Abwicklungsfonds** auf Ebene des Euro-Raums erhöht sich die Robustheit des Systems gegenüber nationalen Schocks, und der Risikoverbund zwischen Staaten und Banken wird gelockert. Die Errichtung des SRM ist zudem als Einheit mit der Schaffung supranationaler Aufsichtskompetenzen im Rahmen des SSM zu sehen (JG 2012 Ziffern 309 ff.).

319. Allerdings weist die Ausgestaltung des Abwicklungsregimes **Schwächen** auf. Effiziente Abwicklungsentscheidungen werden durch die **Governance-Struktur des SRM** erschwert. Die Entscheidungsprozesse sind zu langwierig. Kleinere Banken werden erst gar nicht erfasst. Weiterhin ist die Funktionsfähigkeit der Mechanismen zur **Abwicklungsfinanzierung** zweifelhaft. Den Regeln zur Gläubigerbeteiligung mangelt es aufgrund von Ausnahmeregelungen an Glaubwürdigkeit. Ein bankfinanzierter Abwicklungsfonds kann im Falle einer erneuten Systemkrise die entstehenden Finanzierungslücken kaum schließen. Vereinbarungen zwischen den Mitgliedstaaten zu fiskalischen Backstops fehlen. Schließlich ist das Problem der Abwicklung von Banken mit signifikanten Geschäftsaktivitäten **außerhalb des Euro-Raums** nach wie vor ungelöst.

1. Das Zeitinkonsistenzproblem der Bankenrettung

320. Abwicklungsregime für Banken erfüllen zwei Funktionen. Erstens stellen sie sicher, dass neben den Eignern auch die Fremdkapitalgeber in der Insolvenz für die Verluste der Bank haften und dass Banken, die ihre Schulden nicht bedienen können, aus dem Markt ausscheiden. Wie jede Insolvenzordnung regelt ein solcher Rahmen den Austritt aus wettbewerblich organisierten Märkten. Über Verlustbeteiligung und Marktaustritt wird **Marktdisziplin** hergestellt, sodass diejenigen, welche die Risiken eingegangen sind, im Krisenfall haften.

Zweitens dienen Abwicklungsregime für Banken dem **Krisenmanagement**. Im Abwicklungsfall sollen ein Zusammenbruch der Finanzierung des Finanzinstituts sowie die Ausbreitung der Krise auf das restliche Finanzsystem und auf die Realwirtschaft verhindert werden. Dies unterscheidet sie von regulären Insolvenzverfahren, die nicht darauf ausgerichtet sind, mit den für das Finanzsystem typischen Ansteckungsgefahren umzugehen.

321. Die Setzung optimaler Anreize und die Wahrung der Systemstabilität stehen in einem **Spannungsverhältnis**. Denn es ist gerade die Durchsetzung der Verlusthaftung der Gläubiger, die über Ansteckungseffekte im Finanzsystem **krisenverschärfend** wirken kann. Zum einen können die betroffenen Gläubiger selbst in eine finanzielle Schieflage geraten. Zum anderen gefährdet die Durchsetzung der Gläubigerhaftung die Finanzierung anderer Banken. Ein plötzlicher Anstieg der Refinanzierungskosten kann zu erheblichen Liquiditätsproblemen im Bankensystem führen, die sich zu Solvenzproblemen auswachsen können.

322. Die wesentliche Aufgabe eines Abwicklungsregimes für Banken ist es daher, diesen Konflikt zu entschärfen. Ein gutes Abwicklungsregime ermöglicht die Durchsetzung der Gläubigerhaftung und den Marktaustritt, ohne dass es zu einer Destabilisierung des Finanzsystems kommt. Damit mindert es die Anreize der Entscheidungsträger in Aufsicht und Politik, Banken unter dem massiven Einsatz öffentlicher Gelder zu retten, und trägt maßgeblich zur Abschwächung des **Zeitinkonsistenzproblems** und damit zur Lösung des „too-systemic-to-fail"-Problems bei: Banken müssen im Idealfall nicht länger gerettet werden, weil ihr Zusammenbruch keine allgemeine Finanzkrise hervorruft.

2. Governance zu komplex

323. Abwicklungsmaßnahmen stellen **erhebliche Eingriffe in Eigentumsrechte** dar und können einen Rückgriff auf öffentliche Mittel erfordern. Daher müssen Entscheidungen in der Bankenabwicklung demokratisch legitimiert und rechtsstaatlich rückgebunden sein. Gleichzeitig muss die Abwicklung einer Bank im Krisenfall **schnell** eingeleitet werden (typischerweise im Laufe eines Wochenendes), um eine Verschärfung der Probleme durch einen Zusammenbruch der Finanzierung zu verhindern. Die Governance-Struktur des Abwicklungsmechanismus muss beiden Anforderungen Rechnung tragen.

324. Die wesentlichen Entscheidungen bei Bankenabwicklungen werden im Rahmen des SRM zentral vom **Single Resolution Board (SRB)** getroffen. Neben den hauptamtlichen Mitgliedern ist dieses mit Vertretern der nationalen Abwicklungsbehörden besetzt. Eine Koordinierung zwischen nationalen Behörden ist somit nicht mehr in demselben Ausmaß erforderlich. Die Abwälzung von Risiken durch die Nationalstaaten auf die Gemeinschaft kann hierdurch wirksamer verhindert werden.

325. Das SRB wurde mit **starken Abwicklungsbefugnissen** ausgestattet. ↘ ABBILDUNG 44 So ist es allein befugt, Abwicklungsentscheidungen einzuleiten, entweder auf Anzeige der EZB oder auf eigene Initiative. Nach Prüfung der Abwicklungs-

voraussetzungen erlässt es ein Abwicklungsschema, das die anzuwendenden Abwicklungsinstrumente und den Einsatz von Mitteln des SRF festlegt. Falls zur Finanzierung von Abwicklungsmaßnahmen der SRF oder öffentliche Mittel herangezogen werden sollen, ist zunächst eine Beihilfeentscheidung der Europäischen Kommission als Wettbewerbsbehörde abzuwarten. Das Abwicklungsschema muss der Kommission, und unter Umständen sogar dem Ministerrat, zur Prüfung vorgelegt werden. Die Maßnahmen werden schließlich durch die nationalen Abwicklungsbehörden umgesetzt. Falls sie dies nur unzureichend tun, kann das SRB direkt Anweisungen an die betroffenen Institute richten.

326. Die Schwächen des ursprünglich von der Europäischen Kommission unterbreiteten Vorschlags (JG 2013 Ziffern 301, 311) konnten nur zum Teil ausgeräumt werden. Zwar hat man versucht, die **Entscheidungsprozesse** zu vereinfachen. Trotzdem bleiben sie **komplex**, und durch die Einbindung von Europäischer Kommission und gegebenenfalls Ministerrat geht trotz der eng gesetzten Fristen wertvolle Zeit verloren.

Dies ist vor allem dann kritisch, wenn das SRB die Situation einer Bank durch Zwischenfinanzierungen oder temporäre Garantien rasch stabilisieren muss, um die Situation beherrschbar zu machen. Damit das SRB schnell und unabhängig

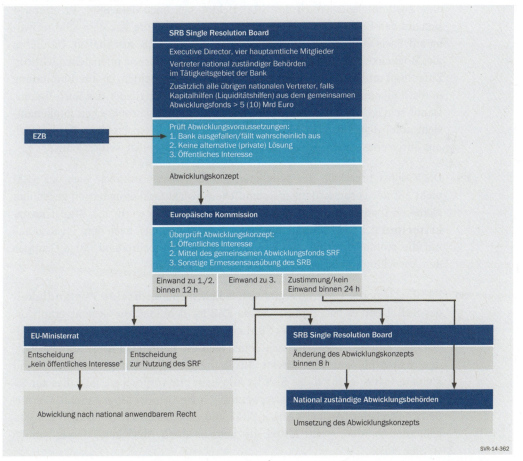

↘ ABBILDUNG 44
SRM: Entscheidungswege bei einer Bankenabwicklung

entscheiden kann, benötigt es einen direkten Zugriff auf **eigene Finanzmittel**. Doch gerade wenn es um die Nutzung des SRF geht, sieht das Regelwerk vor, dass die Repräsentanten sämtlicher mitgliedstaatlicher Abwicklungsbehörden in die Entscheidungsfindung einbezogen werden müssen, wenn die Hilfen eine bestimmte Summe übersteigen. ↘ ABBILDUNG 44

Es ist zudem fraglich, ob die gewünschte politische Kontrolle auf diese Weise wirksam sein kann. Angesichts der Kürze der Entscheidungsfristen ist eine fundierte Abwägung im demokratischen Entscheidungsprozess auf Basis von Sachargumenten kaum möglich. Stattdessen ist zu befürchten, dass die Entscheidungen durch nationalstaatliche Interessen getrieben werden, was effiziente Abwicklungsentscheidungen verhindern könnte.

327. Daher ist zweifelhaft, ob die Strukturen Entscheidungen mit der nötigen Konsequenz und Schnelligkeit zulassen. Besser wäre es, die Entscheidungsstrukturen so auszugestalten, dass die Politik nur in besonderen Fällen eingeschaltet würde (beispielsweise wenn von einer Gläubigerbeteiligung abgesehen werden soll) und das SRB ansonsten weitgehend unabhängige Abwicklungsentscheidungen treffen könnte. Eine Ausstattung des SRB mit weitreichenderen Kompetenzen scheitert derzeit jedoch an einer fehlenden primärrechtlichen Grundlage (Tröger, 2013).

328. Eine weitere Schwachstelle ist die **begrenzte Reichweite** des SRM. Der regionale Zuständigkeitsbereich des SRM richtet sich nach dem SSM. Er erstreckt sich auf den Euro-Raum und die EU-Mitgliedstaaten, die sich dem SSM freiwillig auf Basis einer engen Zusammenarbeit mit der EZB anschließen. Da diesen die Möglichkeit des Ausscheidens aus dem SSM jederzeit offensteht (JG 2013 Ziffer 295) und sie dann zugleich aus dem SRM ausscheiden, ist ihre Einbindung in die Bankenunion deutlich schwächer als die der Mitglieder des Euro-Raums. Damit schlägt die unbefriedigende Ausgestaltung der europäischen Bankenaufsicht unter dem Dach der EZB auf den SRM durch – ein Problem, das letztlich nur durch eine Änderung der Europäischen Verträge gelöst werden kann.

329. Doch selbst innerhalb der beteiligten Mitgliedstaaten erstreckt sich der SRM nicht auf das gesamte Bankensystem. Die Abwicklungskompetenzen gegenüber kleineren Instituten sind **äußerst begrenzt**. Denn es wurde das **Signifikanzkriterium** des SSM übernommen (JG 2013 Ziffer 293), nach dem im Regelfall nur die größten Institute sowie zusätzlich grenzüberschreitend tätige Gruppen den Abwicklungsentscheidungen des SRB unterliegen.

330. Für die kleineren Institute ergibt sich lediglich eine **indirekte Zuständigkeit** des SRB. Denn es hat, ähnlich wie die EZB für den SSM, die Gesamtverantwortung für das Funktionieren des SRM erhalten. Demnach entwickelt das SRB allgemeine Rahmenvorgaben, nach denen sich die nationalen Abwicklungsbehörden richten müssen. Eine direkte Ausübung von Abwicklungskompetenzen für kleinere Institute durch das SRB ist hingegen nur vorgesehen, falls dies zur Sicherstellung der „konsistenten Anwendung hoher Abwicklungsstandards" erforderlich erscheint (Artikel 7 Abs. 4 SRM-VO). Ansonsten muss das SRB nur eingebunden werden, wenn Mittel des gemeinsamen Abwicklungsfonds genutzt werden sollen.

Diese Ausgestaltung ist angesichts des möglichen Gleichlaufs von Risiken bei kleineren Banken, die ähnliche Geschäftsmodelle verfolgen, kritisch zu sehen. In der spanischen Bankenkrise, aber auch in der Savings-and-Loans-Krise in den Vereinigten Staaten in den 1980er-Jahren, traten die Probleme beispielsweise gehäuft bei kleineren, überwiegend regional tätigen Instituten auf.

3. Für eine glaubwürdige Gläubigerbeteiligung

331. Das wichtigste Element der Bankenabwicklung ist ihre Finanzierung. Diese soll dem beschriebenen Spannungsverhältnis zwischen der Setzung optimaler Anreize und der Wahrung der Systemstabilität Rechnung tragen. Die **drei wesentlichen Finanzierungsquellen** sind die Gläubigerbeteiligung (Bail-in), der SRF sowie fiskalische Backstops. Während der Bail-in in erster Linie der Wiederherstellung der optimalen Anreizstruktur dient, haben der Abwicklungsfonds und die fiskalischen Backstops vor allem eine stabilisierende Funktion. ↘ ABBILDUNG 45

332. Beim **Bail-in** soll grundsätzlich die **Haftungskaskade** des regulären Insolvenzrechts Anwendung finden. Insofern stellt er keine Stärkung der privaten Haftung dar, sondern eine Wiederherstellung des Normalzustands. Kurzfristige Interbankenverbindlichkeiten bis zu sieben Tagen Laufzeit sowie versicherte Einlagen unterhalb von 100 000 Euro sind von der Haftung ausgenommen. Somit wird hier dem Einlegerschutz und der Stabilisierung des Interbankenmarkts Vorrang eingeräumt, um die Systemstabilität zu wahren. An die Stelle der versicherten Einleger tritt jedoch die Einlagensicherung.

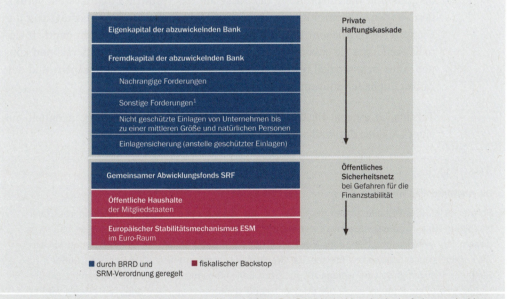

↘ ABBILDUNG 45
SRM: Finanzierungskaskade bei einer Bankenabwicklung

1 – Nicht-nachrangige Forderungen, die nicht in die übrigen Kategorien fallen. Zum Beispiel unbesicherte Interbankenforderungen, besicherte Forderungen, sofern sie den Wert des Sicherungsgegenstandes übersteigen, nicht geschützte Einlagen von großen Unternehmen. Interbankenforderungen mit einer Ursprungslaufzeit von weniger als 7 Tagen, besicherte Verbindlichkeiten und geschützte Einlagen sind von der Anwendung des Bail-in-Instruments ausgenommen.

333. Der gemeinsame **Abwicklungsfonds** sieht eine Finanzierung der Abwicklung über das restliche Bankensystem vor. ↘ ZIFFERN 344 FF. In der Finanzierungskaskade steht er hinter den Bankgläubigern. Er dürfte vor allem der kurzfristigen Handlungsfähigkeit des SRB dienen, indem er Möglichkeiten zur Zwischenfinanzierung schafft. Er hat also in erster Linie eine stabilisierende Funktion und trägt so zur Glaubwürdigkeit des Abwicklungsregimes bei.

334. Am Ende der Finanzierungskaskade stehen die öffentlichen Haushalte in Form **fiskalischer Backstops**. ↘ ZIFFERN 349 FF. Sie sollten nur dann zum Tragen kommen, wenn aus Gründen der Systemstabilität keine andere Finanzierungsmöglichkeit in Frage kommt. Diese Art der Finanzierung (**Bail-out**) führt zu verzerrten Anreizen und damit potenziell zu einer übermäßigen Risikoübernahme im Finanzsystem. Daher soll sie, im Gegensatz zur gängigen Praxis in der vergangenen Finanzkrise, die absolute Ausnahme sein.

Gläubigerbeteiligung (Bail-in)

335. Durch einen Bail-in soll sichergestellt werden, dass diejenigen für die Verluste von Banken haften, die ursprünglich die Risiken eingegangen sind – an erster Stelle die Eigentümer von Banken und dann die Fremdkapitalgeber. Während die Eigentümer Verluste automatisch tragen, beteiligen sich die Gläubiger normalerweise auf dem Wege der Insolvenz an den Verlusten. Doch das reguläre Insolvenzverfahren ist für Finanzinstitute aufgrund ihrer Finanzierungsstruktur und der drohenden Ansteckungseffekte ungeeignet.

336. Eine Durchsetzung der Gläubigerbeteiligung bei Banken und eine Lösung des Zeitinkonsistenzproblems der Bankenrettung sind nur möglich, wenn die Regeln so ausgestaltet werden, dass ein Zusammenbruch der Finanzierung des Finanzinstituts und die Ausbreitung der Krise auf das restliche Finanzsystem verhindert werden. Gleichzeitig müssen sie eine **konsequente Verlusthaftung** der Gläubiger ermöglichen. Die Bail-in-Regeln sollten den Investoren deutlich signalisieren, dass sie zukünftig nicht mehr mit staatlichen Bail-outs rechnen können. Dies ist essenziell für die Wiederherstellung der **Marktdisziplin** und den Abbau impliziter Subventionen für Fremdkapital.

Tatsächlich gingen die Bail-in-Ereignisse aus der jüngeren Vergangenheit mit einem Anstieg der Risikoprämien von Banken einher. ↘ KASTEN 17

↘ KASTEN 17

Die Auswirkungen von Bail-in-Ereignissen auf CDS-Spreads

Schäfer et al. (2014) untersuchen die Frage, ob die tatsächlichen Verlustbeteiligungen von Bankgläubigern (Bail-in) zu einer Rückkehr der Marktdisziplin bei anderen Banken beigetragen haben. In diesem Fall wäre zu erwarten, dass Investoren höhere Risikoprämien für Bankschuldtitel fordern. Dies sollte sich in steigenden Preisen für Kreditausfallversicherungen (CDS-Spreads) äußern. Im Rahmen einer **Ereignisstudie** werden die jüngsten Bail-in-Ereignisse in Dänemark, Spanien, Niederlande, Zypern und Portugal sowie der EU-Gesetzgebungsprozess zum SRM analysiert. Dabei wird ermittelt, ob sich unmittelbar nach einem Ereignis abnormale Änderungen der CDS-Spreads nachweisen lassen. Die Untersuchung schließt insgesamt 65 Banken aus den EU-28-Staaten, Norwegen und der Schweiz ein.

Tatsächlich schlagen sich viele der betrachteten Bail-in-Ereignisse in höheren CDS-Spreads nieder. Häufig finden sich bei den global systemrelevanten Banken (G-SIBs) signifikant stärkere Effekte als bei den übrigen Banken. Dies lässt sich dadurch erklären, dass systemrelevante Banken stärker durch implizite Garantien begünstigt sind. Die deutlichsten Erhöhungen der CDS-Spreads finden sich bei dem Bail-in in den Niederlanden (SNS Reaal) und vor allem bei den Ereignissen in Zypern. Dies war zu erwarten, da die Gläubigerbeteiligung in Zypern Senior Debt und Einlagen über 100 000 Euro einschloss und da die Ereignisse eine höhere Wahrscheinlichkeit für zukünftige Bail-ins im Euro-Raum signalisierten.

Außerdem gibt es eine erhebliche Heterogenität zwischen Banken aus Krisenländern und solchen aus anderen Ländern. ↘ ABBILDUNG 46 Der Anstieg bei Banken aus Krisenländern beträgt bis zu 30 Basispunkte, bei anderen Banken nur bis zu 7 Basispunkte. In den Krisenländern wäre eine erneute Bankenrettung aus eigener Kraft kaum möglich. Gleichzeitig haben die Mitgliedstaaten des Euro-Raums klargestellt, dass gemeinschaftliche Finanzhilfen zur Stützung des Bankensektors zukünftig an die Verlustbeteiligung von Bankgläubigern geknüpft werden sollen.

↘ ABBILDUNG 46
CDS-Spreads von Banken in ausgewählten europäischen Ländern

1 – Durchschnitte von Einzelwerten, von denen der jeweilige Wert zum 31.01.2013 abgezogen wurde. 2 – Griechenland, Irland, Italien, Portugal und Spanien. 3 – Sonstige EU-Länder sowie Norwegen und Schweiz.

Die Effekte des finalen Kompromisses zum SRM gehen ebenfalls in die erwartete Richtung, der Anstieg der CDS-Spreads ist aber deutlich kleiner. Dies kann daran liegen, dass der Informationsgehalt einzelner Schritte im Reformprozess naturgemäß gering ist und die erwarteten Auswirkungen der Reform zum Teil bereits eingepreist sind.

337. Das zentrale Instrument des SRM zur Gläubigerbeteiligung ist das **Bail-in-Instrument**, dessen Ausgestaltung dem Systemschutz Rechnung trägt. Dabei werden die Ansprüche der Fremdkapitalgeber herabgesetzt oder Fremdkapital in Eigenkapital umgewandelt. Dies ermöglicht eine rasche Verlustbeteiligung der Gläubiger, ohne dass ein langwieriges Insolvenzverfahren abgewartet werden muss. Auf diese Weise können Gläubiger und Marktteilnehmer Klarheit über das Ausmaß der Verluste erlangen. Eine schnelle Rekapitalisierung im Wege des Bail-in kann dafür sorgen, dass der Geschäftsbetrieb weiterlaufen kann und systemisch wichtige Funktionen nicht beeinträchtigt werden.

338. Es bestehen jedoch Zweifel an der Glaubwürdigkeit der Ankündigung, Gläubiger zukünftig an den Verlusten zu beteiligen, weil **erhebliche Ermessensspielräume** existieren (Monopolkommission, 2014; Wissenschaftlicher Beirat beim BMF, 2014): Erstens liegt es im Ermessen des SRB, ob die Instrumente zur Durchsetzung der Gläubigerhaftung überhaupt angewendet werden. ↘ KASTEN 18 IM ANHANG

    Zweitens kann das SRB bei der Anwendung des Bail-in-Instruments festlegen, dass bestimmte **Verbindlichkeiten vom Bail-in ausgeschlossen** werden. Eine indirekte Begrenzung des Ermessenspielraums findet lediglich dadurch statt, dass Verluste auf den gemeinsamen Abwicklungsfonds nur unter der Bedingung abgewälzt werden dürfen, dass Eigner und Fremdkapitalgeber insgesamt in Höhe von mindestens 8 % der Passiva (einschließlich Eigenmitteln) zum Verlustausgleich oder zur Rekapitalisierung im Wege des Bail-in beitragen. Diese Regelung schließt jedoch nicht zwingend aus, dass Gläubiger umfassend durch die Vergabe von temporären Garantien durch den SRF geschützt werden. Zudem besteht die Gefahr, dass die Mindestbeteiligung in Höhe von 8 % als **Obergrenze** fehlinterpretiert wird und sich Rettungserwartungen für darüber hinaus gehende Verbindlichkeiten verfestigen.

    Drittens wurden keine substanziellen Vorkehrungen getroffen, die nationale Regierungen von zukünftigen Bail-outs abhalten. **Staatliche Bail-outs** können lediglich nachgelagert über die Anwendung von Beihilferegeln sanktioniert werden, die ebenfalls erhebliche Ermessenspielräume belässt. Damit hängt die Glaubwürdigkeit des Bail-in immer noch in hohem Maße von der Bereitschaft und Fähigkeit nationaler Regierungen ab, ihre Banken zu stützen und Vermögensverluste der Gläubiger abzuwenden.

339. Daher sollten die **Ermessenspielräume** von Behörden und Politik **substanziell reduziert** werden. Es ist anzustreben, das SRB bindend zu verpflichten, die Instrumente zur Durchsetzung der Gläubigerbeteiligung anzuwenden. Insbesondere sollte die Möglichkeit gestrichen werden, einzelne Gläubiger von der Anwendung des Bail-in-Instruments auszunehmen. Der übermäßigen Nutzung nationaler Bail-outs könnte durch eine **Verschärfung des Beihilferechts** vorgebeugt werden, indem beispielsweise die Beschränkung des erforderlichen Bail-in auf nachrangige Gläubiger aufgehoben wird. Durch diese Maßnahmen könnte die Verbindlichkeit des Bail-in maßgeblich erhöht werden.

340. Ausnahmen sollten nur bei einer drohenden **Systemkrise** zugelassen werden, in der eine strikte Durchsetzung der Gläubigerbeteiligung eine wesentliche Verschärfung der Krise nach sich ziehen würde. Hierbei müssen strenge Maßstäbe angesetzt werden, beispielsweise in Form einer starken Mehrheit im SRB und unter den Finanzministern der betroffenen Mitgliedstaaten. Eine solche Regelung hätte den Vorteil, dass sie zum einen den Ausnahmefall einer systemischen Krise anerkennt, zum anderen aber sicherstellt, dass dieser tatsächlich die Ausnahme darstellt und nicht die Regel. Damit käme man einer **Systemic Risk Exception** nach US-amerikanischen Vorbild relativ nahe (Goyal et al., 2013; JG 2013 Ziffer 312).

341. Eine weitere Möglichkeit, die Glaubwürdigkeit des Bail-in zu erhöhen, wird von der Liikanen-Kommission in der verpflichtenden Emission von **Bail-in-Anleihen** gesehen (HLEG, 2012). Bail-in-Anleihen sind nachrangige Schuldtitel mit vereinheitlichten Haftungsbedingungen, die im Fall eines Bail-in durch die Abwicklungsbehörden zuerst in Haftung genommen werden. Die Liikanen-Kommission hat hierbei Halterestriktionen vorgeschlagen, sodass die Titel und daraus erwachsende Verlustrisiken nicht im Bankensektor gehalten werden. So soll gewährleistet werden, dass über das Eigenkapital hinaus glaubwürdig Haftungsmasse für einen Bail-in zur Verfügung steht (Wissenschaftlicher Beirat beim BMF, 2014).

Im SRM wird dieser Vorschlag in Form von **Mindestanforderungen an bail-in-fähige Verbindlichkeiten (MREL)** aufgenommen. Bei der Abwicklungsplanung sollen die Abwicklungsbehörden für jedes Institut eine bestimmte, jederzeit einzuhaltende verbindliche Quote festlegen, die bail-in-fähige Verbindlichkeiten ins Verhältnis zu den gesamten Verbindlichkeiten setzt. Auf Ebene der G20 wird außerdem ein verbindlicher Standard für global systemrelevante Banken diskutiert. ↘ ZIFFERN 353 FF.

342. Problematisch ist hierbei, dass eine explizite Klassifizierung von Schuldtiteln als bail-in-fähig dazu führen könnte, dass sämtliches nicht als solches klassifiziertes Fremdkapital durch die Marktteilnehmer als **nicht bail-in-fähig** angesehen wird. Dies könnte im Gegenzug bedeuten, dass die verantwortlichen Behörden im Krisenfall vor einer darüber hinausgehenden Gläubigerbeteiligung zurückschrecken. Auf diese Weise würden implizite Garantien für nicht explizit bail-in-fähiges Fremdkapital verfestigt.

343. Die Haftungsfunktion von als bail-in-fähig gekennzeichneten Fremdkapitaltiteln hängt davon ab, inwiefern ihr Bail-in Ansteckungseffekte hervorrufen würde. Die von der Liikanen-Kommission vorgeschlagenen Halterestriktionen wirken direkten Ansteckungseffekten entgegen. Allerdings schützen sie nicht vor anderweitigen, indirekten Ansteckungseffekten, beispielsweise über ein Wegbrechen der Refinanzierung.

Daher sollte ein zusätzlicher Standard für bail-in-fähiges Fremdkapital **kein Substitut für eine Verschärfung der Eigenkapitalanforderungen** sein. Die Verlustabsorption findet beim Eigenkapital automatisch statt. Da signifikante Beteiligungen an anderen Banken Abzugspflichten unterliegen, sind direkte Ansteckungseffekte hieraus begrenzt. Die Vorteile dieses Automatismus können durch einen Standard für bail-in-fähiges Fremdkapital nicht in gleicher Weise erreicht werden.

Der europäische Bankenabwicklungsfonds

344. Der SRF stellt die zweite Möglichkeit zur Finanzierung einer Bankenabwicklung in der Bankenunion dar. Politisch steht der **Finanzierungsaspekt** des Fonds im Mittelpunkt: Über ihn soll nach der Gläubigerbeteiligung der gesamte Bankensektor in die Abwicklungsfinanzierung einbezogen werden.

Der SRF löst die auf nationaler Ebene geschaffenen Fonds wie den deutschen Restrukturierungsfonds nach und nach ab und wird über eine Bankenabgabe allmählich aufgebaut. Das angestrebte Volumen in Höhe von 1 % der versicherten Einlagen (das entspricht im Euro-Raum rund 55 Mrd Euro) soll ab dem Jahr 2016 innerhalb von acht Jahren durch Erhebung von jährlichen Regelbeiträgen erreicht werden. Zudem können nachträglich jährlich außerordentliche Beiträge bis zur Höhe der dreifachen Summe der Regelbeiträge erhoben werden, wenn die eingezahlten Barmittel des SRF im konkreten Abwicklungsfall nicht ausreichen.

Außerdem darf das SRB für den SRF **Kredite** aufnehmen. Diese sind aus Regel- und nacherhobenen Beiträgen zurückzuzahlen. Zusätzlich gibt es eine vage Übereinkunft der Wirtschafts- und Finanzminister, dass die Politik langfristig die Errichtung eines gemeinsamen Backstops für den SRF anstrebt (Eurogruppe und Ecofin-Rat, 2013). Die Fondsmittel stehen nicht sofort als gemeinschaftliche Finanzierungsinstrumente zur Verfügung. Vielmehr werden sie zunächst „**nationalen Kammern**" des SRF zugeordnet, sodass für die Abwicklung einer Bank vorrangig die im Sitzland erhobenen Mittel zur Verfügung stehen, bei grenzüberschreitend tätigen Gruppen zusätzlich die der Sitzländer der Tochtergesellschaften. Diese Zuordnung wird im Laufe von acht Jahren schrittweise aufgehoben. Die Inanspruchnahme des Fonds ist im Regelfall auf 5 % der Bilanzsumme des Finanzinstituts begrenzt.

345. Durch die gemeinschaftliche Haftung der Banken im Rahmen des SRF werden Risikoanreize verzerrt (JG 2010 Ziffer 327). Es ist jedoch die **8 %-Regel** zu beachten, gemäß derer vor Inanspruchnahme des Fonds ein Bail-in in Höhe von mindestens 8 % der Passiva (einschließlich Eigenmitteln) stattgefunden haben muss. ↘ KASTEN 18 IM ANHANG So soll eine Mindesthaftung sichergestellt werden, bevor auf gemeinsame Fondsmittel zugegriffen wird. Politik und Aufsicht gehen davon aus, dass diese Mittel in der Finanzkrise in den meisten Fällen ausgereicht hätten, um die angefallenen Verluste der Banken abzudecken (Constâncio, 2014).

346. Relativ zur Größe des Bankensektors im Euro-Raum ist das Fondsvolumen mit rund 55 Mrd Euro klein, sogar kleiner als der deutsche Restrukturierungsfonds, der eine Zielgröße von 70 Mrd Euro erreichen sollte. Selbst wenn Beiträge nacherhoben werden, ist der potenzielle Beitrag des SRF an den Kosten einer Krise – insbesondere relativ zum Bail-in – gering. Letztlich ist es illusorisch anzunehmen, dass der Bankensektor in einer systemischen Krise einen nennenswerten Teil der Kosten selbst tragen könnte. Die massive Nacherhebung von Beiträgen hätte zudem prozyklische Effekte und würde die Krise weiter verschärfen.

Daher dürfte dem Fonds eine deutlich engere Rolle zukommen. Zum einen kann er bei begrenzten Bankenproblemen durchaus einen wesentlichen Beitrag zur Finanzierung leisten. Zum anderen spielt er eine wichtige Rolle bei der akuten Krisenbewältigung und gewährleistet die kurzfristige Handlungsfähigkeit des SRM.

347. Ein nicht abschließend geregelter Punkt ist die Ausgestaltung der Bankenabgabe. Nach dem gegenwärtigen Stand umfasst die Bemessungsgrundlage die Passiva der Institute abzüglich versicherter Einlagen und Eigenmittel (Europäische Kommission, 2014a). Der Abgabensatz orientiert sich an den Risiken eines Instituts und dessen Bedeutung für das Finanzsystem. Eine **risikoadjustierte Bankenabgabe** ist sinnvoll, da sie die Anreizverzerrung durch den SRF min-

dert und Anreize zur Reduzierung systemischer Risiken setzt. Ebenso ist zu begrüßen, dass sich die Messung des Risikos an einfachen und etablierten Messgrößen orientieren soll. Da sämtliche Banken von Finanzsystemstabilität profitieren, ist es gerechtfertigt, dass der Kreis der Abgabepflichtigen umfassend gewählt wurde.

348. Kritisch zu sehen ist jedoch die Behandlung von **Verbundstrukturen** bei der Bankenabgabe. Die Europäische Kommission strebt eine Ausgestaltung an, die eine Neutralität zwischen den Organisationsformen Verbund und Gruppe herstellt (Europäische Kommission, 2014b). Dabei werden die Beiträge grundsätzlich auf Einzelinstitutsbasis berechnet. Um eine Doppelzählung gruppeninterner Verbindlichkeiten zu vermeiden, gehen Verbindlichkeiten von Instituten gegenüber Instituten derselben Gruppe nicht in die Bemessungsgrundlage ein. Entsprechendes gilt bei Verbundinstituten in Bezug auf verbundinterne Verbindlichkeiten. Dies wird damit begründet, dass Verbundinstitute sich im Rahmen des Haftungsverbunds (JG 2013 Kasten 15) gegenseitig absichern.

Allerdings ist die ausgehandelte Regelung hier nicht konsequent. Denn zusätzlich wird der Haftungsverbund bei der Risikobewertung des Einzelinstituts bei Verbünden als risikomindernd und somit beitragssenkend anerkannt. Kleine Institute – mit einer Bilanzsumme von weniger als einer Milliarde Euro und einer Bemessungsgrundlage von weniger als 300 Mio Euro – sollen zudem nur einen Pauschalbeitrag leisten, der im Regelfall geringer als der risikoadjustierte Beitrag ausfallen dürfte. Diese Privilegien gegenüber als Gruppe organisierter Unternehmen stellen eine **Wettbewerbsverzerrung** dar, die kaum zu rechtfertigen ist. Um diese Verzerrung nicht weiter zu verstärken, sollte die Bundesregierung zumindest davon absehen, das vorgesehene Wahlrecht zu nutzen und den Schwellenwert für kleine Institute auf 3 Mrd Euro zu erhöhen.

Fiskalische Backstops

349. In Systemkrisen kann es zukünftig immer noch geboten sein, vom No-Bail-out-Prinzip abzuweichen und das Bankensystem mit öffentlichen Geldern zu stabilisieren. ↘ ZIFFER 340 In einer solchen außergewöhnlichen Situation bieten **fiskalische Backstops** den Abwicklungsbehörden einen **Notausgang**, der es ihnen erlaubt, Abwicklungsmaßnahmen bei insolventen Banken zu finanzieren und die Gläubigerbeteiligung zumindest teilweise auszusetzen. Würden für diesen Fall keine wirksamen Finanzierungsmechanismen geschaffen, käme die EZB erneut unter Druck, insolvente Banken zu finanzieren.

350. Fiskalische Backstops im Euro-Raum müssen der Tatsache Rechnung tragen, dass die Wirtschafts- und Finanzpolitik ganz überwiegend auf Ebene der Mitgliedstaaten angesiedelt ist. Dies schließt die Einrichtung eines gemeinsamen fiskalischen Backstops auf absehbare Zeit aus. Grundsätzlich haften daher zunächst die Mitgliedstaaten. Für grenzüberschreitend tätige Institute sollten im Vorhinein möglichst konkrete **Lastenteilungsvereinbarungen** zwischen den Mitgliedstaaten getroffen werden. Diese regeln die Verteilung der Kosten im Stützungsfall bei grenzüberschreitend tätigen Instituten. Konkrete Ausgestaltungen solcher **nationaler fiskalischer Backstops** liegen bislang nicht vor.

351. Nur wenn ein Mitgliedstaat seine Verpflichtungen nicht erfüllen kann, ohne Gefahr zu laufen, in eine Staatsschuldenkrise zu geraten, sollte ihm ein Antragsrecht für **Finanzhilfen des ESM** zustehen (JG 2013 Ziffer 379). Die Konditionalität des Hilfsprogramms sollte institutsspezifisch sein und würde durch das SRB, die EZB und die Europäische Kommission als Wettbewerbsbehörde überwacht. Dabei haftet der Mitgliedstaat in voller Höhe für die Rückzahlung der Finanzhilfen. Auf diese Weise würde ein Netzwerk nationaler fiskalischer Backstops organisiert, das durch den ESM als Krisenmechanismus für Staaten abgesichert wird.

352. Die Rettungskaskade sollte durch die künftig gegebene Möglichkeit der **direkten Bankenrekapitalisierung** im Rahmen des ESM nicht durchbrochen werden. Daher ist es richtig, dass die Übereinkunft der Wirtschafts- und Finanzminister der **indirekten Rekapitalisierung** (Vergabe von zweckgebundenen Krediten an den Mitgliedstaat) Vorrang einräumt. Aus demselben Grund scheidet die Möglichkeit aus, dass der SRF Befugnisse zur Aufnahme von gemeinschaftlich garantierten Darlehen erhält, die über das Nacherhebungspotenzial einer angemessen ausgestalteten europäischen Bankenabgabe hinausgehen.

4. Globale Bankenabwicklung derzeit kaum möglich

353. Mit dem SRM wurden wesentliche Voraussetzungen geschaffen, um Banken im Euro-Raum geordnet abzuwickeln. In den übrigen Mitgliedstaaten der EU gelten zwar dieselben Regeln, es fehlt jedoch eine Koordinierung von Abwicklungshandlungen über Mitgliedstaaten hinweg. Noch schwieriger gestaltet sich allerdings die Abwicklung von Konzernen, die wesentliche Aktivitäten außerhalb der EU betreiben. Hier kann noch nicht einmal auf einen harmonisierten Rechtsrahmen zurückgegriffen werden.

Im Falle einer Krise besteht daher die Gefahr, dass jede Aufsicht um die dortigen Aktivitäten einen „Ring-fence" errichtet, der den Abfluss von Liquidität und Kapital an die Muttergesellschaft verhindern soll. Dieser kann die Funktionsfähigkeit des gesamten Konzerns in Frage stellen, da viele Funktionen konzernweit organisiert sind (Hellwig, 2014a). Um die länderübergreifende Kooperation zu stärken, sind für alle G-SIBs Gremien eingerichtet worden, in denen Abwicklungsstrategien entwickelt werden sollen (**Crisis Management Groups**; IWF, 2014b).

354. Bei der Abwicklungsplanung für global tätige Konzerne hat es bislang kaum Fortschritte gegeben. Als Alternative zu einem koordinierten Vorgehen werden Abwicklungsstrategien diskutiert, die Eingriffe in die Geschäftsorganisation erforderlich machen (FSB, 2013; Tucker, 2013). In den Vereinigten Staaten und im Vereinigten Königreich haben sich die zuständigen Behörden in einer gemeinsamen Initiative für die Implementierung eines **Single-Point-of-Entry-Ansatzes (SPE)** als Abwicklungsstrategie ausgesprochen (Bank of England und FDIC, 2012), ein Ansatz, der auch von der Schweizer Finanzmarktaufsicht präferiert wird (Finma, 2013).

Er zeichnet sich dadurch aus, dass Abwicklungsmaßnahmen bei der übergeordneten Konzerngesellschaft durchgeführt werden. Konzernweit anfallende Verluste werden durch die übergeordnete Gesellschaft absorbiert. Damit sollen formelle Abwicklungsverfahren bei den übrigen Konzerngesellschaften vermieden werden, wodurch sich der Koordinierungsbedarf über Rechtsräume hinweg erheblich reduziert.

355. Doch auch der SPE-Ansatz bietet keine Gewähr, dass die Behörden zukünftig von einem **Ring-fencing** absehen. Die Anreize zum Ring-fencing sind dabei ungleich stärker, wenn ein Bail-in auf oberster Konzernebene nicht ausreicht, um die für die Fortführung des Konzerns notwendige Eigenkapitalausstattung wiederherzustellen und den Zusammenbruch der Finanzierung zu verhindern. In diesem Fall würden die Kapitalisierungskosten und die Risiken aus Liquiditätshilfen auf das Sitzland zurückfallen.

356. Vor diesem Hintergrund wird auf Ebene der G20 ein zusätzlicher verbindlicher Kapitalstandard für global systemrelevante Finanzinstitute ergänzend zu Basel III diskutiert (IWF, 2014b; Deutsche Bundesbank, 2014). Dieser sieht für G-SIBs eine Mindestausstattung mit bail-in-fähigen Schuldtiteln vor, die zusammen mit dem vorzuhaltenden Eigenkapital uneingeschränkt als Haftungsmasse im Abwicklungsfall zur Verfügung stehen (**Total Loss Absorbing Capacity, TLAC**). Zusätzlich soll die Verteilung von TLAC über die Konzerngesellschaften vorgeschrieben werden. Halterestriktionen für bail-in-fähige Titel sollen direkte Ansteckungseffekte im Finanzsystem ausschließen.

Durch die Einführung von TLAC wird faktisch ein zweiter Kapitalstandard eingeführt, wodurch die Regulierung noch komplexer und die Anreize und Möglichkeiten einer Umgehung noch größer werden. Bei TLAC lassen sich dieselben Kritikpunkte anführen wie bei den im europäischen Regelwerk angelegten Mindestanforderungen MREL. ↘ ZIFFERN 341 FF. Eine **Erhöhung des Eigenkapitals** wäre der Einführung von TLAC vorzuziehen.

5. Fazit

357. Mit BRRD und SRM sind in Europa die institutionellen Grundlagen für die Bankenabwicklung gelegt worden. Im Gegensatz zu nationalen Abwicklungsregimen wird hierdurch die Abwicklung einer grenzüberschreitenden Bank zu einer realistischen Option. Die Harmonisierung des Instrumentenkastens und die Schaffung einer starken supranationalen Abwicklungsbehörde sind wesentliche Schritte in die richtige Richtung. Entscheidend ist nun, dass die Drohung einer Bankenabwicklung von den Marktteilnehmern als **glaubwürdig** eingeschätzt wird. Nur dann können das **Zeitinkonsistenzproblem** der Bankenrettung gelöst und die **Marktdisziplin** wiederhergestellt werden.

358. Langwierige Entscheidungsstrukturen, unzureichende Regelbindung sowie fehlende fiskalische Backstops können dazu führen, dass die Ankündigung der Gläubigerhaftung unglaubwürdig wird. Dies wäre ein großes Hindernis für den wirksamen Abbau impliziter staatlicher Garantien im Bankensystem.

Verschärfend kommt hinzu, dass ein verlässlicher Abwicklungsrahmen für Institute, deren Tätigkeit sich auf Staaten außerhalb des SRM erstreckt, nicht in Sichtweite ist. Angesichts der engen Verflechtungen zwischen ausländischen Tochtergesellschaften und dem Konzern ist es schwer vorstellbar, wie die Abwicklung einer großen Bank des Euro-Raums unter dem SRM erfolgen soll, wenn wesentliche Teile des Konzerns dem SRM nicht unterliegen.

359. Die Politik ist daher gefordert, den institutionellen Rahmen für Bankenabwicklungen **weiterzuentwickeln**. Die Kompetenzen der zentralen Abwicklungsbehörde sollten gestärkt und auf nicht signifikante Banken ausgedehnt werden. Eine Anpassung der primärrechtlichen Grundlagen ist nach wie vor geboten (Deutsche Bundesbank, 2014; JG 2013 Ziffern 296, 303).

Doch selbst innerhalb der geltenden Verträge ließen sich Verbesserungen durch eine deutliche Begrenzung von Ermessensspielräumen erzielen, ähnlich einer **Systemic Risk Exception** nach amerikanischem Vorbild. Hierdurch würde die Gefahr einer systemischen Krise anerkannt, dies würde jedoch durch Anlegen strenger Maßstäbe zur Ausnahme statt zur Regel. Zur Verbesserung der Abwicklungsfähigkeit von Banken jenseits des Euro-Raums sind weitere Initiativen auf der internationalen Ebene unverzichtbar, die vor allem darauf gerichtet sein sollten, verbindliche Koordinierungsmechanismen zu etablieren.

Mindestanforderungen für bail-in-fähige Verbindlichkeiten sollten kein Substitut sein für eine **Erhöhung des Eigenkapitals**.

IV. MAKROPRUDENZIELLE AUFSICHT: AUFBRUCH INS UNBEKANNTE

360. Die Finanzkrise der Jahre 2007 bis 2009 hat die Sichtweise auf die Regulierung und Aufsicht von Finanzinstituten stark verändert. Ausgangspunkt dieser Veränderungen war die Erkenntnis, dass die bisherige **mikroprudenzielle** – das heißt auf das Einzelinstitut ausgerichtete – Regulierung und Aufsicht die Krise nicht verhinderten, sondern sie sogar mitverursacht oder zumindest verstärkt haben dürften (Hellwig, 2009). Daher besteht ein weitgehender Konsens, dass die bisherige Aufsicht durch eine **makroprudenzielle** Perspektive ergänzt werden sollte, welche die Stabilität des gesamten Finanzsystems in den Mittelpunkt stellt.

361. Zu diesem Zweck wurde eine Vielzahl neuer Institutionen und regulatorischer Instrumente geschaffen. Dabei sind in Europa unübersichtliche makroprudenzielle Aufsichtsstrukturen und ein komplexer Instrumentenkasten entstanden. Dies hat große Erwartungen an die makroprudenzielle Aufsicht geweckt. Angesichts ihrer **ungewissen und beschränkten Wirksamkeit** müssen diese jedoch gebremst werden – denn auch die makroprudenzielle Aufsicht wird Finanzkrisen nicht ausschließen können.

1. Systemstabilität als Regulierungsziel

362. Die makroprudenzielle Aufsicht wird über ihr **Ziel** von der mikroprudenziellen Aufsicht abgegrenzt. Ziel der mikroprudenziellen Aufsicht ist es, eine übermäßige Risikoübernahme auf Einzelinstitutsebene zu vermeiden und so das Insolvenzrisiko der einzelnen Finanzinstitution zu begrenzen. Die makroprudenzielle Aufsicht hat hingegen zum Ziel, die **Stabilität des Finanzsystems** als Ganzes zu gewährleisten und damit die realwirtschaftlichen Kosten einer Finanzkrise zu vermeiden.

Tatsächlich ist die Stabilität des Finanzsystems durch einen mikroprudenziellen Ansatz nicht gesichert. Dies liegt daran, dass die mikroprudenzielle Aufsicht Risiken als gegeben ansieht und die Rückwirkungen der Handlungen der einzelnen Institute auf das Finanzsystem und die Volkswirtschaft insgesamt unberücksichtigt lässt. Jedes Finanzinstitut trägt aber durch seine Geschäftstätigkeit in gewissem Maße zum systemischen Risiko bei, ohne dies bei seinen Entscheidungen zu berücksichtigen. Der Beitrag eines Finanzinstituts zum systemischen Risiko kann daher als **negative Externalität** verstanden werden. Die grundsätzliche Aufgabe der makroprudenziellen Aufsicht besteht deshalb darin, diese externen Effekte zu internalisieren (JG 2009 Ziffer 199; Faia und Schnabel, 2015).

363. Die Implementierung der makroprudenziellen Aufsicht befindet sich noch in den Anfängen. Im Gegensatz etwa zur Geldpolitik fehlt hier eine konkret formulierte, weithin akzeptierte Zielfunktion, welche die Konsequenzen des systemischen Risikos für die gesamtwirtschaftliche Aktivität beschreibt. Aus der Erfahrung vergangener Krisen verfügt man über Kenntnisse möglicher Bedrohungen der Systemstabilität, diese lassen sich aber nicht leicht in einer einzelnen Zielgröße zusammenfassen. Ausgangspunkt der makroprudenziellen Aufsicht ist daher eine **Systematisierung systemischer Risiken**.

364. Beim systemischen Risiko wird zwischen der Querschnitts- und der Zeitdimension unterschieden (Borio et al., 2001; Deutsche Bundesbank, 2013; Galati und Moessner, 2013). Die **Querschnittsdimension** betrifft die Verteilung der systemischen Risiken im Finanzsystem zu einem bestimmten Zeitpunkt. Diese wird maßgeblich durch die Ansteckungseffekte zwischen Finanzinstituten bestimmt. Die makroprudenzielle Aufsicht versucht, den Beitrag der einzelnen Institution zum systemischen Risiko angemessen zu erfassen. **Systemrelevante** Institute oder Aktivitäten sollen **schärfer reguliert** werden als nicht systemrelevante. So sollen Anreize gesetzt werden, die Geschäftstätigkeiten in den Bereichen zu mindern, die zum Aufbau systemischer Risiken führen.

Entlang der **Zeitdimension** wird das systemische Risiko durch das prozyklische Verhalten der Finanzinstitute bestimmt. Beispielsweise können Verluste eines Finanzinstituts eine Abwärtsspirale in Gang setzen, bei der sich der Abbau der Verschuldung (Deleveraging) der Finanzinstitute und die gesamtwirtschaftliche Entwicklung gegenseitig verstärken (Brunnermeier und Pedersen, 2009). Hierbei spielen die vom Markt oder von der Regulierung geforderten Eigenkapitalquoten eine wichtige Rolle (Hanson et al., 2011). Diese zwingen das Finanzinstitut, seine Bilanz zu verkürzen, was eine verringerte Kreditvergabe mit erheblichen makroökonomischen Kosten zur Folge haben kann. Ziel der makroprudenziellen Aufsicht ist es dann, die **Prozyklizität** des Finanzsektors **abzumildern**. Im Aufschwung sollen der Aufbau übermäßiger Risiken vermieden und zusätzliche Puffer geschaffen werden, welche die Banken in Krisenzeiten robuster machen und den Rückgang der Kreditvergabe abmildern.

Zwischen den beiden Dimensionen der makroprudenziellen Aufsicht können **Zielkonflikte** auftreten. Beispielsweise steigen Eigenkapitalanforderungen, die sich am systemischen Risiko einer Institution orientieren, in Krisenzeiten an, wodurch sich prozyklische Effekte ergeben.

365. Zielkonflikte und Überlappungen können ebenso zwischen **makroprudenzieller Aufsicht und Geldpolitik** auftreten, insbesondere in der Zeitdimension. Obwohl ihre primären Ziele – Systemstabilität beziehungsweise Preisstabilität – voneinander abweichen, zielen beide zusätzlich auf die gesamtwirtschaftliche Entwicklung ab. Die primären Ziele können dabei durchaus im Widerspruch stehen. Beispielsweise kann eine lang anhaltende expansive Geldpolitik den Aufbau systemischer Risiken fördern, etwa in Form eines Vermögenspreisbooms.

Somit ergeben sich Wechselwirkungen zwischen dem Leitzins als Instrument der Geldpolitik und den makroprudenziellen Instrumenten. Geldpolitik und makroprudenzielle Politik lassen sich deshalb nicht ohne Weiteres getrennt voneinander betrachten (Remsperger, 2014). Daher gilt es, eine sinnvolle Ausgestaltung des Verhältnisses von makroprudenzieller Politik und Geldpolitik zu entwickeln und dabei die Rolle der Geldpolitik im Bereich der Finanzstabilität zu definieren.

366. Es ist keineswegs leicht, von dieser Systematisierung zu einer konkreten **Operationalisierung** makroprudenzieller Politik zu gelangen. Zur Operationalisierung der **Querschnittsdimension** muss der Beitrag des einzelnen Finanzinstituts zum systemischen Risiko gemessen werden. In der aufsichtlichen Praxis werden zumeist Indikatorenmodelle verwendet, die auf Bilanz- und Aufsichtsdaten basieren (BIZ et al., 2009). Wichtige Indikatoren für die Systemrelevanz von Banken sind beispielsweise ihre Größe, Vernetzung, Substituierbarkeit, grenzüberschreitende Aktivitäten und Komplexität (JG 2011 Tabelle 16). In den vergangenen Jahren wurde außerdem eine Reihe marktpreisbasierter Verfahren entwickelt (zum Beispiel Conditional Value at Risk, ΔCoVaR; JG 2012 Kasten 10). Alle Maße sind jedoch mit großen Unsicherheiten behaftet und führen häufig zu unterschiedlichen Ergebnissen.

Bei der **Operationalisierung** der Risiken der **Zeitdimension** steht die Messung des finanziellen Zyklus im Mittelpunkt. Im Gegensatz zur Querschnittsdimension finden sich hier in der Regulierung bereits Ansätze formalisierter Regeln, nämlich beim antizyklischen Kapitalpuffer (BCBS, 2010). Als Indikator dient dabei die Kreditlücke, das heißt die Abweichung der Kredite an den Privatsektor in Relation zum Bruttoinlandsprodukt vom langfristigen Trend. Hierbei handelt es sich jedoch nicht um eine bindende regulatorische Vorschrift, sondern um einen Referenzpunkt. Die Aufseher werden dazu aufgefordert, diesen an die speziellen Bedingungen des entsprechenden Finanzsystems anzupassen.

Der ESRB bezeichnet dieses Vorgehen als Prinzip des gelenkten Ermessens (guided discretion), wonach die Entscheidung über die Pufferhöhe eine Kombination aus einer einfachen, allgemein bekannten Regel und aufsichtlichem Ermessen darstellt (ESRB, 2014b, 2014c).

367. Der ESRB (2014c) sieht das Prinzip des **gelenkten Ermessens** als Modell für andere makroprudenzielle Instrumente, da bislang keine akzeptierten Indikatoren existieren, die zuverlässig Auskunft über den Aufbau systemischer Risiken geben. Die Kehrseite dieser größeren Flexibilität ist allerdings die geringere Verbindlichkeit des Instrumenteneinsatzes. Es besteht daher zum einen die Gefahr zeitlicher Verzögerungen oder sogar einer Verzerrung zur Untätigkeit (inaction bias). Zum anderen könnte eine Regelbindung es der Aufsicht leichter machen, politisch unpopuläre Maßnahmen durchzusetzen. Mittelfristig ist daher insbesondere bei der (politisch sensiblen) Regulierung zyklischer Risiken eine **stärkere Regelbindung** anzustreben. Die Orientierung an einer Regel hätte zudem den Vorteil, dass die Marktteilnehmer ihre Erwartungen daran ausrichten könnten. Dadurch würde die stabilisierende Wirkung der makroprudenziellen Politik zunehmen.

2. Aufsichtsstruktur: Effektiv trotz Schwächen?

368. Die Wirksamkeit der makroprudenziellen Aufsicht hängt von ihrer institutionellen Ausgestaltung ab, das heißt von den beteiligten Akteuren und ihrem Zusammenspiel mit anderen Bereichen der Wirtschaftspolitik, insbesondere der Geldpolitik. Im Folgenden werden verschiedene Ausgestaltungsmöglichkeiten der makroprudenziellen Aufsicht in Europa skizziert.

Ausgestaltung der makroprudenziellen Aufsicht

369. Im europäischen Kontext stellt sich zunächst die Frage, ob die makroprudenzielle Aufsicht **zentral** auf europäischer oder **dezentral** auf nationaler Ebene angesiedelt sein sollte. Ein Ergebnis der Literatur zum Regulierungswettbewerb ist, dass es bei großen Übertragungseffekten optimal sein kann, zentral zu regulieren (Sinn, 2001). Damit ergibt sich ein starkes Argument für eine supranationale Behörde, da Ansteckungseffekte nicht an nationalen Grenzen Halt machen, sondern die Finanzstabilität in anderen Ländern bedrohen. Außerdem wäre eine solche Behörde in geringerem Maße als nationale Institutionen direkt durch nationale politische Einflussnahme gefährdet (JG 2012 Ziffer 309).

Allerdings ist das **Prinzip der Subsidiarität** zu wahren (JG 2012 Ziffern 309 ff.), das eine **föderalistische Struktur** nahelegt. Denn Fehler, die von der makroprudenziellen Aufsicht auf der supranationalen Ebene gemacht werden, können zu deutlich höheren Kosten für die EU führen als nationale Aufsichtsfehler (Besley und Coate, 2003). Zudem haben sich auf europäischer Ebene bereits starke Interessenvertretungen gebildet.

Aus den genannten Gründen ist eine Kompetenzverteilung angemessen, bei der grundsätzlich die nationale Behörde verantwortlich ist, da die realwirtschaftlichen Kosten weitgehend durch das Land selbst getragen werden. Gleichzeitig sollte die zentrale Makroaufsicht aber die Möglichkeit haben, tätig zu werden, wenn Übertragungseffekte unzureichend berücksichtigt werden.

370. Eine zweite Frage betrifft das **Verhältnis von mikro- und makroprudenzieller Aufsicht**. Mikro- und makroprudenzielle Ziele stehen nicht immer miteinander im Einklang. So kann eine Verschärfung der Regulierung aus makroprudenzieller Sicht geboten sein, während sie aus mikroprudenzieller Sicht nicht erforderlich scheint. In solchen Fällen ist eine Koordinierung der Aufsichtsbereiche unerlässlich. Dies würde durch die Ansiedlung innerhalb derselben Institution erheblich erleichtert, weil ansonsten die Gefahr besteht, dass von den verschiedenen Aufsichten widersprüchliche Anforderungen an die Institute gerichtet werden.

Zudem ist eine **gemeinsame Mikro- und Makroaufsicht** wünschenswert, weil die mikroprudenzielle Aufsicht ansonsten geneigt sein könnte, sämtliche die Finanzstabilität betreffenden Aspekte an die makroprudenzielle Aufsicht auszulagern und keine Veränderungen an der bisherigen Aufsichtspraxis vorzunehmen. Dann bestünde aber die Gefahr, dass der Aufbau gleichgerichteter Risiken übersehen wird, weil die Informationen über die einzelnen Institute nicht zusammengeführt werden. Die makroprudenzielle Aufsicht kann den Aufbau solcher Risiken leicht übersehen, wenn sie nicht in die regelmäßige Aufsicht eingebunden ist (Hellwig, 2014b).

371. Weiterhin ist zu klären, ob die makroprudenzielle Aufsicht **innerhalb oder außerhalb der Zentralbank** angesiedelt werden sollte. Für eine gemeinsame Ansiedlung von Geldpolitik und makroprudenzieller Politik spricht eine einfachere Koordinierung der beiden Politiken, die gerade angesichts der bestehenden Zielkonflikte wichtig erscheint. Allerdings könnten in der Zentralbank Interessenkonflikte entstehen. Beispielsweise könnte sie versucht sein, Aufsichtsfehler durch die Geldpolitik zu kaschieren. Außerdem würde die Unabhängigkeit der Zentralbank bedroht, wenn ein politisch sensibler Bereich wie die makroprudenzielle Aufsicht in die Zentralbank verlagert würde. Daher sollte die makroprudenzielle Aufsicht außerhalb der Zentralbank angesiedelt werden (JG 2012 Ziffer 325).

372. Darüber hinaus ist zu fragen, ob die Aufsicht sektoral oder als **Allfinanzaufsicht** organisiert werden sollte. Da die Grenzen zwischen den verschiedenen Bereichen des Finanzsystems – Banken, Versicherungen und Märkte – zunehmend verschwimmen, spricht einiges dafür, eine Allfinanzaufsicht einzurichten. Dann könnte die Aufsicht Wechselwirkungen zwischen den Sektoren berücksichtigen und Verschiebungen von Geschäften in weniger regulierte Bereiche (regulatorische Arbitrage) eher erkennen.

373. Schließlich ist zu untersuchen, welcher Grad an **Unabhängigkeit** der makroprudenziellen Aufsicht zugebilligt werden sollte. Ein politischer Einfluss lässt sich damit begründen, dass mit makroprudenziellen Entscheidungen erhebliche fiskalische Kosten verbunden sein können. Angesichts der Gefahr einer politischen Einflussnahme, die sich möglicherweise eher an politischen Konjunkturzyklen als an der sozialen Wohlfahrt orientiert, spricht jedoch vieles dafür,

den Einfluss der Politik zu begrenzen. Die demokratische Legitimation könnte durch weitreichende Rechenschaftspflichten hergestellt werden. Gleichzeitig scheint es geboten, **externe wissenschaftliche Expertise** in die Gremien einfließen zu lassen, um das Problem der Selbstbeobachtung abzumildern, das darin besteht, dass die Mitglieder der makroprudenziellen Aufsicht typischerweise selbst aus der Mikroaufsicht oder der Zentralbank stammen (Gurlit und Schnabel, 2014).

374. Bestünde die Möglichkeit, die makroprudenzielle Aufsicht auf dem Reißbrett zu entwerfen, so könnte deren **Ausgestaltung** wie folgt aussehen: Sie wäre – gemeinsam mit der mikroprudenziellen Aufsicht – als Allfinanzaufsicht konzipiert, föderal organisiert und außerhalb der Zentralbank angesiedelt. Die supranationale Aufsicht besäße starke Eingriffsbefugnisse, um Übertragungseffekte angemessen zu berücksichtigen. Die makroprudenzielle Aufsicht wäre politisch unabhängig, aber rechenschaftspflichtig. Experten aus der Wissenschaft würden die makroprudenzielle Politik begleiten.

Aktuelle Struktur der makroprudenziellen Aufsicht

375. Auf den ersten Blick erscheint die neugeschaffene makroprudenzielle Aufsicht aufgrund der Vielzahl der teils neuen, teils bereits existierenden Akteure **unübersichtlich**. ↘ ABBILDUNG 47 Das lässt sich dadurch erklären, dass die Bankenunion mit ihren Implikationen für die makroprudenzielle Aufsichtsarchitektur im Euro-Raum zu einem Zeitpunkt begründet wurde, als viele Reformstränge in der EU bereits angelegt waren, die durch die Bankenunion nun teilweise überholt wurden. In Deutschland erhöht sich die Komplexität durch die Aufgabenteilung im Bereich der Bankenaufsicht zwischen der Deutschen Bundesbank und der Bundesanstalt für Finanzdienstleistungsaufsicht (BaFin). Tatsächlich weicht die neue Struktur nicht stark von der skizzierten Struktur ab, wenngleich in einigen wesentlichen Punkten Verbesserungsbedarf besteht.

↘ ABBILDUNG 47

Akteure der makroprudenziellen Politik in Deutschland

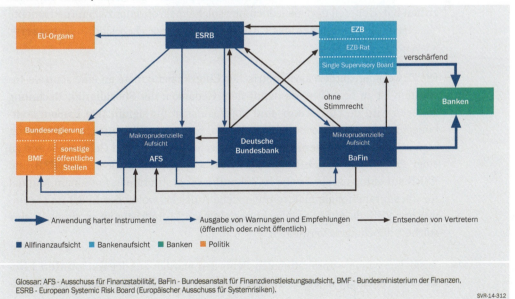

Glossar: AFS – Ausschuss für Finanzstabilität, BaFin – Bundesanstalt für Finanzdienstleistungsaufsicht, BMF – Bundesministerium der Finanzen, ESRB – European Systemic Risk Board (Europäischer Ausschuss für Systemrisiken).

376. Auf EU-Ebene ist seit dem Jahr 2011 der **ESRB** als Allfinanzaufsicht für die makroprudenzielle Überwachung zuständig. Das Ziel des ESRB besteht darin, systemische Risiken zu identifizieren und Maßnahmen zu deren Beseitigung vorzuschlagen. Als Instrumente stehen **Warnungen und Empfehlungen** zur Verfügung, die einem „Comply-or-explain"-Mechanismus unterliegen. Dadurch ist der Adressat zum Handeln gezwungen, indem er entweder der Empfehlung Folge leistet oder darlegt, warum er es nicht tut. Im ESRB befinden sich vor allem Vertreter der EZB und der nationalen Zentralbanken sowie – ohne Stimmrecht – der nationalen Aufsichtsbehörden. Ein direkter Einfluss der nationalen Politik besteht nicht. Mit den Mitgliedern des Beratenden Wissenschaftlichen Ausschusses befinden sich externe Experten im ESRB.

Mit der momentanen Organisationsstruktur und den vorhandenen Handlungskompetenzen wird der ESRB kaum in der Lage sein, seinem weitreichenden Mandat zu genügen (JG 2010 Ziffern 285 f.; JG 2011 Ziffer 258). Dies betrifft vor allem den Umgang mit akut auftretenden Gefährdungen des Finanzsystems. Das Entscheidungsgremium ist zu groß und mit zu vielen Vertretern unterschiedlicher Interessen besetzt, als dass schnell und gezielt auf systemische Gefahren reagiert werden könnte. Überdies sind die Instrumente des ESRB zu schwach, um im Falle einer akuten Gefährdung Abhilfemaßnahmen wirksam durchzusetzen.

377. Über deutlich stärkere makroprudenzielle Befugnisse verfügt die **EZB** in den Mitgliedstaaten des Euro-Raums, allerdings nur in Bezug auf das Bankensystem. Sie hat im Rahmen des SSM weitreichende makroprudenzielle Aufsichtskompetenzen erhalten und zwar nicht nur für signifikante Finanzinstitute, die von der EZB unmittelbar beaufsichtigt werden, sondern auch für alle übrigen Institute der am SSM teilnehmenden Länder. Artikel 5 der SSM-Verordnung sieht allerdings eine **asymmetrische Eingriffsbefugnis** für die EZB vor. Sie darf – nach Rücksprache mit den nationalen Aufsichtsbehörden – makroprudenzielle aufsichtliche Maßnahmen verschärfen, aber nicht abschwächen. Dabei darf sie tätig werden, selbst wenn die nationale Aufsicht noch gar keine Maßnahmen ergriffen hat. Generell darf sie jedoch nur solche makroprudenziellen Instrumente einsetzen, die im Rahmen des CRD IV-Pakets vorgesehen sind. ↘ ZIFFERN 383 FF. ↘ TABELLE 16

Die Zuweisung starker, asymmetrischer Eingriffsbefugnisse an eine zentrale Institution ist zu begrüßen, da damit dem Gedanken der Subsidiarität Rechnung getragen wird und die Mikro- und Makroaufsicht für signifikante Banken kombiniert werden. Da jedoch die EZB die makroprudenzielle Aufsicht wahrnimmt, kommt es zu **Interessenkonflikten** zwischen Aufsicht und Geldpolitik und zu einer erheblichen **Machtkonzentration**. Außerdem existieren mit EZB und ESRB auf europäischer Ebene in Zukunft zwei Institutionen mit einem Mandat für die supranationale makroprudenzielle Aufsicht, wobei der ESRB im Gegensatz zur EZB als Allfinanzaufsicht gestaltet ist. Mittelfristig ist es sinnvoll, eine solche Doppelung zu vermeiden.

378. Zusätzlich zu den supranationalen Behörden wurden auf der **nationalen Ebene** neue Akteure geschaffen. Deutschland hat sich mit dem **Ausschuss für Fi**-

nanzstabilität (AFS) für die Ansiedlung der makroprudenziellen Aufsicht in einem neugeschaffenen Gremium entschieden, dem unter dem Vorsitz des Bundesministeriums der Finanzen (BMF) jeweils drei Vertreter des BMF, der Deutschen Bundesbank und der BaFin sowie ein Vertreter der Bundesanstalt für Finanzmarktstabilisierung (FMSA, ohne Stimmrecht) angehören. Zwar sichert dies demokratische Legitimität, es besteht aber eine direkte **Abhängigkeit von der Politik**.

Der AFS hat die Aufgabe, die für die Finanzstabilität relevanten Sachverhalte zu erörtern und die Zusammenarbeit der im Ausschuss vertretenen Institutionen zu fördern. Er kann **Warnungen und Empfehlungen** an öffentliche Stellen in Deutschland (nicht jedoch an europäische) aussprechen, deren Adressaten – analog zum ESRB – einem „Comply-or-explain"-Mechanismus unterliegen. Für den Einsatz der makroprudenziellen Instrumente ist der AFS nicht zuständig, dieser verbleibt bei der BaFin oder der EZB. ↘ ZIFFER 391

Der **Deutschen Bundesbank** kommt die Aufgabe zu, die potenziellen Bedrohungen der Finanzstabilität zu analysieren und den jährlichen Bericht des AFS an den Bundestag anzufertigen. Weiterhin kann sie dem Ausschuss Warnungen und Empfehlungen vorschlagen, deren Umsetzung sie später bewertet. Der AFS kann keine Entscheidungen gegen die Stimmen der Deutschen Bundesbank treffen (Deutsche Bundesbank, 2013).

379. Ähnlich wie beim ESRB sind die Durchgriffsrechte des AFS begrenzt (JG 2012 Ziffer 276). Überdies können im AFS **Interessenkonflikte** entstehen, wenn Warnungen und Empfehlungen abgegeben werden sollen, die sich zwar positiv auf die Finanzstabilität, aber negativ auf die Konjunktur (und damit auf die Wiederwahlwahrscheinlichkeit der regierenden Parteien) auswirken würden. Diese Interessenkonflikte könnten die Durchsetzungskraft des AFS mindern, zumal sich die BaFin als vom BMF beaufsichtigte Behörde wohl kaum dessen Willen entgegenstellen würde. Die Deutsche Bundesbank wiederum kann Entscheidungen durch ihr Vetorecht zwar verhindern, aber nicht gegen die Stimmen von BaFin und BMF aktiv eigene Vorschläge durchsetzen. Gleichzeitig stellt sich hier das Problem der Selbstbeobachtung in noch stärkerer Weise als beim ESRB, da dem Gremium keine externen Experten angehören.

Eine wirksame makroprudenzielle Überwachung durch den AFS erfordert eine **stärkere Rolle der Deutschen Bundesbank** und die **Einbeziehung von Experten**, vorzugsweise aus der Wissenschaft, um ein Gegengewicht zur Politik zu schaffen. Diese sollten gemeinsam eine Entscheidung selbst gegen die Stimmen von BaFin und BMF durchsetzen können. Über die Ausgabe von Warnungen und Empfehlungen kann so, gegebenenfalls unter Nutzung der Öffentlichkeit, ein gewisser Druck aufgebaut werden.

380. Über **deutlich stärkere Eingriffsrechte** verfügt die **BaFin**, die für den Einsatz der makroprudenziellen Instrumente primär zuständig ist. Somit besteht für nicht signifikante Banken ebenfalls eine kombinierte Mikro- und Makroaufsicht, die zudem – abgesehen von der laufenden Aufsicht und der makroprudenziellen Analyse durch die Deutsche Bundesbank – außerhalb der Zentralbank angesiedelt ist. Anders als bei der EZB handelt es sich bei ihr zudem um eine All-

finanzaufsicht; so ist das eigens für die Makroaufsicht begründete Risikokomitee sektorübergreifend ausgestaltet. Kritisch ist allerdings auch hier die fehlende Unabhängigkeit von der Politik zu sehen.

381. Abschließend lässt sich feststellen, dass die institutionelle Ausgestaltung der makroprudenziellen Aufsicht einige wesentliche Elemente der skizzierten Struktur enthält. Die föderale Struktur der Aufsicht im Euro-Raum ist ebenso zu begrüßen wie die Kombination der mikro- und makroprudenziellen Aufsicht. In Deutschland ist allerdings der starke **Einfluss der Politik** zu bemängeln.

Auf europäischer Ebene sind vor allem die Ansiedlung innerhalb der Zentralbank und die ständig wachsende Machtfülle der EZB problematisch. Mittelfristig ist daher die Auslagerung der supranationalen mikro- und makroprudenziellen Kompetenzen in eine **eigenständige Allfinanzaufsicht im Euro-Raum**, idealerweise sogar auf EU-Ebene, anzustreben. Dies wäre nur im Rahmen einer Änderung der europäischen Verträge möglich.

3. Instrumente: Feinsteuerung vermeiden

382. Neben neuen Institutionen ist eine **Vielzahl makroprudenzieller Instrumente** geschaffen worden. Auf der operativen Ebene gibt es zwischen der mikro- und makroprudenziellen Aufsicht viele Überlappungen. So setzen alle **harten regulatorischen Instrumente** – das sind solche, die einen direkten Eingriff in die Geschäftstätigkeit darstellen – auf Institutsebene an, und die meisten von ihnen können der individuellen und der systemischen Stabilität dienen. Eine saubere Trennung in mikro- und makroprudenzielle Instrumente ist somit nur schwer möglich.

Dem ESRB und dem AFS stehen keine harten Instrumente zur Verfügung. Allerdings können sich Empfehlungen auf den Einsatz harter Instrumente beziehen. Außerdem bleibt ihnen das weiche Instrument der strategischen Kommunikation, um die Erwartungen der Marktteilnehmer zu beeinflussen.

383. In Reaktion auf die Finanzkrise wurde im Rahmen von Basel III eine Reihe harter Instrumente für den **Bankensektor** geschaffen, der insofern eine Vorreiterrolle einnimmt. Das **CRD IV-Paket** setzt Basel III in europäisches Recht um. Es besteht aus der Capital Requirements Directive IV (CRD IV) und der Capital Requirements Regulation (CRR; JG 2012 Ziffer 264). Es besitzt seit dem 1. Januar 2014 verbindliche Geltung für die betroffenen Institutionen. Es existieren allerdings zahlreiche Übergangsfristen, die teilweise erst im Jahr 2019 auslaufen.

Die Ausgestaltung der harten Instrumente orientiert sich an vier **Risikokategorien** (ESRB, 2014d). Es werden Instrumente zur Vermeidung von (a) übermäßigem Kreditwachstum und Verschuldung, (b) übermäßiger Fristentransformation und Marktilliquidität, (c) direkten und indirekten Risikokonzentrationen sowie (d) verzerrten Anreizen und Moral Hazard unterschieden. ↘ TABELLE 16 gibt einen Überblick über die wichtigsten makroprudenziellen Instrumente des CRD IV-Pakets.

384. Zur Begrenzung von Kreditwachstum und Verschuldung und damit zur Abmilderung der Prozyklizität des Finanzsystems sind neue **Eigenkapitalinstrumente** vorgesehen, die sich in der Regel auf das Verhältnis von hartem Kernkapital zu risikogewichteten Aktiva beziehen. Eine wichtige Rolle kommt dem **antizyklischen Kapitalpuffer** zu, der zeitvariabel eingesetzt wird, sodass in Boomphasen zusätzliche Puffer aufgebaut werden, die im Abschwung abgebaut werden können, um ein Deleveraging zu verhindern. Eine ähnliche Wirkung entfaltet der **Kapitalerhaltungspuffer**, der zudem den Vorteil hat, dass er nicht diskretionär eingesetzt werden muss. Um dem Aufbau von Risiken im Immobiliensektor vorzubeugen, können **sektorale Risikogewichte** erhöht werden.

385. Im Jahr 2018 soll zusätzlich zur risikogewichteten Eigenkapitalanforderung eine europaweit harmonisierte **Leverage Ratio** eingeführt werden. Diese stellt ein robusteres Maß als die risikogewichtete Eigenkapitalquote dar, da sie als Quotient von Eigenkapital und ungewichteter Bilanzsumme (einschließlich außerbilanzieller Aktivitäten) gemessen wird. Damit setzt sie der Verschuldung eine effektive obere Grenze, die aufgrund des Interpretationsspielraums bei Festlegung der Risikogewichte zuvor nicht existierte.

386. Die **allgemeine Erhöhung der Eigenkapitalanforderungen** unter Basel III stellt faktisch ebenfalls ein makroprudenzielles Instrument dar. Selbst ohne zeitvariable Anpassung kann hierdurch eine Verringerung der Prozyklizität erreicht werden. Denn im Falle von Verlusten ist das zur Beibehaltung des Verschuldungsgrads erforderliche Deleveraging umso schwächer, je dicker die Eigenkapitalpolster der Banken sind (Admati et al., 2013).

387. Zusätzlich zu den Kapitalmaßnahmen werden im Rahmen des CRD IV-Pakets **Liquiditätsanforderungen** für Banken eingeführt, um übermäßige Fristentransformation und Marktilliquidität zu vermeiden. Hierdurch wird dem Umstand Rechnung getragen, dass eine übermäßige Fristentransformation, teilweise in ausgelagerten Zweckgesellschaften, eine wesentliche Ursache der Finanzkrise war. Zur Vermeidung von Risikokonzentrationen steht das Instrument einer **Begrenzung der Großkredite** zur Verfügung. Schließlich wurden neue Eigenkapitalinstrumente geschaffen, die höhere Eigenkapitalanforderungen für systemrelevante Finanzinstitute oder für sonstige nicht-zyklische **Systemrisiken** vorsehen. Diese Instrumente sollen Fehlanreize und Moral Hazard im Finanzsystem mindern.

388. Das CRD IV-Paket ermöglicht es überdies, verschärfende makroprudenzielle Maßnahmen im Rahmen der **Säule 2** von Basel III anzuwenden. Allerdings können Säule-2-Maßnahmen nur durchgeführt werden, wenn die Risiken durch andere Instrumente nicht ausreichend abgedeckt werden können (ESRB, 2014d). Wenn die im CRD IV-Paket spezifizierten Instrumente, Säule 2 eingeschlossen, noch immer nicht ausreichen, um das systemische Risiko zu kontrollieren, lassen sich weitere verschärfende Maßnahmen auf nationaler Ebene ergreifen (**nationale Makro-Flexibilität**), die allerdings komplexen Anzeige- und Genehmigungsverfahren unterliegen.

↘ TABELLE 16
Überblick über die makroprudenziellen Instrumente gemäß dem CRD IV-Paket

Ziel: Verhinderung von ...	Instrument	Definition	Ausgestaltung	Sonstiges
Übermäßigem Kreditwachstum und übermäßiger Verschuldung	Antizyklischer Kapitalpuffer	Allgemeiner zeitvariabler Kernkapitalzuschlag, abhängig vom Finanzzyklus	I. d. R. bis 2,5 %, höher bei großen Systemrisiken, schrittweise Einführung bis zum Jahr 2019	Aktivierung nach Prinzip der "guided discretion"; Reziprozität unter den Mitgliedstaaten bis zu 2,5 %
	Kapitalerhaltungspuffer	Allgemeiner Kernkapitalzuschlag, der vorübergehend aufgebraucht werden kann	2,5 %, schrittweise Einführung bis zum Jahr 2019	Automatische antizyklische Wirkung durch selbstständige Inanspruchnahme; Ausschüttungssperre bei Inanspruchnahme
	Sektorale Risikogewichte	Allgemeine Veränderung der Risikogewichte von Immobilienkrediten	Momentan von 35 % bis 150 %	Bei IRB-Ansatz aufsichtliche Veränderung der Mindestverlustquote; Reziprozität
	Leverage Ratio	Allgemeine ungewichtete Eigenkapitalquote	Nur Beobachtung, mögliche Einführung nach dem Jahr 2016	Robusteres und weniger prozyklisches Maß, da nicht risikogewichtet
Übermäßiger Fristentransformation und Marktilliquidität	Liquiditätsdeckungsquote (LCR)	Allgemeine Liquiditätsanforderung unter Stressbedingungen	60 % im Jahr 2015, schrittweise Erhöhung bis 100 % im Jahr 2018	30-tägiger Zeithorizont des Stressszenarios
	Stabile Refinanzierungsquote (NSFR)	Allgemeine Festlegung des Verhältnisses von verfügbarer stabiler Refinanzierung zu erforderlicher stabiler Refinanzierung	Verbindliche Einführung frühestens ab dem Jahr 2017; bis dahin nationale Ausgestaltung möglich	Stabile Refinanzierung gegeben bei Deckung langfristiger Aktiva durch stabile Passiva (d. h. langfristige Passiva oder Einlagen)
Direkter und indirekter Risikokonzentration	Einschränkung von Großkrediten	Einschränkung von Krediten an Einzelkunden oder eine Gruppe verbundener Kunden	Allgemeine Einschränkung: Meldepflicht ab 10 % und Begrenzung auf 25 % des Eigenkapitals	
Fehlanreizen (Moral Hazard)	Eigenkapitalzuschlag für systemrelevante Finanzinstitute	Institutsspezifischer Kernkapitalzuschlag, abhängig von der systemischen Relevanz des Instituts	Momentan 1 % bis 3,5 % je nach Klassifizierung	Klassifizierung auf Basis eines Indikator-Modells; Unterscheidung von global systemrelevanten (G-SRI) und anderweitig systemrelevanten (A-SRI) Instituten
Mehreren Arten systemischen Risikos	Systemrisikopuffer	Instituts- oder gruppenspezifischer Kernkapitalzuschlag zum Ausgleich nichtzyklischer Systemrisiken oder Makroaufsichtsrisiken	Genehmigungspflichtig durch Kommission ab Schwellenwert, ab dem Jahr 2015 Erhöhung der Schwelle von 3 % auf 5 %	Anzeigepflicht mit Rechtfertigung gegenüber der EU-Kommission, dem ESRB und der EBA
	Säule-2-Maßnahmen	Instituts- oder gruppenspezifische verschärfende Maßnahmen in Folge des Aufsichtsprozesses (Supervisory Review and Evaluation Process, SREP)	Erhöhung der Liquiditäts- oder Eigenkapitalanforderungen, Ausschüttungsverbot, Begrenzung variabler Vergütung, Einschränkung von Geschäftstätigkeit	Anwendung bei Banken, bei denen ein erhebliches Risiko für ihre finanzielle Solidität festgestellt wird oder die für das Finanzsystem ein Systemrisiko darstellen
	Nationale Makro-Flexibilität	Allgemein geltende verschärfende Maßnahmen auf nationaler Ebene, falls verfügbare Maßnahmen (inklusive Säule 2) nicht ausreichend sind	Erhöhung der Liquiditätsanforderungen, der Eigenkapitalanforderungen, des Kapitalerhaltungspuffers oder der Risikogewichte im Immobiliensektor	Entscheidungsvorbehalt des EU-Ministerrates mit komplexem Anzeige- und Genehmigungsverfahren; Verbot von Maßnahmen, die mehr als einen Mitgliedstaat betreffen

Glossar: EBA - European Banking Authority, ESRB - European Systemic Risk Board, IRB - Internal Ratings-Based Approach, LCR - Liquidity Coverage Ratio, NSFR - Net Stable Funding Ratio.

389. Bislang liegt **kaum empirische Evidenz** über die Wirksamkeit der makroprudenziellen Instrumente und ihre Wechselwirkungen vor (IWF, 2013). Zeitvariierende Anforderungen an die Risikovorsorge (dynamic provisioning) mit ökonomisch ähnlicher Wirkung wie der antizyklische Kapitalpuffer erwiesen sich in Spanien als wenig wirksam, um den Kreditboom zu stoppen, zeigten aber in Krisenzeiten durchaus stabilisierende Effekte (Jiménez et al., 2012). Erfahrungen mit sektoralen Risikogewichten deuten auf eine Verringerung der sektorspezifischen Kreditexpansion hin (Bank of England, 2011).

Positive Effekte finden sich ebenfalls für kreditspezifische Instrumente, insbesondere die Festlegung eines maximalen Beleihungsauslaufs (loan-to-value ratio, Wong et al., 2011). Dieses Instrument ist im CRD IV-Paket zwar nicht vorgesehen, es könnte jedoch auf nationaler Ebene geschaffen werden. Studien zur Leverage Ratio legen nahe, dass diese in Kanada wirkungsvoll war (Bordeleau et al., 2009). In den Vereinigten Staaten scheint sie hingegen zu einer höheren Risikoübernahme geführt zu haben (Alfriend, 1988). Unabhängig vom Instrument ist ein rechtzeitiges Tätigwerden entscheidend für den erfolgreichen Einsatz (siehe Brunnermeier und Schnabel, 2014, für eine historische Perspektive).

Instrumenteneinsatz

390. Die Instrumente unterscheiden sich hinsichtlich der **Ermessensspielräume der Aufsicht**. Manche Instrumente lassen dem Aufseher kaum oder gar keine Ermessensspielräume (zum Beispiel Leverage Ratio, Kapitalerhaltungspuffer oder Liquiditätsregeln). In anderen Fällen orientiert sich der Instrumenteneinsatz an mehr oder weniger formalisierten Indikatoren, wie der Kreditlücke im Falle des antizyklischen Kapitalpuffers. ↘ ZIFFER 366 Besonders große Flexibilität herrscht bei den Maßnahmen der Säule 2 oder der nationalen Makro-Flexibilität, die rein diskretionär eingesetzt werden.

391. Die **Zuweisung der Kompetenzen** für den Instrumenteneinsatz folgt dem Gedanken der **Subsidiarität**. Grundsätzlich ist die BaFin zuständig, wobei die EZB verschärfend eingreifen kann. Dieses Prinzip gilt ebenso für die nationale Makro-Flexibilität und die Säule-2-Maßnahmen. Für Instrumente, die nur auf der nationalen und nicht auf der europäischen Ebene geregelt sind, besitzt die BaFin hingegen die alleinige Zuständigkeit.

Sowohl beim antizyklischen Kapitalpuffer als auch bei den sektoralen Risikogewichten besteht eine Sondersituation, da die nationale Regulierung für sämtliche (einschließlich ausländischer) Institute gilt, die im Inland Kredite vergeben (**Reziprozität**). So wird regulatorischer Arbitrage vorgebeugt, also der Substitution inländischer Kredite durch Kredite aus Ländern mit einer geringen Anforderung (Aiyar et al., 2012).

Bewertung

392. Durch die Umsetzung von Basel III im Rahmen des CRD IV-Paketes wurde eine Vielzahl makroprudenzieller Instrumente geschaffen, die zur Gewährleistung der Finanzstabilität beitragen können. Die Instrumente decken eine große

Spannbreite von Risiken ab, die in der Finanzkrise eine wesentliche Rolle gespielt haben. Gleichzeitig lässt die Regulierung der Aufsicht erhebliche Spielräume bei der Implementierung der Instrumente und schafft so **Flexibilität**, um auf neu auftretende Risiken zu reagieren. Die Kehrseite dieser Flexibilität besteht in einer fehlenden Kohärenz der Maßnahmen über Mitgliedstaaten hinweg sowie einer geringen Transparenz, insbesondere im Bereich der Säule-2-Maßnahmen. Durch die diskretionären Spielräume sinkt außerdem die **Verbindlichkeit**, wodurch es zu einem verzögerten Instrumenteneinsatz kommen kann und die Implementierung unpopulärer Maßnahmen unwahrscheinlich wird. ↘ ZIFFER 367

393. Es ist zudem fraglich, ob eine solche Vielzahl an Instrumenten sinnvoll ist. Die Regulierung kann so zwar auf bestehende Probleme passgenau eingehen. Allerdings besteht eine erhebliche **Unsicherheit über die Wirksamkeit** der Instrumente und Wechselwirkungen mit anderen Instrumenten (IWF, 2013). Dies gilt vor allem für die Instrumente zur Regulierung zyklischer Risiken, die daher zunächst vorsichtig eingesetzt werden sollten. Mit zunehmender Erfahrung mit Indikatoren, Timing und Dosierung sollte eine stärker regelgebundene Politik angestrebt werden, um zeitliche Verzögerungen zu vermeiden und eine stärkere Verbindlichkeit zu schaffen.

Außerdem besteht – ähnlich wie bei der mikroprudenziellen Regulierung – die Gefahr einer übermäßigen **Feinsteuerung**, die die Illusion einer exakten Steuerung von Risiken erzeugt und gleichzeitig Interpretationsspielräume und Möglichkeiten zur Umgehung (**Regulierungsarbitrage**) schafft. Wie bei der mikroprudenziellen Regulierung spricht vieles dafür, robuste Mechanismen zu schaffen, die wirksam sind, ohne den Anspruch zu erheben, jeden Einzelfall exakt abzubilden. Hierzu gehört vor allem eine weitere **Erhöhung des Eigenkapitals**, die viele systemische Risiken der Querschnitts- und Zeitdimension erfassen kann. Dies schließt nicht aus, diese Anforderung mit einem „atmenden" Kapitalerhaltungspuffer zu kombinieren.

394. Ein offener Punkt betrifft das ungeklärte **Verhältnis der makroprudenziellen Aufsicht zur Geldpolitik** in der Zeitdimension, insbesondere im Zusammenhang mit Vermögenspreisbooms. Diese erweisen sich vor allem dann als gefährlich, wenn sie mit einer **Kreditexpansion** und einem Anstieg der Verschuldung einhergehen (Brunnermeier und Schnabel, 2014). Eine explizite Reaktion der Zinspolitik auf die Vermögenspreisentwicklung („leaning against the wind") wurde vor der Krise von den meisten Zentralbanken abgelehnt und ist noch immer umstritten. ↘ ZIFFERN 276 F. Hingegen gibt es immer mehr Analysen, die eine explizite geldpolitische Reaktion auf die Kreditentwicklung positiv beurteilen (Kannan et al., 2012; Lambertini et al., 2013; Gambacorta und Signoretti, 2014). Gleichzeitig gibt es viele Stimmen, welche die Rolle, Vermögenspreisbooms zu erkennen und Maßnahmen zu ergreifen, falls die Finanzstabilität bedroht ist, vorrangig der makroprudenziellen Politik zuweisen (Bean et al., 2010; Svensson, 2013).

In der Realität ist die **Wirksamkeit** der makroprudenziellen Instrumente jedoch **beschränkt und ungewiss**. Mögliche Gründe sind die falsche Kalibrierung der Maßnahmen, unbekannte Wechselwirkungen der Instrumente oder die Abwanderung von Risiken in den unregulierten Bereich. Außerdem sind bei makroprudenziellen Maßnahmen Entscheidungs- und Wirkungsverzögerungen zu erwarten, sodass es in manchen Situationen schwierig sein könnte, kurzfristig korrigierend einzugreifen. Die Geldpolitik erreicht hingegen auch den Schattenbankensektor, und ihre Auswirkungen sind stärker erprobt. Daher scheint es sinnvoll, dass die makroprudenzielle Politik in der **Zeitdimension** zunächst **behutsam agiert**. Gleichzeitig sollte die Geldpolitik die Auswirkungen ihrer Maßnahmen auf die Systemstabilität im Euro-Raum bei ihren Entscheidungen berücksichtigen. ↘ ZIFFER 277

4. Fazit

395. Die Ergänzung der Bankenaufsicht um eine makroprudenzielle Perspektive, bei der Risiken im Systemzusammenhang betrachtet werden, stellt einen wesentlichen Fortschritt dar. Die neue Sichtweise sieht vor, systemrelevante Finanzinstitute stärker zu regulieren als weniger systemrelevante Institute und die Aufsicht an den Finanzzyklus anzupassen. So können **Externalitäten** des Verhaltens einzelner Akteure internalisiert und die **Prozyklizität** des Finanzsystems abgemildert werden.

396. Begrüßenswert ist die föderale Struktur ebenso wie die kombinierte mikro- und makroprudenzielle Aufsicht. Auf nationaler Ebene erscheint der **Einfluss der Politik** jedoch problematisch. Dieser macht es unwahrscheinlich, dass Maßnahmen gegen den Willen der Politik durchgesetzt werden. Dieses Problem könnte durch eine Umgestaltung des AFS abgemildert werden.

Auf europäischer Ebene ist vor allem die Ansiedlung der makroprudenziellen Aufsicht in der EZB zu kritisieren. Mittelfristig ist anzustreben, die supranationale mikro- und makroprudenzielle Aufsicht in eine **eigenständige Institution auf EU-Ebene** auszugliedern, um eine Machtkonzentration bei der EZB zu vermeiden. Diese sollte als **Allfinanzaufsicht** ausgestaltet werden.

397. Der Instrumentenkasten ist **zu komplex**. Durch eine **Erhöhung des Eigenkapitals** könnte bereits ein Großteil der systemischen Risiken abgefangen werden. Schon in der Vergangenheit hat der Sachverständigenrat eine Leverage Ratio von mindestens 5 % gefordert (JG 2012 Ziffer 274). Da eine exakte Messung der systemischen Risiken illusorisch ist, sollte eine übermäßige **Feinsteuerung** der makroprudenziellen Politik vermieden werden. Stattdessen sollten möglichst robuste Mechanismen geschaffen werden, die wenig anfällig sind gegenüber regulatorischer Arbitrage. Angesichts der schärferen Regulierung ist mit einer Abwanderung von Tätigkeiten in den Schattenbankensektor zu rechnen. Der regulatorische Umgang mit Schattenbanken stellt daher eine der großen zukünftigen Herausforderungen dar.

398. Bei der Regulierung zyklischer Risiken sollte die Makroaufsicht angesichts der beschränkten und ungewissen Wirksamkeit der makroprudenziellen Politik zunächst behutsam agieren. Mit zunehmender Erfahrung mit Indikatoren und

Wirkungsweise ist eine **stärkere Regelbindung** anzustreben. Dies hätte den Vorteil einer größeren Verbindlichkeit, wodurch Wirkungsverzögerungen vermieden und eine Einflussnahme von außen verringert werden könnten. Gleichzeitig sollte die **Geldpolitik** die Folgen ihres Handelns für die Systemstabilität im Euro-Raum in ihre Entscheidungen einbeziehen. ⇘ ZIFFER 277

399. Doch selbst wenn die institutionellen Strukturen und der Instrumentenkasten verbessert werden, sind makroprudenzielle Aufsicht und Regulierung keine Wundermittel, mit denen sich Finanzstabilität jederzeit garantieren lässt. Es besteht die Gefahr einer **Überforderung**. Aus diesem Grund bleibt es wichtig, dass effiziente Mechanismen zur Krisenbewältigung entwickelt werden, die selbst als wesentliches makroprudenzielles Instrument verstanden werden können. ⇘ ZIFFERN 316 FF.

ANHANG

> **KASTEN 18**

Bail-in-Regeln im einheitlichen Abwicklungsmechanismus

In der EU wurde der Grundsatz der Gläubigerbeteiligung in der ab dem Jahr 2015 geltenden Richtlinie über die Sanierung und Abwicklung von Kreditinstituten (BRRD) und den entsprechenden Vorschriften zum einheitlichen Abwicklungsmechanismus (SRM-Verordnung) gesetzlich verankert. So tragen „nach den Anteilseignern (...) die Gläubiger des in Abwicklung befindlichen Instituts die Verluste in der Rangfolge der Forderungen im regulären Insolvenzverfahren" (Artikel 32 BRRD). Dabei ist die Abwicklungsbehörde in der Wahl der Abwicklungsinstrumente frei. Somit liegt es in ihrem Ermessen, ob und wie weit sie die speziell auf die Gläubigerbeteiligung abzielenden Instrumente im Rahmen der Abwicklungsfinanzierung einsetzt. Wendet sie das Bail-in-Instrument nach Artikel 43 ff. BRRD an, sind bestimmte Verbindlichkeiten des Kreditinstituts vom Bail-in ausgeschlossen. Hierzu zählen versicherte Einlagen, besicherte Verbindlichkeiten und Interbankenverbindlichkeiten mit einer Ursprungslaufzeit von weniger als sieben Tagen (Artikel 44 Abs. 2 BRRD). Allerdings haften anstelle der versicherten Einleger die zuständigen Einlagensicherungssysteme und zwar in Höhe des Betrags, der auf die Einleger entfallen wäre, wenn sie nicht vom Bail-in ausgeschlossen wären (Artikel 109 BRRD).

Darüber hinaus liegt es im Ermessen der Abwicklungsbehörde, in folgenden Fällen einzelne oder Klassen von Verbindlichkeiten ganz oder teilweise vom Bail-in auszuschließen (Artikel 44 Abs. 3 BRRD): Erstens, falls der Bail-in „nicht innerhalb einer angemessenen Frist" durchsetzbar ist; zweitens zur Sicherstellung der „Kontinuität der kritischen Funktionen und Kerngeschäftsbereiche" des betroffenen Instituts; drittens zur Abwendung der Gefahr einer „ausgedehnten Ansteckung"; und viertens, falls durch den Bail-in eine „Wertvernichtung" eintritt, die die Verluste der übrigen Gläubiger höher ausfallen lässt. Diese recht allgemein gehaltenen Voraussetzungen sind noch von der Europäischen Kommission im Rahmen eines delegierten Rechtsakts zu konkretisieren.

Wird auf die Anwendung des Bail-in-Instruments verzichtet oder werden Verbindlichkeiten davon ausgenommen, stellt sich die Frage, wie der Finanzbedarf innerhalb eines Abwicklungsverfahrens gedeckt werden kann. Im letzteren Fall darf die Abwicklungsbehörde den Haftungsbeitrag begünstigter Gläubigergruppen auf die übrigen Gläubiger abwälzen. Diese Möglichkeit erhöht allerdings die Intransparenz für Fremdkapitalgeber ex ante und erschwert die risikogerechte Bepreisung von Bankschuldtiteln. Eine weitere Möglichkeit besteht darin, den Haftungsbeitrag durch Mittel des Abwicklungsfonds auszugleichen. Im Falle des Single Resolution Mechanism (SRM) könnte das Single Resolution Board (SRB) also auf den gemeinsamen Abwicklungsfonds (SRF) zugreifen. Voraussetzung hierfür ist jedoch, dass die sogenannte 8 %-Regel eingehalten wird, wonach Eigner und Fremdkapitalgeber insgesamt in Höhe von mindestens 8 % der Passiva (einschließlich Eigenmitteln) zum Verlustausgleich oder zur Rekapitalisierung im Wege des Bail-in beitragen müssen (Artikel 44 Abs. 5 BRRD).

Kritisch ist, dass die 8 %-Regel von den Marktteilnehmern als Obergrenze fehlgedeutet werden könnte. Stufen sie Verbindlichkeiten oberhalb dieser Grenze als „unantastbar" ein, bleibt die Subventionierung von Fremdkapital insofern erhalten. Hinzu kommt, dass selbst für die 8 %-Regel, die Ausnahmen vom Regelfall begrenzen soll, wiederum Ausnahmen normiert wurden. So sieht Artikel 44 Abs. 7 BRRD vor, dass die Abwicklungsbehörde „unter außergewöhnlichen Umständen" zusätzlich eingezahlte Mittel des Fonds oder „alternative Finanzierungsquellen" heranziehen kann. In diesem Fall muss ein Bail-in „alle nicht besicherten und nicht bevorrechtigten Verbindlichkeiten" mit Ausnahme nicht versicherter Einlagen erfassen. Je nach Finanzierungsstruktur der betroffenen Bank kann dies bedeuten, dass die Abwicklungsbehörde einen Haftungsanteil von weniger als 8 % zulassen darf.

Will die Abwicklungsbehörde die Anwendung des Bail-in-Instruments gänzlich vermeiden, stehen ihr zur Finanzierung von Abwicklungsmaßnahmen grundsätzlich ebenfalls Mittel des Abwicklungsfonds zur Verfügung. Allerdings sind die Fondsmittel einer Zweckbindung unterworfen und dürfen zum Beispiel nicht dazu verwendet werden, lediglich Verluste eines in Abwicklung befindlichen Instituts auszugleichen oder es zu rekapitalisieren (Artikel 101 Abs. 2 BRRD). Andere Maßnahmen wie die Gewährung von Garantien und Darlehen, der Erwerb von Vermögenswerten und die Kapitalisierung eines Brückeninstituts (Artikel 101 Abs. 1 BRRD) wären dagegen möglich. Sie unterliegen einer entsprechenden Anwendung der 8 %-Regel, wonach Verluste aus diesen Maßnahmen nicht auf den Fonds abgewälzt werden dürfen, es sei denn, Eigner und Fremdkapitalgeber werden in Höhe von 8 % der Passiva (einschließlich Eigenmittel) beteiligt (Artikel 101 Abs. 2 i. V. m. Artikel 44 Abs. 5 BRRD). Diese Ausgestaltung vermeidet jedoch nicht zwingend, dass Fremdkapitalgeber zukünftig geschont werden, denn sie impliziert, dass der Bail-in erst nach der Realisierung von Verlusten beim Fonds durchgeführt wird und somit zumindest theoretisch unendlich in die Zukunft verschoben werden könnte.

Neben dem Abwicklungsfonds kommen Mittel aus öffentlichen Haushalten in Betracht, um Abwicklungsmaßnahmen zu finanzieren, ohne dabei das Bail-in-Instrument vollumfänglich nutzen zu müssen. Hierzu führt die BRRD sogenannte staatliche Stabilisierungsinstrumente ein, nach denen Mitgliedstaaten Institute rekapitalisieren oder vorübergehend verstaatlichen können (Artikel 56 ff. BRRD). Voraussetzung zur Anwendung der Instrumente ist das Vorliegen einer „sehr außergewöhnlichen Situation einer Systemkrise" (Artikel 37 Abs. 10 BRRD). Zudem gilt auch hier die 8 %-Regel, das heißt Eigenkapital- und Schuldtitel müssen in Höhe von mindestens 8 % der Passiva (einschließlich Eigenmittel) abgeschrieben beziehungsweise in Eigenkapitaltitel gewandelt werden.

Neben diesen Möglichkeiten, innerhalb eines Abwicklungsverfahrens vom Grundsatz der Gläubigerbeteiligung abzuweichen, könnte eine Möglichkeit für Regierungen bestehen, den Bail-in dadurch zu umgehen, dass sie vorbeugend Stützungsmaßnahmen für krisengefährdete Kreditinstitute ergreifen, also bevor die europäische Abwicklungsbehörde Zugriff im Wege des Abwicklungsverfahrens erhält. Zwar führen staatliche Stützungsmaßnahmen dazu, dass das Institut als „ausfallend" oder „wahrscheinlich ausfallend" im Sinne der BRRD gilt, sodass insofern die Abwicklungsvoraussetzungen erfüllt wären (Artikel 32 Abs. 4d BRRD). Allerdings sind auch hier Ausnahmen vorgesehen, etwa wenn die Stützungsmaßnahme zur „Abwendung einer schweren Störung der Volkswirtschaft" eines einzelnen Mitgliedstaats erfolgt. Zudem ist ohnehin fraglich, ob dann noch die Anwendung des Bail-in-Instruments in Betracht kommen kann, zumal das Kreditinstitut die Zulassungsbedingungen weiterhin erfüllen dürfte.

Letzter Anker für die Durchsetzung der Gläubigerbeteiligung wäre dann die sich anschließende beihilferechtliche Prüfung durch die Europäische Kommission. In der Tat hat sie in ihren Grundsätzen zur Anwendung der Beihilfevorschriften in Aussicht gestellt, zukünftige Beihilfen nur dann zu genehmigen, wenn eine Beteiligung von Anteilseignern und Gläubigern stattgefunden hat (Ziffern 41 ff. der „Bankenmitteilung"). Jedoch hat sie ebenfalls klargestellt, dass dies nur die Halter von Hybridanleihen und nachrangige Gläubiger betrifft. Selbst von der Beteiligung dieser Gläubigergruppe sind wiederum Ausnahmen möglich, nämlich bei einer Gefährdung der Stabilität des Finanzsystems oder bei „unverhältnismäßigen Ergebnissen".

Abkürzungen

AFS		Ausschuss für Finanzstabilität
AQR	Asset Quality Review	Prüfung der Qualität der Aktiva
BaFin		Bundesanstalt für Finanzdienstleistungsaufsicht
BMF		Bundesministerium der Finanzen
BRRD	Bank Recovery and Resolution Directive	Richtlinie zur Sanierung und Abwicklung von Kreditinstituten
CDS	Credit Default Swap	Kreditausfallversicherung
CRD IV	Capital Requirements Directive IV	Kapitaladäquanzrichtlinie IV
CRR	Capital Requirements Regulation	Kapitaladäquanzverordnung
EBA	European Banking Authority	Europäische Bankenaufsichtsbehörde
ESRB	European Systemic Risk Board	Europäischer Ausschuss für Systemrisiken
EZB		Europäische Zentralbank
FMSA		Bundesanstalt für Finanzmarktstabilisierung
G-SIB	Global Systemically Important Bank	Global systemrelevante Bank
IRB	Internal Ratings-Based Approach	Auf internen Ratings basierender Ansatz
LCR	Liquidity Coverage Ratio	Liquiditätsdeckungsquote
MREL	Minimum Requirement for Own Funds and Eligible Liabilities	Mindestanforderung an Eigenmittel und berücksichtigungsfähige Verbindlichkeiten
NSFR	Net Stable Funding Ratio	Stabile Refinanzierungsquote
SPE	Single Point of Entry	Zentraler Einstiegspunkt
SRB	Single Resolution Board	Ausschuss für die einheitliche Abwicklung
SRF	Single Resolution Fund	Einheitlicher Abwicklungsfonds
SRM	Single Resolution Mechanism	Einheitlicher Abwicklungsmechanismus
SRM-VO		Verordnung über den einheitlichen Abwicklungsmechanismus
SSM	Single Supervisory Mechanism	Einheitlicher Aufsichtsmechanismus
TLAC	Total Loss Absorbing Capacity	Gesamte Verlustabsorptionskapazität

LITERATUR ZUM KAPITEL

Admati, A.R., P.M. DeMarzo, M. Hellwig und P. Pfleiderer (2013), *Fallacies, irrelevant facts, and myths in the discussion of capital regulation: Why bank equity is not socially expensive*, Preprints 2013/23, Max-Planck-Institut zur Erforschung von Gemeinschaftsgütern, Bonn.

Aiyar, S., C.W. Calomiris und T. Wieladek (2012), *Does macro-pru leak? Evidence from a UK policy experiment*, NBER Working Paper 17822, National Bureau of Economic Research, Cambridge.

Alfriend, M.C. (1988), International risk-based capital standard: history and explanation, *Economic Review* November/December, 28-34.

Bank of England (2011), *Instruments of macroprudential policy*, Discussion Paper December 2011, London.

Bank of England und FDIC (2012), *Resolving globally active, systemically important, financial institutions – A joint paper by the Federal Deposit Insurance Corporation and the Bank of England*, London und Washington, DC.

Barth, A. und I. Schnabel (2014), *Der Abbau von impliziten Garantien im Bankensystem: Eine empirische Analyse auf Basis von CDS-Spreads*, Arbeitspapier 09/2014, Sachverständigenrat zur Begutachtung der gesamtwirtschaftlichen Entwicklung, Wiesbaden.

BCBS (2010), *Countercyclical capital buffer proposal*, Basel Committee on Banking Supervision, Basel.

Bean, C., M. Paustian, A. Penalver und T. Taylor (2010), *Monetary policy after the fall*, Konferenzpapier, Federal Reserve Bank of Kansas City Economic Policy Symposium, Jackson Hole, 26.-28. August 2010.

Besley, T. und S. Coate (2003), Centralized versus decentralized provision of local public goods: A political economy approach, *Journal of Public Economics* 87, 2611-2637.

BIZ, FSB und IWF (2009), *Guidance to assess the systemic importance of financial institutions, markets and instruments: Initial considerations*, Report to the G-20 Finance Ministers and Central Bank Governors, Bank für internationalen Zahlungsausgleich, Finanzstabilitätsrat und Internationaler Währungsfonds.

Bordeleau, E., A. Crawford und C. Graham (2009), *Regulatory constraints on bank leverage: Issues and lessons from the Canadian experience*, Discussion Paper 2009-15, Bank of Canada, Ottawa.

Borio, C., M. Drehmann und K. Tsatsaronis (2014), Stress-testing macro stress testing: Does it live up to expectations?, *Journal of Financial Stability* 12, 3-15.

Borio, C., C. Furfine und P. Lowe (2001), *Procyclicality of the financial system and financial stability: Issues and policy options*, BIS Paper No 1, Basel.

Brunnermeier, M.K. und L.H. Pedersen (2009), Market liquidity and funding liquidity, *Review of Financial Studies* 22, 2201-2238.

Brunnermeier, M.K. und I. Schnabel (2014), *Bubbles and central banks: Historical perspectives*, GSME/IPP Discussion Paper Nr. 1411, Johannes Gutenberg-Universität Mainz.

Buch, C.M., T. Körner und B. Weigert (2014), Towards deeper financial integration in Europe: What the banking union can contribute, *Credit and Capital Markets*, im Erscheinen.

Constâncio, V. (2014), *Banking union: Meaning and implications for the future of banking*, Rede, Banking Union Conference, Madrid, 24. April 2014.

Deutsche Bundesbank (2014), Die neuen europäischen Regeln zur Sanierung und Abwicklung von Kreditinstituten, *Monatsbericht* Juni 2014, 31-58.

Deutsche Bundesbank (2013), Makroprudenzielle Überwachung in Deutschland: Grundlagen, Institutionen, Instrumente, *Monatsbericht* April 2013, 41-57.

ESRB (2014a), *EBA/SSM stress test: The macroeconomic adverse scenario*, Europäischer Ausschuss für Systemrisiken, Frankfurt am Main.

ESRB (2014b), *Empfehlung zu Orientierungen zur Festlegung der Quote für den antizyklischen Kapitalpuffer*, ESRB/2014/1, Europäischer Ausschuss für Systemrisiken, Frankfurt am Main.

ESRB (2014c), *Flagship report on macro-prudential policy in the banking sector*, Europäischer Ausschuss für Systemrisiken, Frankfurt am Main.

ESRB (2014d), *The ESRB handbook on operationalising macro-prudential policy in the banking sector*, Europäischer Ausschuss für Systemrisiken, Frankfurt am Main.

Eurogruppe und Ecofin-Rat (2013), *Statement of Eurogroup and ECOFIN Ministers on the SRM backstop*, Brüssel.

Europäische Kommission (2014a), *Delegierte Verordnung der Kommission zur Ergänzung der Richtlinie 2014/59/EU des Europäischen Parlaments und des Rates vom 15. Mai 2014 im Hinblick auf im Voraus erhobene Beiträge zu Abwicklungsfinanzierungsmechanismen*, SWD(2014) 327, Straßburg.

Europäische Kommission (2014b), *Estimates of the application of the proposed methodology for the calculation of contributions to resolution financing arrangements*, SWD(2014) 327/2 Part 1/3, Straßburg.

EZB (2014a), *Comprehensive assessment – Asset quality review: Frequently asked questions*, Europäische Zentralbank, Frankfurt am Main.

EZB (2014b), *Note on the comprehensive assessment – July 2014*, Europäische Zentralbank, Frankfurt am Main.

EZB (2014c), *Aggregate report on the comprehensive assessment*, Europäische Zentralbank, Frankfurt am Main.

EZB (2013), *Note on the comprehensive assessment – October 2013*, Europäische Zentralbank, Frankfurt am Main.

Faia, E. und I. Schnabel (2015), The road from micro- to macro-prudential regulation, in: Faia, E., A. Hackethal, M. Haliassos und K. Langenbucher (Hrsg.): *Financial regulation: A transatlantic perspective*, Cambridge University Press, Cambridge, im Erscheinen.

Finma (2013), *Resolution of global systemically important banks*, FINMA position paper on resolution of G-SIBs, Eidgenössische Finanzmarktaufsicht, Bern.

Fitch Ratings (2014), *Sovereign support for banks – Rating path expectations*, Special report, New York.

FSB (2013), *Recovery and resolution planning for systemically important financial institutions: Guidance on developing effective resolution strategies*, Finanzstabilitätsrat, Basel.

Galati, G. und R. Moessner (2013), Macroprudential policy – A literature review, *Journal of Economic Surveys* 27, 846-878.

Gambacorta, L. und F.M. Signoretti (2014), Should monetary policy lean against the wind?, *Journal of Economic Dynamics and Control* 43, 146-174.

Goyal, R. et al. (2013), *A banking union for the Euro Area*, IMF Staff Discussion Note 13/01, Internationaler Währungsfonds.

Gurlit, E. und I. Schnabel (2014), *Makroprudentielle Bankenaufsicht*, mimeo.

Hanson, S.G., A.K. Kashyap und J.C. Stein (2011), A macroprudential approach to financial regulation, *Journal of Economic Perspectives* 25, 3-28.

Hellwig, M. (2014a), *Yes Virginia, there is a European banking union! But it may not make your wishes come true*, Preprints 2014/12, Max-Planck-Institut zur Erforschung von Gemeinschaftsgütern, Bonn.

Hellwig, M. (2014b), *Systemic risk and macroprudential policy*, mimeo.

Hellwig, M. (2009), Systemic risk in the financial sector: An analysis of the subprime-mortgage financial crisis, *De Economist* 157, 129-207.

HLEG (2012), *High-level Expert Group on reforming the structure of the EU banking sector – Final report*, Brüssel.

IWF (2014a), *Global financial stability report April 2014 – Moving from liquidity- to growth-driven markets*, Internationaler Währungsfonds, Washington, DC.

IWF (2014b), *Cross-border bank resolution: Recent developments*, Internationaler Währungsfonds, Washington, DC.

IWF (2013), *The interaction of monetary and macroprudential policies*, Internationaler Währungsfonds, Washington, DC.

Jiménez, G., S. Ongena, J.-L. Peydró und J. Saurina (2012), *Macroprudential policy, countercyclical bank capital buffers and credit supply: Evidence from the spanish dynamic provisioning experiments*, Working Paper 1315, Universitat Pompeu Fabra, Barcelona.

Kannan, P., P. Rabanal und A.M. Scott (2012), Monetary and macroprudential policy rules in a model with house price booms, *The B.E. Journal of Macroeconomics* 12, 1-44.

Lambertini, L., C. Mendicino und M.T. Punzi (2013), Leaning against boom–bust cycles in credit and housing prices, *Journal of Economic Dynamics and Control* 37, 1500-1522.

Moenninghoff, S.C., S. Ongena und A. Wieandt (2014), *The perennial challenge to abolish too-big-to-fail in banking: Empirical evidence from the new international regulation dealing with global systemically important banks*, Research Paper No. 14-33, Swiss Finance Institute, Zürich.

Monopolkommission (2014), *Eine Wettbewerbsordnung für die Finanzmärkte*, XX. Hauptgutachten 2012/2013, Bonn.

Moody's Investors Service (2014), *Rating Action: Moody's changes outlooks to negative on 82 long-term european bank ratings*, Pressemitteilung, London, 29. Mai.

Remsperger, H. (2014), *Der makroprudenzielle Komplex: der Prozess, das Schloss, das Urteil*, IMFS Working Paper No. 80, Frankfurt am Main.

Schäfer, A., I. Schnabel und B. Weder di Mauro (2014), *Getting to bail-in: Effects of creditor participation in European bank restructuring*, Arbeitspapier 08/2014, Sachverständigenrat zur Begutachtung der gesamtwirtschaftlichen Entwicklung, Wiesbaden.

Schich, S. und S. Lindh (2012), Implicit guarantees for bank debt: Where do we stand?, *OECD Journal: Financial Market Trends* 2012, 45-63.

Sinn, H.-W. (2001), *The new systems competition: A construction principle for Europe*, Blackwell Publishing, Malden.

Svensson, L.E.O. (2013), *Some lessons from six years of practical inflation targeting*, Konferenzpapier, Riksbank conference "Two decades of inflation targeting: Main lessons and remaining challenges", Stockholm, 3. Juni 2013.

Tröger, T. (2013), Der Einheitliche Abwicklungsmechanismus – Europäisches Allheilmittel oder weiße Salbe?, *ifo Schnelldienst* 17/2013, 9-12.

Tucker, P. (2013), *The reform of international banking: Some remaining challenges*, Rede, Oliver Wyman Institute Conference, London, 1. Oktober 2013.

Ueda, K. und B. Weder di Mauro (2013), Quantifying structural subsidy values for systemically important financial institutions, *Journal of Banking & Finance* 37, 3830-3842.

Wissenschaftlicher Beirat beim BMF (2014), *Stellungnahme zur aktuellen Entwicklung der Europäischen Bankenunion – Plädoyer für ein glaubwürdiges Bail-in*, Stellungnahme 01/2014, Wissenschaftlicher Beirat beim Bundesministerium der Finanzen, Berlin.

Wong, E., T. Fong, K. Li und H. Choi (2011), *Loan-to-value ratio as a macroprudential tool – Hong Kong's experience and cross-country evidence*, Working Paper 01/2011, Hong Kong Monetary Authority.

LEISTUNGSBILANZ: AKTIONISMUS NICHT ANGEBRACHT

I. Die aktuelle Kontroverse

II. Sicht der Finanzierungsrechnung
1. Stilisierte Fakten
2. Konsolidierungsprozess der privaten Haushalte
3. Unternehmenssektor: Höhere Ersparnis bei sinkender Investitionsneigung
4. Gibt es eine Investitionsschwäche in Deutschland?

III. Die realwirtschaftliche Seite der deutschen Leistungsbilanz
1. Überblick
2. Bestimmungsgründe des Außenhandels
3. Effekte der Fiskalpolitik

IV. Entwicklung des Auslandsvermögens

V. Schlussfolgerungen und Ausblick

Eine andere Meinung

Anhang
1. Einfluss der Demografie auf den Leistungsbilanzüberschuss
2. Die Studie von Kollmann et al. (2015)

Literatur

DAS WICHTIGSTE IN KÜRZE

Kritik am deutschen Leistungsbilanzüberschuss

Seit mehr als zehn Jahren weist Deutschland einen im historischen und internationalen Vergleich hohen Leistungsbilanzüberschuss auf. Daher ist es zunehmend Kritik aus dem Ausland ausgesetzt: So diagnostiziert die Europäische Kommission für Deutschland ein makroökonomisches Ungleichgewicht, das als Hindernis für die Erholung im Euro-Raum angesehen wird. Die Bundesregierung wird aufgefordert, die Binnennachfrage zu stimulieren, um den Leistungsbilanzüberschuss abzubauen.

Der Sachverständigenrat kann sich dieser Kritik nicht anschließen. Um die Ursachen des hohen Überschusses der Leistungsbilanz zu identifizieren, wird diese von ihren zwei Seiten betrachtet – der Finanzierungsseite und der realwirtschaftlichen Seite.

Die Finanzierungsseite

Die Ausweitung des deutschen Leistungsbilanzsaldos ist vor allem auf eine Konsolidierung des privaten Sektors zurückzuführen. Die Haushalte haben ihre Nettoinvestitionen bei gleichzeitig konstanter Sparquote eingeschränkt. Die Unternehmen haben ihre Eigenkapitalquote erhöht und zudem ihre im Ausland erwirtschafteten Gewinne überwiegend dort reinvestiert, nicht zuletzt aufgrund steuerlicher Faktoren. Auch der Staat hat durch die Reduzierung seiner Defizite zum Leistungsbilanzüberschuss beigetragen.

Eine generelle Investitionsschwäche lässt sich indes nicht feststellen. Die schwache Entwicklung der Ausrüstungsinvestitionen geht zu einem erheblichen Teil auf Preiseffekte zurück; eine strukturelle Fehlentwicklung lässt sich nicht erkennen. Der Rückgang der Bauinvestitionen steht im Zusammenhang mit dem Bauboom in den 1990er-Jahren. Die privaten Investitionen können aus Sicht des Sachverständigenrates vor allem durch eine Verbesserung der Rahmenbedingungen erhöht werden. Bei den öffentlichen Investitionen lässt sich ein zusätzlicher Bedarf allenfalls im Tiefbau im unteren einstelligen Milliardenbereich pro Jahr feststellen.

Die realwirtschaftliche Seite

Aus realwirtschaftlicher Sicht geht die Ausweitung der Leistungsbilanz auf drei Faktoren zurück: erstens auf deutliche Umsatzzuwächse der deutschen Exportunternehmen infolge des weltwirtschaftlichen Aufschwungs, zweitens auf eine Verbesserung der preislichen Wettbewerbsfähigkeit der deutschen Unternehmen und drittens auf den dämpfenden Einfluss der moderaten Lohnentwicklung auf die Konsumnachfrage. Die Auswirkungen der Fiskalpolitik auf den Leistungsbilanzsaldo erscheinen aus Sicht der empirischen Literatur moderat.

Zusätzlich zu den genannten Faktoren haben die fiskalischen Maßnahmen zur Entschärfung der Euro-Krise zum Leistungsbilanzüberschuss beigetragen. Diese erlaubten es den Defizitländern, einen „sudden stop" zu vermeiden und ihre Leistungsbilanzdefizite weniger stark zurückzuführen.

Implikationen für die Wirtschaftspolitik

Aus der Sicht des Sachverständigenrates sollten keine wirtschaftspolitischen Maßnahmen ergriffen werden, die allein darauf abzielen, den Leistungsbilanzüberschuss zu reduzieren. Jedoch hält der Sachverständigenrat die Empfehlung der Europäischen Kommission für sinnvoll, das Wachstum des Produktionspotenzials zu stärken – etwa durch mehr Zuwanderung qualifizierter Arbeitskräfte und eine höhere Erwerbsbeteiligung.

I. DIE AKTUELLE KONTROVERSE

400. Deutschland weist seit mehr als zehn Jahren einen im historischen wie im internationalen Vergleich **hohen Leistungsbilanzüberschuss** auf. Ein positiver Saldo von rund 7 % in Relation zum Bruttoinlandsprodukt ist selbst für Deutschland, das mit Ausnahme der 1990er-Jahre traditionell ein Überschussland gewesen ist, ungewöhnlich. In der Gruppe der hoch entwickelten Volkswirtschaften gibt es nur wenige Länder, die in den letzten 35 Jahren Werte von 7 % erzielten. Dabei handelt es sich zum Beispiel mit Hongkong, Singapur, Taiwan und der Schweiz um kleine Volkswirtschaften und mit Norwegen um ein rohstoffreiches Land.

401. Der hohe Leistungsbilanzüberschuss ist seit längerer Zeit eine **Zielscheibe für Kritik**, vor allem aus dem Ausland. Die grundsätzliche Diskussion über „**Leistungsbilanzungleichgewichte**" ist nicht neu und wurde vor der Finanz- und Wirtschaftskrise 2008/09 vor allem im Zusammenhang mit den Defiziten der US-amerikanischen Leistungsbilanz und den hohen Überschüssen Chinas geführt (JG 2006 Ziffern 141 ff.). Jüngst intensivierte sich die Diskussion jedoch vor allem hinsichtlich der Bedeutung Deutschlands für die Erholung des Euro-Raums.

402. So hat im Herbst 2013 das **US-amerikanische Finanzministerium** die deutsche Politik aufgefordert, die inländische Nachfrage zu stimulieren, um so den Überschuss zu reduzieren, anderen Euro-Mitgliedstaaten bei der Reduktion ihrer Leistungsbilanzdefizite zu helfen und deren wirtschaftliche Erholung zu unterstützen. Durch seine schwache Binnennachfrage und den damit verbundenen hohen Leistungsbilanzüberschuss erzeuge Deutschland nicht nur für den Euro-Raum, sondern für die gesamte Welt einen deflationären Druck auf die Preisentwicklung (U.S. Treasury, 2013).

403. Für die internationale Debatte um „Leistungsbilanzungleichgewichte" muss jedoch beachtet werden, dass nicht die Leistungsbilanzsalden einzelner Mitgliedstaaten des Euro-Raums relevant sind, sondern wenn überhaupt der Leistungsbilanzsaldo des Währungsraums insgesamt. ↘ ABBILDUNG 48 Dieser war im Durchschnitt der vergangenen 15 Jahre nahezu ausgeglichen und trug nicht zu den international beobachteten Divergenzen in den Leistungsbilanzsalden bei. Die von Ländern außerhalb des Euro-Raums formulierte Kritik an Deutschland ist somit nicht überzeugend.

404. Zudem hat die **Europäische Kommission** im Rahmen ihrer „Macroeconomic Imbalances Procedure" im März 2014 „makroökonomische Ungleichgewichte" in Deutschland diagnostiziert (Europäische Kommission, 2014). Mit Blick auf die Leistungsbilanz ist das makroökonomische Ungleichgewichtsverfahren insgesamt kritisch zu beurteilen. So existieren etwa im Rahmen des Stabilitäts- und Wachstumspakts, des Fiskalpakts und der Bankenunion mehrere Institutionen, die Entwicklungen im öffentlichen und privaten Sektor, und somit zentrale Bestimmungsgründe der Leistungsbilanz, beobachten. Mögliche Risiken werden somit bereits überwacht (JG 2010 Ziffern 171 ff.; JG 2012 Ziffern 223 ff.).

↘ ABBILDUNG 48

Leistungsbilanzsalden für ausgewählte Länder[1]

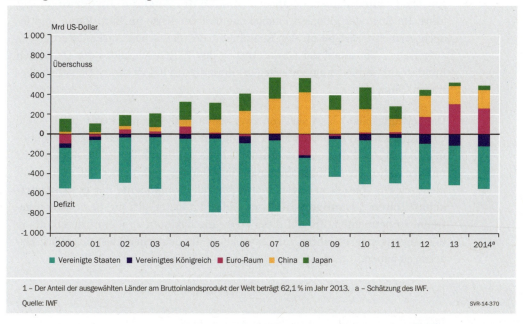

1 – Der Anteil der ausgewählten Länder am Bruttoinlandsprodukt der Welt beträgt 62,1 % im Jahr 2013.   a – Schätzung des IWF.
Quelle: IWF

405. Bei der Diskussion über „**Leistungsbilanzungleichgewichte**" stellen sich zwei grundsätzliche Probleme: Erstens gibt es keine allgemein anerkannten Grenzwerte für übermäßige Überschüsse oder Defizite in der Leistungsbilanz. Der in dem „Macroeconomic Imbalances Procedure Scoreboard" vorgegebene „Normalbereich" von -4 % bis +6 % ist willkürlich und bietet keinen überzeugenden Maßstab, mit dem man feststellen könnte, ob in einer Volkswirtschaft ein „außenwirtschaftliches Ungleichgewicht" besteht. Während das technische Begleitdokument zum „Scoreboard" durchaus überzeugend entlang der einschlägigen wissenschaftlichen Literatur argumentiert, dass anhaltende Leistungsbilanzdefizite in Verbindung mit einer hohen Nettoauslandsverschuldung ein Land krisenanfälliger machen können, fehlt eine entsprechende Begründung für die Überwachung oder gar Sanktionierung von Leistungsbilanzüberschüssen (Europäische Kommission, 2012). Der Begriff des Leistungsbilanzungleichgewichts und vor allem die festgelegten Grenzwerte sind politisch gesetzt und nicht ökonomisch fundiert (JG 2012 Ziffern 167 f.; Gros und Busse, 2013).

Zweitens ist es in der Volkswirtschaftslehre durchaus strittig, welche Bedeutung der Leistungsbilanzüberschuss eines Landes auf den Rest der Welt hat. Anhänger der Theorie der „Ersparnisschwemme" (**"savings glut"**, Bernanke, 2005; von Weizsäcker, 2011) gehen davon aus, dass ein Land mit einem Leistungsbilanzüberschuss Ersparnisse für andere Länder verfügbar macht, die dort zu niedrigeren Zinsen führen und zusätzliche Investitionen ermöglichen, aber auch zu einer exzessiven Kreditvergabe führen. Andere Kritiker des deutschen Leistungsbilanzüberschusses argumentieren, dass dieser auf eine im Vergleich zu den Exporten zu geringe Importnachfrage zurückgeführt werden kann. Dadurch werde die gesamtwirtschaftliche Entwicklung in den anderen Ländern gebremst, und die Wirtschaftspolitik müsste korrigierend eingreifen.

Kapitel 6 – Leistungsbilanz: Aktionismus nicht angebracht

406. Darüber hinaus hat der hohe deutsche Leistungsbilanzüberschuss über die vergangenen Jahre zu einem deutlichen **Anstieg der Auslandsforderungen** geführt. Im Zuge der globalen Finanzkrise und der Krise im Euro-Raum sind jedoch vermehrt Zweifel an der Rentabilität des deutschen Auslandsvermögens aufgetreten. Vor allem der starke Anstieg des TARGET2-Saldos der Deutschen Bundesbank im Zeitraum zwischen 2008 und 2012 hat zu dieser Debatte beigetragen (Sinn, 2012).

407. Die Leistungsbilanz lässt sich von zwei Seiten analysieren. ↘ KASTEN 19 Als Saldo von Exporten und Importen bildet sie die Entwicklung von Leistungstransaktionen ab und somit die realwirtschaftliche Seite. Da der Saldo der Leistungsbilanz mit der Nettogeldvermögensbildung (Finanzierungssaldo) einer Volkswirtschaft identisch ist, spiegelt er zugleich eine zentrale Komponente der **gesamtwirtschaftlichen Vermögensbildung** wider. Es bietet sich an, beide Seiten getrennt zu betrachten, um auf diese Weise die Faktoren zu identifizieren, die in den vergangenen 15 Jahren zur Entwicklung der deutschen Leistungsbilanz beigetragen haben.

↘ KASTEN 19

Zentrale Begriffe und Zusammenhänge in der Zahlungsbilanzstatistik

Die Zahlungsbilanzstatistik ist eine Strombilanz und erfasst den Wert aller wirtschaftlichen Transaktionen innerhalb eines Jahres, die ein Land mit dem Ausland tätigt (JG 2006 Kasten 7; JG 2009 Kasten 6; JG 2010 Kasten 9). Jede Transaktion – Leistungs- oder Finanztransaktion – geht mit einer finanziellen Gegenbuchung einher. Im Ergebnis ist der Saldo der Zahlungsbilanz stets Null, während dies für die einzelnen Unterbilanzen der Zahlungsbilanz nicht gilt. Die zwei zentralen Unterbilanzen der Zahlungsbilanz sind die Leistungsbilanz (LB) und die Kapitalbilanz (KB). Darüber hinaus sind die Vermögensänderungsbilanz (VB) und die Berücksichtigung einer Restgröße (RG) für die Wahrung der statistischen Identität der Zahlungsbilanz (ZB) von Bedeutung:

(1) $\quad ZB = LB + KB + VB + RG = 0$

Quantitativ kommt den beiden letztgenannten Unterbilanzen jedoch nur eine geringe Relevanz zu, weshalb approximativ stets gilt, dass zu einem vorliegenden Leistungsbilanzsaldo ein Kapitalbilanzsaldo in gleicher Höhe mit umgekehrten Vorzeichen gehört. Der deutsche Leistungsbilanzüberschuss kann somit entlang dieser beiden Unterbilanzen untersucht werden. Die **Leistungsbilanz** wird auf Basis der Güter- und Einkommenstransaktionen zwischen dem In- und Ausland analysiert, der realwirtschaftlichen Perspektive. Hierzu lässt sich der Leistungsbilanzsaldo aufgliedern in die Salden der Handelsbilanz (HB) und Dienstleistungsbilanz (DB), die Bilanz der Primäreinkommen (PE) sowie die Bilanz der Sekundäreinkommen (SE). In diesen Teilbilanzen wird der Wert aller exportierten und importierten Waren und Dienstleistungen (Handels- und Dienstleistungsbilanz) erfasst, der Erhalt oder die Zahlung von Löhnen und Zinsen aus dem Ausland verbucht (Primäreinkommen) und zusätzlich werden die laufenden Zahlungen für die Entwicklungshilfe und an internationale Organisationen (Sekundäreinkommen) abgebildet, denen keine Gegenleistung gegenübersteht.

(2) $\quad LB = HB + DB + PE + SE$

Die **Kapitalbilanz** bildet die finanziellen Ströme ab. So steht etwa der Buchung eines Güterexports in der Leistungsbilanz eine Gegenbuchung in der Kapitalbilanz gegenüber, weil die finanziellen Forderungen gegenüber dem Ausland zunehmen. Sämtliche Buchungen innerhalb der Kapitalbilanz lassen sich dabei einer der vier Unterbilanzen der Kapitalbilanz zuordnen: Direktinvestitionen (DI), Wertpapiere (WP), der übrige Kapitalverkehr (ÜK) und die Währungsreserven (WR).

(3) $KB = DI + WP + ÜK + WR$

Ein Leistungsbilanzüberschuss bedeutet, dass in der betreffenden Periode ein Land mehr Leistungen gegenüber dem Rest der Welt erbracht hat, als es Leistungen bezogen hat. Dies kann entweder in Form inländischer Produktion oder von Faktorleistungen durch im Ausland angelegtes Kapital oder dort arbeitender Inländer geschehen. Damit verbessert sich automatisch die Nettovermögensposition (Nettoauslandsvermögen), die sich aus der Differenz von Forderungen und Verbindlichkeiten des Inlands gegenüber dem Ausland ergibt.

Einem Leistungsbilanzüberschuss steht somit ein gleich großer **gesamtwirtschaftlicher Finanzierungssaldo** gegenüber, der bedeutet, dass die gesamtwirtschaftliche inländische Ersparnis (S) die gesamtwirtschaftlichen inländischen Investitionen (I) übersteigt. Gleichzeitig lässt sich ein Leistungsbilanzüberschuss als Anstieg des Nettogeldvermögens (ΔNGV) der deutschen Volkswirtschaft darstellen. Inländische Ersparnis fließt demnach entweder in inländische Investitionen oder in Änderungen des Nettogeldvermögens, also Änderungen der Nettoforderungen gegenüber der restlichen Welt. Der Leistungsbilanzsaldo wird aufgrund dieses Zusammenhangs in der Literatur alternativ als Nettokapitalabfluss einer Volkswirtschaft bezeichnet.

(4) $LB = S - I = \Delta NGV$

Die **Änderung des Nettogeldvermögens** lässt sich aufteilen in die Änderungen des Geldvermögens (ΔGV) und die Änderung der Außenfinanzierung (ΔAF), wobei sich die Änderung des Geldvermögens als Anpassung der Aktiva und die der Außenfinanzierung als Änderung der Passiva interpretieren lassen.

(5) $\Delta NGV = \Delta GV - \Delta AF$

Für die Entwicklung der deutschen Leistungsbilanz ist dieser Zusammenhang von besonderer Bedeutung, da er zeigt, dass eine Ausweitung der Leistungsbilanz nicht zwangsläufig mit einer Ausweitung des Geldvermögens einhergehen muss. Stattdessen kann ein Anstieg des Leistungsbilanzsaldos genauso durch die Rückführung der Außenfinanzierung, wie etwa der Kreditaufnahme im Ausland, zustandekommen. Dies ist zum Beispiel dann der Fall, wenn der Staat, die nichtfinanziellen Kapitalgesellschaften oder andere Sektoren ihre Bilanzen konsolidieren.

II. SICHT DER FINANZIERUNGSRECHNUNG

1. Stilisierte Fakten

408. Deutschland ist traditionell ein **Überschussland**. Es hat seit dem Zweiten Weltkrieg überwiegend einen positiven Leistungsbilanzsaldo aufgewiesen. Die **große Ausnahme sind die 1990er-Jahre**, die durch die besonderen makroökonomischen Bedingungen der Deutschen Einheit geprägt waren. Seit der Mitte des vergangenen Jahrzehnts hat sich dann ein hoher Überschuss in der Leistungsbilanz aufgebaut: Bei einer seit den 1980er-Jahren im längerfristigen Trend weitgehend stabilen gesamtwirtschaftlichen Sparquote ist die Investitionsquote seit Anfang der 1990er-Jahre deutlich gesunken. ⇘ ABBILDUNG 49

ABBILDUNG 49
Gesamtwirtschaftlicher Finanzierungssaldo[1,2]

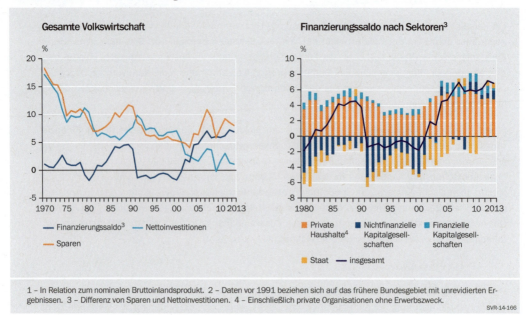

1 – In Relation zum nominalen Bruttoinlandsprodukt. 2 – Daten vor 1991 beziehen sich auf das frühere Bundesgebiet mit unrevidierten Ergebnissen. 3 – Differenz von Sparen und Nettoinvestitionen. 4 – Einschließlich private Organisationen ohne Erwerbszweck.

SVR-14-166

409. Für eine detaillierte Analyse der dahinterstehenden Veränderungen in den einzelnen Sektoren der deutschen Volkswirtschaft soll die Phase der Jahre 2010 bis 2013 mit dem Zeitraum von 1996 bis 1999 verglichen werden, der noch durch ein leichtes Leistungsbilanzdefizit gekennzeichnet war. Im Durchschnitt der Jahre 1996 bis 1999 bestand ein **Finanzierungssaldo** in Höhe von -0,8 % des nominalen Bruttoinlandsprodukts. ↘ TABELLE 17 In den Jahren 2010 bis 2013 ergab sich hingegen ein Überschuss von 6,5 %.

Die Änderung von 7,4 Prozentpunkten lässt sich zu rund einem Drittel dem Sektor der privaten Haushalte zurechnen, dessen Finanzierungssaldo sich von 2,8 % auf 5,0 % erhöht hat. Etwa ein Fünftel entfällt auf den Staat, der seinen Saldo von -1,7 % auf -0,2 % betragsmäßig reduzierte. Der Großteil des Umschwungs ist daher auf den Sektor der nichtfinanziellen Kapitalgesellschaften – im Folgenden als Unternehmen bezeichnet – zurückzuführen, der seinen Finanzierungssaldo von -2,5 % in einen Überschuss von 1,0 % verwandelte. Somit haben alle Sektoren der deutschen Wirtschaft zur Aktivierung der Leistungsbilanz beigetragen.

410. Da der Finanzierungsaldo der Differenz von Ersparnis und Nettoinvestitionen entspricht, wird für diese Größen ein entsprechender Vergleich der beiden Zeiträume vorgenommen. Die gesamtwirtschaftliche **Sparquote** (Ersparnis in Relation zum nominalen Bruttoinlandsprodukt) ist von 5,7 % (1996 bis 1999) auf 8,3 % (2010 bis 2013) merklich angestiegen. Dahinter steht eine differenzierte Entwicklung in den einzelnen Sektoren. Die privaten Haushalte haben ihre Ersparnis von 6,3 % auf 5,9 % leicht gesenkt; die in Relation zum verfügbaren Einkommen definierte Sparquote ist von 10,0 % auf 9,5 % gefallen. Der Staat hat seine Ersparnis von -1,6 % auf -0,3 % betragsmäßig zurückgeführt. Die Ersparnis des Unternehmenssektors (nichtfinanzielle Kapitalgesellschaften) stieg von 0,2 % auf 1,9 %.

↘ TABELLE 17
Finanzierungssaldo nach Sektoren (1996-1999 und 2010-2013)[1]

		1996 - 1999	2010 - 2013	Veränderung
		%		Prozentpunkte
Sparen	Nichtfinanzielle Kapitalgesellschaften	0,2	1,9	1,7
	Finanzielle Kapitalgesellschaften	0,8	0,8	0,0
	Staat	−1,6	−0,3	1,4
	Private Haushalte[2]	6,3	5,9	−0,4
	Insgesamt	5,7	8,3	2,7
Nettoinvestitionen	Nichtfinanzielle Kapitalgesellschaften	2,7	1,0	−1,8
	Finanzielle Kapitalgesellschaften	0,2	−0,0	−0,2
	Staat	0,1	−0,0	−0,1
	Private Haushalte[2]	3,5	0,9	−2,6
	Insgesamt	6,5	1,8	−4,7
Finanzierungssaldo[3]	Nichtfinanzielle Kapitalgesellschaften	−2,5	1,0	3,5
	Finanzielle Kapitalgesellschaften	0,6	0,8	0,2
	Staat	−1,7	−0,2	1,5
	Private Haushalte[2]	2,8	5,0	2,2
	Insgesamt	−0,8	6,5	7,4

1 – In Relation zum nominalen Bruttoinlandsprodukt. 2 – Einschließlich private Organisationen ohne Erwerbszweck. 3 – Differenz von Sparen und Nettoinvestitionen.

SVR-14-266

Wiederum hat zur positiven Veränderung der aggregierten Größe überwiegend der Unternehmenssektor beigetragen. Da die Ersparnis die Reinvermögensänderung eines Wirtschaftssubjekts abbildet, spiegelt sich darin eine Verbesserung der Ertragslage der nichtfinanziellen Kapitalgesellschaften wider, die nicht zu einem entsprechenden Anstieg der Dividenden geführt hat.

411. Bei den **Nettoinvestitionen** ist gesamtwirtschaftlich ein massiver Rückgang zu beobachten. In den Jahren 1996 bis 1999 belief sich die Sachvermögensbildung noch auf 6,5 % des nominalen Bruttoinlandsprodukts. Im Zeitraum der Jahre 2010 bis 2013 waren es nur noch 1,8 %. Der Staat trug zu dieser Entwicklung kaum bei: Die ohnehin niedrigen Nettoinvestitionen gingen von 0,1 % auf 0,0 % zurück. Die Nettoinvestitionsquote der privaten Haushalte, die in den 1990er-Jahren im großen Stil in ostdeutsche Immobilien investiert hatten, verminderte sich von 3,5 % (1996 bis 1999) auf 0,9 % (2010 bis 2013). Bei den Unternehmen ist ein ebenfalls beachtlicher Rückgang von 2,7 % auf 1,0 % zu verzeichnen.

412. Diese aggregierte Betrachtung liefert somit einige **stilisierte Fakten**. Die Ausweitung des deutschen Leistungsbilanzsaldos ist zu einem überwiegenden Teil auf den Unternehmenssektor zurückzuführen, der bei steigenden Gewinnen die Nettoinvestitionen reduziert hat. Die privaten Haushalte haben bei einer insgesamt nahezu konstanten Sparquote ebenfalls ihre Investitionen eingeschränkt. Der Staat hat seine Defizite reduziert und damit ebenfalls zum Anstieg des Leistungsbilanzsaldos beigetragen. Die Rückführung der staatlichen Nettoinvestitionen hatte kaum einen Effekt, wenngleich die Investitionen zuletzt nicht einmal die Abschreibungen kompensierten.

2. Konsolidierungsprozess der privaten Haushalte

413. Die Finanzierungssituation der privaten Haushalte ist seit Beginn des Jahrtausends durch einen **starken Konsolidierungsprozess** gekennzeichnet. Der Anstieg der Finanzierungssalden geht einher mit einem deutlichen Rückgang der Nettokreditaufnahme. ↘ ABBILDUNG 50 OBEN LINKS Mit diesen hatten die Haushalte bis zum Beginn des Jahrtausends zum Großteil Immobilienkäufe, aber auch Wertpapierkäufe finanziert. Infolge des Immobilienbooms erhöhte sich die Verschuldung der Haushalte in den 1990er-Jahren stark. So war zwischen den Jahren 1991 und 2000 die Verschuldung in Relation zum Bruttoinlandsprodukt von 52 % auf 71 % gestiegen. ↘ ABBILDUNG 50 OBEN RECHTS Seit dem Jahr 2000 stieg das absolute Kreditvolumen kaum noch an, sodass sich die Schuldenquote bei steigendem nominalem Bruttoinlandsprodukt langsam reduzierte.

414. Im Zuge der Konsolidierung ihrer Vermögensbilanzen haben die privaten Haushalte nach dem Bauboom in den 1990er-Jahren ihre Investitionen in Wohnbau-

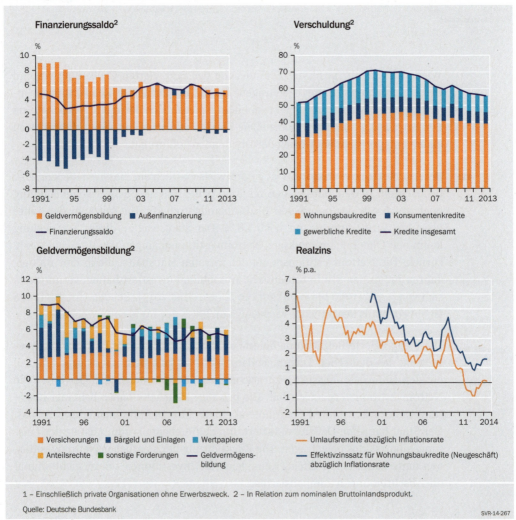

↘ ABBILDUNG 50
Finanzierungssituation der privaten Haushalte[1]

1 – Einschließlich private Organisationen ohne Erwerbszweck. 2 – In Relation zum nominalen Bruttoinlandsprodukt.
Quelle: Deutsche Bundesbank

ten massiv zurückgefahren und ihre **Sparquote erhöht**. In Relation zum verfügbaren Einkommen hat sich diese im Zeitraum zwischen den Jahren 2000 und 2008 um 1,5 Prozentpunkte erhöht. Seit dem Jahr 2009 ist sie aber wieder um 1,3 Prozentpunkte gefallen. Hierzu dürfte der starke Rückgang des Zinsniveaus beigetragen haben. Die Gründe für den Anstieg der Sparquote bis zum Jahr 2008 sind vielfältig. So dürfte neben den Konsolidierungsbemühungen die Arbeitsplatzunsicherheit zu Beginn des Jahrtausends zu Vorsichtssparen geführt haben. Seit Beginn des Jahrtausends sind zudem die Gewinne der Freiberufler und Einzelunternehmer deutlich angestiegen, was sich ebenfalls in einem Anstieg der Sparquote widerspiegelt.

415. Im Einklang mit der stark rückläufigen Nettoinvestitionstätigkeit der privaten Haushalte hat sich ihr Finanzierungssaldo deutlich erhöht. Dies führte jedoch nicht zu einer höheren **(Brutto-)Geldvermögensbildung**. In Relation zum Bruttoinlandsprodukt gingen die von den privaten Haushalten gebildeten Geldersparnisse sogar leicht zurück. Aufgrund der schlechten Erfahrungen mit der Dotcom-Blase im Jahr 2000 wurden insbesondere die Aktienanlagen abgebaut.
↘ ABBILDUNG 50 UNTEN LINKS Somit kann nicht die Schlussfolgerung gezogen werden, dass die privaten Haushalte ihre Ersparnisse anstatt in Immobilien verstärkt in Geldvermögen investiert hätten. Vielmehr haben sie ihre Schulden reduziert.

416. Die **Investitionstätigkeit** der privaten Haushalte ist trotz der jüngeren Entwicklungen am Immobilienmarkt bis zuletzt verhalten gewesen. Im Durchschnitt der 1990er-Jahre belief sich ihre Sachvermögensbildung auf rund 3,8 % des nominalen Bruttoinlandsprodukts und ist davon im Jahr 2013 mit 0,8 % noch weit entfernt. Von den **äußerst niedrigen Realzinsen** scheint somit bisher noch kein starker Impuls auf die Investitionstätigkeit der privaten Haushalte ausgelöst worden zu sein. ↘ ABBILDUNG 50 UNTEN RECHTS

417. Eine **Prognose des Spar- und Investitionsverhaltens** der privaten Haushalte ist schwierig. Generell wäre aufgrund der **demografischen Entwicklung** ein Anstieg der Sparquote zu erwarten. Dies müsste nicht zwangsläufig den Leistungsbilanzsaldo erhöhen, wenn sich gleichzeitig die Investitionstätigkeit wieder stärker ausweiten würde. Eine solche Entwicklung könnte sich vor allem bei anhaltend niedrigen langfristigen Zinsen einstellen.

Effekte der Demografie

418. Die Demografie wirkt primär über **zwei Transmissionskanäle** auf die Leistungsbilanz. Zum einen verändern sich die Sparquoten der privaten Haushalte über die verschiedenen Lebensphasen hinweg: Die Haushalte sind bei in den einzelnen Lebensperioden schwankenden Einkommen bestrebt, ihre Konsumausgaben zu glätten (Expertise 2011 Ziffern 66 ff.). Zum anderen verändern sich die Sparmotive und mit ihnen die Investitionsentscheidungen der Haushalte im Zeitverlauf. Das Motiv des Immobilienerwerbs spielt bei jüngeren Haushalten eine wesentlich größere Rolle als bei älteren (Schunk, 2009; mea, 2008).

419. In den kommenden Jahren wird sich die **Besetzung der Altersgruppen** innerhalb der deutschen Bevölkerung verstärkt in die Alterskohorte der 50- bis 65-Jährigen verschieben. Diese weist eine relativ hohe Sparquote auf. Gleichwohl sind die Sparquoten im Alter zwischen 50 und 65 Jahren geringer als im Alter zwischen 30 und 50 Jahren (Expertise 2011 Ziffern 66 ff.). Zugleich unterscheiden sich die Sparmotive dieser beiden Altersgruppen. Während bei der älteren Alterskohorte die Gelderparnis zur Altersvorsorge eine wesentliche Rolle spielt, steht bei der jüngeren Kohorte das Sparmotiv des Immobilienerwerbs im Mittelpunkt. Der Finanzierungssaldo ist daher für die jüngere Altersgruppe deutlich niedriger.

420. Der **partielle Effekt der demografischen Struktur auf die Leistungsbilanz** kann ökonometrisch quantifiziert und dann für eine Projektion des Einflusses der künftigen demografischen Entwicklung verwendet werden. ↘ KASTEN 20 Dabei zeigt sich, dass die Altersstrukturveränderung für sich genommen einen weiteren Anstieg der Leistungsbilanz bis zur Mitte der 2020er-Jahre begünstigen dürfte. Die Projektion reagiert dabei stark auf alternative Szenarien der Bevölkerungsentwicklung. ↘ ABBILDUNG 51 RECHTS Wenn etwa, wie seit dem Jahr 2011 zu beobachten, die Nettozuwanderung sehr viel höher als angenommen ausfallen sollte, so wäre mit einem geringeren partiellen Einfluss der demografischen Struktur auf den Leistungsbilanzsaldo zu rechnen. Es wäre dann davon auszugehen, dass insbesondere die Investitionen in Wohnbauten zu einer stärkeren inländischen Absorption beitragen. ↘ ZIFFERN 439 F.

↘ KASTEN 20

Quantifizierung der demografischen Effekte auf die deutsche Leistungsbilanz

Die Projektion des Effekts der Demografie auf die Leistungsbilanz geschieht in zwei Schritten. Im ersten Schritt wird anhand eines Paneldatensatzes für mehrere Länder ein Regressionsmodell geschätzt, bei dem der Leistungsbilanzsaldo (in Relation zum Bruttoinlandsprodukt) auf verschiedene Kontrollvariablen regressiert wird. Im Anhang dieses Kapitels wird das Schätzmodell ausführlich dargestellt. Die Kontrollvariablen beinhalten unter anderem eine detailliert abgebildete Altersstruktur in Form einer kubischen Struktur (Fair und Dominguez, 1991). Die Ergebnisse dieser Regression belegen deutlich den Zusammenhang zwischen Alter und Spar- sowie Investitionsentscheidung. Der partielle Einfluss der jüngeren Alterskohorten auf den Leistungsbilanzsaldo ist tendenziell negativ. ↘ ABBILDUNG 51 LINKS Für Altersgruppen ab 40 Jahren zeigt sich hingegen ein positiver Effekt.

Im zweiten Schritt kann mit Hilfe des geschätzten Modells und unter der Verwendung der 12. Bevölkerungsvorausberechnung des Statistischen Bundesamts eine Projektion des partiellen Effektes des demografischen Wandels auf die deutsche Leistungsbilanz vorgenommen werden. Es zeigt sich, dass von der Altersstruktur weiterhin positive Effekte auf den Leistungsbilanzüberschuss ausgehen, die in den nächsten zehn Jahren in der Tendenz sogar noch zunehmen dürften. Der partielle Beitrag der demografischen Struktur zum Leistungsbilanzsaldo dürfte demnach bis auf rund 2 Prozentpunkte steigen. ↘ ABBILDUNG 51 RECHTS Erst ab den späten 2020er-Jahren dürfte der demografiebedingte Einfluss auf die Leistungsbilanzsalden stetig zurückgehen.

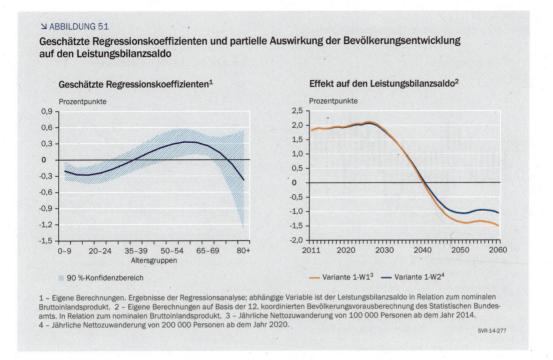

3. Unternehmenssektor: Höhere Ersparnis bei sinkender Investitionsneigung

421. Der deutsche Unternehmenssektor (nichtfinanzielle Kapitalgesellschaften) weist seit mehr als zehn Jahren einen **Finanzierungsüberschuss** auf. Dieser Befund ist ungewöhnlich, da der Unternehmenssektor typischerweise ein Nettoschuldner in einer Volkswirtschaft ist. Seine Finanzierungsdefizite werden dabei üblicherweise durch einen Finanzierungsüberschuss der privaten Haushalte finanziert. Ein Finanzierungsüberschuss des Unternehmenssektors bedeutet, dass die Investitionen vollständig durch einbehaltene Gewinne finanziert werden können (Innenfinanzierung) und ihnen dann noch Mittel zur Geldanlage zur Verfügung stehen.

422. Der positive Finanzierungssaldo geht – neben der rückläufigen Investitionsnachfrage ↘ ZIFFERN 431 FF. – vor allem auf eine deutlich gestiegene **Ersparnis** des Unternehmenssektors zurück. ↘ ABBILDUNG 52 LINKS Die zunehmende Reinvermögensbildung reflektiert zum einen die im vergangenen Jahrzehnt stark gestiegenen Unternehmensgewinne, die nicht zuletzt auf die hohe Exportnachfrage durch die gute Weltkonjunktur und die Lohnzurückhaltung in den Jahren 2000 bis 2007 zurückzuführen sind (JG 2013 Ziffer 695).

Zum anderen haben die Unternehmen ihre Ausschüttungen nicht an die verbesserte Ertragsanlage angepasst. ↘ ABBILDUNG 52 RECHTS Der beobachtete Anstieg der Unternehmensersparnis hat zwei Komponenten: Einerseits erhöhten sich die Eigenkapitalquoten (**Deleveraging**). Andererseits wurde in den vergangenen Jahren ein Großteil der im Ausland erwirtschafteten Gewinne dort reinvestiert,

ABBILDUNG 52
Sparen der nichtfinanziellen Kapitalgesellschaften[1,2]

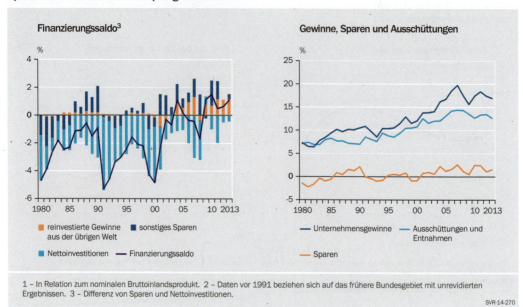

1 – In Relation zum nominalen Bruttoinlandsprodukt. 2 – Daten vor 1991 beziehen sich auf das frühere Bundesgebiet mit unrevidierten Ergebnissen. 3 – Differenz von Sparen und Nettoinvestitionen.

um in den entsprechenden Ländern Produktionskapazitäten und Vertriebsstätten auf- und auszubauen.

„Deleveraging" des Unternehmenssektors

423. Ganz ähnlich wie die privaten Haushalte haben die Unternehmen ihren positiven Finanzierungssaldo überwiegend zur **Konsolidierung** eingesetzt. Ihre Geldvermögensbildung war in den letzten zehn Jahren mit 4,9 % bezogen auf das nominale Bruttoinlandsprodukt nicht wesentlich höher als in den 1990er-Jahren mit 4,5 %. Ihre Außenfinanzierung, die damals noch 5,2 % betragen hatte, belief sich in der jüngeren Vergangenheit jedoch nur noch auf 2,0 %. Gleichzeitig hat sich die **Eigenkapitalausstattung** des Unternehmenssektors deutlich verbessert. Die Eigenkapitalquote ist von 16,3 % im Jahr 1997 auf 27,4 % im Jahr 2012 gestiegen. ↘ ABBILDUNG 53 RECHTS Der Anstieg war bei kleineren und mittleren Unternehmen ausgeprägter als bei großen Unternehmen. Dies war bei Personen- und Kapitalgesellschaften gleichermaßen zu beobachten.

424. Für die bessere Eigenkapitalausstattung lassen sich mindestens zwei Gründe anführen: Einerseits stiegen im Zuge der **verschärften Eigenkapitalregulierung** gemäß Basel II und Basel III die Kreditvergabestandards der Banken, insbesondere hinsichtlich der Eigenkapitalausstattung der Kreditnehmer (Deutsche Bundesbank, 2013). Dem so gestiegenen Risiko höherer Finanzierungskosten und der Möglichkeit eines erschwerten Kreditzugangs begegneten die Unternehmen mit einer Stärkung der Eigenkapitalquote.

Andererseits haben **steuerliche Rahmenbedingungen** einen Anstieg der Eigenkapitalquote begünstigt. So wurde im Zuge der Unternehmensteuerreform des Jahres 2001 der gespaltene Körperschaftsteuersatz für einbehaltene und

↘ ABBILDUNG 53

Geldvermögen und Finanzierungsstruktur der Unternehmen

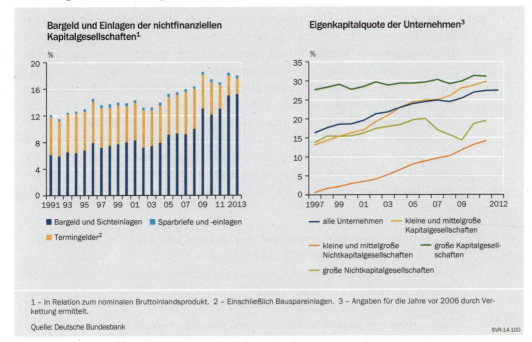

1 – In Relation zum nominalen Bruttoinlandsprodukt. 2 – Einschließlich Bauspareinlagen. 3 – Angaben für die Jahre vor 2006 durch Verkettung ermittelt.

Quelle: Deutsche Bundesbank

ausgeschüttete Gewinne abgeschafft und durch einen einheitlichen Satz von 25 % ersetzt. Dies begünstigt in der Tendenz die Gewinnthesaurierung, also das Einbehalten von Gewinnen. Zudem hat die Steuerreform 2008 mit der Senkung der Körperschaftsteuer auf 15 % sowie der Einführung der Thesaurierungsbegünstigung bei Personengesellschaften und Einzelunternehmen die Innenfinanzierung steuerlich weiter entlastet.

425. Das Motiv der **Risikovorsorge** dürfte ebenso dazu beigetragen haben, die Eigenkapitalquote zu erhöhen: In der Rezession der Jahre 2008 und 2009 verschlechterten sich für viele Unternehmen die Refinanzierungsbedingungen und der Zugang zu Bankkrediten deutlich. Im Jahr 2009 wurde es selbst für gesunde Unternehmen zunehmend schwieriger, Kredite zu erhalten. Dies zog vielfach Liquiditätsprobleme nach sich. Die zunehmende Risikovorsorge zeigt sich in einer deutlich höheren **Liquiditätspräferenz** der Unternehmen. ↘ ABBILDUNG 53 LINKS So sind die Bargeld- und Sichteinlagen der nichtfinanziellen Kapitalgesellschaften insbesondere im Jahr 2009 im Vergleich zu anderen Einlagen überproportional gestiegen.

Dieser seit dem Jahr 2009 zu beobachtende Anstieg der Liquidität erhöht die Flexibilität und macht Unternehmen widerstandsfähiger gegenüber Schocks sowie veränderten Refinanzierungsbedingungen in Rezessionen. Diese Entwicklung ist nicht auf Deutschland beschränkt: Sie vollzog sich ebenfalls bei asiatischen Unternehmen während der vergangenen 20 Jahre, wobei kleinere Unternehmen wesentlich stärker Liquidität aufgebaut haben (Horioka und Terada-Hagiwara, 2013).

Investitionen der deutschen Unternehmen im Ausland

426. Neben dem ausgeprägten Deleveraging des Unternehmenssektors ging die steigende Unternehmensersparnis zu einem gewissen Teil mit einer zunehmenden **internationalen Verflechtung** deutscher Unternehmen einher. So war in den vergangenen Jahren zu beobachten, dass der Großteil der im Ausland erwirtschafteten Gewinne dort reinvestiert wurde. ↘ ABBILDUNG 52 LINKS Im Jahr 2013 belief sich dieser Posten auf fast 33 Mrd Euro, was gut drei Viertel der Unternehmensersparnis entsprach. Dieser Betrag erhöhte nicht nur die Unternehmensersparnis, da er nicht an die Anteilseigner ausgeschüttet wurde, sondern auch den Finanzierungssaldo, da diese Mittel nicht für inländische, sondern für ausländische Investitionen genutzt wurden. Ausländische Direktinvestitionen deutscher Firmen werden in der Statistik als Zunahme des Geldvermögens erfasst.

427. Die **Unternehmensteuerreform des Jahres 2001** hat die steigende Tendenz bei den Auslandsinvestitionen deutscher Unternehmen begünstigt. Die vorherige steuerliche Diskriminierung von Dividenden und Veräußerungsgewinnen ausländischer Tochtergesellschaften wurde mit Abschaffung des Anrechnungsverfahrens aufgehoben, sodass Auslandsinvestitionen für Kapitalgesellschaften mit deutschen Eigentümern attraktiver wurden. Seitdem sind die von einer inländischen Muttergesellschaft repatriierten Dividenden und Veräußerungsgewinne der Tochtergesellschaften nicht nur gegenüber Staaten mit Doppelbesteuerungsabkommen, sondern auch unilateral gegenüber Steueroasen freigestellt.

Zudem stieg durch die Senkung des Steuersatzes bei gleichzeitiger Verbreiterung der Bemessungsgrundlage für Sachinvestitionen die relative Attraktivität von Finanzanlagen. Damit könnte die Unternehmensteuerreform 2001 sogar zu einem zu starken Anreiz geführt haben, Gewinne in niedrig besteuerte ausländische Töchter zu verlagern und dort zu thesaurieren (Homburg, 2000, 2005, 2010).

428. Die besonderen institutionellen Rahmenbedingungen in einigen **Schwellenländern** könnten die reinvestierten Gewinne deutscher Auslandstöchter zusätzlich erhöht haben. So müssen deutsche Direktinvestoren in vielen Wirtschaftsbereichen mit chinesischen Unternehmen zusammenarbeiten und Gemeinschaftsunternehmen (Joint Ventures) bilden. Gleichzeitig sind die Gewinnübertragungen aus China nach Deutschland stark restringiert.

429. Die mit den zunehmenden Auslandsinvestitionen der deutschen Unternehmen verbundenen Kapitalexporte spiegeln sich jedoch nicht umfassend in den **Direktinvestitionen** wider. Diese beinhalten lediglich den Teil der Investitionsausgaben deutscher Auslandstöchter, der von deutschen Anteilseignern finanziert wird. Der restliche mit externem Kapital finanzierte Teil taucht in der Direktinvestitionsstatistik nicht auf. Dies wird durch die im Vergleich mit den Direktinvestitionen wesentlich höheren Bilanzsummen der Auslandstöchter ersichtlich. Die zusätzlichen Mittel werden zum Teil durch konzerninterne Finanzierungsgesellschaften im Ausland bereitgestellt. Sie emittieren Schuldtitel mit

Garantie der deutschen Muttergesellschaft für den Gesamtkonzern und leiten die daraus gewonnenen Finanzmittel an die verbundenen Unternehmen weiter. Unter anderem begünstigen steuerliche Gesichtspunkte diese Finanzierungsstrukturen. Es ist davon auszugehen, dass diese Schuldtitel ebenfalls zum Teil von deutschen Haushalten und Finanzintermediären gehalten werden. Die vom deutschen Kapitalexport ausgelösten Auslandsinvestitionen wären dementsprechend höher als in der Statistik der Direktinvestitionen ausgewiesen.

430. In der Vergangenheit wurden die deutschen Direktinvestitionen im Ausland nicht nur positiv beurteilt und zuweilen sogar als Standortschwäche interpretiert (Sinn, 2005). Diese basiere auf hohen Arbeitskosten, Fachkräftemangel, zu stark ausgeprägter Bürokratie und ungünstigen steuerlichen Rahmenbedingungen. Als Ergebnis würden inländische Investitionen durch höhere Direktinvestitionen im Ausland substituiert. Allerdings können umgekehrt höhere Auslandsinvestitionen Investitionen im Inland beflügeln, etwa wenn Vorleistungen oder Investitionsgüter aus dem Inland benötigt werden.

Empirische Analysen deuten darauf hin, dass Direktinvestitionen getätigt werden, um ausländische Absatzmärkte zu erschließen (Buch et al., 2005). Zudem besteht für Industrieländer ein **komplementärer Zusammenhang** zwischen Inlands- und Auslandsinvestitionen (Desai et al., 2005; Arndt et al., 2010; Deutsche Bundesbank, 2014a). Somit verstärkt der Aufbau von Produktions- und Vertriebsstätten im Ausland die Investitionstätigkeit im Inland.

Es ist davon auszugehen, dass sich der **Globalisierungsprozess** im Unternehmenssektor weiter fortsetzt und somit weiterhin positiv auf die Unternehmensersparnis wirkt. ↘ ZIFFERN 456 F. Der Aufbau von Produktionskapazitäten im Ausland bringt hierbei sowohl auf nationaler als auch internationaler Ebene Vorteile.

4. Gibt es eine Investitionsschwäche in Deutschland?

431. In Verbindung mit dem deutschen Leistungsbilanzüberschuss wird in der Öffentlichkeit häufig über eine **Investitionsschwäche** der deutschen Volkswirtschaft gesprochen (DIW, 2013, 2014). In der Tat ist nicht zu verkennen, dass seit der deutschen Einheit die Nettoinvestitionen über alle Sektoren zurückgegangen sind. Im vergangenen Jahr waren die Nettoinvestitionen deutlich niedriger als in allen Jahren seit 1991, mit Ausnahme des Jahres 2009. ↘ ABBILDUNG 54 LINKS

432. Die vergleichsweise geringe Investitionstätigkeit steht im Kontrast zur relativ stabilen gesamtwirtschaftlichen Sparquote. Somit fließt im historischen Vergleich nur ein sehr geringer Teil der Ersparnis in die inländische Sachvermögensbildung. ↘ ABBILDUNG 54 LINKS Bei diesem Grundbefund ist – wie schon erwähnt – zu berücksichtigen, dass deutsche Ersparnis zum Teil in ausländische Tochtergesellschaften deutscher Unternehmen in Form von Direktinvestitionen fließt. ↘ ZIFFERN 426 FF. Dies ändert jedoch nichts Grundlegendes am Gesamtbefund eines ausgeprägten Konsolidierungsprozesses der privaten Haushalte und

↘ ABBILDUNG 54
Nettoinvestitionen und Bruttoanlageinvestitionen[1,2]

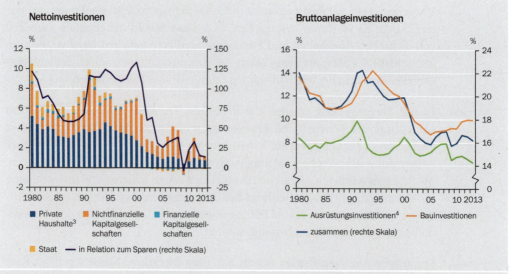

1 – In Relation zum nominalen Bruttoinlandsprodukt. 2 – Daten vor 1991 beziehen sich auf das frühere Bundesgebiet mit unrevidierten Ergebnissen. 3 – Einschließlich private Organisationen ohne Erwerbszweck. 4 – Einschließlich militärischer Waffensysteme (ab 1991).

SVR-14-268

des Unternehmenssektors. In Anbetracht der sehr niedrigen langfristigen Realzinsen wäre eher das Gegenteil zu erwarten gewesen.

433. Eine niedrige gesamtwirtschaftliche Investitionsquote ist jedoch für sich genommen noch kein Indiz für einen pathologischen Befund. Im Folgenden wird die Entwicklung speziell der Bau- und der Ausrüstungsinvestitionen tiefer analysiert. In beiden Bereichen gingen die Investitionsquoten seit Ende der 1990er-Jahre zurück. ↘ ABBILDUNG 54 RECHTS

Entwicklung der Ausrüstungsinvestitionen

434. Der Anteil **der nominalen Ausrüstungsinvestitionen** am Bruttoinlandsprodukt ging, abgesehen von konjunkturellen Schwankungen, bis zum Jahr 2008 allenfalls leicht zurück. ↘ ABBILDUNG 55 LINKS Im Vergleich zum restlichen Euro-Raum zeigt sich in den vergangenen 15 Jahren keine unterdurchschnittliche Entwicklung (BMWi, 2013a; Europäische Kommission, 2014). Erst seit dem Jahr 2009 ist die Investitionsquote merklich rückläufig. Folglich haben die Nettoinvestitionen in Maschinen und Fahrzeuge kaum noch zum Wachstum des Kapitalstocks beigetragen und somit keine Impulse für das Potenzialwachstum geliefert.

435. Zerlegt man die nominalen Ausrüstungsinvestitionen in eine Preis- und Mengenkomponente, zeigt sich ein **starker negativer Preiseffekt**. ↘ ABBILDUNG 55 RECHTS Die Preise für Ausrüstungen nehmen seit dem Jahr 1991 im Trend ab. Zwar sind seit dem Jahr 2008 wieder leichte Preisanstiege zu beobachten, jedoch bleiben sie hinter den Raten des Deflators des Bruttoinlandsprodukts zurück (BMWi, 2013a). So ist seit dem Jahr 2008 das Verhältnis zwischen dem Deflator der Ausrüstungsinvestitionen und dem des Bruttoinlandsprodukts um

ABBILDUNG 55
Entwicklung der Ausrüstungsinvestitionen[1,2]

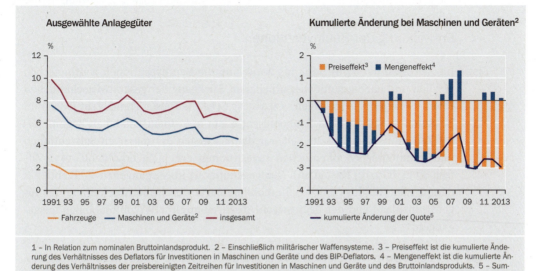

1 – In Relation zum nominalen Bruttoinlandsprodukt. 2 – Einschließlich militärischer Waffensysteme. 3 – Preiseffekt ist die kumulierte Änderung des Verhältnisses des Deflators für Investitionen in Maschinen und Geräte und des BIP-Deflators. 4 – Mengeneffekt ist die kumulierte Änderung des Verhältnisses der preisbereinigten Zeitreihen für Investitionen in Maschinen und Geräte und des Bruttoinlandsprodukts. 5 – Summe aus Preis- und Mengeneffekt.

SVR-14-132

5,4 % gefallen. Verantwortlich hierfür sind insbesondere die Preisentwicklungen bei Datenverarbeitungsgeräten sowie elektrischen und optischen Erzeugnissen. Diese Produktgruppe machte insgesamt 14 % aller Ausrüstungsinvestitionen im Jahr 2013 aus. Ihre Preise sind allein seit dem Jahr 2005 um mehr als 45 % gefallen. Hingegen konnten die Preise der restlichen Ausrüstungsinvestitionen zulegen.

Da Elektronikbauteile und Datenverarbeitungsgeräte vor allem aus China importiert werden, hat der Preisrückgang bei diesen Gütern zugleich das Importvolumen gedämpft. Hinsichtlich der steigenden Produktionskosten in China in den vergangenen Jahren war jedoch zu beobachten, dass die Preisrückgänge für Elektronikbauteile und Datenverarbeitungsgeräte zuletzt deutlich geringer ausfielen, sodass der preisdämpfende Effekt auf die Ausrüstungsinvestitionen schwächer war. Folglich stieg der Deflator der Ausrüstungsinvestitionen seit dem Jahr 2010 wieder leicht an.

436. Seitens der **realen Ausrüstungsinvestitionen** liegen bisher kaum Anzeichen für eine strukturelle Fehlentwicklung vor. Umfragen des ifo Investitionstests für das deutsche Verarbeitende Gewerbe zeigen, dass die Investitionstätigkeit der Firmen in den Jahren 2012 und 2013 nicht von der Wirtschaftspolitik behindert wurde. Vielmehr haben gedämpfte Ertrags- und Nachfrageerwartungen, etwa wegen der schwächeren Konjunktur im Ausland, zu einem zurückhaltenden Investitionsverhalten geführt (Weichselberger, 2014). Jedoch ist nicht auszuschließen, dass die jüngsten Beschlüsse in der Arbeitsmarkt- und Sozialpolitik die Rahmenbedingungen für Investitionsprojekte verschlechtert haben (DIHK, 2014). ↘ ZIFFER 158 Ebenso zeigen Analysen, dass die erhöhte Unsicherheit in den Jahren 2012 und 2013 die Investitionstätigkeit der Unternehmen signifikant negativ beeinflusst hat (JG 2013 Kasten 26; BMWi, 2013b). Bei Betrachtung ein-

zelner Branchen fällt zudem auf, dass in den Vorjahren entstandene Überkapazitäten, etwa im Schiffbau, durch geringere Investitionen abgebaut wurden.

Entwicklung der Bauinvestitionen

437. Im Zeitraum der Jahre 1994 bis 2009 sind die Bauinvestitionen kontinuierlich gefallen und haben damit wesentlich zum Rückgang der gesamtwirtschaftlichen Investitionsquote beigetragen. ⟶ ABBILDUNG 54 RECHTS Dieser Trend steht jedoch im Zusammenhang mit dem Bauboom vor allem in Ostdeutschland zu Beginn dieses Zeitraums. Die Bautätigkeit war damals wegen der massiven Subventionen und umfangreichen öffentlichen Investitionen erheblich erhöht (JG 1991 Ziffern 83 f.; JG 2013 Kasten 26). Demgegenüber ist im vergangenen Jahrzehnt ein dämpfender Einfluss auf den Immobilienmarkt durch die Abschaffung der Eigenheimzulage und der degressiven Abschreibung für Wohnimmobilien ausgegangen.

438. Bei den **Bauinvestitionen** lassen sich divergierende Trends bei den Investitionen in Wohnbauten und Nichtwohnbauten (öffentlicher Bau und gewerblicher Bau) feststellen. Nach einer Abwärtstendenz, die Mitte der 1990er-Jahre eingesetzt und alle Bereiche des Baus erfasst hatte, stabilisierten sich die Investitionen in Wohnbauten ab dem Jahr 2003 und stiegen seit dem Jahr 2009 sogar wieder deutlich an. Im Gegensatz dazu blieb die Dynamik bei den Nichtwohnbauten eher verhalten. Die Nettoinvestitionen lagen hier in den vergangenen Jahren nahe Null und trugen wie die Ausrüstungsinvestitionen nur noch unwesentlich zur Ausweitung des gesamtwirtschaftlichen Kapitalstocks bei.

439. Die Neubau- und Sanierungstätigkeit bei **Wohnbauten** wurde in den vergangenen Jahren unter anderem durch demografische Effekte getrieben. So hat die Bevölkerungswanderung in die Großstädte dazu geführt, dass sich die Immobiliennachfrage in Ballungsgebieten trotz des allgemeinen Bevölkerungsrückgangs deutlich erhöhte. Zudem dürften eine höhere Risikoaversion der Anleger in Folge der Finanz- und Eurokrise sowie die niedrigen Zinsen stimulierende Effekte auf die Immobiliennachfrage ausgeübt haben (JG 2013 Ziffern 842 ff.). Insgesamt sind die Immobilienpreise vor allem in den großen Städten zuletzt deutlich angestiegen.

440. Die Entwicklung des **deutschen Immobilienmarkts** ist eine wichtige Determinante der deutschen Leistungsbilanz. So lässt sich ein wesentlicher Teil des Anstiegs des deutschen Leistungsbilanzsaldos bis zum Jahr 2007 auf die damalige Abkühlung des deutschen Immobilienmarkts nach dem Bauboom der 1990er-Jahre zurückführen. ⟶ KASTEN 21 In den vergangenen Jahren war zudem zu beobachten, dass die jüngst einsetzende Belebung des Immobilienmarkts den Finanzierungssaldo der privaten Haushalte reduzierte und dadurch einen dämpfenden Effekt auf den deutschen Leistungsbilanzsaldo ausübte.

441. **Wirtschaftspolitische Maßnahmen**, die die Entwicklung auf dem Immobilienmarkt fördern, könnten somit einen Beitrag zum Abbau des Leistungsbilanzüberschusses leisten. Der Sachverständigenrat sieht hierzu jedoch keine Veranlassung. Kontraproduktiv sind regulatorische Eingriffe wie die Mietpreisbremse.

Sie haben einen negativen Effekt auf die Renditeerwartungen von Investoren (JG 2013 Ziffern 861 ff.). Zudem erhöhen häufige Markteingriffe generell die Unsicherheit für langfristige Investitionen, speziell Bauinvestitionen. Negative Effekte gehen zudem von den Anhebungen der Grunderwerbsteuer aus, die in jüngster Zeit in einer Reihe von Bundesländern zu beobachten waren (JG 2013 Ziffer 868).

> **KASTEN 21**
>
> **Einfluss des Immobilienmarkts auf die Leistungsbilanz**
>
> Die enge Beziehung zwischen der Entwicklung auf dem deutschen Immobilienmarkt einerseits und der Änderung des Leistungsbilanzsaldos andererseits wird häufig nicht wahrgenommen. Jedoch zeigt sich eine deutlich negative Korrelation zwischen den realen Immobilienpreisen und dem Leistungsbilanzsaldo. ⬊ ABBILDUNG 56 OBEN LINKS Diese Beobachtung wird ergänzt durch die Erfahrungen mit den jüngsten Immobilienbooms in den Vereinigten Staaten, Irland sowie Spanien. Hier fielen starke Immobilienpreisanstiege mit hohen Leistungsbilanzdefiziten zusammen. Da die Immobilieninvestitionen der privaten Haushalte und Unternehmen einen Teil der inländischen Ersparnis absorbieren, wirken sie negativ auf den Leistungsbilanzsaldo.
>
> Dies deutet darauf hin, dass die Entwicklungen auf dem Immobilienmarkt und in der Leistungsbilanz durch dieselben Faktoren getrieben werden. Für die Diskussion um den deutschen Leistungsbilanzüberschuss ist es hierbei von Interesse, ob es sich bei diesen Faktoren um konjunkturelle Einflüsse handelt oder andere Determinanten eine Rolle spielen. Eine Bestimmungsgröße könnte dabei erneut der demografische Wandel sein. So ist zu beobachten, dass demografische Variablen – wie das Bevölkerungswachstum, die Nettozuwanderung und der Anteil der 25- bis 39-Jährigen an der Gesamtbevölkerung – mit den realen Immobilienpreisen als Indikator für die Entwicklung auf dem Immobilienmarkt stark korreliert sind. ⬊ ABBILDUNG 56 OBEN RECHTS
>
> Um zu analysieren, wie Immobilienpreissteigerungen und Leistungsbilanzsaldo zusammenhängen, wird ein Vektorautoregressives (VAR) Modell geschätzt. In Anlehnung an Iacoviello (2005) wird das VAR-Modell mit der Konjunkturkomponente des logarithmierten deutschen Bruttoinlandsprodukts (HP-Filter), der Veränderungsrate des Deflators des Bruttoinlandsprodukts, dem Zinsdifferenzial 10-jähriger deutscher und US-amerikanischer Staatsanleihen, dem logarithmierten Häuserpreisindex der OECD, der logarithmierten preislichen Wettbewerbsfähigkeit und der Leistungsbilanz in Relation zum Bruttoinlandsprodukt und einer Konstanten geschätzt. Die Variablen gehen mit je vier Verzögerungen in das Modell ein. Die Schätzung basiert auf Quartalsdaten und der Schätzzeitraum geht von Anfang 1972 bis Anfang 2014. Die strukturellen Auswirkungen von Immobilienpreissteigerungen werden durch eine Cholesky-Zerlegung in der oben genannten Anordnung der Variablen identifiziert. Die anhand des Modells identifizierten Immobiliennachfrageschocks lassen sich als Immobilienpreissteigerungen interpretieren, die originär aus dem Immobilienmarkt – zum Beispiel durch demografische Faktoren – entstehen.
>
> Es zeigt sich, dass Immobiliennachfrageschocks zeitlich verzögert mit einer Verschlechterung der Leistungsbilanz einhergehen. ⬊ ABBILDUNG 56 UNTEN LINKS In der Literatur werden hierfür verschiedene Transmissionskanäle diskutiert. Zum einen kann eine Ressourcenverlagerung von Sektoren wie der Exportwirtschaft zum Baugewerbe stattfinden (Gete, 2010). Zum anderen werden Immobilieninvestitionen häufig kreditfinanziert, wobei die Kredite zumindest anteilig aus Ersparnissen des Auslands stammen (Punzi, 2013). Darüber hinaus können Vermögenseffekte infolge von steigenden Immobilienpreisen einen expansiven Effekt auf den Konsum ausüben und über die Importnachfrage den Leistungsbilanzsaldo senken (Iacoviello, 2005, 2011). Ferner können diese Prozesse durch subjektive Elemente der Erwartungsbildung über die zukünftige Immobilienpreisentwicklung verstärkt werden (Adam et al., 2011).

ABBILDUNG 56
Immobilienpreise und Leistungsbilanzsaldo

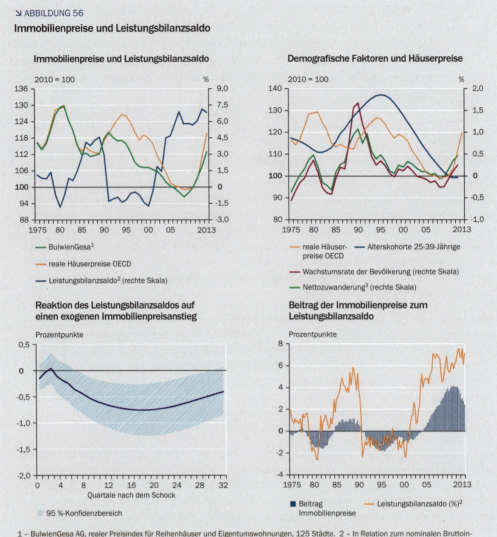

1 – BulwienGesa AG, realer Preisindex für Reihenhäuser und Eigentumswohnungen, 125 Städte. 2 – In Relation zum nominalen Bruttoinlandsprodukt. 3 – In Relation zur Bevölkerung.

SVR-14-271

Um quantitativ einschätzen zu können, inwieweit Immobilienpreisschwankungen die deutsche Leistungsbilanz in der Vergangenheit beeinflusst haben, wird eine historische Schockzerlegung berechnet. Sie zeigt an, welcher Anteil des Leistungsbilanzsaldos durch Immobiliennachfrageschocks erklärt werden kann. Es zeigt sich, dass gut fünf Prozentpunkte des Anstiegs des Leistungsbilanzsaldos vom Ende der 1990er-Jahre bis zum Jahr 2008 durch die Faktoren, die zur schwachen Entwicklung der Immobilienpreise beigetragen haben, erklärt werden. ↘ ABBILDUNG 56 UNTEN RECHTS Dieser Wert ist jedoch als Obergrenze zu interpretieren, da gegebenenfalls weitere Einflussfaktoren unberücksichtigt bleiben. In den vergangenen zwei Jahren hat sich die Belebung des Immobilienmarkts weniger dämpfend auf die Leistungsbilanz ausgewirkt.

442. Die Entwicklung **des gewerblichen Baus** hat sich in den letzten 25 Jahren von der konjunkturellen Entwicklung der Ausrüstungsinvestitionen abgekoppelt. ↘ ABBILDUNG 57 LINKS Insgesamt entwickelte sich der gewerbliche Bau seit Mitte der 1990er-Jahre rückläufig. Offen ist, ob dies eher eine Normalisierung nach

↘ ABBILDUNG 57
Zyklischer Zusammenhang zwischen Bruttoanlageinvestitionen und öffentlichen Investitionen

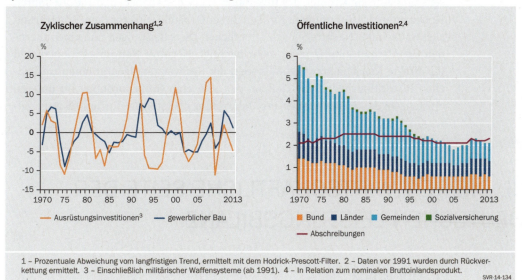

dem Bauboom zu Beginn der 1990er-Jahre ist oder andere strukturelle Ursachen hat.

Eine solche Erklärung für die schwache Entwicklung des gewerblichen Baus könnten die Produktionsverlagerungen deutscher Unternehmen ins Ausland sein. Zudem dürfte die verstärkte „Just in Time"-Produktion eine Rolle spielen. Dem steht jedoch die wachsende Bedeutung des Dienstleistungssektors entgegen, der eine besonders hohe Bauintensität aufweist. Für eine umfassende Beurteilung dieser gegenläufigen Trends fehlen bislang empirische Untersuchungen.

443. Zum gegenwärtigen Zeitpunkt kann die niedrige private Investitionsquote **nicht als pathologische Investitionsschwäche** bezeichnet werden. Dennoch ließen sich die gesamten **privaten Investitionsausgaben** durch bessere Rahmenbedingungen steigern. Dazu gehören etwa die Bereitstellung einer angemessenen Infrastruktur, die Steuerpolitik und die effiziente Umsetzung der Energiewende. Keinesfalls sollte ein bestimmtes Niveau der Investitionsquote angestrebt werden. Eine zu starke Fokussierung auf solche Zielwerte kann zu Verzerrungen und gesamtwirtschaftlichen Fehlinvestitionen führen.

444. Die **öffentlichen Investitionen** haben im Jahr 2013 gut 61 Mrd Euro ausgemacht. Dies entspricht rund 2,2 % des nominalen Bruttoinlandsprodukts. Im Verlauf der vergangenen 40 Jahre nahm dabei vor allem der Investitionsanteil der Gemeinden ab. ↘ ABBILDUNG 57 RECHTS Zu berücksichtigen ist jedoch, dass die Zahlen für die Gemeinden wegen der Privatisierungen im Entsorgungsbereich – dessen Bruttoanlageinvestitionen im Jahr 1992 immerhin 0,45 % des Bruttoinlandsprodukts betragen hatten – über die Zeit nur sehr eingeschränkt vergleichbar sind. Seit dem Jahr 2003 sind die öffentlichen Nettoinvestitionen insgesamt sogar negativ.

Einerseits wurde zu wenig in den Erhalt von Verkehrswegen investiert, andererseits umfasste ein Großteil der Investitionen aus den 1970er- und 1980er-Jahren Hochbauten der Kommunen. Ein Teil dieser Gebäude wird vor dem Hintergrund sich wandelnder Nachfrage nach öffentlichen Dienstleistungen und einer alternden Gesellschaft künftig nicht mehr benötigt. Negative Nettoinvestitionen sind die direkte Konsequenz. Allenfalls sieht der Sachverständigenrat einen zusätzlichen Investitionsbedarf im Tiefbau, der aber eine Größenordnung im unteren einstelligen Milliardenbereich pro Jahr kaum übersteigen dürfte (JG 2013 Ziffer 551).

III. DIE REALWIRTSCHAFTLICHE SEITE DER DEUTSCHEN LEISTUNGSBILANZ

1. Überblick

445. Den bisher dargestellten Spar-, Investitions- und Finanzierungstransaktionen entsprechen in der Leistungsbilanz realwirtschaftliche Leistungstransaktionen. Diese sollen im Folgenden ausführlicher analysiert werden, um aus dieser Perspektive zusätzliche Erklärungen für den Anstieg des deutschen Leistungsbilanzüberschusses zu gewinnen. Es zeigt sich, dass die aufgrund der guten Gewinnlage stark gestiegene Ersparnis der Unternehmen mit der guten Exportkonjunktur korrespondiert, während die Lohnmoderation bis 2007 eher dämpfend auf die Konsumnachfrage und darüber auf die Importe wirkte.

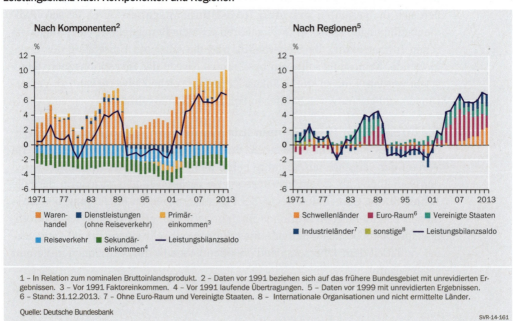

↘ ABBILDUNG 58

Leistungsbilanz nach Komponenten und Regionen[1]

1 – In Relation zum nominalen Bruttoinlandsprodukt. 2 – Daten vor 1991 beziehen sich auf das frühere Bundesgebiet mit unrevidierten Ergebnissen. 3 – Vor 1991 Faktoreinkommen. 4 – Vor 1991 laufende Übertragungen. 5 – Daten vor 1999 mit unrevidierten Ergebnissen. 6 – Stand: 31.12.2013. 7 – Ohne Euro-Raum und Vereinigte Staaten. 8 – Internationale Organisationen und nicht ermittelte Länder.

Quelle: Deutsche Bundesbank

446. Der Anstieg des Leistungsbilanzsaldos in der ersten Hälfte der 2000er-Jahre ging vor allem auf Überschüsse gegenüber Staaten des Euro-Raums zurück. Seither sind zwei regional gegenläufige Bewegungen zu erkennen. ↘ ABBILDUNG 58 RECHTS So wurde der Rückgang des Überschusses gegenüber dem schwächelnden Euro-Raum nahezu vollständig durch Überschüsse gegenüber den Schwellenländern und zu kleineren Teilen gegenüber den Vereinigten Staaten kompensiert.

447. Bei den Teilbilanzen kommt dem **Warenhandel die größte Bedeutung** zu. Die seit den 1950er-Jahren stets positiven Nettowarenexporte weisen dabei im Zeitverlauf große Schwankungen auf. Der Reiseverkehr und die Bilanz der Sekundäreinkommen sind demgegenüber recht stabil und durchweg im Defizit. Die Beiträge der restlichen Dienstleistungen sind vergleichsweise gering. Die in der Vergangenheit beobachteten Umschwünge des Leistungsbilanzsaldos gehen daher auf entsprechende Änderungen des Handelsbilanzsaldos zurück. ↘ ABBILDUNG 58 LINKS

448. In den vergangenen Jahren stiegen zudem die **Erwerbs- und Vermögenseinkommen** deutlich und betrugen im Jahr 2013 netto gut 2,7 % des Bruttoinlandsprodukts. Durch die anhaltenden Leistungsbilanzüberschüsse ist das deutsche Nettoauslandsvermögen auf inzwischen mehr als 1,3 Billionen Euro angestiegen und generiert nunmehr signifikante Faktoreinkommen. ↘ ABBILDUNG 59 LINKS Mit jeweils rund 40 Mrd Euro entfiel in den vergangenen drei Jahren etwa die Hälfte der Faktoreinkommen auf die Erträge der deutschen Direktinvestitionen im Ausland. ↘ ABBILDUNG 59 RECHTS Dabei werden rund 75 % der Erträge aus Direktinvestitionen nicht nach Deutschland überwiesen, sondern thesauriert und im Ausland reinvestiert. ↘ ZIFFERN 426 FF.

↘ ABBILDUNG 59
Entwicklung des Nettoauslandsvermögens und der Primäreinkommen

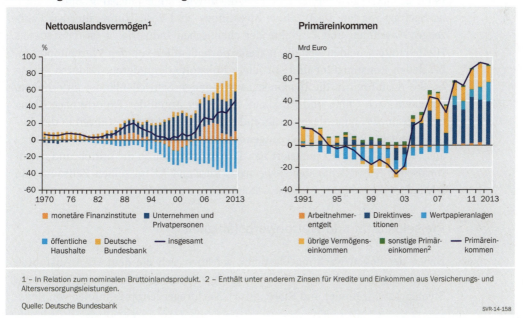

1 – In Relation zum nominalen Bruttoinlandsprodukt. 2 – Enthält unter anderem Zinsen für Kredite und Einkommen aus Versicherungs- und Altersversorgungsleistungen.

Quelle: Deutsche Bundesbank

2. Bestimmungsgründe des Außenhandels

449. Die kräftige Ausweitung des deutschen Handelsbilanzsaldos seit den 1990er-Jahren geht maßgeblich auf das Zusammenspiel von **drei Faktoren** zurück. Erstens erzielten deutsche Exportunternehmen in den 2000er-Jahren deutliche Umsatzzuwächse infolge des weltwirtschaftlichen Aufschwungs und insbesondere des Aufholprozesses in den osteuropäischen Schwellenländern und China. Zweitens hat sich die preisliche Wettbewerbsfähigkeit der deutschen Unternehmen nach der starken Aufwertung der Jahre 1992 bis 1995 stetig verbessert. Dies kann auf die seitdem günstigere Wechselkursentwicklung ebenso zurückgeführt werden wie auf den Zugewinn an Wettbewerbsfähigkeit durch die Globalisierungsstrategie deutscher Exportunternehmen und die moderate Lohnentwicklung. Drittens dürfte die moderate Lohnentwicklung über Einkommenseffekte die Binnennachfrage und darüber die Importnachfrage gedämpft haben.

Impulse durch die steigende Weltnachfrage

450. Die deutschen Exporte hängen **stark von der Weltkonjunktur** ab. Empirische Studien zur Nachfrageelastizität der Exporte liefern Hinweise darauf, dass bei einem Anstieg der globalen Weltproduktion um 1 % die deutschen Exporte deutlich stärker als 1 % zunehmen (IWF, 2005; Stephan, 2005; Danninger und Joutz, 2008; Thorbecke und Kato, 2012; Breuer und Klose, 2014). Umgekehrt sind sie jedoch ebenfalls stark betroffen, wenn das weltweite Wachstum zurückgeht, wie die Rezession in den Jahren 2008 und 2009 gezeigt hat. Der Vergleich mit anderen europäischen Volkswirtschaften zeigt, dass die deutsche Wirtschaft mit ihrer hohen Nachfrageelastizität der Exporte hervorsticht (Breuer und Klose, 2014).

451. Die **hohe Abhängigkeit** der Exportwirtschaft von der Weltkonjunktur geht vermutlich auf das Spezialisierungsmuster der deutschen Wirtschaft zurück. Denn sie bietet vornehmlich Güter an, die in Wachstumsphasen besonders stark nachgefragt werden. Dazu zählen Investitions- und Vorleistungsgüter wie Fahrzeuge, Maschinen und Produkte der chemischen Industrie. ↘ ABBILDUNG 60 LINKS Hierbei unterscheiden sich die Warenexporte deutlich von den Warenimporten, bei denen Konsumgüter und vor allem Rohstoffe dominieren. Dadurch gelang es, die Ausfuhren in die dynamisch wachsenden Schwellenländer zu erhöhen, vor allem nach China und Russland. So ist der Anteil der Exporte nach China von 1 % auf 6 % angestiegen, während sich der Anteil der Ausfuhren in den Euro-Raum trotz kräftiger Steigerungen im Exportvolumen von 49 % im Jahr 1999 auf 41 % im Jahr 2013 reduziert hat. Der Exportanteil in die mittel- und osteuropäischen Schwellenländer sowie nach Russland ist im selben Zeitraum von 8 % auf 13 % gestiegen. ↘ ABBILDUNG 60 RECHTS

Preiselastizität und Wettbewerbsfähigkeit

452. Neben der hohen Nachfrageelastizität zeichnen sich die deutschen Ausfuhren und Einfuhren durch vergleichsweise geringe Preiselastizitäten aus (IWF, 2005; Stephan, 2005; Breuer und Klose, 2014). Nachfragerückgänge infolge von Preis-

ABBILDUNG 60
Struktur des deutschen Außenhandels

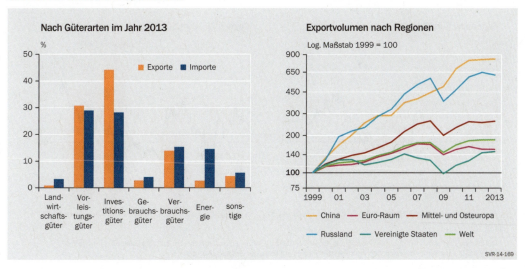

erhöhungen sind somit relativ moderat. Auf der **Exportseite** dürfte dies vor allem damit zusammenhängen, dass deutsche Exporteure sich erfolgreich auf Premiumprodukte, vor allem der Automobilindustrie, sowie auf ausgewählte Produktnischen spezialisiert haben, insbesondere im Maschinenbau und in der chemischen Industrie. Solche Produkte sind hinreichend differenziert und stehen dadurch weit weniger stark im Preiswettbewerb.

453. Auf der **Importseite** dürfte die geringe Preiselastizität zunächst darauf zurückzuführen sein, dass ein Großteil der Importe **exportgetrieben** ist. Sowohl die importierten Vorprodukte als auch die zur Produktion von Exportgütern benötigten Rohstoffe hängen primär von der Exportentwicklung ab und schwanken daher kaum in Abhängigkeit von den Importpreisen. Hinzu kommt, dass in den zurückliegenden Jahren die Produktion einzelner Branchen nahezu vollständig durch Importe ersetzt wurde. Dies gilt beispielsweise für die Textilindustrie. Für diese Güter existiert praktisch kein inländisches Substitut mehr, sodass Preiserhöhungen nur moderate Mengenreaktionen auslösen.

454. Dennoch sind die deutschen Im- und Exporte **nicht völlig preisunelastisch**. In zeitreihenanalytischen Studien und modellgestützten Analysen wird deutlich, dass die Mengenreaktionen zwar gering, aber statistisch signifikant sind. Die preisliche Wettbewerbsfähigkeit der deutschen Wirtschaft – definiert durch den realen Wechselkurs auf Basis der Deflatoren des Gesamtabsatzes – hat sich in den vergangenen 15 Jahren massiv verbessert und somit trotz der insgesamt geringen Preiselastizitäten die Leistungsbilanz spürbar beeinflusst. ↘ ABBILDUNG 61

Die preisliche Wettbewerbsfähigkeit deutscher Güter hat seit Mitte der 1990er-Jahre deutlich zugenommen und hält sich seit Beginn der 2000er-Jahre in der Nähe des Höchstwerts aus den 1980er-Jahren. Relativ zum Euro-Raum konnten die deutschen Unternehmen ihre preisliche Wettbewerbsfähigkeit bis zum Jahr 2012 sogar noch weiter erhöhen. Im Zusammenhang mit dieser Entwicklung werden oftmals vier Punkte diskutiert: Wechselkursentwicklung, Internationali-

↘ ABBILDUNG 61

Leistungsbilanz und preisliche Wettbewerbsfähigkeit

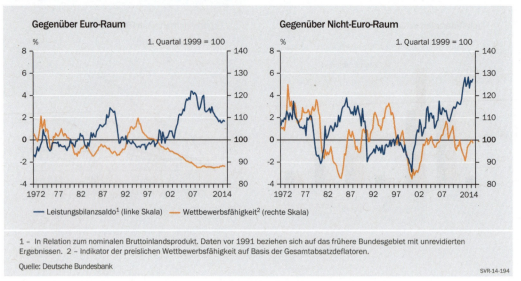

1 – In Relation zum nominalen Bruttoinlandsprodukt. Daten vor 1991 beziehen sich auf das frühere Bundesgebiet mit unrevidierten Ergebnissen. 2 – Indikator der preislichen Wettbewerbsfähigkeit auf Basis der Gesamtabsatzdeflatoren.

Quelle: Deutsche Bundesbank

sierung der Wertschöpfungsketten, wirtschaftspolitische Reformen und Lohnmoderation.

455. Die **Wechselkursentwicklung** zeigt insbesondere seit dem Jahr 2010 eine spezielle Eigenschaft der Währungsunion: Der nominale Euro-Wechselkurs wird vor allem von Entwicklungen zwischen dem gesamten Euro-Raum und dem Rest der Welt beeinflusst, während nominale Wechselkursänderungen zwischen den Mitgliedern des Euro-Raums nicht mehr möglich sind. So hat insbesondere der Vertrauensverlust in den Euro-Raum im Zeitraum der Jahre 2010 bis 2012 zu einer deutlichen Abwertung des Euro geführt. Der reale Wechselkurs Deutschlands kann somit nicht angemessen auf Entwicklungen in der deutschen Leistungsbilanz reagieren. Bei einer nationalen Währung hätte sich für Deutschland höchstwahrscheinlich eine völlig andere Entwicklung ergeben. Von der Abwertung des Euro sind spürbare Effekte auf die Leistungsbilanz zu erkennen. ↘ ZIFFERN 460 F.

456. Neben den positiven Effekten der Gemeinschaftswährung dürfte die Wettbewerbsfähigkeit des deutschen Exportsektors durch eine deutlich ausgeprägte **Globalisierung der Wertschöpfungsketten** erhöht worden sein. So wird ein steigender Anteil der inländischen Vorproduktion substituiert, indem Vorprodukte bei ausländischen Zulieferern extern beschafft werden (**Outsourcing**). Gleichzeitig greifen immer mehr Unternehmen darauf zurück, eigene Niederlassungen über Direktinvestitionen im Ausland zu errichten und über diese Vorprodukte für den späteren Wertschöpfungsprozess zu beziehen (**Offshoring**). Die steigende Bedeutung des Outsourcing und Offshoring zeigt sich am in den vergangenen 20 Jahren kontinuierlich gesunkenen Anteil inländischer Wertschöpfung je Exporteinheit. ↘ ABBILDUNG 62 LINKS Nicht länger wettbewerbsfähige, vor allem arbeitsintensive Produktionsbereiche werden ins Ausland verlagert.

↘ ABBILDUNG 62
Wertschöpfungsstruktur der Exporte

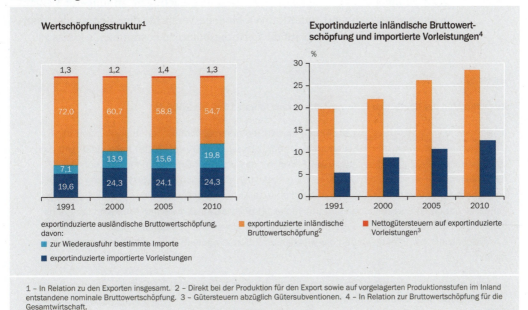

1 – In Relation zu den Exporten insgesamt. 2 – Direkt bei der Produktion für den Export sowie auf vorgelagerten Produktionsstufen im Inland entstandene nominale Bruttowertschöpfung. 3 – Gütersteuern abzüglich Gütersubventionen. 4 – In Relation zur Bruttowertschöpfung für die Gesamtwirtschaft.

SVR-14-245

457. Der **Umbau der Produktionsstruktur** durch die Auslagerung eines Teils der Wertschöpfung ins Ausland dürfte in den vergangenen Jahren zum deutschen Leistungsbilanzüberschuss beigetragen haben. So stieg die weltweite Nachfrage nach Endprodukten der deutschen Exportwirtschaft aufgrund der preiswerten und zum Teil qualitativ hochwertigen Vorleistungsgüter aus dem Ausland. Dies zeigt sich daran, dass die exportinduzierte inländische Bruttowertschöpfung in Relation zur gesamten Bruttowertschöpfung im Verlauf der letzten 20 Jahre deutlich angestiegen ist. ↘ ABBILDUNG 62 RECHTS Der „Nachfrageeffekt" nach deutschen Ausfuhrgütern hat somit den „Auslagerungseffekt" von Vorleistungen ins Ausland deutlich überkompensiert.

Bei der zuletzt zu beobachtenden Investitions- und Gewinnausschüttungspolitik der deutschen Unternehmen entstand als Folge der beschriebenen Produktionsstrukturen ein Leistungsbilanzüberschuss. ↘ ZIFFERN 421 FF. Diese Entwicklung war für die deutsche Volkswirtschaft und das Ausland von Vorteil. So wurde trotz des höheren Importgehalts deutscher Exporte die deutsche Wertschöpfung erhöht, gleichzeitig entstanden aufgrund der importierten Vorleistungen Arbeitsplätze und Wertschöpfung im Ausland (Aichele et al., 2013).

458. Die **wirtschaftspolitischen Reformen** der vergangenen 15 Jahre haben ebenfalls direkt und indirekt die Verbesserung der Wettbewerbsfähigkeit der Unternehmen unterstützt. So wurde die Steuerbelastung von Unternehmen im Rahmen der beiden Steuerreformen der Jahre 2001 und 2008 gesenkt: Die effektiven Durchschnittssteuersätze und somit die Kapitalkosten sind gesunken. Dies wurde vor allem durch die Senkung des Körperschaftsteuersatzes von bis zu 40 % auf 15 % erreicht. Darüber hinaus hat die Steuerreform des Jahres 2001 Auslandsinvestitionen deutscher Unternehmen begünstigt (Feld und Heckemeyer, 2011). ↘ ZIFFERN 427 FF.

Daneben haben die Reformen in den sozialen Sicherungssystemen bis zum Jahr 2007 zu einer Senkung der Lohnnebenkosten beigetragen. In jüngerer Vergangenheit wurde anhand quantitativer Modelle versucht, den Beitrag der deutschen Wirtschaftsreformen auf die Leistungsbilanz zu bestimmen. ⬛ KASTEN 22

⬛ KASTEN 22

Auswirkungen der deutschen Reformpolitik in den Jahren 1999 bis 2008

Eine Studie von Gadatsch et al. (2014) quantifiziert die makroökonomischen Auswirkungen der fiskalpolitischen Reformen und Arbeitsmarktreformen der Jahre 1999 bis 2008. Verwendet wird ein stochastisches Gleichgewichtsmodell (DSGE-Modell), das in seiner Grundstruktur dem von der EZB für Politikanalysen verwendeten New Area Wide Model (NAWM) ähnlich ist (JG 2013 Kasten 10), aber den Arbeitsmarkt und die Fiskalpolitik wesentlich detaillierter modelliert. So ist der Arbeitsmarkt gekennzeichnet durch Suchfriktionen und unterscheidet beispielsweise zwischen Kurz- und Langzeitarbeitslosen. Dadurch können die Reformen in der quantitativen Analyse adäquat abgebildet werden. Zur Abschätzung der Effekte werden die wichtigsten Reformen gemäß ihrer zeitlichen Umsetzung simuliert:

– die fiskalischen Abwertungen in den Jahren 1999 bis 2003 und 2007 durch Senkung der Lohnnebenkosten und Erhöhung der indirekten Steuern,

– die Unternehmensteuerreformen 2001 und 2008 mit Senkungen der Körperschaftsteuer,

– die Senkung der Einkommensteuer in den Jahren 2001, 2004 und 2005,

– die Reform der Arbeitsvermittlung (Hartz III) im Jahr 2004,

– die Reform der Arbeitslosenversicherung durch verkürzte Anspruchszeiten und die Zusammenlegung von Arbeitslosenhilfe und Sozialhilfe (Hartz IV) im Jahr 2005.

Die Modellanalyse der genannten Strukturreformen identifiziert makroökonomisch positive Effekte auf die deutsche Volkswirtschaft: ⬛ ABBILDUNG 63 Gegenüber der kontrafaktischen Situation ohne Strukturreformen liegen das Bruttoinlandsprodukt, der private Konsum und die Investitionen mittelfristig jeweils um etwa 2 %, 1,5 % beziehungsweise 1 % höher. Die dauerhafte Senkung der Arbeitslosenquote betrug demnach rund 1,5 Prozentpunkte. Gleichzeitig verbesserten sich die Terms of Trade der deutschen Volkswirtschaft deutlich, die preisliche Wettbewerbsfähigkeit deutscher Unternehmen stieg. Die Hartz IV-Reform hatte den mit Abstand größten Effekt.

Trotz der deutlichen Verbesserung der Wettbewerbsfähigkeit war der Effekt der Reformen auf die Leistungsbilanz verschwindend gering, da mit dem gestiegenen aggregierten Einkommen die Importnachfrage gesteigert wurde. Dieses Ergebnis steht im Widerspruch zur Studie von Kollmann et al. (2015), die einen signifikant positiven Einfluss der Arbeitsmarktreformen auf die deutsche Leistungsbilanz identifiziert. ⬛ ANHANG Das in jener Studie verwendete Modell weist allerdings keinen detaillierten Arbeitsmarkt auf, weshalb die Reformen dort nur stark stilisiert abgebildet werden können.

Es zeigt sich außerdem, dass die Strukturreformen ab dem Jahr 2005 zur deutschen Lohnmoderation beigetragen haben. Dies hatte allerdings keinen dämpfenden Effekt auf die Importnachfrage, da die gestiegene Beschäftigung den Rückgang der Reallöhne überkompensieren konnte. Somit ist der Effekt der Reformen auf das Ausland, hier der Rest des Euro-Raums, im Saldo schwach positiv. Das steht im Einklang mit anderen empirischen Studien, die ganz allgemein Spillover-Effekte von Arbeitsmarktreformen untersuchen (etwa Felbermayr et al., 2013).

Insgesamt deuten die Ergebnisse darauf hin, dass Deutschlands Strukturreformen keine Beggar-thy-Neighbour-Politik darstellen, im Gegensatz zur gezielten Abwertung des nominalen Wechselkurses, um so auf Kosten des Auslands Exportnachfrage zu gewinnen.

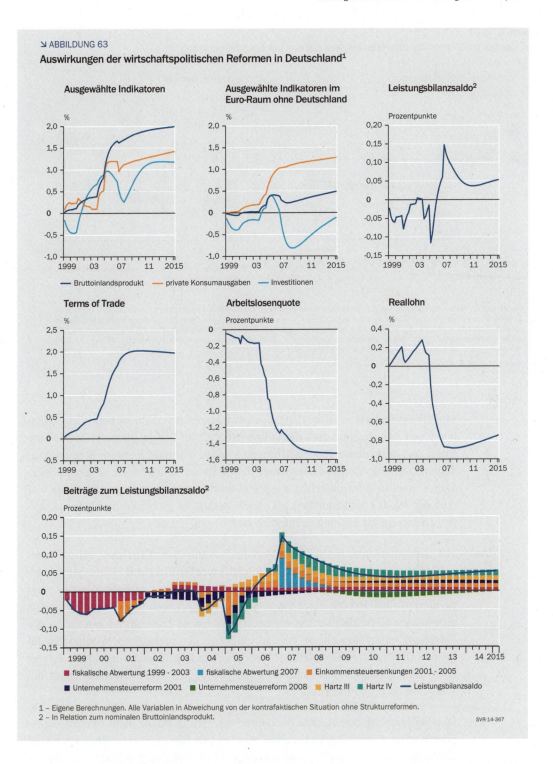

459. In der Diskussion bezüglich der Verbesserung der preislichen Wettbewerbsfähigkeit deutscher Exportunternehmen wird oftmals auf den Einfluss der sogenannten **Lohnmoderation** verwiesen. Die zwischen den Tarifvertragsparteien ausgehandelte Reallohnentwicklung blieb in den Jahren 2000 bis 2007 hinter dem Produktivitätsfortschritt zurück und unterstützte so den Beschäftigungsaufbau und spiegelbildlich den Abbau der Arbeitslosigkeit (JG 2013 Ziffer 695).

↘ ABBILDUNG 64

Einfluss der preislichen Wettbewerbsfähigkeit auf den Leistungsbilanzsaldo[1]

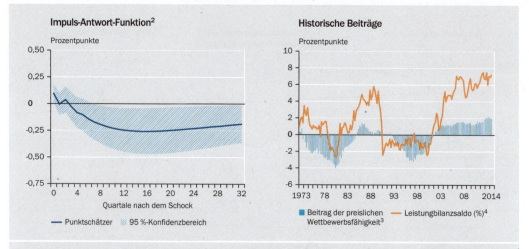

1 – Analyse mit Vektorautoregressivem Modell. Verwendete Variablen sind die logarithmierte preisliche Wettbewerbsfähigkeit und der Leistungsbilanzsaldo in Relation zum Bruttoinlandsprodukt (Cholesky-Zerlegung, 4 Verzögerungen). Der Schätzzeitraum umfasst das 1. Quartal 1972 bis zum 2. Quartal 2014. 2 – Reaktion nach Verschlechterung der preislichen Wettbewerbsfähigkeit um 1 %. 3 – Indikator der preislichen Wettbewerbsfähigkeit auf Basis der Gesamtabsatzdeflatoren. 4 – In Relation zum nominalen Bruttoinlandsprodukt. Daten vor 1991 beziehen sich auf das frühere Bundesgebiet mit unrevidierten Ergebnissen.

Quelle: Deutsche Bundesbank

Eine disaggregierte Analyse der Lohnentwicklung in verschiedenen Wirtschaftsbereichen zeigt jedoch, dass die Löhne lediglich im Sektor für nicht-handelbare Güter und handelbare Dienstleistungen sanken, während insbesondere im handelbaren Sektor des produzierenden Gewerbes die Löhne auch in den 2000er-Jahren nahezu kontinuierlich stiegen (Dustmann et al., 2014). Allerdings war dort der Produktivitätsanstieg sehr hoch, sodass es zu einem deutlichen Rückgang der Lohnstückkosten gekommen ist.

460. Mit zeitreihenökonometrischen Verfahren kann der **Einfluss einer Verschlechterung der preislichen Wettbewerbsfähigkeit** deutscher Unternehmen auf die Leistungsbilanz geschätzt werden. Die Ergebnisse zeigen, dass sie hierauf zunächst mit einer Verbesserung reagiert, sich jedoch langfristig eine signifikante Verschlechterung ergibt. ↘ ABBILDUNG 64 LINKS Grund hierfür ist die Persistenz einer einmaligen Verschlechterung der preislichen Wettbewerbsfähigkeit. Der ermittelte langfristige Rückgang des Leistungsbilanzsaldos – infolge einer anfänglichen Verschlechterung der preislichen Wettbewerbsfähigkeit um 1 % – beträgt 0,25 Prozentpunkte.

Dies verdeutlicht erneut, dass die deutsche Leistungsbilanz nicht immun gegenüber Veränderungen der preislichen Wettbewerbsfähigkeit ist. Jedoch ist die berechnete Elastizität als ein Durchschnittswert über die vergangenen 40 Jahre zu betrachten. Es ist davon auszugehen, dass sich heute viele Unternehmen im Gegensatz zu den 1970er- und 1980er-Jahren gegen Wechselkursrisiken absichern, sodass die aktuelle Preiselastizität unter 0,25 liegt. Zudem dürfte die **Globalisierung der Wertschöpfungsketten** eine weitere Wechselkursabsicherung darstellen. ↘ ZIFFERN 456 F.

461. Die Analysen zeigen weiterhin, dass die verbesserte Wettbewerbsfähigkeit ungefähr seit dem Jahr 2002 zunehmend positive Beiträge zur Höhe des Leistungsbilanzsaldos geliefert hat. ↘ ABBILDUNG 64 RECHTS Dies trifft im Besonderen auf die Entwicklung in der jüngeren Vergangenheit zu. So hat die starke Abwertung des Euro in den Jahren 2011 und 2012 für sich genommen dazu geführt, dass der deutsche Leistungsbilanzüberschuss im Jahr 2013 um fast einen Prozentpunkt höher ausfiel als im Jahr 2010.

Lohnmoderation und Konsumnachfrage

462. Der Begriff **Lohnmoderation** wird mit dem Zeitraum der Jahre 2000 bis 2007 verbunden, in welchem die Nettolöhne und -gehälter je Arbeitnehmer in der Tendenz stark rückläufig waren. ↘ ABBILDUNG 65 LINKS Diese Entwicklung wird häufig als Ursache für die damals stagnierende Konsumnachfrage und den deutlichen Anstieg des Leistungsbilanzsaldos genannt (JG 2010 Ziffern 219 ff.). Die Begründung geht auf Keynes zurück, der im verfügbaren Einkommen die wesentliche Bestimmungsgröße für den privaten Konsum gesehen hat (JG 2008 Kasten 3). In der Tat zeigen empirische Analysen für die Vereinigten Staaten und Europa, dass etwa 20 % bis 35 % aller privaten Haushalte ihren Konsum vollständig am verfügbaren Einkommen ausrichten (JG 2013 Ziffer 221; Coenen und Straub, 2005; Coenen et al., 2008; Ratto et al., 2009; Cogan et al., 2010).

Die Mehrheit der Haushalte scheint jedoch ihren Konsum über die Zeit zu glätten und versucht, über eine Anpassung der Sparquote Schwankungen im verfügbaren Einkommen auszugleichen. Nur wenn ihr **permanentes Einkommen** sinkt, ändert sich die Konsumnachfrage (Friedman, 1957). Dies könnte einen Teil der deutschen „Konsumschwäche" in der ersten Hälfte der 2000er-Jahre erklären, da die schwache Konjunkturentwicklung sowie die steigende Ar-

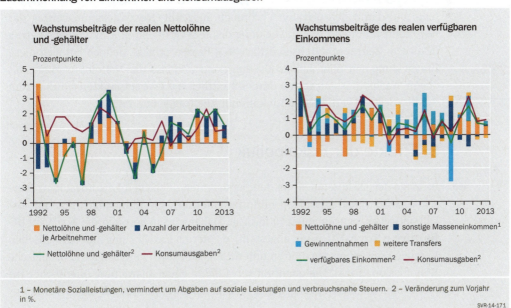

↘ ABBILDUNG 65
Zusammenhang von Einkommen und Konsumausgaben

1 – Monetäre Sozialleistungen, vermindert um Abgaben auf soziale Leistungen und verbrauchsnahe Steuern. 2 – Veränderung zum Vorjahr in %.

beitslosigkeit zu einer Anpassung der Erwartungen geführt haben dürften.

463. Für die aggregierte Konsumnachfrage der privaten Haushalte, die sich hauptsächlich am verfügbaren Einkommen ausrichtet, sind die **gesamten Nettolöhne und -gehälter** maßgebend. Diese setzen sich aus zwei Größen zusammen: Zum einen führt ein Anstieg der **Arbeitnehmeranzahl** bei konstanten Löhnen zu einer Expansion der gesamten Nettolöhne und -gehälter. Zum anderen wird die Nettolohnsumme durch die eigentliche **Nettolohnentwicklung je Arbeitnehmer** beeinflusst. Während der Lohnmoderation gingen beide Größen zurück, sodass die Nettolohnsumme sank.

Die Nettolohnentwicklung je Arbeitnehmer erklärt den größeren Beitrag dieses Rückgangs in den Jahren 2002 bis 2006. In den Jahren 2007 und 2008 gingen die Löhne je Arbeitnehmer weiter zurück, gleichzeitig stieg jedoch die Beschäftigung wesentlich stärker an, sodass die Nettolohnsumme sich wieder erhöhte. Seit dem Jahr 2009 steigen die realen Nettolöhne je Arbeitnehmer wieder mit durchschnittlich 0,8 %. Da die Anzahl der Arbeitnehmer seit dem Jahr 2009 ebenfalls kontinuierlich zunimmt, konnten die Nettolöhne und -gehälter mit einem durchschnittlichen Wachstum von 1,6 % wieder kräftiger zulegen.

464. Jedoch wird die Dynamik des aggregierten privaten Verbrauchs primär durch die **Entwicklung der verfügbaren Einkommen** bestimmt, in der die gesamten Nettolöhne und -gehälter gut 45 % ausmachen. So beträgt die Korrelation der jährlichen Veränderungsraten zwischen dem privaten Verbrauch und den real verfügbaren Einkommen fast 0,9. ↘ ABBILDUNG 65 RECHTS Im Vergleich hierzu sind die Nettolohnsumme und die Nettolöhne je Arbeitnehmer mit dem privaten Verbrauch jeweils mit 0,4 korreliert. Bei konstanter Sparquote schlägt sich eine Erhöhung des verfügbaren Einkommens um 1 % in einer Erhöhung des privaten Verbrauchs um ebenfalls 1 % nieder.

465. Die gesamten Nettolöhne und -gehälter haben vor allem im Zeitraum zwischen 2002 und 2006 einen **spürbar negativen Effekt** auf das verfügbare Einkommen und damit den privaten Verbrauch ausgeübt. Der Wachstumsbeitrag der Nettolohnsumme für die Entwicklung des real verfügbaren Einkommens betrug in diesem Zeitraum durchschnittlich -0,4 Prozentpunkte. Jedoch hat sich diese Entwicklung seit dem Jahr 2007 umgekehrt, sodass die Nettolohnsumme mit einem Wachstumsbeitrag von durchschnittlich 0,7 Prozentpunkten spürbar zum Anstieg des real verfügbaren Einkommens beitragen konnte.

3. Effekte der Fiskalpolitik

466. Im Zuge der Diskussionen um den persistenten deutschen Leistungsbilanzüberschuss wird von Deutschland mitunter gefordert, die Binnennachfrage mit fiskalpolitischen Instrumenten zu fördern. Dabei wird in besonderem Maße auf **öffentliche Investitionen** abgestellt, da deren Entwicklung im europäischen Vergleich seit mehreren Jahren unterdurchschnittlich gewesen sei (Europäische Kommission, 2014). Die quantitativen Effekte einer Ausweitung öffentlicher Investitionen auf die Leistungsbilanz sind in der Literatur jedoch bisher kaum un-

tersucht worden. Zudem divergieren die Ergebnisse der wenigen jüngeren Studien auf Basis geschätzter quantitativer Modelle für Deutschland deutlich. Dies gilt insbesondere hinsichtlich der kurzfristig zu erwartenden Effekte.

467. In einer Studie des **Internationalen Währungsfonds** (2014) wird ein Szenario betrachtet, in welchem in Deutschland in den Jahren 2014 und 2015 die öffentliche Investitionsquote um jeweils 0,5 Prozentpunkte erhöht und Maßnahmen ergriffen werden, um die privaten Investitionen in diesem Zeitraum um einen weiteren Prozentpunkt zu erhöhen. Wenn zeitgleich Strukturreformen in allen Mitgliedstaaten des Euro-Raums umgesetzt würden, ergäben sich daraus für Deutschland und die anderen großen Volkswirtschaften zusätzliche kumulierte Wachstumsimpulse von 2 % bis 6 %. Der deutsche Leistungsbilanzsaldo würde um ein bis zwei Prozentpunkte abgebaut.

468. Simulationsrechnungen mit dem **makroökonometrischen Weltwirtschaftsmodell NiGEM** (BMF, 2013) kommen zu dem Ergebnis, dass eine Ausweitung der öffentlichen Investitionen in Höhe von 1 % des Bruttoinlandsprodukts kurzfristig zu einem Rückgang der deutschen Leistungsbilanz in Relation zum Bruttoinlandsprodukt um rund 0,8 Prozentpunkte führen dürfte. Mittel- bis langfristig sind in diesem Modell keine Effekte auf die Leistungsbilanz zu beobachten.

469. Demgegenüber fällt der geschätzte kurzfristige negative Effekt auf die Leistungsbilanz im Rahmen einer Erweiterung des Neu-Keynesianischen Modells Quest III der Europäischen Kommission deutlich schwächer aus, da sich der Aufbau des öffentlichen Kapitalstocks vorteilhaft auf das Produktionspotenzial und die Wettbewerbsfähigkeit auswirkt (Kollmann et al., 2015). ↘ ANHANG In dieser Studie sinkt der Leistungsbilanzsaldo in Relation zum Bruttoinlandsprodukt kurzfristig maximal um 0,2 Prozentpunkte und steigt mittel- bis langfristig sogar wieder. Damit sind öffentliche Investitionen gemäß dieser Studie nicht geeignet, einen Leistungsbilanzüberschuss nachhaltig abzubauen.

470. Eine Erhöhung der öffentlichen Konsumausgaben würde hingegen den Leistungsbilanzsaldo nach einer Mehrzahl jüngerer Studien senken, allerdings ist das Ausmaß dieser Effekte moderat. ↘ TABELLE 18 Die Untersuchungen basieren auf Mehrländerstudien, die mit Zeitreihenmethoden (Vektorautoregressiven Modellen) oder Panelschätzungen durchgeführt wurden. Zusammenfassend zeigen sie, dass eine Ausweitung des öffentlichen Konsums um 1 % des Bruttoinlandsprodukts den Leistungsbilanzsaldo in Relation zum Bruttoinlandsprodukt zwischen 0,0 und 0,5 Prozentpunkten reduzieren könnte. Mit einem Effekt von 0,8 Prozentpunkten in der kurzen Frist liefert die Studie von Beetsma et al. (2008) den höchsten Effekt und stellt hierbei eine Ausnahme dar. Dieser hohe Wert erklärt sich mit dem – im Vergleich zu anderen Studien – sehr hohen Staatsausgabenmultiplikator, der deutlich über Eins liegt und einen starken Anstieg der Importe zur Folge hat.

↘ TABELLE 18
Auswirkungen einer Erhöhung der öffentlichen Konsumausgaben und des Staatsdefizits

Studie	Methode	Schock (1 % vom Bruttoinlandsprodukt)	Verschlechterung der Leistungsbilanz/Handelsbilanz in Relation zum Bruttoinlandsprodukt (in Prozentpunkten)
Mohammadi (2004)	Panel-Regression (Industrieländer)	Öffentliche Konsumausgaben	0 – 0,26 (steuerfinanziert) 0,22 – 0,5 (schuldenfinanziert)
Corsetti und Müller (2006)	VAR	Öffentliche Konsumausgaben	0 (Australien und Vereinigte Staaten), 0 – 1 (Kanada), 0,5 – 0,8 (Vereinigtes Königreich)
Beetsma et al. (2008)	Panel-VAR (EU-Länder)	Öffentliche Konsumausgaben	0,5 – 0,8
Abbas et al. (2011)	Panel-VAR (Industrie-, Schwellen- und Entwicklungsländer)	Öffentliche Konsumausgaben	0,45 – 0,54
Chinn und Prasad (2003)	Panel-Regression (Industrieländer)	Staatsdefizit	0,34
Abiad et al. (2009)	Panel-Regression (Europa)	Staatsdefizit	0
Abbas et al. (2011)	Panel-Regression (Industrieländer)	Staatsdefizit	0,11

SVR-14-269

471. Es existiert zudem eine Vielzahl empirischer Studien, welche die Auswirkungen einer generellen Änderung des **Staatsdefizits** untersuchen, ohne jedoch zu unterscheiden, durch welche Maßnahmen – einnahme- oder ausgabeseitig – das Defizit jeweils verändert wurde. ↘ TABELLE 18 Insgesamt zeigen die Ergebnisse, dass eine Erhöhung des Staatsdefizits den Leistungsbilanzsaldo moderat senkt. Aufgrund der höheren Multiplikatoren ausgabeseitiger Maßnahmen ist davon auszugehen, dass die Effekte von einnahmeseitigen Instrumenten auf die Leistungsbilanz noch geringer sind. Bezüglich einnahmeseitiger Instrumente sind keine belastbaren Studien für Deutschland oder Europa vorhanden. Jedoch muss bei den empirischen Ergebnissen darauf hingewiesen werden, dass in den meisten Studien nicht für die Einflüsse der Geldpolitik kontrolliert wird. So ist damit zu rechnen, dass die fiskalischen Effekte auf die Leistungsbilanz in der momentanen Situation mit **Zinsen nahe Null** eher höher ausfallen.

IV. ENTWICKLUNG DES AUSLANDSVERMÖGENS

472. Das **deutsche Nettoauslandsvermögen** ist aufgrund der langanhaltenden Leistungsbilanzüberschüsse seit dem Jahr 2000 um 1,3 Billionen Euro angestiegen. Dabei stiegen die Forderungen um 3,8 Billionen Euro und die Verbindlichkeiten um 2,6 Billionen Euro. ↘ ABBILDUNG 66 Ende des Jahres 2013 beliefen sich die Gesamtforderungen der deutschen Volkswirtschaft gegenüber dem Ausland auf mehr als 6,6 Billionen Euro oder 245 % des nominalen Bruttoinlandsprodukts. Maßgeblich getragen wurde der Anstieg durch zunehmende Forderungen der privaten Banken, Versicherungen sowie der nichtfinanziellen Unternehmen und Privatpersonen.

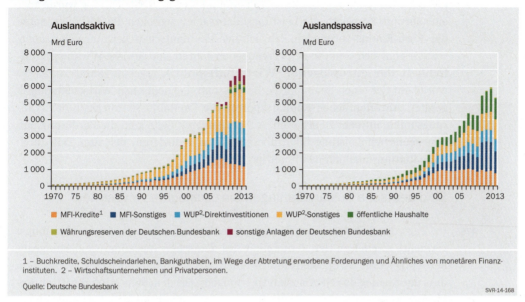

↘ ABBILDUNG 66
Vermögensstatus Deutschlands gegenüber dem Ausland

1 – Buchkredite, Schuldscheindarlehen, Bankguthaben, im Wege der Abtretung erworbene Forderungen und Ähnliches von monetären Finanzinstituten. 2 – Wirtschaftsunternehmen und Privatpersonen.

Quelle: Deutsche Bundesbank

Die Besitzstruktur dieser Auslandsforderungen hat sich in den vergangenen Jahren jedoch deutlich verändert. Während die Deutsche Bundesbank und die öffentlichen Haushalte bis zum Jahr 2007 nur gut 4 % des gesamten Auslandsvermögens hielten, stieg deren Anteil seither kräftig an und erreichte im Jahr 2012 einen Höchststand von gut 17 % oder 1,2 Billionen Euro. Gleichzeitig reduzierten sich die Forderungen der Banken gegenüber dem Ausland aus Finanzbeziehungen deutlich. Hier sank der Anteil von 32 % im Jahr 2007 auf 18 % im Jahr 2013.

473. Der starke Anstieg der Auslandsforderungen der Deutschen Bundesbank und der öffentlichen Haushalte ist eine **Folge der Rettungsmaßnahmen** im Zuge der Euro-Krise. Nach der Desintegration des europäischen Interbankenmarkts und dem Vertrauensverlust in die Solvenz einzelner Mitgliedstaaten des Euro-Raums wurde die Krise mit geldpolitischen Maßnahmen der EZB und staatlichen Rettungspaketen entschärft. Gleichzeitig kam es durch diese Maßnahmen aber zu einer Teilsubstitution der grenzüberschreitenden privaten Kapitalströme durch staatliche Kredite und das Refinanzierungssystem der EZB.

Der **TARGET2-Saldo** der Deutschen Bundesbank von 480 Mrd Euro im September 2014 ist dabei das Ergebnis der geldpolitischen Stabilisierungsmaßnahmen. Sein Ausmaß kann nicht von ihr gesteuert werden. Einige der Maßnahmen, wie etwa die Herabstufung der Standards für Sicherheiten im Rahmen der Refinanzierungsgeschäfte durch die EZB, wurden dabei gegen Vorbehalte der Deutschen Bundesbank ergriffen. Die Bundesbank erhält für ihren TARGET2-Saldo keine explizite Vergütung. Zudem ging der deutsche Staat durch die Rettungspakete, etwa die bilateralen Kredithilfen an Griechenland, zusätzliche Risiken ein.

474. Durch die Bereitstellung öffentlicher Kapitalexporte wurde zwar ein plötzlicher Stillstand der privaten Kapitalbewegungen innerhalb des Euro-Raums („**Sud-**

den Stop") ausgeglichen und der Zusammenhalt des Währungsraums gesichert (JG 2012 Kasten 7; JG 2011 Ziffern 135 ff. und Kasten 7). Gleichzeitig wurde aber eine abrupte Korrektur der Leistungsbilanzsalden zwischen den Mitgliedstaaten des Euro-Raums vermieden. Hinsichtlich des deutschen Leistungsbilanzüberschusses hat sich somit in den vergangenen Jahren eine gewisse **Widersprüchlichkeit der europäischen Wirtschaftspolitik** ergeben (Sinn, 2012). So wurde auf der einen Seite auf die Bereitschaft der deutschen Wirtschaftspolitik gesetzt, mit öffentlichen Kapitalexporten die Kapitalflüsse innerhalb der Währungsunion aufrecht zu erhalten. Auf der anderen Seite kam die Forderung auf, den deutschen Leistungsbilanzüberschuss zu reduzieren, der zum Teil durch diese Rettungsmaßnahmen finanziert wurde.

Sind deutsche Auslandsanlagen ein „schlechtes Investment"?

475. Im Zuge der globalen Finanzkrise und der Krise im Euro-Raum wurden jüngst vermehrt Zweifel an der Rentabilität des deutschen Auslandsvermögens geäußert (Klär et al., 2013; Baldi und Bremer, 2013). In der Tat ist zu beobachten, dass der Anstieg des Nettoauslandsvermögens seit dem Jahr 2007 **deutlich geringer ausgefallen** ist als die Summe der entsprechenden Leistungsbilanzüberschüsse. ↘ ABBILDUNG 67 LINKS Diese Diskrepanz ist sogar höher, wenn sie als Differenz zwischen dem Anstieg des Nettoauslandsvermögens und den kumulierten Kapitalbilanzsalden gemessen wird. In diesem Fall beträgt sie rund 575 Mrd Euro seit Anfang 2007. Jedoch ist hierbei zu beachten, dass die Diskrepanz zwischen dem kumulierten Leistungsbilanzsaldo und dem Nettoauslandsvermögen nur bedingt als Vermögensverlust deutscher Auslandsanlagen zu interpretieren ist.

476. Die Lücke zwischen der Zahlungsbilanzstatistik und der Vermögenstatistik wäre nur bei einer einheitlichen Datenlage ein Hinweis darauf, dass bewertungsbe-

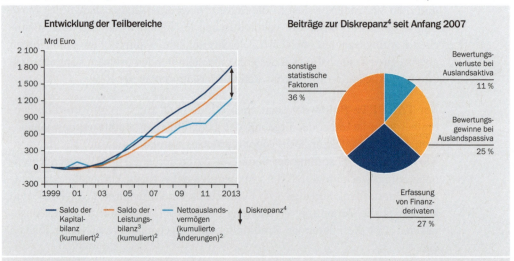

↘ ABBILDUNG 67
Indikatoren der Zahlungsbilanz¹

1 – Stand: Mai 2014. 2 – Startpunkt 1. Quartal 1999. 3 – Einschließlich Vermögensübertragungen. 4 – Diskrepanz zwischen Saldo der Kapitalbilanz und Nettoauslandsververmögen.

Quelle: Deutsche Bundesbank

dingte Anpassungen etwa infolge von Marktpreis- und Wechselkurseffekten stattgefunden haben. Dies ist jedoch nicht der Fall. Die Stromgrößenrechnungen innerhalb der Leistungs- und Kapitalbilanz und die Bestandsrechnung des Auslandsvermögensstatus (AVS) beruhen auf unterschiedlichen Primärstatistiken (Deutsche Bundesbank, 2014b; Frey et al., 2014). Berechnungen der Bundesbank zeigen, dass mehr als 60 % der Diskrepanz durch **statistische Faktoren** bei der Erfassung verschiedener Transaktionen erklärbar sind. Zu diesen Transaktionen zählt insbesondere die Einbeziehung von Finanzderivaten, aber auch die Erfassung des Beteiligungskapitals von Direktinvestitionsunternehmen.
↘ ABBILDUNG 67 RECHTS

477. Die verbleibende Diskrepanz geht zum Großteil auf die Abwertung des Euro im Jahr 2013 zurück sowie auf den **Kursanstieg** von Anleihen deutscher Emittenten, die von Ausländern gehalten werden. Letzteres ist vor allem auf die Auswirkungen der Euro-Krise zurückzuführen und hat zu einem Anstieg der Auslandspassiva geführt. Im Vergleich hierzu erklären Bewertungsverluste auf Auslandsaktiva einen relativ geringen Anteil der Diskrepanz. Die Deutsche Bundesbank beziffert die Wertverluste durch Abschreibungen und Vermögensabgänge bei Banken seit dem Ausbruch der Finanzkrise auf lediglich 37,5 Mrd Euro. Insgesamt sind somit weniger als 10 % der gesamten Diskrepanz auf Wertverluste zurückzuführen.

478. Die Deutsche Bundesbank berechnet zudem eine **Vermögenseinkommensrendite** und **Gesamtrendite** sowohl auf das deutsche Bruttoauslandsvermögen als auch auf die Bruttoauslandsverbindlichkeiten. Die Berechnungen zeigen, dass die deutschen Vermögenseinkommen (vor allem Zinsen und Dividenden) auf das deutsche Auslandsmögen im vergangenen Jahrzehnt immer höher ausfielen als für hiesige Anlagen in ausländischem Besitz. Im Jahr 2013 lagen die entsprechenden Vermögenseinkommensrenditen bei 2,8 % für das deutsche Auslandsvermögen und 2,1 % für die deutschen Auslandsverbindlichkeiten. Dieses Ergebnis ändert sich nicht, wenn in die Berechnungen marktpreis- und wechselkursbedingte Veränderungen sowie abschreibungsbedingte Wertberichtigungen hinzugezogen werden (Gesamtrendite). Es zeigt sich, dass vor allem die Renditen auf deutsche Direktinvestitionen im Ausland deutlich höher ausfielen als für ausländische Direktinvestitionen in Deutschland.

479. Die Veränderung der deutschen Nettoauslandsposition allein kann somit nicht dafür herangezogen werden, um die Rentabilität der deutschen Auslandsanlagen zu beurteilen. Vielmehr zeigen die detaillierten Berechnungen, dass die deutschen Ersparnisse **durchaus rentabel** im Ausland angelegt wurden. Ohnehin kann auf Basis dieser Zahlen nicht direkt geschlossen werden, dass die Anlage im Inland ex ante besser gewesen wäre als die im Ausland, wie bisweilen behauptet wird (DIW, 2013). Es führt aber gleichzeitig zu der Frage, warum die zu erwartenden Erträge in Deutschland in der Vergangenheit anscheinend geringer ausgefallen sind als im Ausland und inwieweit hierfür strukturelle Faktoren verantwortlich sind.

V. SCHLUSSFOLGERUNGEN UND AUSBLICK

480. Im März 2014 hat die **Europäische Kommission** im Rahmen ihrer „Macroeconomic Imbalances Procedure" für Deutschland aufgrund des hohen Leistungsbilanzüberschusses ein makroökonomisches Ungleichgewicht festgestellt. Als Grundlage für dieses Ergebnis wurden zwar mehrere deskriptive sowie quantitative Analysen herangezogen. In ihrer Diagnose führt sie jedoch den Anstieg „in erster Linie" auf die schwache Binnennachfrage zurück (Europäische Kommission, 2014). Sie fordert daher eine deutliche Ausweitung der öffentlichen Investitionen und Maßnahmen, die das Potenzialwachstum erhöhen.

481. Dieser Diagnose kann sich **der Sachverständigenrat nicht anschließen**. Der hohe Leistungsbilanzüberschuss ist vor allem der Konsolidierung des privaten Sektors geschuldet, die als Reaktion auf die schuldenfinanzierte Binnenkonjunktur in den Jahren nach der Wiedervereinigung angesehen werden kann. Die starke Aufwertung der D-Mark bis Mitte der 1990er-Jahre erforderte zudem, dass die Unternehmen ihre preisliche Wettbewerbsfähigkeit verbesserten. Darüber hinaus wurden mit der Unternehmensteuerreform 2001 bestehende Verzerrungen abgebaut und damit Auslandsinvestitionen für deutsche Unternehmen relativ attraktiver gemacht. Dadurch wurde der allgemeine Trend zum vermehrten Aufbau von Produktionskapazitäten im Ausland unterstützt, der umgekehrt die Nettoerwerbs- und vermögenseinkommen hat ansteigen lassen. Hinzu trat zunehmend die Konsolidierung des Staatshaushalts.

In den vergangenen drei Jahren kamen durch die Krise des Euro-Raums **Sonderfaktoren** hinzu, die aktivierend auf den Leistungsbilanzsaldo wirkten: So hatte der nominale effektive Euro-Wechselkurs während der Zuspitzung der Krise deutlich abgewertet; seit der Ankündigung einer weiteren geldpolitischen Lockerung durch die EZB in diesem Jahr setzte die Abwertung nach einer zwischenzeitlichen Aufwertung wieder ein.

482. Zudem haben die zahlreichen gemeinsamen fiskalischen Rettungsmaßnahmen der Mitgliedstaaten des Euro-Raums zusammen mit den außergewöhnlichen geldpolitischen Maßnahmen der EZB eine stetige Verringerung der Leistungsbilanzdefizite der betroffenen Mitgliedstaaten ermöglicht. Die bei flexiblen Wechselkursen mögliche abrupte krisenbedingte Korrektur der Leistungsbilanzen unterblieb. Die Bereitschaft der deutschen Wirtschaftspolitik, mit öffentlichen Kapitalexporten die Kapitalflüsse innerhalb der Währungsunion aufrecht zu erhalten, erlaubte es den Defizitländern, ihre Leistungsbilanzdefizite weit weniger schnell und stark gegenüber den anderen Mitgliedstaaten zurückzuführen. Somit steht die Forderung an die deutsche Regierung, mit entsprechenden Rettungspaketen den Programmländern zu helfen, in einem **gewissen Widerspruch** zu der Forderung, den deutschen Leistungsbilanzüberschuss zu reduzieren, der durch diese Rettungsmaßnahmen finanziert wurde.

483. Aufgrund dieser Einschätzung kann sich der Sachverständigenrat **nicht allen wirtschaftspolitischen Empfehlungen der Europäischen Kommission anschließen**. So wird der von der Europäischen Kommission angesetzte Nach-

holbedarf bei den öffentlichen Investitionen von 15 bis 30 Mrd Euro als zu hoch eingeschätzt. Vielmehr dürfte sich der weitere Investitionsbedarf im unteren einstelligen Milliardenbereich – vornehmlich im Tiefbau – bewegen (JG 2013 Ziffer 551). Den deutschen Leistungsbilanzsaldo werden diese Maßnahmen – trotz momentan niedriger Zinsen – allenfalls in überschaubaren Größenordnungen beeinflussen. Zudem scheint die Einschätzung, dass eine Liberalisierung des Dienstleistungssektors zum Abbau des Leistungsbilanzüberschusses beitragen kann, sehr vage.

484. Der Sachverständigenrat teilt jedoch die Meinung der Kommission, dass Maßnahmen ergriffen werden sollten, mit denen **die Wachstumsrate des Produktionspotenzials** erhöht werden kann. Diese Ansicht wird jedoch unabhängig davon vertreten, ob diese Maßnahmen geeignet sind, den Leistungsbilanzüberschuss zu reduzieren. Hinsichtlich der Leistungsbilanzentwicklung dürfte eine Verbesserung der Wachstumsperspektiven im internationalen Vergleich über mehrere Kanäle dafür sorgen, dass mehr deutsche Ersparnisse für Investitionen im Inland verbleiben und ausländisches Kapital angezogen wird (Engel und Rogers, 2006). Hierzu könnte ein Anstieg der Zuwanderung qualifizierter Arbeitskräfte aus dem Ausland ebenso beitragen wie Reformen, die auf eine Erhöhung der Erwerbsbeteiligung abzielen (JG 2010 Ziffern 216 f.).

485. Ob sich der Leistungsbilanzüberschuss kurz- bis mittelfristig zurückbildet, hängt maßgeblich von fünf Faktoren ab, die in der Vergangenheit positiv auf den Leistungsbilanzsaldo gewirkt haben.

– Erstens stellt sich die Frage, inwieweit sich der Konsolidierungsprozess der privaten Haushalte weiter fortsetzt. Es gibt momentan Anzeichen, dass dieser Prozess abgeschlossen ist. So ist die Sparquote seit dem Jahr 2005 rückläufig und der Immobilienmarkt hat sich deutlich belebt.

– Zweitens bleibt zu klären, ob sich der Trend des Anstiegs der Eigenkapitalquoten bei den deutschen Unternehmen zukünftig weiter fortsetzt. Hier ist momentan noch keine Trendwende zu beobachten.

– Drittens besteht Diskussionsbedarf hinsichtlich der Bestimmungsgründe für die relativ moderate Investitionsnachfrage der deutschen Unternehmen. Dieser Punkt verdient in Zukunft verstärkte Aufmerksamkeit und Analyse.

– Viertens stellt sich die Frage, wie stark sich künftig die Alterung der Bevölkerung in der Leistungsbilanz niederschlägt: Beginnend mit den 2020er-Jahren wird sich der Bevölkerungsaufbau dramatisch verändern. Die Baby-Boomer werden den Arbeitsmarkt verlassen und weit weniger Junge in den Arbeitsmarkt eintreten. Die im Ausland akkumulierten Forderungen dürften daher von der stetig steigenden Zahl an Rentnern abgebaut werden, wovon negative Impulse auf den Leistungsbilanzsaldo ausgehen. Wie stark dieser Impuls ausfällt, kann aktuell nicht sicher abgeschätzt werden.

– Fünftens hängt es von der geldpolitischen Ausrichtung der EZB in den kommenden Jahren ab, wie sich die deutsche Leistungsbilanz entwickelt. Eine über einen längeren Zeitraum fortbestehende expansive Geldpolitik würde deutlich zur Abwertung des Euro beitragen und somit expansiv auf die Leistungsbilanz wirken.

Eine andere Meinung

486. Ein Mitglied des Rates, **Peter Bofinger**, vertritt zu der in diesem Kapitel vorgenommenen Analyse des deutschen Leistungsbilanzüberschusses eine andere Meinung.

487. Die Mehrheit kommt in diesem Kapitel zu dem Befund, dass es sich bei dem seit Längerem zu beobachtenden hohen Überschuss in der deutschen Leistungsbilanz nicht um ein makroökonomisches Ungleichgewicht handele, das auf eine schwache Binnennachfrage zurückzuführen sei. Dementsprechend sieht die Mehrheit keinen größeren Handlungsbedarf bei den öffentlichen Investitionen, um auf diese Weise zum Abbau des Leistungsbilanzüberschusses beizutragen.

488. Insgesamt zeigt sich seit Beginn des vergangenen Jahrzehnts eine ausgeprägte **Nachfrageschwäche der deutschen Wirtschaft**. Diese steht in einem engen Zusammenhang mit der in dieser Phase betriebenen „**Lohnmoderation**", die zum einen die deutschen Exporte gefördert, zum anderen aber zu einer im internationalen Vergleich sehr schwachen Entwicklung der inländischen Nachfrage geführt hat.

In der Phase von 2000 bis 2013 war die jährliche Zuwachsrate der **inländischen Verwendung** mit 0,5 % deutlich geringer als die des Bruttoinlandsprodukts mit 1,0 %. Im Gegensatz dazu war im Zeitraum der Jahre 1991 bis 2000 eine jährliche Zuwachsrate des Bruttoinlandsprodukts und der inländischen Verwendung von jeweils 1,6 % realisiert worden. Dies korrespondiert mit einem Anstieg der Lohnstückkosten von jährlich 1,7 % im Durchschnitt der Jahre 1991 bis 2000 und von nur noch 0,8 % im Durchschnitt der Jahre 2000 bis 2013.

Die ausgeprägte Schwäche der deutschen Binnennachfrage zeigt sich auch im **Vergleich mit anderen großen Volkswirtschaften**. ↘ ABBILDUNG 68 Während in Deutschland und Japan die Reallöhne nahezu stagnierten und die inländische Nachfrage sich nur sehr verhalten entwickelte, ist in den Vereinigten Staaten, im Vereinigten Königreich und in Frankreich im selben Zeitraum ein deutlicher Anstieg der Reallöhne und der inländischen Nachfrage zu beobachten.

489. Das Argument, dass der deutsche Leistungsbilanzüberschuss der **Konsolidierung** des privaten Sektors geschuldet sei, steht hierzu nicht im Widerspruch. ↘ ZIFFERN 423 FF. Vielmehr bedeutet die Konsolidierung nichts anderes, als dass deutsche Unternehmen ihre – nicht zuletzt durch die Lohnmoderation – deutlich gestiegenen Gewinne nicht nachfragewirksam für zusätzliche Investitionen eingesetzt haben, sondern zum Abbau ihrer Verschuldung. Anders als von den Befürwortern der Lohnmoderation erwartet worden war (JG 2003 Ziffer 648) ist es also keinesfalls gewährleistet, dass zusätzliche Gewinne „von den Kapitalmärkten regelmäßig in private oder staatliche Nachfrage transformiert werden."

ABBILDUNG 68
Reallöhne und inländische Nachfrage in großen Volkswirtschaften

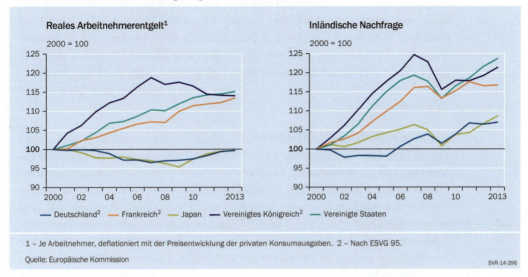

1 – Je Arbeitnehmer, deflationiert mit der Preisentwicklung der privaten Konsumausgaben. 2 – Nach ESVG 95.
Quelle: Europäische Kommission

490. Es ist nicht überraschend, dass diese Entwicklung aus deutscher Perspektive anders beurteilt werden kann als aus europäischer Sicht. Per Saldo haben für Deutschland die Vorteile dieser Strategie überwogen, da die negativen Effekte auf die Binnennachfrage durch den starken Anstieg der Exporte überkompensiert wurden. Aus der Sicht der übrigen Länder bedeuten die Lohnmoderation und der dadurch entstandene Leistungsbilanzüberschuss jedoch ein **Defizit an gesamtwirtschaftlicher Nachfrage.** Zugleich resultiert daraus ein Verlust an preislicher Wettbewerbsfähigkeit, der dort nun ebenfalls eine Lohnmoderation erfordert. ↘ ZIFFERN 140 FF. Dieser übergreifende Aspekt, der für die Sichtweise der Europäischen Kommission entscheidend ist, bleibt in der Analyse der Mehrheit unbeachtet.

491. In einem europäischen und globalen Umfeld, das nach wie vor durch teilweise hohe negative Output-Lücken geprägt ist, ist ein sehr hoher und in den vergangenen Quartalen sogar wieder ansteigender Leistungsbilanzüberschuss einer vergleichsweise großen Volkswirtschaft besonders problematisch. Der in den vergangenen Jahren deutlich **gestiegene Leistungsbilanzüberschuss des Euro-Raums** bringt dabei nicht zuletzt zum Ausdruck, dass die in der zweiten Hälfte des vergangenen Jahrzehnts aufgrund der hohen Leistungsbilanzungleichgewichte notwendig gewordene Anpassung des Euro-Raums zunehmend in asymmetrischer Weise verlaufen ist. ↘ ABBILDUNG 48, SEITE 219 Diese **Asymmetrie** ist eine wichtige Ursache für die deflationären Tendenzen im Euro-Raum.

492. In Anbetracht eines **Deflationsrisikos für den Euro-Raum**, das der Internationale Währungsfonds mit rund 30 % einschätzt (IWF, 2014), sind daher die Apelle der Europäischen Kommission und anderer internationaler Institutionen an die deutsche Wirtschaftspolitik durchaus berechtigt. Die wirtschaftliche Entwicklung des Euro-Raums, aber auch der deutschen Wirtschaft, wird in den kommenden Quartalen nahezu stagnieren.

Die **Europäische Zentralbank (EZB)** ist weitgehend an die Grenzen ihres Handlungsspielraums gelangt, sieht man einmal von der Möglichkeit des Ankaufs von Staatsanleihen ab. Der dadurch ausgelöste Druck auf die schon jetzt niedrigen Renditen für deutsche Anleihen würde dem Ansehen der EZB in der deutschen Öffentlichkeit schaden. Da die deutsche Wirtschaftspolitik über vergleichsweise hohe fiskalische Handlungsspielräume verfügt, sollte sie alles daran setzen, den Leistungsbilanzüberschuss über mehr Investitionen in Deutschland zu reduzieren.

493. Ein Abbau des hohen deutschen Leistungsbilanzüberschusses liegt dabei nicht nur im Interesse der deutschen Partnerländer, sondern auch im **deutschen Interesse**. Der im historischen Vergleich sehr hohe deutsche Finanzierungsüberschuss und der ungewöhnlich geringe Anteil der Nettoinvestitionen an der gesamtwirtschaftlichen Ersparnis bringen ↘ ABBILDUNG 54 LINKS zum Ausdruck, dass es in Deutschland zunehmend an der Fähigkeit und/oder der Bereitschaft fehlt, **Ersparnisse in Sachvermögen zu transformieren**. Die Höhe der Netto-Investitionen ist also nicht isoliert zu betrachten, sondern im Kontext mit der gesamtwirtschaftlichen Spartätigkeit. Bei Renditen des Geldvermögens, die kaum die Inflationsrate übersteigen, erscheint eine Allokation der gesamtwirtschaftlichen Vermögensbildung, die zum größten Teil auf Geldvermögen entfällt, alles andere als optimal. An diesem Befund ändert sich auch nichts Grundsätzliches dadurch, dass ein Teil der statistisch ausgewiesenen Geldvermögensbildung für Investitionen von Auslandstöchtern deutscher Unternehmen verwendet wird. ↘ ZIFFER 426

494. Neben einer stärkeren Förderung **privater Investitionen**, insbesondere über die Wiedereinführung der degressiven Abschreibung, bietet sich eine deutliche Ausweitung der **öffentlichen Investitionen** an. Es geht dabei nicht um „Investitionslücken", die in der einen oder anderen Weise aus der Vergangenheit abgeleitet werden, sondern vielmehr darum, welche **Potenziale für zukunftsorientierte öffentliche Ausgaben** in Deutschland bestehen. Diese Frage sollte in erster Linie davon bestimmt sein, wie hoch die Finanzierungskosten des Staates sind und welche Renditen bei staatlichen Ausgaben zu erwarten sind. Bei einem Umfeld mit Realzinsen von nahe Null stellt sich dies völlig anders dar als in einem Umfeld mit deutlich höheren Finanzierungskosten des Staates.

Dabei sollte sich eine staatliche Investitionsinitiative nicht auf Infrastrukturausgaben begrenzen, sondern generell „**wachstums- und nachhaltigkeitswirksame öffentliche Ausgaben**" (Thöne, 2004) in den Blick nehmen. Diese umschließen neben öffentlichen Investitionen insbesondere Ausgaben im Bildungsbereich und im Bereich von Forschung und Entwicklung.

Die Bundesregierung sollte daher neben der Expertenkommission zur „Stärkung von Investitionen in Deutschland" einen **„Zukunftsrat"** etablieren. Diesem sollte der Auftrag erteilt werden, das Potenzial für **hoch rentable öffentliche Investitionen** in dieser breiten Abgrenzung zu ermitteln. Nur so lässt sich die Frage klären, welche zusätzlichen öffentlichen Investitionen in Deutschland sinnvoll sein könnten.

495. Empirische Studien zeigen in der Regel **hohe Renditen für öffentliche Investitionen**. Für Verkehrsinfrastrukturinvestitionen werden im Durchschnitt langfristige Output-Elastizitäten von 0,05 % bis 0,06 % ermittelt (Melo et al., 2013): Eine Zusatzinvestition in die Verkehrsinfrastruktur von 1 % erzeugt demnach ein langfristiges zusätzliches BIP-Wachstum von 0,05 % bis 0,06 %. Bei einem Wert der Verkehrsinfrastruktur von 778 Mrd Euro im Jahr 2011 hätte sich aus einer zusätzlichen Investition in Höhe von 7,8 Mrd Euro bei einer Elastizität von 0,05 % somit ein zusätzliches Bruttoinlandsprodukt in Höhe von 1,35 Mrd Euro ergeben. Eine Milliarde an zusätzlicher Investition erhöht also das Bruttoinlandsprodukt um 173 Mio Euro. Unterstellt man dabei eine Nutzungsdauer von 30 Jahren und eine über die Zeit gleichmäßige Abschreibung des Effekts auf das Bruttoinlandsprodukt, resultiert daraus eine Rendite von rund 12 %.

Sehr hohe Renditen sind auch bei staatlichen **Investitionen im Bildungsbereich** zu erwarten. Bei einem Bildungsabschluss im Sekundarbereich II liegen sie für Männer bei 9,4 % und für Frauen bei 10,9 % (Buschle, 2013). Dabei sind die Renditen besonders hoch, wenn die Mittel im Bereich der frühkindlichen Bildung eingesetzt werden.

496. Wenn die deutsche Wirtschaftspolitik diese Potenziale nicht nutzt, ist das nicht nur im Hinblick auf die makroökonomische Entwicklung in Deutschland wie im Euro-Raum nachteilig, es ergeben sich daraus auch mittel- und langfristig negative Effekte für den Wohlstand in Deutschland.

Das Hauptargument gegen kreditfinanzierte öffentliche Ausgaben ist die **Schuldenbremse**. Hierbei ist jedoch zu berücksichtigen, dass es für das darin formulierte Verbot einer Kreditaufnahme für öffentliche Investitionen **keine ökonomische Grundlage** gibt. In seiner Expertise zur „Staatsverschuldung wirksam begrenzen" aus dem Jahr 2007 hat der Sachverständigenrat (Expertise 2007 Ziffer 2) festgestellt:

„ (…) die Forderung eines generellen Verschuldungsverbots (…) wäre ökonomisch ähnlich unsinnig, wie Privatleuten oder Unternehmen die Kreditaufnahme zu verbieten."

Eine dauerhafte Staatsverschuldung könne „in gewissem Umfang unter intergenerativen Verteilungsgesichtspunkten gerechtfertigt sein, nämlich im Zusammenhang mit öffentlichen Investitionen, die das Vermögen kommender Generationen erhöhen oder, vermittelt über ihre Produktivitätseffekte, künftige Erträge hinterlassen und diese somit ‚reicher' machen. Die intergenerative Umverteilungswirkung der Staatsschuld ist hier ein gewünschtes Ergebnis, um auch die künftigen Nutznießer der heutigen Ausgaben an den Finanzierungslasten zu beteiligen. Dies ist die Intention hinter der ‚Goldenen Regel der Finanzpolitik', die eine Kreditfinanzierung von Investitionen zulässt."

Dementsprechend hat sich der Sachverständigenrat seinerzeit dafür ausgesprochen, die Schuldenbremse so auszugestalten, dass **Nettoinvestitionen durch Kredite finanziert** werden können.

497. Da eine Reform der Schuldenbremse derzeit wenig wahrscheinlich ist, sollten zumindest die in diesem Regelwerk möglichen **Spielräume für eine staatliche Kreditaufnahme** genutzt werden. So erlaubt die Schuldenbremse für den Bund eine jährliche strukturelle Neuverschuldung in Höhe von 0,35 % in Relation zum Bruttoinlandsprodukt, was immerhin einem Betrag von rund 10 Mrd Euro entspricht. Da hierfür keine Verwendung vorgeschrieben wird, könnten damit auch zusätzliche Ausgaben für Forschung und Entwicklung, für Bildung und für Abschreibungserleichterungen für private Investitionen finanziert werden.

498. Die ungewöhnlich geringen Renditen für langfristige Anleihen sollten zum Anlass genommen werden, die Schuldenbremse noch einmal grundlegend zu überdenken. Die **niedrige Verzinsung** spiegelt nur partiell die sehr expansive Geldpolitik der EZB wider. Sie ist vor allem auf eine generell sehr ausgeprägte **Zurückhaltung privater Kreditnehmer** zurückzuführen. Diese manifestiert sich darin, dass das Kreditvolumen deutscher Banken selbst bei einem so geringen Zinsniveau wie derzeit nur wenig ansteigt. So lag die Zuwachsrate für Kredite für Wohnimmobilien im 2. Quartal 2014 bei 2,0 %.

Die **„schwarze Null"** bedeutet, dass der Staat als der größte potenzielle Kreditnehmer netto keine weiteren Schulden mehr aufnimmt. Damit wird das Problem, dass es an Kreditnehmern fehlt, die bereit sind, langfristige Kredite aufzunehmen, zusätzlich verschärft. Die Folgen einer anhaltenden Niedrigzinsphase für Lebensversicherungen und die private kapitalgedeckte Altersvorsorge wären fatal.

499. Nicht geteilt werden kann schließlich die Feststellung der Mehrheit, der Appell anderer Mitgliedstaaten an die deutsche Regierung, den Leistungsbilanzüberschuss zu reduzieren, stehe in einem gewissen Widerspruch zur Forderung, Problemländern durch Rettungspakete zu helfen. ↘ ZIFFERN 473 F. Die Rettungspakete dienten in erster Linie dazu, die Finanzierung der **ausstehenden Verschuldung** zu sichern. Ein geringerer deutscher Leistungsbilanzüberschuss durch höhere deutsche Importe hätte für die Problemländer zusätzliche laufende Einnahmen bedeutet, die es ermöglicht hätten, die laufenden Ausgaben für ihre Importe bei einer verminderten **zusätzlichen Kreditaufnahme** zu finanzieren. So gesehen besteht zwischen Rettungspaketen, die die Finanzierung des Bestands ausstehender Schulden ermöglicht, und einem durch eine höhere deutsche Absorption verminderten Leistungsbilanzüberschuss, der die laufende Kreditaufnahme reduziert, keinerlei Widerspruch.

Literatur zum Minderheitsvotum

Buschle, N. und C. Haider, (2013), Über den ökonomischen Nutzen der Bildung – Ansätze zur Berechnung von Bildungsrenditen, *Wirtschaft und Statistik* 11/2013, 805-817.

IWF (2014), *World economic outlook October 2014 – Legacies, clouds, uncertainties*, Internationaler Währungsfonds, Washington, DC.

Melo, P., D. Graham und R. Brage-Ardao (2013), The productivity of transport infrastructure investment: A meta-analysis of empirical evidence, *Regional Science and Urban Economics* 43, 695-706.

Thöne, M. (2004), Wachstums- und nachhaltigkeitswirksame öffentliche Ausgaben („WNA"), *Monatsbericht des Bundesministeriums der Finanzen* März 2004, 73-79.

ANHANG

1. Einfluss der Demografie auf den Leistungsbilanzüberschuss

500. Zur Quantifizierung des demografischen Effekts auf die deutsche Leistungsbilanz wird ein Regressionsmodell anhand eines Länderpaneldatensatzes geschätzt. Die Spezifikation des Regressionsmodells lautet:

$$y_{it} = \beta_{0i} + \beta_1' D_{it} + \beta_2' X_{it} + u_{it}$$

Hierbei definiert y_{it} den Saldo der Leistungsbilanz in Relation zum Bruttoinlandsprodukt im Land i zum Zeitpunkt t; X_{it} stellt einen Vektor von Kontrollvariablen dar, wie etwa das Wachstum des Pro-Kopf-Bruttoinlandsprodukts; u_{it} ist der Fehlerterm. Die demografischen Effekte werden durch den Vektor D_{it} abgebildet. Konkret handelt es sich dabei um die Bevölkerungsanteile von 16 Altersgruppen: 0-9, 10-14,..., 75-79, 80+. Um den Einfluss der niedrigsten und höchsten Altersgruppen nicht zu überschätzen, wurden diese zu größeren Intervallen zusammengefasst. Um die Anzahl der zu schätzenden Parameter gering zu halten und dennoch eine funktionale Form für den demografischen Einfluss zuzulassen, die flexibel genug ist, die altersgruppen-spezifischen Einflüsse auf die Leistungsbilanz abzubilden, wird analog zu Fair und Dominguez (1991) die folgende polynomische (kubische) Struktur für die Koeffizienten jeder der Altersgruppen verwendet (Fair und Dominguez, 1991; Higgins, 1998):

$$\beta_{1j} = \gamma_0 + \gamma_1 j + \gamma_2 j^2 + \gamma_3 j^3 \quad j=1,\ldots,16.$$

Die geschätzten Koeffizienten der demografischen Struktur erlauben für sich genommen noch keine Interpretation. Erst unter Verwendung der kubischen Struktur, in welche die Koeffizienten für jede Altersgruppe transformiert werden müssen, kann eine Aussage über den partiellen Einfluss einer Altersgruppe auf den Leistungsbilanzüberschuss getroffen werden. Insbesondere sind die entsprechenden Standardfehler aus den ursprünglichen Schätzergebnissen heraus zu ermitteln.

501. Der Paneldatensatz für die Grundschätzung beinhaltet 156 Länder über den Zeitraum der Jahre 1970 bis 2009, wobei nur für einige Länder, vornehmlich OECD-Länder, Daten über den gesamten Schätzzeitraum vorhanden sind. Anhand der Jahresdaten werden für die Schätzung jeweils Mittelwerte der Variablen über Fünf-Jahres-Zeiträume betrachtet, die sich nicht überlappen. Da die Leistungsbilanzsalden für einige Länder teilweise erst für spätere Jahre vorlagen, wurden diese fehlenden Werte angenähert. Dafür wurden Daten der Han-

delsbilanz sowie der Nettoerwerbseinkommen der Penn World Table 7.1 verwendet. Die Regressionsgleichung wird mit einem Fixed-Effects-Modell geschätzt. Insgesamt beläuft sich die Anzahl der Beobachtungen im Grundmodell („Welt") auf 985. Um die Robustheit der Schätzung zu prüfen, wurden in weiteren Schätzungen die Stichprobe auf die OECD-Länder beschränkt („OECD 1") und die angenäherten Werte nicht berücksichtigt („OECD 2").

Als Kontrollvariablen wurden die folgenden Größen verwendet:

– Das Verhältnis des Bruttonationaleinkommens zum Bruttoinlandsprodukt als Indikator für die Vermögensposition des Inlands gegenüber dem Ausland,

– der güterwirtschaftliche Offenheitsgrad der Volkswirtschaft,

– ein Maß für die finanzielle Offenheit: Standardisierter Chinn-Ito Financial Openness Index (Chinn und Ito, 2006),

– die durchschnittliche Wachstumsrate des realen Bruttoinlandsprodukts pro Kopf (Penn World Table 7.1) sowie

– der Einfluss der demografischen Struktur.

↘ TABELLE 19
Fixed-Effects-Schätzung

Variable[1]	Modelle					
	Welt		OECD 1		OECD 2	
	Koeffizient	p-Wert	Koeffizient	p-Wert	Koeffizient	p-Wert
Demografie 1	– 0,170	0,272	– 0,126	0,366	– 0,115	0,406
Demografie 2	0,039	0,147	0,026	0,248	0,023	0,308
Demografie 3	– 0,002	0,140	– 0,001	0,230	– 0,001	0,295
Offenheitsgrad der Ökonomie	– 0,052	0,000	– 0,006	0,672	– 0,011	0,471
Offenheitsgrad der Kapitalbilanz	– 0,001	0,728	0,004	0,207	0,002	0,584
Durchschnittliche Wachstumsrate des realen BIP je Einwohner	– 0,076	0,407	0,153	0,302	0,140	0,341
BNP/BIP	0,136	0,043	– 0,018	0,884	– 0,114	0,353
Relativer Preis von Konsumausgaben und Investitionen	– 0,011	0,307	0,003	0,868	– 0,003	0,863
Beobachtungen (Anzahl)	985		224		217	
Länder (Anzahl)	156		33		33	

1 – Die Koeffizienten der Variablen Demografie 1 bis 3 können nicht direkt interpretiert werden und beziehen sich auf die Transformation der Altersstruktur (Ziffer 500).

SVR-14-288

502. Die Schätzergebnisse für die demografische Struktur legen auf den ersten Blick nahe, dass diese nur einen geringen Beitrag zur Erklärung des Leistungsbilanzsaldos leistet. ↘ TABELLE 19 Nach der Umrechnung der Koeffizienten in den Beitrag der einzelnen Altersgruppen zeigt sich jedoch, dass der Einfluss der jüngeren Altersgruppen auf die Leistungsbilanz als signifikant negativ ausgewiesen wird. ↘ ABBILDUNG 51 Diese Schlussfolgerung erweist sich gegenüber Variationen der Spezifikation des Regressionsmodells als robust. ↘ ABBILDUNG 69

↘ ABBILDUNG 69

Geschätzte Regressionskoeffizienten und partielle Auswirkung der Bevölkerungsentwicklung auf den Leistungsbilanzsaldo (OECD 1 und OECD 2)

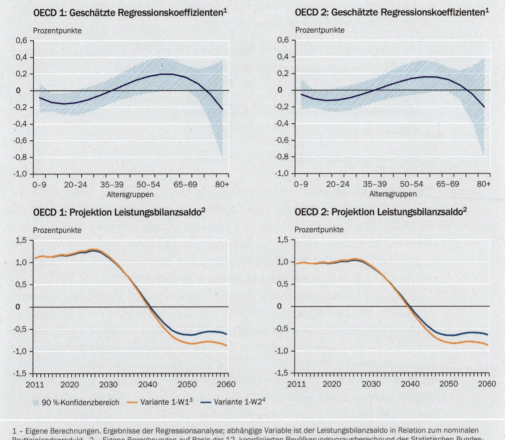

1 – Eigene Berechnungen. Ergebnisse der Regressionsanalyse; abhängige Variable ist der Leistungsbilanzsaldo in Relation zum nominalen Bruttoinlandsprodukt. 2 – Eigene Berechnungen auf Basis der 12. koordinierten Bevölkerungsvorausberechnung des Statistischen Bundesamts. In Relation zum nominalen Bruttoinlandsprodukt. 3 – Jährliche Nettozuwanderung von 100 000 Personen ab dem Jahr 2014. 4 – Jährliche Nettozuwanderung von 200 000 Personen ab dem Jahr 2020.

SVR-14-400

Um den gesamten Einfluss einer gegebenen demografischen Struktur auf die Leistungsbilanz zu erhalten, muss die gewichtete Summe der Koeffizienten betrachtet werden. Als Gewicht wird dabei der Anteil einer Alterskohorte an der Gesamtbevölkerung verwendet. Alle geschätzten Varianten legen die Schlussfolgerung nahe, dass der deutsche Leistungsbilanzsaldo in den kommenden Jahren zunächst positiv durch die demografische Struktur der Bevölkerung beeinflusst wird, dieser Effekt ab Ende der 2020er-Jahre abnimmt und ab dem Jahr 2040 negativ wird.

2. Die Studie von Kollmann et al. (2015)

503. In ihrer Analyse der Ursachen für den deutschen Leistungsbilanzüberschuss betrachten Kollmann et al. (2015) verschiedene Erklärungsansätze und versuchen, deren Bedeutung anhand eines stochastischen Gleichgewichtsmodells (DSGE-Modells) zu quantifizieren. Insbesondere werden folgende Einflussfaktoren betrachtet:

– die Zinskonvergenz im Euro-Raum aufgrund der Integration der Finanzmärkte,

– die erhöhte Auslandsnachfrage nach deutschen Exporten aufgrund des starken Wachstums der Schwellenländer,

– die Arbeitsmarktreformen der Jahre 2002 bis 2005 und eine damit einhergehende Verbesserung der deutschen Wettbewerbsfähigkeit,

– die hohen Sparquoten der privaten Haushalte aufgrund verstärkter Anreize für die private Altersvorsorge seit den Rentenreformen der Jahre 2001 bis 2004 und

– die fiskalische Konsolidierung Deutschlands.

504. Das von Kollmann et al. (2015) verwendete Quest-Modell ist in seiner Grundstruktur dem von der EZB für Politikanalysen verwendeten New Area Wide Model (NAWM) sehr ähnlich (JG 2013 Kasten 10), jedoch wurde es noch um einige Elemente erweitert: Erstens werden mit Deutschland, dem Rest des Euro-Raums und dem Rest der Welt drei Regionen modelliert. Die beiden letztgenannten Länderblöcke werden mit wenigen makroökonomischen Variablen jedoch nur rudimentär abgebildet. Zweitens beinhaltet das Modell einen Immobiliensektor für Deutschland. Drittens werden die Bevölkerungsgruppen der Rentner und Arbeitslosen, die soziale Transfers inklusive der Rentenleistungen beziehen, durch exogen vorgegebene Bevölkerungsanteile eingeführt.

505. Die quantitative Bedeutung der Einflussfaktoren wird anhand einer historischen Schockdekomposition geschätzt. Diese Dekomposition zeigt an, welcher Anteil des Leistungsbilanzüberschusses durch den jeweiligen Einflussfaktor, das heißt einen strukturellen Schock, erklärt werden kann. Kollmann et al. (2015) kommen insgesamt zu dem Ergebnis, dass der deutsche Leistungsbilanzüberschuss aus dem Zusammenspiel mehrerer Faktoren entstanden ist. Eine einfache „monokausale" Aussage erscheint nicht angemessen.

506. Der Schätzung zufolge kann die **Zinskonvergenz** in den Jahren 2001 bis 2010 nur einen kleinen Anteil des deutschen Leistungsbilanzüberschusses erklären. ↘ ABBILDUNG 70 Die starke **Auslandsnachfrage von Schwellenländern** hatte vor und während der Finanzkrise einen großen Einfluss. Insbesondere weist das Modell dem Einbruch der Weltkonjunktur um den Jahreswechsel 2008/2009 die Verantwortung für den kurzzeitigen Rückgang des deutschen Leistungsbilanzüberschusses zu.

507. Die Arbeitsmarkt- und Rentenreformen, im Modell abgebildet durch ein permanentes Absenken des **Arbeitslosengeldes** beziehungsweise der **Rentenbezüge** in Relation zum Durchschnittslohn, hatten einen deutlich positiven Effekt auf die deutsche Leistungsbilanz. Sie erklären gemeinsam ungefähr die Hälfte des Überschusses der vergangenen Jahre. Den weitaus größten Beitrag lieferte ein Schock auf die **Sparneigung der privaten Haushalte**. Kollmann et al. (2015) erklären dies damit, dass sich das Sparverhalten der deutschen Haushalte mit dem Wissen um eine alternde Gesellschaft und damit einhergehender Kür-

↘ ABBILDUNG 70

Historische Schockdekomposition der deutschen Leistungsbilanz
in Relation zum nominalen Bruttoinlandsprodukt

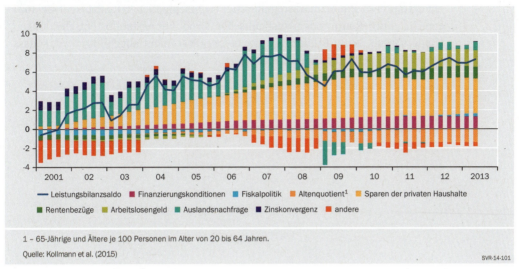

1 – 65-Jährige und Ältere je 100 Personen im Alter von 20 bis 64 Jahren.
Quelle: Kollmann et al. (2015)

zungen zukünftiger Rentenbezüge stark verändert hat. Da sich das Bewusstsein für diesen Zusammenhang mit den Rentenreformen der Jahre 2001 bis 2004 verstärkt hat, interpretieren Kollmann et al. (2015) den Schock als eine **antizipierte Veränderung des Altenquotienten**.

Eine Erhöhung des Altenquotienten wirkt sich allerdings aufgrund negativer Arbeitsangebotseffekte negativ auf die Leistungsbilanz aus (siehe Beitrag „Altenquotient" ↘ ABBILDUNG 70), sodass Kollmann et al. (2015) für die Zukunft von der alternden Gesellschaft einen größeren dämpfenden Effekt erwarten. Die **Fiskalpolitik** hatte im Beobachtungszeitraum kaum einen Einfluss auf die Leistungsbilanz. Allerdings zeigt der Fiskalbeitrag bei einer historischen Schockdekomposition nicht den gesamten Effekt der Fiskalpolitik auf die Leistungsbilanz, da die systematischen Effekte – zum Beispiel Sparmaßnahmen zur Einhaltung einer Fiskalregel – nicht abgebildet werden, sondern lediglich diskretionäre Abweichungen von den Fiskalregeln.

508. Bei der Beurteilung der Ergebnisse muss berücksichtigt werden, dass diese zum Teil stark von Modellierungsannahmen abhängen. So existiert kein Immobiliensektor in beiden ausländischen Länderblöcken. Insbesondere die dort erzeugte Kapitalnachfrage könnte einen deutlichen Effekt auf die deutsche Leistungsbilanz ausgeübt haben. Die Modellierung des deutschen Immobilienmarkts ist ebenfalls kritisch zu beurteilen, da Erhöhungen des Immobilienwerts in Deutschland selten für Ausweitungen des Immobilienkredits genutzt werden (siehe Beitrag „Finanzierungskonditionen" ↘ ABBILDUNG 70).

Zudem spiegelt eine Herabsetzung des Arbeitslosengeldes beziehungsweise der Rentenbezüge nicht die kompletten Maßnahmen der Arbeitsmarkt- und Rentenreformen Anfang der 2000er-Jahre wider und ignoriert die bereits in den 1990er-Jahren unternommenen Rentenreformen. ↘ KASTEN 22 Der große Erklärungsbeitrag des veränderten Sparverhaltens deutet vielmehr darauf hin, dass darüber hinaus das Spar- und Investitionsverhalten der Unternehmen infolge einer stärkeren Finanzmarktregulierung, unterschiedlicher Realzinsentwicklungen im Euro-Raum oder ausländischer Produktionsstandortentscheidungen (Enders et al., 2013; Müller, 2015) ↘ ZIFFERN 426 FF. nicht abgebildet wird, sodass dieser Kanal per Annahme nicht existiert.

LITERATUR ZUM KAPITEL

Abbas, S.M.A., J. Bouhga-Hagbe, A. Fatás, P. Mauro und R.C. Velloso (2011), Fiscal policy and the current account, *IMF Economic Review* 59, 603-629.

Abiad, A., D. Leigh und A. Mody (2009), Financial integration, capital mobility, and income convergence, *Economic Policy* 24, 241-305.

Adam, K., P. Kuang und A. Marcet (2011), House price booms and the current account, in: Acemoglu, D. und M. Woodford (Hrsg.): *NBER Macroeconomics Annual 2011*, Volume 26, University of Chicago Press, Chicago, 77-122.

Aichele, R., G. Felbermayr und I. Heiland (2013), Neues von der Basarökonomie, *ifo Schnelldienst* 6/2013, 17-28.

Arndt, C., C.M. Buch und M.E. Schnitzer (2010), FDI and domestic investment: An industry-level view, *The B.E. Journal of Economic Analysis & Policy* 10, 1-22.

Baldi, G. und B. Bremer (2013), Verluste auf das deutsche Nettoauslandsvermögen – Wie sind sie entstanden?, *DIW Wochenbericht* 49/2013, 32-40.

Beetsma, R., M. Giuliodori und F. Klaassen (2008), The effects of public spending shocks on trade balances and budget deficits in the European Union, *Journal of the European Economic Association* 6, 414-423.

Bernanke, B.S. (2005), *The global saving glut and the U.S. current account deficit*, Rede, Homer Jones Lecture, St. Louis, 14. April 2005.

BMF (2013), Gesamtwirtschaftliche Auswirkungen fiskalpolitischer Impulse, *Monatsbericht* November 2013, 15-22, Bundesministerium der Finanzen.

BMWi (2013a), Investitionsschwäche in Deutschland?, *Monatsbericht* Dezember 2013, 11-18, Bundesministerium für Wirtschaft und Technologie.

BMWi (2013b), Die Wirkung wirtschaftspolitischer Unsicherheit auf das Investitionsverhalten in Deutschland, *Monatsbericht* August 2013, 11-16, Bundesministerium für Wirtschaft und Technologie.

Breuer, S. und J. Klose (2014), Who gains from nominal devaluation? An empirical assessment of Euro Area exports and imports, *The World Economy*, im Erscheinen.

Buch, C.M., J. Kleinert, A. Lipponer und F. Toubal (2005), Determinants and effects of foreign direct investment: Evidence from German firm-level data, *Economic Policy* 20, 52-110.

Chinn, M.D. und H. Ito (2006), What matters for financial development? Capital controls, institutions, and interactions, *Journal of Development Economics* 81, 163-192.

Chinn, M.D. und E.S. Prasad (2003), Medium-term determinants of current accounts in industrial and developing countries: An empirical exploration, *Journal of International Economics* 59, 47-76.

Coenen, G., P. McAdam und R. Straub (2008), Tax reform and labour-market performance in the Euro Area: A simulation-based analysis using the New Area-Wide Model, *Journal of Economic Dynamics and Control* 32, 2543-2583.

Coenen, G. und R. Straub (2005), Does government spending crowd in private consumption? Theory and empirical evidence for the Euro Area, *International Finance* 8, 435-470.

Cogan, J.F., T. Cwik, J.B. Taylor und V. Wieland (2010), New Keynesian versus old Keynesian government spending multipliers, *Journal of Economic Dynamics and Control* 34, 281-295.

Corsetti, G. und G.J. Müller (2006), Twin deficits: Squaring theory, evidence and common sense, *Economic Policy* 21, 597-638.

Danninger, S. und F. Joutz (2008), What explains Germany's rebounding export market share?, *CESifo Economic Studies* 54, 681-714.

Desai, M.A., C.F. Foley und J.R. Hines Jr. (2005), Foreign direct investment and the domestic capital stock, *American Economic Review* 95, 33-38.

Deutsche Bundesbank (2013), Ertragslage und Finanzierungsverhältnisse deutscher Unternehmen im Jahr 2012, *Monatsbericht* Dezember 2013, 43-58.

Deutsche Bundesbank (2014a), Die deutsche Zahlungsbilanz für das Jahr 2013, *Monatsbericht* März 2014, 37-53.

Deutsche Bundesbank (2014b), Diskrepanz zwischen der Veränderung des Auslandsvermögens und des kumulierten Saldos der Kapitalbilanz: Kein geeigneter Indikator für Vermögensverluste, *Monatsbericht* Mai 2014, 52-54.

DIHK (2014), *Dynamik im Inland überlagert Störfaktoren – Ergebnisse der DIHK-Konjunkturumfrage bei den Industrie- und Handelskammern*, Deutscher Industrie- und Handelskammertag, Berlin.

DIW (2013), Investitionen für mehr Wachstum – Eine Zukunftsagenda für Deutschland, *DIW-Wochenbericht* 26/2013, Deutsches Institut für Wirtschaftsforschung, Berlin.

DIW (2014), Wirtschaftliche Impulse für Europa, *DIW-Wochenbericht* 27/2014, Deutsches Institut für Wirtschaftsforschung, Berlin.

Dustmann, C., B. Fitzenberger, U. Schönberg und A. Spitz-Oener (2014), From sick man of Europe to economic superstar: Germany's resurgent economy, *Journal of Economic Perspectives* 28, 167-188.

Enders, Z., P. Jung und G.J. Müller (2013), Has the Euro changed the business cycle?, *European Economic Review* 59, 189-211.

Engel, C. und J.H. Rogers (2006), The U.S. current account deficit and the expected share of world output, *Journal of Monetary Economics* 53, 1063-1093.

Europäische Kommission (2014), *Macroeconomic imbalances – Germany 2014*, European Economy – Occasional Paper 174, Generaldirektion Wirtschaft und Finanzen, Brüssel.

Europäische Kommission (2012), *Scoreboard for the surveillance of macroeconomic imbalances*, European Economy – Occasional Paper 92, Generaldirektion Wirtschaft und Finanzen, Brüssel.

Fair, R.C. und K.M. Dominguez (1991), Effects of the changing U.S. age distribution on macroeconomic equations, *American Economic Review* 81, 1276-1294.

Felbermayr, G.J., M. Larch und W. Lechthaler (2013), Unemployment in an interdependent world, *American Economic Journal: Economic Policy* 5, 262-301.

Feld, L.P. und J.H. Heckemeyer (2011), FDI and taxation: A meta-study, *Journal of Economic Surveys* 25, 233-272.

Frey, R., U. Grosch und A. Lipponer (2014), Fallstricke bei der Bestimmung von Vermögensverlusten deutscher Anleger im Ausland, *Wirtschaftsdienst* 94, im Erscheinen.

Friedman, M. (1957), *A theory of the consumption function*, Princeton University Press, Princeton.

Gadatsch, N., N. Stähler und B. Weigert (2014), *German labor market and fiscal reforms 1999 to 2008: Can they be blamed for intra-Euro Area imbalances?*, Arbeitspapier 05/2014, Sachverständigenrat zur Begutachtung der gesamtwirtschaftlichen Entwicklung, Wiesbaden.

Gete, P. (2010), *Housing markets and current account dynamics*, Arbeitspapier, Georgetown University, Washington, DC.

Gros, D. und M. Busse (2013), *The macroeconomic imbalance procedure and Germany: When is a current account surplus an 'imbalance'?*, CEPS Policy Brief No. 301, Brüssel.

Higgins, M. (1998), Demography, national savings, and international capital flows, *International Economic Review* 39, 343-69.

Homburg, S. (2010), *Allgemeine Steuerlehre*, 6. Auflage, Vahlen, München.

Homburg, S. (2005), Internationale Kapitaleinkommensbesteuerung nach dem Wohnsitzprinzip oder dem Quellenprinzip, in: Endres, D., A. Oestreicher, W. Scheffler, U. Schreiber und C. Spengel (Hrsg.): *Die internationale Unternehmensbesteuerung im Wandel*, Beck, München, 14-27.

Homburg, S. (2000), Perspektiven der internationalen Unternehmensbesteuerung, in: Andel, N. (Hrsg.): *Probleme der Besteuerung*, Duncker & Humblot, Berlin, 9-61.

Horioka, C.Y. und A. Terada-Hagiwara (2013), *Corporate cash holding in Asia*, NBER Working Paper 19688, Cambridge.

Iacoviello, M. (2005), House prices, borrowing constraints, and monetary policy in the business cycle, *American Economic Review* 95, 739-764.

Iacoviello, M. (2011), Housing wealth and consumption, in: Smith, S. (Hrsg.): *International encyclopedia of housing and home*, Elsevier, Amsterdam, 673-678.

IWF (2005), *France, Germany, Italy, and Spain: Explaining differences in external sector performance among large Euro Area countries*, IMF Country Report No. 05/401, Internationaler Währungsfonds, Washington, DC.

IWF (2014), *Euro Area policies: 2014 Article IV consultation*, IMF Country Report No. 14/199, Internationaler Währungsfonds, Washington, DC.

Klär, E., F. Lindner und K. Sehovic (2013), Investition in die Zukunft? Zur Entwicklung des deutschen Auslandsvermögens, *Wirtschaftsdienst* 93, 189-197.

Kollmann, R., M. Ratto, W. Roeger, J. in 't Veld und L. Vogel (2015), What drives the German current account? And how does it affect other EU member states?, *Economic Policy* 81, im Erscheinen.

mea (2008), *Das Sparverhalten der deutschen Haushalte – Wie viel, warum und wie spart man in Deutschland*, Policy Brief No. 5, Mannheim Research Institute for the Economics of Aging, Universität Mannheim.

Mohammadi, H. (2004), Budget deficits and the current account balance: New evidence from panel data, *Journal of Economics and Finance* 28, 39-45.

Müller, G. (2015), Comment on: What drives the German current account? And how does it affect other EU member states?, *Economic Policy* 81, im Erscheinen.

Punzi, M.T. (2013), Housing market and current account imbalances in the international economy, *Review of International Economics* 21, 601-613.

Ratto, M., W. Roeger und J. in 't Veld (2009), QUEST III: An estimated open-economy DSGE model of the Euro Area with fiscal and monetary policy, *Economic Modelling* 26, 222-233.

Schunk, D. (2009), What determines household saving behavior? An examination of saving motives and saving decisions, *Jahrbücher für Nationalökonomie und Statistik* 229, 467-491.

Sinn, H.-W. (2005), *Die Basar-Ökonomie. Deutschland: Exportweltmeister oder Schlusslicht?*, Econ-Verlag, Berlin.

Sinn, H.-W. (2012), *Die Target-Falle: Gefahren für unser Geld und unsere Kinder*, Carl Hanser Verlag, München.

Stephan, S. (2005), *Modellierung von Mengen und Preisen im deutschen Außenhandel*, Dissertation am Fachbereich Wirtschaftswissenschaft der Freien Universität Berlin.

Thorbecke, W. und A. Kato (2012), *The effect of exchange rate changes on Germany's exports*, RIETI Discussion Paper 12-E-081, Tokio.

U.S. Treasury (2013), *Report to congress on international economic and exchange rate policies*, Washington, DC, 30. Oktober.

Weichselberger, A. (2014), Deutsche Industrie: Erhöhte Investitionsbereitschaft, *ifo Schnelldienst* 4/2014, 45-49.

von Weizsäcker, C.C. (2011), *Public debt requirements in a regime of price stability*, Preprints 2011/20, Max-Planck-Institut zur Erforschung von Gemeinschaftsgütern, Bonn.

ARBEIT UND SOZIALES: NEUE BESCHÄFTIGUNGSHÜRDEN UND VERTEILUNGSKONFLIKTE

I. **Verteilung: Verzerrte Wahrnehmung**
   1. Verteilung der Haushalts- und Arbeitseinkommen
   2. Verteilung der Vermögen
   3. Wirtschaftspolitischer Handlungsbedarf

II. **Arbeitsmarkt: Auf Marktprozesse vertrauen**
   1. Reformen des Arbeitsmarkts – ein wichtiger Erfolgsbaustein
   2. Die Gefahren regulatorischer Markteingriffe
   3. Eine zielführende Arbeitsmarktordnung

III. **Das Rentenpaket und die Tragfähigkeit der öffentlichen Finanzen**
   1. Das Rentenpaket – Inhalt und Bewertung
   2. Aktualisierte Tragfähigkeitsberechnungen
   3. Wirtschaftspolitische Schlussfolgerungen

Literatur

DAS WICHTIGSTE IN KÜRZE

Neue Beschäftigungshürden

Trotz des „deutschen Arbeitsmarktwunders" scheint sich in Deutschland das Bild einer wachsenden Kluft zwischen Arm und Reich – und damit eines Versagens der Sozialen Marktwirtschaft – zu verfestigen. Mehr Umverteilung wird gefordert. Die Politik reagiert darauf mit regulatorischen Eingriffen wie dem Mindestlohn.

Im Vergleich zu den 1990er-Jahren ist die Einkommensungleichheit zwar gestiegen, nicht jedoch seit den Reformen der Agenda 2010. Dieser Anstieg ist nicht zwangsläufig ein sozialpolitisches Problem, sondern nicht zuletzt ein Ergebnis der gestiegenen Erwerbstätigkeit von Geringqualifizierten, Älteren und Frauen. Ein Mindestmaß an Ungleichheit ist für eine leistungsfähige Volkswirtschaft unerlässlich, um die Teilhabe möglichst vieler Personen zu sichern und wirtschaftlichen Fortschritt zu ermöglichen. Die Umverteilung ist in Deutschland vergleichsweise hoch – und führt zu wesentlich mehr sozialem Ausgleich, als in der Öffentlichkeit wahrgenommen wird.

Der Sachverständigenrat steht den jüngsten regulatorischen Eingriffen in den Arbeitsmarkt kritisch gegenüber. Eine zielführende Arbeitsmarktpolitik setzt einen wirksamen Ordnungsrahmen, statt die Ergebnisgrößen, insbesondere die Löhne, vorzuschreiben. Die Einschränkung der Tarifautonomie, vor allem durch den Mindestlohn, und eine stärkere Regulierung von Zeitarbeit und Werkverträgen gefährden die Beschäftigung. Eine weitere Flexibilisierung könnte hingegen dazu beitragen, die aktuell gute Arbeitsmarktlage langfristig zu sichern.

Neue Verteilungskonflikte

Dass die öffentlichen Haushalte aufgrund des demografischen Wandels nicht tragfähig sind, ist schon lange kein Geheimnis mehr. Trotzdem verabschiedete die Bundesregierung Mitte des Jahres 2014 das Rentenpaket. Die beiden teuersten Vorhaben sind die Mütterrente und die abschlagsfreie Rente mit 63 Jahren für besonders langjährig Versicherte der Geburtsjahrgänge bis 1963.

Eine aktualisierte Berechnung zeigt, dass die Tragfähigkeit der öffentlichen Finanzen nun noch schwerer zu erreichen sein wird. Dies liegt vor allem am Rentenpaket: Es führt zu erheblichen Mehrausgaben und ist nicht generationengerecht. Die abschlagsfreie Rente mit 63 Jahren macht zudem einen früheren Renteneintritt attraktiver. Dies steht im Widerspruch zum steigenden Renteneintrittsalter, das dem demografischen Wandel entgegenwirken soll.

Aus Sicht des Sachverständigenrates gibt es für beide Maßnahmen keine ökonomische Begründung. Das Rentenpaket begünstigt Menschen, die bereits in Rente sind oder bald in Rente gehen werden. Künftige Generationen werden dagegen schlechter gestellt. Die Wirtschaftspolitik sollte sich bemühen, die Tragfähigkeitslücke zu schließen. Dafür müssen das Renteneintrittsalter erhöht, die Zuwanderung attraktiver gemacht und die Arbeitslosigkeit reduziert werden.

I. VERTEILUNG: VERZERRTE WAHRNEHMUNG

509. Die wirtschafts- und sozialpolitische Diskussion wird in Politik und Öffentlichkeit aktuell stark von **Verteilungsfragen** geprägt. So ist die Einführung eines flächendeckenden gesetzlichen Mindestlohns ab dem 1. Januar 2015 vor allem darauf zurückzuführen, dass dessen Befürworter ein vermeintlich zu großes Ausmaß von Niedriglohnbeschäftigung – und eine damit einhergehende wachsende Einkommensungleichheit – verhindern möchten. Die Ungleichheit von Einkommen und Vermögen wird häufig als Ursache sozialpolitischer Probleme charakterisiert (Wilkinson und Pickett, 2009; Piketty, 2014).

510. Aus wirtschaftspolitischer Sicht darf indes nicht übersehen werden, dass es sich bei der Einkommens- und Vermögensungleichheit um **Ergebnisgrößen** des Wirtschaftsprozesses handelt, die gemeinsam mit anderen Ergebnisgrößen bestimmt werden. Sie sind **keine Instrumente**, die sich isoliert setzen lassen. Vielmehr könnte eine Verringerung von Ungleichheit sogar zu Lasten anderer Ergebnisgrößen, etwa der Erwerbsbeteiligung, gehen und damit die gesellschaftliche Wohlfahrt mindern. Davon abzugrenzen ist die Frage der Chancengerechtigkeit, die möglichst gleiche Startbedingungen für alle schafft und so Mobilität innerhalb der Gesellschaft ermöglicht (JG 2013 Ziffern 686 ff.; Roemer und Trannoy, 2013).

511. Die Balance zwischen Wohlstandsverteilung und wirtschaftlicher Effizienz ist schon lange Gegenstand ökonomischer Debatten (Kuznets, 1955; Okun, 1975; Aghion et al., 1999). Unstrittig ist, dass ein **funktionstüchtiges Wirtschafts- und Gesellschaftssystem** ein gewisses Maß an Ungleichheit zulassen muss. Nur dann ist eine Bildungs- und Erwerbsbeteiligung gewährleistet, die wirtschaftliches Wachstum und gesellschaftlichen Fortschritt überhaupt erst ermöglicht (Galor und Zeira, 1993). Allerdings trifft ebenso zu, dass ein Übermaß an Ungleichheit Verteilungskonflikte fördert, die Wachstum und Fortschritt hemmen können (Persson und Tabellini, 1994).

512. Zur Unterfütterung einer **informierten** gesellschaftlichen **Debatte** über die Ungleichheit in Deutschland sind drei Fragenkomplexe zu diskutieren:

– Wie hoch ist die **Ungleichheit** der **Einkommen** und der **Vermögen** und wie hat sie sich im Zeitablauf verändert? Wie ist dies im internationalen Vergleich einzuordnen?

– Was sind die **möglichen Gründe** für diese Beobachtungen? Welche Rolle spielen dabei wirtschaftliche, demografische und institutionelle Faktoren?

– Welche **Instrumente** stehen zur Verfügung, um die Verteilungsergebnisse zu beeinflussen? Welche Abwägungen mit anderen volkswirtschaftlichen Größen sind zu bedenken, um nicht beabsichtigte **Nebenwirkungen** staatlicher Eingriffe zu vermeiden?

Eine verantwortungsbewusste Wirtschaftspolitik sollte sich zunächst den ersten beiden Fragenkomplexen widmen, bevor sie sich dem dritten zuwendet.

1. Verteilung der Haushalts- und Arbeitseinkommen

513. Das **Einkommen** ist ein wichtiger Schlüssel zur Sicherstellung des persönlichen Wohlergehens. Da in den meisten Haushalten das Einkommen größtenteils durch Erwerbstätigkeit erzielt wird, verwundert es nicht, dass die Entwicklung der Arbeitseinkommen, speziell der **Löhne**, intensiv diskutiert wird. Im Hinblick auf die gesellschaftliche Wohlfahrt sollte allerdings nicht vorrangig das am Markt erzielte Einkommen, sondern das nach Steuern und Transfers zur Verfügung stehende **Nettoeinkommen** im Mittelpunkt der Betrachtung stehen, weil sich daraus die materiellen Handlungsmöglichkeiten der Menschen ergeben.

Die Grundkonzeption der **Sozialen Marktwirtschaft** sieht vor, dass zunächst die Effizienz der Wirtschaftsprozesse und damit die volkswirtschaftliche Leistungsfähigkeit gesichert werden, bevor die **Marktergebnisse** dem gesellschaftlichen Konsens entsprechend über das Steuer- und Transfersystem **korrigiert** werden. Aufgrund des komplexen Zusammenspiels von Angebot und Nachfrage auf den Absatz- und Faktormärkten ist es in der Regel unmöglich, direkt und ohne nicht beabsichtigte Nebenwirkungen ein „gleicheres" Marktergebnis durch staatliche Regulierung herbeizuführen.

514. In der **öffentlichen Diskussion** scheint sich das Bild einer zunehmend ungleichen Gesellschaft – und damit des Versagens dieses Wirtschafts- und Gesellschaftsmodells – zu verfestigen. So sahen im Jahr 2013 nur 18 % der Bevölkerung die wirtschaftlichen Verhältnisse in Deutschland als „im Großen und Ganzen gerecht" an, 68 % hingegen als „nicht gerecht". Im Jahr 1995 lagen die entsprechenden Bevölkerungsanteile noch bei 39 % beziehungsweise 43 % (Petersen et al., 2013). Dass in Umfragen regelmäßig ein Großteil der deutschen Gesellschaft am unteren Rand der Wohlstandsverteilung verortet wird, widerspricht gleichermaßen den Einschätzungen der jeweiligen persönlichen Situation und der **tatsächlichen Verteilung** der Haushaltsnettoeinkommen, die den Großteil der Bevölkerung im mittleren Einkommenssegment ausweist. ↘ ABBILDUNG 71 Der Kontrast zwischen der tatsächlichen Verteilung und deren Wahrnehmung fällt in Deutschland besonders stark aus (Niehues, 2014).

Dabei trägt die im internationalen Vergleich starke Umverteilungswirkung des deutschen Steuer- und Transfersystems **wirksam** dazu bei, **Einkommensarmut** zu **verhindern** (JG 2013 Ziffern 680 f.). Der Bevölkerungsanteil von armutsgefährdeten Personen, die über weniger als 60 % des Medianeinkommens verfügen, liegt seit Mitte der 2000er-Jahre bei etwa 15 % (BMAS, 2013). Ein geeigneteres Maß der Armutsgefährdung ist der Anteil der Empfänger von Mindestsicherungsleistungen an der Gesamtbevölkerung (Bauer et al., 2014). Diese Mindestsicherungsquote ist seit dem Jahr 2006 tendenziell rückläufig und lag im Jahr 2012 bei lediglich 8,8 %. Das Auftreten **absoluter Armut** ist in Deutschland durch das staatliche Grundsicherungssystem **so gut wie ausgeschlossen**.

515. Die gegenwärtige Einkommensungleichheit ist im internationalen Vergleich unauffällig, und ihre Entwicklung im **Zeitverlauf** ist weit weniger dramatisch, als die öffentliche Debatte über eine immer weiter klaffende Lücke zwischen Arm

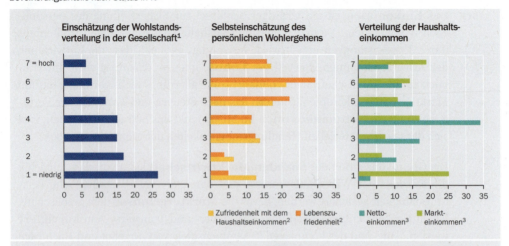

und Reich vermuten lässt. ↘ ZIFFERN 686 FF. Im Vergleich zu den 1990er-Jahren fällt die Einkommensungleichheit in Deutschland aktuell zwar höher aus. Dies dürfte wesentlich einem bis zum Jahr 2005 zu beobachtenden Anstieg der Ungleichheit im oberen Einkommenssegment geschuldet sein (Bach et al., 2009). Seither ist keine signifikante Veränderung mehr festzustellen, unabhängig vom eingesetzten Ungleichheitsmaß. Die Ungleichheit ist tendenziell sogar leicht rückläufig.

516. Die Identifikation eines wirtschaftspolitischen Handlungsbedarfs und wirksamer Politikmaßnahmen ist allein auf Basis der aggregierten Verteilungskennzahlen nicht möglich. Bei der Analyse von Verteilungsentwicklungen muss insbesondere unterschieden werden, inwiefern die beobachteten Veränderungen auf (1) veränderten Einkommens- und Entlohnungsstrukturen, also tatsächlichen Wandlungen in der relativen Positionierung unterschiedlicher Personengruppen, (2) unterschiedlichen **Zusammensetzungen** der Gesamtbevölkerung im Hinblick auf diese Personengruppen oder (3) bloßen Messfehlern beruhen (Lemieux, 2006). Handlungsbedarf könnte vor allem im ersten Fall erwachsen, im zweiten Fall dürfte er schwerer zu rechtfertigen sein und im dritten Fall überhaupt nicht.

517. Ein nicht unerheblicher Teil von mehr als 60 % der gemessenen Ungleichheitsänderung bei den Haushaltsmarkteinkommen zwischen den Jahren 1991 und 2007 ist auf **veränderte Haushaltsstrukturen** zurückzuführen (JG 2011 Ziffer 566; Peichl et al., 2012). Das Haushaltseinkommen wird typischerweise nicht zu gleichen Teilen von allen Haushaltsmitgliedern erwirtschaftet; es findet vielmehr ein Einkommensausgleich innerhalb von Haushalten statt (Lise und Seitz, 2011; Chiappori und Meghir, 2014). Dieser Ausgleich sowie die Umverteilung über das Steuer- und Transfersystem haben dazu beigetragen, dass die Un-

gleichheit und die Volatilität der Haushaltsnettoeinkommen in weit geringerem Maße als die der Markteinkommen angestiegen sind (Bartels und Bönke, 2013).

Änderungen in den Haushaltsstrukturen, etwa durch Geburt oder Auszug von Kindern, wirken somit unmittelbar auf die Ungleichheitsmaße. Demografische Entwicklungen und gesellschaftliche Trends hin zu einer stärkeren **Individualisierung** und der Wahl von Lebenspartnern mit ähnlicher Bildung und ähnlichem Einkommen („assortative mating") führen zu weniger Einkommensausgleich in Haushalten und erhöhen tendenziell die gemessene Ungleichheit (JG 2011 Ziffer 566; Greenwood et al., 2014). Daraus lässt sich aber kaum wirtschaftspolitischer Handlungsbedarf ableiten.

518. Durch Thomas Pikettys Buch „Das Kapital im 21. Jahrhundert" sind die **Kapitaleinkommen** in das Zentrum ökonomischer und gesellschaftlicher Debatten gerückt. Im Vordergrund steht dort die funktionale Einkommensverteilung, die Verteilung der erbrachten Wirtschaftsleistung auf die Produktionsfaktoren Arbeit und Kapital. Deren Aussagekraft ist im Hinblick auf den gesellschaftlichen Wohlstand jedoch begrenzt, schon allein, da die strenge Abgrenzung zwischen Kapitaleigentümern und Arbeitnehmern immer weniger sinnvoll ist (JG 2012 Ziffern 547 ff.). Außerdem wird Kapital im Produktionsprozess eingesetzt und dabei verbraucht. Vermögen und das damit erwirtschaftete Einkommen dienen zudem letztlich ebenfalls dem Konsum.

Das von Piketty formulierte Postulat einer quasi-naturgesetzlichen Entwicklung der Einkommensverteilung ist aus ökonomischer Sicht nicht haltbar (Homburg, 2014; Paqué, 2014; Ray, 2014; Rognlie, 2014). Marktwirtschaftliche und gesellschaftliche Kräfte werden aller Wahrscheinlichkeit nach exzessive Entwicklungen korrigieren. Pikettys längerfristige Zeitvergleiche verdeutlichen, dass die **europäischen Gesellschaften heute** durchweg **weniger ungleich** sind als zu Beginn des 20. Jahrhunderts. Im internationalen Vergleich ist die Situation in Deutschland als unauffällig einzustufen, insbesondere im Vergleich zu den Vereinigten Staaten oder dem Vereinigten Königreich. Dass dies einen historischen Sonderfall darstellt, auf den ein extremer Anstieg der Ungleichheit folgen wird, ist überaus unwahrscheinlich.

519. Im Hinblick auf die sozialpolitisch relevantere personelle Einkommensverteilung können die gestiegene Ungleichheit der Kapitaleinkommen und deren größer gewordener Anteil an den gesamten Haushaltseinkommen einen Teil der beobachteten Veränderungen der Einkommensungleichheit erklären (Fräßdorf et al., 2011; Grabka und Goebel, 2013). Aber nicht zuletzt variieren die Einkommen von mittelständischen Unternehmern stärker als die Arbeitseinkommen, insbesondere aufgrund **konjunktureller Schwankungen**; sie steigen in Aufschwüngen stärker an und brechen in Krisenzeiten stärker ein. Sie übernehmen also eine Versicherungsfunktion, die zur Stabilisierung von Lohneinkommen beiträgt.

520. Für eine breite Wohlstandsverteilung ist vor allem der **Arbeitsmarkt** wichtig, da die Erwerbstätigkeit die Haupteinkommensquelle für die meisten Haushalte ist. So hat sich der Anstieg der Einkommensungleichheit von Mitte der 1990er-Jahre bis zum Jahr 2005 vollzogen, als sich Deutschland in einer schwierigen

gesamtwirtschaftlichen Lage mit hoher Arbeitslosigkeit befand und als der „kranke Mann Europas" galt. Die für Deutschland charakteristische dezentrale Ausgestaltung der Lohnfindungsprozesse hat es ermöglicht, flexibel auf sektor- und regionalspezifische Herausforderungen zu reagieren (Dustmann et al., 2014). Logische Konsequenz einer solchen Entwicklung ist eine zunehmende Auffächerung der Lohnstrukturen, die sich aus unterschiedlichen Produktivitäten von Arbeitnehmern und Betrieben sowie deren Zusammenfinden ergibt (Card et al., 2013; Barth et al., 2014).

521. Ein bloßer Vergleich der aggregierten Lohnungleichheit zwischen den 1990er- und den 2000er-Jahren greift zu kurz. Er würde ignorieren, dass es eine ganz **anders zusammengesetzte Gruppe an Beschäftigten** ist, die diese Löhne erarbeitet, insbesondere im Hinblick auf Qualifikation und Alter. Mit den in der ersten Hälfte des vergangenen Jahrzehnts durchgeführten Arbeitsmarktreformen wurden eine teilweise Flexibilisierung der Beschäftigungsmöglichkeiten und eine **stärkere Integration von Arbeitslosen** erreicht. Aufgrund der qualifikationsbedingt unterdurchschnittlichen Entlohnung dieser Beschäftigten ergibt sich dabei logischerweise ein Anstieg der Ungleichheit am unteren Rand der Lohnverteilung.

Gleichzeitig hat sich die **Erwerbsbeteiligung** von Älteren und Frauen kontinuierlich erhöht. So lag beispielsweise die Erwerbstätigenquote der 55- bis 64-Jährigen Mitte der 1990er-Jahre bei weniger als 40 % und im Jahr 2012 bei über 60 %. Der Anstieg des Anteils älterer Beschäftigter erhöht die Lohnungleichheit ebenfalls, da diese Gruppe überdurchschnittlich hohe und ungleich verteilte Einkommen erzielt. Dies ist vor allem durch den Erfahrungsaufbau beziehungsweise die Unsicherheit individueller Karrierepfade bedingt.

522. Die Zerlegung des Anstiegs der Lohnungleichheit seit Mitte der 1990er-Jahre nach **Alter und Qualifikation** der Beschäftigten zeigt, dass entsprechende **Strukturverschiebungen** einen **erheblichen Erklärungsbeitrag** leisten. ↘ KASTEN 23 So zeigt sich bei ausschließlicher Betrachtung der Altersdimension, dass 12 % des Ungleichheitsanstiegs auf eine Verschiebung der Altersstruktur der Beschäftigten zurückzuführen sind. Eine isolierte Betrachtung der unterschiedlichen Qualifikationsstrukturen liefert einen Erklärungsbeitrag von knapp 9 %. Bei Berücksichtigung beider Merkmale erhöht sich der durch Kompositionseffekte erklärte Anteil auf 25 %. Mit der Berücksichtigung weiterer Strukturverschiebungen, beispielsweise der höheren Erwerbstätigkeit von Frauen oder der gestiegenen Bedeutung des Dienstleistungssektors, nimmt der erklärbare Teil von Veränderungen der gemessenen Einkommensungleichheit systematisch weiter zu.

↘ KASTEN 23

Die Bedeutung von Kompositionseffekten für die Entwicklung der Lohnungleichheit

Die Lohnverteilung hat sich in Deutschland seit den 1980er-Jahren deutlich aufgefächert, sowohl im oberen als auch im unteren Bereich der Verteilung. Die empirischen Analysen dieser Entwicklung konzentriert sich vor allem auf die Bestimmungsfaktoren der individuellen Löhne. So wird einer durch den **technologischen Fortschritt** und die **Globalisierung** veränderten Nachfrage nach unterschiedlichen Arbeitnehmerqualifikationen ein gewisser Erklärungsgehalt beigemessen. Ebenso können institutionelle Rahmenbedingungen wie der kontinuierliche Rückgang der **Tarifbindung** eine Rolle spielen (JG 2012 Ziffern 563 ff.).

Die Lohnungleichheit wird zudem durch **Strukturverschiebungen** innerhalb der Gruppe der Beschäftigten beeinflusst. ↘ TABELLE 20 Dies trifft selbst bei im Zeitverlauf unveränderten Lohnfindungsprozessen zu, wenn sich etwa die **Alters- und Qualifikationsstruktur** der Beschäftigten ändert (Klemm und Weigert, 2014). Diese beiden Bereiche gehören aktuell zu den wichtigsten gesellschaftlichen und wirtschaftlichen Veränderungen. Knapp ein Viertel des Anstiegs der Lohnungleichheit in Deutschland seit Mitte der 1990er-Jahre lässt sich auf die veränderte Alters- und Qualifikationsstruktur zurückführen.

↘ TABELLE 20
Beschäftigungs- und Lohnstruktur nach Alters- und Qualifikationsgruppen in den Jahren 1993 bis 1996 und 2009 bis 2012

	Beschäftigtenanteil in %		Stundenlohn in Euro[1]		Lohnungleichheit[2]		
	Durchschnitt[3]	Veränderung[4]	Durchschnitt[3]	Veränderung[4]	Durchschnitt[3]	Veränderung[4]	Kompositionseffekt (%)[5]
Insgesamt	100	0	15,3	0,1	12,3	2,7	25,0[a]
Nach Alter							12,4
unter 25 Jahre	6,4	– 1,5	10,0	– 1,4	9,7	2,4	– 2,8
25 Jahre bis 39 Jahre	38,2	– 12,3	14,6	– 0,3	10,2	1,9	9,1
40 Jahre bis 54 Jahre	39,8	8,4	16,3	– 0,1	11,7	1,0	– 1,2
55 Jahre und älter	15,6	5,4	16,1	– 0,3	16,0	5,7	7,3
Nach Ausbildungsjahren							8,8
10 Jahre oder weniger	12,6	– 6,0	11,8	– 1,1	11,5	3,8	– 5,4
11 Jahre	28,3	– 9,9	14,1	– 0,7	10,0	3,8	7,5
12 Jahre	30,3	6,4	14,1	– 0,5	10,9	0,7	– 2,7
13 Jahre und mehr	28,9	9,4	19,2	– 0,1	12,1	0,8	9,4

1 – In Preisen von 2010. 2 – Gemessen mit der mittleren logarithmierten Abweichung. 3 – Ungewichtetes Mittel der Zeiträume 1993 bis 1996 und 2009 bis 2012. 4 – Differenz zwischen dem Durchschnitt der Jahre 2009 bis 2012 und der Jahre 1993 bis 1996; für Beschäftigtenanteil in Prozentpunkten. 5 – Durch Veränderung der Beschäftigtenanteile erklärbarer Anteil der Ungleichheitsveränderung in der Gesamtgruppe. a – Bei Differenzierung der Gesamtbeschäftigung nach Alter und Ausbildungsjahren.

Quelle: Eigene Berechnungen auf Basis des SOEP

SVR-14-333

Mit Bildung und Qualifikation, Alter und Erfahrung steigt die individuelle Produktivität und damit tendenziell der Lohn. Gleichzeitig nimmt die Streuung der Löhne zu, etwa bedingt durch unterschiedliche Karrierepräferenzen oder heterogene Karrierepfade (beispielsweise Dustmann und Meghir, 2005; Machado und Mata, 2005; Orlowski und Riphahn, 2011). Der **demografische Wandel**, insbesondere die Alterung der Babyboomer-Kohorte, und ein stetiger Zugewinn an Bildungsniveau führen dazu, dass die Anteile von älteren und höher qualifizierten Arbeitnehmern an der Gesamtbeschäftigung kontinuierlich steigen, was sich auf vielfältige Weise auf die Beschäftigungs- und die Lohnentwicklung auswirkt (Fertig und Schmidt, 2004). Da sich diese Arbeitnehmergruppen durch überdurchschnittlich hohe und überdurchschnittlich ungleiche Löhne auszeichnen, steigt quasi mechanisch die gemessene Lohnungleichheit.

Bei ausschließlicher Berücksichtigung der **Altersdimension** lassen sich bereits mehr als 12 % der Ungleichheitsveränderung auf Kompositionseffekte zurückführen. Dabei übt der Rückgang des Anteils von Arbeitnehmern unter 25 Jahren einen dämpfenden Effekt aus: Einerseits erhöht ihr anteilsmäßiger Rückgang zwar die Lohnungleichheit, da diese bei den Jüngeren unterdurchschnittlich ausfällt. Andererseits sinkt jedoch der Anteil von Geringverdienern, da die jüngeren Beschäftigten deutlich niedrigere Löhne haben als ihre älteren Kollegen. Es zeigt sich keine Evidenz dafür, dass die rela-

> tive Knappheit von Jüngeren deren Löhne erhöht; vielmehr sind die Reallöhne der unter 25-Jährigen am stärksten gesunken.
>
> Der Rückgang geringqualifizierter Beschäftigter reduziert ebenfalls die Ungleichheit. Im Hinblick auf die Kompositionseffekte wird der Ungleichheitsanstieg vor allem davon getrieben, dass der Anteil von älteren und besser ausgebildeten Beschäftigten steigt. Diese weisen die höchsten Durchschnittslöhne auf, wobei Lohnregressionen auf im Zeitverlauf stabile oder sogar angestiegene Bildungs- und Altersrenditen hindeuten. Verschiebungen der **Qualifikationsstruktur** können allein knapp 9 % des Ungleichheitsanstiegs erklären.
>
> Mit der Hinzunahme weiterer persönlicher oder jobspezifischer Merkmale, beispielsweise dem Geschlecht oder der Arbeitszeit, steigen systematisch die durch beobachtbare Faktoren und durch Kompositionseffekte erklärbaren Anteile von Ungleichheitsveränderungen. Eine Vielzahl von mikroökonometrischen Studien zielt darauf ab, den „unerklärten" Anteil so weit wie möglich zu reduzieren (Machin, 2008; Fitzenberger, 2012). Dennoch ist es bemerkenswert, dass allein durch die kombinierte Differenzierung hinsichtlich des Alters- und des Qualifikationsaufbaus der Beschäftigten mit **rund 25 %** bereits ein erheblicher Teil der Veränderung erklärbar ist.

523. Die berücksichtigten Kompositionseffekte können zwar einen signifikanten Teil der Ungleichheitsänderungen erklären, es bleibt aber je nach Ausmaß der betrachteten Strukturkomponenten immer ein erhebliches Maß an **residualer Ungleichheit** bestehen. Darin verbirgt sich eine Vielzahl weiterer individueller und institutioneller Einflussfaktoren, da statistisch grundsätzlich nur eine begrenzte Anzahl an Charakteristika berücksichtigt werden kann, die zudem mit Messfehlern behaftet sein können.

    Die unerklärte individuelle Lohnheterogenität ist **Ausdruck der Vielfalt** von Arbeitsplätzen und Entlohnungsstrukturen. Eine solche Ausdifferenzierung ist notwendig, um angesichts der Anforderungen und – mehr oder weniger knappen – Qualifikationen einen hohen Beschäftigungsgrad und volkswirtschaftliche Leistung zu gewährleisten. Insbesondere entstehen so Anreize, die individuellen Einsatz fördern und belohnen. Dies gilt nicht nur für hohe Einkommen, sondern auch für die Integration von Geringqualifizierten in den Arbeitsmarkt.

524. Deutschland hat im internationalen Vergleich zwar einen relativ hohen Anteil von **Geringverdienern**, definiert als Arbeitnehmer, die weniger als zwei Drittel des Medianstundenlohns verdienen (Rhein, 2013). Ein Problem läge hier aber lediglich dann vor, wenn mit der größeren Ungleichheit der Arbeitseinkommen quasi zwangsläufig eine größere Ungleichheit der Nettoeinkommen einherginge. Dies ist allerdings nicht der Fall. Denn im deutschen Grundsicherungssystem wird ein aus gesellschaftlicher Sicht zu niedriges Arbeitseinkommen durch staatliche Transfers ergänzt, bei gleichzeitiger Absicherung von Krankheits- und Pflegerisiken. Dementsprechend verwundert es nicht, dass die in der jüngeren Vergangenheit gelungene stärkere Integration von Geringqualifizierten in den Arbeitsmarkt die Ungleichheit der **Haushaltsnettoeinkommen** nicht erhöht, sondern eher verringert hat, ohne dass es dabei zu einem Anstieg staatlicher Transferzahlungen kam.

2. Verteilung der Vermögen

525. Gestaltet sich bereits die statistische Erfassung und Analyse der Einkommensverteilung schwierig, so trifft dies noch stärker auf die Vermögensverteilung zu. Dies liegt einerseits an der **Antwortbereitschaft** von Personen oder Haushalten zu ihrer finanziellen Lage. So machen jeweils nur etwa zwei Drittel der Befragten in der Einkommens- und Verbrauchsstichprobe (EVS) und im Sozioökonomischen Panel (SOEP) umfassende Angaben zu ihrem Nettovermögen. Bei der Studie „Private Haushalte und ihre Finanzen" (PHF) der Deutschen Bundesbank lag der Anteil der erfolgreich befragten an allen kontaktierten Haushalten unter 20 %. Typischerweise werden in Befragungen die unteren und oberen Randbereiche von Verteilungen nur unzureichend erfasst. Andere Datenquellen für detaillierte Vermögensanalysen, etwa eine entsprechende Steuerstatistik, sind für Deutschland nicht vorhanden.

Andererseits bestehen selbst bei grundsätzlicher Antwortbereitschaft erhebliche Probleme bei der **Erfassung und Bewertung von Vermögen**: So bleiben zum Beispiel Anwartschaften in der Gesetzlichen Rentenversicherung und auf Betriebsrenten meist unberücksichtigt. Gleiches gilt für die Rücklagen der Kranken- und Pflegeversicherungen. Aktuelle Markt- oder Wiederbeschaffungswerte von Betriebs-, Immobilien- und Sachvermögen sind oft unbekannt. Die Bewertungsproblematik trifft speziell die Vermögensentwicklung im Zeitverlauf, wenn etwa Hauseigentümer den Kaufpreis anstatt des gegenwärtigen Marktpreises ansetzen. Im Vergleich zur gesamtwirtschaftlichen Vermögensbilanz unterliegen folglich die Abdeckungsquoten in Umfragen wie dem SOEP oder der PHF über die Vermögensarten und über die Zeit hinweg erheblichen Schwankungen (Bundesbank, 2013; Grabka und Westermeier, 2013).

526. Im Vergleich zu den Einkommen sind die **Vermögen deutlich ungleicher** verteilt. ↘ ZIFFERN 708 FF. Dies ist so zu erwarten, da Vermögen über die Zeit durch Sparen aufgebaut werden muss. Aufgrund unterschiedlicher Einkommen und Sparneigungen sowie der Unsicherheit, die den Vermögensaufbau begleitet, übersetzt sich eine ungleiche Einkommensverteilung in eine noch ungleichere Vermögensverteilung. Dabei zeigen sich die Vermögenszuwächse vor allem bei höheren Einkommen, bei Erwerbstätigen und bei Personen mit höherem Bildungsabschluss. Niedrige individuelle Vermögen dürften sich somit über den Lebenszyklus vor allem bei denjenigen Personengruppen einstellen, die wenig in das Erwerbsleben integriert sind. Zudem spielen Erbschaften eine wichtige Rolle für die Ungleichheit der Vermögensverteilung.

Bei einem großen Teil der Vermögen handelt es sich um produktives Kapital. Für diese Vermögensbesitzer, insbesondere für Unternehmenseigner, besteht das Risiko, dass ihr Vermögen in Teilen oder ganz vernichtet wird. Daher muss einem **Investitionsrisiko** immer die **Chance** auf entsprechend hohe Einkommen und Vermögen gegenüberstehen. Im Falle Deutschlands stellt sich die Frage, warum es anscheinend nur relativ wenige Personen und Haushalte gibt, die unternehmerisch tätig werden. Neiddebatten und Maßnahmen, welche die Renditechancen schmälern, wie etwa Vermögensteuern, können die Investitionsbereitschaft hemmen und die wirtschaftliche Dynamik schwächen.

527. Wie bei den Einkommen muss eine zu gleiche oder eine zu ungleiche Vermögensverteilung als kritisch für den gesellschaftlichen Zusammenhalt und die wirtschaftliche Entwicklung angesehen werden. Ein optimales Ausmaß an Ungleichheit ist zwar grundsätzlich nicht zu bestimmen, es liegt aber bei den Vermögen sicherlich höher als bei den Einkommen. Dies gilt speziell für Deutschland, da die **wesentlichen Lebensrisiken** – Langlebigkeit, Krankheit, Pflege und Arbeitslosigkeit – über staatliche Versicherungssysteme abgesichert sind. Die Notwendigkeit eines privaten Vermögensaufbaus ist entsprechend geringer. Dass die Vermögensungleichheit hierzulande größer ausfällt als in den meisten anderen Ländern, insbesondere wenn sehr hohe Vermögen berücksichtigt werden (Vermeulen, 2014), ist daher weder überraschend noch per se kritisch.

Neben den **sozialen Sicherungssystemen** tragen die historisch bedingt geringen Vermögensbestände vieler ostdeutscher Haushalte, der relativ geringe Anteil von **Immobilieneigentümern** und die relativ kleine Haushaltsgröße zur vergleichsweise hohen Vermögensungleichheit in Deutschland bei. Denn wie die persönliche Einkommens- wird die Vermögensungleichheit teilweise **innerhalb von Haushalten** ausgeglichen und durch Kompositionseffekte beeinflusst. So liegt das Verhältnis von Mittelwert zu Median beim Haushaltsvermögen bei 3,4, beim individuellen Vermögen hingegen bei 5 (Grabka und Westermeier, 2014). Während etwa in den südeuropäischen Ländern Kinder relativ lange bei den Eltern wohnen, werden in Deutschland früher eigene Haushalte gegründet. Dies wird durch ein umfangreiches Angebot an Mietobjekten und einen ausgeprägten rechtlichen Schutz von Mietern unterstützt.

Der Vergleich von Vermögensverteilungen zwischen Ländern ist häufig verzerrt. Denn insbesondere die Institutionen der sozialen Sicherung beeinflussen die Vermögensverteilung zu jedem Zeitpunkt und über die Zeit stark. Werden etwa die Ansprüche gegenüber dem Rentensystem als Teil des individuellen Vermögens gezählt, verringert sich der Gini-Koeffizient der Vermögensverteilung in einem Ausmaß, das ungefähr der Hälfte des Unterschieds zwischen den Gini-Koeffizienten der Markt- und der Nettoeinkommen entspricht (Kallweit und Weigert, 2014). Mit anderen Worten: Die Vermögensungleichheit in Deutschland sänke allein dadurch drastisch, dass das umlagefinanzierte in ein kapitalgedecktes Rentensystem umgewandelt würde, ohne dabei die individuellen Rentenansprüche zu verändern.

528. Das gesamtwirtschaftliche Nettovermögen und die aus Befragungen ermittelten Haushaltsvermögen weisen deutlich unterschiedliche **zeitliche Entwicklungen** auf. Während das aggregierte Reinvermögen der privaten Haushalte (einschließlich privater Organisationen ohne Erwerbszweck) in den gesamtwirtschaftlichen Vermögensbilanzen nach vorläufigen Berechnungen im Jahr 2012 um knapp 17 % höher ausgewiesen wurde als im Jahr 2007, betrug der Anstieg des durchschnittlichen individuellen Nettovermögens laut SOEP nur 2,7 %. Die Ergebnisse des SOEP deuten darauf hin, dass sich die Verteilung der Vermögen in der jüngeren Vergangenheit kaum verändert, möglicherweise sogar leicht verringert hat.

3. Wirtschaftspolitischer Handlungsbedarf

529. Ausgehend von der Analyse der Einkommens- und Vermögensverteilungen erkennt der Sachverständigenrat aktuell in Deutschland keine beunruhigenden Entwicklungen hinsichtlich einer sich immer weiter öffnenden Schere zwischen Arm und Reich. Demnach ergibt sich akut **kein** wirtschafts- oder arbeitsmarktpolitischer **Handlungsbedarf**. Insbesondere sind Politikmaßnahmen, die direkt an Ergebnisgrößen von Wirtschaftsprozessen ansetzen, wie etwa der Mindestlohn, kritisch zu sehen. Das Herbeiführen eines gewünschten Marktergebnisses durch staatliche Regulierung ist meist mit erheblichen **Effizienzeinbußen** verbunden. Selbst verteilungspolitisch gut gemeinte Vorhaben können so schnell ins Gegenteil umschlagen, indem sie die Wirtschafts- und die Beschäftigungsentwicklung gefährden.

Gerade eine Politik, die konkrete Veränderungen des Gini-Koeffizienten der Einkommens- und Vermögensverteilung als Ziel formuliert, hat möglicherweise stark **unerwünschte Wirkungen**. So kann ein Eingriff in die Einkommensverteilung (beispielsweise die Festsetzung einer Mindestrente) durchaus zu steigender Vermögensungleichheit führen, da die betroffenen Akteure auf diesen Eingriff mit von der Politik nicht weiter zu beeinflussenden Wahlhandlungen reagieren (im Beispiel durch einen Verzicht auf Kapitalaufbau durch Ersparnis). Makroökonomische Gleichgewichtsmodelle, die unterschiedliche Altersgruppen und das Entscheidungsverhalten der Individuen abbilden, demonstrieren dementsprechend, dass viele Umverteilungsmaßnahmen die Einkommens- und Vermögensverteilung jeweils in unterschiedlicher Richtung beeinflussen (Kallweit und Weigert, 2014). Diese komplexen Zusammenhänge gilt es zu berücksichtigen, bevor eine vermeintlich harmlose Maßnahme der Umverteilung erwogen wird.

530. Der im Sinne der sozialen Marktwirtschaft ordnungspolitisch gebotene Eingriff ist die **nachträgliche Korrektur des Marktergebnisses** durch das Steuer- und Transfersystem. Sofern gewünscht, müsste eine stärkere Umverteilung von Einkommen oder Vermögen zielgenau dort stattfinden. Insgesamt ist das Ausmaß der Umverteilung in Deutschland im internationalen Vergleich allerdings bereits bemerkenswert hoch (JG 2013 Ziffer 681). Darüber hinaus sind in Deutschland die wesentlichen Existenzrisiken über die sozialen Sicherungssysteme umfassend abgesichert.

Hinzu kommt, dass Arbeitslosigkeit und Transferbezug häufig mit nichtmonetären Kosten und Stigmatisierungseffekten verbunden sind (Kassenboehmer und Haisken-DeNew, 2009; Krause, 2014). Tatsächlich kann ein Anstieg der Lohnungleichheit Ausdruck einer insgesamt erfolgreichen Politik sein, die eine breite Erwerbsbeteiligung und Wahlfreiheiten schafft. Es scheint daher angebracht, weniger auf Verteilungsergebnisse und mehr auf **Chancengerechtigkeit** sowie **Bildungs- und Einkommensmobilität** zu achten (JG 2013 Ziffern 687 ff.).

II. ARBEITSMARKT: AUF MARKTPROZESSE VERTRAUEN

531. Seit Mitte des vergangenen Jahrzehnts hat sich nach einer lang anhaltenden Phase hoher und dauerhafter Arbeitslosigkeit ein **„deutsches Arbeitsmarktwunder"** vollzogen: Die Erwerbstätigkeit ist auf ein Rekordniveau gestiegen, die Arbeitslosigkeit deutlich zurückgegangen, trotz der schweren Rezession im Jahr 2009. ↘ ZIFFERN 186 FF. Gleichzeitig ist die Einkommens- und Vermögensverteilung stabil geblieben: Eine **leistungsfähige Wirtschaft** mit **hohem Beschäftigungsgrad** ist offenbar eine Grundvoraussetzung für gesellschaftliche Teilhabe. Dabei spielt die Arbeitsmarktordnung – und die sie gestaltende („passive") und ergänzende („aktive") Arbeitsmarktpolitik – eine entscheidende Rolle.

Insbesondere ist zu verhindern, dass ein Teil der Bevölkerung dauerhaft aus dem Erwerbsleben ausgegrenzt wird. Denn Arbeitslosigkeit stellt das größte individuelle Einkommens- und Vermögensrisiko dar, vor allem wenn sie sich verfestigt. Sie gefährdet die gesellschaftliche Teilhabe, wobei die nicht-monetären Aspekte von Erwerbstätigkeit, wie soziale **Integration** und persönliche **Erfüllung,** eine ernstzunehmende Rolle spielen.

532. Arbeitsmarktentwicklungen lassen sich auf gesamtwirtschaftlicher Ebene so gut wie nie auf einzelne **Ursachen** zurückführen. Sie sind vielmehr das Ergebnis einer ganzen Schar ineinandergreifender Faktoren. Neben den institutionellen Rahmenbedingungen gehören dazu strategische Unternehmensentscheidungen ebenso wie demografische und technologische Entwicklungen. Der deutschen Wirtschaft ist es unter anderem mit Mitteln der internen Lohn- und Arbeitszeitflexibilität gelungen, sich an die sich unaufhaltsam ändernden Rahmenbedingungen anzupassen. Dabei hat die zunehmende Dezentralisierung der Lohnfindungsprozesse und der Wertschöpfungsketten den Unternehmen ermöglicht, ihre internationale Wettbewerbsfähigkeit zu erhalten (Dustmann et al., 2014).

1. Reformen des Arbeitsmarkts – ein wichtiger Erfolgsbaustein

533. Um zu verstehen, wie im Verlauf des vergangenen Jahrzehnts die Beschäftigung in dem beobachteten Ausmaß auf- und eine teilweise stark verfestigte Arbeitslosigkeit abgebaut werden konnte, muss der Blick auf die Rahmenbedingungen auf dem Arbeitsmarkt gelenkt werden. Eine erfolgreiche **Arbeitsmarktordnung** muss eine **Balance** zwischen Kontinuität und Wandel herstellen: Sie muss einerseits Vertrauen in den Fortbestand von Arbeitsverhältnissen schaffen, damit sich für Arbeitgeber und Arbeitnehmer die gegenseitige langfristige Bindung und die Investitionen in die Produktivität dieses Arbeitsplatzes lohnen.

Andererseits muss sie dafür sorgen, dass dort, wo ein Festhalten nicht lohnt und besser Neues entstünde, sich ein Wandel rasch und reibungslos vollziehen kann (JG 2013 Ziffern 456 ff.). Für die gesamtwirtschaftliche Produktivitätsentwicklung und damit für das Wachstumspotenzial sind Innovationsprozesse von zentraler Bedeutung (Grossman und Helpman, 1991; Aghion und Howitt, 1992). Die Re-Allokation von Arbeitskräften spielt dabei eine bedeutende Rolle (Petrin et al., 2011; Davis und Haltiwanger, 2014).

534. Gelingt diese Abwägung, dann ist der Arbeitsmarkt von einer geringen **strukturellen Arbeitslosigkeit** geprägt. Dass die Arbeitslosigkeit in den vergangenen zehn Jahren trotz des wirtschaftlichen Einbruchs im Jahr 2009 so deutlich gesunken ist, dürfte nicht zuletzt auf einen erheblichen Rückgang der strukturellen Arbeitslosigkeit zurückzuführen sein. Eine funktionierende Arbeitsmarktordnung verhindert, dass sich Arbeitslosigkeit nach makroökonomischen **Schocks** verfestigt, und trägt so maßgeblich zur **Resilienz** einer Volkswirtschaft bei, was speziell in einer Währungsunion von hoher Bedeutung ist (JG 2013 Ziffern 463 ff.).

535. Eine geringe strukturelle Arbeitslosigkeit eröffnet wiederum höhere Erwerbschancen für Geringqualifizierte. Die **Arbeitsmarktreformen** des vergangenen Jahrzehnts haben maßgeblich zum Rückgang der Arbeitslosigkeit beigetragen (Fahr und Sunde, 2009; Caliendo und Hogenacker, 2012; Hertweck und Sigrist, 2013; Klinger et al., 2013; Krebs und Scheffel, 2013). Diese Beschäftigungszuwächse wurden nicht mit einer merklichen Abnahme der **Beschäftigungsqualität** erkauft. So lag der Anteil der atypisch Beschäftigten an allen abhängig Beschäftigten im Jahr 2013 wie im Jahr 2005 bei rund 24 %. Im internationalen Vergleich schneidet Deutschland hinsichtlich der Qualität von Beschäftigung insgesamt sogar überdurchschnittlich ab (OECD, 2014).

536. Das Ziel der Reformen, insbesondere der Hartz-Reformen, war es nicht, die **Wettbewerbsfähigkeit** der deutschen Unternehmen zu erhöhen. Vielmehr ging es vor dem Hintergrund hoher Arbeitslosigkeit, schwacher wirtschaftlicher Dynamik, angespannter öffentlicher Finanzen und der – bereits damals absehbaren – demografischen Entwicklungen darum, die Unterstützung bei Arbeitslosigkeit so umzugestalten, dass längerfristiger Transferbezug weitestgehend vermieden wird. Dabei stand vor allem die Integration von Geringqualifizierten und Langzeitarbeitslosen in den Arbeitsmarkt im Vordergrund.

Dies trug naturgemäß zu einer Auffächerung der **Lohnstruktur bei**, denn Beschäftigung ist bei relativ geringer Produktivität in einem marktwirtschaftlich gestalteten Arbeitsmarkt letztlich nur bei entsprechenden Löhnen möglich. Das bedarfsgerechte Aufstocken niedriger Erwerbseinkommen durch ergänzende Sozialleistungen verhindert dabei Einkommenseinbußen auf Haushaltsebene. Im Vergleich zum vollständigen Einkommensbezug aus Transferleistungen sinkt zudem die gesamte Umverteilungslast. Bei Vollzeitbeschäftigung kommen sehr geringe Arbeitsentgelte allerdings nur relativ selten vor. ↘ KASTEN 24

537. Die Reformen des vergangenen Jahrzehnts haben jedoch die **Verbesserungsmöglichkeiten** der deutschen Arbeitsmarktordnung noch **keineswegs ausgereizt**. Die Arbeitslosenquoten sind aktuell zwar über alle Qualifikationsniveaus hinweg deutlich niedriger als noch im Jahr 2005. Unter Geringqualifizierten fällt die Arbeitslosenquote aber im Jahr 2012 immer noch fast viermal höher

aus als bei Fachkräften mit Berufsausbildung; im Vergleich zu Hochschulabsolventen liegt sie fast achtmal höher (Söhnlein et al., 2013).

Der **regionale Vergleich** innerhalb Deutschlands verdeutlicht, wie wichtig das allgemeine wirtschaftliche Umfeld und speziell eine starke Arbeitsnachfrage für die Beschäftigungs- und Lohnentwicklung sind. So finden sich niedrige Arbeitslosenquoten (über alle Qualifikationsniveaus hinweg) und ein hohes Lohnniveau vor allem in wirtschaftlich starken Regionen, etwa in vielen Kreisen in Süddeutschland (Bogai et al., 2014; Fuchs et al., 2014). Dies spricht gegen die These, dass wirtschaftlicher Erfolg mit Niedriglohnbeschäftigung erkauft würde. Die naheliegende Erklärung für Arbeitslosigkeit und Niedriglohnbeschäftigung ist eine schwache Arbeitsnachfrage.

> ↘ KASTEN 24
>
> **Auswirkungen der Umstellung bei Erhebungsinhalten der Beschäftigungsstatistik**
>
> Evidenzbasierte Politik fußt auf Statistiken, welche die Realität so genau wie möglich abbilden, und auf deren sachgemäßer Interpretation (JG 2013 Kasten 16). Während es beispielsweise bei Umfragedaten offensichtlich ist, dass es aufgrund von Antwortbereitschaft und -verhalten zu Messfehlern kommen kann, gelten **amtliche Statistiken** als äußerst verlässlich. Allerdings kann es selbst dort zu Ungenauigkeiten kommen. Im Zuge einer Umstellung von Erhebungsmerkmalen der Beschäftigungsstatistik zwischen Juni 2011 und Dezember 2012 kam es beispielsweise zu einer signifikanten Verschiebung von sozialversicherungspflichtiger Vollzeit- zu Teilzeitbeschäftigung (BA, 2013). Dies wirkte sich unmittelbar auf die zugehörige **Entgeltstatistik** aus. Aus Vergleichbarkeitsgründen stehen dort die Entgelte von Vollzeitbeschäftigten im Vordergrund.
>
>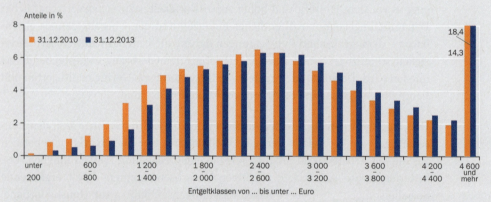
>
> ↘ ABBILDUNG 72
> **Sozialversicherungspflichtig Vollzeitbeschäftigte nach Entgeltklassen¹**
>
> 1 – Ohne Auszubildende, monatliches Bruttoarbeitsentgelt, Daten vor Revision der Beschäftigungsstatistik.
> Quelle: BA
> SVR-14-148
>
> Die Fehlklassifikation von Teilzeit- als Vollzeitbeschäftigten führte zu einer Überzeichnung der Anzahl von Vollzeitbeschäftigten mit niedrigem Entgelt. Zum Stichtag 31.12.2010 lag der Anteil von Vollzeitbeschäftigten mit einem Entgelt bis 1 400 Euro, das sich bei einem Mindestlohn von 8,50 Euro in etwa als Bruttomonatslohn ergibt, bei knapp 13 %, am 31.12.2013 hingegen bei knapp 7 %. ↘ ABBILDUNG 72 Dabei dürften viele der sehr niedrigen Vollzeiteinkommen von wenigen hundert Euro auf Fehlmeldungen zurückzuführen sein.

> Der Rückgang der Anteile im Niedriglohnbereich ist teilweise auf Lohnzuwächse zurückzuführen, überwiegend aber ein Effekt der Korrektur von Fehlmeldungen. Die ausgewiesene Lohnspreizung fällt somit bei Vollzeitbeschäftigten deutlich geringer aus als zuvor angezeigt. Dies gilt insbesondere für den unteren Einkommensbereich: Das Verhältnis des Medians zum ersten Quintil fiel von 1,59 am 31.12.2010 auf 1,51 am 31.12.2013. Die ohnehin recht geringe Anzahl von vollzeitbeschäftigten Aufstockern, die parallel zum Einkommen aus einer sozialversicherungspflichtigen Beschäftigung noch **Arbeitslosengeld II** beziehen, reduzierte sich im Zuge der Umstellung um rund ein Drittel (JG 2013 Ziffer 519).

2. Die Gefahren regulatorischer Markteingriffe

538. Die **Wirtschaftspolitik** ist aktuell auf eine stärkere Regulierung des Arbeitsmarkts ausgerichtet. Damit verlässt sie den bisherigen Weg, die Flexibilität des Arbeitsmarkts moderat zu erhöhen. Bei dieser Kurskorrektur sollte beachtet werden, dass Regulierung unterschiedlichste Folgen haben kann. Auf der einen Seite steht das berechtigte Interesse am Schutz der Arbeitnehmer und der Arbeitgeber. Auf der anderen Seite besteht aber die Gefahr unerwünschter Nebenwirkungen auf die Erwerbsbeteiligung oder die Einstellungsbereitschaft der Unternehmen – und damit auf die Beschäftigung. Denn letztendlich beruht der Arbeitsmarkt auf einem **freiwilligen Austausch** zwischen den teilnehmenden Akteuren. So kann der Lohn zwar gesetzlich vorgegeben werden, nicht aber die zu diesem Preis nachgefragte Beschäftigung. **Marktergebnisse** lassen sich **nicht erzwingen**.

Die Gefahr unerwünschter Regulierungseffekte betrifft besonders Arbeitslose und Arbeitsmarkteinsteiger. Es kann zu einer strikteren Trennung zwischen beschäftigten **Insidern** und arbeitsuchenden **Outsidern** kommen oder zu einem **Dualismus**, der den Arbeitsmarkt in sehr sichere und sehr unsichere Beschäftigungsverhältnisse teilt. In beiden Fällen trägt die weniger privilegierte Gruppe den Großteil der Anpassungslasten zum Ausgleich makroökonomischer Schocks. Ihre Teilhabe am wirtschaftlichen Wohlstand wird beschränkt.

539. Um eine erfolgreiche Arbeitsmarktordnung zu gewährleisten, sollte die Politik die Wirkungen von regulatorischen Markteingriffen unbedingt kritisch analysieren. Wie eine konkrete Regulierung wirkt und ob sie angemessen ist oder nicht, ist angesichts der Komplexität der Wirkungszusammenhänge naturgemäß schwer zu beurteilen. Als Anhaltspunkte für die Bewertung der regulatorischen Eingriffsintensität bieten sich vereinfacht zwei (Extrem-)Fälle an: Einerseits kann Regulierung ausschließlich auf die **Rahmenbedingungen** abzielen, welche die Funktionsweise des Arbeitsmarkts sichern und Leitplanken für das Verhalten der Akteure setzen. Andererseits kann Regulierung direkt in die Privat- und Tarifautonomie eingreifen, indem sie **Marktprozesse außer Kraft** setzt, um spezielle Ergebnisse zu erzwingen.

Natürlich ist weniger Regulierung nicht grundsätzlich besser. Aus Sicht des Sachverständigenrates gebietet es jedoch das **Vorsichtsprinzip**, nicht zu stark in die Marktprozesse einzugreifen, um negative Beschäftigungswirkungen weitestgehend zu vermeiden. Die konsequente wissenschaftliche Begleitung von Reformen kann dazu beitragen, Fehlentwicklungen frühzeitig zu erkennen und zu korrigieren (JG 2013 Kasten 16).

Mindestlohn – Was nun?

540. In Deutschland gilt ab dem 1. Januar 2015 erstmalig ein flächendeckender gesetzlicher Mindestlohn in Höhe von zunächst 8,50 Euro. Der Mindestlohn stellt einen **fundamentalen Eingriff** in den Arbeitsmarkt und die Privatautonomie dar, der nicht zuletzt verfassungsrechtliche Bedenken aufwirft (Lakies, 2013; Barczak, 2014; Fischer-Lescano, 2014; Picker, 2014). Aus ökonomischer Sicht stehen jedoch seine Auswirkungen auf den Arbeitsmarkt, das Wirtschaftswachstum und die Einkommen im Mittelpunkt der Betrachtung. Der Sachverständigenrat hat sich mehrheitlich gegen die Einführung dieses Mindestlohns ausgesprochen, da von einer Verschlechterung der Beschäftigungschancen – insbesondere für Geringqualifizierte und Arbeitsmarkteinsteiger – ausgegangen werden muss (zuletzt JG 2013 Ziffern 515 ff.).

Durch den Mindestlohn werden zwar die Löhne für einen Teil der Beschäftigten steigen. Auf gesamtwirtschaftlicher Ebene werden sich jedoch aller Voraussicht nach im Hinblick auf die Einkommensverteilung, die Konsumnachfrage und die öffentlichen Haushalte selbst dann **nicht die erhofften positiven Effekte** einstellen, wenn große Beschäftigungsverluste ausbleiben. Denn zum einen müssen die voraussichtlichen Empfänger höherer Löhne teilweise auf andere Einkommensbestandteile verzichten, insbesondere die sogenannten Aufstocker auf ergänzende Transferleistungen. Zum anderen stehen den Lohnsteigerungen niedrigere Unternehmensgewinne und mögliche Preissteigerungen gegenüber, welche die gesamtwirtschaftliche Kaufkraft mindern (Brenke und Müller, 2013; Wiemers, 2013; Döhrn, 2014; Knabe et al., 2014).

541. Der Mindestlohn stellt vor allem mit Blick auf das **Entstehen neuer Arbeitsplätze** ein Problem dar, insbesondere für Geringqualifizierte (Brochu und Green, 2013; Meer und West, 2013). Er gibt ein Mindestmaß an Produktivität vor, das auf diesem Arbeitsplatz über einen hinreichend langen Zeitraum erbracht werden muss, um aus Sicht des Arbeitgebers verlässlich die Arbeitskosten einschließlich der Einrichtungskosten der Arbeitsstelle zu decken. Dabei geht es nicht allein um die Fähigkeiten, die ein potenzieller Arbeitnehmer selbst mitbringt. Wichtig ist deren Verhältnis zu den erwirtschafteten Umsätzen. Im Zeitverlauf kommt es typischerweise zu Schwankungen der Produktivität. Da Arbeitgeber **vorausschauend planen** müssen, kann der Mindestlohn in Kombination mit rigidem Kündigungsschutz und wettbewerbsintensiven Güter- oder Dienstleistungsmärkten die Einstellungsbereitschaft stark mindern. Und dies gilt sogar in dem unrealistischen Fall, dass alle Arbeitnehmer über eine Produktivität verfügen, die über den gesamten Konjunkturzyklus hinweg den Mindestlohn erreicht.

542. Von Mindestlohnbefürwortern wird als zentrales Argument angeführt, dass ein erheblicher **Machtunterschied** zwischen Arbeitgebern und Arbeitnehmern bestünde, wodurch erstere ihre Gewinnposition durch die Zahlung niedriger

Löhne verbessern würden. Der Machtverlust der Beschäftigten wird dabei vor allem auf den Rückgang der Tarifvertragsbindung der Beschäftigten zurückgeführt. Das gehäufte Auftreten von Niedriglöhnen in Regionen und Sektoren mit geringer Produktivität, beispielsweise im Gastgewerbe, Einzelhandel oder Friseurhandwerk, deutet allerdings darauf hin, dass in den meisten Fällen eine geringe Entlohnung der Beschäftigten nicht mit übermäßigen Einkommen auf der Unternehmerseite einhergeht. Stattdessen dürften sich niedrige Löhne in den meisten Fällen aus dem Zusammenspiel von (relativ hohem) **Arbeitsangebot** und (relativ niedriger) **Arbeitsnachfrage**, etwa im Bereich einfacher Tätigkeiten, ergeben. Unter diesem Blickwinkel stellen die beobachteten Lohnentwicklungen das Ergebnis eines funktionierenden Marktes dar, und der Mindestlohn dürfte als Fremdkörper negativ auf die Beschäftigung wirken.

543. Im internationalen Vergleich wird regelmäßig auf das Vereinigte Königreich und Frankreich als positive beziehungsweise warnende Beispiele für den Umgang mit einem Mindestlohn und dessen Wirkungen verwiesen. Die Entwicklungen der Arbeitslosigkeit – insbesondere der Jugendarbeitslosigkeit – seit dem Jahr 2000 zeichnen in beiden Ländern ein weniger erfreuliches Bild. Dies gilt speziell seit dem Rezessionsjahr 2009. ↘ ABBILDUNG 73

Einen Anstieg der Arbeitslosigkeit vollumfänglich kausal auf einen Mindestlohn zurückzuführen, wäre sicherlich verfehlt. Zumindest für französische Jugendliche stellt er wohl dennoch eine nicht zu unterschätzende Hürde dar (Abowd et al., 2000; Gorry, 2013). Deutschland zeichnet sich im internationalen Vergleich hingegen durch eine **geringe Jugendarbeitslosigkeit** aus. Indem der Mindestlohn die Möglichkeiten eines Erfahrungsaufbaus im Rahmen von (zunächst) niedrig entlohnter Beschäftigung einschränkt, droht er, langfristig negative Konsequenzen für das Arbeitsleben und die Einkommenssituation zu haben (Mroz und Savage, 2006; Nilsen und Reiso, 2011; Gorry, 2013; Schmillen und Umkehrer, 2013). Somit sind die Ausnahmen für Auszubildende und Praktikanten im *Mindestlohngesetz (MiLoG)* völlig richtig.

544. Da zumeist das Vereinigte Königreich als Positivbeispiel für die Unschädlichkeit von Mindestlöhnen bemüht wird, ist verwunderlich, dass das *MiLoG* in zwei zentralen Punkten nicht diesem Beispiel folgt. Zum einen wurde keine niedrige Einstiegshöhe für den Mindestlohn gewählt (JG 2013 Ziffern 515 ff.), zum anderen wurde die Verantwortung für die zukünftigen Anpassungen des Mindestlohns an eine **neue Kommission** aus Vertretern der Spitzenorganisationen von Arbeitgebern und Arbeitnehmern abgegeben. Anders als in der britischen Low Pay Commission ist die unabhängige Wissenschaft unzureichend in die Arbeit dieser Mindestlohnkommission eingebunden.

Dem gesamtwirtschaftlich verantwortungsvollen Verhalten der **Mindestlohnkommission** kommt eine besondere Bedeutung zu. Die Stärkung der Macht der Spitzenorganisationen der Arbeitgeber und Arbeitnehmer birgt die Gefahr, dass sich Insider-Outsider-Muster verschärfen und sich der Strukturwandel verlangsamt. Es lässt sich bereits erkennen, dass Mindestlöhne von Arbeitgebern und Gewerkschaften als Eintrittsbarrieren gegenüber neuen Wettbewerbern genutzt werden (Bachmann et al., 2014). Das Beispiel des Post-Mindestlohns ver-

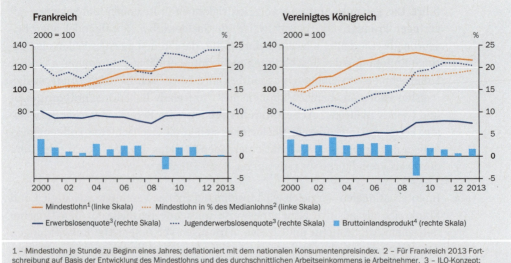

anschaulicht eindrucksvoll, wie so volkswirtschaftlich wünschenswerter Wettbewerb unterbunden wird (Monopolkommission, 2008, 2010).

545. Die Entscheidungsbefugnis über die Mindestlohnanpassungen verbleibt bei der Bundesregierung, die den Beschluss der Kommission per Rechtsverordnung verbindlich machen kann, aber nicht muss. Die **demokratische Legitimation** des Mindestlohns und seiner Anpassungen ist aufgrund ihrer gesamtwirtschaftlichen und gesellschaftlichen Bedeutung zwingend notwendig. Eine gewisse Disziplinierungswirkung für die Arbeit der Mindestlohnkommission dürfte sich so zwar einstellen; es bleibt aber die Gefahr, dass Entscheidungen aus **politischem Kalkül** heraus getroffen werden.

546. Keinesfalls sollte der Mindestlohn quasi automatisch den Tariflohnerhöhungen der Vergangenheit folgen. So könnte der Mindestlohn gerade in einem schwierigen wirtschaftlichen Umfeld, beispielsweise in einer Rezession, zu stark angehoben werden. Die Beispiele Frankreichs und des Vereinigten Königreichs verdeutlichen jedenfalls, dass ein Absenken des nominalen Mindestlohns wohl nahezu ausgeschlossen ist. Zwischen den Jahren 2000 und 2009 waren die Mindestlöhne im Vereinigten Königreich und in Frankreich preisbereinigt um 34 % beziehungsweise 20 % gestiegen. ↘ ABBILDUNG 73 Selbst nach dem deutlichen Anstieg der Arbeitslosigkeit im Jahr 2009 wurden die Mindestlöhne angehoben. Es besteht somit eine **erhebliche Lohnrigidität**, welche die Beschäftigungsentwicklung hemmt.

Mit einer relativen Höhe von unter 50 % des Medianlohns ist die Bindungswirkung des Mindestlohns im Vereinigten Königreich gegenwärtig noch deutlich geringer als in Frankreich mit rund 60 %. Die Einordnung der Mindestlohnhöhe im Zeitablauf wird durch **Kompositionseffekte** erschwert. Bei steigender Arbeitslosigkeit verlieren zunächst Beschäftigte mit niedrigen Löhnen ihren Arbeitsplatz. Die verbleibenden Beschäftigten weisen durchschnittlich höhere Löhne auf. Der Mindestlohn erscheint dann unzutreffenderweise als relativ niedrig. Dies ist jedoch lediglich Ausdruck einer schlechten Beschäftigungslage. Hierzu passen die Entwicklungen in Frankreich und dem Vereinigten Königreich, wo die relative Mindestlohnhöhe bis Mitte des vergangenen Jahrzehnts anstieg und seitdem relativ konstant geblieben ist.

547. Für die Gesamtbeurteilung von Mindestlohnregelungen und ihren Wirkungen sind zudem die Abgrenzung der einzubeziehenden Entlohnungsbestandteile und Arbeitsstunden, Ausnahme- und Kontrollregelungen sowie die Lohnnebenkosten zu berücksichtigen (Askenazy, 2014). Als **unabhängiges Korrektiv** könnte die **Wissenschaft** über Evaluationsaufträge eingebunden werden, wie dies jüngst beispielsweise bei der Evaluation der branchenspezifischen Mindestlöhne der Fall war. Zu diesem Zweck sollte die **Verfügbarkeit aussagekräftiger Daten** verbessert werden, um die wissenschaftliche Forschung zum Mindestlohn zu stärken. Dieser Engpass behinderte schon die Evaluationsstudien zu den branchenspezifischen Mindestlöhnen (Möller, 2012). Eine umfassende Erhebung der Einkommen aller abhängig Beschäftigten, einschließlich der geringfügig Beschäftigten, sowie der Arbeitsstunden würde zudem die Kontrolle des Mindestlohns durch die Zollverwaltung erleichtern.

548. Sollten tatsächlich negative Beschäftigungsentwicklungen eintreten und sich damit Einkommenseinbußen und eine geminderte gesellschaftliche Teilhabe einstellen, kann am besten mit einem deutlichen **Absenken des Mindestlohns** oder sogar seiner Abschaffung reagiert werden. Zu warnen ist jedoch vor dem Versuch, negative Effekte durch Lohnsubventionen zu kompensieren. Mit der Anhebung der Maximaldauer der kurzfristigen sozialversicherungsfreien Beschäftigung von 50 auf 70 Tage ab dem Jahr 2015 und zunächst bis zum Jahr 2018 wurde allerdings bereits ein erster Schritt in diese Richtung unternommen.

Das Beispiel Frankreichs verdeutlicht, wie teuer ein zu hoher Mindestlohn werden kann: Der französische Staat gibt schon seit Längerem etwa 1 % des Bruttoinlandsprodukts dafür aus, die Sozialversicherungsbeiträge von solchen Beschäftigten zu subventionieren, die den Mindestlohn oder etwas höhere Löhne erhalten (Cahuc und Carcillo, 2012; Garoche und Roguet, 2014). Seit Januar 2014 wurden die Subventionen im Rahmen des Pakts für Wachstum, Wettbewerbsfähigkeit und Beschäftigung auf etwa 2 % des Bruttoinlandsprodukts (mehr als 40 Mrd Euro) ausgeweitet, weitere begleitende Maßnahmen sind dabei noch nicht berücksichtigt.

Regulierung keinesfalls weiter ausbauen

549. Eine Gesamtschau auf die deutsche Arbeitsmarktordnung zeigt, dass die **externe Flexibilität** gering ausfällt, vor allem im internationalen Vergleich (JG 2013 Ziffern 452 f.). ↘ KASTEN 7 Bei den somit beschränkten Möglichkeiten, die Beschäftigung durch Einstellungen und Entlassungen flexibel an die wirtschaftlichen Gegebenheiten anzupassen, war es speziell die **interne Flexibilität** in

Form von Lohn- und Arbeitszeitanpassungen, über die es gelungen ist, Beschäftigung aufzubauen und im Rezessionsjahr 2009 zu sichern.

Die interne Flexibilität wurde mit dem **Tarifautonomiestärkungsgesetz** nun eingeschränkt. Mit diesem wurde nicht nur der Mindestlohn eingeführt. Die Allgemeinverbindlicherklärung eines Tarifvertrags für eine gesamte Branche ist nunmehr bei konkretem öffentlichem Interesse möglich und nicht mehr an das Kriterium einer Tarifbindung von 50 % gekoppelt. Das Arbeitnehmer-Entsendegesetz wurde ebenfalls auf alle Branchen ausgeweitet. Insgesamt handelt es sich weniger um eine allgemeine Stärkung der Tarifautonomie als um eine Stärkung der Macht der Tarifvertragsparteien.

550. Der Gesetzentwurf zur **Tarifeinheit** sieht einen direkten Eingriff in den Wettbewerb zwischen Arbeitnehmervertretungen vor. Dabei stellt sich aus ökonomischer Sicht die Frage, warum die Pluralität von Gewerkschaften durch den Gesetzgeber beschnitten und so in die privatwirtschaftlichen Verteilungskonflikte gesetzlich eingegriffen werden sollte. Im System der Tarifautonomie ist es doch zuallererst die Bringschuld der etablierten Branchengewerkschaften, die in den Spartengewerkschaften organisierten Arbeitnehmer zu einem gemeinsamen Auftritt in Tarifverhandlungen und -konflikten zu bewegen.

In der öffentlichen Diskussion werden zwar häufig die Gefahren einer erhöhten Streikgefahr aufgrund von **Tarifpluralität** beschworen, da nunmehr selbst kleine Beschäftigtengruppen ganze Betriebe blockieren können. Doch die Arbeitskampfbilanz in Deutschland ist nach wie vor im zeitlichen und im internationalen Vergleich unauffällig (Bachmann et al., 2011; WSI, 2014). Die spektakulären Streiks der vergangenen Jahre sind auf wenige Branchen beschränkt geblieben, insbesondere den Flug- und Bahnverkehr (Lesch, 2013). Eine Zersplitterung der Tariflandschaft ist ausgeblieben. Von einer Gefährdung der generellen Funktionsfähigkeit der Tarifautonomie sind wir weit entfernt. Nichts hindert den Gesetzgeber daran, die Entwicklungen weiter zu beobachten.

551. Auf der arbeitsmarktpolitischen Agenda der Bundesregierung stehen **weitere Regulierungsvorhaben**, von denen jedes einzelne sich nur gering auswirken dürfte. In der Summe können sie aber eine deutliche Einschränkung unternehmerischer Flexibilität bedeuten. Dies betrifft insbesondere die Zeitarbeit und die Werkverträge. Mit den Lockerungen der Bestimmungen zu Befristungsmöglichkeiten, Zeitarbeit oder geringfügiger Beschäftigung wurden in der Vergangenheit die Möglichkeiten der Unternehmen erweitert, ihren Beschäftigungsstand anzupassen, insbesondere um konjunkturelle Schwankungen auszugleichen.

Wiederum sollte eingehend geprüft werden, ob eine Regulierung notwendig und tatsächlich geeignet ist, das angestrebte Ziel zu erreichen. Weder Zeitarbeit noch Werkverträge sind per se als kritisch für die Beschäftigten anzusehen. Vielmehr stellen sie wichtige Elemente einer modernen Arbeitsmarktordnung dar. Um einen Missbrauch dieser Beschäftigungsformen für verdeckte Arbeitnehmerüberlassung oder Scheinselbstständigkeit zu verhindern, bedarf es vor allem einer besseren Kontrolle der bestehenden Regelungen. Diese setzen bereits entsprechende Leitplanken, die es gegebenenfalls im Sinne einer höheren Transparenz und Rechtssicherheit für alle Beteiligten zu konkretisieren gilt. Insbesondere beim in einer arbeitsteiligen Welt sehr sinnvollen Instrument des **Werkvertrags** besteht an sich kein Änderungsbedarf.

552. Die **Zeitarbeit** steht häufig im Mittelpunkt der Kritik, da durch sie die Qualität der Beschäftigungsverhältnisse kontinuierlich abnehme. Nach einem Anstieg von Anfang der 2000er-Jahre bis zum Jahr 2008 schwankte die Anzahl der Leiharbeitnehmer nach Angaben der Bundesagentur für Arbeit von Mitte des Jahres 2010 bis Ende des Jahres 2013 zwischen rund 800 000 und 930 000 Personen. Dies entsprach durchschnittlich etwas mehr als 2 % aller Arbeitnehmer. Dabei sieht es nicht danach aus, dass andere Beschäftigungsverhältnisse verdrängt würden. Laut Mikrozensus stieg die Anzahl der Kernerwerbstätigen in Normalarbeitsverhältnissen im Vergleich der Jahre 2010 und 2013 um knapp 1,5 Millionen Personen, während die Anzahl der Zeitarbeitnehmer und der atypisch Beschäftigten insgesamt leicht sank.

Eine annähernde Gleichbehandlung von Leiharbeitnehmern und Stammbelegschaft mit steigender Entleihdauer wird tarifvertraglich bereits angestrebt. Insgesamt scheint die Zeitarbeit die ihr angedachte Funktion als Beschäftigungsreserve zu erfüllen, die Effizienz der Unternehmen zu erhöhen und eine Beschäftigungschance für Geringqualifizierte zu bieten (Baumgarten et al., 2012). Für letztere kann sie als Sprungbrett in ein langfristiges Arbeitsverhältnis dienen, wenngleich dies nicht sehr ausgeprägt ist; sie stellt aber auch keine Falle für Arbeitslose dar (Kvasnicka, 2009; Lehmer und Ziegler, 2010; Burkert et al., 2014). Zumindest im Vergleich zur Langzeitarbeitslosigkeit ist die Zeitarbeit zweifellos die bessere Alternative.

Im Hinblick auf die Qualität von Zeitarbeitsverhältnissen stellt sich weniger die Frage nach der Überlassungshöchstdauer oder den Entlohnungsstrukturen, sondern vielmehr die der **Qualifizierung** der Beschäftigten. Hier besteht eine Möglichkeit, die Integrationsfunktion der Zeitarbeit zu verbessern. Große Zeitarbeitsunternehmen erbringen vielfach bereits umfassende Personaldienstleistungen. In einer stärker berufsbegleitenden Weiterqualifizierung von vormals Arbeitslosen könnte durchaus ein Ansatzpunkt für die zukünftige Ausgestaltung der aktiven Arbeitsmarktpolitik liegen.

3. Eine zielführende Arbeitsmarktordnung

553. In der aktuellen Debatte um Verteilungsergebnisse darf die zentrale Bedeutung des Arbeitsmarkts für die Haushaltseinkommen und die gesellschaftliche Teilhabe nicht übersehen werden. Angesichts der seit Mitte der 2000er-Jahre trotz eines schwierigen ökonomischen Umfelds zu beobachtenden positiven Arbeitsmarktentwicklung besteht **kein Anlass zum Aktionismus**. Die Hartz-Reformen haben dazu aus Sicht des Sachverständigenrates einen wichtigen Beitrag geleistet, indem sie insbesondere für geringqualifizierte Tätigkeiten das Arbeitsangebot, die Arbeitsnachfrage und deren Zusammenführen gestärkt haben. Eine breitere Auffächerung der Lohnstruktur ist die logische Konsequenz dieser Politik und, da sie mit einer stabilen Verteilung der Nettoeinkommen einhergeht, eher ein arbeitsmarktpolitischer Erfolg als ein sozialpolitisches Problem.

Angesichts der bevorstehenden Herausforderung des demografischen Wandels und künftiger Krisen bereitet die Abkehr von diesem Weg erhebliche Sorgen. Denn er wurde eingeschlagen, um hohe und verfestigte Arbeitslosigkeit, schwaches Wirtschaftswachstum und nicht nachhaltig finanzierbare öffentliche Haushalte zu überwinden. Getragen wurden diese Reformen von der Einsicht, dass es dafür einer Stärkung von Marktprozessen bedarf.

554. Das Herbeiführen einer gewünschten **Ergebnisgröße** durch Regulierung ist hingegen unmöglich, da sich die Marktteilnehmer immer verweigern können. Im Fall des Mindestlohns bedeutet dies beispielsweise, dass die Arbeitsnachfrage bei Tätigkeiten mit geringer Produktivität sinkt: Damit werden Entlassungen wahrscheinlicher, Einstellungen unwahrscheinlicher, und die Beschäftigungsentwicklung wird gedämpft.

Regulierungen, welche die **Wirkungszusammenhänge** der Marktprozesse außer Acht lassen, laufen Gefahr, das Gegenteil ihrer eigentlichen Intention zu erreichen. Denn die Beschränkung von Möglichkeiten zu Beschäftigungs- oder Lohn- und Arbeitszeitanpassungen kann sowohl das Wachstumspotenzial als auch die Widerstandsfähigkeit einer Volkswirtschaft signifikant beeinträchtigen. Eine möglichst breite gesellschaftliche Teilhabe am wirtschaftlichen Erfolg ist jedoch umso schwerer zu erreichen, je geringer die Leistungsfähigkeit ausfällt.

555. Die Aufgabe der Arbeitsmarktordnung sollte es vor allem sein, einen **verlässlichen Ordnungsrahmen** zu bieten. In diesem Sinne muss die angestrebte Stärkung der Macht der Spitzenverbände der Arbeitnehmer und Arbeitgeber durch die aktuelle Reformpolitik kritisiert werden. Das *Tarifautonomiestärkungsgesetz*, insbesondere der Mindestlohn und die Ausgestaltung der Mindestlohnkommission, gehen **zu Lasten des Wettbewerbs** auf Arbeits- und Gütermärkten. Vor allem für die Arbeitsuchenden werden die Hürden für den Arbeitsmarkteinstieg wieder höher.

556. Sicherlich ist der Schutz von Arbeitnehmern vor unangemessenen **Arbeitsbedingungen** ein wichtiges gesellschaftliches Anliegen. Doch ist nüchtern zu hinterfragen, wie groß die bestehenden Probleme tatsächlich sind, und rational zu analysieren, was realistische Alternativen wären. Die Anknüpfungspunkte für den Mindestlohn oder die mögliche Einschränkung von Zeitarbeit und Werkverträgen scheinen jedenfalls nicht durch weitreichende Missstände begründet. Zur Bekämpfung von Auswüchsen in einzelnen Fällen bedarf es vor allem der Kontrolle bestehender Regelungen und gegebenenfalls deren Konkretisierung, nicht aber deren Ausbau. Grundsätzlich stellen Lohnflexibilität, Zeitarbeit und Werkverträge notwendige und sinnvolle Elemente einer **modernen Arbeitsmarktordnung** dar. Dies gilt speziell für Deutschland, das sich insgesamt durch ein sehr rigides institutionelles Umfeld auszeichnet.

557. Um die Arbeitslosigkeit weiter zu verringern, muss die **Integration** von Geringqualifizierten, insbesondere von geringqualifizierten Jugendlichen, in den Arbeitsmarkt weiter verbessert werden. Um Dualismus, also eine Trennung der Beschäftigten in eine Kernarbeitnehmerschaft und verschiedene Randgruppen, zu verhindern, muss die Mobilität am Arbeitsmarkt gestärkt werden.

Zum Erreichen dieser Ziele bietet es sich an, Arbeitsangebot wie Arbeitsnachfrage direkt zu stärken. Auf Seite des Arbeitsangebots geht es dabei vor allem um die **Bildungsanstrengungen**. Dies betrifft das gesamte Bildungssystem, einschließlich der aktiven Arbeitsmarktpolitik. Auf Seite der Arbeitsnachfrage ist ein möglichst gutes Umfeld für private Investitionen entscheidend. Dies wird am ehesten durch eine **konsistente Wirtschafts-, Finanz- und Sozialpolitik** erreicht. Eine der am besten geeigneten Möglichkeiten, die Macht der Arbeitnehmer zu erhöhen, ist es, die Arbeitsnachfrage zu stärken. Umverteilungsmaßnahmen, wie beispielsweise der Mindestlohn, erreichen aber das Gegenteil.

558. Bevor darüber debattiert werden kann, wie Arbeitsplätze auszugestalten sind, muss es diese erst einmal geben. Und selbst dann ist deren individuelle Ausgestaltung zuerst den Arbeitnehmern und Arbeitgebern vorbehalten. Eine zielführende Arbeitsmarktordnung greift nicht direkt in den innerbetrieblichen Bereich und damit in die Privatautonomie ein, sondern setzt – möglichst **minimalinvasiv** – einen Rahmen, der geeignet ist, die Allokationsfunktion des Arbeitsmarkts zu stützen und gleichzeitig Auswüchse zu verhindern.

Die aktuelle Wirtschaftspolitik droht allerdings, der Teilhabe erheblich zu schaden, ohne den angestrebten Verteilungszielen näher zu kommen. Es besteht die Gefahr, in eine **Regulierungsspirale** abzurutschen, in der die schädlichen Nebenwirkungen einer Politikmaßnahme mit weiteren schädlichen Markteingriffen korrigiert werden sollen. Vor solch einer Entwicklung kann nicht eindringlich genug gewarnt werden, denn es sollte verhindert werden, dass der deutsche Arbeitsmarkt sich wieder in Richtung seines Zustands vor den Reformen Anfang der 2000er-Jahre entwickelt. Wenn die aktuellen Regulierungsbestrebungen dahingehend schon keine Vorsicht walten lassen, sollte zumindest der Mut aufgebracht werden, diese Regelungen im Falle von Fehlentwicklungen rückgängig zu machen.

III. DAS RENTENPAKET UND DIE TRAGFÄHIGKEIT DER ÖFFENTLICHEN FINANZEN

559. Zur Jahresmitte 2014 ist das *Gesetz über Leistungsverbesserungen in der Gesetzlichen Rentenversicherung* (*RV-Leistungsverbesserungsgesetz*), kurz das **Rentenpaket**, in Kraft getreten, das innerhalb kürzester Zeit geschnürt, im Deutschen Bundestag beraten und schließlich am 23. Mai 2014 verabschiedet wurde. Es führt zu dauerhaften Mehrausgaben der Gesetzlichen Rentenversicherung (GRV), die eine der **größten Leistungsausweitungen** seit Einführung der dynamischen Rente im Jahr 1957 darstellen. Daher hat der Sachverständigenrat seine Tragfähigkeitsberechnungen aus dem Jahr 2011 (Expertise 2011 Ziffern 252 ff.) aktualisiert und dabei die Auswirkungen des Rentenpakets berücksichtigt.

560. Für das Basisszenario ergibt sich eine gegenüber den Berechnungen von 2011 vergrößerte **Tragfähigkeitslücke** von 3,4 %, bezogen auf das Bruttoinlandsprodukt. In den vergangenen Jahren ist zwar das konjunkturbedingte Defizit geschlossen worden, dies hat aber die demografiebedingte Tragfähigkeitslücke nicht maßgeblich beeinflusst. Demnach sind die öffentlichen Haushalte nach wie vor nicht tragfähig, und es besteht ein unabweisbarer **Handlungsbedarf**, um in den kommenden Jahrzehnten jährlich steigende Finanzierungsdefizite und einen beschleunigt steigenden Schuldenstand zu verhindern.

Das Rentenpaket trägt 0,2 Prozentpunkte zur ohnehin erheblichen Tragfähigkeitslücke bei. Darüber hinaus lassen sich **keine ökonomisch überzeugenden Argumente** für die beiden Maßnahmen des Rentenpakets finden, welche die meisten Mehrausgaben verursachen – die Mütterrente und die abschlagsfreie Rente mit 63 Jahren. Somit erschließt es sich nicht, warum ein bereits bestehender, erheblicher Handlungsbedarf zur Sicherung der langfristigen Tragfähigkeit der öffentlichen Haushalte und damit die von künftigen Generationen zu stemmende Last mit dem Rentenpaket weiter erhöht werden.

Wird das Problem der fehlenden Tragfähigkeit heute nicht angegangen oder sogar durch Leistungsausweitungen verschärft, wird sich der Anpassungsbedarf in den kommenden Jahren vergrößern. Berechnungen für alternative Szenarien zeigen, wie die Tragfähigkeitslücke geschlossen werden kann. Ansatzpunkte hierfür sind der Wanderungssaldo, das Renteneintrittsalter oder die Erwerbslosenquote.

1. Das Rentenpaket – Inhalt und Bewertung

561. Das *RV-Leistungsverbesserungsgesetz* ist am 1. Juli 2014 in Kraft getreten. Dieses Rentenpaket umfasst die folgenden Maßnahmen:

– die Ausweitung der anrechenbaren Kindererziehungszeiten für vor dem Jahr 1992 geborene Kinder (Mütterrente),

– die abschlagsfreie Rente mit 63 für besonders langjährig Versicherte der Geburtsjahrgänge bis 1963,

– Verbesserungen bei der Erwerbsminderungsrente und

– die Anpassung der jährlichen Aufwendungen für Leistungen zur Teilhabe (Rehabilitationsbudget) an die demografische Entwicklung (Anhebung des Reha-Deckels).

Während der Beratungen zum Rentenpaket wurde zudem eine Diskussion zur **Flexibilisierung des Renteneintritts** angestoßen. Neben einem flexibleren Übergang in den Ruhestand bis zum Erreichen der Regelaltersgrenze ging es um Möglichkeiten, Erwerbstätigkeit nach dem Erreichen der Regelaltersgrenze zu erleichtern. In das Rentenpaket fanden diese Überlegungen erst kurz vor dessen Verabschiedung Eingang. Dabei wurde bislang lediglich die Möglichkeit der befristeten Fortführung eines Arbeitsverhältnisses nach dem Erreichen der Regelaltersgrenze eingeführt (§ 41 Satz 3 SGB VI). Darüber hinaus hat die Bundesregierung eine Arbeitsgruppe eingerichtet, die weiter über diese sogenannte Flexi-Rente beraten und bis Ende des Jahres 2014 Ergebnisse vorlegen soll.

562. Die mit Abstand teuerste Maßnahme des Rentenpakets ist die Mütterrente, die mit Mehrausgaben von etwa 6,5 Mrd Euro jährlich zu veranschlagen ist. Diese Mehrausgaben werden sich nur allmählich bis etwa zum Jahr 2050 reduzieren. Dagegen verursachen die durchaus sinnvollen Verbesserungen bei der Erwerbsminderungsrente und die Anhebung des Reha-Deckels vergleichsweise geringe Mehrausgaben. Insgesamt ist das Rentenpaket eines der **teuersten Reformvorhaben**, die je in der GRV durchgeführt wurden. Dabei leistet es keinen nennenswerten Beitrag zu dem von beiden Koalitionspartnern im Bundestagswahlkampf viel diskutierten Thema „Vermeidung zukünftiger Altersarmut" (JG 2013 Ziffern 698 ff.).

Zur Finanzierung des Rentenpakets werden in der laufenden Legislaturperiode Finanzierungsdefizite in der GRV in Kauf genommen, die aus der Nachhaltigkeitsrücklage ausgeglichen werden. Diese belief sich zur Jahresmitte 2014 auf etwa 35 Mrd Euro. Darüber hinaus hat die Bundesregierung mit dem *Beitragssatzgesetz 2014* eine gesetzlich angelegte Beitragssatzsenkung auf 18,3 % zum 1. Januar 2014 verhindert (§ 158 SGB VI). Dauerhaft werden sich die Leistungsausweitungen allerdings nicht auf diese Weise finanzieren lassen. Obwohl die Rentner aufgrund der Ausgestaltung der Rentenformel durch geringere Rentensteigerungen zur Finanzierung des Rentenpakets beitragen werden, ist davon auszugehen, dass der **Beitragssatz zur GRV** perspektivisch über die bisher prognostizierten Werte ansteigen wird. Folglich wird die mit den vergangenen Reformen zumindest bis zum Jahr 2030 erreichte und durch das Einhalten der Beitragssatzgrenzen definierte Demografiefestigkeit der GRV mit dem Rentenpaket aufs Spiel gesetzt.

563. **Kindererziehungszeiten** werden in der GRV rentenrechtlich berücksichtigt. Aufgrund vergangener Rentenreformen hängt die Höhe des resultierenden Rentenanspruchs vom Zeitpunkt der Geburt des Kindes ab (JG 2013 Ziffer 707, Feld et al., 2014; Rürup und Huchzermeier, 2014): Für ab dem Jahr 1992 geborene Kinder werden drei Entgeltpunkte berücksichtigt. Diese entsprechen heute einem monatlichen Rentenanspruch von 85,83 Euro in Westdeutschland. Dagegen wurde vor dem Inkrafttreten des Rentenpakets für vor dem Jahr 1992 geborene Kinder lediglich ein Entgeltpunkt berücksichtigt. Mit dem Rentenpaket wurde dieser Wert auf zwei Entgeltpunkte erhöht, die heute zu einem monatlichen Rentenanspruch von 57,22 Euro führen. Demnach wurde mit der Mütterrente eine Ungleichbehandlung im Rentenrecht reduziert.

564. Doch ob damit in der Tat eine „Gerechtigkeitslücke" geschlossen wurde, wie die Befürworter der Mütterrente argumentieren, ist zu bezweifeln. Denn die Ausweitung der Berücksichtigung von Kindererziehungszeiten zum 1. Januar 1992 unterscheidet sich nicht von anderen **Stichtagsregelungen**. Mit diesen werden üblicherweise gesetzliche Regelungen oder sozialpolitische Leistungen – wie beispielsweise die abschlagsfreie Rente mit 63 Jahren oder die Verbesserungen bei der Erwerbsminderungsrente – eingeführt oder ausgeweitet, und sie werden vom Bundesverfassungsgericht nicht beanstandet. Eine rückwirkende Begünsti-

gung – wie aktuell nach Kassenlage – ist somit nicht erforderlich. Zudem ist die Finanzierung der Mütterrente durch Beiträge zur GRV nicht sachgerecht, da es sich hierbei um eine versicherungsfremde Leistung handelt.

Ursächlich für die Ausweitung der Berücksichtigungszeiten zum 1. Januar 1992 waren **familienpolitische Ziele** (höhere Fertilitätsraten). Mit der nachträglichen Anhebung dieser Leistung für Geburten vor dem Jahr 1992 kann eine höhere Fertilitätsrate aber keineswegs erreicht werden. Vielmehr führen die Mütterrente, die von den vier Maßnahmen des Rentenpakets die meisten Mehrausgaben verursacht, und ihre Beitragsfinanzierung dazu, dass die mit den Reformen der vergangenen Jahre erreichte finanzielle Stabilisierung der GRV unterminiert wird. Folglich werden die jüngeren Generationen zukünftig noch stärker als bisher absehbar durch die Finanzierung der GRV belastet. Generationengerecht ist das nicht.

565. Mit der abschlagsfreien Rente mit 63 Jahren wird eine bereits bestehende **systemwidrige Ausnahmeregelung** im Rentenrecht, die Altersrente für besonders langjährig Versicherte, für einen ausgewählten Personenkreis ausgeweitet. Seit dem Inkrafttreten des Rentenpakets haben Versicherte die Möglichkeit, sofern sie vor dem 1. Januar 1964 geboren wurden und die Wartezeit von 45 Jahren erfüllen, bereits vor ihrem 65. Geburtstag die Altersrente für besonders langjährig Versicherte in Anspruch zu nehmen. Konkret besteht dieser Anspruch ab Vollendung des 63. Lebensjahres für solche Versicherte, die vor dem 1. Januar 1953 geboren wurden. Für Versicherte, die ab dem 1. Januar 1953 geboren wurden, wird die Altersgrenze für jeden Geburtsjahrgang um zwei Monate angehoben. Dies führt dazu, dass für den Geburtsjahrgang 1964 wieder eine Altersgrenze von 65 Jahren gelten wird (Feld et al., 2014).

Darüber hinaus wurden im Rahmen der abschlagsfreien Rente mit 63 die Voraussetzungen für die Erfüllung der Wartezeit gelockert. Seit dem Inkrafttreten des Rentenpakets am 1. Juli 2014 werden auf die Wartezeit auch Zeiten angerechnet, in denen freiwillige Beiträge geleistet wurden, sowie Zeiten des Bezugs von Arbeitslosengeld. Die Herabsetzung der Altersgrenze von 65 auf 63 Jahre ist zwar nur vorübergehend angelegt, doch diese Lockerung der Voraussetzungen zur Erfüllung der Wartezeit ist eine dauerhafte Regelung.

566. Bereits die vor dem Rentenpaket bestehende Regelung der Altersrente für besonders langjährig Versicherte verstieß gegen das die GRV konstituierende Prinzip der **Teilhabeäquivalenz** (JG 2007 Ziffer 264): Nach diesem soll eine gleiche Beitragsleistung zu gleichen Rentenansprüchen führen. Je nach Eintritt ins Erwerbsleben führt die (Neu-)Regelung der Altersrente für besonders langjährig Versicherte aber dazu, dass aus derselben Anzahl von Entgeltpunkten unterschiedliche Rentenansprüche resultieren. Die Ausweitung dieser Ausnahmeregelung verschärft diesen Verstoß.

567. Die abschlagsfreie Rente mit 63 ermöglicht gerade den stark besetzten Geburtsjahrgängen einen früheren und abschlagfreien Rentenzugang. Zudem dürften die Begünstigten einen überdurchschnittlichen Rentenanspruch aufweisen (Feld et al., 2014; Kallweit und Kohlmeier, 2014). Beides führt dazu, dass die abschlagsfreie Rente mit 63 besonders hohe Mehrausgaben der GRV zur Folge ha-

ben wird. Dabei müssen nicht zuletzt Rentner mit geringem Renteneinkommen auf dem Wege geringerer Rentensteigerungen für die Frührente besser verdienender Facharbeiter aufkommen.

Außerdem wird das **Erwerbspersonenpotenzial** in einer Phase reduziert, in der sich der demografische Wandel gerade zu verschärfen beginnt. Die Neuregelung dürfte die infolge der Agenda 2010 angestiegenen **Erwerbsquoten Älterer** negativ beeinflussen. Aktuell steigt das gesetzliche Renteneintrittsalter bereits an, und Arbeitgeber wie Arbeitnehmer haben begonnen, sich mit erhöhten Weiterbildungsaktivitäten, der Schaffung altersgerechter Arbeitsplätze sowie verstärkten Präventionsanstrengungen und einem entsprechenden Gesundheitsmanagement auf diesen Wandel einzustellen. Nicht zuletzt aus dieser Perspektive ist es unangemessen, das abschlagsfreie Renteneintrittsalter für eine ausgewählte Gruppe von Versicherten abzusenken.

568. Für die beiden mit den höchsten Mehrausgaben verbundenen Maßnahmen des Rentenpakets, die Mütterrente und die abschlagsfreie Rente mit 63 Jahren, lassen sich keine ökonomischen Begründungen finden. Die Anhebung des Reha-Deckels und vor allem die Verbesserungen bei der **Erwerbsminderungsrente** sind folgerichtige und damit sinnvolle Maßnahmen des Rentenpakets. Denn die Höhe der Erwerbsminderungsrenten ist aus verschiedenen Gründen seit mehreren Jahren rückläufig und liegt häufig unter dem Niveau der *Grundsicherung im Alter und bei Erwerbsminderung zuzüglich Kosten der Unterkunft* (Bäcker, 2012; Kaldybajewa und Kruse, 2012; Deutsche Rentenversicherung Bund, 2013). Gerade die Verlängerung der Zurechnungszeit hätte bereits bei der Erhöhung des Renteneintrittsalters auf 67 Jahre umgesetzt werden sollen.

569. Eine Analyse des Rentenpakets im Rahmen eines allgemeinen Gleichgewichtsmodells mit überlappenden Generationen zeigt, dass es insbesondere die Bestandsrentner und die Versicherten der rentennahen Geburtsjahrgänge sind, die durch das Rentenpaket begünstigt werden. Die Erwerbstätigen, die Jüngeren und die **zukünftigen Generationen** werden hingegen infolge der Leistungsverbesserungen der Älteren schlechter gestellt, da sie diese Leistungsverbesserungen durch höhere Beiträge und ein stärker absinkendes Rentenniveau finanzieren müssen. ↘ KASTEN 25 Daher drängt sich die Frage auf, ob mit diesen Regelungen gerade diejenigen Bürger begünstigt werden sollten, die eher zu den Wählern der Regierungsparteien gehören (Kallweit und Kohlmeier, 2014; Rürup und Huchzermeier, 2014).

↘ KASTEN 25

Ökonomische Analyse des Rentenpakets

Im Rahmen eines **numerischen allgemeinen Gleichgewichtsmodells** mit überlappenden Generationen haben Kallweit und Kohlmeier (2014) die einzelnen Bestandteile und das Rentenpaket insgesamt für einen bis zum Jahr 2060 reichenden Projektionszeitraum untersucht. Dabei berücksichtigt das verwendete Simulationsmodell die Auswirkungen des demografischen Wandels auf das Produktionspotenzial. Zudem ist es besonders für die vorgelegte Analyse des Rentenpakets geeignet: Denn erstens enthält es ein umlagefinanziertes Rentenversicherungssystem, das die GRV detailliert abbildet. Und zweitens wird die Rentenzugangsentscheidung explizit modelliert. Dadurch können insbesondere die ökonomischen Auswirkungen der abschlagsfreien Rente mit 63 Jahren, welche die Arbeitsanreize der Begünstigten und damit ihre Rentenzugangsentscheidung beeinflusst, analysiert werden. Dabei zeigt sich Folgendes:

− Die mit dem Rentenpaket verbundenen Leistungsausweitungen führen zu einem **Pfad des Beitragssatzes** der GRV, der oberhalb desjenigen Pfads verläuft, der sich in einer Situation ohne Rentenpaket ergäbe. Im Maximum liegt der Beitragssatz 0,7 Prozentpunkte darüber.

− Infolge der Berücksichtigung von Änderungen des Beitragssatzes sowie des Verhältnisses von Rentenempfängern zu Beitragszahlern bei der jährlichen Anpassung des Aktuellen Rentenwerts fällt zudem das **aktuelle Rentenniveau** niedriger aus. Im Jahr 2030 liegt es den Ergebnissen zufolge um 0,8 Prozentpunkte unter demjenigen Niveau, das sich ohne Rentenpaket ergäbe. Im Jahr 2060 sind es noch 0,3 Prozentpunkte.

− Den **größten Anteil** an den Beitrags- und Rentenniveaueffekten hat dabei die Mütterrente; ein deutlich geringerer Anteil ist auf die abschlagsfreie Rente mit 63 zurückzuführen. Die Verbesserungen bei der Erwerbsminderungsrente entfalten erst im Zeitverlauf nennenswerte Mehrausgaben, da sie ausschließlich für Zugangsrentner gelten.

Die abschlagsfreie Rente mit 63 setzt deutliche Anreize für die Begünstigten, ihren **Renteneintritt vorzuziehen**. Da das Modell diese Verhaltensanpassung berücksichtigt, sinkt das Renteneintrittsalter der Begünstigten und das Arbeitsvolumen fällt niedriger aus. Zwar gehen insgesamt im Zeitverlauf bis zum Jahr 2060 von den demografischen Veränderungen erhebliche Effekte auf das Arbeitsvolumen, den Kapitalstock und das Bruttoinlandsprodukt aus. Da die abschlagsfreie Rente mit 63 jedoch auf wenige Geburtsjahrgänge beschränkt ist und diese in unterschiedlichem Maße begünstigt werden, beeinflusst sie diese Größen kaum zusätzlich.

Von dieser Maßnahme gehen ebenso wie von den anderen Bestandteilen des Rentenpakets **deutliche Umverteilungswirkungen** aus. Um diese offenzulegen, wird die Wohlfahrt für Individuen unterschiedlichen Alters und Qualifikationsniveaus (Geringqualifizierte, Individuen mit mittlerer Qualifikation und Hochqualifizierte) nach der Umsetzung des Rentenpakets mit derjenigen ohne Inkrafttreten des Rentenpakets verglichen. Die Ermittlung der Wohlfahrtseffekte orientiert sich dabei an Auerbach und Kotlikoff (1987):

− Im Hinblick auf das Rentenpaket insgesamt zeigt sich, dass **Bestandsrentner** jedes Qualifikationsniveaus begünstigt werden. Außerdem erzielen insbesondere Individuen Wohlfahrtsgewinne, die heute im Alter von 50 bis 65 Jahren sind und über ein mittleres Qualifikationsniveau verfügen.

− Bei isolierter Betrachtung der **Einzelmaßnahmen** ergeben sich positive Effekte der Mütterrente für die Bestandsrentner. Diese dominieren den Gesamteffekt. Bei den 50- bis 65-Jährigen mit mittlerem Qualifikationsniveau stehen dagegen die positiven Effekte der abschlagsfreien Rente mit 63 im Vordergrund.

− Bezogen auf den Gesamteffekt sind es mit Ausnahme der Geringqualifizierten im erwerbsfähigen Alter alle unter 50-Jährigen, vor allem **Hochqualifizierte**, sowie die **zukünftigen Generationen**, die durch das Rentenpaket belastet werden. Geringqualifizierte weisen hingegen ein hohes Erwerbsminderungsrisiko auf und werden somit von den Verbesserungen bei den Erwerbsminderungsrenten in besonderem Maße begünstigt.

2. Aktualisierte Tragfähigkeitsberechnungen

570. Der demografische Wandel wird die öffentlichen Finanzen zukünftig erheblich beeinflussen, insbesondere in den demografiesensitiven Ausgabenbereichen. Damit stellt sich ohnehin die Frage nach der **Tragfähigkeit** der öffentlichen

Finanzen. ↘ KASTEN 26 Das Rentenpaket hat zudem die Rahmenbedingungen in einem wesentlichen demografiesensitiven Ausgabenbereich verändert. Dies nimmt der Sachverständigenrat zum Anlass, eine Aktualisierung seiner Tragfähigkeitsberechnungen aus dem Jahr 2011 (Expertise 2011 Ziffern 252 ff.) vorzulegen. Diese Berechnungen wurden von Martin Werding, Ruhr-Universität Bochum, durchgeführt. Bei diesen wurden neben den veränderten Rahmenbedingungen in der GRV aktualisierte Daten, insbesondere revidierte Bevölkerungsvorausberechnungen, berücksichtigt sowie ein erweitertes und verbessertes Simulationsmodell verwendet (Werding, 2014).

571. Analog zu den Tragfähigkeitsberechnungen aus dem Jahr 2011 werden zunächst die **Ausgaben** in demografiesensitiven Bereichen, zum Beispiel für die Alterssicherung und im Bereich Gesundheit und Pflege, für ein Basisszenario bis zum Jahr 2060 fortgeschrieben. Aus diesen Ausgabensimulationen sowie den Annahmen zur Entwicklung der Einnahmen wird dann die rechnerische Entwicklung der öffentlichen Finanzen abgeleitet und in eine üblicherweise zur Beschreibung der Tragfähigkeit der öffentlichen Finanzen verwendete Kennziffer, den sogenannten **S2-Indikator** („**Tragfähigkeitslücke**"), überführt. Dieser Indikator gibt an, um wie viele Prozentpunkte die Quote des Primärsaldos sofort und dauerhaft erhöht werden müsste, um tragfähige öffentliche Haushalte zu erreichen. ↘ KASTEN 26

Da für die Ausgabensimulationen ein breites Spektrum an Annahmen notwendig ist, wird die Berechnung für das Basisszenario durch zahlreiche alternative Berechnungen mit variierenden Annahmen ergänzt. Die daraus resultierende Bandbreite der Simulationsergebnisse charakterisiert einerseits den Grad der Unsicherheit dieser Zukunftsbetrachtungen. Andererseits geben die Kontraste zwischen den einzelnen Szenarien Hinweise auf Handlungsoptionen für die Wirtschafts- und Gesellschaftspolitik.

↘ KASTEN 26

Zur Tragfähigkeit der öffentlichen Haushalte

Bedingt durch den demografischen Wandel werden aller Voraussicht nach die öffentlichen Ausgaben stärker als das Bruttoinlandsprodukt zunehmen, während auf der Einnahmeseite kein klarer Trend erkennbar ist (Expertise 2011 Ziffern 253 ff.). Ohne nennenswerte Reformen oder Einnahmeerhöhungen ergeben sich hohe **Finanzierungsdefizite** und ein beschleunigt steigender **Schuldenstand**. Dies wird unter dem Stichwort „Tragfähigkeit der öffentlichen Finanzen" diskutiert.

Bislang gibt es keine belastbare, allgemein akzeptierte Grenze, ab der die Höhe der Staatsverschuldung als nicht mehr tragfähig anzusehen ist. Zwingend erforderlich ist es allerdings, dass die **Schuldenstandsquote** nicht dauerhaft zunimmt. Folglich kann die Tragfähigkeit der öffentlichen Finanzen dann als gegeben angesehen werden, wenn eine dauerhaft stabile Schuldenstandsquote erreicht ist. Dabei gelingt eine Stabilisierung der Schuldenstandsquote genau dann, wenn der Barwert der zukünftigen Primärsalden (Finanzierungssalden ohne Zinszahlungen) dem aktuellen Schuldenstand entspricht (Expertise 2011 Ziffern 272 ff.).

Diese Bedingung wird als **intertemporale Budgetrestriktion** bezeichnet und eignet sich als Bezugspunkt für langfristig tragfähige öffentliche Finanzen. So können die öffentlichen Haushalte dann als tragfähig bezeichnet werden, wenn unter Berücksichtigung der fortgeschriebenen Einnahme- und

Ausgabenpfade die intertemporale Budgetrestriktion eingehalten wird. Dann ist der Barwert der Primärsalden größer oder gleich dem aktuellen Schuldenstand. Hingegen liegen eine sogenannte Tragfähigkeitslücke und damit nicht tragfähige öffentliche Haushalte vor, wenn der Barwert der Primärsalden kleiner ausfällt als der derzeitige Schuldenstand.

In der Literatur wurden mehrere **Kennzahlen** entwickelt, mit denen Tragfähigkeitslücken veranschaulicht werden können (Expertise 2011 Ziffern 275 ff.), ohne eine normative Festlegung vorzunehmen. Mehrheitlich stellen diese auf die Differenz zwischen dem Saldo der projizierten Einnahme- und Ausgabenpfade und einer Situation ab, in der die intertemporale Budgetrestriktion eingehalten wird. Als gängiges Maß, das von der Europäischen Kommission und vom Bundesministerium der Finanzen verwendet wird, hat sich der S2-Indikator herausgebildet. Ein positiver Wert des S2-Indikators zeigt an, dass die öffentlichen Haushalte nicht langfristig tragfähig sind, und weist das Ausmaß der Tragfähigkeitslücke aus. Diese entspricht der zur Einhaltung der intertemporalen Budgetrestriktion erforderlichen dauerhaften Erhöhung der Quote des Primärsaldos (in Prozentpunkten) und zeigt damit die Größenordnung des unmittelbaren Handlungsbedarfs an.

Entwicklung demografiesensitiver Ausgabenbereiche

572. Die Entwicklung der Ausgaben in demografiesensitiven Bereichen wird mit der Methodik der **„demografischen Fortschreibung"** in die Zukunft projiziert (Werding, 2013, 2014). Neben den Veränderungen der Bevölkerungsstruktur und der gesamtwirtschaftlichen Rahmenbedingungen wird dabei der jeweils aktuelle Rechtsstand berücksichtigt. Im verwendeten Modell werden die Ausgaben in den folgenden Bereichen bis zum Jahr 2060 fortgeschrieben:

    - Gesetzliche Rentenversicherung (GRV),
    - Gesetzliche Krankenversicherung (GKV) und Soziale Pflegeversicherung (SPV),
    - Beamtenversorgung und Beihilfe sowie
    - Arbeitslosenversicherung (ALV) und Leistungen nach SGB II sowie SGB XII.

    Zudem wird der Bereich „zukünftige Generationen" berücksichtigt, in welchem vor allem öffentliche Bildungsausgaben und quantitativ bedeutsame familienpolitische Transfers enthalten sind (Werding, 2014). Damit wurden die betrachteten Ausgabenbereiche im Vergleich zu den Berechnungen im Jahr 2011 um die Beihilfe sowie die Sozialhilfe erweitert. Die Berücksichtigung des jeweils aktuellen Rechtsstands bietet im Bereich der GRV-Ausgabenprojektion zudem die Möglichkeit, die **Auswirkungen des Rentenpakets** abzubilden, sodass dessen Konsequenzen für die langfristige Tragfähigkeit der öffentlichen Finanzen aufgezeigt werden können.

573. Insgesamt werden auf diese Weise und nach Konsolidierung der einzelnen Bereiche knapp 60 % der gesamtstaatlichen Ausgaben im Jahr 2012 erfasst. Bezogen auf das Bruttoinlandsprodukt führt dies zu einer konsolidierten **Ausgabenquote** von etwa 26,5 %. Im Basisszenario zeigt diese Ausgabenquote bis zum Jahr 2020 keine besondere Dynamik. ⇘ KASTEN 27 Allerdings steigt sie danach aufgrund des demografischen Wandels bis etwa zum Jahr 2035 mit zunehmender Geschwindigkeit an. Bis zum Jahr 2060 nimmt diese Dynamik zwar

wieder ab, die konsolidierte Ausgabenquote nimmt aber weiter zu und liegt im Jahr 2060 bei 33,3 %.

574. Von den einzelnen Ausgabenbereichen weisen die GRV, die Beamtenversorgung sowie die Beihilfe der Beamten, Versorgungsempfänger und ihrer Angehörigen die größte **Dynamik** auf (Werding, 2014). Mit Abstand folgen GKV und SPV. Dabei wirkt sich allein aufgrund ihres Volumens der Ausgabenanstieg in der GRV am stärksten auf die Entwicklung der konsolidierten Ausgabenquote aus.

Hinsichtlich der Ausgabenentwicklung in der SPV ist zu beachten, dass die Anpassung der Pflegesätze sich nach derzeit geltendem Recht an der Inflationsrate orientiert. Bei einer längerfristigen Anwendung dieser Regel dürfte das Sicherungsniveau – gemessen als der von der SPV gedeckte Anteil der Pflegekosten – deutlich abnehmen. Schließlich ist davon auszugehen, dass die Entwicklung der Pflegekosten weniger von der Inflationsrate als vielmehr von der Wachstumsrate der Löhne geprägt sein dürfte. Aufgrund des abnehmenden Sicherungsniveaus kann nicht ausgeschlossen werden, dass diese Regelung in Zukunft nicht wie bisher gesetzlich verankert umgesetzt wird und die Ausgaben der SPV einen entsprechend dynamischeren Verlauf als hier projiziert aufweisen werden.

575. Das Rentenpaket dürfte im Zeitraum zwischen 2015 und 2025 die jährlichen Rentenausgaben um maximal 4 % erhöhen. Aufgrund der Bedeutung der Ausgaben der GRV würde es sich dabei – in aktuellen Rechengrößen der GRV – um gut 10 Mrd Euro jährlich handeln (Werding, 2014). Bis zum Ende dieses Zeitraums sind dies vor allem die Mehrausgaben für die Mütterrente. Danach verändert sich die Zusammensetzung deutlich: Die Mütterrente verliert aufgrund des Ausscheidens der Begünstigten aus dem Rentenbestand zunehmend an Bedeutung, während die Verbesserungen bei der Erwerbsminderungsrente zunehmend mehr Ausgaben verursachen. Schließlich gilt diese Neuregelung nur für Zugangsrentner, sodass sich ein Bestand an begünstigten Versicherten erst allmählich aufbaut. Die Kosten der abschlagsfreien Rente mit 63 reduzieren sich zwar etwa ab dem Jahr 2030. Sie liegen im Jahr 2060 aber immer noch bei gut 2 Mrd Euro; die Kosten des Rentenpakets insgesamt betragen dann noch fast 3 Mrd Euro. Die langfristig dominierende Rolle der abschlagsfreien Rente mit 63 ist auf die Lockerung der Bedingungen zur Erfüllung der Wartezeit von 45 Jahren zurückzuführen, nach der nun auch Zeiten des Bezugs von Arbeitslosengeld berücksichtigt werden.

Die Finanzierungslast dieser zusätzlichen Kosten wird nach den geltenden Regelungen über entsprechende Beitragssatzsteigerungen zu einem großen Teil von den Beitragszahlern übernommen. Aufgrund des Beitragssatzanstiegs nehmen die Bundeszuschüsse zu; sie werden im Jahr 2030 um etwa 3,5 Mrd Euro und im Jahr 2060 immer noch um fast 3 Mrd Euro höher ausfallen als ohne Rentenpaket. Gleichzeitig werden die Renten in einem geringeren Ausmaß steigen, als es ohne das Rentenpaket und die damit verbundenen Beitragssatzanpassungen der Fall gewesen wäre: Die künftigen Rentnergenerationen tragen zur Finanzierung des Rentenpakets im Jahr 2020 durch den Verzicht auf Rentensteigerungen mit mehr als 4 Mrd Euro bei. Im Jahr 2030 liegt dieser Beitrag immer noch bei etwa 4 Mrd Euro, im Jahr 2060 noch bei fast 1,5 Mrd Euro (Werding, 2014).

↘ ABBILDUNG 74
Projektion der Beitragssätze der Sozialversicherungszweige bis 2060

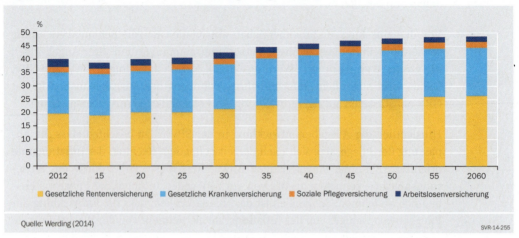

576. Betrachtet man die umlagefinanzierten sozialen Sicherungssysteme in Deutschland als Ganzes, so lässt sich ermitteln, wie rein rechnerisch die in den kommenden Jahrzehnten steigenden Ausgaben allein durch Beitragsmehreinnahmen gedeckt werden könnten. Angesichts der Ausgabensteigerungen wären künftig zum jährlichen Budgetausgleich der betrachteten Sozialversicherungszweige **erhebliche Beitragssatzanstiege** notwendig. ↘ ABBILDUNG 74 So würde der Gesamtsozialversicherungsbeitrag von bereits hohen 40,1 % im Jahr 2012 auf 48,6 % im Jahr 2060 ansteigen. Dabei entfiele der mit Abstand größte Anteil an dieser Zunahme auf den Anstieg des Beitragssatzes zur GRV, der sich um 6,7 Prozentpunkte erhöhen würde. Lediglich vom Beitragssatz zur ALV ginge mit einem Rückgang um einen Prozentpunkt ein leicht dämpfender Effekt aus.

Da auf das Bruttoeinkommen eines sozialversicherungspflichtig Beschäftigten zusätzlich die Lohnsteuer zu zahlen ist, hieße das, dass sich bei einem Gesamtsozialversicherungsbeitragssatz von 48,6 % im Jahr 2060 – je nach Lohnelastizität und relevantem Steuersatz – die Steuer- und Abgabenbelastung auf nennenswert über 50 % beläuft. Damit gingen erhebliche negative Arbeitsanreize einher, die zu einem Rückgang der Erwerbstätigkeit und einem Anstieg der Arbeitslosigkeit führen dürften. Der damit verbundene Rückgang an sozialversicherungspflichtiger Beschäftigung würde sich wiederum erhöhend auf den Gesamtsozialversicherungsbeitragssatz auswirken und könnte so eine entsprechende Negativspirale in Gang setzen.

577. Wie die Diskussion zur Finanzierung der durch das Rentenpaket ausgelösten zusätzlichen Ausgaben der GRV bereits gezeigt hat, ist zudem zu berücksichtigen, dass in die einzelnen Sozialversicherungen, insbesondere in die GRV, Zuschüsse aus allgemeinen Haushaltsmitteln fließen. Erst bei Berücksichtigung beider Aspekte werden die Effekte des demografischen Wandels auf die Sozialversicherungen vollumfänglich erfasst. Zusätzlich zu den Beitragssätzen steigen die Zuschüsse des Bundes zu den Sozialversicherungen in den Projektionen von 4,0 % des Bruttoinlandsprodukts im Jahr 2012 auf 5,6 % im Jahr 2060 an. Würden die Zuschüsse nicht ansteigen, entspräche dies einem zusätzlichen Anstieg des Beitragssatzes um etwa 4,5 Prozentpunkte.

↘ KASTEN 27

Annahmen des Basisszenarios

Im für die Ausgabenprojektionen und sich anschließenden Tragfähigkeitsberechnungen verwendeten Projektionsmodell ist es notwendig, **Annahmen** zur demografischen Entwicklung, zur Arbeitsmarktentwicklung sowie zu den gesamtwirtschaftlichen Rahmenbedingungen zu treffen. Im Basisszenario gelten die folgenden Annahmen (Werding, 2014):

Die **Bevölkerungsentwicklung** wird in Anlehnung an die entsprechenden Annahmen der 12. koordinierten Bevölkerungsvorausberechnung Variante 1-W1 fortgeschrieben. Diese Variante basiert auf einer **Geburtenziffer** von 1,4 Kindern pro Frau, einem Anstieg der **Lebenserwartung** für Neugeborene bis zum Jahr 2060 auf 89,2 Jahre (+7 Jahre) bei Mädchen und auf 85,0 Jahre (+8 Jahre) bei Jungen und einem jährlichen **Wanderungssaldo** von 100 000 Personen ab dem Jahr 2014. Aufgrund einer deutlich über 100 000 Personen liegenden Nettozuwanderung seit dem Jahr 2011 wird im Basisszenario allerdings angenommen, dass der jährliche Wanderungssaldo erst ab dem Jahr 2018 wieder bei diesem Wert liegt. Außerdem setzt die Fortschreibung der Bevölkerung auf einem auf Basis des Zensus 2011 revidierten Bevölkerungsaufbau für das Jahr 2011 auf.

Die Anzahl der **Erwerbspersonen** wird ausgehend von der Gesamtbevölkerung mittels alters- und geschlechtsspezifischer **Erwerbsquoten** bestimmt. Dabei wird der geplante Anstieg des gesetzlichen Renteneintrittsalters auf 67 Jahre bis zum Jahr 2029 berücksichtigt. Anschließend wird über eine angenommene Entwicklung der **Erwerbslosenquote** die Anzahl der **Erwerbstätigen** projiziert. Für die künftige Erwerbslosenquote wird unterstellt, dass sich diese von 5,3 % im Jahr 2012 zunächst bis zum Jahr 2016 rückläufig entwickelt und dann 4,6 % beträgt. Anschließend steigt sie aber wieder kontinuierlich an und verharrt ab dem Jahr 2020 bei 5,0 %.

Die **gesamtwirtschaftliche Entwicklung** wird mithilfe eines makroökonomischen Hintergrundszenarios abgebildet, welches das Potenzialwachstum auf Basis einer kalibrierten Cobb-Douglas-Produktionsfunktion beschreibt. Der Einsatzfaktor Arbeit wird dabei aus der projizierten Bevölkerungsentwicklung abgeleitet, der Kapitalstock wird ebenso wie die Totale Faktorproduktivität exogen vorgegeben, wobei Modellergebnisse aus einem numerischen allgemeinen Gleichgewichtsmodell, in dem der Lebenszyklus abgebildet ist, berücksichtigt werden. Der resultierende Wachstumspfad stimmt – abgesehen von Effekten der im Projektionsmodell differenzierter modellierten Entwicklung der Qualifikation der Erwerbstätigen – mit entsprechenden früheren Berechnungen des Sachverständigenrates im Rahmen dieses Modells weitestgehend überein (Expertise 2011 Ziffern 221 ff.).

Darüber hinaus wird der **Realzins** nach einer kurzen Anpassungsphase bis zum Jahr 2018 vereinfachend durch einen konstanten Aufschlag von 1,5 Prozentpunkten auf die Wachstumsrate der Arbeitsproduktivität berechnet. Damit bewegt er sich im Projektionszeitraum um seinen langjährigen Durchschnittswert von 3 %, der ebenfalls bei ähnlichen Berechnungen des Bundesministeriums der Finanzen oder der Europäischen Kommission verwendet wird. Für die Ermittlung des Nominalzinses wird zudem eine jährliche Inflationsrate von 2 % angenommen.

Berechnungen zur Tragfähigkeit der öffentlichen Finanzen

578. Für Tragfähigkeitsberechnungen ist es zusätzlich zur Projektion der demografiesensitiven Ausgabenbereiche notwendig, die folgenden Annahmen zu treffen: Die verbleibenden 40 % der gesamtstaatlichen Ausgaben, die in nicht demografiesensitiven Bereichen anfallen, bleiben in Relation zum Bruttoinlandsprodukt konstant. Dasselbe gilt für die Einnahmen, sodass von Einnahmeerhöhungen, zum Beispiel durch einen Anstieg des Gesamtsozialversicherungsbeitrags, abgesehen wird. Auf diese Weise wird der von den Projektionen für die demografiesensitiven Bereiche erfasste Anstieg der Ausgabenquote unmittelbar in eine rechnerische Verringerung des primären Finanzierungssaldos übertragen.

Der **Primärsaldo** bestimmt zusammen mit den Zinszahlungen wiederum den Finanzierungssaldo des gesamtstaatlichen Haushalts. Bei steigender Ausgabenquote geht zunächst der Primärsaldo zurück. Vergrößert sich dadurch das Primärdefizit, so erhöht dies den Schuldenstand, der anschließend zu höheren Zinszahlungen führt. Schließlich würde das Finanzierungsdefizit – ohne finanzpolitische Gegenmaßnahmen – in einem sich selbstverstärkenden Prozess im Zeitablauf immer größer werden. Gleichzeitig nimmt der Schuldenstand mit wachsender Geschwindigkeit zu.

579. Aus den vorgelegten Ausgabenprojektionen ergibt sich die folgende Entwicklung von Primärsaldo, Finanzierungssaldo und Schuldenstandsquote: Der Primärsaldo verwandelt sich allmählich von einem aktuellen Überschuss in ein **Primärdefizit**. Ab dem Jahr 2030 wird der Saldo negativ, und das Defizit liegt im Jahr 2060 bei 4,2 % des Bruttoinlandsprodukts. Der Finanzierungssaldo ist beinahe über den gesamten Betrachtungszeitraum hinweg negativ, und im Jahr 2060 beträgt das **Finanzierungsdefizit** 15,6 % des Bruttoinlandsprodukts. ↘ ABBILDUNG 75 LINKS Aufgrund der wachsenden Zinslast ist der Wachstumspfad des Finanzierungsdefizits deutlich steiler als derjenige des Primärdefizits. Dementsprechend steigt die **Schuldenstandsquote** etwa ab dem Jahr 2030 rasant an und liegt im Jahr 2060 bei 246,9 %. ↘ ABBILDUNG 75 RECHTS

Es dürfte außer Frage stehen, dass in der Realität auf dem Weg zum Jahr 2060 einschneidende Reformen unvermeidlich sein werden, da ein solches Anwachsen des Schuldenstands nicht vertretbar ist und zudem Fragen der Zahlungsfähigkeit aufwerfen würde. Auf eine Begrenzung dieser Dynamik zielt die Schuldenbremse ab, die im Zweifelsfall Konsolidierungsanstrengungen erzwingt.

580. Es ist sinnvoll, den aus diesen Entwicklungen erwachsenden Handlungsbedarf in eine einzelne, aussagekräftige Kennziffer zu übertragen. Der S2-Indikator

↘ ABBILDUNG 75

Projektion der Finanzierungsdefizite und der Schuldenstandsquote des Staates bis 2060[1]

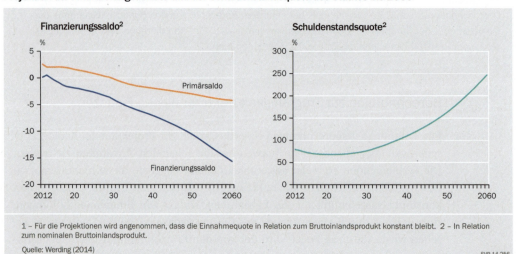

1 – Für die Projektionen wird angenommen, dass die Einnahmequote in Relation zum Bruttoinlandsprodukt konstant bleibt. 2 – In Relation zum nominalen Bruttoinlandsprodukt.

Quelle: Werding (2014)

ergibt eine **Tragfähigkeitslücke** von 3,4 % des Bruttoinlandsprodukts. ↘ ABBILDUNG 76 Das bedeutet, dass der Primärsaldo **sofort und dauerhaft** um 3,4 Prozentpunkte angehoben werden müsste, um tragfähige öffentliche Finanzen zu erreichen. Er macht dabei keinerlei Aussagen dazu, ob diese Anhebung durch eine entsprechende Erhöhung der Einnahmen, eine entsprechende Reduktion der Ausgaben oder einen Mix aus beidem erreicht werden sollte. Darüber hinaus können entsprechende Reformen in den Sozialversicherungen die Tragfähigkeitslücke reduzieren.

Die Tragfähigkeitslücke ist zwar als sofortige und dauerhafte Konsolidierung ausgedrückt, jedoch stellt dies keine normative Forderung nach augenblicklicher Konsolidierung in diesem Umfang dar. Schließlich spielen dabei die künftigen Wachstumsperspektiven einer Volkswirtschaft ebenso eine Rolle wie die Verteilung von Anpassungslasten zwischen Generationen (Expertise 2011 Ziffern 285 ff.). Wird die Konsolidierung aufgeschoben, dann erhöht sich dadurch die Tragfähigkeitslücke weiter und damit der künftige Konsolidierungsbedarf. Die Konsolidierung ist daher umso einfacher, je früher damit begonnen wird. Konkret müssten bei frühzeitiger Konsolidierung Steuer- und Abgabesätze weniger stark angehoben oder Ausgaben weniger stark gesenkt werden. Dies wirkt sich tendenziell positiv auf die Wachstumsaussichten aus, da Leistungsanreize und Kapitalakkumulation weniger stark behindert würden. Insofern sind Ausgabenkürzungen den Einnahmeerhöhungen vorzuziehen (JG 2013 Ziffer 242).

581. Maßnahmen, welche die Auswirkungen des demografischen Wandels abschwächen, sind allerdings ebenfalls dazu geeignet, eine bestehende Tragfähigkeitslücke zu reduzieren. Dabei sind besonders solche Maßnahmen zielführend, die das zahlenmäßige Verhältnis von Erwerbstätigen und Nichterwerbstätigen verbessern, wie zum Beispiel eine qualifizierte Zuwanderung oder ein Anstieg des gesetzlichen Renteneintrittsalters. Damit solche Maßnahmen die Höhe der Tragfähigkeitslücke wirksam reduzieren, müssen sie frühzeitig greifen. Insbesondere

↘ ABBILDUNG 76
Zerlegung der langfristigen Tragfähigkeitslücke[1]

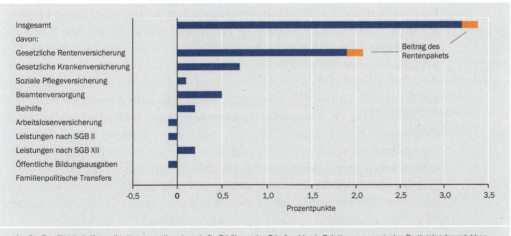

1 – Die Tragfähigkeitslücke gibt die notwendige, dauerhafte Erhöhung des Primärsaldos in Relation zum nominalen Bruttoinlandsprodukt an, die zur Einhaltung der intertemporalen Budgetbeschränkung notwendig ist.

Quelle: Werding (2014)

wäre bereits heute ein weiterer Anstieg der Regelaltersgrenze der GRV vorzubereiten, denn dies ließe sich schon angesichts der Notwendigkeit, individuelle Karriereplanungen zu respektieren, später wohl kaum in einer spontanen Entscheidung bewerkstelligen.

Die **Zerlegung** der Tragfähigkeitslücke zeigt, dass ihre Entstehung insbesondere auf die projizierte Ausgabenentwicklung in der GRV und GKV zurückzuführen ist. ↘ ABBILDUNG 76 So tragen die GRV mit 2,1 Prozentpunkten und die GKV mit 0,7 Prozentpunkten zur Entstehung der Tragfähigkeitslücke bei. Sie wird zudem durch die Ausgaben für die Beamtenversorgung, die Beihilfe sowie Leistungen aus dem Bereich des SGB XII, insbesondere die „Hilfe zur Pflege", erhöht. Alle anderen betrachteten Ausgabenbereiche verringern die Tragfähigkeitslücke. Das Rentenpaket leistet ebenfalls einen Beitrag zur Tragfähigkeitslücke, der mit 0,2 Prozentpunkten so groß ist wie derjenige der Beihilfe und doppelt so groß wie der Beitrag der SPV.

582. Die vorgelegten Tragfähigkeitsberechnungen basieren auf annahmegestützten Projektionen und sind deshalb mit erheblicher Unsicherheit behaftet. Insofern ist es sinnvoll, die Sensitivität der Ergebnisse hinsichtlich dieser Annahmen zu überprüfen. Gleichzeitig kristallisieren sich auf diese Weise die Faktoren heraus, die sowohl einen größeren Effekt auf die Höhe der Tragfähigkeitslücke haben als auch politisch zumindest in begrenztem Maße beeinflussbar sind. Sie sollten vorzugsweise als **Ansatzpunkte** genutzt werden, um die langfristige Tragfähigkeit der öffentlichen Haushalte zu verbessern, bevor zu unspezifischen Konsolidierungsmaßnahmen gegriffen wird.

Konkret werden Alternativvarianten zur demografischen Entwicklung (Fertilitätsrate, Lebenserwartung, Wanderungssaldo), zur Arbeitsmarktentwicklung (Frauenerwerbsquote, Renteneintrittsalter, Erwerbslosenquote) sowie zur gesamtwirtschaftlichen Entwicklung (Totale Faktorproduktivität, Realzins, Nettoinvestitionsquote) gebildet. Außerdem werden zwei Varianten zur Entwicklung der Gesundheitsausgaben betrachtet, da diese mit besonderer Unsicherheit behaftet ist (Expertise 2011 Ziffern 263 f. und Kasten 10).

583. Die Berechnungen für die Alternativvarianten zeigen, dass unabhängig von den gewählten Annahmen die langfristige **Tragfähigkeit** der öffentlichen Haushalte **nicht gegeben** ist. Die Höhe der Tragfähigkeitslücke variiert für die gewählten Annahmen zwischen 2,2 % und 6,2 % des Bruttoinlandsprodukts. ↘ TABELLE 21 Je nach Annahme sind die Auswirkungen auf die Tragfähigkeitslücke mal mehr, mal weniger ungünstig. Besonders stark reagiert sie auf variierende Annahmen zur Entwicklung der **Gesundheitsausgaben**; diese sind allerdings mit vergleichsweise großen Unwägbarkeiten verbunden (Expertise 2011 Kasten 10). Wenig sensitiv reagiert sie dagegen auf veränderte Annahmen zur **gesamtwirtschaftlichen Entwicklung**, da die jährlichen Anpassungen der meisten Ausgabenpositionen direkt von dieser abhängen. Ein höheres Wirtschaftswachstum schlägt sich daher tendenziell in dynamischerem Ausgabenwachstum nieder. Schließlich neutralisieren sich beide Effekte weitgehend.

↘ TABELLE 21

Veränderung der langfristigen Tragfähigkeitslücke gegenüber dem Basisszenario[1]

Annahmen	Veränderung der Tragfähigkeitslücke (Prozentpunkte)
Symmetrische Variation der Annahmen	
Demografie	
Niedrigere Geburtenziffer (1,2 Kinder je Frau)	− 0,2[a]
Höhere Geburtenziffer (1,6 Kinder je Frau)	+ 0,2[a]
Niedrigerer Anstieg der Lebenserwartung Neugeborener[2]	− 0,6
Höherer Anstieg der Lebenserwartung Neugeborener[3]	+ 0,6
Niedrigerer Wanderungssaldo (jährlicher Wanderungssaldo von 0)	+ 0,8
Höherer Wanderungssaldo (jährlicher Wanderungssaldo von 200 000)	− 0,8
Arbeitsmarkt	
Niedrigere Erwerbsquoten aufgrund einer Rückkehr zur Rente mit 65 Jahren	+ 1,2
Höhere Erwerbsquoten aufgrund eines weiteren Anstiegs des gesetzlichen Renteneintrittsalters bis auf 69 Jahre im Jahr 2060	− 0,8
Geringerer Anstieg der Erwerbsbeteiligung von Frauen[4]	+ 0,8
Höherer Anstieg der Erwerbsbeteiligung von Frauen[5]	− 0,4
Niedrigere Erwerbslosenquote[6]	− 0,9
Höhere Erwerbslosenquote[7]	+ 0,9
Gesamtwirtschaftliche Entwicklung	
Niedrigeres Wachstum der Totalen Faktorproduktivität (0,5 %)	+ 0,3
Höheres Wachstum der Totalen Faktorproduktivität (1,3 %)	− 0,3
Niedrigerer Realzins (− 0,5 Prozentpunkte)[8]	+ 0,1
Höherer Realzins (+ 0,5 Prozentpunkte)[8]	− 0,0
Niedrigere Investitionsquote (0 %)	+ 0,1
Höhere Investitionsquote (8 %)	− 0,1
Variation der Gesundheitsausgaben	
Tendenzieller Rückgang der altersspezifischen Gesundheitsausgaben[9]	− 1,2
Anstieg der altersspezifischen Gesundheitsausgaben[10]	+ 2,8

1 – Annahmen des Basisszenarios, Kasten 27. 2 – Anstieg bis auf 82,0 Jahre für Jungen und 87,2 Jahre für Mädchen im Jahr 2060. 3 – Anstieg bis auf 87,7 Jahre für Jungen und 91,2 Jahre für Mädchen im Jahr 2060. 4 – Konstanz des Abstands der Frauen- und Männererwerbsquoten ab dem Jahr 2012. 5 – Anstieg der Frauenerwerbsquoten in Relation zu den Erwerbsquoten der Männer wie derzeit in Skandinavien. Annäherung der Frauenerwerbsquote an die der Männer bis auf 98 %. 6 – Weiterer Rückgang der Erwerbslosenquote auf 3,5 % bis 2029. 7 – Erneuter Anstieg der Erwerbslosenquote auf 6,5 % bis 2029. 8 – Der Realzins wird im Basisszenario nach einer kurzen Anpassungsphase bis zum Jahr 2018 vereinfachend durch einen konstanten Aufschlag von 1,5 Prozentpunkten auf die Wachstumsrate des Bruttoinlandsprodukts berechnet. 9 – Fortschreibung der alters- und geschlechtsspezifischen Gesundheitsausgaben mit der Zuwachsrate von Produktivität und Löhnen unter Berücksichtigung einer 1:1 Rechtsverschiebung der Kostenprofile ab der mittleren Lebensphase entsprechend der steigenden Lebenserwartung, um die Folgen bei Gültigkeit der Kompressionsthese abzubilden. 10 – Fortschreibung der alters- und geschlechtsspezifischen Gesundheitsausgaben mit der Zuwachsrate von Produktivität und Löhnen sowie einem Aufschlag von einem Prozentpunkt pro Jahr, um die Folgen des medizinisch-technischen Fortschritts abzubilden. a – Für den möglicherweise überraschenden Rückgang der Tragfähigkeitslücke bei einem Rückgang der Kinder je Frau sind vor allem die zunächst weniger anfallenden Ausgaben für Bildung und familienpolitische Leistungen verantwortlich. Negative Effekte durch den Eintritt von weniger Kindern in das Erwerbsleben ergeben sich erst in der zweiten Hälfte des Projektionszeitraums und beeinflussen das Gesamtergebnis deshalb weniger stark. Für den Anstieg der Tragfähigkeitslücke bei einem Anstieg der Geburtenziffer gilt das Umgekehrte.

Quelle: Werding (2014)

Auf die meisten **demografischen Annahmen** (Lebenserwartung und Wanderungssaldo) sowie die Annahmen zur **Arbeitsmarktentwicklung** reagieren die Ergebnisse der Tragfähigkeitsanalyse dagegen relativ sensitiv. ↘ TABELLE 21 Von diesen sind es insbesondere der Wanderungssaldo, das Renteneintrittsalter sowie die Erwerbslosenquote, welche die Höhe der Tragfähigkeitslücke vergleichsweise stark beeinflussen. Insgesamt zeigen die Sensitivitätsanalysen, dass für die Reduzierung der Tragfähigkeitslücke Reformen erforderlich sind, die größter Anstrengungen bedürfen. Daher sollten jegliche Maßnahmen unterlassen werden, die den Handlungsbedarf vergrößern.

3. Wirtschaftspolitische Schlussfolgerungen

584. Die öffentlichen Haushalte sind derzeit langfristig nicht tragfähig. Deshalb besteht ein unabweisbarer Handlungsbedarf für die Politik, der sich stetig erhöht, je länger mit entsprechenden Maßnahmen gewartet wird. Zu den **Maßnahmen**, mit denen die Folgen des demografischen Wandels abgeschwächt werden können, gehören ein durchgehend höherer Wanderungssaldo, ein weiterer Anstieg des Renteneintrittsalters nach dem Jahr 2030 und Maßnahmen, die zu einer geringeren Erwerbslosenquote führen. Nicht zum Kanon der potenziellen Maßnahmen, mit denen in den kommenden Jahrzehnten den Konsequenzen des anstehenden demografischen Wandels begegnet werden kann, gehören Maßnahmen zur Erhöhung der Geburtenraten, da sie erst in etwa zwei Jahrzehnten die Anzahl der Erwerbspersonen beeinflussen könnten.

585. Für eine geringere **Erwerbslosenquote** ist es notwendig, dass das Regelwerk auf dem Arbeitsmarkt hinreichend flexibel ist, um notwendige Anpassungsprozesse zu ermöglichen und Problemgruppen auf dem Arbeitsmarkt, beispielsweise Geringqualifizierten, eine erfolgreiche Teilhabe zu ermöglichen. Die Einführung eines allgemeingültigen, flächendeckenden Mindestlohns zum 1. Januar 2015 dürfte dem allerdings entgegenstehen. ↘ ZIFFERN 540 FF.

586. Ein höherer **Wanderungssaldo** wird nur bei einer entsprechenden Migrationspolitik zu verwirklichen sein. Seit der Umsetzung der Blue-Card-Richtlinie Mitte des Jahres 2012 weist Deutschland zwar im europäischen Vergleich eine der liberalsten Regelungen für eine beschäftigungsorientierte Zuwanderung hochqualifizierter Fachkräfte aus Drittstaaten auf (OECD, 2013; Sachverständigenrat deutscher Stiftungen für Integration und Migration, 2014). Diese ist allerdings noch keine Garantie dafür, dass der Zuzug Hochqualifizierter tatsächlich ansteigen wird.

Dafür ist es von großer Bedeutung, dass diese liberalen Regeln in den Herkunftsländern potenzieller Zuwanderer überhaupt bekannt sind. Darüber hinaus spielen sogenannte weiche Faktoren, wie zum Beispiel das Image eines Landes oder die gemeinsame Sprache in Herkunfts- und Zielland, die politisch höchstens begrenzt beeinflussbar sind, eine wichtige Rolle bei der Migrationsentscheidung (Sachverständigenrat deutscher Stiftungen für Integration und Migration, 2014). Dies gilt selbst für die potenzielle Zuwanderung von EU-Bürgern. Es geht hierbei um eine Willkommenskultur, die Bekämpfung von Diskriminierung sowie die Möglichkeit zur gesellschaftlichen Teilhabe.

587. Das **Renteneintrittsalter** beeinflusst die Tragfähigkeitslücke ebenfalls erheblich. So würde die langfristige Tragfähigkeit der öffentlichen Haushalte durch eine Rückkehr zum bis zum Jahr 2011 geltenden gesetzlichen Renteneintrittsalter von 65 Jahren zusätzlich und deutlich beeinträchtigt werden. Die Rente mit

67 Jahren ist also zwingend wie geplant umzusetzen. Darüber hinaus sollten nicht noch einmal – wie beim Rentenpaket geschehen – bestehende rechtliche Regelungen aufgeweicht oder zusätzliche Leistungen eingeführt werden.

Hinsichtlich des Renteneintrittsalters ist aber auch zu bedenken, dass mit der geplanten Anhebung auf 67 Jahre die finanzielle Stabilität der GRV lediglich zum Zeitpunkt der Gesetzgebung und nur bis zum Jahr 2030 erreicht worden wäre. Es ist allerdings davon auszugehen, dass danach die **fernere Lebenserwartung** ansteigen und damit die absolute Rentenbezugsdauer mit den entsprechenden Konsequenzen für die finanzielle Lage der GRV zunehmen wird.

Gleichzeitig ist aber zu erwarten, dass aufgrund einer gesünderen Lebensweise, verstärkter Präventionsanstrengungen und des medizinisch-technischen Fortschritts der Anstieg der ferneren Lebenserwartung mit einer Zunahme der bei guter Gesundheit verbrachten Jahre einhergehen wird. Deshalb sollte zur Sicherstellung der langfristigen Stabilität der GRV ein weiterer Anstieg des gesetzlichen Renteneintrittsalters in Betracht gezogen werden. Dieser würde insbesondere zu einer erheblichen Reduktion der Tragfähigkeitslücke führen. Zur Etablierung eines sich selbst stabilisierenden Rentensystems, das keine diskretionären Eingriffe erfordert, ist beispielsweise eine an die fernere Lebenserwartung gekoppelte **regelgebundene Anpassung** des Renteneintrittsalters geeignet (Expertise 2011 Ziffern 319 ff.). Konsequenterweise müsste bei einer solchen weiteren Anhebung der Regelaltersgrenze auch über weitere Anpassungen im Bereich der Erwerbsminderungsrente nachgedacht werden.

588. Nicht nur das Renteneintrittsalter, sondern die Rentenpolitik insgesamt beeinflusst die langfristige Tragfähigkeit der öffentlichen Haushalte erheblich, wie die Zerlegung der Tragfähigkeitslücke gezeigt hat. Insofern erschließt sich nicht, warum in einer Situation nicht-tragfähiger öffentlicher Finanzen mit dem Rentenpaket **Leistungsausweitungen** beschlossen wurden, die zu erheblichen Mehrausgaben führen und Anreize für einen früheren Renteneintritt setzen.

Zudem ist mit der **Lockerung der Voraussetzungen** zur Erfüllung der Wartezeit im Kontext der abschlagsfreien Rente mit 63 eine Neuregelung getroffen worden, die selbst nach dem erneuten Erreichen der ursprünglichen Altersgrenze von 65 Jahren bei der Altersrente für besonders langjährig Versicherte im Jahr 2029 weiterhin Mehrausgaben in der GRV verursacht. Diese ohnehin problematische Regelung sollte mit dem Wiedererreichen der ursprünglichen Altersgrenze auslaufen. Mehr noch: Die Altersrente für besonders langjährig Versicherte ist insgesamt in Frage zu stellen. Gerade die Systemwidrigkeit dieser Ausnahmeregelung in der GRV bietet dafür Ansatzpunkte.

589. Bei der Ausgestaltung der **Flexi-Rente** sollten Überlegungen im Mittelpunkt stehen, wie das Arbeiten von Versicherten über das gesetzliche Renteneintrittsalter hinaus für Arbeitgeber und Arbeitnehmer attraktiver gestaltet werden kann. So ist die mit dem Rentenpaket eingeführte Möglichkeit der befristeten Fortführung eines Arbeitsverhältnisses nach dem Erreichen der Regelaltersgrenze (§ 41 Satz 3 SGB VI) grundsätzlich sinnvoll. Die derzeitige Regelung, dass der Arbeitgeber Beiträge zur GRV und zur ALV für einen Arbeitnehmer, der die

Regelaltersgrenze bereits erreicht hat, zahlen muss, ohne dass daraus zusätzliche Ansprüche erwachsen, behindert hingegen die Weiterbeschäftigung.

Maßnahmen, die den Eintritt in die Rentenphase vor Erreichen der Regelaltersgrenze flexibilisieren sollen, wie beispielsweise die **Teilrente** bereits mit 60 Jahren anstatt mit 63 Jahren, wie nach bisheriger Regelung, sind hingegen genau zu analysieren und sollten zumindest die folgenden Anforderungen erfüllen: Es dürfen keine zusätzlichen Belastungen für die GRV entstehen; das heißt (Teil-)Rentenzahlungen vor Erreichen der Regelaltersgrenze sind mit den versicherungsmathematisch korrekten Abschlägen zu versehen. Die Inanspruchnahme einer Teilrente sollte nur erlaubt sein, wenn das gesamte Einkommen des Versicherten bei Berücksichtigung seines Familienkontexts nicht zu einem Anspruch auf die *Grundsicherung im Alter zuzüglich Kosten der Unterkunft* führt.

Darüber hinaus ist zwischen der in bestimmten Fällen angemessenen Flexibilisierung und der Signalwirkung des möglichen (noch) früheren Renteneintritts in Zeiten, in denen das Renteneintrittsalter eigentlich angehoben wird, genau abzuwägen. Angesichts des unausweichlichen demografischen Wandels sollten Maßnahmen unterbleiben, die einer längeren Lebensarbeitszeit entgegenstehen.

LITERATUR ZUM KAPITEL

Abowd, J.M., F. Kramarz, T. Lemieux und D.N. Margolis (2000), Minimum wages and youth employment in France and the United States, in Blanchflower, D.G. und R.B. Freeman (Hrsg.), *Youth employment and joblessness in advanced countries*, University of Chicago Press, 427-472.

Aghion, P., E. Caroli und C. García-Penalosa (1999), Inequality and economic growth: The perspective of the new growth theories, *Journal of Economic Literature* 37, 1615-1660.

Aghion, P. und P. Howitt (1992), A model of growth through creative destruction, *Econometrica* 60, 323-351.

Askenazy, P. (2014), *The parameters of a national minimum hourly wage*, IZA Policy Paper No. 85, Bonn.

Auerbach, A.J. und L.J. Kotlikoff (1987), *Dynamic fiscal policy*, Cambridge University Press, Cambridge.

BA (2013), *Neue Erhebungsinhalte „Arbeitszeit", „ausgeübte Tätigkeit" sowie „Schul- und Berufsabschluss" in der Beschäftigungsstatistik*, Methodenbericht der Statistik der BA, Bundesagentur für Arbeit, Nürnberg.

Bach, S., G. Corneo und V. Steiner (2009), From bottom to top: The entire income distribution in Germany, 1992-2003, *Review of Income and Wealth* 55, 303-330.

Bachmann, R., T.K. Bauer und H. Frings (2014), Minimum wages as a barrier to entry: Evidence from Germany, *LABOUR* 28, 338-357.

Bachmann, R., M. Henssler, C.M. Schmidt und A. Talmann (2011), *Empirische Analyse der Auswirkungen der Tarifpluralität auf das deutsche Tarifvertragssystem und auf die Häufigkeit von Arbeitskämpfen – Endbericht*, RWI Projektbericht, Projekt im Auftrag des Bundesministeriums für Wirtschaft und Technologie, Essen.

Bäcker, G. (2012), *Erwerbsminderungsrenten: Strukturen, Trends und aktuelle Probleme*, Altersübergangs-Report 2012-03, Institut für Arbeit und Qualifikation, Duisburg.

Barczak, T. (2014), Mindestlohngesetz und Verfassung, *Recht der Arbeit* 67, 290-298.

Bartels, C. und T. Bönke (2013), Can households and welfare states mitigate rising earnings instability?, *Review of Income and Wealth* 59, 250-282.

Barth, E., A. Bryson, J.C. Davis und R. Freeman (2014), It's where you work: Increases in earnings dispersion across establishments and individuals in the U.S., NBER Working Paper 20447, Cambridge.

Bauer, T., G. Gigerenzer und W. Krämer (2014), *Warum dick nicht doof macht und Genmais nicht tötet: Über Risiken und Nebenwirkungen der Unstatistik*, Campus Verlag, Frankfurt am Main.

Baumgarten, D., M. Kvasnicka, J. Landmann und E. Thode (2012), *Herausforderung Zeitarbeit*, Studie im Auftrag der Bertelsmann Stiftung, Rheinisch-Westfälisches Institut für Wirtschaftsforschung, Essen.

BMAS (2013), *Lebenslagen in Deutschland – Der vierte Armuts- und Reichtumsbericht der Bundesregierung*, Bundesministerium für Arbeit und Soziales, Berlin.

Bogai, D., T. Buch und H. Seibert (2014), *Arbeitsmarktchancen von Geringqualifizierten: Kaum eine Region bietet genügend einfache Jobs*, IAB-Kurzbericht 11/2014, Nürnberg.

Brenke, K. und K.-U. Müller (2013), Gesetzlicher Mindestlohn – Kein verteilungspolitisches Allheilmittel, *DIW Wochenbericht* 39/2013, 3-17.

Brochu, P. und D.A. Green (2013), The impact of minimum wages on labour market transitions, *Economic Journal* 123, 1203-1235.

Burkert, C., A. Garloff und T. Lepper (2014), *Arbeitnehmerüberlassung in Hessen: Sprungbrett in reguläre Beschäftigung, Vermeidung von Arbeitslosigkeit oder gefangen in der Leiharbeitsfalle?*, IAB Regional Hessen 01/2014, Nürnberg.

Cahuc, P. und S. Carcillo (2012), Les conséquences des allégements généraux de cotisations patronales sur les bas salaires, *Revue française d'économie* XXVII, 19-61.

Caliendo, M. und J. Hogenacker (2012), The German labor market after the Great Recession: Successful reforms and future challenges, *IZA Journal of European Labor Studies* 1:3, 1-24.

Card, D., J. Heining und P. Kline (2013), Workplace heterogeneity and the rise of West German wage inequality, *Quarterly Journal of Economics* 128, 967-1015.

Chiappori, P.-A. und C. Meghir (2014), *Intrahousehold inequality*, NBER Working Paper 20191, Cambridge.

Davis, S.J. und J. Haltiwanger (2014), Labor market fluidity and economic performance, NBER Working Paper 20479, Cambridge.

Deutsche Bundesbank (2013), Vermögen und Finanzen privater Haushalte in Deutschland: Ergebnisse der Bundesbankstudie, *Monatsbericht* Juni 2013, 25-51.

Deutsche Rentenversicherung Bund (2013), *Rentenversicherung in Zeitreihen*, Berlin.

Döhrn, R. (2014), *Falsche Hoffnungen. Der Mindestlohn gibt kaum Impulse für die Konjunktur*, RWI Positionen 58, Essen.

Dustmann, C., B. Fitzenberger, U. Schönberg und A. Spitz-Oener (2014), From sick man of Europe to economic superstar: Germany's resurgent economy, *Journal of Economic Perspectives* 28, 167-188.

Dustmann, C. und C. Meghir (2005), Wages, experience and seniority, *Review of Economic Studies* 72, 77-108.

Fahr, R. und U. Sunde (2009), Did the Hartz reforms speed-up the matching process? A macroevaluation using empirical matching functions, *German Economic Review* 10, 284-316.

Feld, L.P., A. Kohlmeier und C.M. Schmidt (2014), Das Rentenpaket: Die Bundesregierung auf Irrwegen, *Wirtschaftsdienst* 94, 553-559.

Fertig, M. und C.M. Schmidt (2004), Gerontocracy in motion? European cross-country evidence on the labor market consequences of population ageing, in: Wright, R.E. (Hrsg.) *Scotlands demographic challenge*, Scotthish Economic Policy Network, Glasgow.

Fischer-Lescano, A. (2014), *Verfassungs-, völker- und europarechtlicher Rahmen für die Gestaltung von Mindestlohnausnahmen*, Rechtsgutachten im Auftrag des Wirtschafts- und Sozialwissenschaftlichen Instituts in der Hans-Böckler-Stiftung und des Deutschen Gewerkschaftsbundes, Bremen.

Fitzenberger, B. (2012), *Expertise zur Entwicklung der Lohnungleichheit in Deutschland*, Arbeitspapier 04/2012, Sachverständigenrat zur Begutachtung der gesamtwirtschaftlichen Entwicklung, Wiesbaden.

Fräßdorf, A., M. Grabka und J. Schwarze (2011), The impact of household capital income on income inequality – A factor decomposition analysis for the UK, Germany and the USA, *Journal of Economic Inequality* 9, 35-56.

Fuchs, M., C. Rauscher und A. Weyh (2014), *Lohnhöhe und Lohnwachstum: Die regionalen Unterschiede in Deutschland sind groß*, IAB-Kurzbericht 17/2014, Nürnberg.

Galor, O. und J. Zeira (1993), Income distribution and macroeconomics, *Review of Economic Studies* 60, 35-52.

Garoche, B. und B. Roguet (2014), *Les dépenses en faveur de l'emploi et du marché du travail en 2011*, Dares Analyses 18, Direction de l'animation de la recherche, des études et des statistiques, Paris.

Gorry, A. (2013), Minimum wages and youth unemployment, *European Economic Review* 64, 57-75.

Grabka, M.M. und J. Goebel (2013), Rückgang der Einkommensungleichheit stockt, *DIW Wochenbericht* 46/2013, 13-23.

Grabka, M.M. und C. Westermeier (2013), Anhaltend hohe Vermögensungleichheit in Deutschland, *DIW Wochenbericht* 9/2014, 151-164.

Greenwood, J., N. Guner, G. Kocharkov und C. Santos (2014), Marry your like: Assortative mating and income inequality, *American Economic Review* 104, 348-353.

Grossman, G.M. und E. Helpman (1991), *Innovation and growth in the global economy*, MIT Press, Cambridge.

Hertweck, M.S. und O. Sigrist (2013), *The aggregate effects of the Hartz reforms in Germany*, WWZ Discussion Paper 2013/01, Wirtschaftswissenschaftliches Zentrum der Universität Basel.

Homburg, S. (2014), *Critical remarks on Piketty's ‚Capital in the Twenty-first Century'*, Hannover Economic Paper 530, Leibniz Universität Hannover.

Kaldybajewa, K. und E. Kruse (2012), Erwerbsminderungsrenten im Spiegel der Statistik der gesetzlichen Rentenversicherung, *RVaktuell* 8/2012, 206-216.

Kallweit, M. und A. Kohlmeier (2014), Das Rentenpaket der Bundesregierung. Politökonomisch geschickt – ökonomisch falsch, Arbeitspapier 02/2014, Sachverständigenrat zur Begutachtung der gesamtwirtschaftlichen Entwicklung, Wiesbaden.

Kallweit, M. und B. Weigert (2014), *Fallacies of redistributional policies*, Arbeitspapier 07/2014, Sachverständigenrat zur Begutachtung der gesamtwirtschaftlichen Entwicklung, Wiesbaden.

Kassenboehmer, S.C. und J.P. Haisken-DeNew (2009), *Social jealousy and stigma: Negative externalities of social assistance payments in Germany*, Ruhr Economic Paper 117, Rheinisch-Westfälisches Institut für Wirtschaftsforschung, Essen.

Klemm, M. und B. Weigert (2014), *Does composition matter? Wage inequality and the demographic and educational structure of the labor force in Germany*, Arbeitspapier 06/2014, Sachverständigenrat zur Begutachtung der gesamtwirtschaftlichen Entwicklung, Wiesbaden.

Klinger, S., T. Rothe und E. Weber (2013), *Makroökonomische Perspektive auf die Hartz-Reformen: Die Vorteile überwiegen*, IAB-Kurzbericht 11/2013, Nürnberg.

Knabe, A., R. Schöb und M. Thum (2014), Der flächendeckende Mindestlohn, *Perspektiven der Wirtschaftspolitik* 15, 133-157.

Krause, A. (2014), *Happiness and work*, IZA Discussion Paper 8435, Institut zur Zukunft der Arbeit, Bonn.

Krebs, T. und M. Scheffel (2013), Macroeconomic evaluation of labor market reform in Germany, *IMF Economic Review* 61, 664-701.

Kuznets, S. (1955), Economic growth and income inequality, *American Economic Review* 45, 1-28.

Kvasnicka, M. (2009), Does temporary help work provide a stepping stone to regular employment?, in Autor, D.H. (Hrsg), *Studies of labor market intermediation*, University of Chicago Press, 335-372.

Lakies, T. (2013), Gesetzlicher Mindestlohn: Zur Legitimation der Staatsintervention gegen Niedriglöhne, *Arbeit und Recht* 2/2013, 69-74.

Lehmer, F. und K. Ziegler (2010), *Brückenfunktion der Leiharbeit: Zumindest ein schmaler Steg*, IAB-Kurzbericht 13/2010, Nürnberg.

Lemieux, T. (2006), Increasing residual wage inequality: Composition effects, noisy data, or rising demand for skill?, *American Economic Review* 96, 461-498.

Lesch, H. (2013), Tarifeinheit versus Tarifpluralität: Konfliktintensität von Verhandlungen, *Wirtschaftsdienst* 93, 765-770.

Lise, J. und S. Seitz (2011), Consumption inequality and intra-household allocations, *Review of Economic Studies* 78, 328-355.

Machado, J.A.F. und J. Mata (2005), Counterfactual decomposition of changes in wage distributions using quantile regression, *Journal of Applied Econometrics* 20, 445-465.

Machin, S. (2008), An appraisal of economic research on changes in wage inequality, *LABOUR* 22, 7-26.

Meer, J. und J. West (2013), *Effects of the minimum wage on employment dynamics*, NBER Working Paper 19262, Cambridge.

Möller, J. (2012), Minimum wages in German industries: What does the evidence tell us so far?, *Journal for Labour Market Research* 45, 187-199.

Monopolkommission (2010), *Post 2009: Auf Wettbewerbskurs gehen*, Sondergutachten 57, Baden-Baden.

Monopolkommission (2008), *Wettbewerbsentwicklung bei der Post 2007: Monopolkampf mit allen Mitteln*, Sondergutachten 51, Baden-Baden.

Mroz, T.A. und T.H. Savage (2006), The long-term effects of youth unemployment, *Journal of Human Resources* 41, 259-293.

Niehues, J. (2014), Subjektive Ungleichheitswahrnehmung und Umverteilungspräferenzen – Ein internationaler Vergleich, *IW-Trends* 41, 75-91.

Nilsen, Ø.A. und K.H. Reiso (2011), *Scarring effects of unemployment*, IZA Discussion Paper 6198, Bonn.

OECD (2014), *OECD Employment Outlook 2014*, Organisation for Economic Co-operation and Development, Paris.

OECD (2013), *Zuwanderung ausländischer Arbeitskräfte: Deutschland*, Organisation for Economic Co-operation and Development, Paris.

Okun, A. M. (1975), *Equality and efficiency: The big tradeoff*, Brookings Institution Press, Washington, DC.

Orlowski, R. und R.T. Riphahn (2011), Lohnentwicklung im Lebenszyklus, *Zeitschrift für Arbeitsmarkt-Forschung* 44, 29-41.

Paqué, K.-H. (2014), Der Historizismus des Jakobiners. Anmerkungen zum Buch „Capital in the Twenty-first Century" von Thomas Piketty, *Perspektiven der Wirtschaftspolitik* 15, 271-287.

Peichl, A., N. Pestel und H. Schneider (2012), Does size matter? The impact of changes in household structure on income distribution in Germany, *Review of Income and Wealth* 58, 118-141.

Persson, T. und G. Tabellini (1994), Is inequality harmful for growth?, *American Economic Review* 84, 600-621.

Petersen, T., D. Hierlemann, R.B. Vehrkamp und C. Wratil (2013), *Gespaltene Demokratie – Politische Partizipation und Demokratiezufriedenheit vor der Bundestagswahl 2013*, Bertelsmann Stiftung und IfD Allensbach, Gütersloh.

Petrin, A., T.K. White und J.P. Reiter (2011), The impact of plant-level resource reallocations and technical progress on U.S. macroeconomic growth, *Review of Economic Dynamics* 14, 3-26.

Picker, C. (2014), Niedriglohn und Mindestlohn, *Recht der Arbeit* 67, 25-36.

Piketty, T. (2014), *Das Kapital im 21. Jahrhundert*, Harvard University Press, Cambridge.

Ray, D. (2014), Nit-Piketty: A comment on Thomas Piketty's Capital in the Twenty-first Century, Arbeitspapier, New York University, mimeo.

Rhein, T. (2013), *Deutsche Geringverdiener im europäischen Vergleich*, IAB-Kurzbericht 15/2013, Nürnberg.

Roemer, J.E. und A. Trannoy (2013), *Equality of opportunity*, Cowles Foundation Discussion Paper No. 1921, New Haven.

Rognlie, M. (2014), A note on Piketty and diminishing returns to capital, Arbeitspapier, Massachusetts Institute of Technology, mimeo.

Rürup, B. und D. Huchzermeier (2014), Das RV-Leistungsverbesserungsgesetz – Was ökonomisch falsch ist, kann politisch nicht richtig sein, *Deutsche Rentenversicherung* 2/2014, 56-73.

Sachverständigenrat deutscher Stiftungen für Integration und Migration (2014), *Deutschlands Wandel zum modernen Einwanderungsland, Jahresgutachten 2014 mit Integrationsbarometer*, Berlin.

Schmillen, A. und M. Umkehrer (2013), *The scars of youth: Effects of early-career unemployment on future unemployment experience*, IAB Discussion Paper 6/2013, Nürnberg.

Söhnlein, D., B. Weber und E. Weber (2013), *Qualifikationsspezifische Arbeitslosenquoten*, Aktuelle Daten und Indikatoren 11/2014, Institut für Arbeitsmarkt und Berufsforschung, Nürnberg.

Vermeulen, P. (2014), *How fat is the top tail of the wealth distribution?*, Working Paper No 1692, Europäische Zentralbank, Frankfurt am Main

Werding, M. (2014), *Demographischer Wandel und öffentliche Finanzen. Langfrist-Projektion 2014-2060 unter besonderer Berücksichtigung des Rentenreform-Pakets der Bundesregierung*, Arbeitspapier 01/2014, Sachverständigenrat zur Begutachtung der gesamtwirtschaftlichen Entwicklung, Wiesbaden.

Werding, M. (2013), *Modell für flexible Simulationen zu den Effekten des demografischen Wandels für die öffentlichen Finanzen in Deutschland bis 2060: Daten, Annahmen und Methoden*, Bertelsmann Stiftung, Gütersloh.

Wiemers, J. (2013), *Fiskalische Wirkungen eines Mindestlohns*, Aktuelle Berichte, Institut für Arbeitsmarkt und Berufsforschung, Nürnberg.

Wilkinson, R.G. und K. Pickett (2009), *The spirit level: Why more equal societies almost always do better*, Penguin Books, London.

WSI (2014), *WSI-Arbeitskampfbilanz 2013: Weniger Streiks bei anhaltender Dominanz des Dienstleistungsbereichs*, Pressemitteilung, Wirtschafts- und Sozialwissenschaftliches Institut der Hans-Böckler-Stiftung, Düsseldorf, 13. März.

ÖFFENTLICHE FINANZEN: EFFIZIENZ DURCH SUBSIDIARITÄT

I. Für eine aktivierende Finanzverfassung
 1. Defizite des aktuellen Länderfinanzausgleichs
 2. Zur Reform des Länderfinanzausgleichs
 3. Mehr Steuerautonomie für die Länder
 4. Fazit
 Eine andere Meinung

II. Internationale Gewinnverlagerungen
 1. Gewinnverlagerungen und die OECD-Initiative
 2. Das Dilemma der Gewinnbesteuerung
 3. Überregulierung vermeiden
 4. Fazit

Anhang: Ineffizienz des Finanzausgleichs

Literatur

DAS WICHTIGSTE IN KÜRZE

Reform der Bund-Länder-Finanzbeziehungen

Die aktuellen Regelungen zum Finanzausgleich und zur Unterstützung der ostdeutschen Länder (Solidarpakt II) laufen im Jahr 2019 aus. Danach tritt zudem das im Grundgesetz verankerte Neuverschuldungsverbot für die Länder in Kraft. Es ist daher an der Zeit, den Finanzausgleich grundlegend zu reformieren.

Das Finanzausgleichssystem ist derzeit so ausgestaltet, dass die Länder weitgehend autonom über ihre Ausgaben bestimmen, ihre Einnahmen aber kaum beeinflussen können. Das setzt Fehlanreize: Die Landespolitik hat bislang ein viel zu geringes Interesse, die Wirtschaftskraft zu steigern, und profiliert sich über höhere Ausgaben. Dies führt nicht selten zu einer übermäßigen Verschuldung.

Änderungen sind vor allem in zwei Bereichen notwendig: Zum einen müssen die Ineffizienzen des derzeitigen Finanzausgleichsystems beseitigt werden. Zum anderen muss die Einnahmeautonomie gestärkt werden, zum Beispiel mit einem begrenzten Zuschlagsrecht auf die Einkommen- und Körperschaftsteuer. Die Sorge vor einem ruinösen Steuerwettbewerb zwischen den Ländern ist unbegründet. Vielmehr würden öffentliche Güter und Leistungen effizienter bereitgestellt, finanzschwache Länder hätten größere Entwicklungsmöglichkeiten.

Internationale Unternehmensbesteuerung

Die OECD hat einen Aktionsplan vorgelegt, der verhindern soll, dass internationale Konzerne durch die Verlagerung von Gewinnen Steuern vermeiden. Allerdings gibt es in Deutschland bereits viele Regelungen, die die Verlagerung von Gewinnen verhindern. Zusätzliche Regulierungen und Abzugsverbote würden die private Investitionstätigkeit hemmen. Außerdem sind die Erwartungen über die potenziellen Mehreinnahmen eines verschärften Vorgehens oftmals überzogen.

Jedoch sollten privilegierende Sonderregelungen im internationalen Umfeld abgeschafft werden, die Gewinnverlagerungen begünstigen. Beispiele hierfür sind die „Check-the-box-Regelung" der Vereinigten Staaten oder Patentboxen. Sollte dies auf OECD-Ebene nicht gelingen, ist in Deutschland beispielsweise eine eigene Patentbox denkbar, um gleiche Voraussetzungen im internationalen Steuerwettbewerb zu schaffen.

I. FÜR EINE AKTIVIERENDE FINANZVERFASSUNG

590. Die aktuellen Regelungen zum Finanzausgleich und der Solidarpakt II werden im Jahr 2019 enden. Angesichts der offenkundigen Fehlkonstruktionen der Bund-Länder-Finanzbeziehungen wurde die vergangene Reform, die seit dem Jahr 2005 in Kraft ist, mit einem Ablaufdatum versehen. Eine Neuregelung wird bereits in dieser Legislaturperiode notwendig sein, um eine ordnungsgemäße Finanzplanung zu ermöglichen. Derzeit setzt das Finanzausgleichssystem **Fehlanreize**, die zu übermäßiger Verschuldung geführt haben, eine sinnvolle Differenzierung des Leistungsangebots zwischen den Ländern verhindern und sich aller Voraussicht nach weiterhin negativ auf die wirtschaftliche Entwicklung in einigen Ländern auswirken werden.

591. Aus Sicht des Sachverständigenrates sind Änderungen vor allem in zwei Bereichen erforderlich. Erstens sollten die **Ineffizienzen des derzeitigen Finanzausgleichssystems** beseitigt werden. Das jetzige System schwächt die Anreize der Länder, eine höhere wirtschaftliche Leistungsfähigkeit zu erzielen, da der Finanzausgleich einen erheblichen Teil der damit verbundenen Mehreinnahmen abschöpft. Eine Reform muss keine Schlechterstellung der finanzschwachen Länder bedeuten oder gar deren Haushaltsposition bedrohen.

Zweitens sollte die **Einnahmeautonomie der Länder** gestärkt werden, beispielsweise mit einem Zuschlagsrecht zur Einkommen- und Körperschaftsteuer. Dadurch erhöht sich deren finanzielle Flexibilität. Dies ist insbesondere vor dem Hintergrund des grundgesetzlichen Neuverschuldungsverbots für die Länder ab dem Jahr 2020 bedeutsam. Die stärkere Autonomie ließe sich so ausgestalten, dass es nicht zu einem ruinösen Steuerwettbewerb oder einem Auseinanderdriften der finanzstarken und finanzschwachen Länder kommt. Eine Stärkung der Einnahmeautonomie ist als Ergänzung und nicht als Alternative zum solidarischen Finanzausgleich anzusehen.

1. Defizite des aktuellen Länderfinanzausgleichs

592. Den Föderalismus in Deutschland kennzeichnet eine starke Verflechtung. Insbesondere sind die **Ausgaben der Länder** oftmals durch bundesweit einheitliche Regelungen beeinflusst. Die grundgesetzliche Vorgabe einer Gleichwertigkeit der Lebensverhältnisse begrenzt zudem das Ausmaß unterschiedlicher Leistungsniveaus zwischen den Ländern. So sind die Länder für die Bereiche Schulen, Hochschulen, Polizei und Justiz sowie (teilweise über die Gemeindeebene) für Kindertageseinrichtungen und bestimmte soziale Ausgaben (Sozialhilfe, Kosten der Unterkunft bei Bezug von Arbeitslosengeld II (KdU), Eingliederungsleistungen für Menschen mit Behinderung) verantwortlich. Im Bereich der sozialen Sicherung greifen Bundesvorgaben und im Bildungsbereich oder bei der öffentlichen Sicherheit dürften allzu große Unterschiede weder grundgesetzlich noch politisch akzeptabel sein.

Dies darf man jedoch nicht dahingehend missverstehen, dass die Länder nur vernachlässigbar Einfluss auf ihre Ausgaben nehmen können. So beläuft sich nach Berechnungen für das Doppeljahr 2003/2004 der **Bindungsgrad der Länderausgaben** durch Bundesgesetze, EU- und Bund-Länder-Programme auf insgesamt lediglich 21,5 % der Länderausgaben (für die westdeutschen Flächenländer auf 16,6 %, für die ostdeutschen Flächenländer auf 31,9 %, für die Stadtstaaten auf 26,9 %). Im Bereich der sozialen Sicherung liegt der Bindungsgrad aber höher bei etwa 70 % (Seitz, 2008). Nach den Föderalismusreformen der Jahre 2006 und 2009 dürfte der Bindungsgrad abgenommen haben. Die Ausgaben der Länder liegen somit weitgehend in ihrer eigenen Verantwortung.

593. Im Hinblick auf die **Einnahmen** ist die Eigenständigkeit der Länder hingegen fast vernachlässigbar. Dies unterscheidet sie vom Bund und den Gemeinden, die jeweils über aufkommensstarke Steuern verfügen, deren Höhe sie beeinflussen können. Die Ländergesamtheit hat stattdessen einen verfassungsrechtlichen Anspruch auf eine ausreichende Finanzausstattung zur Deckung ihrer „notwendigen" Ausgaben und die finanzschwachen Länder einen Anspruch auf einen „angemessenen" Finanzausgleich (Artikel 106, 107 Grundgesetz).

594. Vor diesem Hintergrund ist das komplexe System der Einnahmeverteilung zwischen Bund und Ländern zu sehen, das primär auf einen Ausgleich der Einnahmen je Einwohner zwischen den Ländern zielt. Die derzeitige **Aufteilung der Steuereinnahmen** zwischen dem Bund und den Ländern, die aus finanzpolitischer Sicht zusammen mit ihren Gemeinden zu betrachten sind, wird technisch über **vier Stufen** umgesetzt. ↘ ABBILDUNG 77 LINKS

Die erste Stufe stellt die vertikale Steuerverteilung dar, bei der es um die Aufteilung der aufkommensstarken **Gemeinschaftssteuern** (Einkommen-, Körper-

↘ ABBILDUNG 77
Steuereinnahmen in Deutschland und ihre Verteilung

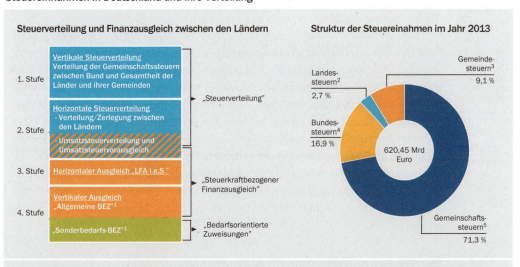

schaft- und Umsatzsteuer) zwischen dem Bund einerseits und der Gemeinschaft der Länder (und der Gemeinden) andererseits geht. Es folgt auf der zweiten Stufe die horizontale Steuerverteilung nach festgelegten Prinzipien auf die einzelnen Länder. Ergänzt wird diese Stufe durch den **Umsatzsteuervorausgleich**, bei dem bis zu einem Viertel des Umsatzsteueraufkommens für die Zuweisung sogenannter **Ergänzungsanteile** verwendet wird. Der Umsatzsteuervorausgleich hat eine erhebliche horizontale Ausgleichswirkung zwischen den Ländern und stellt somit einen vorweggenommenen Länderfinanzausgleich dar.

Erst auf der dritten Stufe kommt es zu einer direkten Umverteilung von Steuereinnahmen zwischen den Ländern, dem **Länderfinanzausgleich im engeren Sinne** (LFA i.e.S.). Anschließend findet auf der vierten Stufe ein vertikaler Ausgleich statt, um verbleibende als übermäßig empfundene Unterschiede in der Finanzkraft der Länder weiter zu reduzieren und besondere Ausgabenbelastungen zu kompensieren. Neben **allgemeinen Bundesergänzungszuweisungen (BEZ)**, die sich an der Steuerkraft orientieren, leistet der Bund für besondere Bedarfe, wie etwa den erhöhten Investitionsbedarf in den Neuen Ländern, ergänzende Zahlungen (**Sonderbedarfs-BEZ**, Deutsche Bundesbank, 2014a).

595. Die Steuerstruktur in Deutschland wird von den **Gemeinschaftssteuern** dominiert. ↘ ABBILDUNG 77 RECHTS Bund und Länder teilen sich zu gleichen Anteilen das Aufkommen der Einkommen- und Körperschaftsteuer sowie der Umsatzsteuer. Die Gemeinden erhalten vorab kleinere Anteile der Einkommensteuer (15 %) und der Umsatzsteuer (ca. 2 %). Daneben bestehen reine Bundes-, Landes- und Gemeindesteuern. Insgesamt wird mit den Landessteuern aber nur ein geringes Aufkommen erzielt. Die Länder können hierbei individuell weder Steuersätze noch Bemessungsgrundlagen festlegen. Eine Ausnahme stellt die Grunderwerbsteuer dar, deren Sätze jedes Land bestimmen kann. Ihr Aufkommen ist jedoch relativ gering.

596. Die Verteilung der Länderanteile an den Gemeinschaftssteuern und der originären Landessteuern zwischen den Ländern – die zweite Stufe – wird nach dem **Prinzip des örtlichen Aufkommens** vorgenommen (Artikel 107 Absatz 1 Grundgesetz). Damit stehen die Einnahmen demjenigen Land zu, das sie vereinnahmt. Bestimmte Steuern werden dabei unter Zuhilfenahme der sogenannten Steuerzerlegung den einzelnen Ländern zugeordnet. Während die Körperschaftsteuer dem Land zusteht, in dem die Betriebsstätte angesiedelt ist (**Betriebsstättenprinzip**), werden Lohn- und Einkommensteuer grundsätzlich nach dem Wohnsitz zerlegt (**Wohnsitzprinzip**). Wegen der hohen Bedeutung des Lohnsteueraufkommens an den Gesamteinnahmen wird diese Regelung insbesondere in Bezug auf Länder kritisiert, zwischen denen nennenswerte Pendlersalden bestehen (Scherf, 2000; Feld et al., 2013; Münzenmaier und Weiß, 2014a).

Der steuerkraftbezogene Finanzausgleich

597. Der eigentliche Finanzausgleich ist vergleichsweise kompliziert in mehreren Schritten geregelt. Er beginnt bereits auf der zweiten Stufe des Finanzaus-

gleichssystems mit dem Umsatzsteuervorausgleich und setzt sich auf der dritten und vierten Stufe fort. Hierbei werden insgesamt etwa 19 Mrd Euro zwischen den Ländern sowie zwischen dem Bund und den Ländern umverteilt, wobei lediglich 8,5 Mrd Euro auf die dritte Stufe, den LFA i.e.S., entfallen. Auf all diesen Stufen gilt derselbe **Grundmechanismus**. Für jedes Land werden die tatsächlichen Einnahmen (**Finanzkraftmesszahl**) mit den hypothetischen Einnahmen verglichen, die sich bei einer einheitlichen Verteilung der Einnahmen je Einwohner ergeben würden (**Ausgleichsmesszahl**). Die Differenz wird bei unterdurchschnittlichem Einnahmeniveau anteilig ausgeglichen. Die Ausgleichszuweisungen werden entweder aus dem Umsatzsteueraufkommen (beim Umsatzsteuervorausgleich), durch Abschöpfung bei den Ländern mit überdurchschnittlicher Finanzkraft je Einwohner (beim LFA i.e.S.) oder durch Bundesmittel (bei den allgemeinen BEZ) finanziert.

Die Finanzkraftmesszahl unter Berücksichtigung der Ausgleichszuweisungen der vorangegangenen Stufe gilt jeweils als **Ausgangsgröße** für die nächste Stufe. Dadurch wird vom Grundsatz her erreicht, dass es innerhalb dieses mehrstufigen Ausgleichssystems nicht zu einer Überkompensation einer Finanzschwäche oder zu Rangfolgeverschiebungen kommt.

598. Von diesem Grundmechanismus wird gleichwohl wiederholt abgewichen, sodass die Einnahmen je nach Stufe unterschiedlichen Abgrenzungen unterliegen. Zudem ersetzt die Steuerkraft (fiktive Einnahmen unter Verwendung des bundesweit durchschnittlichen Steuersatzes) die tatsächlichen Einnahmen, sofern **unterschiedliche Steuersätze** zwischen Ländern oder Gemeinden gelten (Grundsteuern, Gewerbesteuer, Grunderwerbsteuer). Dadurch wird sichergestellt, dass durch eine Steuersatzerhöhung bewirkte Mehreinnahmen beim betroffenen Land verbleiben und über Absenkungen des Steuersatzes keine Ansprüche auf Ausgleichszuweisungen entstehen.

599. Schädlich sind dagegen ergänzende **Sondervorschriften**, die zu der zu Recht kritisierten Komplexität des Ausgleichsverfahrens führen. ⬐ KASTEN 28 Beispielsweise zählen Einwohner von Stadtstaaten und dünnbesiedelten Ländern bei den Berechnungen mehr. Durch diese sogenannte Einwohnerveredelung vermindert sich die Ausgangsgröße – die Einnahmen je Einwohner – und die betroffenen Länder erhalten mehr Geld. Ziel der Einwohnerwertung ist es, die höheren Bedarfe dichtbesiedelter Stadtstaaten oder dünnbesiedelter Länder zu berücksichtigen. Solche können beispielsweise in höheren Kosten zur Erstellung öffentlicher Leistungen (Stadtstaaten) oder einem umfangreicheren Leistungsbedarf je Einwohner (dünnbesiedelte Länder) bestehen. Für beides kann man das Verkehrswesen zur Illustration heranziehen, das je Einwohner in dünnbesiedelten Ländern besonders umfangreich sein muss und dessen Kosten in Stadtstaaten wegen der hohen Bodenwerte besonders hoch sein dürften.

Einige Ausnahmen des Länderfinanzausgleichs gelten zudem nur auf bestimmten Stufen des Ausgleichsverfahrens. Die Definition der Finanzkraft wird somit zwischen den Ausgleichsstufen geändert. Durch diese Durchbrechung des Grundmechanismus treten letztlich doch teilweise **Rangfolgeverschiebungen** auf.

Im Jahr 2013 kam es durch den Finanzausgleich zu Verschiebungen bei der Rangfolge von Nordrhein-Westfalen, Niedersachsen, Rheinland-Pfalz und Schleswig-Holstein. Nordrhein-Westfalen und Rheinland-Pfalz haben ohne Ausgleich eine höhere Finanzkraft je Einwohner und werden durch den Umsatzsteuervorausgleich stärker belastet. Die Gemeindesteuern und Förderabgaben werden beim Umsatzsteuervorausgleich nicht berücksichtigt. Da Niedersachsen und Schleswig-Holstein hohe Einnahmen aus Förderabgaben erzielen, haben sie einen Vorteil aus deren „verspäteter" Berücksichtigung. Ihre Finanzkraft übersteigt deshalb nach allen Ausgleichsstufen diejenige von Rheinland-Pfalz. Niedersachsen übertrifft dann sogar Nordrhein-Westfalen.

600. Historisch betrachtet wurde der **Umsatzsteuervorausgleich** in der großen Finanzreform im Jahr 1969 zur Ergänzung des LFA i.e.S. eingeführt. Im Jahr 1993 verzichtete der Bund auf sieben Umsatzsteuerpunkte, um eine Einbeziehung der Neuen Länder in das Finanzausgleichssystem mithilfe des Umsatzsteuervorausgleichs sicherzustellen. Seine Ausgestaltung lässt es nicht zu, die Nettoposition eines Landes unmittelbar zu erkennen. Länder, die keine Ergänzungsanteile erhalten, und solche, die geringe Ergänzungsanteile beziehen, werden gegenüber einer reinen Verteilung des Aufkommens nach Einwohnern schlechter gestellt. Dies schwächt ihre Ausgangssituation auf der nächste Stufe (LFA i.e.S.). Im Ergebnis sind also einige Länder Nettozahler beim Umsatzsteuervorausgleich und zugleich Nettoempfänger beim LFA i.e.S. und erhalten außerdem noch allgemeine BEZ.

Eine solche **gemischte Zahler-Empfänger-Situation** wiesen im Jahr 2013 immerhin sechs Länder auf (Nordrhein-Westfalen, Niedersachsen, Rheinland-Pfalz, Schleswig-Holstein, Berlin und Hamburg). Daneben gibt es drei „reine" Geberländer (Baden-Württemberg, Bayern und Hessen) und sieben „reine" Empfänger-Länder (die fünf Neuen Länder sowie Bremen und das Saarland). Besonders hervorzuheben ist die Rolle von Nordrhein-Westfalen, das im Jahr 2013 im LFA i.e.S. zwar Nehmerland war und außerdem allgemeine BEZ erhielt, jedoch letztlich Nettozahlungen von knapp 2 Mrd Euro geleistet hatte. Insgesamt erhöht sich unter Einbezug des Umsatzsteuervorausgleichs die Anzahl der Geberländer um die Länder Hamburg und Nordrhein-Westfalen auf insgesamt fünf. Diese Besonderheit veranschaulicht die fehlende Konsistenz und Transparenz des derzeitigen Finanzausgleichs.

↘ KASTEN 28

Ausnahmen und Sonderregelungen im Finanzausgleich

Deckelung des Umsatzsteuervorausgleichs

Die Länder, deren Einnahmen (ohne Umsatzsteuer und ohne Gemeindesteuern sowie ohne Förderabgaben) je Einwohner unter dem Durchschnitt liegen, erhalten bei der Umsatzsteuerverteilung „Ergänzungsanteile". Sie bemessen sich auf 60 % bis 95 % des Abstandes der tatsächlichen Einnahmen zu denjenigen bei einer hypothetischen Gleichverteilung je Einwohner. Der nach den Ergänzungsanteilen verbleibende Rest des den Ländern zustehenden Umsatzsteueraufkommens wird nach Einwohnern auf die Länder verteilt. Die Summe der Ergänzungsanteile ist jedoch auf 25 % des Länderanteils an der Umsatzsteuer begrenzt. Um ein Überschreiten der 25 %-Grenze zu verhindern, werden die durch den Tarif ermittelten Ergänzungsanteile gegebenenfalls proportional gekürzt. Im Jahr 2013 war das Umsatzsteueraufkommen so hoch, dass der Anteil der Ergänzungsanteile bedeutend geringer ausfiel als dieser Schwellenwert (ca. 13 %). Die Deckelung ist derzeit also nicht relevant.

<u>Berücksichtigung der Gemeindesteuern</u>

Die im Länderfinanzausgleich einbezogenen Gemeindesteuern (Gewerbe- und Grundsteuern, Anteile an der Einkommen- und Umsatzsteuer) fließen nur zu 64 % in den Länderfinanzausgleich ein. Sie werden auf der zweiten Stufe (Umsatzsteuervorausgleich) nicht berücksichtigt. Die sonstigen Gemeindesteuern (Hundesteuer, Zweitwohnsitzsteuer etc.) bleiben gänzlich außen vor.

<u>Einwohnerveredelung</u>

Für die Stadtstaaten wird im Rahmen des LFA i.e.S. eine Höherwertung der Einwohnerzahlen um 35 % vorgenommen, die sich auf die Landes- und die Gemeindesteuern bezieht. Beim Ausgleich der Gemeindesteuern erhalten drei dünnbesiedelte Flächenländer (Mecklenburg-Vorpommern, Brandenburg, Sachsen-Anhalt) ebenfalls eine Höherwertung ihrer Einwohner (5 %, 3 % beziehungsweise 2 %). Diese gilt jedoch nicht bei den Landessteuern. Die Einwohnerhöherwertungen sind Teil des LFA i.e.S., nicht aber der Umsatzsteuerverteilung und des Umsatzsteuervorausgleichs. Insgesamt gibt es damit drei verschiedene Einwohnerzahlen für die Bemessung der Ausgleichszahlungen.

<u>Kürzung bei überproportionalem Zuwachs der Steuerkraft („Prämienmodell")</u>

Die Länder, deren Landessteuern im Vergleich zum Vorjahr überproportional wachsen, dürfen ihre Einnahmen in geringem Umfang fiktiv kürzen, wodurch höhere Ausgleichszuweisungen (für ein Nehmerland) oder geringere Ausgleichsbeiträge (für ein Geberland) resultieren. Die Kürzung beläuft sich auf 12 % des überproportionalen Zuwachses. Erzielt ein Land etwa einen Zuwachs der Einnahmen je Einwohner in Höhe von 10 %, die Ländergesamtheit jedoch nur einen Zuwachs je Einwohner von 6 %, dann wird für die weiteren Schritte des Ausgleichs unterstellt, dass die Steuereinnahmen dieses Landes nicht um 4 Prozentpunkte, sondern um 3,52 Prozentpunkte (=4 x (1,00-0,12)) höher sind als im Durchschnitt. Die fiktiven Einnahmen, die im weiteren Ausgleich berücksichtigt werden, gehen daher von einer Wachstumsrate der Einnahmen je Einwohner in Höhe von 9,52 % aus.

<u>Beschränkung der Abschöpfung bei den Geberländern auf 72,5 %</u>

Der LFA i.e.S. verwendet zur Bestimmung der Abschöpfung und der Ausgleichszuweisungen denselben Tarif. Eine Abweichung der tatsächlichen Finanzkraft von der hypothetischen, die sich bei einheitlicher Verteilung je Einwohner zwischen den Ländern ergäbe, wird mit ansteigenden Sätzen zwischen 44 % und 75 % abgeschöpft oder ausgeglichen. Die nach dem Tarif bestimmten Zuweisungen und Beiträge der Länder auf der dritten Stufe (LFA i.e.S.) summieren sich allerdings regelmäßig nicht auf Null. Daher werden die tariflichen Beiträge der Geberländer anschließend noch proportional erhöht oder gemindert, um Betragsgleichheit zwischen Zuweisungen und Beiträgen zu erreichen. Hierbei sind die Zuweisungen jedes Geberlandes jedoch auf 72,5 % der überdurchschnittlichen Finanzkraft begrenzt. Im Jahr 2013 kam es zu proportionalen Kürzungen der tariflichen Beiträge der Geberländer, sodass die Begrenzung nicht griff. Tatsächlich lagen die Zahlungen der Geberländer nur bei 61 % bis 64 % ihrer überproportionalen Finanzkraft und somit merklich unter der Grenze von 72,5 %. Sollte die Begrenzung greifen, wird der fehlende Betrag hälftig von den anderen Geberländern und hälftig von den Nehmerländern durch proportionale Anpassung der Zahlungen beziehungsweise Zuweisungen erbracht.

Umverteilungsgrad und Anreizwirkungen

601. Um den Umverteilungsgrad des derzeitigen Finanzausgleichs zu diskutieren, muss zunächst zwischen Finanzkraft in Definition des Finanzausgleichsgesetzes (FAG) und dem tatsächlichen, umfassend definierten Einnahmeniveau unterschieden werden. Die Differenzen zwischen beiden Definitionen liegen in den vielen Ausnahmen und Sonderregelungen, und der Ausgleichsgrad divergiert erheblich zwischen den beiden Definitionen. So wird die **Finanzkraft in Definition des FAG** – trotz erheblicher Unterschiede vor dem Finanzausgleich – über die drei Stufen des steuerkraftbezogenen Finanzausgleichs hinweg beinahe vollständig ausgeglichen. Nur den drei finanzstarken Ländern Bayern, Baden-Württemberg und Hessen verbleibt noch eine erkennbar höhere Finanzkraft. Demgegenüber unterscheiden sich die **Einnahmen je Einwohner** nach allen Ausgleichsstufen sehr viel stärker. ↘ ABBILDUNG 78 Dafür sind die vielfältigen Ausnahmen und Sonderregelungen verantwortlich. ↘ KASTEN 28 Insbesondere die **Stadtstaaten** werden von der Einwohnerveredelung begünstigt.

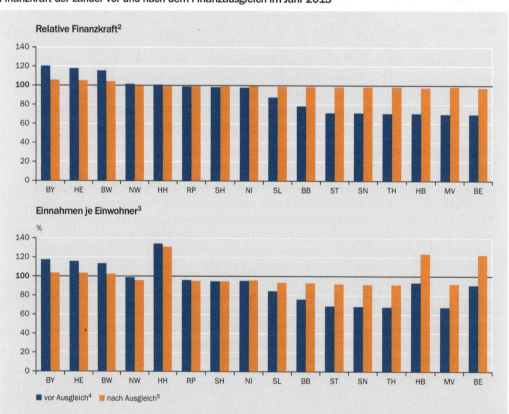

↘ ABBILDUNG 78
Finanzkraft der Länder vor und nach dem Finanzausgleich im Jahr 2013¹

1 – Eigene Berechnungen. BY - Bayern, HE - Hessen, BW - Baden-Württemberg, NW - Nordrhein-Westfalen, HH - Hamburg, RP - Rheinland-Pfalz, SH - Schleswig-Holstein, NI - Niedersachsen, SL - Saarland, BB - Brandenburg, ST - Sachsen-Anhalt, SN - Sachsen, TH - Thüringen, HB - Bremen, MV - Mecklenburg-Vorpommern und BE - Berlin. 2 – Finanzkraftmesszahl in Relation zur Ausgleichsmesszahl, multipliziert mit 100. 3 – Korrigiert um unterschiedliche Steuersätze bei der Grunderwerbsteuer und den Gemeindesteuern; in Relation zu den steuersatzbereinigten Einnahmen je Einwohner der Ländergesamtheit. 4 – Verteilung des Umsatzsteueranteils nur nach Einwohnern. 5 – Mit allgemeinen Bundesergänzungszuweisungen, ohne Sonderbedarfs-Bundesergänzungszuweisungen.

Quelle für Grundzahlen: BMF

SVR-14-341

602. Insgesamt zeigt sich ein hoher Umverteilungsgrad. Die davon ausgehenden Anreizprobleme lassen sich anhand von **Grenzabschöpfungsquoten** verdeutlichen. Solche Quoten geben an, welcher Anteil von Steuermehreinnahmen unter sonst gleichen Bedingungen nicht im eigenen Land verbleibt, sondern anderen Ländern und dem Bund zufließt. In der Literatur finden sich oftmals Grenzabschöpfungsquoten für die unterschiedlichen Steuern (Ragnitz, 2013). Betrachtet man die Grenzabschöpfungsquote für eine marginale Erhöhung der Einnahmen des jeweiligen Landes (und seiner Gemeinden) bei der für dieses Land aktuell gegebenen Steuerstruktur, beispielsweise um 0,1 %, so bestätigt sich die Vermutung sehr hoher Werte. ↘ ABBILDUNG 79

603. Im Ergebnis treten **erhebliche Anreizprobleme** auf (Homburg, 1994; Goodspeed, 2002). Dies gilt insbesondere für die Nehmerländer, da diese die höchsten Abschöpfungsquoten von nahezu 90 % aufweisen. Durch Stärkung der eigenen Wirtschaft und damit der eigenen Steuerkraft ist es einem Land kaum möglich, seine Finanzausstattung nennenswert zu verbessern. Dadurch sinken

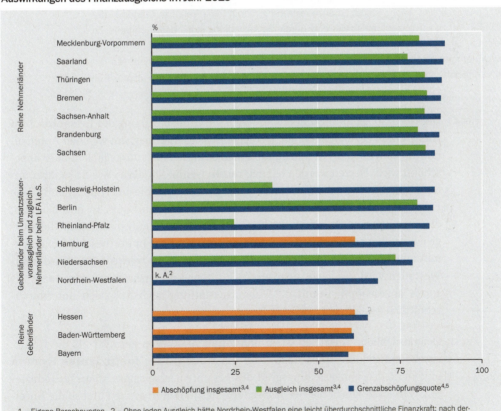

↘ ABBILDUNG 79
Auswirkungen des Finanzausgleichs im Jahr 2013¹

1 – Eigene Berechnungen. 2 – Ohne jeden Ausgleich hätte Nordrhein-Westfalen eine leicht überdurchschnittliche Finanzkraft; nach derzeitigem Ausgleich ist Nordrhein-Westfalen unterdurchschnittlich finanzkräftig. Der hier auszuweisende Wert übersteigt rechnerisch 100 % und die Angabe ist nicht sinnvoll. 3 – Als Bezugsgröße werden die Ausgleichs- und Finanzkraftmesszahlen gewählt, die abweichend von den Definitionen des Finanzausgleichsgesetzes die Gemeindesteuern vollständig einbeziehen. Der Abstand zur Ausgleichsmesszahl wird für die Finanzkraft ohne jeden Ausgleich und für die tatsächliche Einnahmesituation bestimmt. Daraus ergibt sich, wie stark der Finanzausgleich die Finanzkraftmesszahl an die Ausgleichsmesszahl annähert. Für die Finanzkraft ohne Ausgleich wurde das Umsatzsteueraufkommen ausschließlich nach Einwohnern verteilt. 4 – Auf die Anwendung des Prämienmodells (§ 7 Abs. 3 FAG) wurde verzichtet. 5 – Grenzabschöpfungsquoten wurden durch marginale, proportionale Erhöhung des landesspezifischen Steuermix bestimmt. Die Anteile des Bundes an den Gemeinschaftssteuern werden nicht als Abschöpfung aufgefasst. Das Umsatzsteueraufkommen des Landes wird dabei durch seine Einwohnerzahl bestimmt.

Quelle für Grundzahlen: BMF

die Anreize, die wirtschaftliche Leistungsfähigkeit zu steigern. Letztlich dürfte sich dies negativ auf das Wirtschaftswachstum auswirken (Baskaran et al., 2014a). In der Tat lässt sich für die Länder feststellen, dass der Finanzausgleich den Strukturwandel verzögert hat, woraus niedrigere Wachstumsraten resultieren (Feld et al., 2012; Baskaran et al., 2014b). Die Länder haben zudem kaum Anreize, für eine effektive Steuerverwaltung zu sorgen (Baretti et al., 2002; Bönke et al., 2013). Schließlich hat der Finanzausgleich ungünstige Wirkungen auf die Verschuldungsneigung der Länder (Rodden, 2006).

In der jüngsten Debatte kam es teilweise zu Verwirrungen. So stellen Lenk (2014), Korioth (2014) und Geske (2014) die Größenordnung der Abschöpfungsquoten in Frage. Sie vergleichen die Mehreinnahmen der Geberländer mit der Veränderung der Ausgleichszahlungen von einem Jahr auf das andere. Aus diesem Vergleich ergeben sich nur sehr kleine „Abschöpfungsquoten". Diese sind jedoch für die Anreizwirkungen ohne jede Bedeutung. Sie werden vielmehr von der Entwicklung der anderen Länder im selben Zeitraum geprägt. In Jahren, in denen das Steueraufkommen der Ländergesamtheit wächst, ist zu erwarten und beinahe zwingend, dass die Mehreinnahmen der Geberländer zu relativ hohen Teilen bei ihnen verbleiben, denn die Nehmerländer werden ebenfalls Mehreinnahmen erzielen. Bei der Frage nach den Anreizen des Länderfinanzausgleichs geht es aber darum, inwieweit es einem Land gelingen kann, seine Finanzausstattung durch eine relative Stärkung der Wirtschaftskraft zu verbessern, beispielsweise durch die Ansiedlung eines Unternehmens. Zu vergleichen ist daher die Situation innerhalb eines Referenzjahres, wobei einzig die Steuereinnahmen eines bestimmten Landes entweder hoch oder niedrig ausfallen. Nur ein solcher Vergleich liefert aussagekräftige Ergebnisse im Hinblick auf die Anreizwirkungen.

604. Der Grenzabschöpfungsquote kann man die Größenordnung des **tatsächlichen Ausgleichs** gegenüberstellen, also eine Aussage darüber, um welchen Anteil eine vom Durchschnitt abweichende Finanzkraft letztlich ausgeglichen oder abgeschöpft wird. Derzeit werden bei den reinen Nehmerländern etwa 80 % ihrer unterdurchschnittlichen Finanzkraft ausgeglichen und die überdurchschnittliche Finanzkraft der Geberländer wird zu etwa 60 % abgeschöpft. In den Ländern, die eine nah am Durchschnitt liegende Finanzkraft aufweisen, sind die Ausgleichsquoten sehr heterogen. ⊿ ABBILDUNG 79 Dies liegt in der beschriebenen gemischten Zahler-Empfänger-Situation begründet. ⊿ ZIFFER 600 In Nordrhein-Westfalen wird die leicht überdurchschnittliche Finanzkraft sogar zu mehr als 100 % abgeschöpft, womit die Finanzausstattung nach Ausgleich unterdurchschnittlich ausfällt.

605. Der tatsächliche Ausgleich ist in nahezu allen Ländern geringer als die Grenzabschöpfungsquote. Dies deutet auf ein **hochgradig ineffizientes System** hin. Ohne den Umverteilungsgrad des gesamten Ausgleichssystems zu reduzieren, wäre es möglich, die Grenzabschöpfungsquoten zu senken und so die Anreize zur Stärkung der eigenen Wirtschaftskraft zu erhöhen. Selbst bei einem linearen Tarif, der eine überdurchschnittliche Finanzkraft eines Landes mit derselben Quote abschöpft, mit der er eine unterdurchschnittliche Finanzkraft ausgleicht, wären Grenz- und Durchschnittsbelastung identisch. Würden strukturelle Ursachen von geringer Finanzkraft über pauschale Ausgleichszuweisungen berücksichtigt, ließen sich die Grenzabschöpfungsquoten sogar unter die tatsächlichen Ausgleichsquoten senken.

606. Der hohe Ausgleichsgrad des derzeitigen Systems zeigt sich spiegelbildlich in den hohen **Zahlungsströmen** zwischen den Ländern. ↘ ABBILDUNG 80 Die Nettozahlungen werden nahezu vollständig von vier Ländern getragen: Bayern, Baden-Württemberg, Hessen und Nordrhein-Westfalen. Auf der Empfängerseite stehen insbesondere die Neuen Länder und Berlin. Je Einwohner betrachtet fließen nennenswerte Beträge außerdem nach Bremen und in das Saarland. Auffällig ist, dass die Neuen Länder ihre Zuweisungen vorwiegend über den Umsatzsteuervorausgleich erhalten, während die Stadtstaaten primär über den LFA i.e.S. begünstigt werden. Dies liegt daran, dass die höhere Einwohnerwertung der Stadtstaaten bei der Umsatzsteuerverteilung und dem Umsatzsteuervorausgleich keine Anwendung findet, sondern erst auf den folgenden Stufen.
↘ KASTEN 28

607. Nach wie vor wird der Finanzausgleich von den **Zahlungen an die Neuen Länder** dominiert. Sie erhalten 66 % der insgesamt geleisteten Nettozahlungen. Diese Transfers machen bei ihnen mehr als 25 % der Einnahmen aus, ohne dass hierbei die zusätzlich vom Bund gezahlten Sonderbedarfs-BEZ für teilungsbedingte Lasten berücksichtigt sind. Der Ost-West-Unterschied im Pro-Kopf-Einkommen wird wohl auf absehbare Zeit erhalten bleiben. Eine zentrale Frage

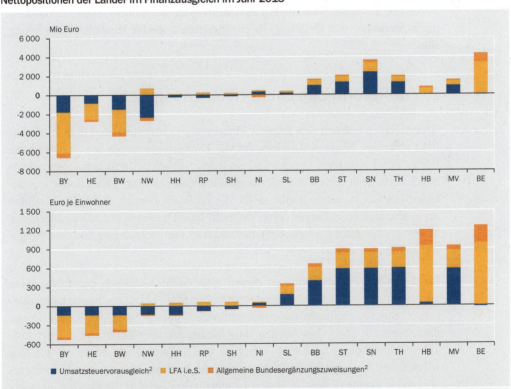

↘ ABBILDUNG 80
Nettopositionen der Länder im Finanzausgleich im Jahr 2013[1]

1 – Eigene Berechnungen. BY - Bayern, HE - Hessen, BW - Baden-Württemberg, NW - Nordrhein-Westfalen, HH - Hamburg, RP - Rheinland-Pfalz, SH - Schleswig-Holstein, NI - Niedersachsen, SL - Saarland, BB - Brandenburg, ST - Sachsen-Anhalt, SN - Sachsen, TH - Thüringen, HB - Bremen, MV - Mecklenburg-Vorpommern und BE - Berlin. 2 – Die Nettopositionen beim Umsatzsteuervorausgleich und bei den allgemeinen Bundesergänzungszuweisungen werden jeweils gegenüber einer einheitlichen Verteilung der jeweiligen Mittel nach Einwohnern bestimmt, so addieren sich die Nettopositionen zu Null auf. Länder, die keine allgemeinen Bundesergänzungszuweisungen erhalten, weisen daher eine negative Nettoposition auf, obwohl die Zahlungen nicht von ihnen, sondern vom Bund geleistet werden.

Quelle für Grundzahlen: BMF

bei der Neuordnung der Bund-Länder-Finanzbeziehungen wird daher sein, wer zukünftig zu welchem Anteil die Zahlungen an die Neuen Länder leistet.

608. Die hohen Zahlungen an Berlin und Bremen sind auf die Einwohnerveredelung für die **Stadtstaaten** zurückzuführen. Diese wird seit Längerem kritisiert (JG 2001 Anhang IV; Feld et al., 2013). Sie erscheint zu hoch, zu pauschal, und sie ist unsystematisch in den Finanzausgleich einbezogen. So lässt sich zeigen, dass die Höherwertung um 35 % für die Stadtstaaten zu großzügig ist (Seitz, 2006). Im Zuge der Übernahme von Soziallasten durch den Bund ist die Privilegierung der Stadtstaaten immer weniger gerechtfertigt. Außerdem ist es nicht plausibel, dass alle Stadtstaaten denselben Mehrbedarf haben. Schließlich ist ihre Begünstigung nicht nur durch den Faktor der Höherwertung beeinflusst, sondern auch durch die Steuerstruktur. Verschiebt sich etwa der Anteil des Umsatzsteueraufkommens am Gesamtaufkommen, verändert sich die Größenordnung, in welcher Stadtstaaten begünstigt werden. Dies ist weder nachvollziehbar noch erscheint es beabsichtigt.

Die Auswirkungen einer Abschaffung wären aber erheblich. Trotz ihres geringen Bevölkerungsanteils erhalten die Stadtstaaten knapp 30 % aller Nettozuweisungen des Länderfinanzausgleichs (4,7 Mrd Euro). Ohne Einwohnerveredelung würden diese Zuweisungen entfallen. Wegen der hohen Finanzkraft Hamburgs wären die Stadtstaaten dann sogar insgesamt Nettozahler in Höhe von 0,6 Mrd Euro. Die Differenz von über 5 Mrd Euro oder 20 % ihrer Steuereinnahmen macht deutlich, wie abhängig die Stadtstaaten von der Einwohnerveredelung sind.

2. Zur Reform des Länderfinanzausgleichs

609. Grundsätzlich müssen sich föderale Finanzausgleichssysteme mit dem **Zielkonflikt** zwischen höheren Anreizen für die Landesregierungen zur Stärkung der Wirtschaft des eigenen Landes und einer frei von wirtschaftlichen Leistungsunterschieden gesicherten angemessenen Finanzausstattung aller Länder auseinandersetzen. Ökonomisch gibt es für die optimale Lösung dieses Zielkonflikts keine abschließende Begründung. Vielmehr handelt es sich um Abwägungen, die in Verhandlungen zwischen wirtschaftsstarken und -schwachen Ländern festgelegt werden müssen.

Im deutschen Föderalismus ist dieser Zielkonflikt historisch besonders stark ausgeprägt. Zum einen sprechen das Ausgabenprofil und die sehr stark divergierenden Steuereinnahmen für einen tendenziell hohen Ausgleich. Zum anderen darf aber nicht übersehen werden, dass die Länder über **Effizienz** in ihrer Aufgabenwahrnehmung und eine geeignete Prioritätensetzung erheblich auf ihre wirtschaftliche Entwicklung Einfluss nehmen können. Es ist daher ein schwerwiegendes Problem, dass über den Länderfinanzausgleich die Früchte einer erfolgreichen Wirtschaftspolitik überwiegend anderen Ländern und dem Bund zufallen. Dies hat ungünstige Auswirkungen auf den Strukturwandel und hat in der Vergangenheit vor allem zu strukturerhaltenden Maßnahmen geführt (Feld et al., 2012; Baskaran et al., 2014b).

610. Mit der Föderalismusreform I aus dem Jahr 2006 sind neue Kompetenzen, wie etwa die eigenständige Regelungskompetenz für die Beamtenbesoldung, auf die Länder übergegangen. Zudem hat der Bund in den vergangenen Jahren die Finanzierung bundesweit einheitlicher Sozialleistungen von den Ländern und Gemeinden übernommen und weitere Kostenübernahmen in Aussicht gestellt. Diese Reformen geben den Ländern erheblich **mehr Unabhängigkeit in ihrer Ausgabengestaltung**. Dies entlastet die finanzschwachen Länder und besonders die Stadtstaaten. Es wäre sinnvoll gewesen, sich im Gegenzug auf eine gewisse Reduktion des Umverteilungsgrads und eine Stärkung der Anreize zu einigen. Der Finanzausgleich blieb bislang jedoch unberührt, denn dessen letzte Reform wurde im Jahr 2001 verabschiedet. Außerdem ist es bereits damals nicht gelungen, die Anreizprobleme nennenswert zu lindern (JG 2001 Ziffer 368; Fehr und Tröger, 2003). Mit der nun anstehenden Reform besteht eine neue Chance, eine aktivierende Finanzverfassung an die Stelle der heutigen zu stellen.

Im Mittelpunkt einer solchen Reform sollte eine **Reduktion der hohen Abschöpfungsquoten** stehen, ohne zwingend den Umverteilungsgrad zu reduzieren. Dies lässt sich durch eine Kombination folgender Elemente umsetzen: (i) eines einfachen, umfassenden Ausgleichsmechanismus mit geringeren Abschöpfungsquoten und (ii) kompensierender Zahlungen des Bundes an die Neuen Länder und die Stadtstaaten außerhalb des Ausgleichssystems. Flankieren ließe sich dies durch eine anreizkompatible Reform der Steuerverteilung und die Übertragung bundesweit einheitlicher sozialer Geldleistungen auf den Bund. Ohne die Verteilungssituation zwischen Geber- und Nehmerländern maßgeblich zu verändern, wäre es so möglich, die Abschöpfungsquoten im Mittel um mehr als zehn Prozentpunkte zu senken. ↘ ANHANG Ein Altschuldentilgungsfonds ist aus ordnungspolitischen Gründen abzulehnen. Eine Fortsetzung der an Auflagen gebundenen Konsolidierungshilfen wäre besser geeignet, Länder in finanziellen Schieflagen zu unterstützen.

Reform des Ausgleichsmechanismus

611. Angesichts der vielen Probleme des derzeitigen Systems und seiner hohen Komplexität muss eine Reform des Ausgleichsmechanismus umfassend sein. Hierbei sind **zwei Wege** denkbar und gleichermaßen geeignet: Zum einen könnte man beim jetzigen System des Einnahmeausgleichs bleiben, diesen aber umfassend verändern. Zum anderen könnte man einen Wechsel zu einem völlig anderen Ausgleichssystem vornehmen.

612. Bleibt man im Rahmen des **derzeitigen Systems**, sollte die Reform den folgenden Anforderungen genügen:

- **Ausnahmen** und Sonderregelungen sollten abgeschafft werden. Die Ausnahmen erhöhen die Abschöpfungsquoten künstlich und verursachen mitunter Rangfolgeverschiebungen sowie nicht nachvollziehbare Belastungswirkungen. ↘ ZIFFER 599

- Alle **Einnahmen** sollten **gleichermaßen und vollständig** in den Finanzausgleich einbezogen werden. Dies betrifft insbesondere die Gemeindesteuern, die derzeit nur zu 64 % in den Finanzausgleich einfließen. Durch einen umfassenden Einbezug der Einnahmen lassen sich geringere Abschöpfungsquoten erreichen.

- Die **Einwohnerveredelung** sollte gänzlich abgeschafft werden. Derzeit kommen gleich drei unterschiedliche Einwohnergewichtungen zur Anwendung (bei Umsatzsteuervorausgleich, Landessteuern und Gemeindesteuern). Es ergibt keinen Sinn, bei der Umsatzsteuerverteilung und dem Umsatzsteuervorausgleich die tatsächlichen Einwohnerzahlen heranzuziehen, im weiteren Verlauf des Finanzausgleichs jedoch von – auf zweierlei Art – veredelten Einwohnerzahlen auszugehen. Es gibt bessere Alternativen zur Berücksichtigung möglicher Mehrbedarfe der Stadtstaaten. ↘ ZIFFER 619

- Der **Umsatzsteuervorausgleich** und die allgemeinen BEZ können entfallen. Durch diese Umgestaltung und Vereinfachung entfiele die Notwendigkeit des dreistufigen steuerkraftbezogenen Ausgleichssystems.

- Es sollte ein einfacher **linearer Ausgleichstarif** angewendet werden. Gegenüber den derzeitigen Tarifen, die mit zunehmendem Abstand der Finanzkraft vom Durchschnitt ansteigen, ist ein linearer Tarif anreizfreundlicher.

613. Von verschiedenen Seiten wird der Übergang zu einem **gänzlich neuen System** als Alternative gesehen. Eine Beseitigung der Defizite stellt sich in der Tat als ein solch umfangreiches Unterfangen dar, sodass dieser Schritt attraktiv erscheint. Unter anderem wurde in der Literatur angeregt, die Zuordnung der Steuereinnahmen zu den einzelnen Ländern aufzugeben und stattdessen eine schlüsselorientierte Verteilung des Aufkommens der Ländergesamtheit auf die einzelnen Länder vorzunehmen (Ragnitz, 2014a; ähnlich Fuest und Thöne, 2009). Als ein Schlüssel innerhalb eines solchen „**Steuerverbundes**" würde sich in Anlehnung an derzeitige Regelungen die Einwohnerzahl der Länder anbieten. Ergänzt werden könnte dies durch eine anteilige Zuordnung entsprechend der Wirtschaftskraft der Länder, wobei hier die Bruttoinlandsprodukte verwendet werden könnten. Mit einem solchen Reformschritt würden die Probleme der Steuerverteilung obsolet. Es wäre insbesondere nicht mehr zu entscheiden, ob das Lohnsteueraufkommen nach dem Wohnsitz- oder Betriebsstättenprinzip zerlegt wird. Außerdem würde die Möglichkeit einer Bundessteuerverwaltung eröffnet.

Es kann aber bezweifelt werden, dass die Bruttoinlandsprodukte der Länder eine hinreichende Datenqualität haben. Die Volkswirtschaftlichen Gesamtrechnungen unterliegen zudem regelmäßigen Revisionen, sodass sich die Frage nach der Rückwirkung bei nachträglichen Änderungen des Verteilungsschlüssels stellt (Halder et al., 2013). Letztlich würden die Länder bei einem solchen Reformschritt Eigenständigkeit aufgeben. Sie wären finanziell vollständig von Zuweisungen abhängig und hätten keine „eigenen" Steuereinnahmen mehr. Dieser Reformvorschlag dürfte kaum mit der grundgesetzlich gewährten Haushaltsautonomie der Länder vereinbar sein.

614. Eine vielversprechende Radikalreform stellt der Übergang zu einem **ressourcenorientierten Finanzausgleich** dar (JG 2004 Ziffern 799 ff.; Wiegard, 2006; Kitterer und Plachta, 2008; Feld et al., 2013). Die horizontalen Ausgleichszahlungen wären nicht länger am Verhältnis von Finanzkraft- und Aus-

gleichsmesszahl orientiert, sondern würden anhand von sogenannten „Steuerressourcen" je Einwohner bestimmt. Die Steuerressourcen sollten dabei die Möglichkeit der Länder zur Einnahmeerzielung abbilden, also die Basis, von der die Steuern erhoben werden können. Möglich wäre wiederum, das Bruttoinlandsprodukt je Einwohner als Maß für die Steuerressourcen zu wählen und damit zur Bemessung der Ausgleichszahlungen heranzuziehen. Die Probleme der Datenqualität träten dann ebenso auf wie beim vertikalen Verbundsystem.

Die horizontalen Finanzströme würden sich bei Ländern mit überdurchschnittlichem Bruttoinlandsprodukt je Einwohner auf einen Bruchteil der überdurchschnittlichen Wirtschaftsleistung bemessen und umgekehrt erhielten wirtschaftsschwache Länder Zuweisungen, die durch ihren Rückstand der Wirtschaftskraft zum Länderdurchschnitt bestimmt sind. Mögliche Anreizprobleme bei der Steuerverwaltung entfielen vollständig.

615. Ein weiterer Vorteil eines ressourcenorientierten Ausgleichs, der über das Bruttoinlandsprodukt oder andere makroökonomische Größen (Anzahl der Erwerbstätigen, geleistete Arbeitsstunden etc.) vorgenommen würde, liegt in der Möglichkeit, in Zukunft weitere Schritte zur **Stärkung des Föderalismus** zu unternehmen. So wäre es möglich, den Ländern bei bestimmten Steuern die Gesetzgebungskompetenz oder zumindest die Kompetenz zu eigenen progressiven Tarifen zu übertragen. Die reinen Landessteuern könnten anschließend von den Landesgesetzgebern eigenständig geregelt werden, was die Definition der Bemessungsgrundlage umfassen würde. Im Rahmen des derzeitigen Finanzausgleichs wäre letztgenannter Schritt nicht möglich, da die Steuerkraft eines Landes nicht mehr über Steueraufkommen und Steuersatz bestimmt werden könnte. Der bei einheitlichen Bemessungsgrundlagen strikt gegebene Zusammenhang zwischen Steueraufkommen (gegebenenfalls um Steuersatzunterschiede bereinigt) und der tatsächlichen Steuerkraft würde nicht länger bestehen.

616. Derart weitgehende Reformen hätten den Vorzug, dass die vielfältigen Ausnahmen und Sonderregelungen, die jeweils einzelne Länder begünstigen, auf einen Schlag entfielen. Die Abschaffung von Ausnahmen wird jedoch dadurch erschwert, dass die bislang begünstigten Länder immer versuchen werden, dies zu verhindern. Das jeweils aktuelle Verteilungsergebnis stellt bei Reformen implizit immer den Referenzpunkt dar. Durch zeitlich befristete BEZ gäbe es zwar eine Möglichkeit, negative Konsequenzen für Länder abzumildern, die andernfalls nach einer Reform weniger Einnahmen zu verkraften hätten (Feld et al., 2013). Trotzdem dürften die Länder mit hoher **Zurückhaltung** auf Vorschläge reagieren, die ein vollkommen anderes System des Finanzausgleichs vorsehen. Dennoch wäre es eine vertane Chance, wenn der Finanzausgleich weitgehend unverändert bestehen bliebe.

Berücksichtigung der Neuen Länder und der Stadtstaaten

617. Neben der Reform des Ausgleichsmechanismus könnten die Abschöpfungsquoten noch weiter gesenkt werden, wenn die Zahlungen an die Neuen Länder und an die Stadtstaaten durch **vertikale Finanzströme** vorgenommen würden. Zusammen erhalten beide Ländergruppen über 90 % der Zuweisungen und prägen damit die derzeitigen Umverteilungsströme erheblich. Die Fehlanreize könnten reduziert werden, wenn die Höhe der Zuweisungen in Zukunft nicht länger derart stark negativ von den eigenen Steuereinnahmen abhinge.

618. Die Finanzkraft zwischen den **Neuen Ländern** variiert nur wenig und ihr Rückstand zum Bundesdurchschnitt hat sich in den Ländern weitgehend einheitlich entwickelt. ↘ ABBILDUNG 81 Es wäre daher sinnvoll, die durchschnittliche Differenz der Gesamtheit der Neuen Länder gegenüber dem früheren Bundesgebiet als Maßstab für Finanzzuweisungen zu verwenden. Hiermit würde ein Land

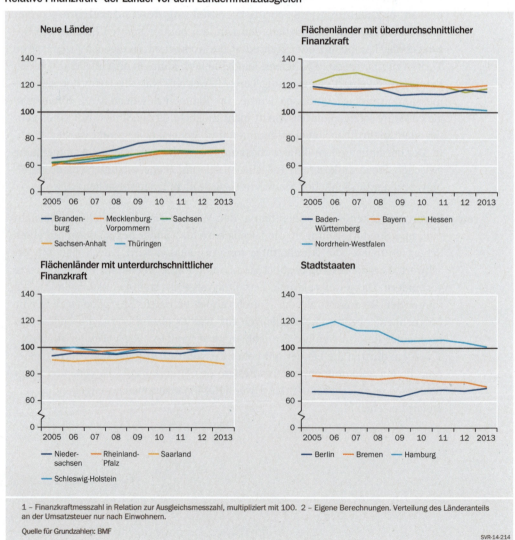

↘ ABBILDUNG 81
Relative Finanzkraft[1] der Länder vor dem Länderfinanzausgleich[2]

1 – Finanzkraftmesszahl in Relation zur Ausgleichsmesszahl, multipliziert mit 100. 2 – Eigene Berechnungen. Verteilung des Länderanteils an der Umsatzsteuer nur nach Einwohnern.
Quelle für Grundzahlen: BMF

nicht unmittelbar weniger erhalten, wenn die eigenen Einnahmen steigen. Die Anreize innerhalb der Gruppe der Neuen Länder, erfolgreicher zu sein, wären relativ hoch.

Zunächst würde der Zuweisungsbedarf der Gesamtheit der Neuen Länder auf Grundlage des **Rückstandes ihrer Finanzkraft** bestimmt. Anschließend würde dieser Betrag auf die Länder verteilt, wobei sich die Einwohnerzahl als Schlüssel anbietet. Um eine Überkompensation zu vermeiden, müssten derartige Zuweisungen beim horizontalen Ausgleich berücksichtigt werden. Es wäre sichergestellt, dass die Zahlungen bei weiter voranschreitender Konvergenz zwischen Ost und West automatisch reduziert würden. Da die Heterogenität zwischen den Neuen Ländern in Zukunft zunehmen könnte, wäre eine zeitliche Befristung dieser Regelung notwendig. Im Ergebnis würden solche Zuweisungen bei entsprechender Ausgestaltung dem aktuellen Umsatzsteuervorausgleich nahe kommen, die Anreize wären jedoch günstiger.

619. Für die **Stadtstaaten** könnte eine pauschale, jährlich mit der bundesweiten Steuerentwicklung fortgeschriebene Zuweisung je Einwohner bessere Ergebnisse liefern. Die Einwohnerveredelung könnte dann entfallen. Diese Zuweisungen sollten regelmäßig überprüft und angepasst werden. So ließe sich zudem der höhere Bedarf der Stadtstaaten auf eine **verlässliche Datengrundlage** stellen. Dabei wäre zu berücksichtigen, dass die Stadtstaaten von anderen Reformschritten begünstigt werden könnten. So erhielten sie Mehreinnahmen, wenn die Zerlegung der Lohnsteuer anteilig auf das Betriebsstättenprinzip umgestellt würde. ↘ ZIFFER 621 Außerdem wäre eine stärkere Steuerautonomie für sie vorteilhaft. ↘ ZIFFER 631

Reform der Steuerverteilung

620. Das Ziel, die Anreizprobleme des derzeitigen Finanzausgleichs zu lösen, erfordert entweder den Übergang zu einem ressourcenorientierten Ausgleichssystem, das nicht länger an den tatsächlichen Steuereinnahmen ansetzt, oder zumindest eine nennenswerte Reduktion der Abschöpfungsquoten. Bei beiden Ansätzen käme der **Steuerverteilung** zukünftig eine **größere Bedeutung** zu. Die Verteilung der Steuereinnahmen zwischen Bund und Ländern sowie zwischen den Ländern ist historisch gewachsen und im Wesentlichen im Grundgesetz geregelt. Dies hat in der Vergangenheit verhindert, dass sich sinnvolle Überlegungen zur Neuordnung durchsetzen konnten. So wurde zum Beispiel die durch die Unternehmensteuerreformen 2001 und 2008 veränderte Rolle der Kapitalertragsteuer nicht im Zerlegungsgesetz nachvollzogen. Aufgrund der annähernden Nivellierung der Einnahmeunterschiede zwischen den Ländern durch die weiteren Stufen des Finanzausgleichs wären Reformen der Steuerverteilung eher von untergeordneter Bedeutung gewesen.

621. In der Diskussion ist insbesondere die **Verteilung der Lohnsteuereinnahmen**, die derzeit ausschließlich nach dem Wohnsitzprinzip zerlegt werden. Denkbar wäre die (anteilige) Verteilung nach dem Betriebsstättenprinzip (Scherf, 2000; Feld et al., 2013). Einen Übergang zum Betriebsstättenprinzip hatte der Sachverständigenrat bereits im Vorfeld der Reform zu Beginn der

2000er-Jahre ausdrücklich unterstützt (JG 2001 Anhang IV). Zu Recht kritisieren einige Länder mit hohen positiven Einpendlersalden, dass ihnen von den Steuern der Einpendler derzeit nichts bleibt, sie jedoch die Kosten der Infrastruktur tragen müssen. Die Pendlersalden stellen außerdem eine Näherungslösung für andere positive Spillover-Effekte von Ballungsräumen auf das Umland dar. Dies dürfte insbesondere die Stadtstaaten und ihre Anrainer betreffen.

\+ Die Verteilungswirkungen eines solchen Reformschritts sind nicht einfach zu bestimmen. Teilweise wird das Lohnsteueraufkommen vor Zerlegung als Vergleichsmaßstab herangezogen. Dies erscheint angesichts der bedeutenden Rolle zentraler Lohnsteuerabführungen bei einigen Großkonzernen allerdings nicht ausreichend. Eine detaillierte Analyse zeigt die zu erwartenden qualitativen Wirkungen eines anteiligen Übergangs zum Betriebsstättenprinzip (Feld et al., 2013; Münzenmaier und Weiß, 2014b). So würden die Stadtstaaten ein erheblich höheres Aufkommen erhalten als heute. Außerdem erhielten die wirtschaftsstarken Flächenländer zusätzliche Einnahmen. Die Anrainerländer der Stadtstaaten sowie alle Neuen Länder würden hingegen Aufkommen verlieren. Quantitativ wären die Wirkungen nicht zu vernachlässigen, wenngleich ein nennenswerter Teil der Gewinne und Verluste durch die weiteren Stufen des Finanzausgleichs wieder kompensiert würde.

622. Kurios sind die Regelungen bei den Unternehmensteuern. Die **Körperschaftsteuer** und die **veranlagte Einkommensteuer** belasten jeweils Unternehmensgewinne, erstere diejenigen der Kapitalgesellschaften, letztere diejenigen der Personengesellschaften. Beide werden aber nach unterschiedlichen Maßstäben verteilt. Bei der Körperschaftsteuer sind die Betriebsstätten, bei der veranlagten Einkommensteuer die Wohnsitze der Eigentümer ausschlaggebend. Ein Rechtsformwechsel eines gewinnstarken Unternehmens mit mehreren Betriebsstätten kann sich daher erheblich auf die Verteilung der Steuereinnahmen zwischen den Ländern auswirken. Wegen des progressiven Tarifs und der Anrechnung der Gewerbesteuer auf die Einkommensteuerschuld wären bei der Zuordnung des Aufkommens der veranlagten Einkommensteuer anhand der Betriebsstätten zwar einige administrative Hürden zu überwinden. Das Aufkommen der größeren Personengesellschaften nach Betriebsstätten zu verteilen, dürfte aber möglich sein und wäre sinnvoll.

623. Die **nicht veranlagten Steuern vom Ertrag** werden derzeit nicht zerlegt. Diese Steuern belasten im Wesentlichen Ausschüttungen von Kapitalgesellschaften mit Kapitalertragsteuer in Höhe von 25 %. Ihr Aufkommen ist in den vergangenen zehn Jahren unter anderem aufgrund von Steuersatzerhöhungen stark gestiegen. Derzeit fällt das Aufkommen meist in demjenigen Land an, in welchem die ausschüttende Gesellschaft ansässig ist. Selbst bei Großkonzernen mit vielen Betriebsstätten in verschiedenen Ländern ist dies typischerweise der Ort der Konzernzentralen. Eine Zerlegung nach Betriebsstätten, mit demselben Schlüssel wie bei der Körperschaftsteuer, erscheint somit überfällig und wäre einfach umzusetzen.

Die Vergangenheit hat außerdem gezeigt, dass es zu erheblichen Aufkommensverschiebungen zwischen der Körperschaftsteuer und nicht veranlagten Steuern vom Ertrag kommen kann. Dies liegt daran, dass einbehaltene Dividendensteuern bei körperschaftsteuerpflichtigen Dividendenbeziehern regelmäßig steuerschuldmindernd angerechnet werden. Die durch die Anrechnung geminderte Körperschaftsteuer wird auf alle Länder zerlegt, in denen die Kapitalgesellschaft Betriebsstätten unterhält, während die Einnahmen der Kapitalertragsteuer nur am Ort der Konzernzentralen anfallen. Das Problem ließe sich lösen, wenn an die Stelle einer Anrechnung bei einer anderen Steuer eine **Erstattung** aus dem eigenen Aufkommen träte.

624. Schließlich könnte die vertikale **Steuerverteilung zwischen Bund und Ländern** geändert werden. Möglich wäre es, den Solidaritätszuschlag in die Einkommensteuer zu integrieren, was einer anteiligen Aufkommensübertragung an die Länder gleichkäme, oder ihn ersatzlos zu streichen. ⇘ ZIFFER 51 Als weiterer Reformschritt käme ein Verzicht des Bundes auf seine Gewerbesteuerumlage zugunsten der Länder in Betracht. Im Gegenzug wäre die Übertragung der Erbschaftsteuer auf den Bund möglich.

Die **Erbschaftsteuer** ist nach der Grunderwerbsteuer die aufkommensstärkste Landessteuer, was erhebliche Widerstände gegen eine Übertragung an den Bund erwarten lässt. Dennoch sollte dies aus folgenden Gründen erwogen werden: Die Erbschaftsteuer ist erstens hinsichtlich ihrer Funktion mindestens ebenso gut, wenn nicht sogar besser, auf der Bundesebene angesiedelt. Zweitens ist ihre Verteilung zwischen den Ländern nicht sinnvoll geregelt und teilweise zufällig. So fällt das Aufkommen bei normalen Erbfällen ausschließlich dem Wohnsitzland des Verstorbenen zu, während der Wohnort der Erben nicht von Belang ist. Der Grund für die Zuordnung ist wohl eher, dass ein Erbfall nur bei einem Finanzamt verwaltet werden soll, und weniger, dass die Einnahmen sinnvoll zwischen den Ländern verteilt werden. Bei ausländischen Erblassern mit mehreren inländischen Erben in verschiedenen Ländern hängt die Einnahmezuordnung davon ab, in welchem Land das Finanzamt belegen ist, das zuerst mit der Sache befasst wird. Dies hat mit der Wirtschafts- und Steuerkraft eines Landes nicht einmal am Rande zu tun.

Übertragung weiterer Sozialleistungen an den Bund

625. Die Übertragung von bundesweit einheitlich geregelten Sozialleistungen von den Ländern und Gemeinden an den Bund ist grundsätzlich positiv zu sehen. Denn die Länder können nur begrenzt Einfluss auf die Höhe der damit verbundenen Ausgaben nehmen. Zudem fallen die Ausgaben nicht gleichmäßig zwischen den Ländern oder sogar überproportional in Ländern mit unterdurchschnittlicher Finanzkraft an und erhöhen daher die erforderliche Ausgleichswirkung des Finanzausgleichs.

In den vergangenen Jahren sind bereits einige **existenzsichernde Sozialleistungen** an den Bund übertragen worden. So übernimmt der Bund ab dem Jahr 2014 die gesamten Kosten für die Grundsicherung im Alter und bei Erwerbsminderung. Ab dem Jahr 2015 wird er die Kosten des *Bundesausbildungsförderungsgesetzes* (BAföG) alleine tragen. Im Koalitionsvertrag ist zudem vorgesehen, die Gemeinden von den Kosten der Eingliederungsleistungen für Menschen mit Behinderung zu entlasten; die vollständige Kostenübernahme des Wohngelds durch den Bund steht in der Diskussion. Die Kosten der Unterkunft bei Bezug von Arbeitslosengeld II (KdU) und die Hilfe zur Pflege wären weitere Leistungen mit nennenswertem Umfang, die der Bund übernehmen könnte.

626. Wenngleich eine Verschiebung von Soziallasten auf den Bund im Grundsatz sinnvoll ist, sollte dies mit Augenmaß stattfinden. Nur bei Geldleistungen hat der Bund eine weitgehende Kontrolle über die dezentral ausgeführten Sozialleistungen. Bei Sachleistungen besteht hingegen ein so weiter Spielraum auf der Ebene der Länder und Gemeinden, dass diese dafür aus Gründen der Anreizkompatibilität die Finanzierungslasten tragen sollten. Von einer **Übernahme der Eingliederungshilfe für Menschen mit Behinderung** oder der **Hilfe zur Pflege** durch den Bund ist daher **abzuraten**. Bei den KdU sollte der Bund keine Ausgaben übernehmen, die auf Ermessensentscheidungen der Gemeinden zurückzuführen sind.

Kein Altschuldentilgungsfonds für die Länder

627. Immer wieder fordern die Länder die Einrichtung eines Altschuldentilgungsfonds. Auf diesen soll ein Teil ihrer **Schulden übertragen** werden, die Tilgung sollen die Länder jeweils selbst sicherstellen. Die Zinszahlungen sollen aber nach Finanzausgleichsgesichtspunkten von der bundesstaatlichen Gemeinschaft, also stärker vom Bund und den finanzstarken Ländern als von den finanzschwachen Ländern, übernommen werden. Die hochverschuldeten Länder würden somit faktisch zusätzliche Zahlungen vom Bund und den finanzstarken Ländern erhalten.

628. Die heutigen Schulden der Länder sind das Ergebnis übermäßiger Ausgaben der Vergangenheit. Da die Länder weder durch den Bund noch durch die EU stark in ihrer Ausgabentätigkeit vorgeprägt sind, ↘ ZIFFER 592 sind diese übermäßigen Ausgaben das Ergebnis der **politischen Prioritäten** damaliger Regierungen. Die Länder sind vollständig selbst für diese Prioritätensetzung verantwortlich. Haftung und Kontrolle gehören nicht zuletzt in der Finanzverfassung des Bundesstaates zusammen. Ein Altschuldentilgungsfonds würde diese Verantwortlichkeit hingegen durchbrechen. Länder, die finanzpolitisch solider gewirtschaftet haben, müssten für die weniger soliden aufkommen und würden so deren finanzpolitisches **Fehlverhalten belohnen.** Dies dürfte in der Folge zu noch größerem Fehlverhalten führen.

Dafür spricht nicht zuletzt die bundesdeutsche Erfahrung nach der Anerkennung extremer Haushaltsnotlagen im Saarland und in Bremen durch das Bundesverfassungsgericht im Jahr 1992 (Seitz, 1999; Rodden, 2006; Feld et al., 2012). Im Gegensatz zu einem Altschuldentilgungsfonds bieten **Konsolidierungshilfen** mit im Vergleich zur heutigen Praxis zielgenauen Auflagen eine bessere Möglichkeit, das Konsolidierungsziel zu erreichen. Sie sind daher ordnungspolitisch vorzuziehen.

3. Mehr Steuerautonomie für die Länder

629. Die Stärkung der **Steuerautonomie** ist der Schlüssel für eine **zielführende Reform** des Finanzausgleichs. Bislang ist die Autonomie der Länder bei ihrer Einnahmeerzielung weitgehend auf die Pflege ihrer Steuerquellen beschränkt, beispielsweise durch wirtschaftsfreundliche Infrastrukturmaßnahmen. Dies ist eine sehr indirekte Einnahmeautonomie, da wegen der hohen Abschöpfungsquoten des Finanzausgleichs nur schwerlich nennenswerte finanzielle Spielräume gewonnen werden können. Die Länder haben daher Anreize, sich (wirtschafts-)politisch vorwiegend auf der Ausgabenseite zu profilieren. Damit entsteht von Seiten der Politik eine Verzerrung hin zu höheren Ausgaben und, bis zur Einführung der Schuldenregel, zu höherer Staatsverschuldung (Seitz, 1999; Rodden, 2006; Feld et al., 2012). Eine Stärkung der Steuerautonomie wirkt also präventiv gegen eine zu hohe Verschuldung und unterstützt die Zielsetzung der Schuldenregel (Feld, 2009; Fuest und Thöne, 2013). Hierzu trägt bei, dass die Verschuldung selbst einen wichtigen Standortfaktor darstellt.

630. Grundsätzlich ist zu erwarten, dass eine Stärkung der Steuerautonomie und damit des Wettbewerbs innerhalb des Föderalismus **wohlfahrtserhöhend** wirkt. Die Bereitstellung öffentlicher Güter würde voraussichtlich effizienter und sich stärker als bisher an den Präferenzen der Bürger orientieren. ↘ KASTEN 29 Steuerautonomie eröffnet außerdem weniger wirtschaftsstarken Ländern Möglichkeiten, über Steueranreize oder gezielte Ausgaben einen stärkeren Schwerpunkt auf ihre wirtschaftliche Entwicklung zu legen, was sich letztlich positiv auf das bundesweite Wirtschaftswachstum auswirken kann (Feld und Schnellenbach, 2011).

631. Eine Stärkung der Einnahmeautonomie weist hinsichtlich der besonderen Herausforderungen der jetzt anstehenden Neuordnung der Länderfinanzen viele Vorteile auf: Sie ermöglicht einerseits den hochverschuldeten Ländern, ihre in Eigenverantwortung entstandenen **Schuldenstände selbstständig abzutragen**, ohne ausschließlich Ausgaben kürzen zu müssen. Dies erleichtert den Umgang mit den teilweise sehr hohen Altschulden. ↘ ZIFFER 639

Andererseits können **Konsolidierungshilfen** zur Unterstützung von Ländern in finanzieller Schieflage **glaubwürdiger** vereinbart werden. Bislang ist es mit Konsolidierungshilfen nicht gelungen, die strukturellen Defizite und Schuldenstände der betroffenen Länder nachhaltig zu senken. So erhielten Bremen und das Saarland bereits in den Jahren 1994 bis 2004 Haushaltsnotlagen-BEZ mit geringen Auflagen und erneut seit dem Jahr 2011 Konsolidierungshilfen, die bis zum Jahr 2019 laufen werden, nun mit etwas stärkeren Auflagen zur Konsolidierung. Derzeit verzeichnen diese beiden Länder aber immer noch die höchsten Finanzierungsdefizite aller Länder, und ihre Schulden sind weiter stark gestiegen. Steuerautonomie wäre daher eine zentrale Voraussetzung für eine mögliche Fortsetzung der Konsolidierungshilfen und für einen sinnvollen Umgang mit den am höchsten verschuldeten Ländern.

Darüber hinaus eröffnet sie den **Stadtstaaten** eine Möglichkeit, ihre Einnahmebasis zu erhöhen, um so einen Teil der höheren Ausgaben eigenständig aufzubringen. Geringfügig höhere Steuerbelastungen für die Stadtstaaten sind angesichts ihrer hohen Attraktivität, die regelmäßig zu positiven Wanderungssalden führt, vertretbar. Aufgrund der Agglomerationsvorteile können Ballungsräume höhere Steuern erheben als ländliche Regionen (Baldwin und Krugman, 2004; Brülhart et al., 2012). Unternehmen wählen ihren Standort mit größerer Wahrscheinlichkeit in Regionen, in denen bereits Unternehmen der gleichen Branche anzutreffen sind. Dies erleichtert ihnen den Zugang zu den für diese Branche spezifisch ausgebildeten Fachkräften. Hinzu kommt ein Austausch von Ideen und von Innovationsansätzen jenseits bestehender Betriebsgeheimnisse (Wissens-Spillovers). In höheren Realsteuer-Hebesätzen zeigt sich dieser Effekt gleichfalls in Deutschland (JG 2011 Kasten 13).

↘ KASTEN 29

Vor- und Nachteile des Wettbewerbsföderalismus

Wettbewerbsföderalismus bezeichnet die **autonome Gestaltung von Einnahmen und Ausgaben** von Regionen in einem gemeinsamen Wirtschaftsraum. Die dazu gehörende Steuerautonomie kann sich auf die Festlegung von Steuersätzen nachgeordneter Gebietskörperschaften, wie in den deutschen Gemeinden bei Grund- und Gewerbesteuer, beziehen, oder zusätzlich die autonome Festlegung von Bemessungsgrundlagen, wie in den Schweizer Kantonen, umfassen. Die in der Literatur diskutierten Effekte sind zahlreich und in ihrer Wirkung oftmals entgegengesetzt, sodass nur empirische Befunde eine abschließende Bewertung zulassen.

Wettbewerbsföderalismus kann die Effizienz der **Bereitstellung öffentlicher Güter** steigern. Nimmt man eine implizite Tauschbeziehung zwischen öffentlichen Gütern und Steuerzahlungen an, so fungieren Steuern gleichsam als Preis für öffentliche Güter. Unter bestimmten Voraussetzungen ermöglicht erst der Wettbewerbsföderalismus, dass die Zahlungsbereitschaft für ein öffentliches Gut offenbart wird, und eine zusätzliche Einheit im Gleichgewicht genau dem Preis seiner Bereitstellung entspricht. Stimmen Konsumenten, Kosten- und Entscheidungsträger dieser öffentlichen Leistungen räumlich überein (Prinzip der fiskalischen Äquivalenz), so ist eine dezentrale Bereitstellung und Finanzierung öffentlicher Leistungen effizient.

Aus einer polit-ökonomischen Perspektive kann Wettbewerbsföderalismus Ineffizienzen beseitigen, die entstehen, wenn Politiker eigennützig agieren und etwa aus wahltaktischen Gründen eine zu große Menge an öffentlichen Gütern bereitstellen, oder wenn die aktuelle Regierung mit ihren Aufgaben überfordert ist. Die Wähler können im Wettbewerbsföderalismus durch Vergleiche mit anderen Ländern solche Missstände erkennen und gegebenenfalls eine andere Politik herbeiführen. Die jeweiligen Regierungen antizipieren dies, vergleichen ihrerseits den Erfolg ihrer Politik mit denen anderer Regionen und kopieren entsprechend wirkungsvolle Ansätze.

Außerdem sind positive Wirkungen auf die wirtschaftliche Entwicklung zu erwarten. Befinden sich verschiedene Regionen auf einem unterschiedlichen wirtschaftlichen Entwicklungsstand, kann deren **Konvergenz** durch eine autonome Einnahme- und Ausgabenpolitik beschleunigt werden. In wirtschaftlich schwächeren Regionen sind die Präferenzen für stärkere Einkommenszuwächse generell höher. Daher ist dort eher eine Politik der geringen Steuerbelastung von privaten Investitionen und der wachstumsfördernden Verwendung von Staatseinnahmen, etwa für öffentliche Investitionen, erwünscht. Bei hochentwickelten Regionen bietet ein höheres Wachstum hingegen nur einen geringeren Nutzengewinn. Stattdessen werden konsumtive Staatsausgaben relativ stärker präferiert. Darüber hinaus wird bei Agglomerationseffekten den peripheren Regionen durch die Option, niedrigere Steuern zu wählen, eine Abmilderung ihrer Standortnachteile ermöglicht (Baldwin und Krugman, 2004). Einzelne Regionen können so gezielt auf lokale ökonomische Schocks reagieren.

Den Vorteilen des Wettbewerbsföderalismus stehen Nachteile gegenüber. Verzerrungen können sich insbesondere durch **Externalitäten** ergeben. Diese entstehen zum Beispiel, wenn mobile Steuerzahler durch die Möglichkeit der Abwanderung nur unzureichend zur Finanzierung öffentlicher Güter herangezogen werden können. Dann müssen entweder die immobilen Steuerzahler höher belastet werden, oder es kommt zu einer ineffizient niedrigen Bereitstellung öffentlicher Güter. Das gleiche Problem ergibt sich, wenn Einwohner in Niedrigsteuerländern öffentliche Güter in Hochsteuerländern nutzen können. Eine solche Situation ist insbesondere bei Ballungsräumen und ihrem direkten Umland zu finden. Die Gefahr der Unterversorgung mit öffentlichen Gütern besteht zudem, da Regionen um die Ansiedlung mobiler Steuerzahler konkurrieren, was letztlich zu einer Abwärtsspirale bei den Steuersätzen führen kann.

Es bestehen jedoch ebenfalls Externalitäten, die zu ineffizient hoher Besteuerung und somit zu einem Überangebot an öffentlichen Gütern führen können. So unterliegen Regionen dem Anreiz, Steuerzahler zu belasten, die in einer anderen Region ansässig sind und daher keinen Einfluss auf die Politik in der betrachteten Region haben. Ähnlich verhält es sich, wenn verschiedene Gebietskörperschaften auf dieselbe Steuerbasis zugreifen und bei ihrer Entscheidung über die Besteuerungshöhe die Auswirkungen auf die anderen Gebietskörperschaften übersehen. Erheben beispielsweise die Zentralregierung und die Regionen unabhängig voneinander Einkommensteuern, so kann eine einzelne Region mit einer Erhöhung ihres Tarifs ihre Einnahmen steigern, obwohl die damit verbundene Erosion der Steuerbasis das Gesamtaufkommen von Zentralregierung und Region insgesamt senkt. Die Region erleidet hierbei nicht den gesamten Schaden, sondern wälzt ihn in Teilen auf die Zentralebene ab. Dasselbe Problem besteht auf horizontaler Ebene zwischen den Regionen, wenn ein steuerkraftorientierter Finanzausgleich existiert.

Im Gesamtbild zeigen die empirischen Untersuchungen für die wettbewerblich organisierten Föderalstaaten wie etwa die Vereinigten Staaten oder die Schweiz, dass in Ländern mit besonders ausgeprägtem fiskalischen Wettbewerb die positiven Effekte überwiegen und zu günstigen Ergebnissen in der öffentlichen Leistungserstellung führen (Feld, 2004, 2009). Der theoretisch denkbare Fall, dass es zu einem ruinösen Wettbewerb der Regionen mit einem Auseinanderdriften ihrer Wirtschaftskraft kommt, kann bislang nicht belegt werden (Feld et al., 2004, 2005). Dies hat vor allem damit zu tun, dass der Wettbewerb bei der Unternehmensbesteuerung nicht die wirtschaftlich starken Regionen begünstigt, sondern zu einer Stärkung der Beschäftigung in der Peripherie führt (Feld und Kirchgässner, 2003; Brülhart et al., 2012). Insgesamt kommt es zwar zu einer geringeren Staatstätigkeit (Schaltegger, 2001a, 2001b; Kirchgässner, 2002; Feld et al., 2003; Schaltegger, 2003). Die geringeren Staatsausgaben und -einnahmen gehen jedoch vor allem mit einer höheren relativen Effizienz öffentlicher Leistungen bei dezentraler Leistungserstellung einher. Neben einer mit dem Steuerwettbewerb verbundenen höheren gesamtwirtschaftlichen Produktivität gemessen am Bruttoinlandsprodukt je Erwerbstätigen (Feld et al., 2004, 2005) zeigt sich die höhere Effizienz vor allem im Bildungsbereich (Bergstrom et al., 1988; Barankay und Lockwood, 2007).

Der Steuerwettbewerb beeinflusst das Ausmaß an tatsächlicher Einkommensumverteilung kaum, obwohl weniger finanzielle Mittel dafür eingesetzt werden. Dies spricht für eine höhere Zielgenauigkeit staatlicher Umverteilung (Kirchgässner und Pommerehne, 1996; Feld, 2000; Feld et al., 2010). Es findet weniger Umverteilung innerhalb der mittleren Einkommensschichten statt. Letztlich führt Steuerwettbewerb somit weder zu einem drastischen Sozialabbau noch zu einem zu niedrigen Niveau an öffentlichen Gütern. Vielmehr weisen internationale Studien auf einen eher wachstumsförderlichen Effekt der Einnahmeautonomie hin (Gemmel et al., 2013; Baskaran et al., 2014a).

632. Bedeutsamer für die Verschuldungsneigung der Länder könnte die Steuerautonomie aus polit-ökonomischen Gründen sein. Bisher hat der Finanzminister eines Landes, gestützt durch den Ministerpräsidenten, als einzige Institution im Haushaltsverfahren die **finanzpolitische Solidität** zum Ziel. Die an ihn von

den einzelnen Ressorts herangetragenen Ausgabenwünsche muss der Finanzminister bündeln und mit den verfügbaren Einnahmen in Einklang bringen. Letztlich hängt es von der Konfliktbereitschaft des Finanzministers in diesem Verfahren ab, ob ein Land eine solide Finanzpolitik betreibt. Empirische Ergebnisse deuten darauf hin, dass „starke" Finanzminister, insbesondere bezogen auf ihre institutionell ausgestaltete Rolle im Haushaltsverfahren und auf persönliche Eigenschaften wie Ausbildung oder politische Erfahrung, eine geringere Staatsverschuldung einzugehen bereit sind (Feld und Schaltegger, 2010; Jochimsen und Nuscheler, 2011; Moessinger, 2014).

Könnten die Finanzminister der Länder ihre Steuereinnahmen autonomer bestimmen als heute, wäre es leichter, die Ausgabenwünsche mit den dafür notwendigen Mehreinnahmen aus Steuererhöhungen zu konfrontieren und dadurch einen **rationaleren Abwägungsprozess** in der Landespolitik in Gang zu setzen. Dies hätte Rückwirkungen auf die Erwartungshaltung der Bürger, wenn sie sich selbst mit möglichen Steuererhöhungen konfrontiert sähen. Einer Mentalität, andere Länder für die eigenen Ausgabenwünsche zahlen zu lassen, könnte somit wirksam entgegengetreten werden.

Einnahmeautonomie und Wettbewerb

633. Die sogenannten „Steuern nach dem Aufkommen" und die Förderabgaben werden derzeit nach dem örtlichen Aufkommen den einzelnen Ländern zugerechnet. Bei den „Steuern nach dem Aufkommen" handelt es sich um die Landessteuern, die Anteile an der Einkommen- und Körperschaftsteuer sowie die Gewerbesteuerumlage. Nur bei diesen Steuern wäre eine Steuerautonomie ohne größere Umgestaltungen umsetzbar. Insbesondere die Umsatzsteuer wird hingegen regelgebunden verteilt, ohne dass der Ort der Entstehung hierbei berücksichtigt würde.

634. Geeignet wäre insbesondere ein **Zuschlags- und Abschlagsrecht** bei der Erhebung der **Einkommen- und Körperschaftsteuer** (Kitterer und Plachta,

↘ ABBILDUNG 82
Struktur der Steuereinnahmen der Länder und Gemeinden im Jahr 2013

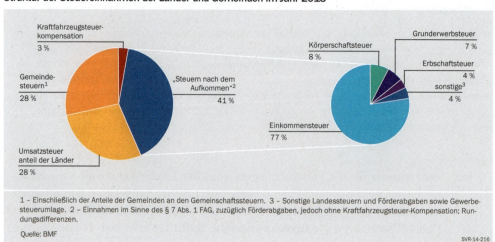

1 – Einschließlich der Anteile der Gemeinden an den Gemeinschaftssteuern. 3 – Sonstige Landessteuern und Förderabgaben sowie Gewerbesteuerumlage. 2 – Einnahmen im Sinne des § 7 Abs. 1 FAG, zuzüglich Förderabgaben, jedoch ohne Kraftfahrzeugsteuer-Kompensation; Rundungsdifferenzen.

Quelle: BMF

2008; Fuest und Thöne, 2009; Feld et al., 2013; Deutsche Bundesbank, 2014a). Nur diese Steuern haben eine hinreichend breite Bemessungsgrundlage. ↘ ABBILDUNG 82 Bislang sind die Definition der Steuerbemessungsgrundlage und der Steuertarif einheitlich durch Bundesgesetz geregelt. Mit einem Zuschlagsrecht könnten die Länder einen Teil des ihnen zustehenden Aufkommens selbst vereinnahmen. Es böte sich an, einen solchen Zuschlag wie den Solidaritätszuschlag als prozentuale Erhöhung der Steuerschuld auszugestalten. Möglich wäre jedoch ebenfalls ein eigener Tarif für die Länder. Um die Gesamtbelastung für die Bürger nicht ansteigen zu lassen, müssten die Tarife der Einkommen- und Körperschaftsteuer zuvor entsprechend abgesenkt werden.

635. Der Sorge vor einem **ruinösen Wettbewerb** ließe sich wirkungsvoll begegnen, indem vorab ein Korridor zulässiger Zu- und Abschläge definiert wird. Sie ist aber ohnehin **nicht begründet** (Feld, 2009; Fuest und Thöne, 2009; Deutsche Bundesbank, 2014a). Zwar ist es durchaus richtig, dass die Steuersätze, insbesondere wenn sie sehr mobile Steuerzahler belasten, einem gewissen Abwärtsdruck unterliegen könnten. Fiskalische Externalitäten können diesem Effekt jedoch entgegenwirken und sogar zu einem ineffizient hohen Belastungsniveau führen. ↘ KASTEN 29

In Deutschland sind solche **Externalitäten sehr stark** ausgeprägt, da sich Bund und Länder bei den Gemeinschaftssteuern eine gemeinsame Bemessungsgrundlage teilen, die Bundesebene generell relativ finanzstark ist, es bundesweite Sozialversicherungen gibt und nicht zuletzt ein Länderfinanzausgleich besteht. In einer solchen Konstellation erhält ein Land zwar die tariflichen Mehreinnahmen einer Steuersatzerhöhung, erleidet aber nicht den gesamten Aufkommensverlust und andere negative Konsequenzen, die durch die gedämpfte wirtschaftliche Entwicklung und die Erosion der Bemessungsgrundlage aufgrund der Steuersatzerhöhung entstehen. Die Anreize, Steuersätze zu erhöhen oder hohe Steuersätze beizubehalten, werden hierdurch tendenziell größer (Büttner, 2006; Egger et al., 2010).

636. Es kommt bei der Einschätzung darüber, ob der Wettbewerb eher zu höheren oder geringeren Steuersätzen führt, also auf mehrere Eigenschaften der jeweiligen Steuer sowie nicht zuletzt auf die Ausgestaltung des Finanzausgleichs an. Sind die Bemessungsgrundlagen mobil, führt dies tendenziell zu geringeren Steuersätzen. Inwieweit Externalitäten erhöhend auf die Steuersätze wirken, hängt vor allem von der **Elastizität der Steuerbasis** ab. Je stärker die Steuerpflichtigen reagieren – beispielsweise mit ihrem Arbeitsangebot auf den Einkommensteuersatz – umso eher wäre mit ineffizient hohen Steuersätzen zu rechnen, da der Bund einen Teil der Anpassungslast trägt. Das steuerpflichtige Einkommen kann als relativ elastisch und immobil angesehen werden. Außerdem führen hohe Abschöpfungsquoten eines steuerkraftorientierten Länderfinanzausgleichs zu einem Anreiz, Steuersätze ineffizient hoch festzulegen, sofern die Steuerbasis nicht vollkommen immobil und nicht unelastisch ist.

637. Wegen des derzeit bestehenden Anreizes, übermäßige Ausgaben zu tätigen, wäre es wünschenswert, wenn die Spielräume, die durch eine effiziente und zielgenaue Ausgabengestaltung entstehen, in Form geringerer Steuersätze an die Bür-

ger und Unternehmen weitergegeben würden. Für Deutschland überwiegen hinsichtlich eines Zuschlagsrechts auf die Einkommen- und Körperschaftsteuer aber die Effekte, die auf eher höhere Steuersätze hinwirken. Eine Reduktion der Abschöpfungsquoten des Finanzausgleichs würde dem entgegenwirken. Eine weitere Möglichkeit, eine schädigende Aufwärtsspirale bei den Steuersätzen zu vermeiden, bestünde darin, die Mehreinnahmen aus dem landesspezifischen Zuschlag zu gleichen Teilen auf den Bund und das Land zu verteilen. Damit würden bei einer Steuersatzerhöhung nicht nur die anteiligen Kosten (in Form geringerer Bemessungsgrundlagen) auf den Bund überwälzt, sondern auch der Ertrag (die steuersatzbedingten Mehreinnahmen) geteilt. Verfassungsrechtlich könnte eine derartige Teilung sogar erforderlich sein (Feld et al., 2013).

Hochverschuldete und finanzschwache Länder

638. Stärkt man die Steuerautonomie, muss sichergestellt werden, dass alle Länder eine faire Chance im Wettbewerb haben. Das in der Schuldenregel verankerte Neuverschuldungsverbot könnte möglicherweise wirtschaftsschwache und zugleich hochverschuldete Länder in Bedrängnis bringen, ihre **Steuersätze auf ineffizient hohe Niveaus** anzuheben. Eine solche Tendenz ist bei der Grunderwerbsteuer bereits zu beobachten.

639. Berücksichtigt man Unterschiede bei der Höhe der Altlasten (Zins- und Versorgungsausgaben), stellt sich teilweise eine stark divergierende Finanzausstattung zwischen den Ländern dar. So hatte Bayern im Jahr 2012 eine um 27 % höhere Finanzmasse je Einwohner zur Verfügung als das Saarland (Deubel, 2014). Zudem besteht die Befürchtung, dass ein Zuschlagsrecht zur Einkommensteuer angesichts der Altschuldenproblematik zu unerwünscht hohen Steuersätzen führen müsste (Ragnitz, 2014b). Die Probleme der beiden höchstverschuldeten Länder (Bremen und Saarland) können in der Tat nicht ausschließlich über ein Zuschlagsrecht gelöst werden. Ergänzend wird eine Mischung aus Konsolidierungshilfen, strikter Ausgabendisziplin und strenger Überwachung durch den Stabilitätsrat erforderlich sein. Doch für die anderen Länder könnte die **Altschuldenproblematik** durch ein Zuschlagsrecht erheblich **entschärft** werden.

Um die Zinsbelastung beispielsweise auf 8 % der Steuereinnahmen, was in etwa dem Länderdurchschnitt entspricht, zu begrenzen, müsste Berlin mit 5,7 % den höchsten Zuschlag erheben, also etwa in Höhe des derzeitigen Solidaritätszuschlags. Der Eingangssteuersatz der Einkommensteuer stiege gegenüber heute von effektiv 14,8 % auf 15,6 % und der Spitzensteuersatz von 47,5 % auf 50,0 %. Dies wäre zwar eine kräftige, aber keinesfalls extreme Tariferhöhung. Die erforderlichen Zuschlagsrechte in den anderen betroffenen Ländern lägen erheblich niedriger: So benötigte Rheinland-Pfalz mit 3,0 % den zweithöchsten Zuschlag, gefolgt von Sachsen-Anhalt mit 2,4 % und Schleswig-Holstein mit 2,3 %. Bremen und das Saarland befinden sich hingegen in unrealistischen Bereichen. Sie bräuchten Zuschlagssätze von 23,3 % beziehungsweise 10,3 %.

Eine Notwendigkeit für eine flächendeckende Altschuldenlösung belegen diese Zahlen nicht. Bezieht man die möglichen Mehreinnahmen auf die derzeitigen

Defizite der Länder, so zeigt sich ebenfalls, dass ein Zuschlagsrecht nennenswert zur Entspannung der Finanzlage beitragen kann (Deutsche Bundesbank, 2014a).

640. Die Neuen Länder müssten wegen ihrer geringen Steuerkraft bei der Einkommen- und Körperschaftsteuer, die nur etwa 50 % des Bundesdurchschnitts beträgt, zur Erzielung von Mehreinnahmen zwar etwa doppelt so hohe Zuschlagssätze erheben wie ein durchschnittliches Land und dreimal so hohe wie das finanzstarke Hamburg. Umgekehrt könnten die Neuen Länder aber unter erheblich geringeren Einbußen niedrigere Steuersätze festlegen. Die Frage, ob finanzschwache Länder ausreichende Finanzmittel zur Verfügung gestellt bekommen, kann nur innerhalb des Finanzausgleichs beantwortet werden. Für den Steuerwettbewerb ergeben sich hieraus keine unmittelbaren Konsequenzen. Wichtig wäre es aber, dass die **Übergangsphase** so gestaltet wird, dass bei einzelnen Ländern mögliche, kurzfristig entstehende Nachteile ausgeglichen werden.

4. Fazit

641. Das Finanzausgleichssystem ist **dringend reformbedürftig**. Insbesondere seine Anreizwirkungen dürften zu negativen Wachstumseffekten und zu übermäßiger Verschuldung beigetragen haben. Erzielt ein Land zusätzliche Einnahmen, etwa aufgrund der Neuansiedlung eines Unternehmens, so schöpft der Finanzausgleich bis zu 90 % davon ab. Die Länder haben daher verminderte Anreize, ihre Wirtschaftskraft zu steigern, und versuchen, sich eher über höhere Ausgaben zu profilieren. Dies führt zu übermäßig hohen Ausgaben und einer übermäßigen Verschuldung. Eine Reform des Finanzausgleichssystems sollte daher zugleich die **Abschöpfungsquoten reduzieren** und eine stärkere Einnahmeorientierung durch **mehr Steuerautonomie** bewirken. Da der geltende Finanzausgleich nur noch bis zum Jahr 2019 in Kraft ist, bietet sich eine einmalige Gelegenheit für eine Reform, die diesen Namen verdient.

642. Ein Zu- und Abschlagsrecht bei der Einkommen- und Körperschaftsteuer bietet eine Möglichkeit für mehr Steuerautonomie der Länder. Mit einem Steuerwettbewerb verbundene Befürchtungen vor einer Abwärtsspirale in den Steuersätzen („race to the bottom") lassen sich für andere Bundesstaaten nicht bestätigen. Vielmehr wirkt sich Steuerwettbewerb in der Schweiz oder den Vereinigten Staaten eher effizienzsteigernd aus. Vor dem Hintergrund der geltenden Schuldenregel bietet eine größere Steuerautonomie der Länder ein flexibles Instrument auf der Einnahmeseite, das einen Beitrag zum Schuldenabbau leisten kann. Die Neuen Länder dürften entgegen ihren Befürchtungen von einem solchen Zuschlagsrecht begünstigt werden. Es bietet ihnen die Chance, Wettbewerbsnachteile gegenüber den wirtschaftsstarken westdeutschen Agglomerationen zu kompensieren. Für Länder, die weiterhin auf Konsolidierungshilfen angewiesen sein sollten, bietet Steuerautonomie den Ansatzpunkt für eine effektivere Kontrolle durch den Stabilitätsrat. Dies ist allemal besser als ein Altschuldentilgungsfonds.

Eine andere Meinung

643. Ein Mitglied des Sachverständigenrates, **Peter Bofinger**, kann sich dem Plädoyer der Mehrheit für eine Stärkung der Handlungsautonomie der Länder, beispielsweise durch ein Zuschlagsrecht zur Einkommen- oder Körperschaftsteuer, nicht anschließen.

644. Die Mehrheit erwartet von einer solchen Reform eine höhere Wohlfahrt und mehr Wachstum. Insbesondere führe der Steuerwettbewerb zu einer höheren „finanziellen Flexibilität" der Länder. Für finanzschwache Länder eröffneten sich „größere Entwicklungsmöglichkeiten". Für hoch verschuldete Länder werde es möglich, ihre in Eigenverantwortung entstandenen Schuldenstände selbstständig abzutragen, ohne ausschließlich Ausgaben kürzen zu müssen.

Für diese Verheißungen lässt sich wenig empirische Evidenz finden. Dies ist nicht überraschend, da der Fiskalföderalismus von seinen Anhängern als ein wirksames **Instrument zur Eindämmung der Staatstätigkeit** angesehen wird: "Federalism is a means of constraining Leviathan constitutionally" (Brennan und Buchanan, 1980).

645. Empirische Analysen kommen dementsprechend überwiegend zu dem Befund, dass der Fiskalföderalismus „zu einem kleineren Staatssektor führt" (Feld, 2009, S. 49). Entsprechende Studien zeigen, dass es durch den Steuerwettbewerb zu einer **geringeren staatlichen Aktivität** kommt, sowohl im Hinblick auf die kantonalen und lokalen Ausgaben als auch auf die kantonalen und lokalen Einnahmen (Feld, 2009, S. 57). Entsprechende Studien für die Schweiz sind Schaltegger (2001a, 2001b) und Feld et al. (2003).

646. Ein Grund hierfür dürfte darin liegen, dass sich Gebietskörperschaften „**strategisch**" verhalten: Je niedriger die Steuerbelastung in den benachbarten Gebietskörperschaften ist, desto stärker senkt eine Gebietskörperschaft ihre eigenen Steuern. Feld (2009) zeigt unter Verweis auf empirische Analysen, dass dieser Effekt nicht nur für Schweizer Kantone zu finden ist, sondern auch für US-Bundesstaaten und US-Gemeinden, für Kanada, für belgische Gemeinden, deutsche Gemeinden, französische Regionen und Départements, italienische Städte, spanische Gemeinden sowie niederländische Gemeinden.

647. Ein solches Verhalten ist insbesondere deshalb problematisch, weil es zwischen Gebietskörperschaften zu einem **unfairen Steuerwettbewerb** (uneven tax competition) kommen kann (Wasserfallen, 2014). Kleine Gebietskörperschaften können von den „Spillover-Effekten" benachbarter großer Gebietskörperschaften profitieren, die öffentliche Güter wie kulturelle Einrichtungen, Universitäten und Krankenhäuser bereitstellen. Für die Schweiz zeigt Wasserfallen (2014), dass der Steuersatz für hohe Einkommen umso geringer ist, je mehr ein Kanton von den positiven Externalitäten einer nahegelegenen Großstadt profitieren kann. Wasserfallen schließt daraus, dass Heterogenität der Steuersätze zumin-

Öffentliche Finanzen: Effizienz durch Subsidiarität – **Kapitel 8**

dest teilweise mit einem Wettbewerb auf einem „uneven playing field" zu erklären sei.

648. Im Ergebnis sind die Steuersätze („Steuerfuß") in den meisten Kantonen in den vergangenen Jahrzehnten gesunken. Die Besteuerung für Unternehmen in der Schweiz ist im globalen Vergleich extrem niedrig. ↘ ABBILDUNG 83

649. Die Literatur zeigt, dass Bezieher hoher Einkommen deutlich auf Steuersenkungen reagieren, sodass reichere Haushalte in Gebietskörperschaften mit niedrigeren Steuersätzen wohnen (Schmidheiny, 2006). Im internationalen Umfeld hat sich dieser Trend in jüngster Zeit noch verstärkt (OECD, 2013).

Der Versuch eines Bundeslandes, über höhere Steuersätze seine finanzielle Situation zu verbessern, kann somit dazu führen, dass es zu einer Abwanderung dieser Steuerpflichtigen kommt und dass sich somit seine Fiskalkapazität vermindert. Die OECD (2013) stellt fest, dass die Elastizität zwischen Steuersatz und Steuerbasis in der Regel kleiner als Eins ist, sodass die Steuereinnahmen einer Gebietskörperschaft zumindest kurz- und mittelfristig zurückgehen.

↘ ABBILDUNG 83
BAK-Taxation-Index für Unternehmen im Jahr 2013[1]

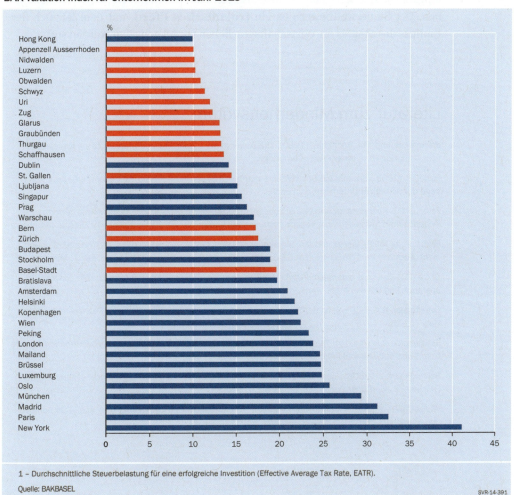

1 – Durchschnittliche Steuerbelastung für eine erfolgreiche Investition (Effective Average Tax Rate, EATR).
Quelle: BAKBASEL

650. Insgesamt spricht der Befund in der Literatur somit dafür, dass die Steuerautonomie und damit der Steuerwettbewerb zwischen Gebietskörperschaften nicht zu einer Verbesserung, sondern einer **Verschlechterung ihrer finanziellen Spielräume** führen.

651. Für **gesamtwirtschaftlich positive Effekte** des Steuerwettbewerbs gibt es keine eindeutige empirische Evidenz. Dies gilt insbesondere für die zentrale These des fiskalischen Föderalismus, dass der Steuerwettbewerb zu einer effizienteren Bereitstellung öffentlicher Leistungen führe (OECD, 2013). Hierfür sind nur einige wenige empirische Belege zu finden.

652. Auch wenn der Steuerwettbewerb anfänglich durch Ober- und Untergrenzen für die Steuersätze der Länder begrenzt bleibt, ist nicht zu verkennen, dass er zusammen mit der Schuldenbremse ein wesentliches Element einer Strategie darstellt, die darauf abzielt, den Staat im Wirtschaftsprozess zurückzudrängen. Die Feststellung, dass es Steuerwettbewerb nicht zu einem „drastischen Sozialabbau" führe ist dabei wenig tröstlich. ↘ KASTEN 29

653. Die deutschen Bundesländer sind daher gut beraten, sich nicht wegen einer scheinbar größeren „finanziellen Flexibilität" und scheinbar „größeren Entwicklungsmöglichkeiten" auf den abschüssigen Pfad des Steuerwettbewerbs zu begeben. Der Steuerwettbewerb ist ein **trojanisches Pferd**, mit dem letztlich der Einfluss des Staates im Wirtschaftsgeschehen zurückgedrängt werden soll.

Literatur zum Minderheitsvotum

Brennan, G. und J.M. Buchanan (1980), *The power to tax – Analytical foundations of a fiscal constitution*, Cambridge University Press, Cambridge.

Feld, L.P. (2009), *Braucht die Schweiz eine materielle Steuerharmonisierung?*, economiesuisse – Verband der Schweizer Unternehmen, Zürich.

Feld, L.P., G. Kirchgassner und C.A. Schaltegger (2004), *Fiscal federalism and economic performance: Evidence from Swiss cantons*, Volkswirtschaftliche Beiträge Nr. 20/2004, Philipps-Universität-Marburg.

Feld, L.P., G. Kirchgässner und C.A. Schaltegger (2003), *Decentralized taxation and the size of government: Evidence from Swiss state and local governments*, CESifo Working Paper No. 1087, München.

OECD (2013), *Fiscal federalism 2014 – Making decentralisation work*, Organisation for Economic Cooperation and Development, Paris.

Schaltegger, C.A. (2001a), Ist der Schweizer Föderalismus zu kleinräumig?, *Swiss Political Science Review* 7, 1-18.

Schaltegger, C.A. (2001b), The effects of federalism and democracy on the size of government: Evidence from Swiss sub-national jurisdictions, *ifo-Studien* 47, 145-162.

Schmidheiny, K. (2006), Income segregation and local progressive taxation: Empirical evidence from Switzerland, *Journal of Public Economics* 90, 429-458.

Wasserfallen, F. (2014), Contextual variation in interdependent policy making: The case of tax competition, *European Journal of Political Research* 53, 822-839.

II. INTERNATIONALE GEWINNVERLAGERUNGEN

654. Bei Fragen der internationalen Besteuerung stehen derzeit besonders Gewinnverlagerungen in der Kritik, mit denen multinationale Konzerne ihre Steuerquoten auf legale Weise senken. Damit sind vor allem die international unterschiedlichen Regelungen zur Bestimmung der Bemessungsgrundlagen der Unternehmensteuern angesprochen. Die **Auswirkungen der Gewinnverlagerungen** auf das deutsche Steueraufkommen dürften zwar entgegen teilweise anderslautender Behauptungen **eher gering** sein. Durch die stärkeren internationalen Verflechtungen und die damit einhergehenden Intransparenzen ergeben sich jedoch vermehrt Möglichkeiten für steuerliche Gestaltungen. Dies bietet der Politik einen Anlass, korrigierend einzugreifen.

In diesem Sinne nimmt sich die jüngste Initiative der Organisation für wirtschaftliche Zusammenarbeit und Entwicklung (OECD) zur Bekämpfung von Steuervermeidung der Probleme der internationalen Unternehmensbesteuerung an. Allerdings lässt sich nicht eindeutig sagen, ob es bei den angekündigten Maßnahmen nur um eine Beschränkung schädlicher Gestaltungen oder um die Zurückdrängung eines sinnvollen Steuerwettbewerbs geht. Denn ein Eingriff in die Verteilung der Steuerbasis kann den **erwünschten Steuerwettbewerb** einschränken und eine effiziente Bereitstellung öffentlicher Güter erschweren. Diese Nachteile können bei relativ geringen Aufkommenseffekten überwiegen. Insbesondere ist eine Doppelbesteuerung von Gewinnen zu vermeiden.

1. Gewinnverlagerungen und die OECD-Initiative

655. Multinationale Konzerne können ihre Bemessungsgrundlagen zur steuerlichen Gewinnermittlung durch realwirtschaftliche Investitionen oder konzerninterne Transaktionen in Niedrigsteuerländer verlagern. Die erste Methode stellt eine im Steuerwettbewerb intendierte Veränderung der **Kapitalallokation** dar und ist eher positiv zu sehen. Die Standortwahl von Unternehmen ist in aller Regel von vielen Einflussfaktoren bestimmt. Neben der Erschließung von Märkten und den Arbeitskosten spielen Steuern vor allem in Verbindung mit öffentlich bereitgestellten Leistungen, wie der Infrastruktur oder der Rechtssicherheit, eine Rolle. Die zweite Methode führt dagegen im Extremfall zu einer **reinen Verlagerung** von Buchgewinnen, ohne dass die ökonomische Aktivität in den beteiligten Ländern tatsächlich erhöht wird. Sie ist rein steuerlich motiviert und kaum mit der Bereitstellung öffentlicher Güter verknüpft.

656. Solche Gewinnverlagerungen werden hauptsächlich über konzerninternen Handel und konzerninterne Kredite sowie durch die **Übertragung immateriellen oder finanziellen Vermögens** vollzogen. So können zum Beispiel beim Verkauf von Gütern an verbundene Unternehmen in Niedrigsteuerländern geringe **Verrechnungspreise** angesetzt werden, um den zu versteuernden Gewinn ins Niedrigsteuerland zu verlagern. Außerdem können durch die **Vergabe von Krediten** anstelle von Eigenkapitalerhöhungen die zu versteuernden Gewinne

in Hochsteuerländern verringert werden, da Zinszahlungen an den Darlehensgeber im Gegensatz zu Dividendenzahlungen steuerlich absetzbar sind.

Darüber hinaus kann es durch **Diskrepanzen nationaler Steuersysteme** bei grenzüberschreitenden Tatbeständen, etwa bei der Definition von Finanzinstrumenten als Eigen- oder Fremdkapital, zu einer Nichtbesteuerung kommen. Hierbei verringern sich die Steuerzahlungen also nicht durch die Verlagerung der Bemessungsgrundlagen, sondern durch einen Rückgang des konzernweiten zu versteuernden Gewinns.

657. Viele Staaten haben schon vor Jahren **Antimissbrauchsregeln**, wie Verrechnungspreisregelungen, Unterkapitalisierungsregeln und die Hinzurechnungsbesteuerung, in ihren nationalen Steuergesetzen eingeführt, um dem Verlust an Steueraufkommen entgegenzuwirken. Für Verrechnungspreisregelungen gibt es sogar ausführliche Richtlinien der OECD. Andere Regelungen sind jedoch bislang **international wenig aufeinander abgestimmt**, sodass sie teilweise umgangen werden können. Bei Steuerfragen existieren internationale Kooperationen bislang vor allem hinsichtlich der Vermeidung von Doppelbesteuerung. Dazu gehören bilaterale Abkommen sowie die multilaterale Kooperation, etwa das OECD-Musterabkommen und Richtlinien der Europäischen Union zur Besteuerung von Dividenden, Zinsen und Lizenzgebühren.

658. Der Abbau von Handelshemmnissen, verbesserte technische Möglichkeiten im Bereich der Informations- und Kommunikationstechnologien sowie die zunehmende Bedeutung von Dienstleistungen und immateriellem Vermögen erhöhen die Relevanz grenzüberschreitender Transaktionen für das Steueraufkommen. Die OECD reagierte darauf jüngst mit einer groß angelegten Initiative zur Bekämpfung von Steuervermeidung – **Base Erosion and Profit Shifting (BEPS)** – und hat einen Aktionsplan aufgestellt, um die legalen Steuervermeidungsmöglichkeiten durch internationale Koordination zu verringern (OECD, 2013).

Hierbei wird vom Grundsatz her nicht darauf abgezielt, den Steuerwettbewerb einzudämmen. Eine Vereinheitlichung von Steuersätzen oder Bemessungsgrundlagen wird nicht diskutiert. Dies ist aufgrund der zahlreichen Vorteile des **Steuerwettbewerbs** begrüßenswert. ↘ KASTEN 29 Stattdessen geht es um eine stärkere Orientierung der Besteuerung an der wirtschaftlichen Aktivität und Wertschöpfung. Die Bundesregierung unterstützt diese Initiative und zählt den „Kampf gegen grenzüberschreitende Gewinnverlagerungen" in ihrem Koalitionsvertrag zu den „zentralen steuerpolitischen Aufgaben".

659. Die Steuern auf Gewinne von Kapitalgesellschaften haben traditionell einen vergleichsweise geringen Anteil am Gesamtsteueraufkommen. Darüber hinaus belegen insbesondere neuere Studien, dass die breite Masse der Unternehmen keine exzessiven Gewinnverlagerungen durchführt. Die Ergebnisse legen nahe, dass die Steuermindereinnahmen aufgrund von Gewinnverlagerungen in Deutschland entgegen anderslautender Äußerungen einen einstelligen Milliardenbetrag nicht übersteigen. ↘ KASTEN 30

Dennoch kann dadurch ein finanzpolitischer Handlungsbedarf begründet werden, da sich einzelne Unternehmen einer angemessenen Beteiligung an der Finanzierung öffentlicher Güter entziehen können. Daher ist eine **Koordinierung von Antimissbrauchsregeln** zu begrüßen. Es ist aber zu bedenken, dass eine Unterscheidung zwischen normalen ökonomischen Vorgängen und schädlichen steuerlichen Gestaltungen oftmals nicht gelingt. Da nicht auf maßgeschneiderte, sondern nur auf pauschale Antimissbrauchsregeln zurückgegriffen werden kann, besteht die Gefahr, dass Investitionen zurückgedrängt werden. Mögliche Mehreinnahmen des Staates werden daher gering ausfallen. Letztlich ist ein Vorgehen gegen schädliche Steuergestaltung eine Gratwanderung.

↘ KASTEN 30

Quantifizierung der Gewinnverlagerungen

Das **Gewinnsteueraufkommen** ist in Deutschland **nicht explizit ausgewiesen**. Näherungsweise lässt es sich als Summe von Körperschaftsteuer, veranlagter Einkommensteuer und Gewerbesteuer darstellen. Diese Abgrenzung erfasst allerdings die Steuerzahlungen international operierender Unternehmen zusammen mit denjenigen von Selbstständigen, kleinen Unternehmen und Einzelgewerbetreibenden. Der Anteil des Gewinnsteueraufkommens in Deutschland an den gesamten Steuereinnahmen ist in den vergangenen 20 Jahren **stabil.** ↘ ABBILDUNG 84 LINKS Dies gilt auch in Relation zu den Unternehmens- und Vermögenseinkommen und zum nominalen Bruttoinlandsprodukt. Ausnahmen sind die Jahre 2001 und 2009. In diesen beiden Jahren kam es in Folge großer **Unternehmenssteuerreformen** zu deutlichen Reduktionen der Steuerbelastung für Kapitalgesellschaften. Außerdem zeigt sich im Jahr 2009 der Einfluss der Finanz- und Wirtschaftskrise. Das Volumen des Gewinnsteueraufkommens betrug im Jahr 2013 wieder rund 106 Mrd Euro.

Der Anteil des **Körperschaftsteueraufkommens** ist mit durchgehend weniger als 6 % der gesamten Steuereinnahmen relativ gering. Trotz der erheblichen Senkung der nominalen und der effektiven Steuerbelastung durch die beiden Reformen ist dieser Anteil seit dem Jahr 1993 nur um rund einen Prozentpunkt gefallen. ↘ ABBILDUNG 84 RECHTS Die Körperschaftsteuereinnahmen sind in Relation zum Bruttoinlandsprodukt ebenfalls leicht zurückgegangen.

Insgesamt lässt sich also kein negativer Trend bei den Einnahmen aus Gewinnsteuern erkennen. Dieser **Befund passt nicht** zur Hypothese einer vermehrt steuerplanerisch motivierten Reduktion der Steuerzahlungen von multinationalen Unternehmen in den vergangenen Jahren. Eine Erklärung für das bis auf Krisenzeiten stabile Aufkommen trotz möglicher Gewinnverlagerungen liefern **allgemein höhere Gewinne** der Unternehmen, worauf etwa der Rückgang der Lohnquote (Quotient aus Arbeitnehmerentgelten und Volkseinkommen) in Deutschland von 71,8 % im Jahr 1993 auf 68,0 % im Jahr 2013 hindeutet.

Zudem kommt ein Großteil der veranlagten Einkommensteuer von **Selbstständigen** oder kleinen Unternehmen ohne eigene Rechtspersönlichkeit, die keine Möglichkeiten zur Verlagerung von Buchgewinnen ins Ausland haben. Eine wesentliche Rolle für das stabile Aufkommen könnte ebenfalls gespielt haben, dass durch die **Steuererleichterungen für Kapitalgesellschaften** im Rahmen der letzten Steuerreformen ein größerer Teil der Unternehmensgewinne bei Kapitalgesellschaften anfällt, da es sich aus steuerlicher Sicht nun eher lohnt, sein Unternehmen als Kapitalgesellschaft denn als Personengesellschaft zu führen (de Mooij und Nicodème, 2007).

Schätzungen der Volumina von Gewinnverlagerungen

Auf aggregierter Ebene kann nicht quantifiziert werden, inwiefern diese Entwicklungen mögliche aufkommensreduzierende Effekte von Steuergestaltungen multinationaler Unternehmen überdecken. Es existieren jedoch andere, zum Teil mikroökonomische Ansätze, um die Volumina von Gewinnverlagerungen abzuschätzen. Dabei beziehen sich einige Ergebnisse nicht direkt auf die induzierten Steuerausfälle, sondern auf die Größenordnung der verlagerten Bemessungsgrundlagen.

Das Bundesministerium der Finanzen hat die Gewinnverlagerungen multinationaler Konzerne im Jahr 2005 anhand von Daten der **Volkswirtschaftlichen Gesamtrechnungen (VGR)** auf 65 Mrd Euro beziffert. Eine Schätzung des Deutschen Instituts für Wirtschaftsforschung (DIW) greift ebenfalls auf die VGR zurück. Die ermittelte „Besteuerungslücke" zwischen den in den VGR ausgewiesenen Gewinnen der deutschen Kapitalgesellschaften und dem steuerlichen Gesamtbetrag der Einkünfte in der Kassenstatistik beläuft sich für das Jahr 2001 auf knapp 100 Mrd Euro (Bach und Dwenger, 2007) und für das Jahr 2007 auf 120 Mrd Euro (Bach, 2013). Diese „Besteuerungslücke" führen die Autoren auf „Steuervergünstigungen und Gestaltungsmöglichkeiten" deutscher Unternehmen zurück; sie relativieren ihre Ergebnisse jedoch unter Verweis auf mögliche Schätzfehler selbst. Die Unternehmensgewinne der VGR werden nämlich als **Residualgröße** ermittelt und enthalten somit alle Ungenauigkeiten der VGR. Die ermittelten Volumina dürften in Anbetracht methodischer Besonderheiten der VGR daher **weit überschätzt** sein.

↘ ABBILDUNG 84
Gewinnsteueraufkommen und Steuersätze in Deutschland

1 – Summe aus den Aufkommen der Körperschaftsteuer, der veranlagten Einkommensteuer (nach Abzug von Erstattungen nach § 46 EStG für Veranlagungen aus nichtselbständiger Arbeit) und der Gewerbesteuer einschließlich Zulagen. 2 – Unternehmens- und Vermögenseinkommen (UVE) nach VGR. 3 – Quelle: Spengel et al. (2013). 4 – Effektiver marginaler Steuersatz (Effective Marginal Tax Rate, EMTR) beziehungsweise effektiver Durchschnittssteuersatz (Effective Average Tax Rate, EATR) für eine Investition in Deutschland. Neben nominalen Steuersätzen werden auch Bemessungsgrundlageneffekte berücksichtigt. 5 – Kombinierter statutarischer Steuersatz bestehend aus Körperschaftsteuer, Gewerbesteuer und Solidaritätszuschlag.

SVR-14-220

Der in den DIW-Studien gewählte Ansatz deckt Gewinnverlagerungen zudem vornehmlich in eine Richtung auf. Aufgrund der Definitionen in den VGR ist dies für Investitionen ausländischer Investoren in Deutschland nicht möglich. Selbst für Investitionen deutscher Unternehmen im Ausland zeigt der DIW-Ansatz allenfalls zum Teil Gewinnverlagerungen auf (Heckemeyer und Spengel, 2008). Heckemeyer und Spengel (2009) schätzen Gewinnverlagerungen deutscher Unternehmen ins Ausland verlässlicher mithilfe der **Zahlungsbilanzstatistik der Deutschen Bundesbank** und der Bestandsstatistiken über direktes Beteiligungskapital deutscher Unternehmen im Ausland ab.

Unter der Annahme verschiedener Eigenkapitalrenditen ausländischer Investitionen wird eine **Bandbreite der möglichen Volumina** von Gewinnverlagerungen errechnet. Werden im unrealistischen Extrem alle originären Gewinne in Deutschland erwirtschaftet, ergibt sich für das Jahr 2001 ein Gewinnverlagerungsvolumen in Höhe von 0,93 Mrd Euro, also weniger als 1 % des vom DIW errechneten Werts. Für das Jahr 2007 ergibt sich für dasselbe unrealistische Extrem eine theoretische Obergrenze von 77 Mrd Euro. Bei einer typischen Eigenkapitalrendite im Ausland von 7,5 % (10 %) betragen die Gewinnverlagerungen für das Jahr 2007 jedoch 26 Mrd Euro (9 Mrd Euro). Unter der Annahme eines durchschnittlichen Unternehmensteuersatzes von 35 % entspricht dies Steuermindereinnahmen von 9,1 Mrd Euro (3,2 Mrd Euro).

Ökonometrische Ergebnisse zu Steuern und Gewinnverlagerungen

Weitere Studien finden statistisch signifikante Gewinnverlagerungen; die quantitativen Effekte sind insbesondere bei neueren Analysen ebenfalls relativ gering. Heckemeyer und Overesch (2013) werten 25 empirische Studien aus und geben eine allgemeine **Semielastizität** der ausgewiesenen Gewinne in Bezug auf Anreize für Gewinnverlagerungen in Höhe von 0,8 an. Das heißt, dass eine Erhöhung der Steuersatzdifferenz zwischen der Muttergesellschaft und der betrachteten Tochtergesellschaft um einen Prozentpunkt zu einer Erhöhung des ausgewiesenen Gewinns in der betrachteten Gesellschaft um 0,8 % führt. Bei einer hypothetischen Steuersatzdifferenz zum Ausland von 10 Prozentpunkten und unter der Annahme, dass die Hälfte des Gewinnsteueraufkommens von multinationalen Konzernen stammt, ergäbe sich für das Jahr 2013 in Deutschland damit zum Beispiel ein durch Gewinnverlagerungen induzierter Verlust an Steueraufkommen in Höhe von 4,2 Mrd Euro (0,8 * 10 % * 0,5 * 106 Mrd Euro). Die Höhe der Semielastizitäten in den einzelnen Studien variiert dabei jedoch beträchtlich.

Dharmapala (2014) führt an, dass Studien, die aggregierte Daten nutzen oder eine Querschnittsanalyse vornehmen, in der Regel größere Effekte mit Semielastizitäten von über Eins finden. Ein Beispiel ist die Studie von Huizinga und Laeven (2008), die auf einer Stichprobe von im Vergleich zu Deutschland niedrig besteuernden Ländern basiert. Danach ergibt sich, dass Deutschland im Jahr 1999 umgerechnet 1,26 Mrd US-Dollar an Steuereinnahmen durch Gewinnverlagerungen von europäischen Gesellschaften multinationaler Konzerne entgangen wären. Ein Grund für die höheren Elastizitäten besteht darin, dass die angewendeten Identifikationsstrategien keinen reinen Gewinnverlagerungseffekt aufdecken können. Die Ergebnisse dürften in Teilen die höheren Investitionsanreize durch geringere Gewinnsteuern als Resultat des internationalen Steuerwettbewerbs widerspiegeln.

Neuere Studien mit fortschrittlicheren ökonometrischen Methoden leiten tendenziell nochmals **niedrigere Effekte** ab. So errechnen Dharmapala und Riedel (2013) für die ihrer Studie zugrundeliegende Stichprobe von 4 800 europäischen Unternehmen im Zeitraum der Jahre 1995 bis 2005 eine Verlagerung von Gewinnen in Höhe von 420 000 US-Dollar je Unternehmen. Dabei wird allerdings nicht berücksichtigt, dass einige Unternehmen Tochtergesellschaften in Steueroasen außerhalb Europas haben und daher unter Umständen wesentlich mehr Gewinne verlagern. Mit der verwendeten Identifikationsstrategie können darüber hinaus wohl hauptsächlich Gewinnverlagerungen mit Hilfe von konzerninternen Krediten abgebildet werden. Verglichen mit den oben genannten Studien, ist dieser Effekt gleichwohl ausgesprochen klein.

Die Relevanz von Gewinnverlagerungen über Finanzierungsstrukturen wird in der Literatur insgesamt geringer eingeschätzt als von jenen durch konzerninternen Handel. Heckemeyer und Overesch (2013) weisen deren Anteil mit 30 % aus. Die Rolle der konzerninternen Fremdfinanzierung könnte bei den derzeit niedrigen Zinsen sogar noch geringer sein.

2. Das Dilemma der Gewinnbesteuerung

660. Beim Vorgehen gegen Buchgewinnverlagerungen fällt es schwer, ein Leitbild zu definieren, gemäß dem Unternehmen in jedem Land einen „angemessenen" Teil ihres Gewinns versteuern. Das **Dilemma** ergibt sich, da Gewinne nicht einzelnen Staaten, sondern nur Investitionen oder Investoren zuordenbar sind. Die geografischen Grenzen des Marktes und des Territoriums, in dem multinationa-

le Konzerne tätig sind, entsprechen heute nicht mehr denen von Staaten (Schön, 2009). Gewinne multinationaler Konzerne können sich selbst ohne Gestaltungen anders auf die betroffenen Länder verteilen als die ökonomische Aktivität.

661. Die Idee der Besteuerung von Gewinnen ergibt sich aus dem **Leistungsfähigkeitsprinzip**. Als Indikator für die persönliche Leistungsfähigkeit von Individuen wird im Allgemeinen das Einkommen herangezogen. Dazu gehören ebenfalls die Unternehmensgewinne. Eine Besteuerung dieser Gewinne auf der Unternehmensebene kann damit gerechtfertigt werden, dass Gewinnausschüttungen oftmals mit erheblicher zeitlicher Verzögerung stattfinden. Außerdem ist eine reine Besteuerung auf Anteilseignerebene bei großen Unternehmen mit Anteilseignern in vielen Ländern nicht praktikabel, da den nationalen Steuerbehörden regelmäßig keine ausreichenden Informationen und Durchgriffsrechte zur Verfügung stehen (Schön, 2009; Auerbach et al., 2010; Finke et al., 2013).

662. In der Vergangenheit haben Individuen hauptsächlich im eigenen Land investiert (French und Poterba, 1991). Die Idee der Besteuerung nach der Leistungsfähigkeit wurde deshalb auf der Unternehmensebene mit dem **Anrechnungsverfahren** umgesetzt. Hierbei besteuert der Sitzstaat der Muttergesellschaft alle Einkünfte des Unternehmens unabhängig vom tatsächlichen Entstehungsort des Gewinns. Dies führt unter Anrechnung ausländischer Steuern zu unverzerrten Entscheidungen zwischen einer Investition im In- und im Ausland und ist mit dem Ziel einer weltweiten effizienten Kapitalallokation vereinbar (**Kapitalexportneutralität**).

Das Anrechnungsverfahren setzt aber **starke Anreize zur Steuergestaltung**. Unternehmen können durch **Verlagerung ihrer Konzernzentralen** in Niedrigsteuerländer (Inversion) einer hohen Besteuerung entgehen (Voget, 2011). Daher wird es inzwischen praktisch nur noch von den Vereinigten Staaten angewendet. Die Regierung der Vereinigten Staaten hat am 23. September 2014 ein Maßnahmenpaket beschlossen, um Inversionen zu erschweren. Die Erfahrungen mit großen US-Konzernen zeigen zudem, dass diese ihre **ausländischen Gewinne** zum großen Teil **einbehalten**, um der Besteuerung in den Vereinigten Staaten zu entgehen. Diese greift nämlich erst bei Ausschüttung. Stattdessen werden damit weitere Investitionen im Ausland finanziert oder hohe Bargeldreserven akkumuliert. Dies geht zum Teil so weit, dass es sich für US-Unternehmen lohnt, Fremdkapital in den Vereinigten Staaten aufzunehmen, um diese Mittel als Dividenden an Aktionäre auszuschütten, während im Ausland hohe Barreserven verfügbar sind (New York Times, 2013).

Darüber hinaus kommt es bei Tochtergesellschaften in Ländern wie Japan mit besonders hohen Gewinnsteuersätzen nicht zu einer tatsächlichen Besteuerung auf US-Niveau, da für im Ausland getätigte Steuerzahlungen, welche die maximale Tarifbelastung in den Vereinigten Staaten übersteigen, keine Erstattungen vorgesehen sind. Kapitalexportneutralität wird dann nicht erreicht. Deshalb steht das Anrechnungsverfahren in den Vereinigten Staaten zum Teil ebenfalls in der Kritik (The President's Advisory Panel on Federal Tax Reform, 2005).

663. Die inzwischen von den meisten anderen Staaten angewendete Alternative stellt die Besteuerung nach dem **Freistellungsverfahren** dar, wonach Gewinne

dort besteuert werden, wo sie entstehen, und bei den Muttergesellschaften freigestellt sind. Die Rechtfertigung der Unternehmensbesteuerung wechselt vom Leistungsfähigkeits- zum **Äquivalenzprinzip**, demgemäß Unternehmen entsprechend ihrer lokalen Inanspruchnahme von öffentlichen Gütern besteuert werden. Dadurch sehen sich alle inländischen und ausländischen Investoren bei einer Investition im Inland der gleichen Steuerbelastung gegenüber (**Kapitalimportneutralität**). Die Verletzung der Kapitalexportneutralität wird dabei allerdings zum Regelfall.

Ein weiteres Argument für den Wechsel vom Anrechnungs- zum Freistellungsverfahren findet sich im komplementären Zusammenhang zwischen Investitionen im In- und Ausland (Desai et al., 2009; Arndt et al., 2010; Deutsche Bundesbank, 2014b). Hochsteuerländer, die ausländische Gewinne freistellen, behindern Investitionen im Ausland nicht und lösen damit positive Wirkungen auf die inländischen Investitionen aus. Das Freistellungsverfahren verschärft jedoch das Problem, den Gewinn multinationaler Unternehmen auf die einzelnen Einheiten aufteilen zu müssen.

664. Solange der komplette Gewinn als Bemessungsgrundlage der Unternehmensbesteuerung herangezogen wird, lässt sich der Anreiz für **legale steuerliche Gestaltungen** nicht vollständig vermeiden. Sie ergeben sich als natürliches Nebenprodukt des Steuerwettbewerbs und sind den Unternehmen nicht vorzuwerfen. Für den einzelnen Investor stellt die Steuerbelastung nämlich, ähnlich zu Löhnen und Mieten, einen Kostenfaktor dar, dessen Verringerung ein legitimes Anliegen ist. Darüber hinaus stehen den Steuerbehörden im Allgemeinen nicht alle relevanten Informationen zur Verfügung, sodass sie nicht feststellen können, ob ein Sachverhalt, der zu Gewinnverlagerungen führt, ausschließlich steuerlich motiviert ist oder auf andere betriebswirtschaftliche Überlegungen zurückgeht. Daher fällt es schwer, eine klare Trennung zwischen „akzeptablen" und „schädlichen" steuerlichen Gestaltungen vorzunehmen. Insofern ist Transparenz in Zusammenhang mit grenzüberschreitenden Transaktionen für die Steuerbehörden besonders wichtig. Beispiele für solche Maßnahmen sind Klauseln für den Informationsaustausch in Doppelbesteuerungsabkommen und das von der OECD angedachte Country-by-Country-Reporting (OECD, 2014a).

665. Steuerliche Gestaltungen können aufgrund von **verzerrten Entscheidungen** zu Wohlfahrtsverlusten führen. So lohnt sich möglicherweise eine Investition im Ausland erst durch die Möglichkeiten der Steuerplanung und verdrängt damit eine Investition im Inland mit höherer Vorsteuerrendite, selbst wenn die Steuersätze im In- und Ausland identisch sind. Diese gesamtwirtschaftlichen Kosten treten jedoch nicht zwingend bei allen Steuervermeidungsstrategien auf. Bei einer reinen Anpassung von Verrechnungspreisen zur Verlagerung von Gewinnen in ein Niedrigsteuerland entstehen beispielsweise lediglich Transaktionskosten, um die Preissetzung gegenüber den Steuerbehörden zu verteidigen. Zwar verschiebt sich das Steueraufkommen zwischen den beteiligten Ländern, an den getätigten Investitionen ändert sich aber nichts. Eine verstärkte Regulierung birgt die Gefahr, **Effizienzgewinne der Internationalisierung** zu verringern. Dies gilt insbesondere, wenn durch eine Auslandsinvestition eine Doppelbesteuerung ausgelöst wird, beispielsweise durch ein Abzugsverbot von Zinsaufwen-

dungen bei gleichzeitiger Besteuerung der Zinserträge im Bestimmungsland. Zudem können erhöhte Berichtspflichten und die damit einhergehenden Befolgungskosten Investitionen hemmen.

3. Überregulierung vermeiden

666. In den nationalen Steuergesetzen wurden **Antimissbrauchsregeln** eingeführt, um zu verhindern, dass Unternehmen durch Verlagerungen von Buchgewinnen einer Besteuerung anhand des Äquivalenzprinzips im Land der ökonomischen Aktivität entgehen. ↘ KASTEN 31 Diese sollen nun im Rahmen der BEPS-Initiative der OECD koordiniert und zum Teil ausgebaut werden. Dabei besteht jedoch die Gefahr der **Überregulierung**.

↘ KASTEN 31

Beispiele für Antimissbrauchsregeln

Verrechnungspreisregeln

Um Steuerarbitrage durch künstlich überhöhte oder niedrige konzernintern angesetzte Preise zu vermeiden, haben die Staaten **Verrechnungspreisregeln** eingeführt. Bei einer grenzüberschreitenden Transaktion muss beispielsweise in Deutschland der Preis der gehandelten Güter oder Dienstleistungen nach dem sogenannten Fremdvergleichsgrundsatz (§ 1 Außensteuergesetz - AStG) festgelegt werden. Demnach wird entweder ein Marktpreis für vergleichbare Transaktionen herangezogen oder ein Verrechnungspreis unter der Annahme unabhängiger Vertragsparteien ermittelt. Dabei gibt es verschiedene Methoden, wie die Preisvergleichsmethode, die Wiederverkaufspreismethode oder die Kostenaufschlagsmethode.

Hinzurechnungsbesteuerung

§§ 7 - 14 AStG führen zu einer Besteuerung in Deutschland, wenn eine mindestens zu 50 % gehaltene ausländische Tochtergesellschaft passive Einkünfte hat, die mit weniger als 25 % besteuert werden. **Passive Einkünfte** entstehen ohne eigene realwirtschaftliche Aktivitäten. Analoge Regelungen existieren in vielen anderen Ländern. Damit soll zum Beispiel vermieden werden, dass multinationale Konzerne Patentrechte oder Kapitalanlagegesellschaften in Niedrigsteuerländer verlegen, die hauptsächlich Einnahmen aus Lizenzgebühren oder Zinszahlungen erzielen, aber keine realwirtschaftliche Wertschöpfung aufweisen.

Unterkapitalisierungsregeln

Die meisten Staaten haben eine Regel, die den steuerlichen Abzug von Teilen der Zinszahlungen an verbundene Unternehmen oder Anteilseigner verwehrt, wenn der interne Verschuldungsgrad der betrachteten inländischen Gesellschaft einen vorgegebenen Schwellenwert überschreitet. Damit soll verhindert werden, dass Gesellschaften in Hochsteuerländern ihre zu versteuernden Gewinne durch übermäßig hohe Zinsaufwendungen verringern.

Die im Rahmen der Unternehmensteuerreform 2008 eingeführte **Zinsschranke** (§ 8 KStG und § 4h EStG) stellt eine andere Form einer Unterkapitalisierungsregel dar. Nettozinsaufwendungen, die 30 % des steuerlichen EBITDA, also des Betriebsergebnisses vor Zinsen, Steuern und Abschreibungen, überschreiten, sind nicht von der steuerlichen Bemessungsgrundlage abzugsfähig. Dabei gilt eine Freigrenze von 3 Mio Euro. Nichtabzugsfähige Zinsaufwendungen können im Falle ausreichend hoher Gewinne in den Folgejahren mit dem steuerlichen EBITDA verrechnet werden und damit dann zu einer geringeren Steuerbelastung führen. Ähnliche Regelungen wurden in Italien und Japan im Jahr 2008 beziehungsweise im Jahr 2012 eingeführt. Darüber hinaus sieht die US-amerikanische Regelung ebenfalls einen Gewinnvergleich vor.

Gewinnverlagerungen über Verrechnungspreise

667. Verrechnungspreisregeln können den Umfang von Gewinnverlagerungen signifikant reduzieren (Lohse und Riedel, 2013; Beer und Loeprick, 2013). Die OECD hat ein Diskussionspapier zur weiteren Koordinierung dieser Regeln veröffentlicht (OECD, 2014a) und möchte in diesem Zusammenhang verstärkt mit Entwicklungsländern zusammenarbeiten, um ein angemessenes Steueraufkommen bei Beziehungen mit Gesellschaften in diesen Ländern zu gewährleisten (OECD, 2014b). Die Ermittlung von angemessenen Verrechnungspreisen für steuerliche Zwecke stößt jedoch an ihre Grenzen, wenn die gehandelten Güter spezifisch sind und es daher keinen Marktpreis gibt. Insbesondere bei immateriellen Vermögensgegenständen wie Patenten ist eine genaue Bewertung oftmals nicht möglich oder die beteiligten Unternehmen haben einen Informationsvorsprung gegenüber den Steuerverwaltungen.

668. Um dieses Problem zu beseitigen, sollen die Steuerbehörden laut OECD-Vorschlag feststellen, welchen Anteil des **unternehmerischen Risikos** die beteiligten Gesellschaften faktisch tragen und diesen Anteil an der ökonomischen Rente bei den Verrechnungspreisen berücksichtigen (OECD, 2014c). Dazu ist eine stärkere Orientierung an Input-Faktoren bei der Verteilung von Gewinnen vorgesehen. Verrechnungspreise würden demnach auf Grundlage der Funktionen und Risiken, welche die beteiligten Gesellschaften übernehmen, sowie der verwendeten Anlagen und des Kapitals, das bereitgestellt wird, bestimmt.

669. Diese Idee ist in Teilen bereits in den derzeitigen Verrechnungspreisrichtlinien berücksichtigt. Ein solches Vorgehen impliziert allerdings einen enormen Regulierungsaufwand. Zum einen muss der Wert des immateriellen Vermögensgegenstands festgestellt werden. Dies ist selbst im Nachhinein nur schwer möglich, etwa wenn mehrere immaterielle Vermögensgegenstände, wie ein Patent für ein einzigartiges Produkt und ein dazugehöriger Markenname, für die Erzielung von Einnahmen zusammenspielen. Zum anderen muss der Beitrag zu diesem Wert ermittelt werden, den alle Input-Faktoren, wie die ursprüngliche Idee, die Finanzierung, die Durchführung und die Risikoübernahme, geleistet haben. Nicht zuletzt können diese jeweils von unterschiedlichen Tochtergesellschaften in verschiedenen Ländern stammen.

670. Das unternehmerische Risiko trägt dabei letztlich immer eine natürliche Person, insbesondere der individuelle Kapitalgeber, indem er bei Misserfolg niedrigere Dividenden erhält oder Vermögen verliert. Wie die Unternehmen ihr laufendes Risiko auf die beteiligten Gesellschaften aufteilen, ist für die Steuerverwaltung nicht zu erkennen. Deshalb kann die Zuordnung von Gewinnen aus immateriellen Vermögensgegenständen an die beteiligten Gesellschaften auf Grundlage der Risikoübernahme nicht gelingen. Für den deutschen Fiskus könnte die von der OECD vorgeschlagene Methode außerdem zu Steuerausfällen führen, wenn Teile der Gewinne deutscher Unternehmen ausländischen Dienstleistern oder Zulieferern zugerechnet werden. Ein Beispiel wäre die exportorientierte Investitionsgüterindustrie, deren Wertschöpfung zum Teil in ausländischen Tochtergesellschaften stattfindet.

Verlagerungen von immateriellem Vermögen

671. Gewinnverlagerungen über Lizenzen und Patente wird derzeit mittels besonderer Vorschriften zur **Besteuerung passiver Einkünfte** (Hinzurechnungsbesteuerung) begegnet. ↘ KASTEN 31 Derartige Regelungen zur Eindämmung von Gewinnverlagerungen haben sich als effektiv erwiesen (Ruf und Weichenrieder, 2012; Büttner und Wamser, 2013). Staaten können durch laufende Anpassungen der Grenzwerte und Details eigenständig auf neue Gestaltungen der Unternehmen in diesen Bereichen reagieren, wenngleich diese Grenzwerte willkürlich und nicht normativ begründbar sind. Eine mögliche Koordination bei solchen Regelungen, mit der sich die OECD-Initiative bis September 2015 beschäftigt, könnte dennoch sinnvoll sein, um einen schädlichen Wettbewerb zwischen den Staaten zu vermeiden. Es ergibt sich nämlich ein Anreiz für die Staaten, durch relativ schwache Regelungen bei der Hinzurechnungsbesteuerung Unternehmen zur Umsiedlung ihrer Konzernzentralen ins eigene Land zu bewegen.

672. Die sogenannte **Check-the-box-Regelung** in den Vereinigten Staaten kann zur Umgehung der amerikanischen Hinzurechnungsbesteuerung genutzt werden und stellt ein Beispiel für eine solche Ausweichreaktion des Gesetzgebers dar. Diese Regelung erlaubt es, ausländische Töchter unabhängig von der steuerlichen Einordnung im Sitzstaat wahlweise transparent oder als Kapitalgesellschaft zu behandeln. Gemäß der transparenten Besteuerung stellt die Gesellschaft keine eigene Rechtspersönlichkeit dar, sodass ihre Einkünfte direkt beim Anteilseigner besteuert werden. Die amerikanische Hinzurechnungsbesteuerung greift nicht auf die passiven Einkünfte einer zwischengeschalteten Patent-Holding in einem Niedrigsteuerland zu, wenn ein US-amerikanischer Konzern eine transparente Besteuerung von in Europa operierenden Tochtergesellschaften, etwa an den Produktionsstandorten, wählt, die wiederum alle Tochtergesellschaften dieser Patent-Holding sind. Diese passiven Einkünfte sind Lizenzgebühren, die von den operierenden Gesellschaften für die Nutzung der konzerneigenen Patente gezahlt werden.

Ursächlich hierfür ist, dass alle operierenden europäischen Gesellschaften sowie die Holding im Sinne des US-Steuerrechts eine einzige Gesellschaft mit aktiven Einkünften darstellen und die Transaktionen zwischen den Gesellschaften nicht „sichtbar" sind. Damit bleibt es bei einer minimalen Besteuerung in den Ländern der operierenden Gesellschaften und hohen ausgewiesenen Gewinnen bei der Holding im Niedrigsteuerland. Im Falle der Repatriierung ausländischer Gewinne erhalten die Vereinigten Staaten einen besonders hohen Anteil des Steueraufkommens. Dieses bemisst sich als Differenz der Steuerschuld nach einheimischem Recht und der bereits im Ausland getätigten Steuerzahlungen. Eine solche Methode wird von einigen US-Unternehmen wie Google genutzt, sodass diese Konzerne durch eine besonders niedrige Konzernsteuerquote auffallen (Finke et al., 2013). Die OECD-Initiative bietet eine Gelegenheit, die Check-the-box-Regelung abzuschaffen.

673. Den gemeinsamen Bemühungen, Steuerarbitrage durch Verlagerung von Patentrechten entgegenzuwirken, stehen außerdem die jüngsten Entwicklungen bei der Besteuerung von Einnahmen aus immateriellen Vermögensgegenständen entge-

gen. In den vergangenen Jahren haben einige Länder sogenannte **Patentboxen** eingeführt, die solche Einnahmen mit einem geringeren Steuersatz belasten als sonstige Einkünfte (Evers et al., 2013). In den Niederlanden gilt beispielsweise ein um 15 Prozentpunkte reduzierter Körperschaftsteuersatz von 5 %. Die einzelnen Regelungen unterscheiden sich zwar in den Voraussetzungen, haben jedoch alle eine signifikante Reduktion der Steuerbelastung gemein.

Damit wird die Attraktivität von Gewinnverlagerungen durch die Ansiedlung einer Patent-Holdinggesellschaft in einem dieser Länder für multinationale Konzerne noch erhöht. Dies ist ebenfalls eine Form von schädlichem Steuerwettbewerb. Staaten haben einen Anreiz, steuerliche Bemessungsgrundlagen, die keine oder nur eine geringe Bereitstellung von öffentlichen Gütern benötigen, durch niedrige Steuersätze anzulocken (Schön, 2009). Dies ist bei Patentrechten gegeben, wenn deren Erstellung öffentliche Güter wie Bildung und Infrastruktur in anderen Ländern beansprucht. Eine koordinierte Abschaffung dieser fragwürdigen Steuervergünstigungen wäre daher sinnvoll. Gelingt dies nicht, könnte sich Deutschland mit eigenen unilateralen Regelungen, etwa der Einrichtung einer Lizenzbox, gegen den Abfluss von Steuersubstrat wappnen. Eine Förderung von bereits erfolgreichen Forschungsprojekten anhand der Einnahmen ist nicht sinnvoll (OECD, 2014d).

Gewinnverlagerungen über Finanzierungsstrukturen

674. **Unterkapitalisierungsregeln** haben das Ziel, Verlagerungen von Bemessungsgrundlagen in Niedrigsteuerländer mit Hilfe von Finanzierungsstrukturen zu verhindern. ↘ KASTEN 31 Die empirische Literatur belegt, dass solche Regelungen den Verschuldungsgrad reduzieren (Büttner et al., 2012; Overesch und Wamser, 2010; Weichenrieder und Windischbauer, 2008). Eine von der OECD-Initiative angestrebte Ausweitung dieser Beschränkungen ist dennoch eher kritisch zu sehen, da für betroffene Unternehmen die Kapitalkosten erhöht und Investitionsanreize stark gemindert werden. Dies gilt selbst für Unternehmen, die keine Steuerplanung betreiben. Unterkapitalisierungsregeln verbieten nämlich teilweise den Abzug von Zinsaufwendungen, während Zinseinnahmen uneingeschränkt gewinnerhöhend berücksichtigt werden. Dies ist etwa bei der deutschen Zinsschranke der Fall (JG 2007 Ziffer 419).

675. Es ist nicht zielführend, dass die meisten Staaten auf der einen Seite einen steuerlichen Anreiz zur Fremdfinanzierung setzen (JG 2008 Ziffern 378 ff.; JG 2007 Ziffern 394 ff.), auf der anderen Seite aber gleichzeitig versuchen, ein Übermaß an Fremdfinanzierung mit Zinsabzugsverboten einzudämmen, die anhand willkürlicher Grenzwerte angewendet werden. Stattdessen wäre es sinnvoll, zu finanzierungsneutralen Steuersystemen überzugehen. Der Sachverständigenrat hat mit der **Zinsbereinigung des Grundkapitals** eine solche Reform vorgeschlagen, mit der Steuerarbitrage mittels konzerninterner Kredite grundsätzlich nicht mehr möglich ist (JG 2012 Ziffern 402 ff.). Andere Länder, zum Beispiel Belgien, sind durch Einführung von Zinsbereinigungselementen dem steuerlichen Anreiz zu höherer Fremdfinanzierung bereits entgegengetreten (Finke et al., 2012). Diese Maßnahmen sollten nicht durch internationale Koordination konterkariert oder gar als schädlicher Steuerwettbewerb eingestuft werden.

676. Eine Einführung von Quellensteuern auf Zinsen, die im Hinblick auf Gewinnverlagerungen in Steueroasen ohne signifikante Besteuerung zielführend sein kann (Finke et al., 2013), hätte den Vorteil, dass damit eine länderspezifische Anpassung der Verzerrungen von Finanzierungsentscheidungen möglich wäre. Es ist jedoch zu bedenken, dass die Quellensteuer auf Zinsen für eine vollumfängliche Abschaffung des Anreizes zur Steuerarbitrage genau der Differenz zwischen lokalem und ausländischem Steuersatz entsprechen muss. Damit wären bei Steuerreformen im Ausland jeweils Anpassungen erforderlich.

4. Fazit

677. Eine Koordination bei der Aufdeckung und Abschaffung von Steuervermeidungsmöglichkeiten ist grundsätzlich zu begrüßen. Sie sichert die Fähigkeit des Staates, seine Aufgaben zu erfüllen. Dabei sollte aber beachtet werden, dass es in Deutschland bereits viele Regelungen gibt, die Gewinnverlagerungen verhindern. Zusätzliche Regulierung könnte **Wohlfahrtsverluste** verursachen, die sich in einer geringeren privaten Investitionstätigkeit äußern. Die Sicherung des Steueraufkommens ist weder Selbstzweck, noch ließen sich damit hohe Mehreinnahmen erzielen.

Eine koordinierte Ausweitung ineffizienter Antimissbrauchsregeln, die erhebliche gesamtwirtschaftliche Kosten haben dürften, sollte in jedem Fall vermieden werden. Dies bezieht sich insbesondere auf eine Beschränkung der Fremdfinanzierung durch **Unterkapitalisierungsregeln**. Dadurch droht eine koordinierte Doppelbesteuerung bei fremdfinanzierten Investitionen zum Regelfall zu werden. Vielmehr ist nicht nachvollziehbar, warum Regelungen wie die Zinsbereinigung in Belgien, die auf die Beseitigung der steuerlichen Diskriminierung der Eigenfinanzierung zielen, in Zusammenhang mit schädlichem Steuerwettbewerb gebracht werden.

678. Ein wichtiger Schritt, um der Erosion der Steuerbasis entgegenzuwirken, besteht darin, die Steuerarbitrage durch **Verlagerung von Patentrechten** zu begrenzen. Gelingt es nicht, diese im Rahmen der BEPS-Initiative der OECD koordiniert abzuschaffen, sollte Deutschland unilateral die Einrichtung einer Lizenzbox in Erwägung ziehen. Von einer Regelung, mit der analog zur Zinsschranke eine Lizenzschranke eingeführt würde, ist hingegen abzuraten. Ähnlich wie die Zinsschranke würde diese zu einer Substanzbesteuerung führen, welche die Unternehmen übermäßig belasten würde.

ANHANG: INEFFIZIENZ DES FINANZAUSGLEICHS

679. Der Finanzausgleich zwischen den Ländern ist sehr komplex geregelt. Er enthält dabei einige Ausnahmen, die in ihrer Wirkung bestimmte Ländergruppen begünstigen, während andere Ausnahmen dieselben Ländergruppen belasten. Dies deutet darauf hin, dass eine **umfassende Vereinfachung** des Finanzausgleichs **möglich** wäre, ohne dass sich dabei die Verteilungssituation zwischen den Ländern allzu stark ändern würde. Dabei könnten die Anreize für die Länder erhöht werden, die eigene Wirtschaftskraft zu stärken. Die geringen Anreize sind das schwerwiegendste Problem des derzeitigen Finanzausgleichs.

680. Eine einfache Ersetzung des derzeitigen dreistufigen Finanzausgleichs durch einen einstufigen Ausgleich zwischen den Ländern mit einem linearen Tarif erlaubt es jedoch nicht, die derzeitige Verteilungssituation annähernd nachzubilden. Die Neuen Länder werden durch den Umsatzsteuervorausgleich und die allgemeinen BEZ deutlich stärker begünstigt, als die finanzstarken Geberländer zum Ausgleich herangezogen werden. Eine der beiden Gruppen würde somit wesentlich schlechter gestellt. Damit kann ein einfacher und zugleich an der heutigen Verteilungssituation orientierter Finanzausgleich **nicht ohne vertikale Finanzströme** auskommen.

681. Die hohen Zuweisungen an die Neuen Länder stehen dem Ziel entgegen, den Finanzausgleich anreizfreundlicher umzugestalten. Die vertikalen Finanzströme an die **Neuen Länder** sollten daher so gestaltet werden, dass sie nicht länger derart stark von den Steuereinnahmen des betreffenden Landes abhängen. Die weiterhin nicht sehr ausgeprägten Unterschiede zwischen den Neuen Ländern bei ihrer Finanzkraft ermöglichen es, diese **als Gruppe zu behandeln**. Damit würden die vertikalen Finanzströme zunächst anhand des Rückstands der Neuen Länder zum früheren Bundesgebiet bestimmt. Anschließend würde der Betrag auf die fünf Neuen Länder aufgeteilt. So entstünde ein Anreiz, innerhalb dieser Ländergruppe erfolgreicher zu sein. ↘ ZIFFER 618 Die Steuereinnahmen je Einwohner belaufen sich in den Neuen Ländern auf etwa 67 % des Niveaus im früheren Bundesgebiet.

Eine **vollständige Pauschalierung** wäre mit noch günstigeren Anreizen verbunden. Dabei würden die Zuweisungen vorab für einen längeren, jedoch begrenzten Zeitraum in absoluten Beträgen festgeschrieben, die unabhängig von der Einnahmeentwicklung der Neuen Länder ausgezahlt würden. Es tritt dann allerdings das Problem auf, dass bei weiterer Konvergenz zwischen Ost und West die Zuweisungen im Vergleich zu den anderen Ländern zu hoch oder zu niedrig ausfallen könnten.

Die **Stadtstaaten** sollten zusätzliche Finanzmasse nicht länger über die Einwohnerveredelung erhalten, sondern ebenfalls über vertikale Finanzströme. ↘ ZIFFER 619 Die direkte Definition der Ausgleichszuweisungen würde dabei zielgenaue Transfers an die Stadtstaaten ermöglichen. Außerdem bieten sich weitere Reformschritte an, mit denen die Finanzverteilung anreizfreundlicher gestaltet werden könnte. ↘ ZIFFERN 623 F.

682. Kombiniert man diese Reformschritte, so ließe sich die heutige Verteilungssituation gut nachbilden. Dies bedeutet zwar nicht, dass man zwingend dieses Ziel verfolgen muss. Der Status quo bildet jedenfalls einen guten Startpunkt der Diskussion, denn es erscheint wenig realistisch, dass sich die Länder und der Bund auf erheblich abweichende Ergebnisse einigen können.

Konkret werden im Folgenden die Verteilungs- und Anreizwirkungen eines Reformmodells auf Grundlage des Jahres 2013 bestimmt, das folgende Elemente umfasst: ↘ ZIFFER 612

Finanzausgleich

- Der Umsatzsteuervorausgleich und die allgemeinen BEZ entfallen.
- Beim Länderfinanzausgleich im engeren Sinne (LFA i.e.S.) wird ein linearer Tarif in Höhe von 58,5 % angewendet.
- Die Gemeindesteuern werden zu 100 % einbezogen. Das Prämienmodell (§ 7 Abs. 3 FAG) wird gestrichen.
- Die Gruppe der fünf Neuen Länder erhält Zuweisungen vom Bund, die sich auf 39 % des Rückstands ihrer Finanzkraft im Vergleich zum früheren Bundesgebiet belaufen. Diese Zuweisungen werden anschließend entsprechend der Einwohnerzahl auf die Neuen Länder verteilt. Die Zuweisungen werden beim LFA i.e.S. wie eigene Steuereinnahmen behandelt.
- Die Einwohnerveredelung entfällt. Die Stadtstaaten erhalten zur Kompensation Zuweisungen vom Bund, die sich auf 980 Euro je Einwohner belaufen. Diese Zuweisungen würden in den folgenden Jahren mit der Entwicklung des Gesamtsteueraufkommens fortgeschrieben. Sie erhöhen die Finanzkraft- und die Ausgleichsmesszahl der Stadtstaaten.

Steuerverteilung

- Das Erbschaftsteueraufkommen wird an den Bund übertragen.
- Die Gewerbesteuerumlage des Bundes entfällt, entsprechend wird die Umlage der Länder erhöht.
- Die Kompensationszahlungen für die Übertragung der Kraftfahrzeugsteuer entfallen und werden durch die Umsatzsteuerverteilung kompensiert.
- Das Aufkommen der nicht veranlagten Steuern vom Ertrag (Kapitalertragsteuer auf Dividenden) wird mit dem Verteilungsschlüssel der Körperschaftsteuer nach Betriebsstätten zerlegt.
- Die Länder erhalten zusätzliches Umsatzsteueraufkommen vom Bund in Höhe von 3,26 Mrd Euro, um den Bund sowie die Ländergesamtheit weder besser noch schlechter zu stellen.

683. Bei dem skizzierten Reformmodell reduzieren sich die **Grenzabschöpfungsquoten** im Durchschnitt von 80 % auf knapp unter 69 %, somit um etwas mehr als elf Prozentpunkte. Für die reinen Geberländer gehen sie nur leicht zurück, sie weisen

bereits heute die niedrigsten Werte auf. Die Rückgänge sind somit bei den Ländern überdurchschnittlich, die heute die höchsten Abschöpfungsquoten haben. Eine noch stärkere Reduktion der Quoten ist angesichts des derzeitigen starken Ausgleichs kaum möglich. Schwierigkeiten bereitet dabei zudem die Umsatzsteuer, die wegen ihrer Verteilung nach Einwohnern sehr hohe Abschöpfungsquoten impliziert.

684. Die **Finanzverteilung** würde der heutigen sehr nah kommen. Alle Abweichungen liegen unterhalb der durchschnittlichen jährlichen Steigerungsrate des Steueraufkommens. Dies dürfte kein Land überfordern. Für viele Länder wäre die Abweichung fast unbedeutend. So wäre die Gruppe der drei reinen Geberländer (Bayern, Baden-Württemberg und Hessen) gegenüber der heutigen Verteilung quasi gleichgestellt, sie erhielten lediglich 30 Mio Euro mehr.

Der Bund würde gegenüber dem heutigen Ausgleichssystem weder begünstigt noch schlechter gestellt. Er erhält Mehreinnahmen durch die Abschaffung der Kraftfahrzeugsteuer-Kompensation (9,0 Mrd Euro) und durch die Übertragung der Erbschaftsteuer (4,6 Mrd Euro). Zudem entfallen die allgemeinen Bundesergänzungszuweisungen in Höhe von 3,2 Mrd Euro. Der Verzicht auf die Gewerbesteuerumlage bedeutet hingegen Mindereinnahmen von 1,6 Mrd Euro. Die neuen vertikalen Finanzströme belaufen sich beim Reformmodell auf 6,3 Mrd Euro für die Neuen Länder und 5,7 Mrd Euro für die Stadtstaaten.

685. Die **Neuen Länder** werden in der Summe leicht schlechter gestellt. Dies liegt daran, dass sie ansonsten gegenüber finanzschwachen Ländern des früheren Bundesgebiets bessergestellt würden. Dabei würde Brandenburg Zugewinne verzeichnen, während die anderen Neuen Länder eine geringere Finanzausstattung hätten. Dies liegt an der relativ höheren Finanzkraft Brandenburgs, die derzeit nahezu vollständig durch die hohen Abschöpfungsquoten eingeebnet wird. Es entspricht dem Ziel, einen anreizfreundlicheren Finanzausgleich zu schaffen, dass Unterschiede in der Steuerkraft nach dem Ausgleich sichtbar bleiben. Aus demselben Grund würde das **Saarland** etwas verlieren. Über die Ausgestaltung der Konsolidierungshilfen, die vermutlich über das Jahr 2019 hinaus erforderlich sein werden, ließe sich verhältnismäßig einfach eine Kompensation für das Saarland finden.

Die Abweichungen bei den **anderen Flächenländern des früheren Bundesgebiets** sind insgesamt sehr klein. Sie resultieren zum Beispiel aus der vollständigen Berücksichtigung der Gemeindesteuern, wovon die Länder unterschiedlich betroffen sind. Außerdem gewänne Nordrhein-Westfalen hinzu, da es derzeit besonders negativ vom Umsatzsteuervorausgleich betroffen ist.

Bei den **Stadtstaaten** zeigen sich eine höhere Finanzausstattung von Hamburg und zugleich eine jeweils geringere von Bremen und Berlin. Das Niveau ist von der im Modell beispielhaft gewählten Höhe der Zuweisungen für jeden Einwohner der Stadtstaaten determiniert. Die Unterschiede zwischen den Stadtstaaten sind hiervon jedoch kaum beeinflusst. Bei letzteren gilt erneut, dass sich die Unterschiede bei der Finanzkraft nun etwas stärker im Verteilungsergebnis widerspiegeln würden. Die Stadtstaaten wären die größten Gewinner bei einer Übertragung weiterer Sozialleistungen an den Bund. Hierüber könnten Bremen und Berlin kompensiert werden.

TABELLE 22
Beispielhafte Berechnungen zu einem anreizfreundlicherem Länderfinanzausgleich

Beispielhafte Berechnungen zu einem anreizfreundlicheren Länderfinanzausgleich[1]
Mio Euro

	AL	NW	BY	BW	NI	HE	SN	RP	ST	SH	TH	BB	MV	SL	BE	HH	HB
Einwohner (Tausend), 2013	80 586	17 546	12 549	10 598	7 789	6 025	4 042	3 989	2 249	2 808	2 164	2 447	1 597	992	3 394	1 743	655
Steuern nach dem Aufkommen, 2013	134 419	29 069	26 846	20 646	11 418	12 217	3 627	6 362	2 028	4 395	1 923	2 686	1 441	1 314	5 195	4 290	960
abzgl. Erbschaftsteuer	4 633	1 113	1 078	797	319	437	27	215	13	151	12	18	9	40	202	171	32
abzgl. Kraftfahrzeugsteuerkompensation	8 992	1 904	1 549	1 305	896	691	402	483	232	319	230	269	163	119	212	162	55
zzgl. Gewerbesteuerumlage des Bundes	1 575	309	319	255	150	152	45	72	28	47	23	28	16	13	48	57	13
Zerlegung nicht veranlagte Steuern vom Ertrag[2]	0	-156	-298	-109	105	86	80	32	-50	196	59	101	40	1	58	-149	4
Steuern nach dem Aufkommen, Modell	122 370	26 205	24 241	18 690	10 458	11 326	3 323	5 768	1 761	4 169	1 764	2 529	1 325	1 168	4 889	3 865	890
Förderabgaben	745	0	1	0	589	0	1	11	1	138	2	1	0	0	0	0	0
Umsatzsteueranteil der Länder, 2013	87 831	16 753	11 892	10 042	8 808	5 709	6 753	4 021	3 748	2 911	3 633	3 625	2 661	1 254	3 630	1 651	739
Änderung der vertikalen Umsatzsteuerverteilung	3 260																
Umsatzsteueranteil der Länder, Modell	91 091	19 833	14 185	11 979	8 804	6 810	4 569	4 509	2 542	3 174	2 446	2 767	1 805	1 121	3 837	1 970	740
Gemeindesteuern, 2013 (zu 64 %)	55 451	11 815	10 310	8 952	5 170	5 124	1 655	2 553	937	1 692	866	1 147	611	532	1 865	1 794	429
Gemeindesteuern, Modell (zu 100 %)	86 642	18 461	16 109	13 988	8 078	8 006	2 586	3 990	1 465	2 643	1 352	1 792	954	831	2 914	2 804	670
Einnahmen der Länder, Modell	300 847	64 500	54 535	44 657	27 930	26 143	10 479	14 277	5 768	10 124	5 563	7 087	4 085	3 120	11 640	8 639	2 300
je Einwohner früheres Bundesgebiet (Euro)	3 934																
je Einwohner Neue Länder (Euro)	2 639																
relativ zum früheren Bundesgebiet (%)	67,1																
Zuweisungen an die Neuen Länder	6 314																
Verteilung nach Einwohnern	6 314											1 236	807				
Einnahmen (nach Zuweisung an Neue Länder)	307 161	64 500	54 535	44 657	27 930	26 143	12 520	14 277	6 904	10 124	6 656	8 324	4 892	3 120	11 640	8 639	2 300
hypothetisch, bei einheitlicher Verteilung		66 878	47 832	40 395	29 689	22 965	15 405	15 203	8 572	10 704	8 247	9 329	6 087	3 780	12 937	6 643	2 495
Zuweisungen an die Stadtstaaten	5 676														3 326	1 708	641
Finanzkraftmesszahl, Modell	312 837	64 500	54 535	44 657	27 930	26 143	12 520	14 277	6 904	10 124	6 656	8 324	4 892	3 120	14 966	10 347	2 941
Ausgleichsmesszahl, Modell	312 837	66 878	47 832	40 395	29 689	22 965	15 405	15 203	8 572	10 704	8 247	9 329	6 087	3 780	16 263	8 350	3 136
Finanzkraftmesszahl in % der Ausgleichsmesszahl		96,4	114,0	110,6	94,1	113,8	81,3	93,9	80,5	94,6	80,7	89,2	80,4	82,5	92,0	123,9	93,8
Zuweisungen/Beiträge im Finanzausgleich, Modell	0	1 391	-3 921	-2 493	1 029	-1 859	1 688	541	976	339	931	588	699	386	759	-1 168	114
Einnahmen nach Länderfinanzausgleich, Modell	312 837	65 891	50 614	42 164	28 959	24 284	14 208	14 819	7 880	10 463	7 587	8 912	5 591	3 506	15 725	9 179	3 055
Einnahmen nach Länderfinanzausgleich, 2013[3]	312 812	65 316	50 540	42 261	29 001	24 230	14 370	14 758	8 030	10 345	7 675	8 842	5 699	3 602	16 119	8 877	3 146
Differenz, 2013	24	575	74	-98	-42	54	-162	61	-150	118	-88	70	-108	-96	-395	302	-91
Differenz (%)	0,0	0,9	0,1	-0,2	-0,1	0,2	-1,1	0,4	-1,9	1,1	-1,1	0,8	-1,9	-2,7	-2,4	3,4	-2,9
Grenzabschöpfungsquoten, Modell (%)	68,7	55,1	58,0	60,1	64,4	63,9	76,3	67,9	76,6	68,9	76,6	74,8	76,7	72,5	69,0	66,4	71,2
Grenzabschöpfungsquoten, 2013 (%)	80,0	68,2	59,1	60,8	78,8	65,0	85,7	84,0	87,6	85,7	87,9	87,1	88,9	88,4	85,2	79,3	87,6
Differenz (Prozentpunkte)	-11,3	-13,0	-1,1	-0,7	-14,4	-1,1	-9,4	-16,1	-10,9	-16,8	-11,3	-12,3	-12,2	-15,9	-16,1	-12,9	-16,4

1 – Eigene Berechnungen. AL - Alle Länder, NW - Nordrhein-Westfalen, BY - Bayern, BW - Baden-Württemberg, NI - Niedersachsen, HE - Hessen, SN - Sachsen, RP - Rheinland-Pfalz, ST - Sachsen-Anhalt, SH - Schleswig-Holstein, TH - Thüringen, BB - Brandenburg, MV - Mecklenburg-Vorpommern, SL - Saarland, BE - Berlin, HH - Hamburg und HB - Bremen. 2 – Vorgesehen ist die Zerlegung nach Betriebsstätten. Näherungsweise wurde hier eine Verteilung entsprechend der Anteile am Körperschaftsteueraufkommen angenommen. 3 – Gemeindesteuern zu 100 %.

Quelle für Grundzahlen: BMF

SVR-14-390

LITERATUR ZUM KAPITEL

Arndt, C., C.M. Buch und M.E. Schnitzer (2010), FDI and domestic investment: An industry-level view, *The B.E. Journal of Economic Analysis & Policy* 10, 1-22.

Auerbach, A.J., M.P. Devereux und H. Simpson (2010), Taxing corporate income, in: Institute for Fiscal Studies (Hrsg.): *Dimensions of tax design – The Mirrlees review*, Oxford University Press, Oxford, 837-913.

Bach, S. (2013), Unternehmensbesteuerung: Hohe Gewinne – mäßige Steuereinnahmen, *DIW Wochenbericht* 22+23/2013, 3-12.

Bach, S. und N. Dwenger (2007), Unternehmensbesteuerung: Trotz hoher Steuersätze mäßiges Aufkommen, *DIW Wochenbericht* 5/2007, 57-65.

Baldwin, R.E. und P. Krugman (2004), Agglomeration, integration and tax harmonisation, *European Economic Review* 48, 1-23.

Barankay, I. und B. Lockwood (2007), Decentralization and the productive efficiency of government: Evidence from Swiss cantons, *Journal of Public Economics* 91, 1197-1218.

Baretti, C., B. Huber und K. Lichtblau (2002), A tax on tax revenue: The incentive effects of equalizing transfers: Evidence from Germany, *International Tax and Public Finance* 9, 631-649.

Baskaran, T, L.P. Feld und J. Schnellenbach (2014a), *Fiscal federalism, decentralization and economic growth: Survey and meta-analysis*, CESifo Working Paper No. 4985, München.

Baskaran, T, L.P. Feld und S. Necker (2014b), *Depressing dependence: Transfers and economic growth in the German states*, Arbeitspapier, Albert-Ludwigs-Universität Freiburg, mimeo.

Beer, S. und J. Loeprick (2013), *Profit shifting: Drivers and potential countermeasures*, WU International Taxation Research Paper No. 2013-03, Wirtschaftsuniversität Wien.

Bergstrom, T.C., J.A. Roberts, D.L. Rubinfeld und P. Shapiro (1988), A test for efficiency in the supply of public education, *Journal of Public Economics* 35, 289-307.

Bönke, T., B. Jochimsen und C. Schröder (2013), *Fiscal federalism and tax administration: Evidence from Germany*, Discussion Paper 1307, DIW, Berlin.

Brülhart, M., M. Jametti und K. Schmidheiny (2012), Do agglomeration economies reduce the sensitivity of firm location to tax differentials?, *Economic Journal* 122, 1069-1093.

Büttner, T. (2006), The incentive effect of fiscal equalization transfers on tax policy, *Journal of Public Economics* 90, 477-497.

Büttner, T., M. Overesch, U. Schreiber und G. Wamser (2012), The impact of thin-capitalization rules on the capital structure of multinational firms, *Journal of Public Economics* 96, 930-938.

Büttner, T. und G. Wamser (2013), Internal debt and multinational profit shifting: Empirical evidence from firm-level panel data, *National Tax Journal* 66, 63-95.

Desai, M.A., C.F. Foley und J.R. Hines (2009), Domestic effects of the foreign activities of US multinationals, *American Economic Journal: Economic Policy* 1, 181-203.

Deubel, I. (2014), Wie stark muss der Finanzausgleich im Jahr 2020 ausgleichen, damit (fast) alle Länder die Schuldenbremse einhalten können?, *ifo Schnelldienst* 1/2014, 43-51.

Deutsche Bundesbank (2014a), Zur Reform der föderalen Finanzbeziehungen, *Monatsbericht* September, 35-54.

Deutsche Bundesbank (2014b), Die deutsche Zahlungsbilanz für das Jahr 2013, *Monatsbericht* März, 37-53.

Dharmapala, D. (2014), *What do we know about base erosion and profit shifting? A review of the empirical literature*, CESifo Working Paper No. 4612, München.

Dharmapala, D. und N. Riedel (2013), Earnings shocks and tax-motivated income-shifting: Evidence from European multinationals, *Journal of Public Economics* 97, 95-107.

Egger, P., M. Koethenbuerger und M. Smart (2010), Do fiscal transfers alleviate business tax competition? Evidence from Germany, *Journal of Public Economics* 94, 235-246.

Evers, L., H. Miller und C. Spengel (2013), *Intellectual property box regimes: Effective tax rates and tax policy considerations*, ZEW Discussion Paper No. 13-070, Mannheim.

Fehr, H. und M. Tröger (2003), Die Anreizwirkungen des Länderfinanzausgleichs: Reformanspruch und Wirklichkeit, *Vierteljahrshefte zur Wirtschaftsforschung* 72, 391-406.

Feld, L.P. (2009), *Braucht die Schweiz eine materielle Steuerharmonisierung?*, economiesuisse – Verband der Schweizer Unternehmen, Zürich.

Feld, L.P. (2004), *Der Wettbewerbsföderalismus als Rahmenbedingung und Impuls wirtschaftlichen Handelns*, Volkswirtschaftliche Beiträge Nr. 28/2004, Philipps-Universität Marburg.

Feld, L.P. (2000), Tax competition and income redistribution: An empirical analysis for Switzerland, *Public Choice* 105, 125-164.

Feld, L.P., J. Schnellenbach und T. Baskaran (2012), Creative destruction and fiscal institutions: A long-run case study of three regions, *Journal of Evolutionary Economics* 22, 563-583.

Feld, L.P., J.A.V. Fischer und G. Kirchgässner (2010), The effect of direct democracy on income redistribution: Evidence for Switzerland, *Economic Inquiry* 48, 817-840.

Feld, L.P. und G. Kirchgässner (2003), The impact of corporate and personal income taxes on the location of firms and on employment: Some panel evidence for the Swiss cantons, *Journal of Public Economics* 87, 129-155.

Feld, L.P., G. Kirchgässner und C.A. Schaltegger (2005), Fiskalischer Föderalismus und wirtschaftliche Entwicklung: Evidenz für die Schweizer Kantone, *Review of Regional Research* 25, 3-25.

Feld, L.P., G. Kirchgässner und C.A. Schaltegger (2004), *Fiscal federalism and economic performance: Evidence from Swiss cantons*, Volkswirtschaftliche Beiträge Nr. 20/2004, Philipps-Universität Marburg.

Feld, L.P., G. Kirchgässner und C.A. Schaltegger (2003), *Decentralized taxation and the size of government: Evidence from Swiss state and local governments*, CESifo Working Paper No. 1087, München.

Feld, L.P., H. Kube und J. Schnellenbach (2013), *Optionen für eine Reform des bundesdeutschen Finanzausgleichs*, Gutachten im Auftrag der FDP-Landtagsfraktionen der Länder Baden-Württemberg, Bayern und Hessen.

Feld, L.P. und C.A. Schaltegger (2010), Political stability and fiscal policy: Time series evidence for the Swiss federal level since 1849, *Public Choice* 144, 505-534.

Feld, L.P. und J. Schnellenbach (2011), Fiscal federalism and long-run macroeconomic performance: A survey of recent research, *Environment and Planning C: Government and Policy* 29, 224-243.

Finke, K., J.H. Heckemeyer und C. Spengel (2012), *Konsequenzen einer zinsbereinigten Bemessungsgrundlage für die Steuerbelastung deutscher Unternehmen und das Steueraufkommen*, Untersuchung des Zentrum für Europäische Wirtschaftsforschung für Die Familienunternehmer – ASU, Berlin.

Finke, K., C. Fuest, J.H. Heckemeyer, H. Nusser und C. Spengel (2013), Profit shifting and „aggressive" tax planning by multinational firms: Issues and options for reform, *World Tax Journal* 5, 307-324.

French, K.R. und J.M. Poterba (1991), Investor diversification and international equity markets, *American Economic Review* 81, 222-226.

Fuest, C. und M. Thöne (2013), *Durchsetzung der Schuldenbremse in den Bundesländern*, Kurzstudie im Auftrage des Bayerischen Staatsministeriums für Wirtschaft, Infrastruktur, Verkehr und Technologie, Köln.

Fuest, C. und M. Thöne (2009), *Reform des Finanzföderalismus in Deutschland*, Kleine Handbibliothek Band 37, Stiftung Marktwirtschaft – Frankfurter Institut, Berlin.

Gemmel, N., R. Kneller und I. Sanz (2013), Fiscal decentralization and economic growth: Spending versus revenue decentralization, *Economic Inquiry* 51, 1915-1931.

Geske, O.-E. (2014), Wird es bald einen neuen Länderfinanzausgleich geben?, *Wirtschaftsdienst* 94, 638-644.

Goodspeed, T.J. (2002), Bailouts in a federation, *International Tax and Public Finance* 9, 409-421.

Halder, G., W. Münzenmaier und R. Weiß (2013), *BIP statt Steuerkraft als Ausgleichsgröße im Länderfinanzausgleich*, Statistische Analysen 1/2013, Statistisches Landesamt Baden-Württemberg, Stuttgart.

Heckemeyer, J.H. und M. Overesch (2013), *Multinationals' profit response to tax differentials: Effect size and shifting channels*, ZEW Discussion Paper No. 13-045, Mannheim.

Heckemeyer, J.H. und C. Spengel (2009), Gewinnverlagerung multinationaler Unternehmen ins Ausland: Eine Klarstellung, *Der Betrieb* 62, 133-135.

Heckemeyer, J.H. und C. Spengel (2008), Ausmaß der Gewinnverlagerung multinationaler Unternehmen – Empirische Evidenz und Implikationen für die deutsche Steuerpolitik, *Perspektiven der Wirtschaftspolitik* 9, 37-61.

Homburg, S. (1994), Anreizwirkungen des deutschen Finanzausgleichs, *FinanzArchiv N.F.* 51, 312-330.

Huizinga, H. und L. Laeven (2008), International profit shifting within multinationals: A multi-country perspective, *Journal of Public Economics* 92, 1164-1182.

Jochimsen, B. und R. Nuscheler (2011), The political economy of the German Länder deficits: Weak governments meet strong finance ministers, *Applied Economics* 43, 2399-2415.

Kirchgässner, G. (2002), Föderalismus und Staatsquote, in: Wagschal, U. und H. Rentsch (Hrsg.): *Der Preis des Föderalismus*, Orell Füssli, Zürich, 71-92.

Kirchgässner, G. und W.W. Pommerehne (1996), Tax harmonization and tax competition in the European Union: Lessons from Switzerland, *Journal of Public Economics* 60, 351-371.

Kitterer, W. und R.C. Plachta (2008), *Reform des Bund-Länder-Finanzausgleichs als Kernelement einer Modernisierung des deutschen Föderalismus*, Nomos, Baden-Baden.

Korioth, S. (2014), *Stellungnahme zum Normenkontrollantrag der Länder Bayern und Hessen zum bundesstaatlichen Finanzausgleich*, München.

Lenk, T. (2014), *Föderalismusreform III: Kritische Analyse der föderalen Finanzbeziehungen und aktuell diskutierte Reformansätze*, ifst-Schrift Nr. 501, Berlin.

Lohse, T. und N. Riedel (2013), *Do transfer pricing laws limit international income shifting? Evidence from european multinationals*, CESifo Working Paper No. 4404, München.

Moessinger, M.-D. (2014), Do the personal characteristics of finance ministers affect changes in public debt?, *Public Choice* 161, 183-207.

de Mooij, R. und G. Nicodème (2007), *Corporate tax policy, entrepreneurship and incorporation in the EU*, Tinbergen Institute Discussion Paper 2007-030/3, Amsterdam.

Münzenmaier, W. und R. Weiß (2014a), *Auswirkungen einer geänderten Lohnsteuerzerlegung: Quantifizierung pendlerbedingter Zerlegungseffekte und Bedeutung der zentralen Lohnsteuerabführung*, Statistische Analysen 2/2014, Statistisches Landesamt Baden-Württemberg, Stuttgart, im Erscheinen.

Münzenmaier, W. und R. Weiß (2014b), Auswirkungen einer Lohnsteuerzerlegung nach Arbeitsort im Länderfinanzausgleich, *Wirtschaftsdienst* 94, 732-739.

New York Times (2013), *Apple's move keeps profit out of reach of taxes*, http://www.nytimes.com/2013/05/03/business/how-apple-and-other-corporations-move-profit-to-avoid-taxes.html?pagewanted=all&_r=1&, 2. Mai 2013.

OECD (2014a), *Guidance on transfer pricing documentation and country-by-country reporting*, OECD/G20 base erosion and profit shifting project, Organisation for Economic Co-operation and Development, Paris.

OECD (2014b), *Transfer pricing comparability data and developing countries*, Organisation for Economic Co-operation and Development, Paris.

OECD (2014c), *Guidance on transfer pricing aspects of intangibles*, OECD/G20 base erosion and profit shifting project, Organisation for Economic Co-operation and Development, Paris.

OECD (2014d), *Countering harmful tax practices more effectively, taking into account transparency and substance*, OECD/G20 base erosion and profit shifting project, Organisation for Economic Co-operation and Development, Paris.

OECD (2013), *Action plan on base erosion and profit shifting*, Organisation for Economic Co-operation and Development, Paris.

Overesch, M. und G. Wamser (2010), Corporate tax planning and thin-capitalization rules: Evidence from a quasi-experiment, *Applied Economics* 42, 563-573.

Ragnitz, J. (2014a), Länderfinanzausgleich: Zeit für grundlegende Reformen!, *ifo Schnelldienst* 01/2014, 21-25.

Ragnitz, J. (2014b), Altschuldenentlastung der Bundesländer: Verteilungswirkungen ausgewählter Vorschläge, *Wirtschaftsdienst* 94, 631-637.

Ragnitz, J. (2013), Wie funktioniert eigentlich der Länderfinanzausgleich?, *ifo Dresden berichtet* 20, 05-19.

Rodden, J.A. (2006), *Hamilton's paradox: The promise and peril of fiscal federalism*, Cambridge University Press, Cambridge.

Ruf, M. und A.J. Weichenrieder (2012), The taxation of passive foreign investment: Lessons from German experience, *Canadian Journal of Economics* 45, 1504-1528.

Schaltegger, C.A. (2003), Fiskalischer Föderalismus und Staatstätigkeit, *Zeitschrift für Wirtschaftspolitik* 52, 84-110.

Schaltegger, C.A. (2001a), Ist der schweizer Föderalismus zu kleinräumig?, *Swiss Political Science Review* 7, 1-18.

Schaltegger, C.A. (2001b), The effects of federalism and democracy on the size of government: Evidence from Swiss sub-national jurisdictions, *ifo-Studien* 47, 145-162.

Scherf, W. (2000), Der Länderfinanzausgleich in Deutschland – Ungelöste Probleme und Ansatzpunkte einer Reform, Finanzwissenschaftliche Schriften Bd. 101, Verlag Peter Lang, Frankfurt am Main.

Schön, W. (2009), International tax coordination for a second-best world (part I), *World Tax Journal* 1, 67-114.

Seitz, H. (2008), Die Bundesbestimmtheit der Länderausgaben, *Wirtschaftsdienst* 88, 340-348.

Seitz, H. (2006), *Einwohnerwertung der Stadtstaaten unter besonderer Berücksichtigung der Situation Bremens*, unveröffentlichtes Gutachten im Auftrag der Freien Hansestadt Bremen, Berlin.

Seitz, H. (1999), Subnational government bailouts in Germany, ZEI Working Paper No. B 20-1999, Bonn.

Spengel, C. et al. (2013), *Effective tax levels using the Devereux/Griffith methodology*, Project for the EU Commission TAXUD/2013/CC/120, Intermediate Report 2013, ZEW, Mannheim.

The President's Advisory Panel on Federal Tax Reform (2005), *Simple, fair, and pro-growth: Proposals to fix America's tax system*, Washington, DC.

Voget, J. (2011), Relocation of headquarters and international taxation, *Journal of Public Economics* 95, 1067-1081.

Weichenrieder, A. und H. Windischbauer (2008), *Thin-capitalization rules and company responses: Experience from German legislation*, CESifo Working Paper No. 2456, München.

Wiegard, W. (2006), Reform des föderalen Finanzsystems aus ökonomischer Sicht, in: Wendisch, P. und M. Fonger (Hrsg.): *Reform des föderalen Finanzsystems in Deutschland*, Nomos, Baden-Baden, 19-32

ANALYSE: EINKOMMENS- UND VERMÖGENSVERTEILUNG IN DEUTSCHLAND

I. Einkommensverteilung

II. Vermögensverteilung

Literatur

EINKOMMENS- UND VERMÖGENSVERTEILUNG IN DEUTSCHLAND

686. Der Sachverständigenrat legt regelmäßig eine Analyse zur Verteilung der Einkommen und Vermögen in Deutschland vor. Dazu werden vor allem Daten des **Sozio-oekonomischen Panels (SOEP)** verwendet. Bei diesem handelt es sich um eine repräsentative Wiederholungsbefragung von Haushalten, die im jährlichen Rhythmus durchgeführt wird, in Westdeutschland seit dem Jahr 1984 und in Ostdeutschland seit dem Jahr 1990 (Wagner et al., 2007). Im Zeitverlauf wurde die Stichprobe des SOEP mehrfach erweitert. Im Erhebungsjahr 2012 hatte das SOEP einen Stichprobenumfang von knapp 22 000 befragten Personen in rund 10 000 Haushalten.

Als Haushaltsbefragung mit freiwilliger Teilnahme dürften im SOEP – wie bei allen anderen Haushaltsbefragungen dieser Art – die auskunftswilligen Haushalte überproportional den mittleren Einkommens- und Vermögensbereichen angehören. Haushalte mit sehr niedrigen und sehr hohen Einkommen oder Vermögen dürften dagegen nur unzureichend erfasst werden. Es ist deshalb zu vermuten, dass das SOEP eine sogenannte **Mittelstandsverzerrung** aufweist (Becker und Hauser, 2003). Seit dem Jahr 2002 werden deshalb im SOEP mittels einer gesonderten Stichprobe Hocheinkommensbezieher separat erfasst. Auf diese Weise gelingt es, eine entsprechende Verzerrung am oberen Rand der Verteilung zu reduzieren (Frick et al., 2007). Da die Auskunftsbereitschaft und -genauigkeit bei Fragen zur Vermögenssituation geringer ausfällt als bei anderen Themen, werden diese Informationen speziell auf ihre Konsistenz geprüft und fehlende Werte durch multiple Imputationsverfahren ergänzt (Frick et al., 2010).

687. Mit dem SOEP kann ein repräsentatives Bild der Lebenslagen von Haushalten in Deutschland ermittelt werden. Dabei werden diese unter anderem detailliert zu ihren Einkommen befragt. Die derzeit vorliegenden aktuellsten SOEP-Daten wurden im Jahr 2012 erhoben. Sie geben bezogen auf die **Einkommen** den Datenstand des Jahres 2011 wieder. Zwar wird die für die Erhebung der Einkommen notwendige Befragung jährlich durchgeführt; entsprechende Ergebnisse für das Jahr 2013 (Datenstand 2012) wurden allerdings bisher nicht veröffentlicht. Insofern stellt die Einkommensanalyse lediglich eine Vertiefung der bereits im Jahresgutachten 2013/14 vorgestellten trendmäßigen Entwicklung der Einkommensverteilung bis zum Jahr 2011 dar (JG 2013 Ziffern 676 ff.).

Die vorliegenden Vermögensdaten geben hingegen den Datenstand des Jahres 2012 wieder. Da die entsprechende Schwerpunktbefragung zur **Vermögenssituation** lediglich alle fünf Jahre durchgeführt wird, basiert die Vermögensanalyse auf dem derzeit aktuellsten Datenstand.

I. EINKOMMENSVERTEILUNG

Verwendete Einkommenskonzepte

688. Wie in früheren Jahresgutachten werden im Folgenden bei der Analyse der Einkommensverteilung in Deutschland mit dem Markteinkommen, dem Haushaltsnettoeinkommen und dem Gesamteinkommen drei unterschiedliche Einkommenskonzepte verwendet. Dabei weisen die Tabellen die jeweiligen Einkommen durchgehend in Preisen des Jahres 2005 aus.

689. Die **Markteinkommen** der Haushalte umfassen die Einkommen aus selbstständiger und abhängiger Erwerbstätigkeit sowie aus Vermögen einschließlich privater Transfers. Dabei werden den Einkommen aus abhängiger Erwerbstätigkeit die Arbeitgeberbeiträge zu den Sozialversicherungen nicht hinzugerechnet. Allerdings wird den Beamtengehältern ein fiktiver Arbeitnehmeranteil für nicht bezahlte Sozialversicherungsbeiträge von 15 % zugeschlagen, um die Vergleichbarkeit mit den für die sozialversicherungspflichtigen Arbeitnehmer anfallenden Einkommen aus abhängiger Erwerbstätigkeit zu gewährleisten.

Die Vermögenseinkommen umfassen die Kapitaleinkommen (Zinsen, Dividenden sowie Einkünfte aus Vermietung und Verpachtung) und den Mietwert selbstgenutzten Wohneigentums. Bei diesem wird wie bei den Einkünften aus Vermietung und Verpachtung der Finanzierungs- und Instandhaltungsaufwand wertmindernd berücksichtigt. Außerdem werden Einkünfte aus privaten Renten (unter anderem Renten aus privaten Rentenversicherungen, der Zusatzversorgung des öffentlichen Dienstes und Betriebsrenten) bei der Ermittlung der Markteinkommen der Haushalte erfasst.

690. Die **Haushaltsnettoeinkommen** werden berechnet, indem von den Markteinkommen die Einkommensteuer und der Arbeitnehmeranteil der Pflichtbeiträge zu den Sozialversicherungen abgezogen und die Renten aus der Gesetzlichen Rentenversicherung (GRV) sowie staatliche Transfers addiert werden. Folglich ist das Haushaltsnettoeinkommen nicht das verfügbare Einkommen eines Haushalts. Denn um dieses zu ermitteln, müssten noch Aufwendungen für freiwillige Versicherungen und für die private Altersvorsorge abgezogen werden. Das Haushaltsnettoeinkommen kommt dem verfügbaren Einkommen aber unter den drei hier verwendeten Einkommenskonzepten am nächsten.

691. Um eine personenbasierte Analyse der auf Haushaltsebene erhobenen Markt- und Haushaltsnettoeinkommen durchführen zu können und dabei die Skaleneffekte einer gemeinsamen Haushaltsführung sowie die verschieden hohen Bedarfe der einzelnen Haushaltsmitglieder zu berücksichtigen, wird eine **Äquivalenzgewichtung** vorgenommen. Die hier verwendete aktuelle (modifizierte) OECD-Skala weist dem Haushaltsvorstand ein Gewicht von 1, allen weiteren Haushaltsmitgliedern ab einem Alter von 15 Jahren ein Gewicht von 0,5 und Kindern unter 15 Jahren ein Gewicht von 0,3 zu. Zur Ermittlung des Marktäquivalenzeinkommens und des äquivalenzgewichteten Haushaltsnettoeinkommens pro Haushaltsmitglied werden das Markteinkommen des Haushalts bezie-

hungsweise das Haushaltsnettoeinkommen jeweils durch die Summe der Äquivalenzgewichte aller Haushaltsmitglieder geteilt.

692. Im Rahmen der hier vorgelegten Einkommensanalysen wird zudem auf das **Gesamteinkommen** zurückgegriffen. Dieses setzt sich aus dem Markteinkommen zuzüglich der gesetzlichen Renten und der Sozialtransfers zusammen und unterscheidet sich vom Haushaltsnettoeinkommen dadurch, dass die Einkommensteuer und die Sozialabgaben nicht abgezogen werden.

693. Die nachfolgenden Analysen haben zum Ziel, ein detailliertes Bild der Einkommensverteilung in Deutschland zu zeichnen. Dabei wird nicht nach den zahlreichen und zum Teil schwer zu ermittelnden Bestimmungsgründen für das Ausmaß der Ungleichheit zu einem Zeitpunkt und für die Entwicklungen der Ungleichheit im Zeitverlauf gesucht. Zu diesen Ursachen gehören insbesondere demografische, wirtschaftliche und institutionelle Faktoren. So beeinflusst beispielsweise der demografische Wandel die Altersstruktur der Erwerbsbevölkerung, womit eine steigende Ungleichheit der Markteinkommen einhergeht. ↘ ZIFFERN 521 FF. Gleiches gilt für eine Änderung der Erwerbsbeteiligung, zum Beispiel von Frauen, Älteren oder Geringqualifizierten. Speziell im internationalen Vergleich sind institutionelle Rahmenbedingungen, wie etwa unterschiedliche Rentenversicherungssysteme, zu berücksichtigen. ↘ ZIFFER 527

Entwicklung, Verteilung und Zusammensetzung der Einkommen

694. In Deutschland lag der Mittelwert der äquivalenzgewichteten Markteinkommen im Jahr 2011 bei knapp 23 000 Euro. Der Median, der die Verteilung der **Marktäquivalenzeinkommen** in zwei Hälften teilt, lag bei rund 18 700 Euro. Damit sind der Mittelwert und der Median der Marktäquivalenzeinkommen erstmals seit dem Jahr 2004 beziehungsweise dem Jahr 2005 gegenüber dem Vorjahr wieder leicht gesunken. ↘ TABELLE 23

In Westdeutschland lag der entsprechende Mittelwert im Jahr 2011 bei 24 300 Euro und in Ostdeutschland bei 16 900 Euro. Der Median betrug rund 19 600 Euro beziehungsweise 13 500 Euro. ↘ TABELLE 23 Demnach unterscheiden sich die Markteinkommen in **West- und Ostdeutschland** nach wie vor. ↘ ABBILDUNG 85 Das durchschnittliche Marktäquivalenzeinkommen in Ostdeutschland erreichte im Jahr 2011 lediglich knapp 70 % des Westniveaus. ↘ ABBILDUNG 86 Damit liegt dieser Wert zwar weiterhin deutlich über seinem Tiefpunkt im Jahr 2005, als er nur bei etwa 60 % lag. Der Aufholprozess ist seit dem Jahr 2009 allerdings ins Stocken geraten.

695. Der **Gini-Koeffizient** der Marktäquivalenzeinkommen betrug im Jahr 2011 in Deutschland 0,49 und lag damit unter seinem Höchstwert im Jahr 2005. Im Jahr 2011 betrugen die entsprechenden Werte in West- und Ostdeutschland 0,47 beziehungsweise 0,53. Die Ungleichheit der äquivalenzgewichteten Markteinkommen fällt in Ostdeutschland also höher aus als in Westdeutschland. Dies zeigen auch die beiden Theil-Koeffizienten an. ↘ TABELLE 23 Ein Grund hierfür dürfte die im Durchschnitt weniger gute Arbeitsmarktlage in Ostdeutschland sein. Zudem ist der Anteil von Rentnern in Ostdeutschland höher. Da Arbeitslo-

Analyse – Einkommens- und Vermögensverteilung in Deutschland

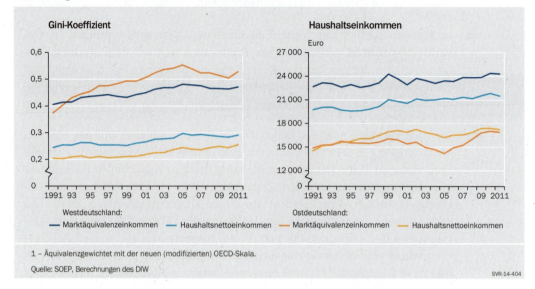

ABBILDUNG 85
Entwicklung der Einkommen in West- und Ostdeutschland[1]

1 – Äquivalenzgewichtet mit der neuen (modifizierten) OECD-Skala.
Quelle: SOEP, Berechnungen des DIW

se und Rentner im Grunde keine oder nur geringe Markteinkommen erzielen, fällt das entsprechende Ungleichheitsmaß höher aus.

Analysen von Einkommens- und Vermögensverteilungen bedienen sich einer Reihe von unterschiedlichen Indikatoren. Die verbreitetste aggregierte Kennzahl zur Messung von Ungleichheit ist der **Gini-Koeffizient**. Dieser nimmt bei vollständiger Gleichverteilung der Einkommen oder Vermögen den Wert Null und bei vollständiger Ungleichverteilung den Wert Eins an. Er basiert auf dem Konzept der Lorenzkurve. Für das Beispiel der Einkommensverteilung ordnet die Lorenzkurve jeder Gruppe von Einkommensbeziehern, die zuvor nach ihrer Einkommenshöhe geordnet wurden, den auf sie entfallenden Anteil am Gesamteinkommen zu.

Ermittelt wird der Gini-Koeffizient aus der Fläche zwischen der Lorenzkurve und der sich bei vollständiger Gleichverteilung ergebenden Geraden, indem der Wert dieser Fläche durch den Wert der Fläche unter dieser Gleichverteilungsgeraden dividiert wird. Der Gini-Koeffizient ist ein einfaches und hoch aggregiertes Verteilungsmaß mit dem Nachteil, dass es für unterschiedliche Verteilungen denselben numerischen Wert annehmen kann. Zudem reagiert er auf Veränderungen im mittleren Bereich der Einkommensverteilung besonders sensitiv. Bei der Betrachtung der Verteilung von Nettovermögen besteht die Möglichkeit, dass der Gini-Koeffizient einen Wert größer als Eins annimmt, da es negative Nettovermögen gibt.

Der **Theil 0-Koeffizient** berechnet sich dagegen aus der durchschnittlichen Abweichung der logarithmierten Einkommen vom logarithmierten Mittelwert und reagiert aufgrund seiner Konstruktion besonders sensitiv auf Veränderungen im unteren Einkommensbereich. Bei der Berechnung des **Theil 1-Koeffizienten** wiederum werden die logarithmierten Abweichungen zusätzlich mit dem Einkommensanteil gewichtet. Er ist daher weniger sensitiv gegenüber Veränderungen im unteren Einkommensbereich. Beide Theil-Koeffizienten sind bei einer Gleichverteilung der Einkommen auf Null normiert; sie sind aber nach oben nicht beschränkt.

Bei der Analyse von Verteilungen wird zudem häufig auf **Quantile** zurückgegriffen. Das X-Prozent-Quantil ist derjenige der aufsteigend sortierten Werte der zugrundeliegenden Verteilung, der letztere im Verhältnis X zu (100 − X) teilt. Der Median teilt als 50-Prozent-Quantil die betrachtete Verteilung in zwei gleich große Hälften. Im Gegensatz zum arithmetischen Mittelwert wird der Median nicht von einzelnen außergewöhnlich hohen Werten („Ausreißern") beeinflusst. Die Spreizung einer Verteilung kann durch Verhältnisse von Quantilen, beispielsweise dem 90/10-Verhältnis, verdeutlicht werden.

↘ TABELLE 23
Einkommenshöhe und -verteilung auf Basis des SOEP

Jahr	Marktäquivalenzeinkommen[1]			Haushaltsnettoeinkommen[1]		
	Deutschland	West-deutschland	Ost-deutschland	Deutschland	West-deutschland	Ost-deutschland
Mittelwert (Euro)[2]						
1991	21 103	22 675	14 913	18 696	19 747	14 556
1995	21 557	22 948	15 568	18 852	19 576	15 734
2000	22 260	23 679	15 929	20 130	20 806	17 110
2005	21 623	23 436	14 221	20 220	21 194	16 245
2011	22 864	24 317	16 906	20 674	21 503	17 276
Median (Euro)[2]						
1991	19 137	20 689	14 412	16 841	17 829	13 585
1995	18 949	20 365	14 355	16 832	17 504	14 724
2000	19 415	20 857	13 918	17 992	18 594	15 964
2005	17 547	19 190	10 443	17 572	18 195	15 002
2011	18 664	19 556	13 509	17 813	18 429	15 905
Gini-Koeffizient						
1991	0,411	0,406	0,375	0,247	0,245	0,205
1995	0,445	0,436	0,455	0,258	0,262	0,207
2000	0,455	0,443	0,493	0,256	0,261	0,213
2005	0,499	0,482	0,554	0,293	0,297	0,245
2011	0,485	0,472	0,529	0,288	0,291	0,257
Theil 0-Koeffizient						
1991	0,665	0,664	0,602	0,103	0,102	0,070
1995	0,777	0,731	0,920	0,116	0,121	0,074
2000	0,802	0,730	1,065	0,113	0,118	0,077
2005	0,983	0,874	1,340	0,151	0,156	0,103
2011	0,918	0,808	1,322	0,142	0,144	0,114
Theil 1-Koeffizient						
1991	0,309	0,303	0,261	0,105	0,104	0,070
1995	0,362	0,348	0,376	0,119	0,123	0,074
2000	0,374	0,353	0,437	0,116	0,120	0,078
2005	0,486	0,458	0,550	0,182	0,191	0,104
2011	0,433	0,410	0,510	0,158	0,162	0,117

1 – Äquivalenzgewichtet mit der neuen (modifizierten) OECD-Skala. 2 – In Preisen des Jahres 2005.
Quelle: SOEP, Berechnungen des DIW

SVR-14-383

696. Die stärkere Ungleichverteilung der Markteinkommen in Ostdeutschland im Vergleich zu Westdeutschland zeigt sich ebenfalls bei einer Betrachtung der Einkommensanteile der einzelnen Dezile am Marktäquivalenzeinkommen. Im Jahr 2011 verfügten in Westdeutschland die unteren 50 % der Haushalte über 17,4 % der Markteinkommen; in Ostdeutschland waren es hingegen nur 11,0 %. ↘ TABELLE 24 Im Vergleich zum Jahr 2001 haben diese Werte zudem abgenom-

men: Damals verfügten die unteren 50 % der Haushalte in Westdeutschland noch über 19,0 % der Markteinkommen; in Ostdeutschland waren es 13,2 %.

↘ TABELLE 24
Dezilanteile und Dezilverhältnisse der Einkommensverteilung auf Basis des SOEP

	Marktäquivalenzeinkommen[1]			Haushaltsnettoeinkommen[1]		
	Deutschland	West-deutschland	Ost-deutschland	Deutschland	West-deutschland	Ost-deutschland
Dezilanteile (%)[2]	im Jahr 2001					
1. Dezil	0,2	0,3	0,0	3,9	3,8	4,4
2. Dezil	1,3	1,6	0,5	5,7	5,7	6,2
3. Dezil	3,2	3,6	1,7	6,8	6,7	7,3
4. Dezil	5,6	5,9	3,9	7,6	7,6	8,1
5. Dezil	7,7	7,7	7,1	8,5	8,4	8,9
1. - 5. Dezil	17,9	19,0	13,2	32,4	32,1	35,0
6. Dezil	9,4	9,4	9,8	9,4	9,4	9,7
7. Dezil	11,4	11,3	12,4	10,5	10,5	10,8
8. Dezil	13,8	13,6	15,3	11,9	11,9	11,9
9. Dezil	17,6	17,3	19,0	14,0	14,1	13,5
10. Dezil	29,8	29,4	30,2	21,8	22,0	19,1
Dezilverhältnisse[3]						
90/10	29,96	21,41	203,14	3,12	3,19	2,62
90/50	2,37	2,33	2,57	1,76	1,78	1,57
50/10	12,64	9,19	79,01	1,78	1,79	1,67
75/25	4,37	3,83	9,48	1,75	1,76	1,63
75/50	1,61	1,59	1,78	1,33	1,34	1,28
50/25	2,72	2,41	5,31	1,32	1,32	1,28
Dezilanteile (%)[2]	im Jahr 2011					
1. Dezil	0,1	0,2	0,0	3,6	3,6	3,8
2. Dezil	1,2	1,5	0,4	5,3	5,3	5,5
3. Dezil	2,8	3,2	1,4	6,3	6,3	6,7
4. Dezil	5,0	5,3	3,1	7,2	7,2	7,7
5. Dezil	7,2	7,2	6,2	8,2	8,1	8,8
1. - 5. Dezil	16,3	17,4	11,0	30,6	30,5	32,5
6. Dezil	9,2	9,0	9,7	9,1	9,1	9,7
7. Dezil	11,4	11,2	12,7	10,4	10,4	10,6
8. Dezil	14,0	13,7	15,5	12,0	11,9	12,1
9. Dezil	17,9	17,6	19,8	14,4	14,3	14,3
10. Dezil	31,3	31,0	31,3	23,5	23,8	20,9
Dezilverhältnisse[3]						
90/10	39,48	24,85	371,03	3,47	3,49	3,32
90/50	2,53	2,53	2,85	1,87	1,89	1,74
50/10	15,63	9,84	130,04	1,85	1,85	1,91
75/25	5,09	4,25	11,26	1,87	1,89	1,80
75/50	1,71	1,70	1,95	1,38	1,39	1,31
50/25	2,98	2,50	5,78	1,35	1,36	1,38

1 – Äquivalenzgewichtet mit der neuen (modifizierten) OECD-Skala. 2 – Anteil des auf die Haushalte des jeweiligen Dezils entfallenden äquivalenzgewichteten Einkommens an der Summe der Einkommen aller Haushalte. 3 – Höherer in Relation zu niedrigerem Perzentilwert.

Quelle: SOEP, Berechnungen des DIW
SVR-14-384

↘ ABBILDUNG 86

Relative Entwicklung der durchschnittlichen Markt- und Haushaltsnettoeinkommen in Ostdeutschland[1]

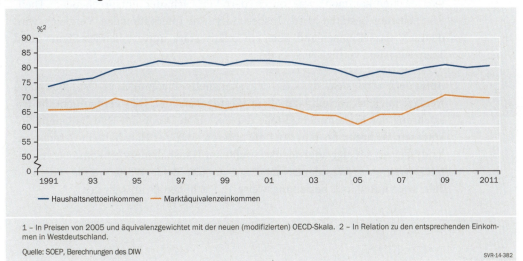

1 – In Preisen von 2005 und äquivalenzgewichtet mit der neuen (modifizierten) OECD-Skala. 2 – In Relation zu den entsprechenden Einkommen in Westdeutschland.

Quelle: SOEP, Berechnungen des DIW

697. Das durchschnittliche **äquivalenzgewichtete Haushaltsnettoeinkommen** betrug im Jahr 2011 in Deutschland knapp 20 700 Euro; der Median lag bei 17 800 Euro. ↘ TABELLE 23 Ebenso wie das durchschnittliche Marktäquivalenzeinkommen ist das entsprechende Haushaltsnettoeinkommen im Jahr 2011 gegenüber dem Vorjahr gesunken.

In Westdeutschland lag das durchschnittliche Haushaltsnettoeinkommen im Jahr 2011 bei 21 500 Euro, in Ostdeutschland waren es etwa 17 300 Euro. Der entsprechende Medianwert betrug in Westdeutschland fast 18 500 Euro und in Ostdeutschland 15 900 Euro. Daraus folgt, dass im Jahr 2011 das durchschnittliche äquivalenzgewichtete Haushaltsnettoeinkommen in Ostdeutschland etwa **80 % des Westniveaus** erreichte und damit rund 10 Prozentpunkte näher an das Westniveau herankam als das entsprechende Markteinkommen. ↘ ABBILDUNG 86

698. Wie in den vergangenen Jahren lagen sowohl der Mittelwert als auch der Median der äquivalenzgewichteten Haushaltsnettoeinkommen in Ostdeutschland im Jahr 2011 über den entsprechenden Werten der Marktäquivalenzeinkommen. ↘ TABELLE 23 Dies ist auf die verwendeten Einkommenskonzepte zurückzuführen. Schließlich haben Sozialtransfers für die ostdeutschen Haushalte eine größere Bedeutung als für westdeutsche Haushalte, und sie werden lediglich bei der Ermittlung der Haushaltsnettoeinkommen und nicht bei derjenigen der Markteinkommen berücksichtigt. Folglich liegen die Haushaltsnettoeinkommen in Ostdeutschland nach wie vor über den Markteinkommen. Für den höheren Bezug von Sozialtransfers in Ostdeutschland dürften sowohl die dortige höhere Arbeitslosigkeit als auch der vergleichsweise höhere Bezug gesetzlicher Renten verantwortlich sein.

699. Der **Gini-Koeffizient** der äquivalenzgewichteten Haushaltsnettoeinkommen belief sich im Jahr 2011 für Deutschland auf 0,29. Für Westdeutschland lag der entsprechende Wert bei 0,29 und für Ostdeutschland bei 0,26. ↘ TABELLE 23 Die

Haushaltsnettoeinkommen sind also **deutlich weniger ungleich** verteilt als die Markteinkommen, was durch den Vergleich der entsprechenden Theil-Koeffizienten bestätigt wird. Insbesondere im internationalen Vergleich wird deutlich, dass Deutschland über ein relativ stark umverteilendes Steuer- und Transfersystem verfügt. ↘ ZIFFER 706

Außerdem zeigt sich, dass die Haushaltsnettoeinkommen in Ostdeutschland weniger ungleich verteilt sind als in Westdeutschland. Dies verdeutlicht die Betrachtung der Einkommensanteile der einzelnen Dezile am Haushaltsnettoeinkommen. Während im Jahr 2011 die unteren 50 % der Haushalte in Ostdeutschland über 32,5 % der äquivalenzgewichteten Haushaltsnettoeinkommen verfügten, waren es in Westdeutschland nur 30,5 %. Beide Werte waren zudem im Jahr 2001 mit 35,0 % beziehungsweise 32,1 % höher als im Jahr 2011.

↘ ABBILDUNG 87

Gesamthaushaltseinkommen nach Einkommensarten und Dezilen[1]

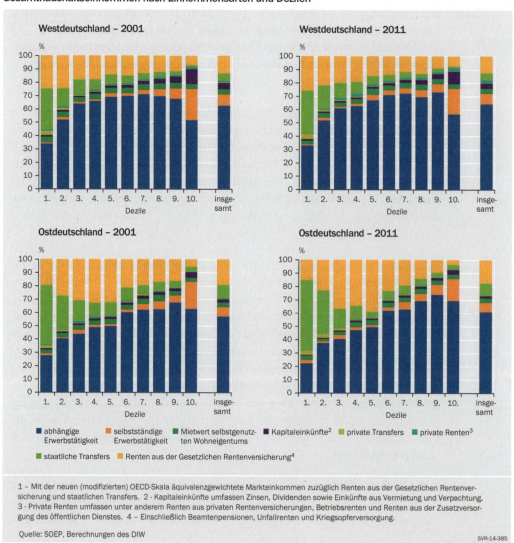

1 – Mit der neuen (modifizierten) OECD-Skala äquivalenzgewichtete Markteinkommen zuzüglich Renten aus der Gesetzlichen Rentenversicherung und staatlichen Transfers. 2 – Kapitaleinkünfte umfassen Zinsen, Dividenden sowie Einkünfte aus Vermietung und Verpachtung. 3 – Private Renten umfassen unter anderem Renten aus privaten Rentenversicherungen, Betriebsrenten und Renten aus der Zusatzversorgung des öffentlichen Dienstes. 4 – Einschließlich Beamtenpensionen, Unfallrenten und Kriegsopferversorgung.

Quelle: SOEP, Berechnungen des DIW

700. Die **Dekomposition der Gesamteinkommen** (Einkommen aus selbstständiger und abhängiger Erwerbstätigkeit, aus Vermögen zuzüglich der privaten und sozialen Transfers sowie der gesetzlichen Renten) des Jahres 2011 in Westdeutschland zeigt, dass insgesamt die Einkommen aus abhängiger Erwerbstätigkeit mit 64,2 % am Gesamteinkommen dominieren, gefolgt von den Renten aus der GRV mit 12,6 %. Im Vergleich zum Jahr 2001 ist das Bild nahezu unverändert geblieben. ⊿ ABBILDUNG 87

Gleiches gilt für Ostdeutschland. Allerdings lag dort der Anteil der Einkommen aus abhängiger Erwerbstätigkeit mit 60,9 % etwas niedriger, während der Anteil der Renten aus der GRV mit 17,5 % deutlich höher war. Im Vergleich zur Situation in Ostdeutschland zehn Jahre zuvor hat sich das Bild ebenfalls nicht nennenswert verändert. Der Anteil der Einkommen aus abhängiger Erwerbstätigkeit hat sich um etwa 3,6 Prozentpunkte erhöht, während die Anteile der Renten aus der GRV und der staatlichen Transfers um jeweils gut einen Prozentpunkt abgenommen haben.

701. Die differenzierte Betrachtung der Zusammensetzung der Gesamteinkommen nach Einkommensdezilen zeigt erhebliche Unterschiede zwischen West- und Ostdeutschland. Im ersten Einkommensdezil war beispielsweise in Ostdeutschland im Jahr 2011 der Anteil der staatlichen Transfers mit über 50 % deutlich höher als in Westdeutschland, wo dieser Anteil bei lediglich 32 % lag. Darüber hinaus fällt auf, dass der Anteil der Renten aus der GRV in Westdeutschland im Jahr 2011 über die Einkommensdezile hinweg abnimmt, wobei der Anteil im ersten Dezil mit gut 25 % am größten ausfiel. In Ostdeutschland lag er in diesem Dezil dagegen nur bei etwa 15 %. Im dritten, vierten und fünften Dezil fielen diese Werte dagegen mit 34 % bis 39 % deutlich höher aus. Außerdem unterschieden sich die jeweiligen Anteile der Einkommen aus nicht selbstständiger Erwerbstätigkeit insbesondere in den unteren Einkommensdezilen deutlich: In Ostdeutschland lagen die entsprechenden Werte unter 50 %; in Westdeutschland war dies im Jahr 2011 nur im ersten Einkommensdezil der Fall.

Einkommensmobilität

702. Aufstiegschancen und Abstiegsrisiken innerhalb der Einkommenshierarchie sind für eine Gesellschaft von erheblicher Bedeutung. Personen, die sich in den unteren Dezilen befinden oder davon ausgehen, dass sie zukünftig zu diesen gehören könnten, werden nur bei einer ausreichend hohen **Durchlässigkeit der Einkommensverteilung** in ihre Aus- und Weiterbildung und damit ihren gesellschaftlichen Aufstieg investieren.

703. Die in einer Gesellschaft bestehende Durchlässigkeit innerhalb der Einkommensverteilung lässt sich mit Hilfe von sogenannten **Übergangsmatrizen** ermitteln. Hier werden Matrizen verwendet, bei deren Aufbau zunächst die relative Einkommensposition einer Person in einem Ausgangsjahr bestimmt wird, indem der Wert des ihr zugewiesenen äquivalenzgewichteten Haushaltsnettoeinkommens auf das entsprechende deutsche Medianeinkommen bezogen wird. In der untersten der hier verwendeten sieben Einkommensklassen befinden sich alle Personen, die über ein Haushaltsnettoeinkommen von weniger als 50 % des

gesamtdeutschen Medianeinkommens verfügen. Der obersten Einkommensklasse werden wiederum alle Personen zugeordnet, deren Haushaltsnettoeinkommen mehr als doppelt so hoch ist wie das gesamtdeutsche Medianeinkommen.

↘ TABELLE 25
Einkommensmobilität in West- und Ostdeutschland

Relative Einkommensposition im Ausgangsjahr[1] (%)	Relative Einkommensposition im Endjahr[1] (%)							Anteil im Ausgangsjahr
	0 bis < 50	50 bis < 80	80 bis < 100	100 bis < 120	120 bis < 150	150 bis < 200	> 200	
Westdeutschland								
1998 bis 2001								
0 bis < 50	32	46	9	(7)	/	/	/	5,4
50 bis < 80	10	50	25	9	4	(2)	/	21,2
80 bis < 100	(1)	21	39	21	13	4	/	19,9
100 bis < 120	/	7	20	32	28	9	(3)	16,1
120 bis < 150	/	6	9	16	38	24	5	17,0
150 bis < 200	/	/	(3)	8	24	43	19	13,2
> 200	/	/	/	/	(7)	23	65	7,2
2008 bis 2011								
0 bis < 50	40	40	(9)	(6)	/	/	/	7,6
50 bis < 80	9	52	27	8	(3)	1	/	21,6
80 bis < 100	3	21	40	23	10	3	/	17,7
100 bis < 120	(4)	10	23	33	23	7	/	15,4
120 bis < 150	/	4	7	22	42	21	3	16,3
150 bis < 200	/	(2)	5	8	22	40	22	12,3
> 200	/	/	(4)	(2)	7	20	65	9,1
Ostdeutschland								
1998 bis 2001								
0 bis < 50	46	32	(16)	/	/	/	/	6,6
50 bis < 80	7	55	23	8	6	/	/	31,7
80 bis < 100	/	27	39	25	6	/	/	26,8
100 bis < 120	/	10	20	41	19	7	/	16,2
120 bis < 150	/	/	(9)	22	38	21	/	12,1
150 bis < 200	/	/	/	/	(20)	40	(14)	4,9
> 200	-	/	/	/	/	/	/	1,8
2008 bis 2011								
0 bis < 50	49	42	/	/	-	/	-	12,0
50 bis < 80	9	59	22	6	/	/	-	28,8
80 bis < 100	(5)	23	50	17	4	/	/	22,4
100 bis < 120	/	(4)	28	35	23	(4)	/	17,0
120 bis < 150	/	/	(9)	17	43	27	/	10,3
150 bis < 200	/	/	/	(5)	36	39	15	7,1
> 200	/	/	/	/	/	(20)	66	2,5

1 – In Relation zum Median der auf Basis der neuen (modifizierten) OECD-Skala äquivalenzgewichteten Haushaltsnettoeinkommen.
( ) = zwischen 25 und 50 Beobachtungen; / = weniger als 25 Beobachtungen; – = keine Beobachtungen vorhanden.

Quelle: SOEP, Berechnungen des DIW

SVR-14-340

Die in den Übergangsmatrizen ausgewiesenen Werte geben dann für die jeweilige Einkommensklasse im Ausgangsjahr an, wieviel Prozent der Personen dieser Einkommensklasse sich im Endjahr in derselben (Verweilquote) oder in einer anderen der genannten Einkommensklassen befinden. Dies wird getrennt für West- und Ostdeutschland analysiert. Dabei muss berücksichtigt werden, dass eine Änderung der relativen Einkommensposition nicht zwangsläufig auf einer Änderung des Einkommens, etwa durch einen Arbeitsplatzverlust, eine Beförderung oder den Renteneintritt zurückzuführen ist. Da die Analyse auf dem äquivalenzgewichteten Haushaltsnettoeinkommen beruht, werden die Einkommen ebenfalls durch **Änderungen der Haushaltsstruktur** beeinflusst, beispielsweise die Geburt oder den Auszug von Kindern.

704. Für den Zeitraum der Jahre 2008 bis 2011 zeigen sich in Westdeutschland die höchsten Verweilquoten in den beiden unteren Einkommensklassen sowie in der obersten Einkommensklasse. ↘ TABELLE 25 Die entsprechenden Werte liegen bei 40 %, 52 % beziehungsweise 65 %. Die Wahrscheinlichkeit, über den Betrachtungszeitraum von drei Jahren in derselben Einkommensklasse zu verbleiben, ist dagegen mit 33 % für Personen mit einem Haushaltsnettoeinkommen von 100 % bis unter 120 % des gesamtdeutschen Medianeinkommens am niedrigsten. Im Vergleich zum Zeitraum der Jahre 1998 bis 2001 haben sich vor allem in der untersten Einkommensklasse die Aufstiegschancen reduziert. In diesem Zeitraum lag die entsprechende Verweilquote noch bei 32 %. Am oberen Rand der Verteilung gab es hingegen kaum eine Veränderung.

In Ostdeutschland war für den Zeitraum der Jahre 2008 bis 2011 die Wahrscheinlichkeit, in der gleichen Einkommensklasse zu verbleiben, insbesondere am unteren Rand der Einkommensverteilung deutlich höher als in Westdeutschland. Die Verweilquoten in den unteren beiden Einkommensklassen lagen bei 49 % beziehungsweise 59 %. Im Vergleich zum Zeitraum der Jahre 1998 bis 2001 haben sich diese Verweilquoten erhöht. Damit haben sich die in Ostdeutschland im Vergleich zu Westdeutschland geringeren Aufstiegschancen weiter reduziert.

Internationaler Vergleich

705. Voraussetzung für eine international vergleichende Analyse der Einkommensungleichheit ist die Verfügbarkeit entsprechender Daten. Diesbezüglich bestehen erhebliche Probleme. Unter anderem unterscheiden sich typischerweise die in den nationalen Statistiken und Umfragen verwendeten Einkommenskonzepte. In der Folge werden deshalb Daten der Organisation für wirtschaftliche Zusammenarbeit und Entwicklung (OECD) für die Verteilung der **äquivalenzgewichteten Haushaltseinkommen vor sowie nach Steuern und Transfers** herangezogen. Bei dieser harmonisierten Berechnung der Haushaltseinkommen werden Einkünfte aus abhängiger und selbstständiger Erwerbstätigkeit ebenso berücksichtigt wie Kapitaleinkommen; nicht mitgerechnet wird dagegen der Mietwert von selbstgenutztem Wohneigentum.

↘ ABBILDUNG 88
Gini-Koeffizient der Einkommensverteilung für ausgewählte OECD-Länder[1]

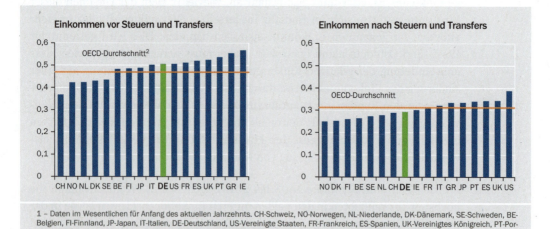

1 – Daten im Wesentlichen für Anfang des aktuellen Jahrzehnts. CH-Schweiz, NO-Norwegen, NL-Niederlande, DK-Dänemark, SE-Schweden, BE-Belgien, FI-Finnland, JP-Japan, IT-Italien, DE-Deutschland, US-Vereinigte Staaten, FR-Frankreich, ES-Spanien, UK-Vereinigtes Königreich, PT-Portugal, GR-Griechenland, IE-Irland. 2 – Ohne Ungarn und Mexiko.

Quelle: OECD

706. Zu Beginn der 2010er-Jahre lag der Gini-Koeffizient der Einkommen vor Steuern und Transfers in Deutschland mit 0,51 über dem Durchschnitt aller OECD-Länder. ↘ ABBILDUNG 88 Hingegen fällt die Ungleichheit der Einkommen nach Steuern und Transfers in Deutschland mit einem Gini-Koeffizienten von 0,29 unterdurchschnittlich aus. Folglich gehört Deutschland im internationalen Vergleich mit zu denjenigen Ländern, die am meisten Einkommen über das Steuer- und Transfersystem umverteilen (JG 2013 Ziffer 681). Die homogensten Einkommensverteilungen nach Steuern und Transfers sind in den nordischen Ländern zu beobachten; deutlich ungleichere Einkommensverteilungen finden sich in den Vereinigten Staaten, dem Vereinigten Königreich und in den südeuropäischen Ländern.

↘ ABBILDUNG 89
Gini-Koeffizienten der Einkommensverteilung im Zeitverlauf für ausgewählte OECD-Länder[1]

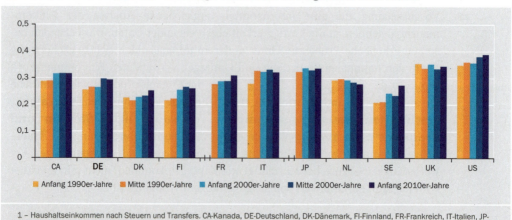

1 – Haushaltseinkommen nach Steuern und Transfers. CA-Kanada, DE-Deutschland, DK-Dänemark, FI-Finnland, FR-Frankreich, IT-Italien, JP-Japan, NL-Niederlande, SE-Schweden, UK-Vereinigtes Königreich, US-Vereinigte Staaten.

Quelle: OECD

707. Im internationalen Vergleich ist zudem die zeitliche Entwicklung der Einkommensungleichheit in Deutschland unauffällig. Wie in fast allen OECD-Ländern hat die Einkommensungleichheit im längerfristigen Vergleich über die vergangenen zwei Jahrzehnte hierzulande zugenommen, bei den Einkommen vor Steuern und Transfers stärker als bei den Einkommen nach Steuern und Transfers (OECD, 2011). Allerdings gehört Deutschland zu den Ländern, in denen der Gini-Koeffizient der Haushaltseinkommen nach Steuern und Transfers aktuell leicht niedriger ist als zur Mitte des vergangenen Jahrzehnts. ↘ ABBILDUNG 89

II. VERMÖGENSVERTEILUNG

708. Für die Analyse der Vermögensverteilung in Deutschland werden die im Rahmen des SOEP durchgeführten Schwerpunktbefragungen zur Vermögenssituation herangezogen, die inzwischen für die Jahre 2002, 2007 und 2012 vorliegen. Dabei werden die individuellen Vermögen aller Befragungspersonen ab einem Alter von 17 Jahren erhoben. Anders als in den meisten anderen Erhebungen, in denen die Vermögen auf Haushaltsebene erfasst werden (beispielsweise die Einkommens- und Verbrauchsstichprobe oder die Studie „Private Haushalte und ihre Finanzen" der Deutschen Bundesbank), wird die private Umverteilung innerhalb von Haushalten ausgeblendet (Grabka et al., 2013; Grabka und Westermeier, 2014). Da es sich um eine Analyse auf Personenebene handelt, findet auch keine Äquivalenzgewichtung statt.

709. In der Schwerpunktbefragung des SOEP zur Vermögenssituation werden sieben verschiedene **Vermögenskomponenten** erfasst:

   – selbstgenutztes Wohneigentum,

   – sonstiger Immobilienbesitz (unter anderem unbebaute Grundstücke, Ferien- und Wochenendwohnungen sowie vermietete Immobilien),

   – Geldvermögen (Spargutthaben, Spar- und Pfandbriefe, Aktien und Investmentanteile),

   – Vermögen aus privaten Versicherungen (Lebens- oder private Rentenversicherungen, Bausparverträge),

   – Betriebsvermögen (Besitz von Einzelunternehmen und Beteiligung an Personen- oder Kapitalgesellschaften; nach Abzug von Verbindlichkeiten),

   – Sachvermögen in Form wertvoller Sammlungen wie Gold, Schmuck, Münzen oder Kunstgegenstände,

   – Schulden (Hypotheken- und Konsumentenkredite).

710. Da das im SOEP erfasste Sachvermögen nicht den Wert des gesamten Hausrats erfasst (Kraftfahrzeuge bleiben beispielsweise unberücksichtigt), wird diese Vermögenskomponente im Vergleich zu den Angaben in den Volkswirtschaftlichen Gesamtrechnungen unterschätzt. Außerdem werden Ansprüche, die aus

der GRV oder einer betrieblichen Altersvorsorge resultieren, im SOEP nicht erfasst. Damit bleiben zentrale Vermögenskomponenten unberücksichtigt.

Durch Abzug der Verbindlichkeiten vom Bruttovermögen erhält man das **wohlfahrtsökonomisch relevante Nettogesamtvermögen**, das für die Analysen zur personellen Vermögensverteilung herangezogen wird. Anders als bei der Analyse der Haushaltseinkommen werden die Vermögen wie allgemein üblich in Preisen des jeweiligen Jahres ausgewiesen.

Entwicklung, Verteilung und Zusammensetzung der Vermögen

711. Im Jahr 2012 verfügten in Deutschland Personen im Alter ab 17 Jahren durchschnittlich über ein individuelles Nettovermögen von 83 300 Euro. ↘ TABELLE 26 Der Median der Vermögensverteilung, der die reichere Hälfte der Bevölkerung von der ärmeren trennt, lag bei 16 660 Euro. Knapp 28 % der Erwachsenen hatten kein oder sogar ein negatives Nettovermögen. Jeder, der dem reichsten Zehntel der Bevölkerung angehörte, besaß dagegen ein Nettovermögen von mindestens 217 000 Euro. Im Vergleich zum Jahr 2002 hat sich das durchschnittliche individuelle Nettovermögen um knapp 5 % erhöht. Der Median ist um etwa 12 % angestiegen. Im selben Zeitraum erhöhte sich das Preisniveau, gemessen mit dem Verbraucherpreisindex, um 17,5 %.

↘ TABELLE 26
Verteilung der individuellen Nettovermögen in Deutschland[1]

	Einheit	Deutschland			Westdeutschland			Ostdeutschland		
		2002	2007	2012	2002	2007	2012	2002	2007	2012
Mittelwert	Euro	79 941	81 089	83 308	90 004	93 651	93 790	36 713	32 007	41 138
Median	Euro	15 000	14 818	16 663	19 800	18 910	21 200	7 500	7 100	8 080
90. Perzentil	Euro	210 134	207 695	216 971	235 700	239 700	239 300	104 938	91 014	111 580
95. Perzentil	Euro	323 722	319 731	323 180	353 200	366 300	363 980	153 580	134 917	171 359
99. Perzentil	Euro	759 969	787 500	817 279	834 853	897 841	876 050	341 657	274 704	399 820
Negatives oder kein Vermögen	%[2]	25,9	27,1	27,7	25,7	26,4	26,9	26,7	29,5	30,8
Gini-Koeffizient		0,776	0,799	0,780	0,761	0,784	0,768	0,816	0,823	0,792
90/50-Dezilverhältnis		14,01	14,02	13,03	11,91	12,68	11,30	13,99	12,82	13,81
nachrichtlich: Bevölkerungsanteil	%	100	100	100	81,1	79,6	80,1	18,9	20,4	19,9

1 – Personen in Privathaushalten, älter als 16 Jahre. 2 – Anteil an der Gesamtbevölkerung älter als 16 Jahre.
Quelle: SOEP, Berechnungen des DIW

SVR-14-303

712. Wie bereits im Jahr 2002 bestanden im Jahr 2012 hinsichtlich der Verteilung der individuellen Nettovermögen **große Unterschiede zwischen West- und Ostdeutschland**, wie aufgrund der historischen Gegebenheiten und der wirtschaftlichen Entwicklungen seit der Wiedervereinigung zu erwarten ist. Während der Mittelwert in Westdeutschland im Jahr 2012 bei 93 800 Euro lag, waren es in Ostdeutschland lediglich 41 100 Euro. Allerdings hat sich der Unterschied im Vergleich zum Jahr 2002 reduziert: In Westdeutschland ist das individuelle Nettovermögen lediglich um etwas mehr als 4 % gestiegen, während es

↘ ABBILDUNG 90
Anteile und Höhe der individuellen Nettovermögen in Deutschland nach Dezilen¹

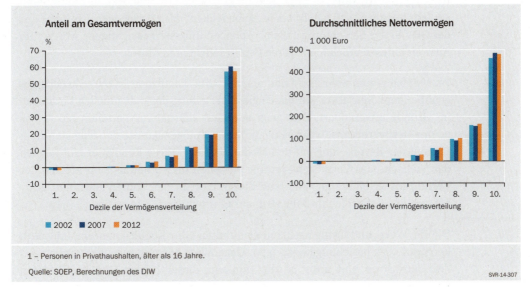

1 – Personen in Privathaushalten, älter als 16 Jahre.
Quelle: SOEP, Berechnungen des DIW

in Ostdeutschland rund 12 % waren. Hierbei dürften sowohl ein leichter Wertzuwachs bei den selbstgenutzten Immobilien als auch die Erholung auf dem ostdeutschen Arbeitsmarkt eine Rolle gespielt haben (Grabka und Westermeier, 2014).

Für den Median ist eine ähnliche Entwicklung wie für den Mittelwert zu beobachten. Die Werte unterscheiden sind mit 21 200 Euro beziehungsweise 8 080 Euro im Jahr 2012 deutlich zwischen West- und Ostdeutschland. Gleichzeitig zeigt der Vergleich der Jahre 2002 und 2012 einen erheblichen Anstieg des Mittelwerts für Ostdeutschland, der höher ausfällt als derjenige des Medians. ↘ TABELLE 26

713. Im Jahr 2012 verfügten die reichsten zehn Prozent der Deutschen über knapp 60 % des gesamten Vermögens, während die unteren 60 % lediglich ein geringes Nettovermögen von unter 30 000 Euro besaßen oder sogar Nettoschuldner waren. Im Vergleich zum Jahr 2007 hat sich der entsprechende Anteil der **reichsten zehn Prozent** der Bevölkerung in Deutschland geringfügig reduziert, gegenüber dem Jahr 2002 ist allerdings so gut wie keine Veränderung zu beobachten. ↘ ABBILDUNG 90 LINKS

Im Durchschnitt besaßen die reichsten zehn Prozent der Bevölkerung im Jahr 2012 ein individuelles Nettovermögen von mehr als 480 000 Euro. Im neunten Dezil fiel dieser Wert mit etwa 166 000 Euro schon deutlich geringer aus, und im fünften Dezil betrug das durchschnittliche individuelle Nettovermögen nur knapp 11 000 Euro. ↘ ABBILDUNG 90 RECHTS Im zehnten Dezil ist das durchschnittliche individuelle Nettovermögen gegenüber der letzten Befragung im Jahr 2007 gesunken, während es sich in allen anderen Dezilen erhöht hat. Im Vergleich zum Jahr 2002 fiel der Anstieg des durchschnittlichen individuellen Nettovermögens allerdings im obersten Dezil am höchsten aus, während es im ersten bis neunten Dezil etwa konstant geblieben ist.

714. Die bisher beschriebene Ungleichverteilung der Vermögen spiegelt auch der **Gini-Koeffizient** wider, der für die individuellen Nettovermögen in Deutschland im Jahr 2012 bei 0,78 lag. Dabei ist zu bedenken, dass Vermögensansprüche aus der GRV in der Berechnung außen vorbleiben. Ihre Berücksichtigung würde zum Ausweis eines deutlich niedrigeren Gini-Koeffizienten führen.

Im Vergleich zum Jahr 2007 hat sich der Gini-Koeffizient leicht reduziert; gegenüber dem Jahr 2002 war die Ungleichverteilung der individuellen Vermögen im Grunde unverändert. Dies zeigt auch ein alternatives Verteilungsmaß, das 90/50-Dezilverhältnis, welches die untere Vermögensgrenze der reichsten zehn Prozent der Bevölkerung auf den Median bezieht. Diese Kennziffer gibt folglich das Vielfache des Vermögens reicher Personen im Verhältnis zum Median der Vermögensverteilung an. Während dieser Wert in den Jahren 2002 und 2007 bei 14,0 lag, hat er sich im Jahr 2012 auf 13,0 reduziert. ↘ TABELLE 26

Die für West- und Ostdeutschland ermittelten Gini-Koeffizienten im Jahr 2012 betrugen 0,77 beziehungsweise 0,79. Gegenüber den Schwerpunktbefragungen der Jahre 2002 und 2007 ist die Differenz dieser beiden Gini-Koeffizienten leicht gesunken.

715. In Deutschland sind selbstgenutzte Immobilien die **bedeutendste Vermögenskomponente** gemessen am Nettovermögen. Ihr Anteil am Nettovermögen lag im Jahr 2012 bei 63,0 %, gefolgt von sonstigem Immobilienbesitz mit einem Anteil von 18,2 %. Das Geldvermögen und das Vermögen aus privaten Versicherungen machten 15,9 % beziehungsweise 11,0 % des Nettovermögens aus. Betriebsvermögen trugen weniger als 10 % zum Nettovermögen bei. ↘ TABELLE 27

Dies dürfte vor allem daran liegen, dass laut SOEP nur rund 4 % der Bevölkerung über Betriebsvermögen verfügten. Dabei ist zu beachten, dass diese Personengruppe, die oft über besonders hohe Vermögen verfügt, im SOEP untererfasst wird. Mit rund 47 % beziehungsweise 51 % der Bevölkerung waren Geldvermögen und private Versicherungen die am weitesten verbreiteten Vermögensarten in Deutschland. Weniger als 40 % aller Personen hatten selbstgenutztes Wohneigentum. Im Zeitvergleich sind kaum nennenswerte Verschiebungen bei den einzelnen Vermögenskomponenten festzustellen. ↘ TABELLE 27

716. Im Vergleich von West- und Ostdeutschland fällt auf, dass sich die Anteile des **selbstgenutzten Immobilienbesitzes** am Nettovermögen im Zeitverlauf angenähert haben und sich im Jahr 2012 nicht mehr unterschieden. Im Jahr 2002 war dieser Anteil in Ostdeutschland noch um mehr als 7 Prozentpunkte höher ausgefallen. Deutlich verschieden waren allerdings die Anteile des sonstigen Immobilienbesitzes am Nettovermögen in West- und Ostdeutschland. Sie waren in allen drei betrachteten Jahren in Westdeutschland etwa doppelt so hoch wie in Ostdeutschland mit zuletzt 17 % gegenüber 9 % des Nettovermögens. Außerdem war die Verschuldung anteilsmäßig durchweg etwas höher in Ostdeutschland als in Westdeutschland, wobei seit dem Jahr 2007 eine Annäherung stattfand. ↘ TABELLE 28

TABELLE 27
Portfoliostruktur des individuellen Nettovermögens in Deutschland[1]

	2002	2007	2012
Struktur des Nettovermögens (%)			
Selbstgenutzter Immobilienbesitz	62,4	59,3	63,0
Sonstiger Immobilienbesitz	19,9	20,6	18,2
Geldvermögen	12,1	15,3	15,9
Vermögen aus Versicherungen[2]	11,2	12,2	11,0
Betriebsvermögen	11,1	10,7	9,4
Sachvermögen	1,9	1,5	1,1
Schulden	− 18,7	− 19,7	− 18,6
Anteil der Bevölkerung mit Vermögensbesitz nach Vermögensarten (%)			
Selbstgenutzter Immobilienbesitz	37,7	36,1	38,2
Sonstiger Immobilienbesitz	9,7	9,9	10,0
Geldvermögen	45,5	47,7	46,8
Vermögen aus Versicherungen[2]	48,0	51,8	50,5
Betriebsvermögen	4,4	4,0	4,2
Sachvermögen	9,0	5,8	6,2
Schulden	27,5	30,9	31,7
Durchschnittlicher Vermögensbesitz nach Vermögensarten (Euro)[3]			
Selbstgenutzter Immobilienbesitz	138 752	138 354	141 085
Sonstiger Immobilienbesitz	171 980	175 943	155 553
Geldvermögen	22 306	26 889	28 996
Vermögen aus Versicherungen[2]	19 569	19 718	18 634
Betriebsvermögen	212 347	222 933	191 368
Sachvermögen	18 089	22 452	15 438
Schulden	− 53 040	− 51 362	− 50 079

1 – Personen in Privathaushalten, älter als 16 Jahre. 2 – Einschließlich Bausparverträge. 3 – Berücksichtigt werden nur die Eigentümer der jeweiligen Vermögensart.

Quelle: SOEP, Berechnungen des DIW

717. Gegenüber den Jahren 2002 und 2007 haben sich die Anteile der Bevölkerung, die über selbstgenutzten Immobilienbesitz verfügen, in West- und Ostdeutschland erhöht. ⇨ TABELLE 28 Mit insgesamt rund 38 % der Bevölkerung fiel die Verbreitung von Wohneigentum aber vor allem im internationalen Vergleich niedrig aus. ⇨ ZIFFER 733 Dabei ist zu beachten, dass aufgrund der individuellen Erhebung des Vermögens im SOEP tatsächlich nur die Eigentümer der Immobilie erfasst werden. Da diese häufig nur einem Haushaltsmitglied gehört, dürften aber mehr Personen als die erfassten 38 % in selbstgenutztem Wohneigentum leben (Frick und Grabka, 2009; Grabka, 2014).

Der durchschnittliche Wert dieser selbstgenutzten Immobilien lag im Jahr 2012 in Deutschland bei rund 141 000 Euro, während er in den Jahren 2002 und 2007 nahezu unverändert bei etwa 138 000 Euro lag. ⇨ TABELLE 27 Zwischen West- und Ostdeutschland unterschied er sich nach wie vor deutlich. Im Jahr 2012 lag dieser Wert in Westdeutschland bei etwas mehr als 151 000 Euro, in Ostdeutschland lediglich bei 87 000 Euro. Gegenüber dem Jahr 2002 ist dieser Wert in Westdeutschland angestiegen, während er in Ostdeutschland nahezu

↘ TABELLE 28
Portfoliostruktur des individuellen Nettovermögens in West- und Ostdeutschland[1]

	Westdeutschland			Ostdeutschland		
	2002	2007	2012	2002	2007	2012
Struktur des Nettovermögens (%)						
Selbstgenutzter Immobilienbesitz	61,7	52,1	56,8	69,3	60,9	56,7
Sonstiger Immobilienbesitz	20,8	19,2	17,2	10,5	8,4	9,3
Geldvermögen	11,8	13,4	14,1	16,0	16,2	16,1
Vermögen aus Versicherungen[2]	11,0	10,5	9,5	13,6	14,0	13,2
Betriebsvermögen	11,0	9,5	8,3	12,6	9,7	10,1
Sachvermögen	1,9	1,4	1,0	2,6	0,8	0,7
Schulden	−18,2	−16,7	−16,4	−24,7	−24,0	−19,3
Anteil der Bevölkerung mit Vermögensbesitz nach Vermögensarten (%)						
Selbstgenutzter Immobilienbesitz	39,6	38,1	40,0	29,4	28,2	30,8
Sonstiger Immobilienbesitz	10,5	10,7	10,7	6,5	6,7	7,0
Geldvermögen	45,3	48,3	47,4	46,2	45,6	44,3
Vermögen aus Versicherungen[2]	47,5	52,1	50,2	50,1	50,8	51,6
Betriebsvermögen	4,5	4,1	4,3	4,0	3,7	4,0
Sachvermögen	10,1	6,4	7,0	4,2	3,4	2,9
Schulden	28,4	31,4	32,2	23,7	28,9	29,6
Durchschnittlicher Vermögensbesitz nach Vermögensarten (Euro)[3]						
Selbstgenutzter Immobilienbesitz	147 627	149 276	151 356	87 499	80 785	87 338
Sonstiger Immobilienbesitz	188 034	196 690	170 498	60 150	46 945	62 921
Geldvermögen	24 540	30 177	31 737	12 892	13 281	17 198
Vermögen aus Versicherungen[2]	21 899	22 061	20 288	10 072	10 322	12 164
Betriebsvermögen	231 670	251 535	208 442	118 368	98 320	118 662
Sachvermögen	17 614	24 344	15 824	22 975	8 776	11 713
Schulden	−56 325	−56 188	−54 445	−36 087	−30 557	−30 936

1 – Personen in Privathaushalten, älter als 16 Jahre. 2 – Einschließlich Bausparverträge. 3 – Berücksichtigt werden nur die Eigentümer der jeweiligen Vermögensart.

Quelle: SOEP, Berechnungen des DIW

unverändert geblieben ist. Gegenüber dem Jahr 2007 fiel der Anstieg jedoch in Ostdeutschland höher aus. ↘ TABELLE 28

Die Vermögensverteilung nach individuellen Charakteristika

718. Die individuelle Vermögenssituation zu einem bestimmten Zeitpunkt wird **von vielen Faktoren bestimmt**. So spielen vor allem die berufliche Karriere und damit das persönliche Einkommen sowie das Alter eine maßgebliche Rolle für den Vermögensaufbau durch Sparen. Diese zentralen Faktoren sind nicht unabhängig voneinander zu sehen, sondern bedingen sich teilweise gegenseitig oder werden durch zusätzliche Faktoren gleichzeitig beeinflusst. So steigt etwa das Einkommen typischerweise mit dem Alter, und die Ausbildung und damit die Karrieremöglichkeiten hängen teilweise vom familiären Hintergrund ab. Die folgenden deskriptiven Analysen dienen somit vorrangig dazu, spezielle Muster der

↘ ABBILDUNG 91

Individuelles Nettovermögen in Deutschland nach Altersgruppen[1]

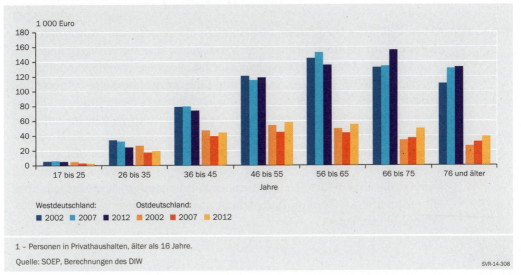

1 – Personen in Privathaushalten, älter als 16 Jahre.
Quelle: SOEP, Berechnungen des DIW

personellen, nicht äquivalenzgewichteten Vermögensverteilung in Deutschland aufzuzeigen, und weniger dazu, diese umfassend zu erklären.

719. Die Betrachtung der Vermögensbestände nach Altersklassen zeigt insbesondere für Westdeutschland zu allen drei Befragungszeitpunkten ein **deutliches Lebenszyklusmuster**. ↘ ABBILDUNG 91 Bis zum Abschluss der Ausbildungsphase etwa im Alter von 25 Jahren verfügen die Individuen über ein geringes Vermögen. Im Jahr 2012 waren es im Durchschnitt etwa 5 000 Euro in der Gruppe der 17- bis 25-Jährigen. Mit dem Eintritt in die Erwerbsphase nimmt die Möglichkeit zu sparen und somit eines kontinuierlichen Vermögensaufbaus zu. Das höchste durchschnittliche individuelle Vermögen wurde in der Gruppe der 66- bis 75-Jährigen mit knapp 156 000 Euro im Jahr 2012 erreicht. Anschließend nahm es bei den über 75-Jährigen wieder ab, wohl nicht zuletzt weil Vermögensbestände im Ruhestand aufgezehrt oder an nachfolgende Generationen übertragen werden.

Für Ostdeutschland ist dieses typische Lebenszyklusmuster in den Jahren 2002, 2007 und 2012 nicht so deutlich zu erkennen. Insbesondere fällt auf, dass ältere Personen mit durchschnittlichen individuellen Nettovermögen um etwa 55 000 Euro im Jahr 2012 deutlich hinter dem Niveau in Westdeutschland zurückblieben. Außerdem setzt der Vermögensrückgang in Ostdeutschland im Jahr 2012 bereits in der Gruppe der 66- bis 75-Jährigen ein. ↘ ABBILDUNG 91 Verantwortlich hierfür dürften nicht zuletzt die nicht vorhandene Notwendigkeit und die fehlenden Möglichkeiten zum Vermögensaufbau in der ehemaligen DDR sein. Durch die hohe Arbeitslosigkeit und das niedrigere Lohnniveau nach der Wiedervereinigung war ein Nachholen des Vermögensaufbaus in vielen Fällen nicht möglich. Für die jüngeren Altersgruppen lässt sich hingegen beim individuellen Nettovermögen kein signifikanter Unterschied zwischen West- und Ostdeutschland feststellen (Grabka und Westermeier, 2014). Mit Blick auf die drei Betrachtungsjahre 2002, 2007 und 2012 spiegelt das jeweilige durchschnittliche individuelle Vermögen der einzelnen Altersgruppen die generelle Entwicklung der Nettovermögen in diesen drei Jahren wider.

720. Neben dem Alter beeinflussen insbesondere die aktuelle und frühere **berufliche Stellung** die Möglichkeiten zum Vermögensaufbau. So verfügten ungelernte und gelernte Arbeiter in Deutschland im Jahr 2012 nur über durchschnittliche individuelle Nettovermögen von 32 600 Euro beziehungsweise 45 100 Euro. ↘ TABELLE 29 Lediglich Arbeitslose hatten noch niedrigere Nettovermögen. Sie lagen im Jahr 2012 bei durchschnittlich knapp 17 900 Euro. Beamte im einfachen und mittleren Dienst sowie qualifiziertes Fachpersonal (zum Beispiel Vorarbeiter oder Meister) besaßen hingegen im Durchschnitt ein individuelles Nettovermögen von etwa 83 000 Euro. Unter den Arbeitern, Angestellten und Beamten waren es die Angestellten mit umfassenden Führungsaufgaben, die im Jahr 2012 mit knapp 210 000 Euro im Durchschnitt über die höchsten individuellen Nettovermögen verfügten.

↘ TABELLE 29
Nettogesamtvermögen nach der beruflichen Stellung[1]

Berufliche Stellung	2002			2012		
	Mittelwert	negatives oder kein Vermögen[2]	Bevölkerungsanteil[1]	Mittelwert	negatives oder kein Vermögen[2]	Bevölkerungsanteil[1]
	Euro	%	%	Euro	%	%
in Ausbildung oder Praktikum	5 002	62,6	7,6	7 881	49,9	7,2
Arbeiter und Angestellte						
un-/angelernte Arbeiter, Angestellte ohne Ausbildungsabschluss	36 585	39,1	11,4	32 560	43,8	10,6
gelernte Facharbeiter, Angestellte mit einfacher Tätigkeit	48 218	26,1	10,6	45 121	27,6	10,6
Vorarbeiter, Meister, Polier, Angestellte mit qualifizierter Tätigkeit	80 718	14,1	19,5	82 994	15,3	23,6
Angestellte mit umfassenden Führungsaufgaben	258 213	5,4	0,9	208 390	13,8	0,7
Beamte						
einfacher und mittlerer Dienst	64 570	17,5	1,1	79 735	11,0	1,2
gehobener und höherer Dienst	151 635	6,9	2,0	113 848	9,7	2,4
Selbstständige						
ohne Mitarbeiter	174 460	18,6	2,7	172 379	19,1	3,6
mit 1 bis 9 Mitarbeitern	296 440	9,9	2,1	329 023	6,5	1,8
mit 10 oder mehr Mitarbeitern	1 060 850	5,7	0,4	951 850	3,0	0,3
Sonstige						
nicht Erwerbstätige	74 372	33,2	8,3	61 910	39,1	5,8
Arbeitslose	30 748	51,8	6,0	17 875	65,5	5,0
Rentner, Pensionäre	93 086	22,0	27,4	112 217	21,9	27,2
Insgesamt	**79 969**	**27,8**	**100,0**	**83 318**	**27,7**	**100,0**

1 – Personen in Privathaushalten, älter als 16 Jahre. 2 – Anteil innerhalb der jeweiligen Bevölkerungsgruppe.

Quelle: SOEP, Berechnungen des DIW

SVR-14-305

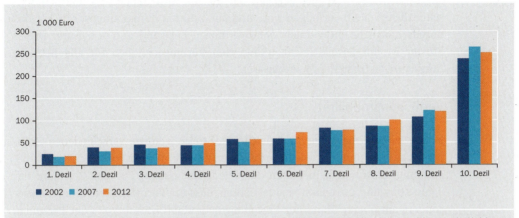

↘ ABBILDUNG 92
Durchschnittliches individuelles Nettovermögen für Einkommensdezile[1]

1 – Personen in Privathaushalten, älter als 16 Jahre. Dezile der Verteilung der äquivalenzgewichteten Haushaltsnettoeinkommen des Vorjahres unter Verwendung der neuen (modifizierten) OECD-Äquivalenzskala (ohne den Mietwert selbstgenutzten Wohneigentums).
Quelle: SOEP, Berechnungen des DIW

Über alle beruflichen Stellungen hinweg betrachtet wiesen die Selbstständigen mit großem Abstand die höchsten individuellen Nettovermögen auf. So betrug das durchschnittliche individuelle Nettovermögen der Selbstständigen mit zehn und mehr Beschäftigten im Jahr 2012 mehr als 950 000 Euro. Bei den Selbstständigen mit einem bis neun Mitarbeitern war es mit rund 330 000 Euro deutlich niedriger. ↘ TABELLE 29 Dabei ist zu beachten, dass Selbstständige zumeist eigenverantwortlich für das Alter vorsorgen müssen. Demnach kommt privaten Versicherungen zur Altersvorsorge eine wichtige Rolle im Vermögensportfolio von Selbstständigen zu. Vor diesem Hintergrund fällt das Nettovermögen der Selbstständigen ohne Mitarbeiter mit etwas mehr als 170 000 Euro eher niedrig aus, vor allem im Vergleich zu den abhängig Beschäftigten, deren bestehende Sozialversicherungsvermögen und Pensionsansprüche in der hier verwendeten Vermögensabgrenzung unberücksichtigt bleiben.

721. Das durchschnittliche individuelle Nettovermögen hat zwar über alle Personengruppen hinweg zwischen den Jahren 2002 und 2012 zugenommen, dies trifft aber nicht auf alle nach der beruflichen Stellung abgegrenzten Gruppen zu. Insbesondere haben für diesen Zeitraum die Nettovermögen der Selbstständigen mit einem bis neun Mitarbeitern sowie der Rentner und Pensionäre um 11 % beziehungsweise 21 % zugenommen. ↘ TABELLE 29 Insbesondere bei letzterer Gruppe ist zu vermuten, dass die Veränderung der durchschnittlichen Vermögen stark auf eine geänderte Zusammensetzung dieser Gruppe zurückzuführen ist. Die Personen, die aktuell neu in den Ruhestand eintreten, dürften durchschnittlich höhere Vermögen besitzen als diejenigen, die sich schon im Ruhestand befinden.

722. Eine entscheidende Rolle für den Vermögensaufbau im Zeitverlauf und damit die Vermögenshöhe zu einem bestimmten Zeitpunkt spielt das Einkommen. Dabei ist zu beachten, dass Vermögen selbst wieder Einkommen generiert. Grundsätzlich liegt also ein positiver Zusammenhang zwischen Einkommen und Vermögen nahe. Im Jahr 2012 zeigte sich für Deutschland, dass Personen ab 17 Jahren bis zum vierten Einkommensdezil lediglich über ein durchschnittli-

ches individuelles Nettovermögen von maximal 50 000 Euro verfügten. Im achten Einkommensdezil lag dagegen bereits ein etwa doppelt so hohes durchschnittliches Nettovermögen vor, und im zehnten Einkommensdezil lag das durchschnittliche individuelle Nettovermögen bei rund 250 000 Euro. Dieses Muster ist mit jeweils leicht veränderten Vermögenshöhen für alle Betrachtungsjahre festzustellen. ↘ ABBILDUNG 92

Vermögensmobilität

723. Neben zeitpunktbezogenen Vergleichen der Vermögen von verschiedenen Gruppen ist es von Interesse, wie viele Personen ihre Vermögensposition in einem bestimmten Zeitraum beibehalten oder verändert haben. Für den Zeitraum der Jahre 2007 und 2012 lässt sich festhalten, dass die Vermögenspositionen insbesondere am oberen Rand der Verteilung sehr stabil waren: 70 % der Personen, die im Jahr 2007 zu den vermögendsten zehn Prozent gehörten, zählten auch im Jahr 2012 zu dieser Gruppe. ↘ TABELLE 30 UNTEN

In der unteren Hälfte der Verteilung ist die Durchlässigkeit dagegen höher; so verblieben lediglich 24 % der Personen, die im Jahr 2007 dem 3. Dezil angehörten, bis zum Jahr 2012 in diesem Dezil. Aufstiegs- und Abstiegsmobilität sind dabei insoweit in gleichem Maße gegeben, dass 38 % der Personen, die im Jahr 2007 dem 3. Dezil angehörten, sich im Jahr 2012 in einem niedrigeren Vermögensdezil befanden und ein genauso großer Anteil in ein höheres Dezil aufsteigen konnte. Am untersten Rand der Verteilung war die Verharrungstendenz zwar geringer als am oberen Rand, sie nahm von den mittleren bis unteren Dezilen aber wieder zu. So befanden sich 37 % der Personen, die im Jahr 2007 dem untersten Vermögensdezil angehörten, auch im Jahr 2012 in diesem Dezil.

724. Die Veränderung des individuellen Nettovermögens vom Jahr 2007 zum Jahr 2012 betrug rund 2 100 Euro am Median und durchschnittlich minus 6 800 Euro. Über die Vermögensverteilung hinweg war dieser Wert allerdings sehr unterschiedlich: Im untersten Dezil war er mit fast 20 000 Euro am höchsten, im obersten Dezil mit minus 134 000 Euro dagegen deutlich negativ.
↘ TABELLE 30 UNTEN

In der Analyse zur Vermögensmobilität spiegeln sich unter anderem individuelle Lebenszyklusmuster wider, da es sich um einen Längsschnittvergleich derselben Bevölkerung zu zwei Zeitpunkten handelt. So dürften sich im Ausgangsjahr vor allem Ältere im obersten Dezil der Vermögensverteilung befinden, die ihr Vermögen zuvor aufgebaut haben und dann wieder abbauen, während sich in den unteren Dezilen relativ viele jüngere Personen befinden, die Vermögenszuwächse verzeichnen werden. Individuen „wandern" somit im Verlauf ihres Lebens durch die Vermögensverteilung, zuerst nach oben und später wieder nach unten.

725. Im längerfristigen Vergleich der Jahre 2002 und 2012 fielen die Vermögensrückgänge in den oberen Dezilen noch deutlicher aus. ↘ TABELLE 30 OBEN So sank etwa das durchschnittliche Vermögen derjenigen Individuen, die im Jahr 2002 dem zehnten Dezil angehörten, bis zum Jahr 2012 um mehr als 210 000 Euro. Dennoch zeigte sich im obersten Dezil die höchste Verbleibswahrscheinlichkeit.

Mit 67 % fiel die Wahrscheinlichkeit, zehn Jahre später weiterhin dem obersten Dezil der Vermögensverteilung anzugehören, nur 3 Prozentpunkte niedriger aus als bei einem Zeithorizont von fünf Jahren. Dies gilt sowohl für den Zeitraum der Jahre 2007 bis 2012 als auch den der Jahre 2002 bis 2007. In allen anderen Dezilen fiel die Wahrscheinlichkeit, im selben Dezil zu verbleiben, im Zehnjahresvergleich um rund 10 Prozentpunkte niedriger aus als im Fünfjahresvergleich.

↘ TABELLE 30
Vermögensmobilität in Deutschland[1]

Vermögensposition im Jahr…	Vermögensposition im Jahr 2012										Median	Mittelwert
	Dezile											
	1.	2.	3.	4.	5.	6.	7.	8.	9.	10.		
	%										Euro	
Vermögensmobilität im Vergleich der Jahre 2002 und 2012												
2002											Veränderung 2002 zu 2012	
1. Dezil	25	14	20	12	8	11	4	3	3	2	3 134	31 580
2. Dezil	16	21	19	11	16	7	4	5	2	1	0	13 101
3. Dezil	18	15	15	15	14	11	6	3	2	2	1 652	21 033
4. Dezil	10	10	11	14	17	16	9	5	4	4	3 945	27 955
5. Dezil	11	6	12	12	17	18	11	6	4	2	− 2 973	17 058
6. Dezil	7	4	7	6	13	21	24	9	6	4	− 1 138	16 997
7. Dezil	5	3	5	3	4	16	27	21	12	3	− 15 796	− 5 016
8. Dezil	1	4	3	1	3	5	15	31	24	12	− 32 850	− 11 081
9. Dezil	1	3	1	1	3	3	7	19	37	26	− 53 862	− 46 835
10. Dezil	1	1	1	1	1	1	3	7	17	67	− 169 380	− 213 539
Insgesamt	x	x	x	x	x	x	x	x	x	x	6 681	− 13 358
Vermögensmobilität im Vergleich der Jahre 2007 und 2012												
2007											Veränderung 2007 zu 2012	
1. Dezil	37	13	15	13	10	6	3	2	1	1	3 855	19 825
2. Dezil	14	30	26	14	10	2	2	2	1	1	0	8 167
3. Dezil	15	23	24	22	5	3	2	1	1	3	0	10 879
4. Dezil	14	8	14	26	19	11	4	1	1	1	357	8 101
5. Dezil	9	7	6	15	25	19	10	5	3	1	− 1 464	15 160
6. Dezil	5	3	4	7	14	29	24	9	4	2	3 072	15 446
7. Dezil	4	3	1	4	7	20	36	17	6	2	− 6 160	3 617
8. Dezil	1	1	1	2	3	8	21	35	20	8	− 13 283	3 227
9. Dezil	1	1	0	1	1	5	7	19	46	18	− 29 965	− 22 565
10. Dezil	1	1	0	0	0	1	2	5	19	70	− 86 137	− 134 064
Insgesamt	x	x	x	x	x	x	x	x	x	x	2 112	− 6 829

1 – Personen in Privathaushalten, älter als 16 Jahre.
Lesehilfe: Der Wert 25 im Feld links oben gibt an, dass von jenen Personen, die sich 2002 im 1. Dezil befanden, 25 % auch 2012 dem 1. Dezil angehörten.

Quelle: SOEP, Berechnungen des DIW

SVR-14-306

Internationaler Vergleich

726. Eine international vergleichende Analyse zur Vermögensverteilung gestaltet sich schwierig. Einerseits ist bereits auf nationaler Ebene die detaillierte Erhebung von Vermögensinformationen auf Haushalts- oder Personenebene mit erheblichen Problemen verbunden. Andererseits können solche Informationen aufgrund fehlender Harmonisierung nicht unmittelbar zwischen Ländern verglichen werden. Für den Euro-Raum wurde im Dezember 2006 das Eurosystem Household Finance and Consumption Survey (HFCS) ins Leben gerufen, um vergleichbare Daten für die Haushaltsvermögen in den Mitgliedstaaten des Euro-Raums zu ermitteln. Die Daten und Ergebnisse der ersten Befragungswelle wurden im April 2013 veröffentlicht (HFCN, 2013b). Die Studie „Private Haushalte und ihre Finanzen" der Deutschen Bundesbank ist der deutsche Teil dieser harmonisierten Befragung. Die ersten aus dieser Umfrage gewonnenen Ergebnisse für Deutschland wurden bereits im Jahr 2012 veröffentlicht (Deutsche Bundesbank, 2012, 2013).

Bei der Analyse der Vermögensverteilung des Sachverständigenrates im Jahresgutachten 2009 wurde für den internationalen Vergleich auf die Luxembourg Wealth Study (LWS) zurückgegriffen, die auf nationalen Umfragen einzelner Länder beruht, für Deutschland auf dem SOEP (JG 2009 Ziffern 519 ff.). Im Hinblick auf die aggregierten Verteilungsmaße zeigen sich trotz der unterschiedlichen Erhebungszeitpunkte kaum Unterschiede zwischen den verschiedenen Datenquellen. So lag beispielsweise der Gini-Koeffizient der Haushaltsnettovermögen für Deutschland im Jahr 2002 laut LWS bei 0,80 und laut HFCS im Jahr 2010 bei 0,78. ⌐ TABELLE 31 Für Italien lagen die entsprechenden Werte jeweils bei 0,61, für Finnland bei 0,68 beziehungsweise 0,70.

727. Für einen ersten internationalen Überblick kann zudem auf den Global Wealth Report (GWR) des Credit Suisse Research Institute zurückgegriffen werden. Dort wird der Versuch unternommen, die weltweite Verteilung der Pro-Kopf-Haushaltsnettovermögen und die jeweilige Verteilung in insgesamt 215 Ländern zu schätzen (Davies et al., 2011; Shorrocks et al., 2014). Dies ist zwar mit erheblichen Unsicherheiten verbunden, bei den hier betrachteten Ländern beruhen die Berechnungen aber auf detaillierten Mikrodaten wie etwa dem HFCS. Es zeigt sich, dass in allen Ländern die **Nettovermögen deutlich ungleicher verteilt** sind als die Nettoeinkommen. ⌐ ABBILDUNG 93 Dabei ist zu beachten, dass die Haushaltseinkommen äquivalenzgewichtet werden, während die Haushaltsvermögen pro Kopf ausgewiesen werden.

Zudem muss berücksichtigt werden, dass sich die Analyse des GWR auf das Jahr 2014 bezieht, während die erste Befragungswelle des HFCS um das Jahr 2010 durchgeführt wurde, in Spanien sogar bereits im Jahr 2008. Zwar ist davon auszugehen, dass sich aggregierte Kennzahlen wie der Gini-Koeffizient der Vermögensverteilung nur langsam ändern, etwa durch demografische Verschiebungen. Kurzfristig können aber zum Beispiel Wirtschafts- und Finanzkrisen zu größeren Schwankungen führen, da die Marktpreise von Vermögenskomponenten angepasst werden.

ABBILDUNG 93
Gini-Koeffizienten der Vermögens- und Einkommensverteilung[1]

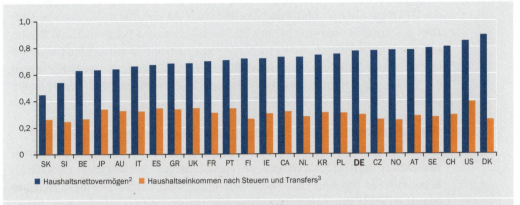

1 – SK-Slowakei, SI-Slowenien, BE-Belgien, JP-Japan, AU-Australien, IT-Italien, ES-Spanien, GR-Griechenland, UK-Vereinigtes Königreich, FR-Frankreich, PT-Portugal, FI-Finnland, IE-Irland, CA-Kanada, NL-Niederlande, KR-Republik Korea, PL-Polen, DE-Deutschland, CZ-Tschechische Republik, NO-Norwegen, AT-Österreich, SE-Schweden, CH-Schweiz, US-Vereinigte Staaten, DK-Dänemark. 2 – Schätzungen zum Pro-Kopf-Haushalts-nettovermögen für das Jahr 2014. 3 – Daten im Wesentlichen für Beginn des aktuellen Jahrzehnts.

Quellen: Global Wealth Databook 2014, OECD

728. Im Ländervergleich gehört Deutschland zu den Ländern mit der höchsten gemessenen Vermögensungleichheit. Zudem ergeben sich neben den Vereinigten Staaten und der Schweiz auch für die skandinavischen Länder hohe Gini-Koeffizienten. Dies mag überraschen, da diese Länder eine niedrige Einkommensungleichheit haben. ↘ ABBILDUNG 88 Ein wesentlicher Grund für diese Diskrepanz ist der Umfang der staatlichen Sozialversicherungssysteme, insbesondere der Rentenversicherung. ↘ ZIFFER 527 Es zeigt sich, dass letztgenannte einen erheblichen Erklärungsbeitrag für die hohe gemessene Ungleichheit der Privatvermögen in Schweden und Deutschland leistet (Domeij und Klein, 2002; Kallweit und Weigert, 2014).

Da Ansprüche in staatlichen Rentenversicherungssystemen bei internationalen Vergleichen von Vermögensverteilungen meist unberücksichtigt bleiben, ist deren Aussagekraft im Hinblick auf die tatsächliche Vermögenssituation der Bevölkerungen stark eingeschränkt. Inklusive der gesetzlichen Rentenansprüche unterscheiden sich etwa die Gini-Koeffizienten für die Bevölkerung im Rentenalter zwischen Deutschland und Australien, einem Land mit insgesamt relativ geringer Vermögensungleichheit, nicht (Frick und Headey, 2009).

729. Mit dem HFCS steht mittlerweile zumindest für den Euro-Raum eine harmonisierte Haushaltsbefragung zur Vermögenssituation zur Verfügung, wenngleich Ländervergleiche nach wie vor schwierig sind, insbesondere aufgrund unterschiedlicher Haushaltsstrukturen und unterschiedlichen Anteilen von Immobilieneigentümern (Fessler und Schürz, 2013). Neben den unterschiedlichen Erhebungsjahren und der vergleichsweise kleinen durchschnittlichen Haushaltsgröße fällt bei Deutschland vor allem die niedrige Teilnahmebereitschaft der Bevölkerung auf. In den meisten anderen Ländern fiel diese deutlich höher aus. Teilweise ist dies auf Teilnahmeverpflichtungen oder die Einbettung in bereits existierende Befragungen zurückzuführen (HFCN, 2013a).

730. Im Hinblick auf die Vermögensverteilung zeigen die Ergebnisse des HFCS für Deutschland ein ähnliches Bild wie das SOEP. Dabei ist zu beachten, dass sich das HFCS auf die Haushalts- und das SOEP auf die Individualvermögen bezieht. Die Gini-Koeffizienten sind nahezu identisch. Das 90/50-Dezilverhältnis fällt im HFCS mit 8,6 niedriger aus als im SOEP mit 13,0. Dies ist mit auf die Umverteilungsprozesse innerhalb von Haushalten zurückzuführen, die im SOEP durch die Erfassung der individuellen Vermögen auf Personenebene ausgeblendet werden.

Der Anteil von Haushalten, die Sach- oder Geldvermögen besitzen, liegt laut HFCS deutlich höher. Dies dürfte nicht zuletzt auf eine detailliertere Vermögensabfrage zurückzuführen sein, die beispielsweise Kraftfahrzeuge einschließt. Somit fällt das Pro-Kopf-Nettovermögen im HFCS mit rund 96 000 Euro höher aus als im SOEP mit rund 86 000 Euro (Grabka und Westermeier, 2014).

731. Im Ländervergleich fällt für Deutschland ein **relativ geringes durchschnittliches Haushaltsnettovermögen** von 195 000 Euro **bei relativ hoher Vermögensungleichheit** im Jahr 2010 auf. Für Italien und Spanien ergeben sich hingegen höhere durchschnittliche Vermögen von 275 000 Euro beziehungsweise 291 000 Euro bei deutlich niedrigeren Gini-Koeffizienten um 0,6. Diese Unterschiede dürften zu großen Teilen durch demografische (Haushaltsgröße), institutionelle (Sozialversicherungssysteme) und wirtschaftliche (Immobilienbesitz) Faktoren erklärbar sein.

↘ TABELLE 31
Internationaler Vergleich der Vermögensverteilung

	Deutschland (2010)	Finnland (2009)	Frankreich (2010)	Italien (2010)	Österreich (2010)	Spanien (2008)	Euro-Raum[1]
Haushaltsnettovermögen (1 000 Euro)							
Mittelwert	195,2	161,5	233,4	275,2	265,0	291,4	230,8
Median	51,4	85,8	115,8	173,5	76,4	182,7	109,2
p10	0,1	-0,6	1,6	5,0	1,0	5,7	1,2
p20	3,5	2,9	5,7	18,0	6,1	55,4	8,0
p90	442,3	397,3	511,6	577,1	542,2	607,7	506,2
Anteil der Haushalte mit negativem Nettovermögen (%)	7,4	10,6	3,9	1,4	5,3	3,5	4,8
Gini-Koeffizient des Nettovermögens	0,78	0,70	0,68	0,61	0,77	0,58	0,69
Anteil der Haushalte mit der Möglichkeit zu sparen (%)	53,1	.	.	37,1	40,6	31,3	41,1
Schulden in %[2] ...							
des Bruttovermögens	28,4	34,6	18,9	11,7	16,7	17,9	21,8
des Bruttoeinkommens	37,3	64,3	50,4	50,3	35,6	113,5	62,0
Haushaltsmitglieder	2,0	2,1	2,2	2,5	2,1	2,7	2,3
Haushaltsmitglieder über 16 Jahre	1,7	1,7	1,8	2,1	.	2,3	1,9
Antwortrate (%)[3]	18,7	82,2	69,0	52,1	55,7	56,7	x

1 – Aufgeführte Länder sowie Belgien, Griechenland, Luxemburg, Malta, Niederlande, Portugal, Slowakei, Slowenien und Zypern. 2 – Für Haushalte mit Schulden. 3 – Anteil der erfolgreich befragten Haushalte an allen kontaktierten Haushalten.

Quelle: Eurosystem Household Finance and Consumption Survey (HFCS)

SVR-14-406

732. Die finanzielle Lage von Haushalten insgesamt kann aber nicht allein an der aktuellen Vermögenssituation festgemacht werden, sondern muss unter anderem die Einkommenssituation und die zeitliche Dimension berücksichtigen. Beispielsweise sahen sich im Jahr 2010 mehr als die Hälfte der deutschen Haushalte in der Lage, zu sparen und somit Vermögen aufzubauen. Im Euro-Raum insgesamt traf dies nur auf 41 % der Haushalte zu. In Deutschland wiesen außerdem Haushalte mit Schulden einen relativ geringen **Verschuldungsgrad** von 37 % ihres Bruttoeinkommens auf. In Spanien lag der entsprechende Wert im Jahr 2008 hingegen bei mehr als 110 %. In Relation zu den Bruttovermögen fiel die Verschuldung der betreffenden Haushalte in Deutschland mit 28 % wiederum höher aus als in Spanien mit 18 %.

↘ TABELLE 32
Internationaler Vergleich der Vermögensstruktur

	Deutschland (2010)	Finnland (2009)	Frankreich (2010)	Italien (2010)	Österreich (2010)	Spanien (2008)	Euro-Raum[1]
Anteil der Haushalte mit ... (%)							
Sachvermögen	80,2	84,3	100,0	97,7	84,8	95,3	91,1
selbstgenutztes Wohneigentum	44,2	67,8	55,3	68,7	47,7	82,7	60,1
sonstiges Immobilienvermögen	17,8	29,8	24,7	24,9	13,4	36,2	23,1
Betriebsvermögen	9,1	13,8	8,9	18,0	9,4	14,2	11,1
Geldvermögen	99,3	100,0	99,6	92,0	99,5	98,3	96,8
Spareinlagen	99,0	100,0	99,6	91,8	99,4	98,1	96,4
Investmentfondsanteile	16,9	27,4	10,7	6,3	10,0	5,6	11,4
festverzinsliche Wertpapiere	5,2	0,8	1,7	14,6	3,5	1,4	5,3
Aktien	10,6	22,2	14,7	4,6	5,3	10,4	10,1
freiwillige Altersvorsorge/ Lebensversicherung	46,5	23,7	37,5	18,0	17,7	23,6	33,0
Schulden	47,4	59,8	46,9	25,2	35,6	50,0	43,7
Hypotheken	21,5	.	24,4	10,8	18,4	32,5	23,1
sonstige Schulden	34,6	.	32,8	17,8	21,4	30,7	29,3
Portfoliostruktur (1 000 Euro)[2]							
Sachvermögen	89,2	144,2	124,1	176,0	107,0	201,7	144,8
selbstgenutztes Wohneigentum	168,0	129,7	193,8	200,0	200,0	180,3	180,3
sonstiges Immobilienvermögen	115,0	107,6	115,9	100,0	94,0	120,2	103,4
Betriebsvermögen	19,4	0,9	53,1	15,0	180,6	50,8	30,0
Geldvermögen	17,1	7,4	10,7	10,0	13,5	6,0	11,4
Spareinlagen	7,9	4,5	6,5	5,9	10,6	3,5	6,1
Investmentfondsanteile	10,0	2,6	6,9	20,0	11,2	13,9	10,0
festverzinsliche Wertpapiere	16,0	10,0	12,0	20,0	13,8	19,2	18,3
Aktien	8,6	3,8	6,9	10,9	7,1	6,1	7,0
freiwillige Altersvorsorge/ Lebensversicherung	11,4	4,3	10,6	10,1	8,1	7,4	11,9
Schulden	12,6	29,4	18,4	15,0	13,8	36,0	21,5
Hypotheken	80,0	.	55,9	60,0	37,5	60,0	68,4
sonstige Schulden	3,2	.	5,2	5,7	3,0	7,2	5,0

1 – Aufgeführte Länder sowie Belgien, Griechenland, Luxemburg, Malta, Niederlande, Portugal, Slowakei, Slowenien und Zypern. 2 – Medianvermögen der Haushalte im Besitz der jeweiligen Vermögensart.

Quelle: Eurosystem Household Finance and Consumption Survey (HFCS)

SVR-14-342

733. Die Zusammensetzung der Haushaltsvermögen stellt sich über die Länder hinweg unterschiedlich dar. ⭨ TABELLE 32 Über **Sachvermögen** verfügen demnach in Deutschland 80 % der Haushalte, im Euro-Raum 91 % und in Frankreich sogar 100 %. Selbstgenutzte Immobilien besitzen in Deutschland 44 %, im Euro-Raum 60 % und in Spanien 83 % der Haushalte. Deutliche Unterschiede bestehen gleichfalls bei sonstigem Immobilienvermögen und Betriebsvermögen. Letzteres ist vor allem in Italien verbreitet, wo 18 % der Haushalte unternehmerisch tätig sind.

Der geringe Anteil von Immobilienbesitzern in Deutschland spiegelt sich im Vergleich der mittleren Sachvermögen gegenüber den mittleren Immobilienvermögen wider. Das mittlere Sachvermögen ist in Deutschland mit knapp 90 000 Euro deutlich niedriger als in den meisten anderen Ländern des Euro-Raums. Beim selbstgenutzten Wohneigentum und dem sonstigen Immobilienbesitz ist dies mit 168 000 Euro beziehungsweise 115 000 Euro hingegen nicht der Fall.

734. Nahezu alle Haushalte im Euro-Raum besitzen **Geldvermögen**. Dies trifft vor allem auf Spareinlagen zu. In Deutschland gibt es vergleichsweise viele Haushalte mit Lebensversicherungen und freiwilliger Altersvorsorge sowie mit Investmentfondsanteilen. Die Anteile von Wertpapierbesitzern liegen nahe beim Durchschnitt des Euro-Raums. Das mittlere Geldvermögen fällt in Deutschland leicht überdurchschnittlich aus.

735. Der Anteil von Haushalten mit **Schulden** – Hypotheken und sonstigen Krediten – in Deutschland entspricht ebenfalls der Situation im Euro-Raum insgesamt. Allerdings fällt die mittlere Schuldenhöhe mit 12 600 Euro unterdurchschnittlich aus, was auf eine relativ große Anzahl von Haushalten mit niedrigen Krediten zurückgeführt werden muss.

LITERATUR ZUR ANALYSE

Becker, I. und R. Hauser (2003), *Anatomie der Einkommensverteilung*, Edition Sigma, Berlin.

Davies, J.B., S. Sandström, A. Shorrocks und E.N. Wolff (2011), The level and distribution of global household wealth, *Economic Journal* 121, 223-254.

Deutsche Bundesbank (2013), Vermögen und Finanzen privater Haushalte in Deutschland: Ergebnisse der Bundesbankstudie, *Monatsbericht* Juni 2013, 25-51.

Deutsche Bundesbank (2012), Das PHF: eine Erhebung zu Vermögen und Finanzen privater Haushalte in Deutschland, *Monatsbericht* Januar 2012, 29-46.

Domeij, D. und P. Klein (2002), Private pensions: To what extent do they account for Swedish wealth inequality?, *Review of Economic Dynamics* 5, 503-534.

Fesśler, P. und M. Schürz (2013), Cross-country comparability of the eurosystem household finance and consumption survey, *Monetary Policy & the Economy* Q2/13, 29-50.

Frick, J.R., J. Goebel, M.M. Grabka, O. Groh-Samberg und G.G. Wagner (2007), *Zur Erfassung von Einkommen und Vermögen in Haushaltssurveys: Hocheinkommensstichprobe und Vermögensbilanz im SOEP*, SOEPpapers on Multidisciplinary Panel Data Research 19, DIW, Berlin.

Frick, J.R. und M.M. Grabka (2009), Gestiegene Vermögensungleichheit in Deutschland, *DIW Wochenbericht* 4/2009, 54-67.

Frick, J.R., M.M. Grabka und J. Marcus (2010), *Editing und multiple Imputation der Vermögensinformation 2002 und 2007 im SOEP*, Data Documentation 51, DIW, Berlin.

Frick, J.R. und B.W. Headey (2009), Living standards in retirement: Accepted international comparisons are misleading, *Schmollers Jahrbuch* 129, 309-319.

Grabka, M.M. (2014), Private Vermögen in Ost- und Westdeutschland gleichen sich nur langsam an, *DIW Wochenbericht* 40/2014, 959-966.

Grabka, M.M., J. Marcus und E. Sierminska (2013), Wealth distribution within couples, *Review of Economics of the Household*, 1-28.

Grabka, M.M. und C. Westermeier (2014), Anhaltend hohe Vermögensungleichheit in Deutschland, *DIW Wochenbericht* 9/2014, 151-164.

HFCN (2013a), *The Eurosystem Household Finance and Consumption Survey: Methodological report for the first wave*, Statistics Paper No 1, Eurosystem Household Finance and Consumption Network – Europäische Zentralbank, Frankfurt am Main.

HFCN (2013b), *The Eurosystem Household Finance and Consumption Survey: Results from the first wave*, Statistics Paper No 2, Eurosystem Household Finance and Consumption Network – Europäische Zentralbank, Frankfurt am Main.

Kallweit, M. und B. Weigert (2014), *Fallacies of redistributional policies*, Arbeitspapier 07/2014, Sachverständigenrat zur Begutachtung der gesamtwirtschaftlichen Entwicklung, Wiesbaden.

OECD (2011), *Divided we stand - Why inequality keeps rising*, Organisation for Economic Co-operation and Development, Paris.

Shorrocks, A.F., J.B. Davies und R. Lluberas (2014), *Global Wealth Databook 2014*, Credit Suisse Research Institute, Zürich.

Wagner, G.G., J.R. Frick und J. Schupp (2007), The German Socio-Economic Panel Study (SOEP) – Scope, evolution and enhancements, *Schmollers Jahrbuch 127, 139-169*.

ANHANG

I. Sachverständigenratsgesetz

II. Stabilitäts- und Wachstumsgesetz

III. Gutachten und Expertisen des Sachverständigenrates

I. SACHVERSTÄNDIGENRATSGESETZ

Gesetz über die Bildung eines Sachverständigenrates zur Begutachtung der gesamtwirtschaftlichen Entwicklung vom 14. August 1963 in der im Bundesgesetzblatt Teil III, Gliederungsnummer 700-2, veröffentlichten bereinigten Fassung, zuletzt geändert durch Artikel 128 der Verordnung vom 31. Oktober 2006 (BGBl. I S. 2407)

Der Bundestag hat das folgende Gesetz beschlossen:

§ 1

(1) Zur periodischen Begutachtung der gesamtwirtschaftlichen Entwicklung in der Bundesrepublik Deutschland und zur Erleichterung der Urteilsbildung bei allen wirtschaftspolitisch verantwortlichen Instanzen sowie in der Öffentlichkeit wird ein Rat von unabhängigen Sachverständigen gebildet.

(2) Der Sachverständigenrat besteht aus fünf Mitgliedern, die über besondere wirtschaftswissenschaftliche Kenntnisse und volkswirtschaftliche Erfahrungen verfügen müssen.

(3) Die Mitglieder des Sachverständigenrates dürfen weder der Regierung oder einer gesetzgebenden Körperschaft des Bundes oder eines Landes noch dem öffentlichen Dienst des Bundes, eines Landes oder einer sonstigen juristischen Person des öffentlichen Rechts, es sei denn als Hochschullehrer oder als Mitarbeiter eines wirtschafts- oder sozialwissenschaftlichen Institutes, angehören. Sie dürfen ferner nicht Repräsentant eines Wirtschaftsverbandes oder einer Organisation der Arbeitgeber oder Arbeitnehmer sein oder zu diesen in einem ständigen Dienst- oder Geschäftsbesorgungsverhältnis stehen. Sie dürfen auch nicht während des letzten Jahres vor der Berufung zum Mitglied des Sachverständigenrates eine derartige Stellung innegehabt haben.

§ 2

Der Sachverständigenrat soll in seinen Gutachten die jeweilige gesamtwirtschaftliche Lage und deren absehbare Entwicklung darstellen. Dabei soll er untersuchen, wie im Rahmen der marktwirtschaftlichen Ordnung gleichzeitig Stabilität des Preisniveaus, hoher Beschäftigungsstand und außenwirtschaftliches Gleichgewicht bei stetigem und angemessenem Wachstum gewährleistet werden können.

In die Untersuchung sollen auch die Bildung und die Verteilung von Einkommen und Vermögen einbezogen werden. Insbesondere soll der Sachverständigenrat die Ursachen von aktuellen und möglichen Spannungen zwischen der gesamtwirtschaftlichen Nachfrage und dem gesamtwirtschaftlichen Angebot aufzeigen, welche die in Satz 2 genannten Ziele gefährden. Bei der Untersuchung sollen jeweils verschiedene Annahmen zugrunde gelegt und deren unterschiedliche Wirkungen dargestellt und beurteilt werden. Der Sachverständigenrat soll Fehlentwicklungen und Möglichkeiten zu deren Vermeidung oder deren Beseitigung aufzeigen, jedoch keine Empfehlungen für bestimmte wirtschafts- und sozialpolitische Maßnahmen aussprechen.

§ 3

(1) Der Sachverständigenrat ist nur an den durch dieses Gesetz begründeten Auftrag gebunden und in seiner Tätigkeit unabhängig.

(2) Vertritt eine Minderheit bei der Abfassung der Gutachten zu einzelnen Fragen eine abweichende Auffassung, so hat sie die Möglichkeit, diese in den Gutachten zum Ausdruck zu bringen.

§ 4

Der Sachverständigenrat kann vor Abfassung seiner Gutachten ihm geeignet erscheinenden Personen, insbesondere Vertretern von Organisationen des wirtschaftlichen und sozialen Lebens, Gelegenheit geben, zu wesentlichen sich aus seinem Auftrag ergebenden Fragen Stellung zu nehmen.

§ 5

(1) Der Sachverständigenrat kann, soweit er es zur Durchführung seines Auftrages für erforderlich hält, die fachlich zuständigen Bundesministerien und den Präsidenten der Deutschen Bundesbank hören.

(2) Die fachlich zuständigen Bundesministerien und der Präsident der Deutschen Bundesbank sind auf ihr Verlangen zu hören.

(3) Die Behörden des Bundes und der Länder leisten dem Sachverständigenrat Amtshilfe.

§ 6

(1) Der Sachverständigenrat erstattet jährlich ein Gutachten (Jahresgutachten) und leitet es der Bundesregierung bis zum 15. November zu. Das Jahresgutachten wird den gesetzgebenden Körperschaften von der Bundesregierung unverzüglich vorgelegt und zum gleichen Zeitpunkt vom Sachverständigenrat veröffentlicht. Spätestens acht Wochen nach der Vorlage nimmt die Bundesregierung gegenüber den gesetzgebenden Körperschaften zu dem Jahresgutachten Stellung. In der Stellungnahme sind insbesondere die wirtschaftspolitischen Schlussfolgerungen, die die Bundesregierung aus dem Gutachten zieht, darzulegen.

(2) Der Sachverständigenrat hat ein zusätzliches Gutachten zu erstatten, wenn auf einzelnen Gebieten Entwicklungen erkennbar werden, welche die in § 2 Satz 2 genannten Ziele gefährden. Die Bundesregierung kann den Sachverständigenrat mit der Erstattung weiterer Gutachten beauftragen. Der Sachverständigenrat leitet Gutachten nach Satz 1 und 2 der Bundesregierung zu und veröffentlicht sie; hinsichtlich des Zeitpunktes der Veröffentlichung führt er das Einvernehmen mit dem Bundesministerium für Wirtschaft und Technologie herbei.

§ 7

(1) Die Mitglieder des Sachverständigenrates werden auf Vorschlag der Bundesregierung durch den Bundespräsidenten berufen. Zum 1. März eines jeden Jahres – erstmals nach Ablauf des dritten Jahres nach Erstattung des ersten Gutachtens gemäß § 6 Abs. 1 Satz 1 – scheidet ein Mitglied aus. Die Reihenfolge des Ausscheidens wird in der ersten Sitzung des Sachverständigenrates durch das Los bestimmt.

(2) Der Bundespräsident beruft auf Vor-schlag der Bundesregierung jeweils ein neues Mitglied für die Dauer von fünf Jahren. Wiederberufungen sind zulässig. Die Bundesregierung hört die Mitglieder des Sachverständigenrates an, bevor sie ein neues Mitglied vorschlägt.

(3) Die Mitglieder sind berechtigt, ihr Amt durch Erklärung gegenüber dem Bundespräsidenten niederzulegen.

(4) Scheidet ein Mitglied vorzeitig aus, so wird ein neues Mitglied für die Dauer der Amtszeit des ausgeschiedenen Mitglieds berufen; Absatz 2 gilt entsprechend.

§ 8

(1) Die Beschlüsse des Sachverständigenrates bedürfen der Zustimmung von mindestens drei Mitgliedern.

(2) Der Sachverständigenrat wählt aus seiner Mitte einen Vorsitzenden für die Dauer von drei Jahren.

(3) Der Sachverständigenrat gibt sich eine Geschäftsordnung.

§ 9

Das Statistische Bundesamt nimmt die Aufgaben einer Geschäftsstelle des Sachverständigenrates wahr. Die Tätigkeit der Geschäftsstelle besteht in der Vermittlung und Zusammenstellung von Quellenmaterial, der technischen Vorbereitung der Sitzungen des Sachverständigenrates, dem Druck und der Veröffentlichung der Gutachten sowie der Erledigung der sonst anfallenden Verwaltungsaufgaben.

§ 10

Die Mitglieder des Sachverständigenrates und die Angehörigen der Geschäftsstelle sind zur Verschwiegenheit über die Beratungen und die vom Sachverständigenrat als vertraulich bezeichneten Beratungsunterlagen verpflichtet. Die Pflicht zur Verschwiegenheit bezieht sich auch auf Informationen, die dem Sachverständigenrat gegeben und als vertraulich bezeichnet werden.

§ 11

(1) Die Mitglieder des Sachverständigenrates erhalten eine pauschale Entschädigung sowie Ersatz ihrer Reisekosten. Diese werden vom Bundesministerium für Wirtschaft und Technologie im Einvernehmen mit dem Bundesministerium des Innern festgesetzt.

(2) Die Kosten des Sachverständigenrates trägt der Bund.

§ 12

Dieses Gesetz gilt nach Maßgabe des § 13 Abs. 1 des Dritten Überleitungsgesetzes vom 4. Januar 1952 (Bundesgesetzbl. I S. 1) auch im Land Berlin.

§ 13

Dieses Gesetz tritt am Tage nach seiner Verkündigung in Kraft.

II. STABILITÄTS- UND WACHSTUMSGESETZ

Gesetz zur Förderung der Stabilität und des Wachstums der Wirtschaft vom 8. Juni 1967, veröffentlicht im Bundesgesetzblatt, Jahrgang 1967, Teil I S. 582, zuletzt geändert durch Artikel 135 der Verordnung vom 31. Oktober 2006 (BGBl. I S. 2407)

- Auszug -

Der Bundestag hat mit Zustimmung des Bundesrates das folgende Gesetz beschlossen:

§ 1

Bund und Länder haben bei ihren wirtschafts- und finanzpolitischen Maßnahmen die Erfordernisse des gesamtwirtschaftlichen Gleichgewichts zu beachten. Die Maßnahmen sind so zu treffen, dass sie im Rahmen der marktwirtschaftlichen Ordnung gleichzeitig zur Stabilität des Preisniveaus, zu einem hohen Beschäftigungsstand und außenwirtschaftlichem Gleichgewicht bei stetigem und angemessenem Wirtschaftswachstum beitragen.

§ 2

(1) Die Bundesregierung legt im Januar eines jeden Jahres dem Bundestag und dem Bundesrat einen Jahreswirtschaftsbericht vor. Der Jahreswirtschaftsbericht enthält:

1. die Stellungnahme zu dem Jahresgutachten des Sachverständigenrates auf Grund des § 6 Abs. 1 Satz 3 des Gesetzes über die Bildung eines Sachverständigenrates zur Begutachtung der gesamtwirtschaftlichen Entwicklung vom 14. August 1963 (Bundesgesetzbl. I S. 685) in der Fassung des Gesetzes vom 8. November 1966 (Bundesgesetzbl. I S. 633);

2. eine Darlegung der für das laufende Jahr von der Bundesregierung angestrebten wirtschafts- und finanzpolitischen Ziele (Jahresprojektion); die Jahresprojektion bedient sich der Mittel und der Form der volkswirtschaftlichen Gesamtrechnung, gegebenenfalls mit Alternativrechnung;

3. eine Darlegung der für das laufende Jahr geplanten Wirtschafts- und Finanzpolitik.

(2) Maßnahmen nach § 6 Abs. 2 und 3 und nach den §§ 15 und 19 dieses Gesetzes sowie nach § 51 Abs. 3 des Einkommensteuer-gesetzes und nach § 19c des Körperschaftsteuergesetzes dürfen nur getroffen werden, wenn die Bundesregierung gleichzeitig gegenüber dem Bundestag und dem Bundesrat begründet, dass diese Maßnahmen erforderlich sind, um eine Gefährdung der Ziele des § 1 zu verhindern.

§ 3

(1) Im Falle der Gefährdung eines der Ziele des § 1 stellt die Bundesregierung Orientierungsdaten für ein gleichzeitiges aufeinander abgestimmtes Verhalten (konzertierte Aktion) der Gebietskörperschaften, Gewerkschaften und Unternehmensverbände zur Erreichung der Ziele des § 1 zur Verfügung. Diese Orientierungsdaten enthalten insbesondere eine Darstellung der gesamtwirtschaftlichen Zusammenhänge im Hinblick auf die gegebene Situation.

(2) Der Bundesminister für Wirtschaft und Technologie hat die Orientierungsdaten auf Verlangen eines Beteiligten zu erläutern.

§ 4

...

III. GUTACHTEN UND EXPERTISEN DES SACHVERSTÄNDIGENRATES

Jahres- und Sondergutachten

1964/65   Stabiles Geld – Stetiges Wachstum

1965/66   Stabilisierung ohne Stagnation

1966/67   Expansion und Stabilität

1967/68   Stabilität im Wachstum; darin enthalten: Sondergutachten vom März 1967 „Zur Konjunkturlage im Frühjahr 1967"

1968/69   Alternativen außenwirtschaftlicher Anpassung

1969/70   Im Sog des Booms; darin enthalten: Sondergutachten vom 30. Juni 1969 und 3. Juli 1968 „Binnenwirtschaftliche Stabilität und außenwirtschaftliches Gleichgewicht"; Sondergutachten vom 25. September 1969 „Zur lohn- und preispolitischen Situation Ende September 1969"; Sondergutachten vom 4. Oktober 1969 „Zur währungspolitischen Situation Anfang Oktober 1969"

1970/71   Konjunktur im Umbruch – Risiken und Chancen; darin enthalten: Sondergutachten vom 9. Mai 1970 „Zur Konjunkturlage im Frühjahr 1970"

1971/72   Währung, Geldwert, Wettbewerb – Entscheidungen für morgen; darin enthalten: Sondergutachten vom 24. Mai 1971 „Zur konjunktur- und währungspolitischen Lage im Mai 1971"

1972/73   Gleicher Rang für den Geldwert; darin enthalten: Sondergutachten vom 3. Juli 1972 „Zur währungspolitischen Lage im Juli 1972"

1973/74   Mut zur Stabilisierung; darin enthalten: Sondergutachten vom 4. Mai 1973 „Zur konjunkturpolitischen Lage im Mai 1973"

1974/75   Vollbeschäftigung für morgen; darin enthalten: Sondergutachten vom 17. Dezember 1973 „Zu den gesamtwirtschaftlichen Auswirkungen der Ölkrise"

1975/76   Vor dem Aufschwung; darin enthalten: Sondergutachten vom 17. August 1975 „Zur konjunkturpolitischen Lage im August 1975"

1976/77   Zeit zum Investieren

1977/78   Mehr Wachstum – Mehr Beschäftigung

1978/79   Wachstum und Währung; darin enthalten: Sondergutachten vom 19. Juni 1978 „Zur wirtschaftlichen Lage im Juni 1978"

1979/80   Herausforderung von außen

1980/81   Unter Anpassungszwang

1981/82   Investieren für mehr Beschäftigung; darin enthalten: Sondergutachten vom 4. Juli 1981 „Vor Kurskorrekturen – Zur finanzpolitischen und währungspolitischen Situation im Sommer 1981"

1982/83   Gegen Pessimismus; darin enthalten: Sondergutachten vom 9. Oktober 1982 „Zur wirtschaftlichen Lage im Oktober 1982"

1983/84   Ein Schritt voran

1984/85   Chancen für einen langen Aufschwung

1985/86	Auf dem Weg zu mehr Beschäftigung; darin enthalten: Sondergutachten vom 23. Juni 1985 „Wirtschaftspolitische Entscheidungen im Sommer 1985"
1986/87	Weiter auf Wachstumskurs
1987/88	Vorrang für die Wachstumspolitik
1988/89	Arbeitsplätze im Wettbewerb
1989/90	Weichenstellungen für die neunziger Jahre
1990/91	Auf dem Wege zur wirtschaftlichen Einheit Deutschlands; darin enthalten: Sondergutachten vom 20. Januar 1990 „Zur Unterstützung der Wirtschaftsreform in der DDR: Voraussetzungen und Möglichkeiten" und Brief des Sachverständigenrates vom 9. Februar 1990 „Zur Frage einer Währungsunion zwischen der Bundesrepublik Deutschland und der DDR"
1991/92	Die wirtschaftliche Integration in Deutschland. Perspektiven – Wege – Risiken; darin enthalten: Sondergutachten vom 13. April 1991 „Marktwirtschaftlichen Kurs halten. Zur Wirtschaftspolitik für die neuen Bundesländer"
1992/93	Für Wachstumsorientierung – Gegen lähmenden Verteilungsstreit
1993/94	Zeit zum Handeln – Antriebskräfte stärken
1994/95	„Den Aufschwung sichern – Arbeitsplätze schaffen"; darin enthalten: Sondergutachten vom 18. März 1994 „Zur aktuellen Diskussion um die Pflegeversicherung"
1995/96	Im Standortwettbewerb; darin enthalten: Sondergutachten vom 2. Juli 1995 „Zur Kompensation in der Pflegeversicherung"
1996/97	Reformen voranbringen; darin enthalten: Sondergutachten vom 27. April 1996 „Zum wirtschaftspolitischen Handlungsbedarf im Frühjahr 1996"
1997/98	Wachstum, Beschäftigung, Währungsunion – Orientierungen für die Zukunft; darin enthalten: Brief des Sachverständigenrates vom 23. Mai 1997 „Fehlentwicklungen bei den öffentlichen Finanzen beheben"
1998/99	Vor weitreichenden Entscheidungen
1999/00	Wirtschaftspolitik unter Reformdruck
2000/01	Chancen auf einen höheren Wachstumspfad
2001/02	Für Stetigkeit – Gegen Aktionismus
2002/03	Zwanzig Punkte für Beschäftigung und Wachstum
2003/04	Staatsfinanzen konsolidieren – Steuersystem reformieren
2004/05	Erfolge im Ausland – Herausforderungen im Inland
2005/06	Die Chance nutzen – Reformen mutig voranbringen
2006/07	Widerstreitende Interessen – Ungenutzte Chancen
2007/08	Das Erreichte nicht verspielen
2008/09	Die Finanzkrise meistern – Wachstumskräfte stärken
2009/10	Die Zukunft nicht aufs Spiel setzen
2010/11	Chancen für einen stabilen Aufschwung
2011/12	Verantwortung für Europa wahrnehmen
2012	Sondergutachten: Nach dem EU-Gipfel: Zeit für langfristige Lösungen nutzen

2012/13   Stabile Architektur für Europa – Handlungsbedarf im Inland

2013/14   Gegen eine rückwärtsgewandte Wirtschaftspolitik

Expertisen

2006a   Reform der Einkommens- und Unternehmensbesteuerung durch die Duale Einkommensteuer (April 2006) verfasst unter Mitwirkung des Max-Planck-Instituts für Geistiges Eigentum, Wettbewerbs- und Steuerrecht und des Zentrums für Europäische Wirtschaftsforschung, Schriftenreihe des Bundesministeriums der Finanzen, Band 79

2006b   Arbeitslosengeld II reformieren: Ein zielgerichtetes Kombilohnmodell

2007   Staatsverschuldung wirksam begrenzen

2008   Das deutsche Finanzsystem: Effizienz steigern – Stabilität erhöhen

2009   Deutschland im internationalen Konjunkturzusammenhang

2010   Wirtschaftsleistung, Lebensqualität und Nachhaltigkeit: Ein umfassendes Indikatorensystem

2011   Herausforderungen des demografischen Wandels

Die Jahresgutachten ab dem Jahrgang 2009/10 sowie die Expertisen können als Buchausgabe über den Buchhandel oder direkt über die IBRo Versandservice GmbH bezogen werden. Die Jahresgutachten bis 2008/09 sind inzwischen vergriffen. Die Gutachten bis zum Jahrgang 1975/76 können jedoch als Nachdruck bezogen werden bei der Schmidt Periodicals GmbH. Außerdem sind die Jahresgutachten als Bundestags-Drucksache erschienen und über den Verlag Bundesanzeiger Verlagsgesellschaft mbH erhältlich. Alle Jahresgutachten und Expertisen stehen auch zum Download unter www.sachverstaendigenrat-wirtschaft.de zur Verfügung.